才女の歴史

古代から
啓蒙時代までの
諸学の
ミューズたち

[著] マルヨ・T・ヌルミネン
[訳] 日暮雅通

Tiedon tyttäret
oppineita eurooppalaisia
naisia antiikista valistukseen

東洋書林

The original Finnish edition:
Tiedon tyttäret: oppineita eurooppalaisia naisia antiikista valistukseen

Published by WSOY
Japanese translation rights arranged with
Juha Nurminen, John Nurminen OY
through Japan UNI Agency, Inc., Tokyo

才女の歴史

古代から啓蒙時代までの諸学のミューズたち

★目次

《凡例》

・原註はテクスト該当部に対照番号を付して、巻末に一括した。
・訳註はテクスト該当部に［★　］で示した。
・第I部以降のテクスト中、巻末の50音順「略伝」に掲載のある人名の初出には、対照記号☆を付した。
・第I部以降のテクスト中、文献の初出には、原書表記に準じた原題を欧文イタリックで付し、邦訳がある場合は全抄訳や定本の異同に関わらず、その情報を訳註で示した。
・テクスト内の文献に既訳がある場合も、関連の訳文は原則的に独自訳を採った。なお、既訳引用の際は右記訳註の書誌情報の末尾に「より」を付けて、特に明記した。

はじめに

ヘルシンキ大学で哲学史と文学史を学んでいた一九八〇年代、なぜ講義では過去を生きた教養ある女性たちについて教えてくれないのだろう、と思うことがよくあった。名前の出てくる女性といえば、女流詩人のサッポーだけなのである。その頃の私は、学識を積んだ女性が本当にほかにいなかったのか、あるいは、もしいたとしても時のかすみの中に隠れてしまったのか、それとも、なんらかの理由によって存在が抹消されてしまったのかもしれないと考えていた。

そこで、大学在学中に、歴史のごく初期を生きた教養ある女性たちの名前を小さな手帳に書きとめるという作業をはじめることにした（ちなみに、この手帳の表題は「サッポーの姉妹たち」という）。歴史の中によりいっそうのそうした女性たちを――つまり、興味深い発想をしたり、哲学や神学や歴史を学んだり、天空やこの地上の世界についての探求にいそしんだり、未開の地を探険したり、数学や物理学、科学、医学、古典文学を学び、教え、それらについての書物を著したりする女性たちを――どうしても見つけ出したいと考えたのである。

その小さな手帳は、徐々にさまざまな名前で埋められていった。アスパシア、ヒュパティア、アンナ・コムネナ、ヒルデガルト・フォン・ビンゲン、クリスティーヌ・ド・ピザン、ルイーズ・ブルジョワ、マリア・ジビーラ・メーリアン、エミリー・デュ・シャトレなどの大勢の女性たちだ。彼女らは、いったいどんな女性だったのだろうか？　その人生において、どのような功績を残したのだろうか？　果たして記録し、研究するに足る人物なのだろうか？　そして、なぜ忘れ去られてしまったのだろうか？

◉1……マリア・ジビーラ・メーリアン『スリナム産昆虫変態図譜』（1726版）収載の蛾の図。

歴史の陰に隠れ、長らく忘却の淵に沈んでいた女性たちの情報を集めることは、インターネットが普及する前の時代にあっては時間のかかる孤独な作業だった。私は、フィンランド国立図書館に足を運んでは、その地階の奥深くにある国際学術誌の閲覧室に通い、当初は名前しかわからなかったこれらの女性に関する記事を探し続けた。自分の目指す方向の書籍や研究について少しずつ手がかりを得、それをもとにさらなるステップを踏んで、ゴールを目指したのである。

そして、中世後期の文筆家クリスティーヌ・ド・ピザンの生涯を調べていたとき、およそ六百年前のその時代に彼女が私と同じような探求をし、同じような疑問を抱いていたと知ることになった。ド・ピザンは、人々の記憶に残ってしかるべき教養をもった女性が、過去にもいたのではないかと考えていたのだ。彼女は、古代を生きた知性あふれる女性たちをリストアップし、その物語を『女の都』という著書にまとめ、それを通じて、女性たちもまた歴史に残るような仕事を成し遂げてきたのだということを、同時代の人々に主張していたのだった。そのうえ、この書物には、もうひとつの重要なメッセージも含まれていた。ド・ピザンは、歴史上の女性たちによる功績を記すことで、教育を受け、胸を張って生きていく同性の権利を擁護したいと望んでいたのである。まさに、十四世紀から十五世紀にかけてというフェミニズムの発生以前の時代にあったフランスで、女性が女性自身の権利を守りはぐくもうと意図していたわけで、これは実際、大きな貢献と言えるだろう。

本書は、女性によって受容された教養の歴史に関する重要な問題と思索とを探る序章から書き起こされる。このささやかな一冊によって示されるのは、これまでの何千年もの歳月にあって、学問を身につけ実践する機会を与えられた人々に、知識や権力やジェンダーがどのような影響を与えてきたのか、そして、なぜ女性が諸々の主張のもとに男性の支配する学術界から疎外されてきたのか、といったことの次第である。そのような状況下にもかかわらず、多くの女性たちがさまざまな分野で身を挺して学問を学び、知識を得てきたのだ。本書の章題に挙げた二十五人の女性たちが送った人生は、時を超える旅へと読者を誘《いざな》い、そうしたジェンダーに関わる問題を浮き彫りにすることだろう。本書の最終的な目的は、記憶の彼方へと去ってしまっていた女性教養人の姿を、再び現代に甦らせることにある。

歴史家は常に、誰の話を入れ、誰の話を外すかという選択に迫られる。私の研究は概して、史料や文献の入手の可不可によって翻弄されてきたものだが、二〇〇〇年代に入ってさまざまな時代の女性教養人に関する研究論文がいくつも刊行されたことで、作業がたいへん円滑にはかどるようになった。ちょうど二〇〇〇年を迎えようとする頃には、古代から現代までの二千五百人に及ぶ学識ある女性たちの略伝を収めた『女性科学者人名事典』*The Biographical Dictionary of Women in Science* (ed. Marilyn Ogilvie & Joy Harvey, Routledge, 1999) も出版されているが、同書は、記録されるべき女性教養人などごく少数にすぎないといった先入観がまったくもって妥当でないことを証明する一冊だったと言えるだろう。ともあれ、研究資料の不足という私が抱えていた問題は、豊富にありすぎて逆に当惑するという悩みへと変わっていった。この段階にきてようやく、多様性を含ませつつ一貫性をももたせ、しかも興味深い組み合わせまで盛り込んだ著書を仕立てるには人選を慎重に進めなければならないと気づいたのだが、それは決して容易な作業ではなかった。

　私は、四つの異なる視座のもとで、それぞれの女性の物語に優先順位をつけることにした。まずは充分な史料が手に入る人物であること——興味をもたれるような書き方で学識者としての人生を語るためには、多くを知っておかなければならない。また、できるだけ多くの学問分野で活躍した女性たちを収録したいという、自分の欲求を満たすこと。次に、出自や社会的地位の異なる女性たちを紙幅の許す限り描きたいということ。そして最後に、それぞれの女性の背景にある文化や社会関係を深く掘り下げ、その人物がどう生き、どのような状況のもとでことを成したのかを書きとどめたいということ。以上の四点である。それでも結局のところ、何千ページにも及ぶ事典めいた一冊にするわけにもいかず、古代にはじまり十七世紀後半から十八世紀にかけての啓蒙時代で区切りをつけたうえで人選を絞り込むことになった。知恵の果実の萌芽からよりいっそうの一般化までが、この時間幅で追えるものと考えたのである。

　作業をはじめて、本書が扱う時代背景の把握に相当な困難がつきまとったことを告白しておかなければならない。彼女らが生きた過去の世界に直接触れる手だては、むろんのこと、もはやあり得ないからだ。だが、作業を進めるうちに少しずつ、それこそ数千年もの時の広がりが次第に狭まり、私の心は彼女らの思考や希望、努力、歓喜、悲哀といった情感の中に滑り込んでいった。その人物のことを知っていくうちに、人生という物語の中に自分にもなじみの要素が時空を超えて存在するとわかり、驚かされたものである。

それはたとえば、女性としての伝統的な役割を受け入れることをよしとしない、野心を抱く娘と、その母親とのあいだに横たわる相克であり、あるいは、学識を積む女性たちが自信を得ていくに際して、多くの父親が果たした献身である。そして私は、良妻賢母という役割をこなしながら職業的成功を得ることの困難から生まれ出る悩みを、共有することもできたのだった。

最後に、本書の英訳において素晴らしい仕事をしてくれたエリック・ミラーとその同僚ヒルカ・ペッカネン、そしてデイヴィッド・ミラーに心からの感謝を捧げたい。また、英語版の原稿に丁寧に目を通し、言語と内容の双方にわたる貴重な意見を寄せてくれたドナルド・S・ジョンソンと、何年にも及ぶ努力によって本書が海外でも出版されるよう取り計らってくれた、版権管理担当のクリスティーナ・ガリムベルティの名前もここに記しておきたい。

——マルヨ・T・ヌルミネン

✳ ✳ ✳

序：女性教養人の〝復活〟と権力の行使、そして性役割《ジェンダー・ロール》

✳ ✳ ✳

二〇〇七年夏、三千五百年近く前に亡くなったひとりの女性に関する短い記事が、とある日刊紙に載った。[1]それは古代エジプトのファラオ、ハトシェプストについてのニュースであり、以来数日のあいだ世界中の新聞がコラムの中で取り上げることになる――親族と確定した個体とのあいだに見られるDNAの類似性とCTスキャンで解析した臼歯の型から、カイロの考古学博物館に収蔵されているミイラの一体がかの教養ある女性統治者であることが判明したのだという。彼女に関するこの挿話は、本書の執筆過程においてきわめて大きな象徴的意味をもつ。死後忘れ去られて久しい婦人が、忘却の淵から現代に甦ったのだから。

本書は、古代から啓蒙時代までに活躍した数々の女性教養人を取り上げている。彼女らを通じて、女性が学問にいそしむ最古からの伝統と、ヨーロッパの〝知〟の歴史のうえで果たしたさまざまな役割とを考察していきたいと思う。

それらは、あのマリー・キュリーの時代より遥か昔に遡る、近代科学が台頭する以前の、自然科学がまだ哲学と密接につながって「自然哲学」と呼ばれていた頃に起きた一連の出来事である。かつて、哲学やその他のさまざまな学問は、充分な富と余暇に恵まれた人々だけが分け入ることのできる領域だった。つまり〝知〟をめぐらせる能力や、中世末期に創設された大学、そして十七世紀に形を整えていった学術団体といった諸々を、学問的な公の討論のテーマとして俎上に載せる資格があると見なされるかどうかは、もっぱら発言者の社会的地位とジェンダーによって決められたのである。[2]

ごく最近に至るまで、学問の表舞台では主に男性たちが重要な役割を演じてきた。たとえば自然哲学なども、古代

◉2……………マリア・ジビーラ・メーリアン『スリナム産昆虫変態図譜』（1726版）収載のレモンとカミキリムシの図。

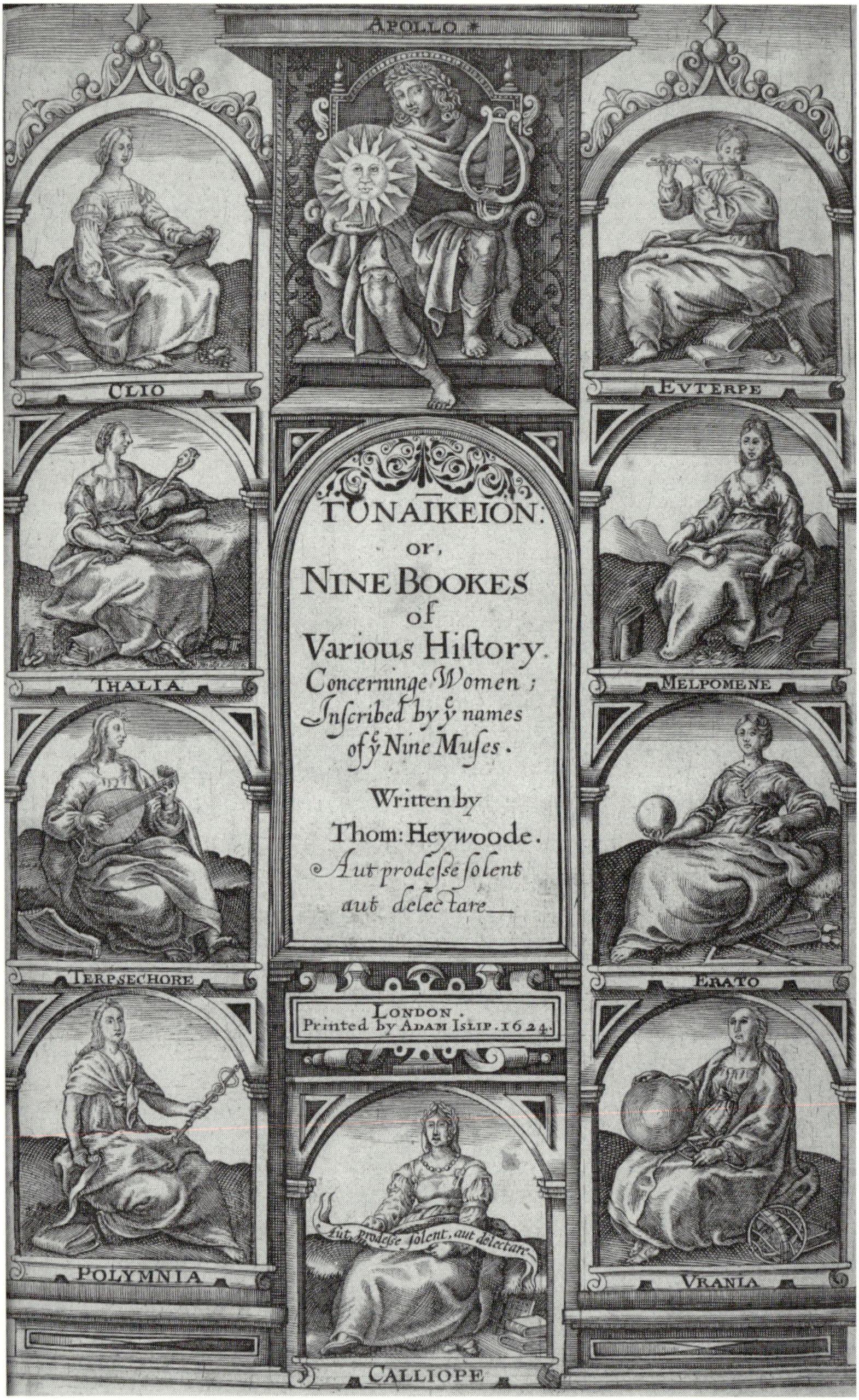

◉3…………トマス・ヘイウッド『ギュナイケイオン』*Gynaikeion*（1624）扉に収載の、アポロン神のもとに集う9人のムーサイ（ミューズ）の図。

にあっては自由市民男性の専有物と考えられていたし、中世になると学者や聖職者のものとされ、近世を迎える頃には紳士連のいそしむ為事《しごと》ととらえられていたようである。そうした流れの中、霊感の源泉となる女神《ミューズ》以外に、女性が演じられる役割は果たしてあったのだろうか？　そもそも現代人はなぜ、女性教養人に関する記録や、「人文科学の考古学」[3]、そして遥かな過去に息づいていた学問などに興味を覚えるのだろうか？　従来男性によって優位を占められていた領域に自ら居場所をつくり果《おお》せた女性が、今日、現象界の科学的解明にも進んで関与している――それで充分ではないのだろうか？

　知識と権力とジェンダーの〝連合体〟のような、長い時間をかけてじわじわと変化していく文化構造を研究することが重要なのは、こうした三位一体に連なる文化的な発想や習慣が非常にとらえ難く変えにくいそのわけを理解する手がかりとなるからである。その源流は何千年もの昔に遡ったところにあり、いまだになんらかの形で西洋文化に影響を及ぼし続けているわけで、ただ現代人の織りなす日常の思考や社会構造に深く埋め込まれ、あまりにも自明であるために、事実上、不可視となっているだけなのだ。

　過去の諸世代に属する女性教養人の生涯と業績に関する研究はまた、同性との意見交換を望みつつ今日の科学界で活躍している女性たち《シスターズ》にとっても必要不可欠である。フィンランドの哲学者、サラ・ヘイネマーは語る。「知の伝統の出現を促すには、執筆や研究に従事する女性たちが互いの思考や言葉に連動しなくてはならない。ただし、同時代の同性たちのテクストに目を通すだけでは不充分で、思索や執筆に当たるときはすでにこの世を去った女性たちの志をも引き継がなくてはならない。何よりも先人たちを――自作を後世に遺した、今は亡き女性たちを――見出し得る姿勢でいる必要があるのだ」[4]

＊

　過去を研究するにあたって何が重要で価値のあることかを判断しようとすれば、自分自身が生きている時代の価値観を熟考する機会にもなる。歴史学者の視点で考えると、過去へと投射したその注目《スポットライト》のまなざしの向かう先はつまるところ二つで、過去に注がれた光が同時に今現在いるこの場所をも照らすことになるのだ。その過去は、別の未来に続いていたのかもしれず、歴史をして無作為の産物だとする感覚をさらに展開すれば、かつての時間が内包する運動律《ダイナミズム》とそこで作用した実にさまざまな力、そしてしばしば相容れることのなかった人間それぞれの願望や野心といったものが明かされていく。歴史は往々にして勝者の視点から書き記されるが、敗者もまた各々の出来事の中である役割を果たし、影響を及ぼしてきたのである。

科学史や思想史を研究するに当たって、勝者と敗者の選別はさして難しくはないものの、過去というものは歴史学者が〝史上の真実〟を刻んだまま凍結させた氷山さながらに在るわけではない。それはむしろ巨大な洞窟めいたもので、交差し絡み合う小道や地層、抜け穴や袋小路が果てしなくそこから広がっているのであり、研究者にとっては、その途方もなく尨大な存在のどこかを薄く切り取ることくらいがせいぜいなのだ。過去に向かうまなざし《スポットライト》は限られた対象にだけ注がれるというわけで、現行の解釈を超える新釈が必ず現れ、それが際限なく繰り返されていく。つまりは入り乱れた軌跡を解きほぐしながら、乏しいうえに矛盾だらけの手がかりを敢えて追うしか方法はないのである。

しかし、いくら単なる解釈にすぎなくとも、充分な回数が繰り返し唱えられればそれが固定化して〝真実〟となっていくものだ。そういった積み重ねに基づく〝史上の真実〟が、正典や規範や指針を形づくって歴史研究の舵を取る。思想史と教養史の伝統的な正典によれば、西洋科学にあって女性は価値ある存在ではなかった。それを鵜呑みにすれば、女性を研究することに意味などなくなってしまう。むろん、こうしたことが研究書に明記されているわけではない。だが、それは索引からしても一目瞭然で、[5]そこには女性の姿が見当たらないのだ。とはいえ、西洋科学の基礎が古代ギリシアで築かれたそのとき、そして中世の修道院や大学で古典古代のテクストが書写され研究されはじめたそのとき、あるいは自然哲学がルネサンス期の王侯の宮廷に、十七世紀の学術団体や貴族のサロンに、それぞれ進出していったそのとき、女性たちは関わっていなかったのだろうか？　大学や科学学会《アカデミー》などの公式の席から疎外されていた彼女らであっても、その多数が教養を獲得し、さまざまな方法のもと科学の追究に参加していたはずなのである。

本書の脱稿までに研究対象となった女性たちがおよそ三千五百年のうちに活躍した学問分野は、哲学、神学、数学、物理学、化学、天文学、博物学、医学、歴史学などの多岐にわたっている。独行の科学者として、あるいは父や兄弟や夫といった男性家族のかけがえのない助手や同志として影響を及ぼしてきた彼女らは、諸々の計画を立て、資金を調達し、学術調査のための旅行を遂行し、ときに研究書を出版し、翻訳し、学問の振興に携わる重要な支援者となった。いつの時代も女性は科学の普及者であり、専門書の愛読者だった。歴史という多声音楽《ポリフォニー》に耳を傾ければ、そういった女性たちの物語がきっと聞こえてくるはずなのだ。

　大衆のあいだに相変わらず行き渡っている旧態とした科学史の正典に沿って記された歴史においては、今なお科学の直線的な進歩が強調されている。個々の科学者が天与の才をもつ英雄として祀りあげられ、物語の山場に据えられた幾多の障害や逆風にもくじけず、知と真実とを目指して奮闘するのだ。[6] しかしそうしたイメージをいったん解体してしまえば、これまでたった独りで、ほかの誰からも完全に孤立して研究や開発を成し遂げた者などいなかったことがわかるだろう。科学とは他者との連携のもとで進化し、さまざまな方向へと向かう相互作用を、そして先行研究の従事者や後援者や社会そのものとの討議を構築していくものなのである。上記のような〝関係者〟は常に存在しており、各時代に英雄として脚光を浴びる教養人などは、実はほんのひと握りでしかなかったというわけだ。人の生におけるほかの局面でもそうなのだが、次の世代にはまた誰かが英雄と称揚され、その他の人々は忘れられていく。そのうえ実のところ、科学は直線的に前進するわけでもない。それどころか、従来にない発想や新機軸は、往々にして既存の概念《イデア》や認識を疑うといった類いの葛藤を通じて顕れるものなのだ。新しい科学は、圧倒的に真実とされているものに、従うのではなく異議を唱える。このゆえ、科学史をしてひと条《すじ》の流れのように語り得ないことは明らかである。願望や野心、権力のせめぎ合いの中、着想や革新が絶えず錯綜し、互いに衝突し合ってきたのだ。一見まとまっているようでいて、そこには思わず息を呑むほどの多様性が潜んでいる。

　一九六〇年代、アメリカの科学哲学者トマス・クーン（1922–1996）は、自身の名高い著書『科学革命の構造』*The Structure of Scientific Revolutions*（1962）［★中山茂訳、みすず書房］によって、既成の科学史における語り口《ナラティヴ》に疑義を呈した。〝パラダイム〟という新しい着想のもと、従来の科学研究における対象がどのように決められたのかを、そして研究が実施されて問題が解き明かされ、その結果に解釈が施される経緯に触れながら、それを発表する資格が誰に与えられたのかを、それぞれ記したのだ。彼は、科学が直線的に発展していくという発想に疑問を投げかけて、連続性をもたない革命とも言える変化によって進歩が達成される〈パラダイム・シフト〉という概念を提示し、その後の著作では事実をあとから再構築することによってのみ科学の進歩は偉大な物語になり得るとも強調している。

＊

前四世紀から後十六世紀まで、なんらかの形で普及していたアリストテレス哲学の見地によると、重要な知識はすでに古代のうちに発見し尽くされていたことになる。中世の学者たちの仕事はといえば、その既存の知識に適合する現象を言語化し、系統立て、始祖であるあの哲人の教えに対するさまざまな解釈を互いに対照することだけだった。十六世紀になってアリストテレスの科学観に初の疑義が生じても、新しい科学のパラダイムが一度に既存の概念《イデア》や慣例にすっかり取って代わることはなかった。つまり、このときの〝科学革命《レヴォリューション》〟は、すなわち〝進化《エヴォリューション》〟だったと判じられるのである。それは生き残り発展していく思索がある一方で、徐々にすたれていく思索もあるという緩慢な過程の謂いだ。むしろ、文字通りに革命的なのは、変化し、さまざまなコンテクストでさまざまな意味を帯びる歴史上の概念のほうなのである。[7] 近代的な科学の概念は、少なくとも三百年にわたって出現し続けたのであり、長いあいだ新旧の思索や手法や技巧が互いに肩を並べて存在してきたのだ。

古代から科学革命の前夜に至るまで、錬金術師や占星術師が宇宙やそれを支配する力を説明し理解しようと用いていた手法を非科学的だと論じても、それは〈アナクロニズム〉なのであってなんら歴史的な意味をもたない［★本書127頁を参照］。確かに現代の科学の概念に鑑みれば、そういった手法はまぎれもなく非科学的だろう。だが、錬金術師にしても占星術師にしても、現代の科学の概念に基づいて考え、行動していたわけではない。その世界を説明し、かつ優勢なその説明を維持するそのときに優勢な科学上のパラダイムをして、クーンは通常科学《ノーマル・サイエンス》と称した。やがて新たな知の装備《ツール》――抽象的な、あるいは技術上の装備――が世界に対する旧くからの説明を論破し得るようになるわけだが、元来これら新旧のパラダイムには共通因数がない。現代の知識に基づく西洋科学と人々の生活様式は、今から百年後を生きる科学者たちにはさぞや原始的に映ることだろう。過去の人々が自らの〝現実〟をどうとらえていたかを理解したいのであれば、その時代に完全に没入することは無理だとしても、彼らの生きた時代の規範に則って、その価値を評価しなければならないのである。

ジェンダーという概念もまた歴史的な構築物であり、社会という視座から眺めたそれは〝自然《あるがまま》〟という領域にも〝永遠〟という領域にも属さない――このように理解し認めさえすれば、かねてから歴史研究を抑制してきた二つの束縛から人々は解放されるだろう。ほんの数十年前の〝女性史〟や〝ジェンダー史〟は混乱状態にあり、一般的な歴史研究の脈絡ではほぼ認知されていないも同然だったのである。[8] だが近年、その状況は幸いにも劇的に変化しているのだ。[9]

これまでは、従来の歴史書で気にとめられないままだった女性の経験や身分についての認識を向上させることが、往々にして女性史の第一目標とされてきており、それと同時に、文化に組み込まれているジェンダーに基づく規範、価値観、ヒエラルキーを可視化して疑問に付したいという願いもあった。さらに一方では、女性史によってかえって女性が周縁に追いやられてしまったという指摘もあり、つまるところ研究者と在野の女性によって行われる研究は、同輩だけが取り組む部門へと巧妙に分類され、その枠を逃れてほかの研究を〝侵犯〟することは不可能だったのである。[10]

とりわけ女性や、そのほかにも子供、高齢者、貧者といった多くの社会の周縁に位置するグループを従来の歴史書が完全に疎外していると批判してきた女性史家の中には、女性のある一面だけを取り上げて「家父長制的な権力を行使する男性の犠牲になった者」とことさら誇張する過ちを犯す者もいた。だが、女性がそうした横暴にさらされてきたことは確かだとはいえ、地位や富といったものが社会関係に影響を及ぼすこともまた事実である。たとえ男性であっても、その地位が低ければ上流婦人が行使する〝力〟を前に従うしか道はない。

現在のジェンダー史では、優勢な文化上の発想、そして社会的な価値観や習慣から男女双方のジェンダーが生じると力説されている。[11] 弱者に及ぶ影響力がどれほど大きくなろうとも、そうした関係性は一見したところよりもいっそう複雑な様相を呈する。特有のジェンダーに応じて備わることになる影響力は、関係者間の相互作用によって生じ、保たれる。それは永続することなく、絶えず再調整され、その過程においてときどきに優勢な現実や真実の閾《しきい》が決められていく。頭で考える想像上の現実と身の周りにある実際の現実との中、同時に境界線が引かれていくのだ。ある事象を革命と呼んだときに想起されるのは、単に古い境界線を消して新しい境界線を引く行為なのであり、たとえそれが社会革命であれ科学革命であれ同じことが言えるだろう。

*

女性の能力や業績を物語るのは、西洋文学にあってとりたてて目新しいことではない。十九世紀まで、女性に関する公の見解を主に左右してきたのは男性著述家で、古くはイタリアの人文学者ジョヴァンニ・ボッカッチョが一三六〇年代に『名高い女性たちについて』[12]を著している。そしてその数十年後、フランスの女性著述家にして評論家のクリスティーヌ・ド・ピザン［★本書第8章］が同じテーマのもとで『女の都』と題した自著を執筆し、[13]従来〝女性をめぐる論争（ケレル・デ・ファム）〟と呼ばれていた男性優位の時勢における女性論に、初めて同性としての視点をもたらした。十七世紀初頭にはフランス、ドイツ、イングランドでも名高い女性教養人に関する書物が刊行されているし、[14]本書の資料集めにいそしんだこの十年間にもなお数々の新しい研究が、特に英米の女性史の分野に登場してきた。[15]本書は最終的に、古代以降を生きた驚くべき数の女性たちが、知識と権力とジェンダーの〝連合体〟に関する公の討論に参加してきたことを明かすだろう。

フィンランドの文化史家、アン・オッリラは語る。「歴史の語り口《ナラティヴ》は変わった。これが、女性学やその他の〝新しい歴史学〟（心性《メンタリティ》研究、日常生活史学、ミクロ歴史学、心理歴史学）が伝える最も重要なメッセージである［★心理歴史学（psychohistory）は、アイザック・アシモフの作中で言及される架空の学問だが、〝新しい学〟の比喩表現と判断してママとした］。問題は、すでに歴史上の欠損の補完にはない。むしろ、土台にあいた穴をいっそう的確な表現で埋めていくのだ。狙いは、長大な歴史物語にいくつもの節を書き足すのではなく、その物語を解体し、疑い、歴史を書き直すことにある。そこで新たに生まれる物語はもはや、明確な発端、常に前進する筋書き、論理的な結末を備えた整合感をもたない。滑らかな一般化や壮大な語り口は、簡潔で的確な描写や、さまざまな方向に曲がりくねる探求に取って代わられた。首尾一貫していた歴史の流れが、断片的で矛盾をはらみ、数々の解釈が可能な考察になったのだ」[16]本書が意図しているのは、旧態依然とした教養史の正典に、学識を積んだ女性たちを脚註化して付け加えることだけではない。知を身につけ追究することから女性を疎外しようと働く、文化に組み込まれた機構を可視化して理解しようとするのなら、優勢なジェンダー・システムを維持している文化的な価値観、規範、習慣を再分析して表現し直そうと努めなければならないのだ。

旧来定着している見方を超えて周縁の歴史を考察することは、面白くもあり難しくもある。歴史という洞窟から、その入り組んだ迷路や地層から、新しく、これまで知られていなかった形相や特徴が現れてくるという点において、いかにもそれは面白い。ただし一方で、その新たに見出した興味深い特徴を、一次資料の乏しさのため往々にして概略しか示せないことから難点が生じるのだ。かと思えば、従来の歴史研究が拠りどころとしてきた公文書をして、たとえば私的な日記や手紙などと変わりなく、現実を記述するものとして必ずしもあてになるものではないと力説する研究者も多いわけで、堂々巡りするこの問題の中心にあるのは、過去の何を探ろうとしているのか、どんなことを明らかにしたいのか、という意識なのである。〝真実〟の追究、つまり研究主題を論理的に前進させる矛盾のない物語にまとめることをあきらめて、歴史をただ動的で矛盾だらけの多声音楽《ポリフォニー》のようなものとして受け入れてしまったら、どこへ辿り着くのだろうか？　行く先はおそらく、小さな限定された数々の〝真実〟になるだろう。まったく型にはまらない、細分化された筆法をもって歴史を記述するならば、それなりの方法論が必要になる。〝新しい歴史学〟——たとえば女性史学——においては、分析的な態度を取ることになるだろう。その研究目的は、過去の歴史にあった思考を調べ、評価し、ともすれば刷新してしまうことにもつながっていく。

　本書では、往年の女性教養人が織りなす歴史に、マクロとミクロという二つの視座から接近する。一冊の書物としてはマクロ的な歴史観から眺めた連続体となることを企図し、たとえばおよそ二千年にもわたってアリストテレス自然哲学が学問や支配的ジェンダー・システムに影響を及ぼし続けたことなどの、ある種の長い歴史の歩みと、緩やかに変化していく構造[17]を浮かび上がらせる。そして一方でまた、本書は各章ごとにもたらされるミクロ的な歴史観[18]というもうひとつの視座から成り立ってもいるのである。

　各章では、それぞれの時代の学問上の概念《イデア》や、女性が諸学を追究する機会といった諸々に関する考察のために取材を重ねた、かつての世界を生きた女性教養人を章題に選び、そこで取り上げた彼女らの人生と業績を、最新のミクロ的な歴史研究に基づき分析する。彼女らの人生を、広い目で見た文化的な、あるいは社会的なコンテクストの中に置いて、より大きな歴史の一部として考察しようと試みたのだが、紙幅に限りがあって興味深い人物のごく一部しか論じられなかったため、十九世紀初頭以前に生まれた女性教養人を、巻末に補遺として付した全九十項の略伝の中で紹介している。

　女性教養人をマクロとミクロ双方の歴史研究の対象とするのは、彼女らが従来のどの領域にも簡単に分類できないからで、こうした事象もやはり面白くもあり難しくもある。

学識を積んだ女性というものは明らかに傍流だったわけで、そうした人々がそのジェンダーのために周縁に追いやられたことも間違いない。しかし、社会的地位という点から眺めれば、彼女らは識字力を有する比較的少数派の特権階級婦人が構成するグループに属していた。全般的に言えば、思想や教養の歴史とは、すなわちエリート集団の歴史なのである。ジェンダーはさておき、ほどほどに安定した経済状態があって初めて、学問や知の追究に熱意を注ぐ機会もあるというものだろう。

　科学の周縁には、研究機器の製作に当たるさまざまな職人や助手によって形成される大規模なグループも存在していたが、大方が無名者だったこの集団に対する関心が次第に高まりを見せ、十六世紀と十七世紀の科学革命における工芸家や職人の重要性についての研究も行われるようになってきた。科学の諸分野において、このように目につき難い立場で活躍した女性も相当な数にのぼる。助産婦ルイーズ・ブルジョワ［★本書第10章］、博物画家にして先駆的な昆虫学者となったマリア・ジビーラ・メーリアン［★本書第14章］、天文学者で暦の編纂者でもあるマリア・ヴィンケルマン＝キルヒ［★本書第15章］、蝋製の解剖模型制作者でボローニャ大学解剖学教授にも任命されたアンナ・モランディ・マンゾリーニ［★本書第17章］のような技術分野での経験を積んだ学識者を研究すれば、たとえ女性であっても特定の状況下にあれば専業者《プロフェッショナル》として自立できたことがすぐにわかるだろう。当時にあって、こうした女性の自立は、往々にして一部の同業組合――すなわちギルド――から与えられた職権を行使できるときにだけ可能だった。彼女らはギルドに属する職能者として、自らの仕事をもって自身と家族の生計を立てることができたのである。夫と死別したにせよ、再婚を無理強いされることなく、経済的にも知的にも自立した暮らしを営んでいく――こうしたことを果たし得た女性はごくわずかだった。

　ルネサンス期以後、従来男性によって占められていた領域を侵し、公の討論にのぼるようなテーマを掲げて著述活動にいそしむ婦人たちをして、多くの同時代人は〝女らしさをなくした存在〟と考えていた。女性による公然とした学問の追究は、あたかもズボンを履くことにも似て、たいていは因襲的な価値観と性役割《ジェンダー・ロール》への侮辱と見なされたのである。もっとも、曖昧な〝第三のジェンダー〟と見なされることこそあれ、ルネサンス期の女性教養人への態度は基調としてはまだ肯定的だった。学問を志す女性が次第に嘲笑の対象となっていくのは、その後となる十六世紀と十七世紀に自然哲学研究がサロンの貴婦人から中産階級女性にまで広まったときのことになる。フランスの劇作家モリエールの『女学者』や、諷刺詩人ニコラ・ボアロー＝デプレオーの『反女性』は、そうした女性を愚か者とはねのけた代表的な文学作品になるだろう。

＊

古代から十九世紀に至るこの方、女性たちが学問を追究し、志すことが問題視され、反感や嘲笑や侮蔑を招いたのはなぜなのだろうか？　その答えは、さらなる疑問を投げかけることで探れるのかもしれない。人間、自然界、宇宙について意見を述べるのにふさわしいと考えられていたのは誰で、そしてその知識をもって社会は何を目指すのだろうか？

「知は力なり《スキエンティア・ポテンティア・エスト》」と言うが［★フランシス・ベーコンの格言（本書211頁を参照）］、そうした力を誰が行使するのかは決して瑣末なことではない。女性の学ぶ機会と権利とを初めて国政の問題として扱ったのは前四世紀のアテナイで、この頃、人間をして何よりも理知によってほかの被造物と区別される存在であると定義したアリストテレスの意見によると、女性は生まれながらにして限られた分量の理知しか授かっていないというのである。女性は、その知性において男性より劣ると考えられていたため、女性が携わる学問や、女性に哲学や科学を指導する試みなどを議論する必要はなかった。アリストテレスによると、階層関係が自ずと存在するのであれば、それをいっそう効果的に運用すればいいだけのことで、ジェンダー間の不平等はかえって社会のためになるのだという――奴隷がその主人に対するように、女性が夫に従順なままでいさえすれば、国家の平和は保たれるだろう。こうして、彼女らは知からも権力の行使からも疎外されることになったのである。

アリストテレス以前には、アテナイの哲学者プラトンが、男女の魂は同種のものなので、双方ともに理知的な思考と行動が可能である、といった基本概念《イデア》を提示していた。彼はのちの著作で、知性にジェンダーによる差はないという自説と、同時代の男性優位主義めいた意見との折り合いをつけようとしてもいて、多くの女性教養人が何世紀ものあいだ彼の思考に興味を惹かれていったのは、この視点ゆえのことになる。プラトンによれば、教育は何よりもまず政治的な問題だった。そのため、上流婦人は高度な教育を授けられてしかるべきであり、公の意思決定への参加を許されることが妥当であると提唱したのである。

プラトンは知性にジェンダーはないという考えを、宗教的で哲学的な〝生〟を追究したピュタゴラス派から受け継いでいた。この教団／学派の伝承には、数多くの学識を積んだ女性の名が見受けられるが、中でもピュタゴラスの妻だったというテアノ［★本書第3章］はよく知られた存在で、女性の学問に関する従来の議論における中心的な役回りをひとり担わされてきた。彼女をして後世の人々の捏造した伝説にすぎないとする説もあるが、それでもこうした学識豊かな女性、女性哲学者という発想自体が、のちの世を生きた女性教養人にとって実在の確証以上に重要だったようである。ルネサンス期以降の多くの女性教養人もまた、男女が知的に対等なパートナーとして生きていけることと、知性というものが人間そのものを豊かにし得ることへの確信を得たいと願っていたわけで、[19] テアノのような古典古代の学識豊かな女性モデルは、当然ながらこうした後進の女性が各々の知や学問の習得を目指す際の励みとなったのである。

　プラトンとアリストテレスにはじまる女性の理知に関する考察はまた、人間としての女性の重要性をめぐる論議でもあった。[20] アリストテレスは、人間がもつ最も重要な特性として理知を挙げ、時代が中世を迎えると、その理知に基づく思考力が生来欠けているのであれば、果たして女性は男性とまったく同義の人間と解されるのだろうかと、教養人士が活発に議論を闘わせることになる。キリスト教世界にあっては、早くから教父たちが古《いにし》えからのジェンダー観を聖書の教えに合致させようと努めており、その結果、教養ある信徒らが抱く知的にも身体的にも女性は脆弱であるという思考がいっそう強化されている。

　世紀が次々と変わっても、ジェンダーにおけるヒエラルキーや相応の行動や態度を押しつける世間の倫理観のもと、女性による学問の追究は制限され続けた。本来手の届くはずの選択肢も、家庭や子供の世話をする責任を妻に割り当てるという一般の慣習の影響を受け、学問に時間を充てる機会自体が限定されたのである。実際のところ、大学やのちに設立されるようになった学術団体にも受け入れられなかったため、女性には高等教育へと至る公式の道が絶たれていたことになる。一部の女性教養人に学問上の連続性や伝統や主体性が欠けていたのは、このように知を追究する表舞台に乗り出せなかったことが影響している。それぞれの女性は、自らを頼りに教養人としての独自性を探り出し、そして築き上げ、それを伝統として認知されることなしに道を切り開かなければならなかった。一般的な同時代の男女からすれば、学識を積んだ女性という人物像は往々にして例外だったのである。

＊

世間の倫理観や、教会、大学、学術団体の思考はなぜ、女性のめぐらせる理知に難色を示してきたのだろうか？社会の平穏という視点から、いつの時代も女性の身体、魂、心を家庭や家族や夫の用事に縛りつけておくことが肝要だと見なされてきたわけで、主体の身体的、精神的欲求はほぼ例外なく男性の欲求に従属するものと考えられていた。支配的なジェンダー・ヒエラルキーは社会の平穏には必須と信じられていたし、女性による学問の習得は神聖視されていた権力とジェンダーの結びつきを不安定にしかねないと危ぶまれていたのである。西洋社会が政治的、経済的に平均化しはじめるまで女性には学問の自由がなく、そうした背景に照らしてみると、支配的なジェンダー・ヒエラルキーにあらがって教養を身につけ、男性が圧倒的優位を占める学問の表舞台で活躍した女性が歴史上これほど一貫して多くいたことは驚くべき現象と言えるだろう。

ルネ・デカルトは、地位やジェンダーに関わりなく誰もが共通の感覚を授かっているものと考えていた。その昔プラトンが唱えた男女同種の魂という概念《イデア》が十六世紀末に再び脚光を浴びるようになり、「理性にジェンダーはない」という合意がよりいっそう一般化される。十七世紀のバロック様式の大邸宅や、十八世紀のロココ様式の城館で暮らす上流婦人ともなれば、自ら主宰する文芸サロンで教養人士を相手に哲学や科学を思う存分論じることができるようになったわけだが、ただしそれは自宅という限られた地場における知の追究においてのことで、まだそこから広がりを見せてはいない。こうした文芸サロンは、とりわけフランスで大いに花開いたようである。

十七世紀末には、デカルトが唱えた共通の感覚についての合意が広く行き渡っていたものの、それを活かして進展させられるのはごく少数の人々だけだった。階級社会にあっては地位やジェンダーに相応しい振る舞いこそが最も重要な規範と見なされ、不適切な行状にはなんらかの形で代償が課せられたようである。通常、社会階級が異なる人々はろくに知り合うこともない。階級差は服装によっても強調され、ほかにもたとえば十七世紀の荘園内の邸宅《マナーハウス》のような建物の内部の場合であれば、客間《サロン》が主人用、厨房が使用人用というように身分に応じたさまざまな区画に隔てられていた。一方で空間はジェンダーによっても分割され、〝私〟の側に置かれる家庭は伝統的に女性の領分で、カフェ、居酒屋、クラブといった類いの上流人士が集う〝公〟の場所は男性の領分となっていた。

十七世紀末にまずイングランドで、のちには他の西洋諸国で、女性は公的な知の追究に加わることができないものと考えられるようになった。女性は社会的に自立していないし、その意味では自由市民でもない。そのため、学術団体への参加もかなわないというのだ。こうした団体で知の追究にいそしむには資格が必要とされ、まず信頼に足る自由市民で独自の収入源があり、財産を所有する人物でなければならなかった。この規定に照らせば、並外れた富貴者のほかにその条件に適う者は誰ひとりとしていなくなるわけで、依然として女性を大学や学術団体から遠ざけておくにはたいへん都合のいい話ではある。二十世紀になっても、予備教育を終えて大学進学を望む多くの西洋諸国の女性が、男の世界に入るからには「ジェンダーに応じた義務」の免除を得るようにと要求されたようである。[21]

十八世紀のボローニャでは、物理学者ラウラ・バッシと解剖学者アンナ・モランディ・マンゾリーニ、そして数学者マリア・ガエターナ・アニェージに大学の学位が授けられたものの［★ともに本書第17章］、学問を志すたいていの女性たちの前に、高等教育への扉は長いあいだ閉ざされたままだった。

古代から近代にかけて、ジェンダーと階級は公的活動を制限する口実にされてきており、政治、経済、法律という名の権力は、公とされる場に正規の同志として受け入れられない人々に不利な形をもって行使された。ともあれ、人文学者ラウラ・チェレータやカッサンドラ・フェデーレ［★ともに本書第9章］、天文学者マリア・クーニッツ［★本書第11章］、語学家で宗教哲学者のアンナ・マリア・ヴァン・スフールマン［★本書第12章］、哲学者マーガレット・キャヴェンディッシュ［★本書第13章］、物理学者エミリー・デュ・シャトレ侯爵夫人［★本書第16章］といった女性たちの中には、本名のもとでの執筆や出版を望んだ者もいたが、男性の領域である公の場に足を踏み入れれば厳しい批判に身をさらすことになると承知のうえで、敢えてそのように考えたのだった。自らのジェンダーによって例外的な人物に分類されたはずの彼女らの著作は、一方でそれゆえに支持を得ることもできたようだが、当の彼女らがどんなに称賛を浴びようと、男性の創設した学術団体の対等な成員として受け入れられることはなかった。

ジェンダーに基づく境界線は、いつも恣意的に引かれる。本書で取り上げた大勢の女性教養人は、それぞれの時代に設けられたそうした閾《しきい》を恐れずに踏み越えた。歴史上の先駆者が、後続のために道を切り開いてくれたことを知れば、現代の学識を積む女性たち《シスターズ》もまた（もちろん男性たち《ブラザーズ》も）、この限界に気負うことなく挑戦できることだろう。

✴第Ｉ部　古代の女性教養人

東方より光あり！[22]　ヨーロッパ科学史において女性たちが辿った知の道のりの最初期を検討するに当たっては、時代的には数千年前、地域的には今日のヨーロッパの境界を越えたところにまで視野を広げなければならない。当時、〝肥沃な三日月地帯〟[23]に住んでいた人々が、古代ギリシアの文化と以後のヨーロッパの知的遺産の全体に与えた影響は実に大きく、科学を含む西洋文化には、間違いなく東方の精神が息づいていると見なすことができる。[24]

古代エジプトとメソポタミアの人々は、ヨーロッパより何千年も先立って、暦をつくるために天体の運行を研究し、巨大な建築物を打ち建てる必要性から数学と土木工学とを進展させ、医学上の診断や治療にも驚異的な洞察力を発揮していた。そしてこうした東方の諸学が、前九世紀頃からギリシアなどの地中海沿岸地方に伝えられていくのである。

〝肥沃な三日月地帯〟に文明が芽生えはじめたばかりの頃、知識と権力と宗教はひとまとめになって、いわゆる〝連合体〟を形づくった。それを保持、運用していたのが、天空を研究し、建築家として支配者に仕え、公認の治療師となって医術を用いた上位の宗教者と知識人である。エジプトとメソポタミアの女性は、後年の全ヨーロッパの事例と同様、こうした専門知識を用いる領域からもとより疎外されていたものだが、中にはおよそ三千五百年前を生きたエジプトのファラオ、ハトシェプスト☆のように、明確な意図をもってこの知識、権力、宗教からなる〝連合体〟を利用して女性の地位を向上させ、請け負う領分の揺るぎなさを知らしめようとした人物もいた。

実際、知というものは、男性だけに独占されるばかりではなく、もうひとつの〝系〟としても発展していった。それが、日常生活に密接に関わる経験的な知識——つまり、生活に欠かすことのできない道具、織物、香油、食物などをこしらえたり、あるいはその食物を保存したりするときの、さまざまな材の用法やそれにまつわる技術に関する知識——の系統である。人類文明が曙を迎えてからこの方、あらゆる社会の女性が日常生活の知見を切り開く重要な役割を担い、それらを若い世代の同性に伝えていったのだ。

化学のルーツは、メソポタミアの女性たちの厨房にまで遡ることができる。彼女らが活動するこうした舞台で、蒸留、精製、染色などに関わるさまざまな手法が考案、発見、改良されていったわけで、そこからすれば今日、最初期の化学者として知られる人物が女性だとしてもさして驚くことはない。それが前十三世紀のアッシリアのタプーティ☆＝ベーラト＝エーカリで、香油の製造を専門とする彼女は、神殿

においても高位の製造者にして監督者の立場にあった。
前六世紀頃、東方の天文学、数学、医学の知識が、宇宙のはじまりをめぐるギリシア人たちの熟慮の道筋に影響を及ぼしはじめ、そのような時流の中、ギリシア東部に出現した世界を理解するための思弁的なアプローチに、知（*sophia*《ソピア》）を愛する（*philein*《ピレイン》）という意味の、哲学すなわち〝*philosophia*《ピロソピア》〟という名称が与えられる。知の源泉をめぐる宗教上の神話に疑義を呈することによって、知識と権力と宗教の〝連合体〟を打ち破ろうと企図していた古代ギリシアの自然哲学者たちは、ピュタゴラス派、エピクロス派、あるいはアリスティッポスを始祖とするキュレネ派といった集団に分かれていくが、彼らはおおむね女性に好意的で、仲間として迎え入れることもやぶさかではなかった。こうした古代ギリシアの哲学者サークルで活動した女性たちの中でも、最も知られている人物がテアノ☆だろう。前六世紀に生きた彼女は、ピュタゴラス（前582–前496）の弟子にして配偶者と言い伝えられている。

◉4…………古代ギリシアの甕（クラテール）に描かれた9人のムーサイ（ミューズ）。神話に登場するムーサイは大神ゼウスの9人の娘たちとされるが、たとえばティタン族のムネメ（記憶を司る女神）らのような古い伝承に登場する別の諸女神が挙げられることもある。ムーサイは芸術の守護神であり、霊感の源だった。

◉5………詩人サッポーを描いたとされるフレスコ画。

古代ギリシアの哲学者たちは、男女の権利について、そして男女の理知的な思索にまつわる能力について議論した最初の人々で、何よりもジェンダーの本質と、男女それぞれに適合した自然な行いというものを定義しようと努めていた。そして前五世紀に、女性が男性同様の理知的な思考に導かれているのかといった議論を象徴する存在になったのが、ペリクレス（前495頃–前429）の愛人アスパシア☆である。彼女は傑出した論客、社会的指導者として、アテナイ中にその名を轟かせていた。

　ギリシアの初期の自然哲学者たちが提起したさまざまな問題は、その後、ヨーロッパ世界がゆっくりと築き上げていく科学の基盤となった。そんな彼らの論議の的となったのが、宇宙の基本物質である——果たしてそれはどこから来て、どのように機能しているのだろうか？　科学はまさにこうした疑問から誕生したわけで、その進展の過程にあっては、当初から女性たちの姿も見受けられた。そのうちのひとりとなるヒュパティア☆（370頃–415）は、同時代のヨーロッパで最も名高く、最も大きな影響力を誇る数学者、天文学者となった。

　とはいえ一方では、女性をして理知ではなく感情によって導かれる〝生来の奴隷〟だとするアリストテレス（前384–前322）のような人物もおり［★「ギリシア以外のところでは、女性と奴隷は同一列のところにおかれる」（『政治学』、田中美知太郎他訳、中公クラシックスより）］、彼のような見解は後年、中世キリスト教会の教父らのあいだにも広く受け入れられ、結果としてヨーロッパにおける基本的なジェンダー観を形成していく。古代ギリシアの人々は、女性の社会的な役割を厨房内に限定もし、公の権力と知識の舞台から除外もしたのである。女性が家事（家庭生活《オイコス》）を切り回し、政治、経済、科学からなる公事（市民生活《ポリス》）を男性が取り仕切るというこの棲み分けは、以降、第二次大戦期に至るまで、ほかの何よりも優先される決定的な区分としてヨーロッパで存続していくのだった。

✴1　古代エジプトにおける知識、権力、宗教の体現者

――ハトシェプスト（前1518頃－前1458頃）

時は前一五一八年――この年もまた、ナイル川は氾濫した。人々の記憶にある限り、ナイルは何千年と夏が来るたびにそれを繰り返してきたはずだった。あふれ出た水が流域に肥沃な沈積土をもたらし、住民はそこに小麦や大麦、衣類をこしらえるための亜麻の種を蒔く。大河の豊かな恵みのもとで暮らすこれらの人々は、自らをして神に選ばれた者ととらえるようになっていた。享受する〝富〟が、近隣諸族に比べて格段に大きかったのである。上エジプトと下エジプトに暮らす彼らはまた、自身をひとつの国家のもとにあるものとも考えていた。人々は実際、同じ習慣、同じ言語をもち、この地上に顕れた神の化身とされるただひとりの統治者、ファラオの支配下にあった。

王都テーベでは、新しいファラオとなる者の誕生が、今や遅しと待ち望まれていた。そして蓮咲き誇る王宮の庭園に建てられた四阿《あずまや》で、王妃イアフメスがついに出産する。その女児が、名付けて「最も誇り高く貴い女性」、すなわちハトシェプストである。[25] 来るべき日々を予知したかのような名ではあったが、王妃は自身の娘がその生涯において何を成し遂げるのかを、そのときにはほぼ見通し得なかったはずだ。

ハトシェプストの父トトメス一世は強力な統治者で、先王たちのやり方にならって自国の地位を大きく高めていった。以後五百年間に及ぶエジプトの繁栄は、前一五〇〇年代後半の彼の治世にはじまったと言える。エジプト史にあっ

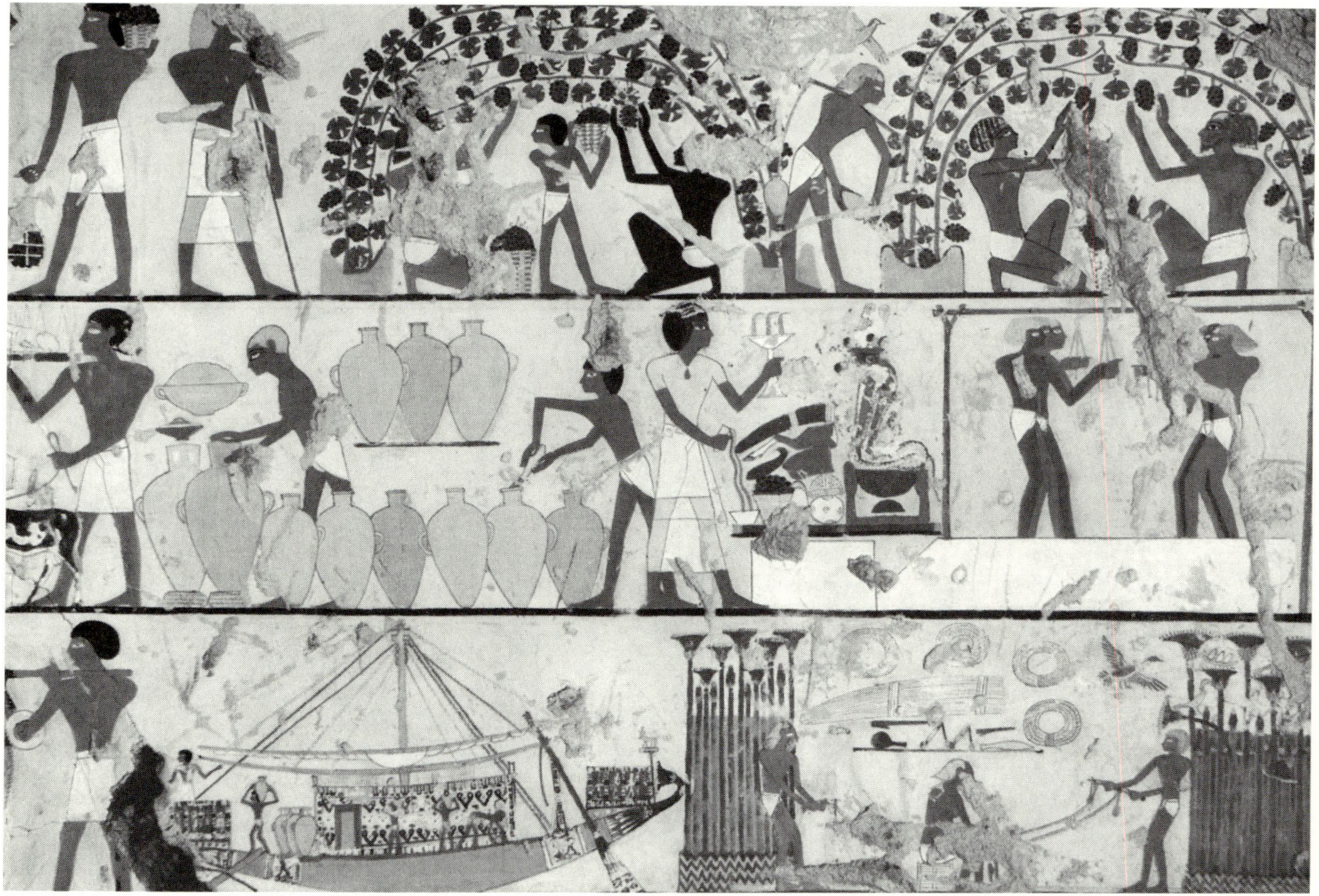

◉6……テーベの墓地遺跡に施された壁画（前15世紀）。古代エジプトの富裕層の人々は、ナイル川の岸辺に墓を建造し、豪奢な生活を描いた美しい壁画で飾った。

◉7……ハトシェプスト像。

て黄金時代とまで称されるこの絶頂期は、遠征に明け暮れた、いわば帝国主義の時代だった。トトメス一世の死後、ハトシェプストはエジプトの慣習に則して異母弟トトメス二世と結婚し［★嗣子が王女だった場合、神の化身としての純血性と王位の男系を維持するため、継承者とされた王子とめあわせられた］、二人のあいだにはネフェルウラーという名の女児が誕生した。ところが夫であるファラオには側室があり、将来のエジプトの統治者トトメス三世となる男児を産んでしまう。この息子の誕生後、まもなく病弱なファラオが他界したため、正妻ハトシェプストは急遽、すでに世継ぎとして指名されていたトトメス三世の継母として、摂政の地位に就くことになった。

古代エジプトにおいて、女性が摂政役を務めることはさして珍しくなかった。彼女らは、近隣の諸族と比べて格段に高い社会的地位と土地財産の所有や相続などに関する数多くの権利を有していたのであり、それらは女性が結婚によって男性の所有物となるメソポタミアとは対照的に、男性となんら変わりのない司法上の手続きを介して得ることができた。エジプトの女性はまた、母としての務めがいかにも第一とされていたにせよ、活動の舞台とされる家庭に縛られて社会生活から排除されるという、のちのアテナイのような扱いを受けることもなく、機織りやパン焼きの職人、農婦、楽器奏者、踊り手、葬祭時における〝嘆き〟の専従者、あるいは神官といった職に就いて〝外〟で働くことができた。

読み、あるいは書く能力が必須とされた官吏の地位は男性によって占められていたものの、高位の女性ともなればその多くが識字力に秀で、行政関連の職務にある夫を補佐したものである。一般に、ファラオは男性だけがなれるものと考えられているが、その実、古代エジプト三千年の歴史において夫や息子との共同統治という形で権力の最高位にのぼりつめた非凡な女性はひとりならずいる［★古代エジプトの政体にあっても、王妃の身分がすなわち統治権をもつ「女王」（女性の王）とはなり得なかった］。そこにはたとえば、前一三四〇年代と前一一八八年頃から前一一八六年頃、それぞれエジプトの中枢にあったネフェルティティとタウセルトや、ヘレニズムの末期となる前五一年から前三〇年に君臨したギリシア人☆クレオパトラ七世といった名が挙げられるが、そうした古代エジプトの女性統治者の中でも最大の働きを見せた人物が、誰あろうハトシェプストなのだった。

ファラオ、ハトシェプスト

ハトシェプストは、知識、権力、宗教の扱い方と、自身の職分の安定を確保する方法とを知り尽くした、巧みな統治者だった。その優れたリーダーシップは、治世がおよそ二十年間続いたことからも明らかだろう。当初、ハトシェプストは摂政王太后の立場で統治に当たったが、数年後には王冠を戴くファラオとなった。男性の衣装をまとい、統治者のしるしとなる顎髭をつけた自身の姿を彫像に刻ませ、壁画に描かせもした彼女ではあったが、自ら女性であることを隠しはせず、男性然とした装いにしても、単に権威ある立場を示すという理由からでしかなかったようだ。ハトシェプストは、継子トトメス三世が成人して権力の座に就く準備が整った段階になってもなおファラオの座にとどまったわけだが、それというのもあえて退位を求められなかったからで、死ぬまで共同統治者としてエジプトを治め続けていくことになる。この事実からしても、彼女が生涯を通じて、宮廷と人民からの絶大な支持を集めていたことは想像に難くない［★前述の実子ネフェルウラーについては、母ハトシェプスト同様に異母兄弟の王位継承者（トトメス三世）と結婚し、次代のファラオとなるアメンホテプ二世の母になったという推論もあり、これと併せてハトシェプストの王権残留が、継子トトメスと利を共有しない政治的野心によるものだったという解釈を採る研究者もいる］。

古代エジプトでは、政治、経済、宗教といった諸々の権力が統治者に集中していた。ファラオとは、絶対的な世俗の覇権をほしいままにする者であると同時に最高位の神官でもあり、つまりその地位に就く者は、死すべき存在（人間）でありながら、この世における神の秩序の代理人にして守護者となるのだ。実際のところ、ファラオは神として崇められていたのだが、崇拝の根幹をなしたのはその裡《うち》なる〝魂（カー）〟であり、秘められた力だった。エジプトの人々は、世界が神の支配する大宇宙《マクロコスモス》とファラオの統治する地上の小宇宙《ミクロコスモス》とに分かたれているものと考えていたが、そこには、神とその地上における化身であるファラオへの奉仕が人間の義務であり、それに応えた神がナイルの水をあふれさせ、エジプト繁栄の礎《いしずえ》となる豊かな実りを保障するという、人間と神の両者のあいだで取り交わされた〝相互扶助の契約〟とでも言える発想があった。

エジプト人は、地上での生を長い旅路の一過程にすぎないと考えていた。その究極の目的は、至福の地イアルで神々とともに過ごす永遠の生にあり、引いては死後、地上に墓碑を残すことは、エジプト人にとってこのうえない重大事だった。それというのも物質としての身体やその似姿がなくては他生もまたあり得ないからで、魂は墓碑と、正しい儀式に則って防腐処置を施された遺骸のもとに再訪を果たすと信じられていたのである。貧しい庶民は石に自分の名を刻むくらいがせいぜいだったが、富裕層の場合、自らの像を刻ませ、遺骸が朽ち果てないよう加工を依頼することもできたし、それがほかに並ぶ者もないほどの富や権力をもつ者ともなれば、自分自身と自ら崇拝する神々の栄誉を称えるため、巨大な霊廟を建立したものだった。

その中でも、最大の建物となるのがピラミッドである。古王国時代（前2686頃－前2160頃）に霊廟として建造され、新王国時代（前1550頃－前1060頃）の前半の世紀となるハトシェプストの治世に、従来とは性質を異にして打ち建てる新たな伝統がはじまったのだった。後の世にデル・エル＝バハリと呼ばれることになる累代の聖域にしつらえられたハトシェプスト女王葬祭殿は、その最も壮大な一例となるだろう。

歴代のファラオたちは、それぞれが臣民に伝えたいと考えるイメージやメッセージに即して、神々とともにある自身の姿を描かせた。ハトシェプストもまた、〝牝牛の女神〟ハトホルに乳を授けられる肖像を刻ませている。エジプト神話によると、ハトホルはホルスの母親であり、息子のホルスはといえば神々の中でも最も偉大な〝ハヤブサの神〟にして地上における最初の正統的ファラオと信じられていた。ハトシェプストは、自らの像によって、天上の神々同様の正統性を有していることを伝えようとしたのだろう。母なるハトホルは、愛、歓喜、舞踏、音楽、その他に関する知識の女神としてあまねく知られており、その一方で人々の運命を誕生の瞬間に決定し、冥界の死者たちを守護するとされていたのだった。

ハトシェプストは、武人だった父トトメス一世とは違い、軍事力を誇示する統治者になろうとはしなかった。宗教上の指導者、民の統率者としての側面を強調することに専心したのである。神的存在とあれば、ジェンダーなどはこの地上界における多くの属性のひとつにすぎなくなるわけで、彼女は、神性を帯びた存在として自身を表現することで、女性による統治の適性に関するあらゆる疑念を払拭してのけたのであり、さらには、自らをしてテーベ周辺でも最も重要な神と崇められるアメンによって受胎したのだという誕生伝説まで創り出したのだった。なにしろ、アメン神の子が権力の座に就こうというのだ。そのように主張される権利に対して、いったい誰が疑義を唱えられるだろうか？　ハトシェプストが自身に与えた即位名マアトカラーは、〝真実（マアト）は太陽神（ラー）の魂（カー）にあり〟という意味である。彼女はこの自らの美称によって、太陽神と統治者には何も隠しておくことができないのだから、叛逆の計画などを立てても徒労に終わる、というメッセージを敵対者らに伝えようとしたのだった。

ハトシェプストは、さまざまな知識の習得に重きを置いた。最高位の立場で世俗的、精神的な執務を行う統治者にとって、知が途方もない価値をもつことに疑いの余地はない。彼女は、娘のネフェルウラーにもでき得る限りの高度な教育を与えたいと考え、側近の建築家センムトを教師の任に就けた。ネフェルウラーの短い生涯における教師役を一貫して務めたセンムトの墓からは、その事実を裏付けるおびただしい資料が発見されている。

知識、権力、宗教の〝連合体〟

古代文明においては、知識と権力と宗教とが密接に絡み合っている。神威を帯びると言われる統治者は、その実、権力を有するがゆえに神同然の存在となった者でもあった。力とは神々から発するものであり、それゆえ神々に仕える専従者（宗教上の指導者）が、天上の力と地上の権力とを媒介する者として重要な役割を果たすようになった。エジプトの神＝王であるファラオは、神々による創造の作業を確実に続けていくこと、そして、神々への供儀を日々遂行し、臣民たちの生活を規定する種々の法を定めることを務めとして、同時に現世の秩序に対する責任を果たしつつ、神々によって創造された世界を護持してもいかなければならない。エジプトの神官たちの宗教的権威は、ファラオに代わって日常行われる神々への供儀を取り仕切ることに集約されるわけで、もしもこの儀式がなくなれば、神々の手業からなる全世界は破滅を迎え、創世に先立つ原初の混沌へと立ち戻ってしまうはずだった。

宗教生活と国の管理の双方にあって重要なのが、確実な天文学の知識である。エジプト人は、それに基づいて社会全体の機能を整えていったのだ。天体の運行に関する知識は、時刻の決定と暦の編纂のために何よりも不可欠で、これをもとにして初めて、神官たちは重要な宗教儀式を行い、各星座によって定められた犠牲獣を屠《ほふ》り、ナイル川が要求する供物を捧げるそれぞれの日時を、人々に伝えることができた。こうした儀式の適正な開催は、社会の安寧に直接結びつくものと考えられており、厳密に間違いのない日時に遂行されなければならなかったのである。

一年を三百六十日ととらえたエジプト人は、東の空に現れる星々を十日ごとに分割したうえでそれぞれを一デカンとする〈デカンの星座〉を案出し、天文学を発展させた。この星座群は夜の時刻を決める際に用いられ、神官たちはその時々の星座が夜空に姿を見せる頃合いを正確に記録し続けた。地球の二十四時間の自転周期に従って、天空の一定の場所には一時間ごとに新しい星座が現れる――エジプトを含む古代世界の天文学者たちは、地球の自転という現象こそ自覚していなかったものの、かといってそれが観察を妨げることもなく、夜空で起きている事象を系統的に注視して星々の動きを正しく記し、その運行についての充分な結果を得たうえで夜の〈時刻〉を決定した。エジプト人は都合三十六デカンを設定し、それらをして守護精霊であるとも考えた。こうしたエジプトの星座群はヘレニズム期(前330頃–前30頃)のギリシア天文学に取り入れられ、今日の占星術にもなお影響を及ぼしている。ただし、現在知られている星座はバビロニアに由来しており、エジプトのそれとは異なる星の組み合わせがなされているため、当時と今の認識を比較するのは難しい。

エジプトで発達したもうひとつの科学分野は医学だが、これもまた半ば宗教上の必要性に応じてのことだった。別世界（冥界ハーデス）へと向かう旅は長く、そこに赴くには身体が必要と考えていたエジプト人にとって、防腐処置を施した遺骸そのものや、壁画、あるいは彫像として表される似姿なしでの他生などはあり得ず、おそらく彼らはミイラ自体を魂が訪れる〝場〟ととらえていたのだろう。冥界への旅に向けて遺骸に防腐処置を施すという行為を介して、エジプト人は人体の構造を詳細に知るようになった。そしてこの点こそが、彼らとメソポタミア人とを隔てる大きな違いとなる。〝肥沃な三日月地帯〟にあったそのほかの大文明では、死体に手を加えることが禁忌《タブー》とされていたのである。

治療の儀式においてこそ呪術的行為が主要な役割を果たしていたとはいえ、エジプトにおける医学は驚異的な発展を遂げ、人々は諸々の有用な薬を作り出すことに成功していた。たとえば動物の肝臓を使って、当時蔓延していた眼病であるトラコーマの治療薬を調整しているのだが、これは今も同じように使われている。古代エジプト人はまた、気管や尿管の疾患、骨折、重度の熱傷《やけど》、虫による咬み傷といった多くの病や怪我に対処しており、脳圧を低減させる頭蓋骨の穿孔術を行う医師までいたらしい。

また、種々の病の詳細な症状と、それらへの処方を示したおびただしいパピルス文書が今日もなお残っているのだが、それによるとエジプト人は、産婦人科系の疾患の予防と治療にも心血を注いでいたようである。母子双方にとって最も危険な事態に数えられた出産を補助するさまざまな試みとして、マッサージや油の塗布といった処置が施され、分娩のときが近づくと守護を司る精霊や神の似姿が掲げられた。少々信じ難くもあるが、エジプトの医学文献には〝助産婦〟に相当する言葉が見受けられない。[26] しかしだからといって、分娩の補佐に精通した女性がその場に居合わせなかったとすることも当たってはいないだろう。医学文献に該当語が登場しないという事実は、そうした公的文書が男性の専門医たちによって書かれており、助産婦として働いていた女性たちに言及する必要はないと彼らが判断していたことを示唆している――そうとらえたほうが、より妥当と思われるのである。

古王国時代の文献には、優れた女性医師たちに言及した記述がいくつか見受けられる。そのひとり、ペセシェト☆は前二四〇〇年代のギザで活躍した人物で、記念の銘板が息子の墓から発見されているのだが、それによれば、彼女

✺1　古代エジプトにおける知識、権力、宗教の体現者

は大きな尊敬を集めた「女性医師たちの長」だったらしい。[27] この記述からは、少なくとも古王国時代において、女性たちが広く医学の知識に触れ得る立場にあったということが察せられる。女性が医学知識を身につけることができたという記録は、メンフィスの北にあったサイスの町の神殿でも発見されている。[28]

特に呪術としての医療の力と強く結びついていたのが、ヘカ神とセルケト女神である。呪術、宗教、医学が密接に関連していた古代エジプトでは、種々さまざまな治療師が数多く活動していたのであり、そこに女性も含まれていたであろうことは想像に難くない。ただ、そうした女性に関する文献はいっさい残されておらず、公式の医師として活動していた人物に関する情報を見直してみても、男性に比べて女性は格段に少ない。ただし視点をハトシェプストに絞ってみると、彼女が医学と薬草学とを学び得たことを示す文献が、確かに発見されているのだった。[29]

今日の考古学者たちはまた、古代人の日常生活における知見や技術といった、男性の宗教指導者たちによって独占されている以外の知識の研究にも力を注いでいる。そこで中心的な対象となっているのが、調理や織物、香料の調整に用いられる器具類で、これらは古代文明の技術における知恵について実に多くのことを明らかにしてくれる。女性から女性へと口承されてきたこ

●8……デル・エル＝バハリにあるハトシェプスト女王葬祭殿の〝プントの広間〟の壁は、プント国からの交易使節と、プント国への遠征の様子を描いたレリーフで飾られている。右面中央の大柄な女性はプント国の女王。

れらの知識は、薬草の治療効果や物質の化学的な作用を追究する学問である、のちのヨーロッパの民間医療や化学を発展させる基盤を形づくることになる。

ハトシェプストによる遠征

古代エジプトのファラオたちには、遠方の国々に平和的な交易使節団と軍隊を送り、異国の贅沢な品々をもち帰ることで、自らの偉大さを誇示するという慣習があった。こうした遠征団は幾度となく送り出されたものだが、それに関するかなりの情報が、新王国時代のエジプトの公人の墓から発見されている。中でも、ハトシェプストが実施したプント国への使節の旅は、詳細な記録が残された一例と言えるだろう。プント国の正確な場所は明らかでないが、研究者らは〝アフリカの角〟と呼ばれる地域、現在のエリトリアかソマリアがそれに当たるのではないかと推定している。

ハトシェプストによるプント国への使節派遣は探検行と呼んでも差し支えのないもので、女王葬祭殿の一室の壁に、準備段階から帰還に至るまでの全旅程を描いた美しいレリーフが見受けられる。蜂の巣状にヤシの葉を編んでしつらえた、他所ではあまりない東アフリカ独特の住居、地域固有の珍しい数々の動物、色彩豊かな植物と地元民などが描かれた、同傾向のものとしては初となるであろう壁画だ。ここにはまた、三千五百年前のエジプト人がこしらえた船の描写もあり、船舶史の研究者にとっても貴重な資料となっている。プント国は当時、没薬（ミルラ）の産地として知られていたようだが、同時に象牙、黒檀、ヘンナ、ヒヒ、猿、グレイハウンド、子持ちの奴隷を他国に供給してもいた。いずれにせよハトシェプストはプント国からこの没薬の木を運ばせて、樹木の少ない自国に移植させたのであり、デル・エル＝バハリの葬祭殿へと至る大路には今もミルラの並木が続き、往年の面影を伝えている。この木から分泌される樹脂は、没薬としてはもちろんだが香料にも用いられ、あらゆる宗教儀式で不可欠の役割を果たした。

プント国への遠征を表す壁画は、ハトシェプストの政策の証左にもなるだろう。彼女にとって、国内の統一と安定を推し進め、他国の人々と実り多い交易関係を樹立したファラオ、すなわち〝平和を志向する統治者〟として記憶されることは、きわめて重要だったのである。とはいえこうした平和志向を、いわゆる純然たる平和主義と見なすわけにはいかない。ハトシェプストが行ったのは、要するに武人統治者としての面を強調しないほうが賢明とされる、女性のファラオが取るのに適した政策だったのである。

　ハトシェプストは、自身の目的と国民の利益にかなうよう、権力を巧みに操り果《おお》せた史上初の偉大な女性と考えられている。その生涯と時代は、研究者のみならず、世代を超えて、一般の人々をも惹きつけてやまない。[30]彼女の時代についての考古学的資料はたいへんに多く、そこからは、知識、権力、宗教、ジェンダーが古代エジプトにあってどのように結びついていたのかを物語る、説得力に富んだ全体像を組み上げることができる。古代ギリシアの人々にしても、自分たちの慣習を、地中海南岸に生きるエジプト人のそれと比較検討したものだが、こうした行為こそが、自身の文化を新しい視点でとらえ直す大きな助けになったことだろう。

✺2　メソポタミアの化学の母たち

——タプーティ＝ベーラト＝エーカリ（前1200頃）

太陽が曙光を兆しゆくとき、
それは油と水と馨《かぐわ》しきものとを混ぜ、
火にかけ沸き立たせる頃合いだ。
金属鍋《ディカルー》に蓋をし、冷めるに任せる。
薬効あらたかとなった油を入れるための小壜を用意する。
小壜の口に特別な漉し布を被せ置く。
布で鍋の液体を小壜に漉し取る。
鍋の底に残った汚れと滓を取り除く。
そして、しばらくそのままに。（タプーティ＝ベーラト＝エーカリ）[31]

最古の化学者として知られる人物に数えられるのが、前一二五〇年から前一二〇〇年頃のアッシリアに暮らしていたひとりの女性である。その生涯を記録した文書はあいにくと残されていないものの、アッシュール［★アッシリアの首都。バグダードの北、チグリス川西岸］の神殿で発見された何千枚もの砕けた粘土板の中に、彼女の名前と香油の処方が見受けられるのだ。その女性の名をタプーティ＝ベーラト＝エーカリという。

この粘土板は、アッシリアが強大な覇権国家となったトゥクルティ＝ニヌルタ一世の治世（前1244–前1207）に書かれたものと考えられている。今日のシリアに当たる地域に軍事遠征を行い、隣国バビロニアを制圧して一時的に自領とするほどの権勢を誇ったこの王が、当時のアッシリア最大級となる新都カール＝トゥクルティ＝ニヌルタの宮殿や神殿で送った生活は豪奢を極め、一般庶民ですら莫大な国富によってもたらされた恩恵に浴することができた［★王の死後、首都は再び近郊のアッシュールに戻されることになる］。住民を他国の攻撃から守る堅牢な街壁で囲われた領土内の町々では、公共の郵便配送サービスも整備され、通信文がしたためられた粘土板が封筒代わりの粘土ケースに収められ送られていたし、道路も歩行者のサンダルが泥で汚れずにすむよう石で舗装が施されており、そのうえタプーティ＝ベーラト＝エーカリもその一員となる、宮殿に出入りする上流階級の人々に至っては、水洗トイレという贅沢な設備まで使うことができたのだという。

◉9……大きく目を見開いたシュメールの女神像（前2500頃）。古代メソポタミアには、強大な女神たちに仕える、大勢の権威ある女性神官がいた。

メソポタミアの町々とそれらを取り囲む郊外地域は、平時にあってたいへんよく栄えた［★メソポタミアは、現在のイラクに組み込まれるチグリスとユーフラテスの両河川に挟まれた平野地帯。北部のアッシリア、そしてアッカドとシュメールからなる南部のバビロニアに大別される］。町場の住人などは近隣の農作地帯から食物を仕入れ、国外を相手取った交易なども盛んに行った模様である。その際の主要な取引先となったエジプトと、今日のシリアやイランに住んだ諸族からは、象、ラクダ、金などが買い求められ、地中海にまで及んだ最長の交易路にある各港を経由して、宮殿や神殿の造営に用いる金属類、木材、そして貴重な石材なども運び込まれてきた。メソポタミアから輸出されたのは、ナツメや大麦といった農産物、工芸品やガラス製品、織物、香油、油などである。

しかし戦争の時期を迎えると、国内はもとより諸国との交易も途絶してしまう。数多くの町々が、何十年にもわたって苦難のときを過ごすことを余儀なくされ、完全に破壊される憂き目に遭う町も少なくなかった。

香油の作り手、そして化学の母たち

香油には、国内用や輸出用を問わず、メソポタミアの市場できわめて大きな需要があった。香水や薫香といった形で美容術や宗教儀式に用いられたばかりか、薬品の原料にもなったのである。そしてその作り手とあれば、社会的にも高い評価を受け、ときとして宮廷や神殿における組織の高位にのぼりつめることまであったらしく、タプーティ＝ベーラト＝エーカリの名前の後半部〝ベーラト＝エーカリ〟もまた、彼女が香油製造者の長であったことを示しているのだという。[32]

当時、宮殿の通廊という通廊には、薔薇、ローズマリー、レモン、シナモン、クローブ、アニスなどの強烈な芳香が漂っていた。香りの出元は、タプーティ＝ベーラト＝エーカリの徒弟たちが、めいめいの仕事に励む作業場である。ほかにも、羊やフクロウ、魚などから採る動物油や、木の実などを絞ってできる植物油が、香油やローションの原料として使われていたらしい。

高度な知識と技能とを要する手工業は、アッシリアをはじめとするメソポタミアの全域でたいへん重んじられていた。ことに香油の製造などは、古代メソポタミアにあって女性に任される特別な〝領分〟ととらえられていたものである。[33] 西洋化学がメソポタミア女性の厨房に端を発するのはまず疑いのないところで、彼女らは、さまざまな食物からの成分の抽出や、蒸留、染色、そして種々の方法による食物の保存といった化学的な技巧を、何千年にもわたって発展させてきた。厨房で立ち働く女性たちの姿は石のレリーフに刻み残され、早期の文献にも化学者としての高い地位を裏付ける記述が見て取れるわけで、アッシリアで発見された楔形文字の記録にも、女性の香油製造者を意味する

●10……楔形文字でアッカド語を刻んだこの粘土板（前2400頃－前2200頃）は、古代メソポタミアを物語る貴重な文献である。小型の粘土板は、都市住民の個人的な通信に用いられた。

〝ムラキット〟という言葉が、同業の専従者男性を意味する〝ムラキ〟に比べて、はるかに高い頻度で使われている。

メソポタミアの人々は理論づくの化学現象にはさして興味を示さなかったが、こと実用性に富んだ化学ともなると驚くほど熱心な取り組みを見せた。つまり古代メソポタミア人は、さまざまな加熱機器を調節して、溶液を必要な温度に保ちながら熱することもできたし、液体がどのような状態で蒸発するのか、また蒸気をどのように冷やせば液体に戻るのかを正確に理解した。そのうえで、蒸留後の液体を回収する装置も開発しており、染料と香油に用いる成分を植物の種や貝殻から分離、抽出してのけているのである。

その頃の染料は、なんと言っても織物の染め付け用として大量に消費されていた。後年になって麻や綿製品も現れるようになったものの、織物はたいてい毛でつくられたもので、シュメール人に至っては、前四〇〇〇年という時期にして早々と一大羊毛産業を築き上げていたほどである。染めに最もよく使われた色は木藍《インディゴ》からつくられる青で、貴重な紫の場合はアッキガイ（悪鬼貝）科に属する貝の殻から採られたが、後者には大量の個体が必要とされ、わずか一・五グラムの染料を得るのに一万二千個もの貝殻が入り用になったらしい。染料には、植物や動物由来のほかに鉱物を元とするものもあり、黄土色は酸化鉄、黒は硫化鉛、緑は孔雀石《マラカイト》からそれぞれこしらえられた。

メソポタミアの女性たちはまた、各家庭の厨房で発酵という技法を用いて食材をさまざまに加工する術を学び、乳からチーズを、ナツメやそのほかの果実からワインをつくった。かの地から出土した粘土板には、世界最古のビールの醸造法も記されている。大麦を原料につくられ、渇きを癒す飲み物として一般庶民のあいだで広くたしなまれていたビールは、肝臓と心臓とを嬉しくすると考えられた常備品であり、町場の住人であれば、家の貯えがなくなると地元のいわゆる〝パブ〟に立ち寄り、マグに注がれたビールで喉を湿したものである。ビールの醸造者やパブの亭主《あるじ》は往々にして女性が務めていたが、彼女らは〝人品正しい〟家庭の主婦のあいだではすこぶる評判が悪かったのだという。

また、メソポタミアの家事まわりで、水と同じくらいいっそう重要な産物だったのが諸々の油である。ゴマ油はオリーヴ油と同様、料理のときに用いられたが、こうした植物油のほかに、高価な動物油も大量に使われた。主原料はフクロウ、魚、羊、ガゼルなどの脂肪で、中にはライオンの脂身まで使われていたとする記録もある。油の用途については枚挙にいとまがなく、料理以外にも、香油や薬品、香料の原料にもなっており、灯りとして燃やすのはもちろんのこと、この時代にはまだ存在していない石鹸の代わりとして、汚れ落としにも使われていた。

男性の陰で活躍した女性専従者

メソポタミアは家父長制社会だった。父親は押しも押されもしない一家の長で、妻と子供たちはその所有物と見なされ、娘より息子のほうが尊ばれた。女性の最も重要な仕事は家事と子供の世話だと考えられていたが、それでも、宮廷や神殿での多くの尊敬される専門職に就いている女性も大勢いた。パン焼き職人、陶器製作者、機織り師、染色師、そしてタプーティ＝ベーラト＝エーカリのような香料の製作者である。

社会における男性と女性の役割を決定するのは、九分九厘、ジェンダーに関わる文化的な思考であり、通常、家父長制社会において「知的」（アッカド語で〝アプカル〟）と称される地位に女性が就くことはめったにない。[34] とはいえ、メソポタミアの人々の知識や知恵のあり方に対する見解は、種々さまざまというものだった。ここに〝ネメク〟という女性に対してよく用いられた言葉がある。「特定の仕事に就く際に必要な、知識と技術と知恵」[35]という意味だが、女性はメソポタミアにあって、とりわけ化学の分野でその能力を発揮することができたようである。そうした知識と手技は家庭内でも必須であり、母から娘へと代々伝えられてきたものだったからだ。その反面、彼女らは、実質的に天文学や数学については無知と言えた。つまりそうした知識は、それを専門とする男性書記と天文予測を行う男性神官のみが習得するものだったのである。

とはいえ、書きものを司っていたのはニスバという女神だし、歴史上、最初期の書き手として知られているのも、その名からしていかにも男女の別がうかがえる前二十三世紀に生きたアッカド人の女神官、エンヘドゥアンナ☆なのだ。当時にあって読み書きのできる人間はほんのひと握りで、専門職である書記はきわめて高い敬意を払われていた。この職分は、法律の問題を扱う際にも、また行政や交易といった場面においても——つまりは社会のあらゆる分野で——なくてはならない存在だったのである。書記の仕事には、個人的な手紙の代筆や、受取人を前にした代読も含まれており、こうした地位に就くための訓練を受けられるのは、富裕層の子、それも主として男子だけで、一人前になるには、五歳からはじめたとしても成人に達するまでの年月を要したのだという。

ただ、キシュやニップール、ラルサ、シッパールといったバビロニアの都市の多くには、富裕層の女子のための修道院とも言うべき施設があり、ここで彼女らも書記としての教育を受けることができた。この職に就いた女性の多くは、相当な期間、仕事を続けたようで、たとえば、アマト＝マム☆という女性書記は、発見された文献の日付から、四十年以上にわたって同職に携わっていたことがわかっている。特権階級の女性たちの中には、商才を発揮し、それぞれの生地となる町で影響力のある地位にまでのぼりつめた者もいたのだ。

ハンムラビ法典が整備された前十八世紀前半を過ぎた頃から約二百年のあいだ、バビロニアの女性たちは、他のどの時代よりも高い社会的地位にあった。固有の財産をもち、相続を受け、暴力的な夫と離婚することもかなえられたし、交易に従事し、その他の職業に就く権利も得ていたのである。婚後は夫の所有物になることに変わりはなかったものの、離婚する際には持参金の所有権の主張がかない、富裕層の女性であれば、衣類や宝飾品のほか、自前の奴隷と土地をその手にできたわけで、中には法律上でこそ夫の所有物という身分のままとはいえ、ある程度の経済的自立を達成した才覚ある女性たちまで存在したものだが、その反面、専横な夫の意のままにならざるを得ないという最悪の状態に陥る女性も少なくなかったようだ。

実践的な知識と超自然的な力

メソポタミアの文化では、実践的な要素と超自然的な要素の両方が大きな役割を果たしていた。そのうちの実践に関わる側面は、化学、実用技術、建築といった分野における技巧の大きな発展にはっきりと見て取れる。メソポタミアの人々は、史上初めて車輪を用い［★軸を中心に駆動する円形の機構（ホイール）の嚆矢は、作陶用の〝ろくろ〟に求められる］、交易に役立つ正確な度量衡を開発しているのだが［★後述するが、現在の時間や角度の計測にも用いられる六十進法を基本としていた］、こうした実践的な活動についての記述には、魔術や呪術めいた文言はほとんど見られない。

一方、強い呪術的要素が見出されるのが医学の分野で、病気には呪文や魔除けの品々で対処することが多く、また、罹患の程度は、種々の吉兆ないし凶兆に基づいて判定された。治療師たちは、病人の家に行く途上で出遭った動物の種類や色を観察し、それに応じて病の行く末を予測したのだという。こうした吉凶の兆しに基づく判定はメソポタミアに限ったわけではなく、経過の予言に関わる民間信仰はあらゆる文化に存在している。人間は、こと将来の出来事となると、超自然的な力の助けを求めるものなのである。

もっとも、メソポタミアの人々が超自然的な力の存在を絶対的に信じていたとはいえ、完全にその意のままになっていたわけではない。さまざまな兆しを読み取ることはまた、神々の意図をよりよい形で理解するために用いられ得たのである。未来――特に王と領土の運命――は、天文学上の諸現象に基づいて予測が可能であると彼らは信じており、そのために、星々の動きに応じて来るべき諸々を計る神官たちは、神意のままにあるはずのそれらを正確に記録し続けた。

神々が人間を創造した何よりの目的は、人間を自らの奉仕者に仕立てることにある――そう信じていたメソポタミアの人々は、人間が無知なまま神々に対して過ちを犯さないよう、引いてはその結果、自分自身や家族にまでも禍《わざわい》がふりかからないよう注意を払わなければならなかった。ただし、神々に対する信心に関して言えば、メソポタミアの人々はむしろ実際家としての側面が色濃かったようにも思われる。彼らは、最初の神が望む通りの結果をもたらさないとなれば、次の神へと崇敬の念を振り向けたわけで、したがって、できるだけ多くの神々を崇めておく行為は充分理にかなっていたのである。

メソポタミアの文化遺産

中東（西アジア）、メソポタミアの南部で六千年以上前にはじまった都市の発展は、西洋文化の礎石となった。言語、数学、楽理、冶金学、立法といった、ギリシアで端緒が開かれたと今日考えられている文化事象の多くは、その実、メソポタミアにこそ由来している。かの地からギリシアへの文化伝播は、職人たちによって直接的に、また、交易を経て間接的に伝わっていった。メソポタミアで多くの工芸や技術が発達し、アッシリアの技師たちが前八世紀のギリシアで神殿や宮殿の建築に携わったということも充分に考えられるし、ギリシアの神話、天空の概念、医薬、神々に捧げられた競技（古代オリンピック）にもまた、メソポタミアの影響が明らかに見て取れる。こうしたメソポタミアとギリシアの人々の文化交流の仲介者として大きな役割を果たしたのが、今日のレバノン一帯に住んでいたフェニキア人だった。

西洋の科学は、メソポタミアの文化の歴史に深く根ざしている。そこで生きた人々は今日的な意味での科学理論を発展させることはなく、純粋に科学それ自体に関心をもっていたわけでもなかったが、こと自らを取り巻く世界に対しては構築的とも言える観察者だった。さまざまな〝目録《カタログ》〟を綿密に作り上げた彼らは、この行為を通じて植物や動物の特性を理解するようになり、そうして得た知識を香料と油の製造にも適用していった一方で、数学にもまたたいへんな進展を果たす取り組みを見せることになった。のちのギリシア人たちのような概念《イデア》を扱うことこそなかったものの、高度な代数を用いて幾何学上の問題を解決していったメソポタミア人は、ギリシアよりもいっそう早い前十八世紀という時代に、ピュタゴラス三角形、累乗、平方根と立方根、高次の方程式などを知悉していたのである。

メソポタミアにあって、星々の運行から予測を行うための天文学と、星々の人間に及ぼす影響を知るための占星術とは、それぞれ深く関係し合っており、別個のものとしてとらえることはできない。天文学の目的は大きく二つに分けられる――太陰暦の編纂と、神々の意図の説明である。惑星は神々の名にちなんで名付けられ、神官たちは、日食と月食を、太陽と月のそれぞれの経路に基づいて可能な限り正確に予測するよう努めた。しかし、これほどの観察を行いながらも、彼らは、天体の軌道の明確な理論を打ち立てようとはせずに、あくまでも観察結果に基づいた連続性や関連性を見出すことに専心したわけで、ここで必要とされる計算に大いに役立ったのが、バビロニア数学と言われる先駆的な数の体系である。

シュメール人たちはすでに、商品と原料の重量を量るミナ（ムナ）という度量衡を案出していた。これは六十進法に基づいた単位で、高価な香油、染料、金属など、厳密な単位量の計測が必要な品々の交易においては特に重要だった。このメソポタミアの単位が信頼されていたことは、正確さを好むギリシア人がミナの体系を採用したことからも明らかだろう。今日、使われている時間や分などの単位さえも、メソポタミアの六十進法を受け継いでいるのである。

アッシリアの覇権は、前六一二年、メディア人らの攻撃を受けて首都ニネヴェが陥落したときに終焉を迎え［★この頃はすでに帝国期（新アッシリア時代）を迎えており、首都は本章冒頭の王国期のアッシュールから数えて幾度もの変遷を経ている］、そのおよそ八十年後となる前五三六年、バビロニアもまた同じ運命を辿った。そして、前三三一年、マケドニアのアレクサンドロス大王（前356–前323）が、当時一帯を支配していたペルシア王国を破ってメソポタミアを制圧すると、最終的にこの地はヘレニズム期のギリシアの一部として編入されることになった。これとともに、天文学、数学、化学といった古代メソポタミアの知識もギリシアに直接伝えられるようになり、同地における科学の発展を大きく促していくのである。

ヘレニズム世界、中でもエジプト文化の中心都市だったアレクサンドリアで、古代メソポタミアとエジプトの双方における化学知識が融合して錬金術が誕生すると、これが基盤となって二千年後の近代化学へと発展していく。こうして今日もなお用いられている液体となんらかの物質の分離や化合に関する基本的な技巧が、女性たちによる食物の加工と香油の製造に端を発する一本の線上に置かれることになる。これこそが、タプーティ＝ベーラト＝エーカリと〝メソポタミアの姉妹たち〟が、正しく化学の母と見なされるゆえんなのだ。

その後千年余りの時を経るうちに、古代メソポタミアの文化と言語は次第に忘却の彼方へと消え去っていき、メソポタミアに花開いた数々の都市にしても、エジプトに比肩されるほどの巨大建築物や陵墓を後世に残すことなく、おびただしい戦乱が続く中で、ほとんどが灰燼に帰してしまった。しかし十九世紀初頭、イギリスのアッシリア学者ジョージ・スミスがニネヴェの発掘調査を実施した際に、帝国最後の大王アッシュールバニパル（在位：前668–前627）の一大図書館を発見し、その後、二十年近くに及ぶ調査と研究を経て、粘土板の楔形文字の解読に成功することになる。こうして見出された世界最古の英雄譚『ギルガメシュ叙事詩』[36] *The Epic of Gilgamesh*［★矢島文夫訳、ちくま学芸文庫］は、旧約聖書における大洪水の挿話がメソポタミア文学と深いつながりをもつという可能性を近代ヨーロッパ人の前に初めて示し、大きな驚嘆とともに迎えられた。メソポタミアの精神は、このような形でも西洋文化の中に息づいているのであり、[37] かの地の女性たちの経験に基づく知識と知恵もまた、現代まで受け継がれる伝統の一部となっているのである。

✺3 ピュタゴラス派：最初期の女性哲学者たち

——テアノ（前6世紀）

テアノが生きた前六世紀のクロトン[38]は、南イタリアで数を増しつつあったギリシア植民都市のひとつで、小アジア西岸に位置する地中海交易の一大中心地にして母都市でもあるミレトスと密接な関係を結んでいた。周辺の諸都市に比べるとやや小ぶりながら、優れた競技選手《アトレテス》を輩出することで知られていたクロトンは、東方の品々をイタリアやイタリア以西の各植民都市に運んで郷土の繁栄に貢献した商人たちの存在によってもその名を馳せていた。南イタリアに移り住んだギリシア人たちは、〝外部〟からの侵略者に対してはさほど警戒の念を抱かずに済んでいたものの、その一方で植民都市間の争いは熾烈で、いずれもが〝同胞〟に当たる都市を攻め落とそうと、互いに機会をうかがっていたようである。これはつまり当時のギリシアがひとつの国のもとに統一されていたわけではなかったことを意味し［★ギリシア統一は前三三七年、マケドニアによって達成される（コリントス同盟）］、それぞれの都市国家（ポリス）は外敵である蛮族と戦うだけでは飽き足らずに、身内同士で常に激しい競り合いを繰り広げていたのだった。

放浪の哲学者ピュタゴラスがこの南イタリアの小都市クロトンにやって来たのは、前五二〇年頃のことである。彼はここで、地元の有力者ブロンティノスと出会った。ピュタゴラスはさまざまな宗教、とりわけオルペウス教に強い

●11…………ギリシア、タソス島の墓石に刻まれたレリーフ(前430頃)。女性が、小さなパピルスの巻物の入った箱を開けている場面が描かれている。古代ギリシアにおいて、読み、そして書くという特権を手にした女性はごくわずかしかいなかった。

関心を抱いていたのだが、ブロンティノスはこの密儀《ミュステリオン》の帰依者として知られていたらしい。オルペウス教は、女性がその儀式において伝統的に重要な役割を担うディオニュソス信仰と、深く結びついていた。クロトンの名士ブロンティノスは、博識な国際人ピュタゴラスを喜んで迎え入れたものと思われる。ほどなくして彼は、娘のテアノをピュタゴラスに引き合わせたのだった。

古代から伝わる文献によれば、ピュタゴラスの最初の弟子にして妻となったテアノは、哲学論文をものした初の女性ということになる。ちなみに一方のピュタゴラスは、女性を弟子として受け入れた、ギリシア最初の哲学者だった。のちの研究が示すところでは、ピュタゴラスは自身の教えを書物にはせず、口頭で伝えるのみで、弟子たちもまた、少なくとも師が生きているあいだは、文書化に手を染めることがなかったらしい。ピュタゴラス派の人々が著作を世に送りはじめたのは、師の没後、つまり、彼の教えを後世の人々に伝えたいという欲求が生まれてからのことだった、というわけである。

ピュタゴラス派の文献群からは、女性名で書かれた数多くのテクストが発見されている。これらの作者をめぐって、研究者のあいだでは長年にわたり熱のこもった議論が交わされてきたが[39]、少なくとも執筆時期については、前四世紀から前一世紀にかけてのヘレニズム期に求められるとする見解が大勢を占めているようで、つまりこの頃、ピュタゴラス派に属する多くの学究が、過去の賢人の名で自作を著しているのである[40]。ピュタゴラス派において女性が重要な役割を果たしていたのは間違いのないところだが、どの時代のどの女性がこれらのテクストをものしたか、という点に関する確証はない。古代には著作権というものはなく、筆名も多く用いられたわけで、往古の学者名の借用は敬意のしるしと伝統的に見なされてもいたのである。テアノをはじめとするピュタゴラス派の女性たちが哲学にどのような影響を与えたのか、そして、当時の女性たちが自身と社会における自らの役割とをどのようにとらえていたのか——それらを考察するにはまず、ピュタゴラス自身の思想を簡単にさらっておかなければならないだろう。

ピュタゴラス：シャーマンか、哲学者か

ピュタゴラスについて書かれた著作は、枚挙にいとまがない。彼の生涯や、西洋哲学と科学における重要性に関する研究者たちの見解はさまざまだが、この関連書の膨大さは、彼という人物への興味が下火にならずに続いてきたことを示す明白な証左と言っていい。ピュタゴラスをめぐる無数の物語では、創作と事実とが分かち難く混在し、彼が説いたとされる教義にしても、同様に謎のヴェールに覆われている。教団の信奉者たちは、（少なくとも師がまだ生きているあいだは）部外者にその教えを明かさないようにしていたのだった。

ピュタゴラスは、ギリシア東部、イオニアのサモス島に生まれ、若き日々をそこで過ごしたものと考えられている。父親と目されているのはムネサルコスという名のフェニキア人で、金細工師か、さもなければ篆刻《てんこく》師を生業《なりわい》としていたらしい。青年時のピュタゴラスは多くの町々を転々とした。そのひとつが、前六世紀にギリシア哲学（自然哲学）が誕生したとされるイオニアの都市、ミレトスである。この地では当時、イオニア学派、引いては特にミレトス学派と総称されることになる自然哲学者らが、その思索を深めていた。彼らはとりわけ〈大地（地球）の起源〉に関心を寄せており、今日、哲学の祖と見なされているタレス（前624頃－前546頃）などは、世界は水から生まれたものと考えていたようである［★彼の世界モデルは、水に浮かぶ平板な大地として表されていた。その一方で、〈球体説〉を初めて理論づけたのがピュタゴラスである］。

ピュタゴラスはどこに行っても、その地で知ったさまざまな考えを自らの思索の裡《うち》に取り込んだ。ミレトスでは、タレスのほかにもアナクシマンドロス（前610頃－前546頃）やアナクシメネス（前585－前525）の思想に触れたものと考えられるが、アナクシマンドロスに関しては直接本人の知遇を得て、〈万物の根源《アルケー》〉という概念《イデア》を取り入れた可能性もある。この概念はアナクシマンドロスの弟子であるアナクシメネスにも受け継がれているが、彼の場合、死者が呼吸をしないことから息が生命そのものであるとした当時のギリシア人の発想を敷衍し、世界の源を空気に求めていた。言い伝えによれば、ピュタゴラスにはザルモクシスという名の奴隷がいて、このザルモクシスが主人であ

る彼に、北方型のシャーマン的な伝統と魂の転生（輪廻）という教義を伝えたのだという。[41] ピュタゴラスはまたミレトスの哲人たちにとどまらず、フェニキアの諸賢人の教えやオルペウス教の流儀に通じていたシュロスの人ペレキュデスを介して、東方世界の影響をも受けていった。こうして広く旅をし、とりわけエジプトとバビロニアのさまざまな思想にも感化されたピュタゴラスは、南イタリアの都市クロトンにようやく落ち着き、自ら教団を興すのだった。

博識家ピュタゴラスについての研究は、長きにわたって大きく二つの系統に分かれてきた。一方はピュタゴラスの宗教者としての側面に、もう一方は哲学者としての側面に、それぞれ主眼を置くのである。ギリシアの神話と信仰を専門とするドイツの研究者ヴァルター・ブルケルトの見解によると、ピュタゴラスは何よりもまず個人的な救済の教義を説いた、カリスマ的なシャーマンだった。彼が創設した教団における実践の主軸は、秘密の遵守、厳格な浄めの儀式、アポロン神の崇拝などからなるが、これに加えて、諸信条《アクスマタ》ないし諸戒律《シュンボラ》と呼ばれる、意図的に曖昧化された格言によってもまた知られている。たとえば、「秤竿《はかりざお》を跳び越えてはならない」、「刃物で炎を掻き立ててはならない」、あるいは「豆を食べてはならない」、「太陽に向かって小用を足してはならない」、そして「指輪に神像を彫ってはならない」などである。もっとも、ピュタゴラスの没後から七百年以上たった三世紀のローマ時代を生きた伝記作家、ディオゲネス・ラエルティオスに言わせれば、こうした文言は字義通りにではなく比喩的にとらえられるべきなのであり、「秤竿を（……）」は公正や正義を踏み外さないようにという意味で、また「刃物で炎を（……）」の場合は自分より強い相手にかかってこいと挑発したり煽ったりしないようにといった含みをもつのだという。ほかにも豆食の禁止には腹中にガスがたまり体内が汚れた状態になってしまわないように、という戒めがほのめかされているらしいのだが、これには古代の豆（空豆）をめぐるさまざまな禁忌《タブー》や迷信に根拠を求める別の解釈もあり、その形が睾丸や胎芽に似ているがために、豆はセックス、あるいは誕生や死と結びつけてとらえられていたのだということである。[42]

ピュタゴラス研究のもうひとつの流れは、独自の思索者、自然哲学者としての側面に重きを置くものだが、[43] この系統から眺めた彼は、数と数学とを介して理解できる世界、そして、物質世界とは別立てとなる真実の世界という諸概念を、ギリシア哲学にもたらした最初の人物ということになる。プラトンはのちに、この真実の世界を〈イデア界〉と呼び、自らの構想をしてピュタゴラスからの賜物と公言してはばからなかった。その恩恵のほどは、以後、ピュタゴラスと彼の思索に明確な閾《しきい》が設けられなくなったことにも表れている。

ピュタゴラスは、ギリシア哲学に、引いては西洋思想の全体に、決定的な足跡を残した宗教上の指導者であり思索者だった。アリストテレスの指摘によると、ピュタゴラスの教えは、〈万物の根源〉に合理的な説明を加えようという試みによって、(密儀的な要素も多々あるとはいえ) 宗教的な体系というよりも哲学的な体系と呼ぶべきものになっているのだという。

ピュタゴラスにとっての〈万物の根源〉は数だった。世界は唯一、数を介してのみ正確に秩序立てることが可能で、ひと粒の砂から宇宙に至るまでのすべてが数と図形によって定義できる――彼はそのように考えていたのである。

ピュタゴラスはまた、音楽にも大きな関心を寄せていた。音楽、特に詠唱の形をとった詩は、ギリシアの信仰において重要な機能を果たしており、若い世代の人々は、詩を通して品格や道徳心などを身につけたものである。音楽はディオニュソスの祭りなどで演奏されたが、ピュタゴラスの見立てによると、健康を促進するのは正しい種類の宗教楽だけなのであって、享楽的な男神への信仰と結びついた祝祭で女性たちが乱痴気騒ぎさながらに踊り狂う姿態は、より高みを目指す彼の音楽志向にふさわしいものとはとても思われなかった。ピュタゴラスにとっての音楽は、人間と宇宙とをつなぐ最も強固な絆だったのである。この宇宙に存在するほかのすべてと同様、音楽は数学と図形とを仲立ちとして解せられる――この命題を考察する中で、彼は〈ピュタゴラス音律〉と呼ばれる調性を案出したのだという。二：三の周波数比の関係にある音程（完全五度）を基にした快い響き（協和音）をもつこの音律は、数学的に今日で言う調和数列、調和平均を内包しているのだが、これを宇宙にあまねく広げ、全体が調和音を奏でているとした彼を嚆矢とする発想の表出が、いわゆる〈天球の音楽〉である。

数、宇宙論、楽理、魂の転生に関するピュタゴラスの理論はすべて、倫理という赤い糸によってひとつなぎに結ば

◉12……古代アテナイの宗教行事は、女性が自由に参加できる唯一の公式の場だった。ディオニュソス神を称えるための祝祭の場で、女性たちは狂躁的に踊り歌った。

れている。ピュタゴラスによる知の体系全体が、公正で善なる生活を教え説く試みだと言っても過言ではない。人は魂をより高みにのぼらせることによって、次の生ではいっそう高次の存在として生まれ変わる。人間は一定の慣習に固執しがちだが、わけても肝要なのは、宇宙とその裡《うち》における人間の役割とを熟考することなのだ——これこそがピュタゴラスの教えの基盤で、彼の哲学は、宇宙の本性に関わる枠組みを提供し、魂をより高みに置くための方法を示しているのである。

こうした宇宙論と数秘術とをめぐる教えは、ピュタゴラスの没後数十年たってから、彼の派に属する哲学者のひとり、ピロラオス（前470頃－前385）によってまとめられた。ピュタゴラスによって説かれた流儀は、教団員や信奉者たちによる著作の中に、七百年余りにわたって生き続けたが、そこには女性の書き手を思わせるものも少なからずある。

ピュタゴラスは、並みいるギリシア哲学者の中でも、自身の教団に女性が弟子として加わることを初めて認めた人物だった。彼は魂に男女の別はないと考えていたのであり、その謂いからすれば、女性を含むあらゆる人々が魂をより高次に送り込むことができるはずだった。ピュタゴラスは、こうした女性への敬意を、ドリス方言を話すスパルタの人々から得たものと思われる。軍事都市国家スパルタでは、女性たちが目に見える形で重要な社会的役割を果たしていたのだが、こうした女性のあり方は、当時のギリシア社会、ことにアテナイでは軽んじられていた。クロトンのような南イタリアのギリシア植民都市では、広くドリス方言が用いられており、初期のピュタゴラス派の手になるテクストもまた、この言葉によって書かれている。ピュタゴラスが諸要素を取り入れたオルペウス教にあっても、女性は好意的に扱われていたものだが、ピュタゴラスはさらに、イタリア北部のエトルリア人から、パートナーシップとしての結婚という概念を得ていたとも考えられている。[44] いずれにせよピュタゴラス派からは、古代ギリシアのその他のいかなる哲学派に比べても、女性という存在への敬意がはっきりと見て取れるのだった。

テアノ：最初の女性哲学者？

今日入手できる稀少な資料をもとに、テアノ自身と彼女による哲学的な思索活動の見取り図を引こうと試みる際は、まず古代ギリシアを生きた女性たちが置かれたおおむねの地位に関する現在の知識と照合する形で、諸々を検討しなければならないだろう。前七〇〇年頃に書かれたヘシオドスの教訓詩『仕事と日』*Erga kai hemerai*［★松平千秋訳、岩波文庫］では、神々が女性を男性にとっての罰として創造した次第と、神々がこの世界に病と重労働と死をもたらした次第とが述べられている。女性の権利という見地からすると、古代ギリシアの古典期（前5世紀－前4世紀）は暗黒時代で、ことにアテナイにおいてそれは顕著だった。女性は法律上、父親と夫に完璧に依存する存在であり、家庭内に半ば監禁される形で専用の別棟に住まいが定められ、社会的な権利や自由に至ってはいっさい認められていないに等しかった。

ただし、この時代の女性の地位とあり方に関して言えば、それがすべてに通じる真実というわけではない。アテナイをはじめとするアッティカの一帯にあって、女性はいかにも厳しい統制下に置かれてはいたものの、ギリシアの植民都市と都市国家がことごとくそうだったということはなく、たとえばスパルタでは女性の地位やあり方はまったく異なっていた。ギリシア神話に登場する女性たちは実に力強く、またギリシアの巷間に知れわたっていたホメロス（前8世紀末）による『イリアス』*Ilias* と『オデュッセイア』*Odysseia* ［★ともに上下、松平千秋訳、岩波文庫］を見ても、女性が称賛の的として描かれてもいる。ホメロスの場合、女性の美と手腕と知性、とりわけ妻や母としてのそれを称えているわけだが、実際のところ彼女らは単に子孫を産むばかりの存在ではなく、家庭《オイコス》生活を取り仕切る重要な役割をも果たしていた。

古代にあって最も知られた女流詩人☆サッポー（前630頃－前570頃）なども、強く、自立した、そして才能ある女性の好例となるだろうし、繊細な筆致で女性を表現した数多くの記念碑やレリーフの存在も、前七世紀から前六世紀の同時代女性への称揚を明瞭に示唆するものと言える。古代ギリシアでは、男性よりも女性の数が目に見えて少なくなった時期が何度かあったと見なされているが、そこからすると結婚適齢期の女性が不足していたという事実が女性への敬意を促したことが考えられ、結婚市場で女性の側に選択権があったということもまた言えるだろうし、一方、富裕家庭の妻女らの場合、軽視できない経済力をもっていたかもしれず、それが彼女たちの地位を夫と同等のものにしたということも想像に難くない。

テアノは、上流階級の家筋の子女だった。父ブロンティノスは、娘がピュタゴラスの講義を受けることを許しているが、それは、一家とピュタゴラスが良好な関係にあったことを示している。ピュタゴラスとの結婚が、テアノにとって強制的で、かつ一方的なものであったということはまずないだろう。

◉13……前7世紀から前6世紀のレスボス島では、独吟のための抒情詩が盛んに作られたが、その代表的な作者が、この壺絵（前470頃）に描かれたアルカイオス（前620頃－前580頃）とサッポーである。

二人の結婚が双方の望むうえであったことは明らかで、テアノの持参金は新しい家庭の富を約束したはずだし、一方のピュタゴラスはといえば婚家に文化と女性への敬意とをもたらしたに違いない。ピュタゴラスの最初の弟子は、妻と義父だった。こうしたブロンティノス家の縁者から広がった討論の場はたちまち宗教的なコミュニティに発展し、テアノはその中にあって、師の最初の弟子として重要な役割を担うようになる。

　ピュタゴラスの数秘術とともに、魂の転生への考察と宇宙の調和的な構造の解説がなされている研究論文『徳性について』*Arete* は、テアノの名のもとに記されている（ただし後述するように、これは単に彼女の名を借用しただけという可能性もある）。同作によれば、〈万物の根源《アルケー》〉は数に求められるとピュタゴラスが提言した事実はなく、存在と数とは類比《アナロジー》としてとらえられるべきなのだという。要するに、存在は数に似ているということだ。それは、数さながらに数えることができるのである。そして人は、数えることによって世界に秩序を確立する。数を介してこそ、事象が一定の時間的持続性、すなわちはじまりと終わりとを有していることが理解される。だがしかし、魂にはもちろんはじまりも終わりもない。それは、不滅なのだ。死の瞬間、魂は新しい身体に——動物ないし別の人間の身体に移る。人間はそこで、宇宙との調和の裡《うち》に生きようと務めなければならない。宇宙は整然と秩序づけられた世界であり、あらゆる存在には前もって定められた場が与えられている。存在と事象とは論理の諸法に従うが、人間はそれと同時に道徳と宗教の理《ことわり》にも従わなければならない。これらの諸法に従わず、調和を侵害すれば、より悪しき転生という罰が下され、人間でないものに生まれ変わることになってしまうだろう……。

後期ピュタゴラス派の女性たち：ピントスとペリクティオネ

　当初はクロトンの市民たちにも大きな人気を博していたピュタゴラス教団だったが、やがて、さまざまな政治的問題のもとに批判や攻撃を受けるようになり、最終的には追放されることになる。教団のその後に関する古代の文献の記述はさまざまで、内容的には矛盾しているところも多い。ある記録によれば、ピュタゴラス亡きあとはテアノが息子たちとともに教団活動を指導したというし、またディオゲネス・ラエルティオスが書いた伝記には、自らの教えに関する秘密の文書をすべて娘のダモに引き渡したピュタゴラスが、家族以外の者には絶対に譲り渡してはならないと厳命したという記述も見受けられる［★『ギリシア哲学者列伝』上－下、加来彰俊訳、岩波文庫］。

ピュタゴラスの意図とは裏腹に、彼の教えは教団という小さなサークル内にとどまることはなく、プラトン、アリストテレスが及ぼした影響も相まって、広く世に知られることになった。ピュタゴラスの教義を奉じる哲学者たちの流れは、没後七百年以上にわたって途絶えることはなく、彼らは当初、後期ピュタゴラス派（前4世紀－前2世紀）、その後は、新ピュタゴラス派（前1世紀－後2世紀）と総称された。そしてもちろんこの後期ピュタゴラス派にも女性の姿があり、中でもその名を知られているのがピントスとペリクティオネということになるだろう。クロトンのピントスの名で書かれた、人間のさまざまな徳性を扱った論文には、勇気と公正と知恵は男女両性が併せもつ徳性であるにもかかわらず、社会的な役割という視点においては、誰もが認めるように男性は女性以上に勇気と知恵を発揮することが求められる、という見解が述べられている。

プラトンの母親であるペリクティオネは、ピントスが述べた人間の徳性をイオニア方言で書かれた論文の中で繰り返し、そうした徳性を家庭内ではぐくんでいくよう同性の人々を激励する。女性の主たる務めは、家族に向かってなされるべきであり、たとえ夫が夫としての義務を果たさず、家族を顧みなくとも、女性として自らの義務を果たさなければならない、とペリクティオネは語る。多くの男性哲学者が標榜した概念《イデア》に比べると、ピントスとペリクティオネの思索はいっそう実践的である。二人は、家庭内がよりいっそうの調和に導かれるにはどのように暮らせばよいのかを、女性たちに向けてさまざま教示しようと試みているのだ。

〝調和〟はピュタゴラスの最も中心的なテーマのひとつで、彼のあらゆるレベルにおける教えに繰り返し登場する。ピュタゴラスの宇宙は調和に満ちた形で創られており、人間は、それぞれの生活の中でこうした調和の原則に従う義務がある。ピュタゴラス派の女性によれば、両性のあいだでの伝統的な分業が保たれているときにこそ社会的な調和が最もよく保持されるということになるが、これは女性の役割が受動的なものであるということを意味してはいない。それはまったく逆で、女性が自身の領域（家庭）を精力的に、大胆に、公正に、知恵をもって営んでいかなければならないということを強調しているのだ。

　ピュタゴラス派の女性の手になる文書には、多くの手紙が含まれているが、子供の世話や教育、家庭の管理などに関して論じ合い、互いにさまざまな指示を与え合っているそうした書き物は、テアノや、テアノの娘たちと伝えられるメリッサとミュイアの名を使って記されている。これは、ピュタゴラス派の女性たちの識字力を物語る明確な証拠で、古代ギリシアにあっては、女性はもちろん男性のあいだでさえ、読み、書くことができる者は他に抜きん出た存在とされていた。手紙からはまた、女友達と共有するひととき、女性によって行われる諸々の家事の領分、そしてピュタゴラス信奉者としての教育の重要性といった、当時の女性たちの文化を知ることもできる。ピュタゴラスの世界観に基づけば、家は小規模な国家なのであり、それをどのように営み導いていくかは、決して小事とは言えない。経済《エコノミー》という言葉は、ギリシア語で家庭や住居を表す〝*oikos*《オイコス》〟と規範や法を表す〝*nomos*《ノモス》〟が複合した〝*oikonomia*《オイコノミア》〟に由来し、家庭の管理と財政とを意味している。家庭管理（家政）とは、単に食事を整えたり洗濯をしたりというばかりではなく、家庭全体、すなわち家族や召使いや奴隷を含む居住者たちの安寧な暮らしの実現を指し示しているのだ。

　ピュタゴラス派の女性たちが手がけたという著作は、彼女らが生きた時代の女性とその地位に関する議論にどのような影響を及ぼしたのだろうか？　それはまさに、自身の行動に表されている。彼女らは、女性もまた哲学や社会を俎上に載せた議論に参加し得ることを、そして母や妻という伝統的な女性の役割の地位を高め、男性によって支配されている政治、行政、司法、軍事といった世界がどれほど女性の領分である家庭に依存しているかを、それぞれ明らかにしたのである。家庭生活《オイコス》と市民生活《ポリス》とは決して別個の現実ではない。両者は切れ目なく関わり合っており、つまるところピュタゴラス派の女性たちは、公と私の世界の境界という旧来の概念を打破したのだ。「個人的なことは政治的である」とは一九六〇年代のフェミニストが支持したスローガンだが、そこに至るまでには古代ギリシアにはじまる長い敬意を払うべき歴史があったことを、改めて明確に認識すべきだろう。

ピュタゴラス派の女性たちの著作は、真に彼女らによるものか？

ピュタゴラス派の女性たちの著作の真の書き手が誰であるかについては、すでに何十年にもわたって議論が闘わされてきている。[45] 今日残されている教派の人々の言行は、三世紀以降に興った新プラトン主義を奉じる哲学者たちのテクストの中にも見出されるが、そのうちの一冊となるイアンブリコス（245頃-325頃）の自書『ピュタゴラス伝』*De vita Pythagorica liber*［★『叢書アレクサンドリア図書館』4所収、佐藤義尚訳、国文社］は、ピュタゴラス派の女性たちを含む描写を組み込みながら、この始祖による哲学を広範に提示している。同書の巻末で、さまざまな時代を跨ぎ、最も重要なピュタゴラス派の女性として挙げられている人物は十七人にも及ぶ。

多くの言語学者が、女性名で書かれた当該のテクストをして、最も初期のもので前四世紀から前二世紀、最も後期のもので後三世紀に成立したと考えている。使用されている言語と内容から、ヘレニズム期に加筆修正されたと思われる箇所もあり、こうした混在が文献の年代特定を難しくさせていると同時に、筆名説を支持する根拠にもなっている。言語と内容が一貫していないという問題には、元のテクストを書写した者に起因する部分もあって、意図的にせよ単なる不注意にせよ、原典を変質させてしまう結果となっている。

これらの文献を徹底的に研究したフィンランドの研究者ホルガー・テスレフによれば、ピュタゴラス派、とりわけ前四世紀から前一世紀にかけてのヘレニズム期の著述家たちには、それ以前のよく知られた著者名を使う傾向があるのだという。ピュタゴラス派の書き物では、いくつかの名前がいくつかのよく知られた見解や主張と結びついており、ある著者が師の考えを強調したいと思えば、その師の名前を使うことがある一方で、師以外の見解を示したい場合は、別の派に属する往年の学者名を借用することもある。つまり、ピュタゴラス派の中で重要な役割を果たした女性についての情報に通暁している男性が、彼女らの名前で諸々を記したということもあり得るわけで、結論としては、女性名のピュタゴラス派の文献を実際に書いたのは誰なのか、絶対の確信をもって判定するのは不可能だということになる。とはいえ、これらのテクストが、現実に哲学を習得した女性たちによって書かれた可能性を排除することもまたできないのは言うまでもない。

ピュタゴラス教団は、その本然《ほんねん》において宗教的だった。宗教は、特に古代ギリシアにあっては女性の活躍する場であり、完全な家父長制度下にあったアテナイにおいてでさえ、女性が自由に参加できる唯一の領分だった。このような視点から、ピュタゴラス教団を初期のキリスト教徒のコミュニティと比較することは可能だ。当初、その存在が充分うかがえたキリスト教世界の女性たちは、やがて教会における主導的な立場から追いやられることになったわけで、ピュタゴラス派の女性たちにしても、この後一世紀のキリスト教の女性たちと同様な運命を辿り、ローマ時代に至ってプラトン主義の中に取り込まれていったのだというように考えることもできるだろう。

ピュタゴラス本人に関するものであれ、またその信奉者に関するものであれ、古代の文献の記述にはさまざまな矛盾が見て取れる。しかし、論議の対象になる曖昧さが多々あるにしても、ピュタゴラス派の中に女性の名前があるという事実そのものを否定することはできない。テアノやその他のピュタゴラス派の女性たちが、実際どの程度哲学上の仕事をなしたのか、確証を得ることはできないものの、それでもピュタゴラス派の女性が史上初めて、哲学論議において、道徳的、知的、社会的な役割を果たしたことは確かだろう。彼女たちの知識のほどについて、完璧な史的証拠を得る必要はない。未来の世代の女性たちにとっては、テアノが行ったことに関する証拠よりも、テアノという人物に象徴された、女性教養人、女性哲学者という発想のほうがはるかに重要なことだった。テアノによって解放された新しい世代の女性たちは、教育の権利を求めて闘い続け、母や妻という従来の女性のアイデンティティとともに、教養ある女性としてのアイデンティティをも確立してきたのである。

古代の女性哲学者たちの広がり

古代ギリシア人は、知識と知恵を、それらが扱われるコンテクストに従っていくつにも分類した。彼らの見方によれば、職人の実際的な技能は、哲学思想における理解力とは異なっている。そして異なる形態の知識や知恵はまた、それに応じた異なるジェンダーに関連づけられているのだ。

おおむね女性の理知は男性ほどに進歩していないと考えていたギリシアの理論家たちは、女性が男性同様の哲学者になり得ることを想定していなかった。しかし古代ギリシアと、のちのキリスト教ヨーロッパの女性たちは、宗教というコンテクストにおいて女性独自の知恵のあり方を示している。古代ギリシアの女性祭司と神託の宣告者たち、そしてキリスト教世界における女性神秘家たちは、〝神の知性《ハギア・ソピア》〟に直接結ばれているように考えられていたが、こうした発想が基盤となって、傑出した女性が哲学に参入することが可能になり、彼女らは男性の縁者らとともに、それぞれの哲学派のもと思索を深めていった。

古代にあって女性を受け入れたのは、ピュタゴラス派ばかりではない。キュレネ派、エピクロス派でも女性の姿が見受けられるのである。キュレネ派で最も知られている人物は、☆キュレネのアレテ（前5世紀－前4世紀）だろう。彼女の父アリスティッポスは、アテナイでソクラテスの弟子となり、のちに今日のリビアに位置する生地キュレネで独自の哲学派を興し、この地で娘アレテ、その息子で〝母に教えられた〟という意の名をもつアリスティッポス・メトロディダコスと、三世代にわたって教師を務めていくことになる。同じく前四世紀には、☆レオンティオンという名高い女性哲学者がいた。彼女はエピクロス（前341－前270）の弟子として、師の名をもって呼ばれた学園〝エピクロスの園〟で共同生活を送った。古代の複数の文献に、レオンティオンが、アリストテレスの友人で信奉者のひとりでもあるテオプラストス（前371－前287）に対する批判の論文を書いたという言及が見て取れる。哲学論議への女性の参加は、アテナイで好意をもって迎えられることはなく、彼女は無遠慮な高級娼婦という烙印を押されたのである。アレテにしてもレオンティオンにしても著作が現存してはいないものの、それでも女性哲学者たちの名が古代ギリシアの多くの文献に頻繁に登場するというまさにその事実こそが、彼女らの実在と活躍とを裏付けるとも言えるのではないだろうか。[46]

✺4 女性に知的活動は可能か？

——アスパシア（前470頃–前410頃）

アスパシアとは、どのような人物だったのだろうか？[47]——今日の彼女についての知識は、アッティカ産のいくつかの喜劇《コモイディア》と［★アッティカ（アッティケー）はアテナイを中心とするアッティカ半島地域］、プラトン（前427–前347）、クセノポン（前430頃–前354）、アイスキネス（前390頃–前315頃）らによる対話篇に基づいていて、これらはソクラテス（前469頃–前399）関連の情報元となる資料でもある。アスパシアとソクラテスは同時代人で、どちらも自著こそ残してはいないが、当時の傑出した論客として名をあげており、ほかの同時代人たちによる二人への評言をひもといてみると、絶賛と中傷が相半ばした強い感情的な筆致が見て取れる。つまり、アスパシアが〝女ソクラテス〟と呼ばれたのにも、根拠がないわけではないということだ。とはいえ、前五世紀のアテナイにあって強権をふるった為政者ペリクレスの妻であるアスパシアについての逸話は、ソクラテスに関するそれに比べるとほぼ知られていないに等しい。弁論の達人だったソクラテスは、喜劇でこそ揶揄の対象となっているものの、それもまたプラトンが師である彼を称賛する著作を世に送り出すまでのことで、以後、西洋哲学の祖としての位置づけは盤石となっている。ところが一方のアスパシアはといえば、それほどの幸運には恵まれていないのだ。

ギリシア人、とりわけアテナイ市民の思考における女性像は、世俗の価値観と固く結びついており、その価値観とは、とどのつまり男性によって決定される類いのものだった。アスパシアをめぐっては、彼女が実際に生きていた時代から二千四百年以上ものあいだにあまりにも多くの解釈が施されすぎて、もはや創作と事実とを区別することは不可能になっている。だが、彼女への評価に対するいくつもの解釈を検討することで、このうえなく重要な問いにひとつの答えを出すことができるようにも思う。その問いとはこういったものだ——古代ギリシアの人々は、果たして女性に知的活動ができると考えていたのだろうか？　アスパシアは、この問題を象徴する最初のイコンとなった。彼女の同時代人にとって、アテナイの権力中枢と密接な関係をもつ女性教養人という存在は、それまでまるで目にしたことがないものだった。アスパシアがもたらした混乱や困惑に対する当時の言及は無数にあるのだが、さまざまな物事に精通し、自身の考えと意見をもった女性というものに、アテナイの人々はなじみがなく、公の場で自論を口にするという大胆な女性とあっては、理解の範疇をいっそう超えていた。だがアスパシアは、まぎれもなくそれを実践したのである。

　アスパシアは、小アジアの国際都市ミレトスからアテナイにやって来た。ミレトスは前六世紀以来、交易と哲学とによって知られるようになった都市で、前四九四年にいったんペルシアによって破壊されたものの、彼女が生まれた前四七〇年代には早くも再建がなされていた。とはいえ、小アジアではその後も不安定な情勢が続き、多くの人々がミレトスからギリシア西部の植民都市へと移住していくことになる［★ミレトスの陥落は前四九八年に起きたイオニアの叛乱の結果で、復興後も依然ペルシア僭主の緩慢な支配下に置かれていた］。アスパシアと家族は前四五〇年代に親族を頼ってアテナイへと移ってきたが、到着するや、同地で最も権勢を誇った政治家ペリク

◉14……アスパシアの大理石像。

レスがひとつの法制を導入したばかりであることを知った。両親がともに市民である場合に限り、市民権を得られるというのだ。在留外人《メトイコス》であるアスパシアにとっては不運と言うほかになかった。彼女には、法的に家庭を築くことも、我が子らにアテナイ市民としての権利を与えてやることもかなわなかったのである。

ペリクレスは、支持を取りつけるべき多数派だけにとどまらず、貧しい労働者や農民のあいだにまで、あらゆる手を尽くして広く影響力を発揮しようと努めた、逸話の多い政治家だった。直接民主制が導入されて以来、富の別なく人々に国家的な問題の決定権が与えられていたアテナイにあって、成人の男性市民はみな、民会《エクレシア》における投票の権利と義務とを有することになっていたものだが、こと公職に就ける者はというと富裕層に限られていた。そこにはいっさいの給金が支払われなかったからで、そのような中、ペリクレスは報酬が発生するよう体制を改革し、公職を、さほど裕福でない人々にとっても魅力ある立場にしたのだった。また、郷土の守護を司る女神アテナに捧げる巨大なパルテノン神殿の建設にも着

●15…………友人たちに詩を詠み聞かせるサッポー（古代ギリシアの壺絵）。彼女は、最も著名な古代ギリシアの女性教養人のひとりで、その詩は生涯を通じて称賛された。

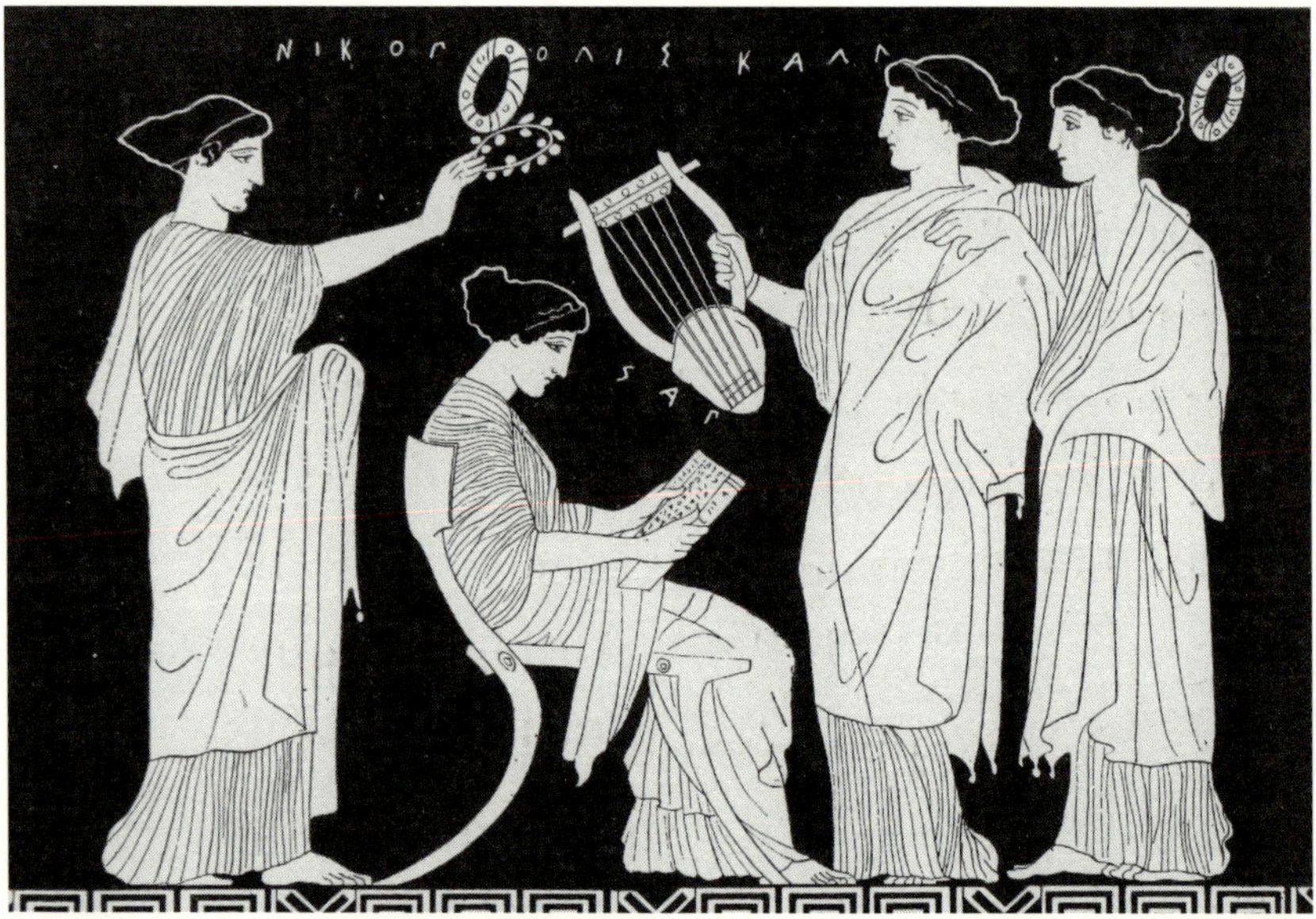

手した彼は、この公共事業によって市民と移民双方のための仕事場を作り出して支持基盤をいっそう強化し、さらに最晩年になると、アテナイが交易、手工業、海軍力においてギリシア随一の都市国家（ポリス）であり続けることを確実にしようと、スパルタを相手取り、巨費を投じた戦《いくさ》［★後述するペロポネソス戦争］まで先導している。このように次から次へと新手の事業を繰り出していったペリクレスの目には、アテナイが、万事可能な未来の上に打ち建てられた夢《ワンダーランド》の国さながらに映っていたことだろう。いずれにせよ民主制、市民生活、建築、芸術におけるギリシアの偉大さを物語るとき、最も多く俎上に載せられるのが、こうした〝ペリクレスによるアテナイ〟なのである。

この都市《まち》を挙げての崇拝を集める女神アテナは、神話によると、父親であるゼウスの額《ひたい》から生まれたのだという。大神は、恋の相手をした知恵の女神メティスが自分以上に賢い子を産むという予言を恐れて、身ごもったままの女神を飲み込んだのだが、そのあとに見舞われたひどい頭痛の果てに飛び出てきたのがアテナなのだった。アテナイの男性たちは、この強力な女神を崇める一方で、自身の妻や母や姉妹を家屋の壁の内側に閉じ込め、経済上であれ法律上であれ完全に自らのもとに依存させていたことになる。だが彼らは、こうした状況にまったく矛盾を感じていなかった。

ペリクレスは個人的に、移民知識人たちとの良好な関係を築いていた。彼の名高いサークルに関わっていた教養人――つまり哲学者や弁論家――の大半が、ギリシア各地からアテナイへと移り住んできた人々によって占められていたのであり、そこには彼と同世代で、生地イオニアの産となる自然哲学をこの地にもたらしたというアナクサゴラス（前500頃－前428頃）の姿もあった。一方、同じイオニアのミレトスからやって来た有識者にしても［★アナクサゴラスはイオニア、クラゾメナイ出身］、むろんのことアテナイの上流人士との交流をもっていたわけで、家族とともに移住してきたアスパシアがこうした同郷人にわたりをつけたことは想像に難くなく、この都市《まち》における学識者連とのあいだに強力な縁故ができたという仮定も、確証はないとはいえごく自然に成り立つと言えるだろう。

ペリクレスは、ミレトスから来た、若く魅力的で、機智に富んだこの女性とたちまち恋に落ちた。とはいえ当時アテナイで施行されていた法律に照らせば、在留外人であるアスパシアとの正式な結婚は不可能なはずで、しかもその法の制定者はほかでもない自分自身である。にもかかわらず、彼はそうした決まり事などまるでないかのように振る舞い、アスパシアに公式の配偶者になるよう求めるのだった。二人のあいだには少なくとも男児がひとり生まれ、父親の死の間際、この息子には、在留外人の出身であることを差し措いて住民としての権利が与えられることになる。ペリクレスとアスパシアの息子に対するこうした措置は、大方のアテナイ市民が抱いた、両親への尊敬のほどを示している。

だが、すべてのアテナイ市民が、この偉大なる為政者がめとった異人の妻を快く思っていたわけではない。彼らは、アスパシアと、そして親ペルシア思想をもつ〈無神論〉信奉者アナクサゴラスのような、イオニアの知識人らとを告発した。ペリクレスの庇護を享受していた在留外人の学識者連の多くもまた白眼視されるようになり、ついにはアテナイ追放の憂き目に遭うことになる。アスパシアに対する告発の内容は、彼女のもつ政治的影響力が大きすぎると考えられていたことを示唆している。だが、ペリクレスの内輪に対して起こされた告発の数々は、実のところ、当の本人に向けられたものにほかならなかったのである。莫大な出費をともなうペロポネソス戦争を引き起こした結果、彼という政界の星は輝きを失いはじめ、妻であるアスパシアに反目する政敵や誹謗者の数もまた、いや増す一方となった。

ペリクレスの哲学者サークルにおけるアスパシア

ともあれアスパシアは、ペリクレスのサークルにおける紅一点として旺盛な活動を見せたわけだが、このことが〝女性有力者〟という存在に慣れていなかったアテナイ市民のあいだに強い反感を引き起こしたようである。かの地の喜劇作家アリストパネス（前 446 頃 - 前 385 頃）とエウポリス（前 446 頃 - 前 411）にしても、彼女をおよそはしたない人物として描いている［★アリストパネスの当該作には邦訳（『女の平和』、高津春繁訳、岩波文庫）がある］。ただしこれは、ペリクレスへの間接的な諷刺が真の目的だったのだろう。いずれにせよ彼らの喜劇《コモイディア》は市民のあいだで絶大な人気を博し、アスパシアは娼婦か売春宿の女主人と

いう汚名を着せられたうえ、〈無神論〉信奉者で、夫ペリクレスを操り国益を損なう数々の決断をさせた権威志向の毒婦とまで腐された。これらの喜劇では、莫大な出費を強いたスパルタとの長きにわたる戦い（前四三一年から前四〇四年まで続いたペロポネソス戦争）ですら、彼女の罪状のひとつに挙げられている。

やがて、政治と哲学の両面において、喜劇とは比べものにならない激しい攻撃がはじまった。アスパシアが、そのペリクレスに対する影響力のゆえに、国家全体の政策を左右する獅子身中の虫になっている、とアテナイの多くの有力者らは感じていたし、プラトンをはじめとする哲学者らの見解にしても、弁論家は自論の説得性と技巧に重きを置き、自らの主張する大義が真摯かつ公正で、擁護に値するものであるかどうかを考察することをおろそかにしているが、それは国家にとって脅威以外の何ものでもない、とにべもなかった。ペリクレスが最高権力者となって以来、自由市民たちのあいだでは、政治家への敬意が急速に高まりはじめ、その結果、弁論

●16……古代ギリシアの香料箱に描かれたカップルの図。エトルリアに比べ、古代ギリシアでは、結婚した仲睦まじいふたりが描かれている絵はそれほど多くない。とはいえ、アスパシアとペリクレスの結婚に関わる逸話は、この地にもまた互いに敬意を抱き合うカップルがいたことを物語っている。

家らが説く真に迫った論述とその修辞《レトリック》のほどがたいへんな熱狂をもって迎えられるようになったわけだが、一方のプラトンが関心を向けていたのは真理そのものであり、彼は、弁論家らが真理に光を投げかけるのではなく、反対に、修辞に技巧を凝らす余り真理を不明瞭にしてしまっていると感じていたのだった。

　ペリクレスの時代を含むアテナイは、喜劇作家たちが社会批判を公表してなんら差し支えのない社会だったが、一方で、権力の座にある者に対する、喜劇という枠を超えての根底からの批判ともなれば、それが致命傷となる場合もあった。要するに、社会批判というものは、諷刺の装いのもとでなされなければならなかったのである。プラトンは、ペリクレスの政策に反意を唱えるひとりであり、この為政者の没後のことではあるが、とりわけ師ソクラテスに下された前三九九年の毒杯刑という判決にも苦々しい思いを抱いたものだった。ソクラテスにかけられた「誤った神を信仰し、若者たちを堕落させている」という嫌疑に対して有罪か否かを決定したのは、あろうことかくじで選ばれた市民で、プラトンをはじめとする多くのソクラテス支持者が心底落胆したことに、皮相な考えしかもたない多数派は、ソクラテスを有罪だと断じたのである。この死刑判決は、先述の通りペリクレスの下せるものではなかったとはいえ、ソクラテスのような賢人にやがて死罪を言い渡すような質《たち》の社会であることには変わりなく、要はそうした迷妄を支持することはできないと、プラトンは一貫して考えていたのである。

　プラトンの著作でアスパシアが登場するのは、戦死者のための追悼演説集と謳われた対話篇『メネクセノス』*Menexenos*［★全集１０所収、津村寛二訳、岩波書店］である。ここでプラトンは、登場人物ソクラテスに仮託して語り、偽善的な修辞のひとつひとつ、すなわち彼にとってはアスパシアに代表される弁論家らが言を弄している類いの、ありとあらゆる謂いを揶揄している。『メネクセノス』でプラトンが言わんとしているのは、修辞の理《ことわり》に従って国家を褒め称える演説を書くのはとりたてて難しくはないということで、そのようなことは誰にでも――あのアスパシアにすら――できるのであり、はるかに難しいのは、ある国家が称賛に値するかどうかを分析することなのだという。つまりプラトンは、ペリクレスと、アテナイがスパルタに対して行った戦争とを言外に批判しているのである。文中ではアスパシアを称賛する言葉をソクラテスに語らせているものの、しかしこの称賛はというと逆説でしかない。プラトンは、一方で喜劇において全市民に伝えられたアスパシア像を、そしてもう一方でペリクレスのサークルにおける弁論家としての彼女の名声を、それぞれ利用しているのだった。彼の見立てにおいて、アスパシアはソクラテスのような真の哲学者などではなく、単なる傑出した詭弁家、弁論家にすぎなかった。

アスパシアに下されたこうした評価の真偽はともかくとして、興味深いのは、(アッティカの喜劇に代表される)セックスを介して権力の中枢に到達した高級娼婦か、はたまた〝接待専業者《プロフェッショナル・エンタテイナー》〟というイメージがある一方で、(ソクラテスの対話篇に見られるような)博識で卓越した論客のイメージもまたあるということだろう。女性の最大の美徳は沈黙を守り、夫に仕えるところにこそあるという社会において、雄弁に物事を語る女性像自体が、困惑をもたらす驚異的《スペクタクル》な舞台装置になったのは間違いのないところだ。

アッティカ、スペットスのアイスキネスは、プラトンよりは肯定的なアスパシア像を提示している。政治家で、修辞に長けた人物でもあった彼は、プラトンのような才気走った哲学者でこそなかったが、そのプラトンと同様に、ソクラテスが登場する、のちに〈ソクラテス式問答《ソクラティコイ・ロゴイ》〉と呼ばれるようになる類いの対話形式による作品を残している。その対話篇『アスパシア』*Aspasia* では、カリアスという富者が、息子のための上質な教師を斡旋して欲しいとソクラテスにもちかけている。すると、ソクラテスはアスパシアを推し、自身の修辞術《レトリック》と性愛術《エロティック》の教師が彼女だったと答えるのだった。この対話篇中のアスパシアは、結婚指導員《カウンセラー》ないし、今風に言うところの性科学者の役割を、半ば茶化しながら与えられており、彼女の性的な領域における技巧と知識に言及するテクストは、アッティカの喜劇作家たちに比べればよほど好意的と言えるだろう。

またアスパシアは、ソクラテスの内輪に関わりをもつ独行の修辞術教師としてクセノポンの対話篇にも登場する。このクセノポンという人物は、哲学者という枠組みだけに収まらない卓越した歴史家、著述家、そして軍事訓練を積んだ馬術の達人であり、歴史書のほか、乗馬や家庭管理に関する一般向けの指南書までものしている。ソクラテスは、

◉17……接待専業者〝ヘタイラ〟は、高級娼婦としての職能に加えて、往々にして文芸や音楽などの伎芸にも熟達していた。

クセノポンの対話篇に、実践的かつ倫理的な問題についての優れた相談役として現れ、たとえば『オイコノミコス』*Oikonomikos*［★越前谷悦子訳、リーベル出版］、すなわち家政論では、家庭の管理や運営とともに結婚に関する考察を述べている。古代アテナイにおける結婚を法的に言えば、何を措いても財務上の契約ということになるわけで、同書のアスパシアにしても、家庭管理と、そしてまたもや結婚に関わる相談員という役割が与えられている。著者は、善き結婚と家庭管理の基盤は相互信頼にあることをことさら強調しているわけだが、このメッセージは作中のソクラテスとアスパシアによっても伝えられているのだった。

　このように、アスパシアの結ぶイメージは文献によって一貫しないさまざまな多面性を帯びていて、これが正しいアスパシア像だと決めるわけにはいかない。アッティカ産の諸々の喜劇では〝有力な〟娼婦的存在として描かれ、それ以外の著作ではソクラテスなみの才媛哲学者とされている一方、彼女をヘタイラ——すなわち〝接待専業者〟——とする文献が同時代となる前五世紀には存在しないにもかかわらず、死後五百年以上を経たローマ時代の著述家たちの場合、事実をそうとらえてもいるのである。ペリクレスが法的にアスパシアと結婚しておらず、権力の地位にある男性は往々にして高級娼婦と関係をもつものだから、というのがその理由のようだが、どうやら当該の著述家たちは、アスパシアがアテナイ出身者でないために公式に認められる結婚ができなかったという現実には思い至らなかったらしい。

　アスパシアに関するローマ時代の最も重要な文献は、プルタルコス（後46頃-120頃）の『英雄伝』*Vitae parallelae*［★全12巻、河野与一訳、岩波文庫］だろう。古典古代の著名な人々の伝記集成となるこの大著は、当時から絶大な人気を博し、現代人のもつこの時代のイメージに圧倒的な影響を及ぼしている。プルタルコスは、自身の「ピュタゴラス＝プラトン的な」哲学の視点に立って、男性と女性の関係においては支配が即従属に結びつかず、互いの調和に第一義が置かれると考えていた。集成中にあって歴史的とも言えるペリクレスの生涯を描いた記述で、プルタルコスは明らかに、有力なアテナイ人としてアスパシアが果たした役割に注目している。彼はいかにも、アスパシアがヘタイラだったという見解に立ってはいるものの、とはいえ彼女の知的、政治的な影響力を過小評価しているわけでもないのだ。

アテナイ市民の潔癖さを考慮すると、ペリクレスがヘタイラと結婚に近い関係のもとに暮らし続けたとは考えにくい。実際、デュオニュソス神の祝祭などで高級娼婦と関係をもつことが容認されていたとはいえ、そうした立場にある女性を家中に迎え入れるという発想は、かの地の人々の是とするところではなかったろうし、こうした点で民衆の反感を自ら買い、政治的地位を危機にさらすことなど、あのペリクレスが望むわけもないのは自明と言える。アスパシアが高級娼婦でなかったことはほぼ間違いないように思われるが、それでもアテナイの人々は、彼女を女性としては過剰なまでの知性と野心とを併せもつ移民であるとして、猜疑のまなざしを向け続けたのである。

前四二九年、アテナイを襲った疫病でペリクレスが死去すると、アスパシアはアテナイの政治家で牧羊業を営むリュシクレスと再婚し、ほどなくこの地では二人目となる男子を産んだが、この新しい夫もまた婚後一年足らずでやはり疫病によって他界した。アスパシアがいつどこで亡くなったかを正確に記している文献は存在しない。彼女が高齢まで生きたとすれば、アテナイの栄光と衰退を、そして数十年にわたったスパルタとの戦いの果てにとうとう敗北を喫した前四〇四年の屈辱の和平をも、自らの目で眺めていたかもしれない。

女性に知的活動は可能か？：プラトンとアリストテレスによる見解

アスパシアの生涯に関する事実はきわめて少なく、彼女の真の姿を明確に示すのは事実上不可能だと言っていい。にもかかわらず、アスパシアは女性教養人の歴史において重要な位置を占めている。彼女の時代にその存在を介して巻き起こった、女性の理知的な能力をめぐる最初の本格的な議論のこだまは、現代に至るまで響き続けているのだ。アスパシアの存在によって、アテナイ人は「女性に知的活動ができるのか？」という問題に真っ向から向き合わざるを得なくなった。そしてこの問題を初めて深く突き詰めたのが、あのプラトンである。対話篇『メネクセノス』で彼は、アスパシアに対して逆説的な見解を示しているものの、ここで彼女に重要な役割が与えられたことは、それ自体、大きな意味をもつ。生涯独身を通したプラトンが著作で取り上げた女性は、ソクラテスの問題多い妻クサンティッペ、ディオティマという名の女祭司、そしてアスパシアのわずか三人となるが、当時にあって選り抜きの著名人と言っていいアスパシアによって提起された女性の社会的地位に関する公の議論が、おそらく彼にこのテーマを考えさせるに至った最大の要因になるだろう。

プラトンによれば、理論的な知識を吸収し、語るべき言辞を使うということに関しては、男性も女性も同じ能力を有しているのだという。魂の構造は男女の別なく同じであり、人はその魂を仲立ちとして知識を取り入れるからだ。そして彼の見解における魂は、厳格な学習と人生に対する禁欲的な姿勢を通して高められるのである。プラトンは、対話篇『国家』*Politeia*［★上下、藤沢令夫訳、岩波文庫］の中で、国家体制というものは、人々がジェンダーの隔てなく、もてる能力を最大限にまで発展させることのできる涵養と教育のシステムを維持しなければならない、と提言している。上流階級の子女には、男女ともそれぞれの能力に応じて音楽、運動、乗馬、哲学、そして軍事と行政に関わる能力を身につけさせるべきで、各人に適した社会的地位を判定するうえでジェンダーは関係せず、それが自ずと誰かをその他の者に比べて有能にするということはない。引いては男性であれ女性であれ、あらゆる市民の利益のために職権を正しく行使できる偉大な知の領域に到達し得るのは、唯一、哲学者だけなのである――プラトンは、こう語っているのだ。

ジェンダーの平等に関するプラトンのこの思想は――むろん、それは支配階級に限られているわけだが――極度に過激なものとも見なし得る。彼の時代には衝撃と言うしかなかっただろうし、ヨーロッパでは以後二千年以上にわたって依然その位置づけは変わらなかった。プラトンの理想国家におけるその他の多くの特徴は、女性蔑視以外の何ものでもないが、こと知的能力に関する考えに限れば、現代においてさえ尋常ならざる先進性を示していると言っていい。プラトンはその理想国家において、結婚の束縛や、上流階級の親と子のあいだにある束縛を取り除きたいと願い、上流女性を、母親としての立場、家庭管理の場から〝解放〟しようと目論んだのである。ただし彼は、女性たち自身が国家に仕えるために母親としての立場から解放されたいと願ったかどうかにはいっさい関心を払わなかった。つまりプラトンはフェミニストではなかったわけで、女性が実際に感じ、考え、望んでいること、必要としていることに、気を砕きはしなかった。すべてにおいて、個人にとっての利は問題ではなく、コミュニティにとっての益にしか興味が湧かなかったのである。プラトンにとって、個人の利は常に国家にとっての益に従属すべきものだった。

　プラトンはまた、『法律』*Nomoi*［★上下、森進一他訳、岩波文庫］で、女性の社会的地位について、より保守的な見解を示しているが、彼の高弟アリストテレスはそこからさらに思索を広げ、アテナイ市民のあいだで一般的に受け入れられているジェンダーについての見解を考察している。アテナイでは、女性が男性より下位にあるのは自明のこととしてとらえられており、多くのギリシア人にとって、この視点の正当性を改めて論証する特別な理由などはいっさい見受けられなかった。だが、ここでアリストテレスは、男性よりも女性が劣っている原因を明らかにしようと試みたのである。彼の意見によると、人間同士のあらゆる関係は本来的に階級的であり、支配する者とされる者とに分けられる。男性と女性とはそもそも異なる徳性をもっているとしたアリストテレスは、女性を動物の域にまで貶めこそしなかったものの、女性の徳性は男性のそれよりも、その価値において大幅に劣るとした。そして結論は、以下の通りとなる――女性の理知や大胆さについて語るのは徒労である。なんとなれば、女性がもつ理知はごくわずかでしかなく、自分の欲望や感情を制御するには不適切だからである。それゆえに、女性は意志の弱い感情の生きもの、情熱や気分に導かれるままの〝生来の奴隷〟となるべく定められているのだ。

　女性を知性において本来的に男性に劣った存在と見なすアリストテレスの考えは、二十世紀に至るまでヨーロッパを支配した。しかし、知的能力に関するこの蔑視の姿勢も、肯定的な女性像を完全に消し去るまでの成功は収めなかった。亡くなってから現在までの二千四百年以上のあいだも、アスパシアは幾度となく〝復活〟している。古典哲学に精通した中世フランスの女子修道院長☆エロイーズ（1100頃-1164）なども、アスパシアのようになりたいと自ら記したものである。そして一八六四年、完成したばかりのアテネ大学の中央棟の広間にも、アスパシアはその姿を顕している。古代ギリシアの最も重要な大勢の思想家らとともに彼女を描いたフレスコ画が、そこに掲げられたのだ。アスパシアは、この絵によって〝故郷〟への帰還を果たした。ペリクレスの隣に座り、その肩に軽く手を置きながら、彼女はプラトンの話に耳を傾けている。一方、語り手であるプラトンの指は、天の方向を指し示しているのである。

✺5 女神《ミューズ》から学者へ

――ヒュパティア(370頃−415)

前三三二年にアレクサンドロス大王によって打ち建てられたエジプトのアレクサンドリアは、ヘレニズム期とそれ以後の地中海世界における航海、交易の要地であるばかりか、少なくとも五世紀を迎えるまでのおよそ七百年間は、象徴的な建造物を有する学問の中心地でもあった。この大都市に数多ある重要な施設のひとつで、学芸を庇護するギリシア女神ムーサイ(ミューズ)の祭殿をその嚆矢とする一大科学研究機関にして文化センター〝ムセイオン〟には、万巻の書物を収蔵する空前絶後の図書館が附属して、ヘレニズム世界の全域から、そしてのちには新たな宗主となるローマ帝国のありとあらゆる地から多くの学者や学生を引き寄せており、壁さながらにそびえる各々の書棚には、ギリシア・ローマ世界の知識、古代エジプト、メソポタミア、フェニキア、そしてユダヤの知恵があまねく蒐められていた。[48]

このアレクサンドリアに生まれたヒュパティアは、知的刺激に満ち満ちた郷土の気風のただ中で生涯を過ごした。才能あふれる娘の教師を熱心に務めたのが、ムセイオン最後の大数学者、大天文学者となった父テオンである。四世紀末から五世紀初めにかけての動乱の時期、つまりローマ帝国がキリスト教を正式に国教化した三九二年から数えて二十年前後のあいだ、ムセイオンの活動は徐々に終焉に近づいていき、三九〇年代の初頭から各地で連続して起きた宗教上の迫害によって、ついには図書館もろとも施設が焼き払われてしまうことになるのだが［★時のローマ皇帝テオドシウス一世が、非キリスト者に対する虐待と破壊活動とを公認したのである］、それでもヒュパティアは四一五年に迎える最期のときまで学者として仕事を続けていた。彼女は、同時代人や後世の研究者の多くから、当時最高の数学者であるとともに、古《いにし》えから続くギリシア世界の末期における最も重要な新プラトン主義哲学者だと見なされているのだった。[49]

死後、何百年もの歳月を重ねるあいだに、ヒュパティアの生涯とその悲劇的な末路をめぐる事実の周辺には、潤色の分厚い層が幾重にも塗り重ねられていったが、こと本人についての情報という点では、往時を生きたほかの多くの学者らのそれに比べてはるかに恵まれていると言えるだろう。ヒュパティア宛ての手紙が相当数、今も残されており、たとえばシュネシオス（370頃-413）がギリシア植民都市から発展した生地である北アフリカのキュレネから、師と仰ぐ彼女へと送った幾通もの通信を見れば、人となりや何を教えていたのかをうかがい知ることもできるのである。また、ヒュパティアの著作については表題以外がなんら伝わっていないのだが、それだけで彼女が古代に花開いたギリシア数学の全域を習得していたであろうことが間違いなく察せられる。ヒュパティ

◉18……ゲラサ（現ヨルダン北部ジャラシュ）のバプテスト教会に掲げられていた、アレクサンドリアを描いたモザイク画（530年代）。

アは、あろうことかアルキメデス（前287頃－前212）の球と円錐の表面積および体積に関する理論、ペルガのアポロニオス（前262頃－前190頃）の円錐曲線、クラウディオス・プトレマイオス（後83頃－168頃）の天文学、そしてディオパントス（200頃－284頃）の代数学といった諸々の註解にまで手を伸ばしているのだ。若年時こそ父テオンの監督のもとで仕込まれていたものの、こうした事実によって彼女の数学における業績への評価が下がることはあり得ない。ヒュパティアは〝父の可愛い助手〟などではなく、数学、天文学、哲学に秀でた独行の学究なのであり、そのうえ当時の諸文献によれば、教わる者を魅了してやまない教師でもあったのだ。

アレクサンドリア：ギリシア科学の首都

アレクサンドロス大王がその名にちなむ都市アレクサンドリアを築いたのは、ナイル川下流に広がる大デルタ地帯の西端、ファロス島をのぞむ地域だった。ここは傑出した天然の良港で、一説によれば王の夢見に現れたホメロスが、五世紀前の自著『オデュッセイア』を読み上げ、この地への町造りを示唆したのだという［★ファロス島は世界七不思議のひとつに数えられる〝大灯台〟の建設地として知られている］。アレクサンドロスはこの地を、自らの広大な〝帝国〟の――それこそはるかメソポタミアに目を凝らしながらエジプトを経てさらに東の彼方へと進み、当時のギリシア人の思う世界の果てに至るまで版図を広げる〝大帝国〟の――首都にしようと目論んでいた。だが前三二三年に王が迎えた早すぎる死のあと、諸将による血塗れの権力闘争を通じてマケドニアはいくつかに分かれ、のちに一世を名乗るプトレマイオス（前367頃－前283頃）が、総督として赴任していたエジプトを手に入れることになる。現地の人々は当初、ギリシア人を〝救済者〟と見なした。それというのも彼らの助けを得て、それまでのペルシア人による支配の手から逃れられたからだが、やがてこうした彼我の関係はきわめて複雑なものとなり、恩恵を享受し得る者とそうでない者との格差もまた広がっていった。その後、三世紀余りの時を経るあいだに両者の文化は互いに交じり合うようになったものの、ギリシア人、とりわけその上流階級に属する人々の場合は、そもそもの故郷の伝統や慣習や言語に、強く固執し続けていくのだった。

ともあれプトレマイオスは、権力を掌握してからおよそ二十年後となる前三〇五年に、自らエジプトのファラオ、プトレマイオス一世ソーテールを僭称し［★ソーテールは、ギリシア語で"救済者"の意となる尊称］、以後のヘレニズム期における二百七十余年を通して彼の一族がこの地を統治した。ちなみに彼が興したこの王朝は、前三〇年、最末期のファラオ、クレオパトラの死とともに終焉を迎えることになる［★最後のファラオとなったのは、彼女とカエサルの息子、プトレマイオス十五世（カエサリオン）］。プトレマイオス一世は、アレクサンドリアを、科学と芸術が繁栄する先進的な多文化都市にするという野心的な目標を抱いていたが、とりわけ科学の分野においてこれは見事に成功した。アルキメデス、ペルガのアポロニオス、エラトステネス（前275–前194）、エウクレイデス（ユークリッドとして知られる、前三世紀頃の人物）といった数学者、

◉19……プトレマイオス朝の女王☆ベレニケ2世(前267頃–前221)。頭を飾る船は、アレクサンドリアの海上覇権を象徴すると考えられている。

そしてヒッパルコス（前190頃－前120頃）などの天文学者のほか、ギリシア世界最高の科学者のほぼ全員が、それぞれの生涯におけるある時期にアレクサンドリアで学び、あるいは仕事をしているのだ。そして時代がローマ期に移ると、著名な天文学者で地理学者のクラウディオス・プトレマイオス（統治者であるプトレマイオス朝一族との縁戚関係はない）や数学者ディオパントスが、この都市を舞台にした科学という一場で、大きな役割を演じていくことになる。

ヒュパティアが生まれた三七〇年代には、アレクサンドリアがローマ帝国に編入されてからはや四世紀近くがたっており［★ローマ属州アエギュプトゥス（エジプト）の一都となったのである］、三九〇年代からはこの宗主国にならって公式の宗教もキリスト教と定められた。すでにしてアテナイにも学者連が集う競合の諸サークルが存在し、ローマには文芸と哲学の諸派も現れてはいたものの、依然、地中海世界の科学の首都としての地位を維持し続けていたこの都市は、ヒュパティアが生きていた時代には五十万人とも言われる人口を抱えていたようである。住民は大まかに、ギリシア人とローマ人からなる上流階級と、それを戴くエジプト人労働者、キリスト教徒、ユダヤ教徒、そして奴隷によって構成されており、それぞれの暮らしぶりは出自や職業に応じてさまざまだった。いずれにせよローマ人にとってのアレクサンドリアは、エジプト産の穀物やその他の富を地中海一帯に運ぶ、帝国の最重要港、もしくは交易センターのひとつに数えられていたのである。

もっともその一方でアレクサンドリアは、帝国にありながら学問的にも行政的にもギリシアの都市国家（ポリス）さながらの威信を保つこともできていた。これは、上流階級のギリシア人が、商業と行政上の特権や、文化と法を強固に守り続けたところにことさらはっきりと表れている。クレオパトラより前のプトレマイオス朝ファラオ全員が、エジプト語を習得しなかったという逸話にも、そのギリシア的な気風が示されていると言っていい。そしてこのかつての故郷の慣習に根ざした法制は、やはり女性にとって不利なものだったようである。エジプトとは様相を異にする社会で暮らすアレクサンドリアの女性たちには、自分自身の財産を保有し、あるいは遺言書を作成する権利がなかったのだという（とはいえ実際のところ、この都市ばかりかローマ帝国のどの地域を見ても、夫の死後、成人した息子たちの名を借りて家業を引き継いだ有力な女性は少なからずいた）。

ヒュパティアのサークルと、その哲学の理論的枠組み

ヒュパティアは、大勢の聴衆を前にした講義を時折こなしつつ、主に自宅で少人数のグループを相手に教鞭を執っていたようで、資料となる諸々の書簡からは、前者よりも後者の様子のほうがよく伝わってくる。そこに通った弟子の多くは、行政府の高官や教会の高位聖職者といった前途洋々たるキャリアを約束された、裕福なギリシア人家庭の子息だったらしく、スパルタ王の裔《すえ》を自称する素封家の出身者シュネシオスなども、長じてのちはクレタ・キュレナイカ属州の元ギリシア植民都市プトレマイスで司教職に就いている。こうした弟子たちの宗教的な背景を見ると、キリスト教徒もいればそれ以外の教義の信者もいるといった態《てい》なのだが、当のヒュパティアの場合は、現在判明している限りキリスト者やギリシア宗教の崇拝者のどちらでもなく、彼女にとっては公に敬われている信仰以上に、新プラトン主義哲学が重要な拠りどころとなっていたように思われる。

科学はすでにヘレニズム期において個別の分野へと枝葉を伸ばしはじめており、ローマ時代ともなると、哲学とそうした個々の科学分野とのあいだで交わされた〝対話〟も事実上終わっていた。この見地からすると、ヒュパティアは当時の学者として例外的な存在だったと言える。彼女を中心としたサークルは、数学や天文学と並んで新プラトン主義哲学を熱心に学んでいたが、この思想の創始者とされるプロティノス（205?–270）は、プラトン、アリストテレス、そしてストア派の諸学者などが深めた思索と自身のそれとを結びつけたうえで、心裡の熟慮を唱道した人物であり、その著作は当時すでにしてプラトンが築いた哲学の最も重要な再解釈と見なされていた。人は内面に目を凝らすことによって、神の知性もしくはその精髄である〝霊感の源泉《ミューズ》〟に見《まみ》え得るのであり、一方、外面を注視することによって感覚世界の欠陥にも気づく、とプロティノスは言う。ただし、キリスト教神学がプラトンからの多大な影響を受けていることと、魂と身体との関係をめぐる彼の思索が十九世紀初頭まで哲学界に影響を及ぼし続けていたこと

は、プロティノスが唱えた哲学を詳細に吟味するまでもなく明らかだと言っていいだろう。一方、ヒュパティアの思考に影響を与えた今ひとりの新プラトン主義哲学者が、プロティノスの弟子ポルピュリオス（234頃–305）である。彼は師とは異なってピュタゴラス派の教えと数学にも興味を抱いていたのだが、その傾向はヒュパティアからも同様に見て取れる。

新プラトン主義は、ヒュパティア自身にとって数学、天文学といった諸科学を考察する際の理論的枠組みになったばかりか、〝生〟におけるより深い意味での倫理上の基盤をもなしていた。シュネシオスの手紙からは、彼女が自らの教えにそむくことのない生き方を探求し、その成果を弟子たちにも授けようとしていたことが察せられる。ヒュパティアは、教師、あるいは学者としてピュタゴラスと新プラトン主義とに由来する秘教的な光に包まれながら倫理に則った価値観を強調し、数学と天文学への情熱を後進に示したわけで、そんな彼女の伝える諸学は、従来型の哲学的モデルを超えた、より科学的な体裁に向かって洗練されていったのである。

ギリシア数学について

元植民都市ビュザンティオンを前身とするコンスタンティノポリスで十世紀に編纂された『スーダ』*Suda* と呼ばれる百科全書的な辞書には、ディオパントスの『算術』*Arithmetika*、ペルガのアポロニオスの『円錐曲線論』*Konika*［★竹下貞雄訳、大学教育出版］、クラウディオス・プトレマイオスの『数学全書』*Mathematike syntaxis* といったギリシア数学書についての、ヒュパティアが手がけた註解への言及がある（最後に挙げた書は、アラビア語題の〝大全書《キターブ・アル＝ミジスティ》〟がラテン語訳の際に転訛した『アルマゲスト』*Almagest*［★藪内清訳、恒星社厚生閣］という書名によっても知られている）。数学史家ウィルバー・クノールによれば、彼女はまたアルキメデスの数多の数学理論に関する追究も行い、その註解を著していたのだという。

当時、ヒュパティアやその父テオンのようなギリシア数学のテクスト註解者は、いわば〝科学の編集人〟だった。往年のテクストに註解を加える過程で全体の改訂も行い、より読みやすく仕立てたのである。種々の計算を行う記号をもたなかったギリシア人がすべてを言葉に頼って説明していたため、古代の数学文献は、ヒュパティアの時代の人々にとってすらすでにして難読になっていたし、そもそも中世までの科学界には今日のような著作権という概念はまず存在せず、古《いにし》えの学者らは古文献に註解を加えることによって、崇敬の念を抱く科学の伝統に自ら連なっているようにも感じていた。今日となっては、さまざまな研究テーマについて論述するというただそれだけで事足りるわけだが、彼らの場合は、自身で手がけるそうした行為にそれ以上の意義を見出していたのである。

古代ギリシアのすべての数学者と同様、ヒュパティアも、前三世紀頃にエウクレイデスによって集成された幾何学書『原論《ストイケイア》』*Stoikheia*［★『ユークリッド原論』、メンゲ編、中村幸四郎他訳、共立出版］を、科学の極致であり理想ととらえていた（同書は、ラテン語題『エレメンタ』*Elementa* によっても知られている）。研究者らにとって幸いなことに、テオン編による註解書が今日もなお残されているのだが、数学史家トマス・L・ヒース

◉20……美麗な図版を収録した幾何学のテクスト（1847）。この学科の基本は、今なお前3世紀のエウクレイデスによって書かれた教本『原論』に基づいている。

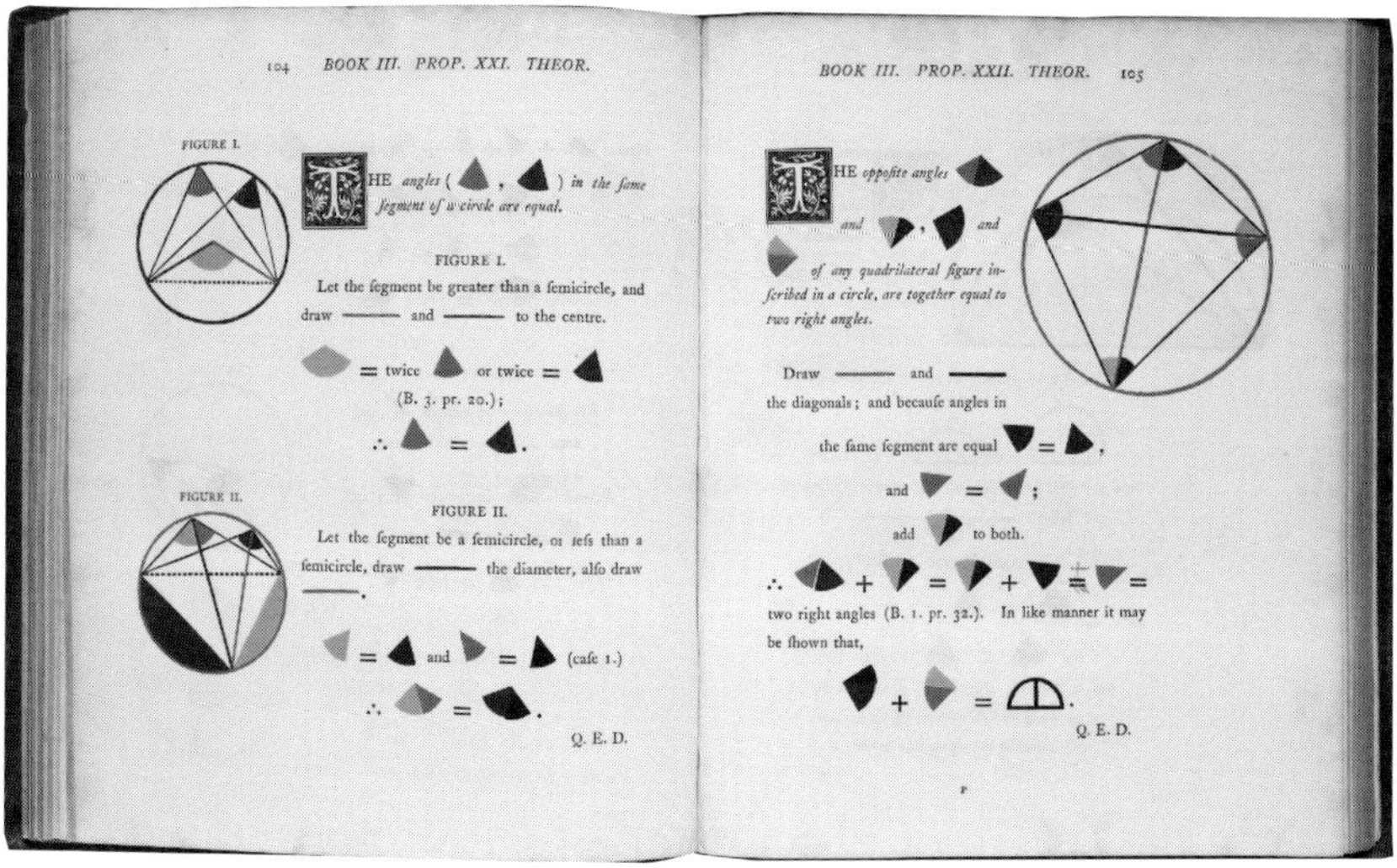

の見解によると、この著作には教育目的で弟子たちも関わっていたらしく、ヒュパティアがその筆頭だったことを考え併せれば、彼女自身が校訂を手がける一員に名を連ねていてもまったく違和感はない。

エウクレイデス――もしくはエウクレイデスの名のもとに集約される数学者連――は、それまでギリシア人たちによって積み上げられてきた数学知識のすべてを、『原論』によってひとつにまとめ上げている。同書に記された内容に本質的な新味は何もないのだが、とはいえその構成と数学の諸問題を提示する手際には、現在の目から見てもただ驚嘆するしかない。提出し得る科学的命題はすべていくつかの基本となる公理から導き出すことが可能である、という概念《イデア》は、アリストテレスによって定められたものだが、『原論』は（幾何学という分野で）その極北を示している。

『原論』では、はじめに幾何学における点や線などの定義が、次いで五つの公準と公理とが掲げられている。同書が刊行されるまでの時代、ギリシアにあっては、作図法の説明こそが任意の図形を定義しようとする際の最善の方法だと考えられてきたわけだが、そこで数学者の用いるものはといえば、直線を引くための定規と、円を描くためのコンパスだけだった。とはいえ、それだけの道具ですべての幾何学的問題が解決されることはなく、たとえばこれらの装備のみで「任意の角を三等分」し、あるいは「円と同じ面積の正方形を作成」しようとしても、それは不可能なのだ。最終的に、ギリシア人数学者らは、定規とコンパスだけで示すことができるか、あるいは円錐曲線やそれよりいっそう複雑な曲線が必要であるかによって幾何学的問題を分け、『原論』の場合も、定規とコンパスだけで解決できる問題に的を絞っていた。このように、〈エウクレイデス幾何学《ユークリッド》〉は、多くの幾何学のひとつにすぎないのだが、『原論』自体はその優雅さのゆえに、以後二千年以上にわたり数学教育における確固とした地位を保ち続けていく。そして、同書が教本として使われることのなくなった今もなお、教育現場では〈エウクレイデス幾何学〉についての講義が行われているのである。

アレクサンドリアの学者の科学に対する関心は、概して理論に重きを置くものだった。ヘレニズム期、この地で研究生活を送り、プトレマイオスの宮廷による特別な庇護のもとにあったエウクレイデスやペルガのアポロニオスをはじめとする多くの学者らは、実際的な成果をいっさい求められることなく、国家からの充分な金銭的援助を受けながら、心ゆくまでそれぞれの科学研究に没頭することができたのである。生地シュラクサイを慮《おもんぱか》り、ローマ帝国に対抗する手だてを模索していたアルキメデスなどは、それでも改良型の揚水ポンプやさまざまな兵器を考案したものだが、ペルガのアポロニオスの場合、彼の円錐曲線に関する研究を実地に応用しようと試みる同時代人はなく、物理現象を説明するその理論の重要性を理解した者は、死後千八百年近くのあいだ、誰ひとりとして現れることがなかった。楕円、抛物線、双曲線といった彼による数学上の発想の有効性は、ヨハネス・ケプラーが一六一九年に惑星の軌道は円ではなく楕円であることを発見したとき、そしてアイザック・ニュートンが一六八七年に〈万有引力の法則〉を公表したときにようやく気づかれるようになったのである。

三世紀のディオパントスが創出した数の体系もまた、そうした〝早すぎる〟理論で、ヒュパティアはこれについての註解も行っている。ディオパントスは、それぞれ単一の解と無限の解が求められる一次、二次、三次のさまざまな方程式からなる問題を提示しているのだが、この著述は、千四百年後となる十七世紀になってから、ヨーロッパにおける数論の発展に大きく寄与することになった。無限の解がある彼の方程式は、今なお〈ディオパントスの方程式〉として知られ、バビロニアに端を発して古代ギリシアで大きく発展した往年の代数計算の潮流における重要な結節点ととらえられている。

こうした古典数学に対してヒュパティアが行った註解は、大半が失われたものと見なされており、彼女によるそれが大元のテクストに対してなされたのか、あるいはその後の改訂版に対してなされたのかを判定することは、今日の数学史家には非常に難しい。註解に追記《スコリア》を加えていくのはごく当たり前で、それも、原テクストのどこに手を加えたのかという説明がいっさいない状態で行われるのが常だったのである。この類いの文献というものは、ある書写生や註解者から次の者へと何世紀にもわたって引き継がれていったうえで、その多くが中世になって初めてアラビア語に訳されるようになり、その後の十二世紀頃から少しずつ、アラビア語からの重訳として、あるいは執筆言語であるギリシア語からの直訳として、それぞれラテン語に直されるといった経緯を辿っているため、古代から伝わっても原型をとどめている場合がきわめて少ない。現存する最古級の文献の大半が、それ以前に成立したにもかかわらず中世時代の写しになっているのである。

数学史家ウィルバー・クノールは、長年にわたって古代に成立した数学文献についての研究を行い[50]、数々の中世写本の文体と内容に見られる特徴を比較研究することで、多くの無署名写本の書き手と察せられる人物を同定してきたが、とりわけヒュパティアの場合ともなると、ことはそう簡単に運ぶものではない。無署名写本と比較できるような、ヒュパティアが記したと断言できる文献がひとつもないのである。それでも彼は、ヒュパティアやその父テオンの著述であることがほぼ確実とされるテクストを用いて、彼女独自のいくつかの文体上の特徴を明らかにすることに成功した。それによると、尋常ならざる明晰さがヒュパティアの特徴なのであり、それは彼女が女性であることによって説明できるのだという。わずかなりとも疑問の余地のある主張はいっさい行わないヒュパティアの学術研究は、たゆみのない批判的検討と精査のもとにあったのである。

クノールは一方で、アルキメデスによる円周率の追究についてのテクストの、あるラテン語版をそもそものした者の同定にも取り組んでいた。ギリシア語文献のラテン語訳『円周の測定』*De mensura circul* がそれだが、原典は残されていない。クノールが取り組んだ版は、現存するアルキメデス著とされる多くの版と比べると、かなりの部分がその限りでないように思われた。欠損がある一方で、その他の部分には相当の改訂が加えられていたのである。それはどうやら教育を目的に〝編集〟が施されたように思われ、しかも古代に数多あった数学者や発明者の理論にじかに触れ、精通した者の手になることに間違いはない。そこでクノールはこう結論づけた――この版の〝編集人〟として最もふさわしい人物は、当時最高の数学者だったヒュパティアしかいない。彼はヒュパティアのことを、単なる古代知識の保管人ではなく、往古の問題に新しい解を与えようと努め、それらを表現する新しい方法を求めた革新的な思索者だったと考えている。

ヒュパティアは、哲学と数学に加え、天文学、とりわけクラウディオス・プトレマイオスの研究と講義に傾注していた。彼女の父テオンは古典時代末期のプトレマイオス研究家として名高く、最大の著書『アルマゲスト』に対する彼の註解書は、当時の天文学に関する諸研究の中でも最も重要視されている。この註解作業にヒュパティアが加わっていたことは当該作の前書きからも明らかで、その第三巻に当たる太陽の運行を扱った部分の註解に娘が携わっていることが特に記されている。テオンは我が娘を〝哲学者〟とまで謳っているが、そこからしてもヒュパティアが同時代でも相当な位置づけがなされる学究だったことがわかる。

プトレマイオスの『アルマゲスト』は、ニュートンが独自の理論を世に送り出すまでの千五百年近くものあいだ、ヨーロッパで最も名高い天文学書としての地位を保ち続けた［★ただし、世に出た当初の扱いは数学書である］。西洋天文学におけるその重要性は、少なく見積もっても西洋数学における『原論《ストイケイア》』にも匹敵するだろう。『原論』同様、『アルマゲスト』は当時知られていた天文学知識のすべてを集成した科学上の記念碑的著作で、第一巻ではまず、ギリシア人に広く受け入れられていた宇宙観が提示される。地球は宇宙の中心に位置する不動の球体で、その周りをほかの天体が完全な円軌道を描いて回っているとする、いわゆる〈天動説〉である。もっともこの宇宙観の基盤となる考えは、プトレマイオスに先立つこと四百年ほど前に、プラトンとその流れを汲む哲学者であるアリストテレスらによってすでに示されてはいた。

ニュートンの重力理論を欠いた時代にあって、天体が目視するそのままに動いている理由と、そして天体が常に地球に向けて「落ちてきている」理由とを説明しようと、諸元素はあるべき場に向かって運動するという理論を提唱したのがアリストテレスで、彼によれば、世界は火、空気、水、土という四大元素からなり、自身「月より上の世界」と呼ぶ宇宙は〈アイテル〉、つまりエーテルという第五元素によって構成されているのだという。宇宙のすべてがそ

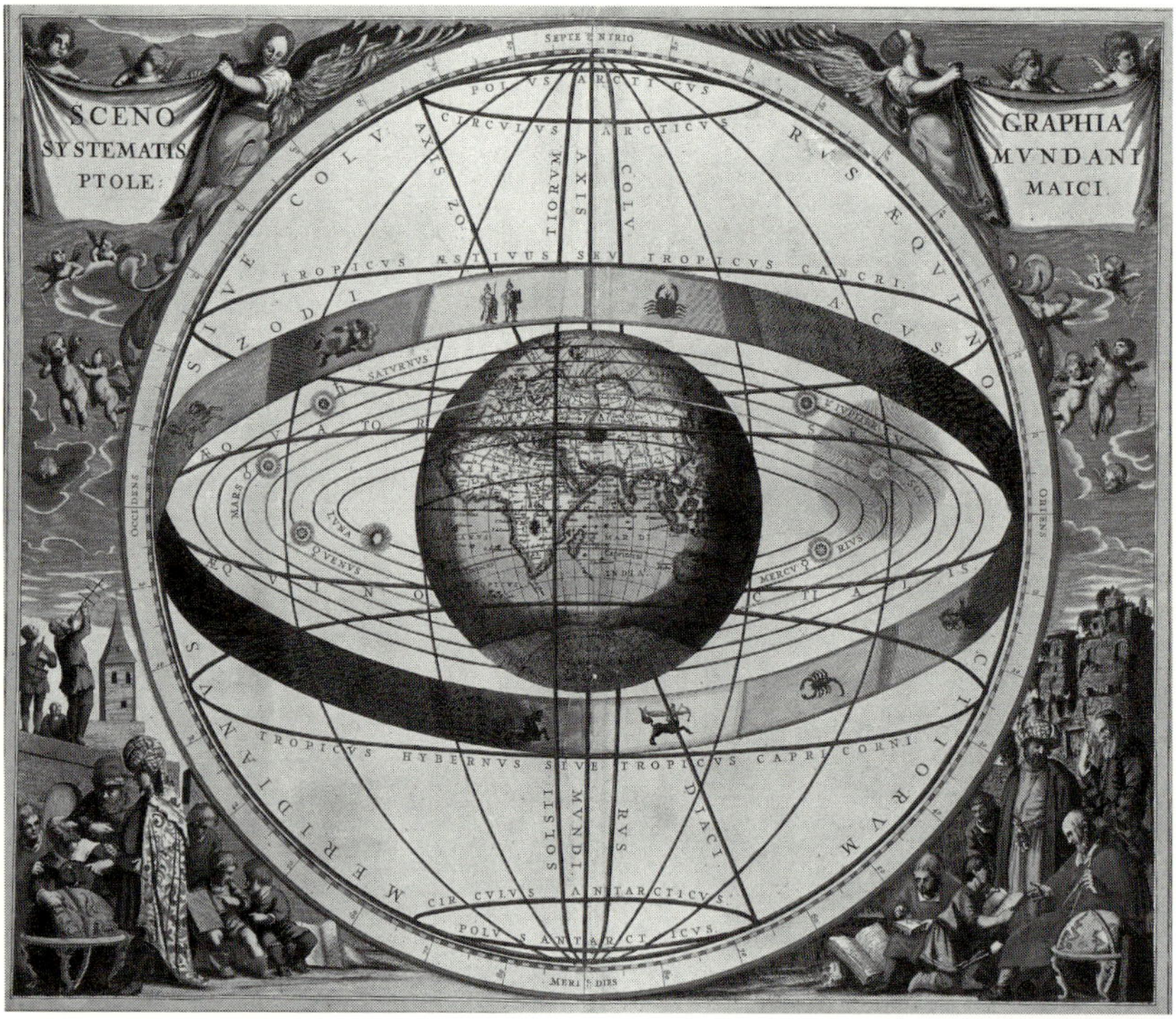

●21……アンドレアス・ケラリウス『大宇宙の調和』*Harmonia macrocosmica*（1660）の1708年版収載のプトレマイオス的宇宙モデル。地球は宇宙の中心にあり、その他の天体は地球の周りを回っている。こうした見解は、17世紀になるまでヨーロッパ天文学を支配していくことになる。

うであるように、それぞれの元素は自らの最終目的を達成するべく努めているわけで、その目的とはすなわち、まだそこに達していないのであれば、それぞれのあるべき正しい場へと向かうということにある。

　土という元素のあるべき場は、宇宙の中心にある。一方、火は中心から離れようと、より適切に言えば上方に向かおうとする。火の場は、空気より上にあるべきなのである。古代ギリシア人は、地球が宇宙の中心に位置することをごく当然のことと考えた。土が中心に向かおうとするのはそれ自体の理《ことわり》なのであって、それはオークの実が長じてオリーヴではなくオークの木に育つ本然《ほんねん》を有していることと同じくらい自然な概念《イデア》であるようにとらえられていたのである。

〈地球球体説〉は、数学に関心を寄せていたピュタゴラスと彼の教派の哲学者らによってもたらされた概念と考えられている。ピュタゴラス派の見解によると、球ないし円という形は、その対称性ゆえに完璧なのである。そして、太陽も月も球体に見えるという事実が、球形をした地球という信念のさらなる裏付けとなり、月食の際に月の表面に映る地球の影が常に弧ないし円を描いていることもまたその証拠とされた。もし地球が円盤であったなら、その影は、食の際の月と太陽の位置に応じてさまざまに変化するはずなのだ。ギリシアの研究者らは、この球形をした地球を説明するさまざまな論拠を、天文記録に基づいて提示した。プトレマイオスもまた『アルマゲスト』の中で、海上を陸に向かって進んでいるときに水平線の彼方からまず山の頂が姿を現す事象について、海面が湾曲しているためである、と説明を加えている。

天体の運行は、数千年前のメソポタミア人やエジプト人にとってもなじみ深い論題だったが、天文現象の理論を系統的に発展させたのはギリシア人が初めてだった。ただし彼らもまた先人たち同様に、二十四時間の周期を生み出す地球の自転と、太陽を中心とする諸惑星の周回に気づくことはできていない。この知識を得るには、望遠鏡が不可欠だったろうが、その機器の発明は十七世紀を待たなければならず、初期の天文学者らは、正確な観測を行い、天空の変化を時系列で記録するだけで満足しなければならなかった。夕暮れの空の情景は、夜明けとは違う。そして星座は二十四時間の周期で、あるものは昇り、あるものは地平線の下に沈んでいく。もちろん、星々の動きは見かけにすぎず、実際そのようには動いていない。気の遠くなる年月で眺めることのない限り、星々はおおむね常に一定の配置にあり、地球が毎日、自転軸を中心に回っているだけなのだ。しかし当時の人々は、星々が透明な〈天球殻〉に固定されていて、その殻が中心点、すなわち地球の周りを二十四時間で一周しているものと考えていた。

日々の周期と天空でのその他の動きを説明しようと、ギリシア人は地球の周りを回る〈天球殻〉理論をいっそう発展させていった。太陽と、目に見える惑星、すなわち水星、金星、火星、木星、土星のそれぞれが、固有の殻の上に固定されているというのである。太陽と月、そして星々が各々の殻に据え付けられているというこのギリシアの理論は、観測で得られた結果からしてもまず確かだろうと思われた。だが、そのような中、同じ規則性に準じて運行しな

◉22……ヒュパティアをはじめとする古代ギリシアの天文学者らは、星の位置を知る星辰儀（アストロラーブ）を充分に使いこなしていた。この機器は中世初期に一旦使われなくなるものの、11世紀になってイスラーム世界から再びヨーロッパへともたらされた。

いものがある。それが〝彷徨うもの《プラネタス》〟である惑星で、アリストテレスと同時代の天文学者らは、それぞれが異なった速度で動くこうした星々をして、ほかの天体との関係性においても不可解な振る舞いをするものと見なさざるを得なかった。惑星が地球の周りを回っているのであれば、そのどれもが太陽と同様、それぞれの殻の上を常に同じ方角（西）に向かって動かなければならないはずなのだが、実際はそうではない。惑星はどれも、最初の数日間、ときには数カ月間、予想通り西に動いているように見えるのだが、ある時点で突然その動きを停め、次いで東に向かいはじめる。そして、しばらくたったのちに再び動きを停止し、今度はその軌道をまた西向きに戻すのである。

回転する〈天球殻〉上にある惑星というアリストテレスに代表されるこの理論は［★本来、同時代人であるエウドクソスの流れを汲んでいる］、ほどなくしてアポロニオスやヒッパルコスらによる〈周転円〉の理論に置き換えられた。〈周転円〉理論とは、惑星が地球を中心とする大円上を、自ら小さな円（周転円）を描きながら動いているというもので、単純な円運動を採った理論よりもいっそう合理的にその奇妙な動きを説明し得ていた。プトレマイオスの場合は、この〈周転円〉理論にさらに改訂を加えて、惑星の軌道を離心円（少しずれた位置に公転の中心を置く円）にするといった数学的操作を施し、観測結果にきわめて近い理論を作り上げている。

ヒュパティアは、父テオンによる『アルマゲスト』註解の第三巻に当たる太陽の運行を扱った部分でおびただしい数学的改良を提起し、月の運行に関する第四巻と、惑星の運行を説明する際に考慮しなければならないいくつかの特殊事項を記した第九巻にも大幅な改訂を加えている。ウィルバー・クノールが強調するように、彼女によるこの作業は計り知れない重要性をもっており、数学と天文学の師として残した業績は、その後千年以上にもわたって受け継がれていくことになるのだった。

ヒュパティアの死：ヨーロッパにおけるギリシア科学の衰退

四一五年のヒュパティアの惨殺は、その後も長いあいだ、アレクサンドリアの人心を乱し続けた。キリスト教聖職者らが罪の意識に駆られ、その一方で民衆をなだめようとしたことは、彼女の殺害後、実はアテナイに移住してかの地で元気に暮らしているという噂を流した逸話からしても明らかだろう。事の真相は、おぞましいものだった。当時の文献によれば、ヒュパティアを殺したのは狂乱したキリスト教修道士の一団で、彼らはヒュパティアの喉を掻き切って息の根を止めたうえ、その体をズタズタに切り苛んだのだという。この暴虐とも言える死を経て、ヒュパティアはギリシア科学の殉難者とされ、彼女の殺害自体も、続く世代の人々にとって二つの世界を分かつ象徴的な出来事として受け取られるようになった。新時代の人々は、ヒュパティアを〝異教徒〟としてのギリシア人が打ち建てた科学と文化とを代表する最後の偉人と見なし、同時に殺戮に及んだ者どもを、科学に敵愾心を抱くキリスト教世界の先兵と指弾した。こうして彼らにとってのヒュパティアの死は、古代文明の終焉と暗黒時代のはじまりとを意味することになったのである。

ヒュパティアが殺害された背景には、思想と政治の両面にわたる要因がある。まず、キリスト教徒が、いわゆる〝異教〟の人々からかつて受けた仕打ちをそっくりそのまま返そうと企んでいた。彼らは復讐心に駆られ、〝異教的〟と見なされるすべてのものを組織的に迫害し、また破壊しはじめたのである。また、古代末期にあっては、数学がメソポタミアに端を発する占星術やホロスコープの作成と密接に結びついていたことも確かだが、そうした行為者と〝学術的《アカデミック》〟な数学者とを区別できるほどに見識のある聖職者は当時ほとんどおらず、結果として、数学それ自体がいかがわしい営為ということにされてしまっていた。さらに悪いことに、アレクサンドリアでも最高の権威者となる行政長官オレステスと親しい間柄にあったヒュパティア本人もまた、キリスト教聖職者から彼の政治的な支持者であると見なされて攻撃を受けるようになっており、そのうえこの地の宗教界における権力だけにとどまらず、政治的な主導権をも掌握しようと目論んでいた総主教キュリロスが、オレステスへの対抗姿勢をあからさまにしていたのである。ヒュパティアは妖術使いだ――そうした噂が市中に流れた。とどのつまり、怪しげな〝数学者〟がオレステスをそそのかして、キュリロスにさからうよう仕向けているというのである。そして四一五年、教会の代表者らに扇動された憎悪は頂点に達し、その後も長く語り継がれることになる、あの忌まわしいキリスト教修道士たちによる暴動へと発展していく。

十九世紀になるまで、歴史家たちはヒュパティアを古代ギリシア最後の学者と見なし、彼女の以後、西ローマ帝国は破壊と暗黒の中世へとまっしぐらに突き進んでいったようにとらえていたものだが、こうした視点に立ったロマンティックな歴史読み物のひとつに、一七二〇年に刊行されたジョン・トーランドによる評伝『ヒュパティア』*Hypatia* がある。そこに付された副題は、「最も美しく、最も高潔で、最も博識で、あらゆる面において完成されたひとりの淑女の歴史：聖キュリロスなるアレクサンドリア総主教の自尊心と競争心と嗜虐心とを満足させるため、彼女は不当にも同市の聖職者らによって微塵に引き裂かれた[51]」といういかにも麗々しいものだった。また、一七三五年には、高名なドイツの哲学者で数学者のヨーハン・クリスティアン・ヴォルフが、古代ギリシア・ローマの女性学者たちに関する著作を刊行しており、そこにはヒュパティアをはじめ、ピュタゴラス派の女性たちやアスパシアなど数十人の古代の女性教養人が取り上げられている。[52]

現代の歴史学上の見解を見ると、ヒュパティアの死の余波はトーランドの評伝ほど劇的に扱われてはいない。アレクサンドリアの科学と研究活動は、過去の栄光と比べるほどではなくなったとはいえ、ヒュパティアとともに終焉を迎えたというわけでもなく、五世紀から六世紀になっても、たとえばアンモニオス・ヘルメイウ（440頃–520頃）、ヨハネス・ピロポノス（490頃–570頃）、アスクレピオドトスといった、大勢の傑出したキリスト教徒の新プラトン主義哲学者がこの地で暮らし、そして仕事を行っているのである。中でもピロポノスは抜きん出た数学者であり、現存するものでも最も古い星辰儀《アストロラーブ》関連のテクストを五三〇年代に記している。星辰儀は、太陽、月、惑星、そしてその他の星々の位置の予測に使われる天文機器で、経度からその場所の時間を、そして時間からその場所の経度を確定することができた。ち

◉23……8世紀以降、イスラームの人々は古代ギリシアの科学に強い関心を寄せ、文献をアラビア語に翻訳するようになっていたが、12世紀初頭になると今度はヨーロッパの学者たちが、イスラーム世界を経由して失われてしまっていた多くのテクストを再発見し、ラテン語へと翻訳していく。

なみにピロポノスの文献中には、この機器に関するヒュパティアの父テオンの著作についての言及が見受けられる。六四一年、イスラーム勢力がアレクサンドリアをついに陥落させたそのとき、ムセイオンを舞台に紡がれたかつての業績は事実上、何世紀も前に忘却の淵に沈んでしまっていたが、とはいえこの地にはなお四千の公共浴場と四百の劇場があったように推定されている。

中世ヨーロッパにあって、古代の遺産はほんのわずかしか生き延び得なかった。四一〇年、西ゴート族がローマを包囲したときからほどなく、強大な力を誇った西ローマ帝国は一挙に内戦状態に陥ったのである。しかしこれで、古代の文化遺産が完全に破壊され、失われてしまったわけではない。古代の文化は修道院で大切に守られ、そこで修行に励む男女らが古代文献を忍耐強く書写して次の世代へと伝えていったのである。そして八世紀から十二世紀にかけてのあいだに、古代の遺産はイスラームの人々の手によって蘇り、また多くの古代に成立した文献が保存されていたビザンツ帝国の首都コンスタンティノポリスでも、往年の知識は新たな生命を得ていくことになる。イスラーム世界とビザンツの人々は、ともにギリシアの科学文献を熱心に学び、ことに前者の場合はそれらを次々とアラビア語に翻訳していった。

こうしたイスラームとローマ両世界の学者らの古代ギリシア文化に対する意欲がなければ、古代の遺産はその大半がヒュパティアの著作同様の運命を辿り、消えてしまっていたことだろう。いずれにせよヒュパティアは、後世の歴史学において男性とまったく同等の、自立した学者と見なされる最初の女性となったのだった。

✴第Ⅱ部　中世の教養ある修道女と宮廷婦人

ビザンツ帝国こと東ローマ帝国は、中世ヨーロッパにおいて最大の権勢をふるった国家である。国民はキリスト教徒だがカトリック教会とは異質な正教会に属し［★この分裂は、西方のローマと東方のコンスタンティノポリスの各教会によって〝相互破門〟が宣告された一〇五四年に決定的になった］、知的エリートたちはといえばギリシアの文化遺産の涵養に力を注いでいた。そのビザンツ帝国にあって十二世紀に最も高い学識を誇った女性が、皇女☆アンナ・コムネナ（1083–1153）である。重要な歴史書を著わした初のヨーロッパ女性となる彼女は、父帝アレクシオス一世コムネノスの治世と第一回十字軍の時代における諸々を記したその業績によって、自らも歴史に名を刻むことになった。

十二世紀から十三世紀にかけて西欧に伝えられた古典文献は、当時の大陸における学術センターの機能を果たした修道院によって保護されたが、そうした古典籍に関わる教養は、基本的に貴族階級の家柄に生まれた子女にしか身につけられないものだった。社会階級は神によって定められているという信念のもと、人々はさまざまな序列に応じた立場と教育とをそれぞれ授けられていたわけで、こと修道院ともなるとそうした指向が他に抜きん出て強かったのである。[53] ベネディクト会は、多くの会派がしのぎを削る中、わけても古典研究に力を注いでいたのだが、その流儀にあって同時代でも並ぶ者のない声望と影響力と学識とを得た女性が☆ヒルデガルト・フォン・ビンゲ

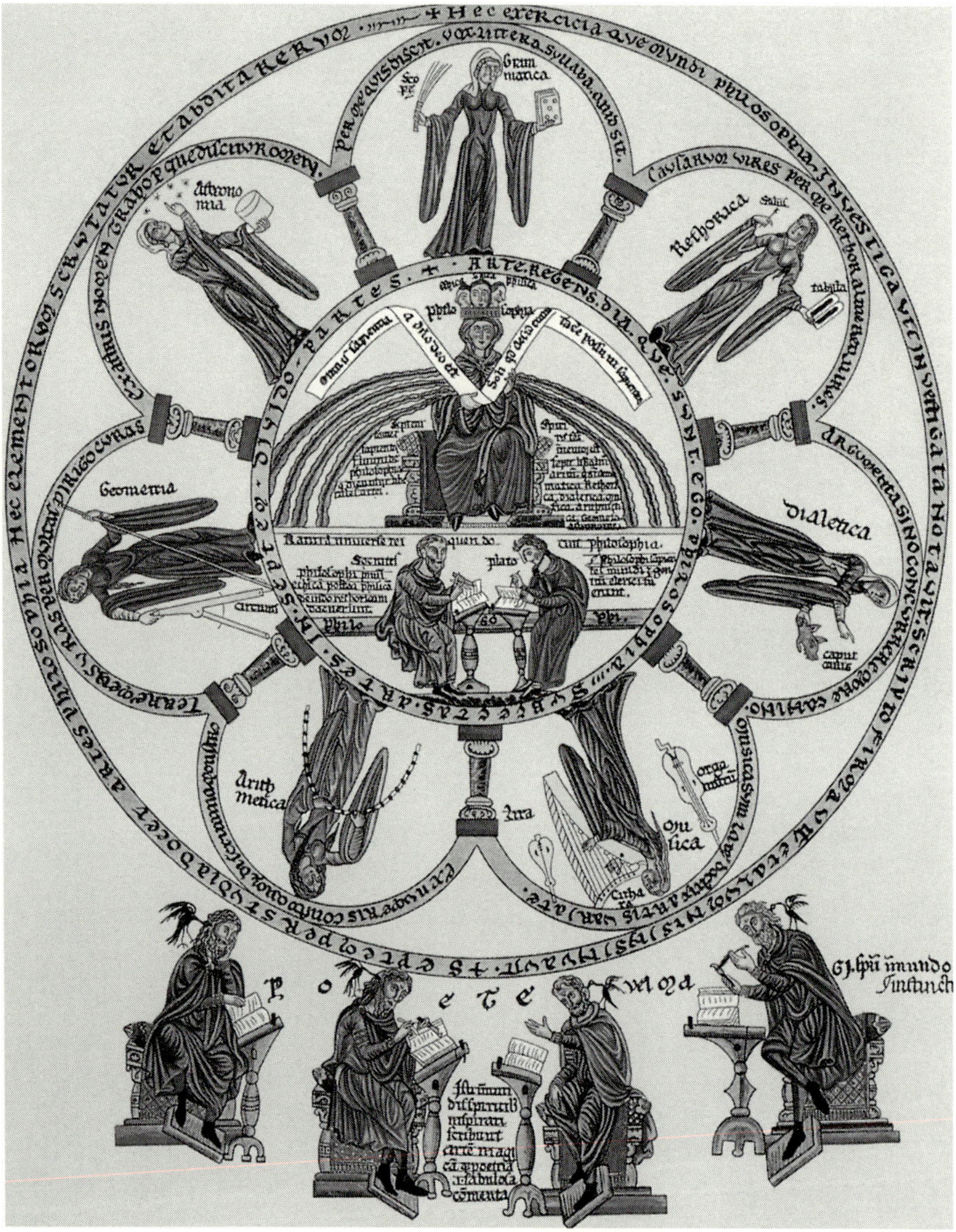

◉24……………ヘルラート・フォン・ランツペルグ『歓びの庭』*Hortus deliciarum*（1170）収載の「神から発する自由七科」の図。中世のキリスト教社会は、学芸を司る古代の女神（ミューズ）に〝アルテス・リベラリス〟、すなわち文法学、修辞学、論理学、算術、幾何、天文学、楽理からなる〝自由七科〟の象徴という新たな責務を授けた。これらの諸課目は13世紀の勅許による大学の誕生以降、神学のほかに修めるべき高等教育の基礎と定められることになる。

ン（1098–1179）で、彼女がものした宇宙論、医学、博物学に関する著作には、十二世紀ヨーロッパで新たに生じた、古典古代の自然哲学への関心が明確に反映されていた。

十三世紀、ヨーロッパに初めて勅許による大学が誕生し、教養を積んだ新階級の人々が社会という舞台に出現すると、かつてのヒルデガルトのような女子修道院長や神秘家は徐々にその存在感を弱めていくことになった。とはいえ近世に入ってからも、修道院では上流階級の息女に対する諸学教育が依然として行われ、修道女もまた修道士同様、古典を学び、書写し、挿画を描き加えるという昔ながらの作業に引き続き従事していく。女性は大学に受け入れられることこそなかったが、上流階級の家柄の者であれば宮廷で諸学の手ほどきを受けられる機会もあるのだった。

中世は厳格な階級社会で、個々人の一生は出自や階級やジェンダーによって決定された。社会階層とジェンダーに応じた役割は、とどのつまり神が定めたものであり、疑う余地のない真理だと考えられていたのである。個人は、より高い立場に生まれた者に従うべきであり、女性は父親に、そして婚後ともなると夫に従属する存在でしかなかった。それでも、家庭という中世階級社会の根幹をなす経済的結びつきの中心には女性がいたわけで、たとえ公には認知されなくともその働きがなければ社会は機能し得なかった。

ただし、社会的立場では男性より下位に置かれていたとはいえ、象徴という意味での女性性は相応の評価を受けてもいた。物質的な幸福をもたらす第一の原資である〝自然〟は、女性的で有機的な生きた存

◉25……息子を前に座るクリスティーヌ・ド・ピザンを描いたミニアチュール（1410）。

在ととらえられていたのである。この自然と女性性との象徴的なつながりには文化面における長い歴史があり、多義的ではあれ中世に至るまでそもそもが肯定的に受け取られていた。一方、魔術と超自然の力もまた女性に結びつけられていたのだが、この時代にまつわる誤解をここで解いておくと〝女性の神秘〟の暗い面に由来するあの魔女狩りは実のところ中世の事象ではない。魔女に対する組織的な迫害のはじまりは、むしろ十六世紀の宗教戦争の頃になるわけで、その周辺への言及は本書第Ⅲ部へと譲ることになる。

中世盛期［★おおむね十一世紀から十三世紀］、西欧のキリスト教世界は東側のビザンツ帝国および正教会と宗教や文化の面で乖離《かいり》していったが、そこにはまた言語の相違というものもあった。カトリック教会と西欧知識人が使う公用語《リングア・フランカ》はラテン語だったが、ビザンツ帝国におけるそれはギリシア語であり、当時、西欧社会の知識人であってもギリシア語を解する者はほぼいなくなっていたのである。[54]この時期にカトリックの西欧と正教の東欧のあいだをつないだ主要な結節点が十字軍であり、人々によって開かれた直接の交易だった。

十一世紀の終わりから十三世紀の終わりにかけて、西欧では騎士道文化が花開き、上流婦人に新たな象徴としての社会的役割をもたらした。吟遊詩人の歌と騎士道物語に登場するさすらいの若き騎士たちは、手に入れることのかなわない貴婦人たちに崇敬を捧げ、精神的な愛を勝ち取るよう務めるのだが、彼らの憧れの対象はあまりに遠く、この類いのテクストに現れる女性はというと、道徳的に非の打ちどころのない完璧な存在か、さもなければまったくの嘆かわしい存在として描かれている。中世後期、騎士道物語や多くの教養人士の著作に見られるこうした一方的な視点に異を唱えた人物が、イタリアに生まれフランスで育った☆クリスティーヌ・ド・ピザン（1364–1430頃）である。彼女は、職業作家となったヨーロッパ初の女性であり、少なからぬ作品が今もって世界中の高等教育の場で熱烈な研究対象となっている。

✺6 自身を歴史に書きとどめたビザンツ帝国の皇女

――――アンナ・コムネナ（1083–1153）

「私、アンナは、皇帝アレクシオス一世と皇后エイレーネーの娘として緋色の産室で生まれ育ち［★緋色の産室の生まれ（ポルフュロゲネトス）は、皇子女を産む際の宮廷内の特別室で誕生した者、つまり皇帝の嫡子女を指す］、学問にはそれなりの研鑽を積んできた。特に熱心に学んだのはギリシア語で、修辞学にも不案内というわけではない。アリストテレスの著作とプラトンの対話篇はすべて読破し、四科《クアドリウィウム》をもって知の砦を固めてきた」[55]［★幾何、算術、天文学、楽理からなる四科は、文法学、修辞学、論理学からなる三学（トリウィウム）とともに自由七科（アルテス・リベラリス）を構成する］――ビザンツ帝国の皇女アンナ・コムネナは、自らがものした歴史書『アレクシオス一世伝』*Alexias* の前書きで以上のように記している。[56] この時代、ビザンツ帝国であれ西欧であれ、女性が書物を著すことはきわめて珍しく、それはアンナ・コムネナのようなやんごとなき身分にある者でさえ例外ではなかった。『アレクシオス一世伝』は、アンナの父帝の治世（1081–1118）を伝える第一級の歴史書だが、由緒正しい生まれ、尋常でないほどに広範な教養、著述家としての野心、そして歴史に名を残そうという不屈の意志がなければ、これだけの著作は書き果《おお》せない。そのうえ同書は、アンナが生きていた頃よりも今日のほうがいっそう多くの読者に恵まれているわけで、こうした意味においても彼女は間違いなく成功したと言っていい。

『アレクシオス一世伝』では、著者自身の知識のほどに加えて、高貴な家柄とそれがもたらす徳性とが高らかに謳われている。ここでアンナが範として掲げたのは、自身とその血族によって体現されていた、古代ギリシアから連綿

◉26………机に向かうアンナ・コムネナの想像図（19世紀）。

と続く〝教養〟だった。こうした遺産は、十二世紀のビザンツ帝国におけるキリスト教文化の中、品位を貶めるいかなる行為をも差し控えるという貴族階級の女性たちが抱く理想像をも形づくり、上流婦人が教養を身につけること自体が、当人の徳性と密接に結びつくように考えられていくのである。アンナが記すところによると、母親である皇后エイレーネー・ドゥーカイナ（1066–1123）は常に書物に親しんでいた。表立ったことを好まず、皇后として公の場に姿を現さなければならないときは「慎み深さが勝り、その頬をいつも恥じらいで赤く染めていた」のだという。アンナはこの奥ゆかしい母を、ピュタゴラスの学識ある妻テアノになぞらえていた。ビザンツ帝国の女性が仰ぎ見るべき徳性の規範は、彼女にその端を発するのである。「テアノが肘もあらわな装いをしていた際、居合わせたひとりがひやかし半分に『なんと美しい肘でしょう！』と声をかけた。テアノは答えて曰く『おっしゃる通りだと思います。ですが私には、みなさんに見ていただこうというつもりはまったくありません』」[57]アンナは、母を古典古代の賢婦テアノに重ねながら自らが往古の文献に通じていることを強調し、同時に、古典の教養は自分自身や母のような有徳の貴族女性にこそ身につけるにふさわしいことをはっきり知らしめようと考えていたのだった。

高貴な血筋は多大な義務を課し、それとともにその義務を果たすに足るだけの知的な才能をも与えてくれる――アンナはそう考えていた。すでにしてホメロスの著作に造詣を深め、神学と古典文学をめぐる同時代の論議にも充分ついていくことができた彼女はまた、医学にも精通し、一方で、星そのものに関する知識と星によって未来を予知する行為との違いを完璧に理解するには至っていなかったにせよ、天文学と占星術に関する基礎教養まで兼ね備えていた。「あるとき、私は天文学を少し学ぶことにした。その理由は、この学問に相応の価値があると考えたからではなく(神のご加護を!)、天文学者たちのわけのわからない話の底にあるものを理解して、彼らを驚かそうと思ったからだ。このようなことを記すのは、むろん慢心からではない。アレクシオス・コムネノスの御代に多様な科学が進展したことを正しく証言しようというのである。(……)」[58]このくだりからは、天文学と占星術に対する一種の疑念がうかがえるが、それは当時のキリスト教世界に住む多くの庶民にしても同じことだった。

アンナが、夫ニケフォロス・ブリュエンニオスの死後、その仕事を引き継ぐ形で『アレクシオス一世伝』を書きはじめたのは、女子修道院で長い年月を過ごし、五十代も半ばを過ぎてからのことになる。宮廷での華やかで幸せな子供時代も、そしてその後の結婚生活と母として過ごした幸福な時代もすでに遠い昔のことで、夫を推して弟ヨハネス二世からの帝位簒奪を企てたアンナは、その果てに修道院へと幽閉される身の上になっていた。『アレクシオス一世伝』では、自身が母親になったことや弟に対する謀略のことなどについてはいっさい触れられていないものの、権力闘争によって彼女の後半生が暗転し、幾度となく身の破滅の間際まで追い詰められたことが同時代の諸文献からわかっている。いずれにせよ静穏な修道院での暮らしの中、アンナは父帝の伝記執筆に没頭していく。とはいえその著書は、苦い思いに包まれながら老いを重ねる女性の書く、机の奥にしまい込んでおかれる類いの回想録ではない。彼女には、いっそう野心的な目論見があった。夫を帝位に就かせたうえでビザンツ帝国を治めるという好機こそ失われたものの、なお歴史という舞台の上に自分自身の痕跡をとどめ置きたいと願っていたのである。前書きにある通り、父の名声を称えたいという大望のもと著述家としてのキャリアを踏み出したアンナは、先帝のなした事績の数々を忘却の淵に沈み込ませまいと願いつつ、同時に後世の人々の心の裡《うち》に彼女その人の記憶をとどめる余地を残そうともしていたのだった。ともあれアンナ・コムネナは、壮大な歴史書を記した最初の女性となったのであり、その著作もまた広く高評を得、数多くの研究の対象となり、さまざまな言語に訳されている。

アンナ・コムネナの生きたビザンツ帝国

その千年にも及ぶ歴史において、ビザンツ帝国は多くの文明の繁栄と滅亡を見つめてきた。帝国の版図は、ときに東に、ときに西にと変遷したが、中心都市であるコンスタンティノポリスは十五世紀の半ばまで東欧最大の都市であり続けた。国家内の一機関として、また、帝国の人々の生活の規範として、重要な位置を占めたのがキリスト教である。ビザンツ帝国には（今日のギリシアと同じく）正教を敬う幾千もの教会があり、人々は信仰上の理想を唱えつつ、聖なるすべてとの結びつきのもとでの安定と永続する諸価値とを追求しようと熱望していた。とはいえ、宮廷の日常生活のほうは聖別されたイコンの世界とはほど遠く、古代ローマや中世にあったほかの宮廷と同様、さまざまな権謀術数の渦巻く場となっていた。

ビザンツ帝国の人々は、往々にして自らをローマ人と称し、昔日の皇帝によって建設された国家の継承者をもって任じていた一方で、[59] 古代ギリシアの文化遺産の保持を強調しようというときには進んでギリシア人としての立場を採ったものである。死の床で洗礼を受けてキリスト者になったという言い伝えのあるローマのコンスタンティヌス大帝（272–337）が［★帝の当時はまだ生後の洗礼が一般化しておらず、国教化も没後の三九二年となる］、東方における覇権を強化しようと三三〇年、ギリシアの植民都市以来の

古都ビュザンティオンの地に首都コンスタンティノポリスをしつらえ打ち建てたこの帝国にあっては、帝の権威が神から直接もたらされるもので、その都もまた天の王国を体現する神の聖都と目されており、民までもが自らをその天の人々の裔《すえ》と考えていた。国としてのアイデンティティを形づくる最大の要素は公式の信仰と言語ということになるが、それはすなわち西方との対立によって明確化した正教や、古代ギリシアが嚆矢となる言葉と法で、ビザンツの人々はこの古《いにし》えからの文化遺産をほかの国人《くにびと》に比しての優位性の根拠とし、往古のギリシアにならって自分たち以外の者を野蛮人《バルバロイ》と呼んでいた。

アンナ・コムネナの父、アレクシオス将軍が帝位を継いだのは一〇八一年のことで、ビザンツ帝国はその頃、内外にわたっての苦境にあった。そうした両面からの問題に対処しようと、父帝が軍事的、経済的にさまざまな政策を実践していくくだりからアンナの記述ははじまる。国家は、先代統治者による腐敗政治と巨額の財政赤字に喘いでいた。逼迫した国庫を立て直すために自身と妻の所有地

◉27……コンスタンティノポリスのハギア・ソフィア大聖堂（アヤソフィア）のモザイク（1120年代）。左から、ヨハネス2世コムネノス（アレクシオス1世コムネノスの子、アンナ・コムネナの弟）、聖母マリアと幼子イエス、ハンガリー王家出身の皇后エイレーネー（旧名ピロシュカ）。ビザンツ文化における皇帝崇拝は、正教会の信仰と強く結びついていた。支配者たちは、聖人と並んだ自身の姿を教会の壁に描かせ、不滅の存在となることを願った。

を売却したうえで新税を導入したアレクシオス一世だったが、それでもまかないきれないとしてヴェネツィア商人から大型の借入《しゃくにゅう》を行うことにする。帝国の全域における減免措置を貸し主に約束させられたものの、帝はこうして掻き集めた資金によって軍備を増強し、東のテュルク系遊牧民、西のノルマンというビザンツの国境地帯を脅かす敵どもの掃討に取りかかった。

アンナは、国家の諸問題に対して新帝がとった解決策と彼の精力そのものとを称賛している。しかし、父帝の行動が市井の人々にとって喜ばしくない仕儀となったことについては、知らなかったのか書きたくなかったのかいっさい触れていない。いかにも政府内の腐敗は摘発を受け、外敵からの安全性もまた向上したものの、庶民である小農が直面した状況はといえば窮乏と衰退以外の何ものでもなかった。アレクシオス一世からの優遇措置を得たヴェネツィア商人らが帝国内のありとあらゆる市場にひしめき合い、地元の交易商や小農を閉め出してしまうと、ほどなく多くの弱小耕作者がわずかな地所をやむなく大地主に譲り渡したうえで借地人へと身を落とすことになり、従来の大土地所有者がいっそう力を蓄えるようになったのである。

皇女アンナが範とした著述家、および歴史書

アンナ・コムネナが生を受けた時代、ビザンツ帝国は後年のルネサンスめいた学問の復興を体験しつつあり、古典古代の哲学者、詩人、歴史家への関心が大きく高まっていた。上流階級の人々は文化への興味を深くし、知識人たちにしてもみなそろってアリストテレスやプラトンの著書、ホメロスのものした『イリアス』と『オデュッセイア』、アルキロコス（前680頃–645頃）が詠じた弱強格詩《イアンボス》、ギリシアの最重要詩人に数えられるサッポーらによる諸作に親しんでいたのである。わけても高評を得たのが、その正確性と客観性とをもって知られたトゥキュディデス（前460頃–前395頃）と、彼による形式の継承者ポリュビオス（前200頃–前118頃）のそれぞれが記した歴史

書で、ヘロドトス（前485頃－前425頃）の著作もまた、その迫真の叙述によって人気を集めていた。概して古典古代の歴史家たちは単に史実を記すだけでなく、そこに地誌や民俗誌や神秘学書を思わせる多様な要素を織り込みながら、習俗や信仰についての興味深い情報を提供しており、アンナもまたさまざまな既出の素材を集めては自らの著書にそれを取り込んでいった。

直接的な参照元を明かしていないとはいえ、アンナの『アレクシオス一世伝』には古典文献からの影響が明瞭に表れている。ビザンツ帝国の知識人が好んで引用したホメロス作品についてはニ百カ所近くの言及があり、全体の構成に関してもトロイア戦争をめぐる叙事詩『イリアス』をなぞった節がうかがえ、現実のビザンツ帝国の英雄である父を、あたかもホメロスの英雄譚の描写――毅然とした心根と勇気とをもって立ち向かうほかにない、不可能とも言える使命の遂行に邁進する英雄像――を模したかのような形で記しているのだ。

そこでは強力な女性たちがホメロスの著作ばりに重要な役割を果たし、諸々の出来事が『イリアス』をしのばせる手法で次から次へと目まぐるしく提示されていく。戦闘場面があり、原典に忠実な手紙の引用があり、続いてキリスト教にあって異端とされた教義に対する詳細な分析がある。とはいえ叙事詩形式をもって記されている『イリアス』に比して、『アレクシオス一世伝』のほうは実事譚からなる歴史書として豊かな表現を獲得しているわけで、つまりこの書物はホメロス的な構造に中世の権威筋によるキリスト教的世界観を加味した一作であると言えるだろう。

古来の高踏的な形式を採用した同書は、アッティカ方言で執筆されている。この古代アテナイの通用言語はプラトンやアリストテレスの諸作でも用いられていたものだが、十二世紀のビザンツ帝国ではすでに話し言葉として生きてはおらず、もっぱら学者らの表現手段としてその命脈を保っていた。つまるところ、『アレクシオス一世伝』の構造（『イリアス』の英雄叙事詩）、形式（史的散文）、言語（アッティカ方言）のすべてが、アンナの抱く古典古代の伝統を不滅のものにしたいという願望と理想的な英雄像とを明確に表すために機能していると言えるだろう。ここで選ばれた題材と形式と言語は、口語による諷刺文学や騎士道物語という当時の新しい大衆文芸の潮流とは大きくかけ離れている。彼女が記したのは読者に娯楽を供する読み物などではなく、著者自らの姿が垣間見えるかのような、壮大な歴史書なのだった。

後書きでは、理想の歴史書と執筆に至った動機とが述べられているが、アンナはここで、数々の重要な出来事が歴史の波に消し去られてしまわないように記録するというヘロドトスの真摯な情熱に言及する一方、トゥキュディデスにならうならば、歴史的事象を書きとめようというときに用いる素材への批判的な視点もまた重要で、自分は自ら目にした出来事と、信頼できる口承や文書による情報のみに基づいて記すと明言してもいる。彼女にとっては、中立的であろうと努めることこそが重要だった。これは、並みいる古典古代の歴史家たちの中でも、とりわけポリュビオスが強調していた立場であり、アンナは繰り返し読者に直接語りかけながら次のように提言する——「私は、ある偉大な人物をめぐる真実を語ることにした。(……) 私が歴史の外套に覆い隠されたその真実を裏切らないことを、読み手は確信してもいい」[60] とはいえ、英雄叙事詩から引いた構造と中立性の維持がそう簡単に折り合おうはずもなく、結局のところ、彼女はこの姿勢を貫徹するには至らなかったようである。

学問と教育

ビザンツ帝国の諸学者の中で、アンナが特に称賛していた人物が、国の高官を務めた歴史家ミカエル・プセルロス(1018–1096)だった。彼による帝国の歴代皇帝を描いた伝記集『年代記』*Chronographia* もまた、アンナの素材となっている。中産階級に生まれ、稀に見る広範な教育を受けたプセルロスは、十四歳のときには『イリアス』の全編を暗誦できるようになっており、長じて修辞学、プラトン哲学、幾何学、楽理、法学、天文学、医学を修めたのだというが、これは単なる自画自賛ではない。事実、精力的に上記の諸分野に関わる著作をものしてもいるのである。だが、カルデアやメソポタミアといった古代の知識にまで通じていたプセルロスといえども、その関心がラテン文学に及ぶことはなかった模様である。それはアンナ・コムネナにしても同じことで、ビザンツ帝国の学者のほとんどが自らをローマ人と称していたにもかかわらず、その意識はローマ文化ではなくもっぱらヘレニズムの伝統の涵養に向けられていた。

　十一世紀から十二世紀にかけてのビザンツ帝国における上流階級の子息は、乗馬と軍事技術に並んで諸学教育を施されたものの、ミカエル・プセルロスの時代に自由七科《アルテス・リベラリス》を深く学んだ者はわずかしかおらず、ましてアンナ・コムネナのように古典とキリスト教聖典との研究に情熱を傾けた女性に至ってははるかに少ないようである。ただ、両親が書物に親しんでいる上流家庭では、男女を問わず子供らに少なくともある程度の学習の機会が与えられており、一方そうした階級の出身ではないにせよ、プセルロスの母のように子供に学問を奨励する親も多く、こと学習の機会を与えられなかった親であればその傾向はなおさら強かった。

　アンナ・コムネナは貧困層への教育を熱心に支援したが、それは教養の欠如が迷信や異教を信じる主な要因になると考えていたからだった。父が創設した救児院と、そこに附設された学校について、アンナは実に誇らしげに語っている。この学校では、男子女子がともにギリシア語の読み書きを学んでいた。救児院はビザンツ帝国中の戦死した軍人の子女のために建てられたものであり、そうした子供らが生まれつきギリシア語を母語として話していることはおよそあり得なかったのである。『アレクシオス一世伝』の中でこの救児院における教育の正確な内容が伝えられているわけではないが、キリスト教の主要な教義を読めるようになるための教育が施されていたことは間違いない。救児院にはまた、戦傷者のための養護施設と病院も併せてしつらえられていたが、これらの施設内にある各家庭で男女が寄り添って暮らすことと、そして男女がともに介護に当たることが、皇帝にとっては重要な意味をもっていた。

　アンナには、古典以外にも当時の医学に関するかなり広範な知識があった。父帝の伝記の最終章では、病床にあった彼の最後の六カ月間における様子――病の進行状態やさまざまな身体症状、付き添いの医師団の治療内容など――が細かく記されている。彼女は手ずから父の脈と呼吸を点検し、飲み込みやすい料理をつくったのだという。医師の診療を描写する筆致は臨場感にあふれており、深い知識に裏打ちされていたことがよくわかる。「典医たちは不整脈に気づいていたが、その原因を突き止めることはできずにいた。皇帝の常々の食事が禁欲的なものであったこと、つまり簡素で量も少なく、一般の兵士や競技選手が摂取するものと同じだということも、医師たちはわきまえていた。したがって、体内の水分が過剰になっているということは考えられない。水分過多は脂肪分の多い重い食事の結果であるからだ。医師たちは、呼吸がしづらくなっているのには別の原因があるはずだと考え、皇帝の病状の主原因を、激務と絶え間ない心労にあると結論づけた」[61]

アンナはまた、地理にも興味を抱いていたようである。『アレクシオス一世伝』でも現地名のそれぞれを挙げて、多くの地方を活写している。中世にあって、周辺地域の系統的な地図化は不可能であり、辺境地域に関してはごく表面的なことしか伝わっていなかった。商業上、そして軍事上の要地となる地方や町々を隔てる距離は、旅に要する日数によって表されることが多く、ビザンツ帝国の歴代皇帝や西欧の諸部族の支配者たちでさえ、自らの版図の地理的な広がりを明確に把握してはいなかったほどである。だが、アンナには、自身で書き記した多くの土地に自ら赴いた経験があった。彼女は父の旅に、皇帝の息女として頻繁に同伴していたのだった。

後書きで言及された四科（幾何、算術、天文学、楽理）については、本文中にはほとんど記述がなく、その短いくだりだけでアンナがこれらの諸学の原理をどの程度把握していたのかを判断することは難しいものの、少なくとも真の専従者と単なる表面的な知識の保持者とを識別できるほどには理解を深めていたものと思われる。彼女は自身のアイデンティティを、かなりの部分まで自らが習得した知識に置いていた。中世のビザンツ帝国に生きた女性としてはきわめて異例だが、アンナが書物から得た知見を最重視していたことは、彼女が『アレクシオス一世伝』にそれをあえて書かなかった事実から明らかだともあるいは言えるだろう。つまりそれは、やはり同書中で一度も触れられていない、自身が三人の子の母親であったことと対蹠関係にある心情が働いたからだと思われるのだ。ビザンツ帝国にあっては母であることが女性の最大の業績として大いに称揚されていたにもかかわらず、彼女は自身をそうした立場の者ではなく、学識ある歴史家として表現したかったのである。

女性による政治史、戦史

『アレクシオス一世伝』では、その治世に当たる十一世紀から十二世紀への移行期に表れた帝国の政治史と戦史に最大の紙幅が割かれている。その筆致は微に入り細を穿ち、基本的に宮廷という限定された場で日々を送ってきたはずの女性が、戦地におけるさまざまな出来事を詳《つまび》らかにしていることにただ驚くしかない。多彩な作戦計画や兵士たちの生活についての事細かな記述からは、そうした物事に関して著者がもつ知識の広さがうかがえ、読み進むほどにこの皇帝伝を書いたのは退役した将軍なのではないかという思いにとらわれてしまう。[62] とはいえ実のところ、ビザンツ帝国の男性歴史家の大半が、戦争経験のないままに自著を執筆しているのである。一方のアンナの場合は、こうした情報を父帝ないし出征した男性親族から直接得た旨を述べており、そこからしても彼女の記述における信憑性は高いものと考えていいだろう。加えて、夫ニケフォロス・ブリュエンニオスの覚え書きを自由に目にすることができたアンナは、父の治世における数々の戦《いくさ》についての膨大な資料を利用できる立場にあったということになる。ある研究者に言わせると、こうした情報はさまざまな出来事のイメージを自らの望み通りに創り出そうと恣意的に利用されているのだという。[63] だが実際、父帝側に都合のいいように出来事を脚色し、強調していると思《おぼ》しい箇所がところどころ見て取れるとはいえ、『アレクシオス一世伝』がこの時代のビザンツ帝国の歴史を描いた第一級の一次資料であることに疑念を差し挟む余地はない。

『アレクシオス一世伝』がおびただしい戦争関連の記述で埋められているのは、偶然というわけではない。戦争はこの時代の属性《エートス》であり、情動《パトス》だったのである。実際問題として、東のイスラーム勢力や西のノルマン人との競り合い、そしてアナトリアにおけるセルジューク朝ムスリムとの戦いというように、戦争は常に進行していたし、外敵からの圧力が一時的に鎮静しても、国内では異教徒を相手取った諍いが途切れることがなかった。そして、東の辺境地帯におけるペチェネグなどの遊牧民族との長い戦いを描くとき、アンナはその本領を発揮する。彼女の記述において、テュルク系の民は単なる顔のない敵ではなく、人間としてとらえられているのだ。傑出した軍事司令官にして外交官であるアレクシオス一世がセルジューク軍撃退に成功したのは、まさに彼がかの国の文化と戦術を知り尽くしていたからだとアンナは考察するが、彼女のこの見解に対しては同時代の多くの学者らも、後世の歴史家たちも、賛意を表明している。

第一回十字軍の遠征期間中となる一〇九七年から翌九八年にかけて起こった出来事をめぐって、アンナはほかの文献には見られない同時代的な情報を提供している。十字軍兵士は主として、フランスのノルマン人とイタリアのロンバルド人からなる傭兵で構成されていた。遠征の目的は、イスラーム勢力の手中にあるキリスト教の聖地エルサレムの奪還と、ヨーロッパからそこに向かう巡礼路の確保にあった。『アレクシオス一世伝』では、この「荒くれ者の集団」(十字軍)の進路にたまたま行き合わせたすべての人々が被った、血も涙もない暴虐の様が描かれている。十字軍はムスリムと正教信徒の別なく、村という村を焼き払っていく。アレクシオス一世は、帝国民のそれ以上の犠牲を防ぐために、もてる限りのありとあらゆる外交手腕を駆使することになるのだった。そして、十字軍を描くこのくだりにおけるアンナの筆致には、意図的な脚色がうかがえる。彼女は「野蛮人《バルバロイ》」の暴虐を強調することによって、遠征する兵士など足元にも及ばない、より気高く威厳ある存在、より賢明な存在として父帝の姿を示そうとしたのだ。そうした意図があるとはいえ、十字軍を手放しで称賛する西洋中世譚や、ひたすら娯楽を意図した今日の騎士道物語とはまったく異なる光を、アンナの叙述が投げかけていることは確かである。この点で、『アレクシオス一世伝』における十字軍関連の記述は、現代の西洋社会の読者にとってもたいへん興味深いものになっていると言えるだろう。

第一回十字軍は、教皇ウルバヌス二世(在位:1088–1099)と皇帝アレクシオス一世の共同事業のはずだった。戦争の場合は常にそうだが、同盟国は、共通の目的とは別に、それぞれ固有の利害意識を抱いていて、ときとしてこれ

●28……ビザンツ帝国には、権力の座に就いた女性に関する多くの逸話がある。皇帝ユスティニアヌス1世とともに23年間、国政に関与した皇后テオドラ（500頃-548）は、熊使いの娘として生まれ、子供時代をサーカスで過ごしたのだという。図は存命中の皇后を描いた、イタリア、ラヴェンナのサン・ヴィッターレ教会のモザイク。

が協働関係を窮地に陥れることもある。第一回十字軍では、まさにこの事態が起こりかけた。戦争は資金なしで行うことはできない。そして〝資金提供者〟は、戦争における自らの利益の追求に関する保障をも求める。ビザンツ帝国が十字軍を必要としたのは何よりもセルジューク朝相手の戦いの援軍としてだったわけだが、しかし、十字軍側は単に皇帝とともに戦うだけでは満足せず、同時に自分たち自身が利益を挙げるために、そして、資金を提供しているヴェネツィア商人たちのために、東方の市場での経済的優位性を追求する戦いも遂行していくのだった。

この戦争のあいだ、皇帝アレクシオス一世はカトリック教会と友好的な関係を保とうと努力し続けたが、十字軍側は共通の目的などどこ吹く風で、良心のかけらすら見せることなく、足を踏み入れたすべての地で徹底的な略奪を繰り返した。また、東と西のこの同盟を阻害したもうひとつの要因は、十字軍のノルマン軍がアレクシオス一世のかつての敵、ボエモン一世に率いられていたところにも求められる。皇帝の息女であるアンナは、父の敵対者になんの敬意も抱いていなかったものの、まずはボエモン一世を傑出した身体能力をもつ軍人として提示する。しかし読者にはほどなく、この好ましいイメージに惑わされないよう「いかなるものもボエモンの不実な性格を隠し通すことができない」ことが喚起される。どのような協定であれ、ボエモンの暴虐的な進軍を押しとどめておくことはできず、そのことがアレクシオス一世をとりわけ苛立たせることになった。アンナは、ノルマン人たち、なかんずくボエモンの邪悪さを強調し、彼の暴虐を立証するおびただしい目撃証言の一覧を父の善性と対比させるために示したうえで、周到にも少しあとのくだりで、伝聞をそのまま繰り返すのはビザンツ帝国の皇女たる自分にはふさわしくないという解説まで加えている。

アレクシオス一世が十字軍を自国に喜んで迎え入れたのではないことは確かであるにせよ、そこにもちろん利もあったことはアンナにもわかっていた。十字軍からの軍事援助がなければ、ビザンツ帝国に対するセルジューク朝の脅威はいや増していたことだろう。ただし当時のセルジューク朝は内部の統制を欠き、東の国境地帯に出没した種々さまざまな部族のうちでも、あるものは皇帝と同盟関係に、あるものは敵対関係にあるという状況だった。アンナはさらに、十字弓《クロスボウ》といった当時のビザンツ帝国では最新となる十字軍の軍事技術や戦時外交についても興味深い叙述を行っている。いずれにせよ一連の戦時外交は、今日の紛争と同様に複雑で節度のない、難しいものだったようだ。

全般的に見て、歴史家に求められる客観的な視点を失わずに叙述を進めているアンナではあったが、しかしこうした立場は、四つの異端審問のくだりで大幅に減退している。これらについての記載は、今日の読者に、ビザンツ帝国の公の宗教と正教会のあり方に関する多くの示唆を与えるもので、すなわちこの国におけるキリスト教とは皇帝崇拝にほかならず、アンナはそうと意図しないままに自身と教会の偏った見解を露呈させてしまったことになるのだ。ビザンツ帝国にあって宗教は国策であり、国家統制という大目的のもと、皇帝は国内の混乱を看過するわけにいかず、また宗教的寛容性を示す余地もなかった。異端者と裁定された聖職者らは、その信仰を撤回するよう強要され、これに従わずにいると最悪の場合は火刑に処せられさえした。こうした状況を描くアンナの筆致はいかにも痛ましげではあるが、しかし結局のところ、国を無政府状態に陥らせるよりは数人の異端者を犠牲にしたほうがためになるとする見識以上の印象は与えない。

〝賢母〟たち

アレクシオス一世は、生涯の大半を戦地で過ごした。通常であれば、内政を腹心の弟に託すところだろうが、実際にそれを委ねられたのは母アンナ・ダラセナだった。アンナ・コムネナはこの父方の祖母のことを、賢く徳性と精力にあふれた勇敢で鋭敏な女性で、子供らに対しては支えとなる母に、そして国家に対しては傑出した摂政になった、と考えられる限りの称賛の言葉を尽くして描いている。ビザンツ帝国史の研究者の中には、アンナ・ダラセナを専横的な人物でその内政に関する権限は財政と法的なことに「限定されて」いた、とする者もいるが、教養と影響力を兼ね備えたこの皇母が、尊敬を集めた女性であったことは間違いない。おそらくは、機を見てためらいなく権力をふるう、皇室の恐るべき女性家長だったのだろう。
一方、母親である皇后エイレーネーについてのアンナの描写は、決して自己主張することのない女性で、一歩退いた立場で夫にかしずき、その仕事に奉仕したというものだった。エイレーネーが夫である皇帝とともに治世に当たったのは、義母アンナ・ダラセナが亡くなってからのことになる。彼女は最初に生まれた娘アンナと特に密な関係にあったが、知的で神学的な思索に共通の関心を抱く母娘の結びつきは一一二三年の彼女の享年まで続き、娘とその夫ニケフォロス・ブリュエンニオスが息子ヨハネスの帝位簒奪を企てたときには二人の擁護にまわってさえいる。アレクシオス一世が亡くなると、エイレーネーは前もって建てておいた修道院へと居を移し、アンナもやがてそこで晩年を過ごすことになる。しかし、アンナはこうした事柄についてはいっさい著作で触れておらず、帝国の統治者に献身的に仕えた妻、あるいは母としての皇后の徳性だけを描いている。
ビザンツ帝国にあっては、母性が非常に尊ばれていた。それは、聖母マリアとその子イエスを描いた無数のイコンと教会壁画にも顕著に見て取れる。しかし、歴史に適切な対象を求めたアンナは、『アレクシオス一世伝』中のその他のさまざまな類型と同様、古代ギリシアに範を取って母を女神アテナになぞらえた。それでもなお、彼女が描いたエイレーネー像は、当時の理想化された母親なのであり、あるいはそれをして美の顕現と言ってもいい。「ほぼいつも閉じられた唇が醸す沈黙が、彼女を生きた彫像とした。彫像の務めは美と調和を示すことにある。言葉を発するときにはいつも優美な仕草がともなっていた。手首まで何も飾りをつけていない質実な指と掌は、まるで卓越した職人が象牙から彫り出したかのようだった。深い波の色をした瞳は穏やかで静かな海を思わせ、一方、それを取り巻く部位はといえば対照的に白く輝き、その双方が一体となった目《まなこ》のすべてが、言葉を尽くしても表せない特別な光沢と魅力とを帯びていた」[64]
古典古代の女神や女性教養人を引き合いに出すことで、アンナは一族の女性を、知の世界で崇敬を集めてきた先人やその伝統に結びつけたいと願っていた。格別に敬虔なある種の女性は、アンナ自身がそうであるように、飛び抜けた知的才能をもち得る――これが、彼女の私見だった。

『アレクシオス一世伝』に示されたアンナ・コムネナという人物

『アレクシオス一世伝』は、皇女が歴史家の立場を取って父帝とその治世を記した歴史書ではあるが、そこには主要な筋書きに並行して書かれた体験談もまた見受けられる。それは、いわばアンナ自身の物語なのだ。ただし、その内容は取捨選択されており、語られないままにされている物事も多い。書き手の力とその対象には限界がないということに気づいていたアンナは、望むがままに自らの像を創り出し、語り手の声をまったく隠そうとしない。それどころか、話を運ぶ中で耐えず自身の存在を読者に思い起こさせる筆法を採っているとさえ言えるのだ。自らを出来事の観察者だと述べているアンナだが、それはすなわち単なる傍観者や歴史の記録者でいることに満足しない者の謂いであり、『アレクシオス一世伝』を読んでいると、この書物の主人公が皇帝その人であるにもかかわらず、歴史を目に映るかのように後世の人々に向けて記録するという行為を介して、彼女が帝同様の歴史的人物になっているという印象をどうしても抱いてしまう。

ビザンツ帝国の皇族というだけでは高評が得られるはずもなく、誰もがみな個々人の徳性と業績によって裁定を下されるわけだが、しかしアンナ・コムネナは、貴族としての生まれそのものが、一般庶民が願うよりもはるかに大きな徳性と業績に到達し得る、より大きな機会をもたらしていると確かに考えていた。自分が王族の子女のために特別に用意された〝緋色の産室〟で誕生したこと、そして両親の待ち焦がれた最初の子供であったことは、彼女にとって明らかに意義深い事実だったのだ。こうした矜持は、十一世紀ビザンツの宮廷生活における人間関係や家族内に渦巻く緊張と衝突の有様を内側から知る、稀少な機会を後世に提供することにもなった。

傍目から見ると、ビザンツ帝国の宮廷は極度に厳格な宗教儀式によって統括されたひとつの舞台さながらで、そこにあって理想とされる振る舞いは、自己抑制であり、状況の如何にかかわらず平穏な心をもって威厳を保つことである。それはつまるところ、諸聖人のあり方にほかならない。しかし、この総体的なイメージとともにアンナが描いた個々人の肖像からは、もう少しばかり深みのある人間心理の掘り下げがうかがえる。『アレクシオス一世伝』の登場人物たちは、英雄であれ敵であれ、それぞれに固有の強さと弱さとを兼ね備えているのだ。

ビザンツ帝国の宮廷に実際的な権力と影響力とをもった大勢の貴族女性がいたことは、『アレクシオス一世伝』からも、ミカエル・プセルロスの『年代記』からも明らかである。アンナは、母、父方や母方の祖母、そして最初の婚約者や夫のそれぞれの母といった自分に親《ちか》しい〝賢母〟の全員に等しく徳性を付与し、高潔な性質、強靭な意志、深い慈悲心、怜悧な頭脳、雄弁、身体的な美などからなる称賛すべき理想像を提示する一方、ノルマン人傭兵の司令官ロベルト・イル・グイスカルド［★第一回十字軍を指揮したアンティオキア公ボエモンの父］の二番目の妻シケルガイタが夫に匹敵する勇猛果敢な戦士であったことをも伝えている。とはいえ、それと同時に戦争というものが野蛮人《バルバロイ》の女にこそ似つかわしく、ビザンツ帝国の皇女の身にはまったく及びもつかないとまで述べているのであり、どうやらそこでは女性像のすべてが理想化されているわけではないようだ。妹たちに関しても、身体的にせよ精神的にせよ〝弱き器〟［★「（……）夫らよ、自らの妻を弱き器とわきまえ（……）」（『ペトロの手紙Ｉ』3:7）］であるとアンナは繰り返し言う。だが、当然のように世に流布されてきたこうした女性の定義は、〝歴史家〟アンナ・コムネナその人が成し遂げたことには当てはまらない。いかにも女性は総じて〝弱き器〟なのかもしれないが、そうであるならばアンナが疑いようもなく例外的な存在であることを付言せざるを得ず、一連の物言いを考え併せると〝皇女アンナ〟という人物は時代と社会階級の申し子ということになるのだった。アンナは、ビザンツ帝国で考えられる限り最高の地位にある名門ドゥーカス家の眷属であり、母エイレーネーの実家に当たるその血筋を多とする彼女と夫は、子供らに父の名コムネノスではなく、母の名ドゥーカスを与えてさえいるのである。

社会的な地位と〝高貴な一族の家柄〟は、キリスト教の名のもとで慈善事業を行う義務をアンナに課した。戦争孤児と戦傷者のために父帝が創設した養護施設や救児院をはじめとする貧民に向けた施しの数々を彼女は熱烈に記述しているが、しかしそこには一般庶民に対する真の関心はいっさい見受けられない。慈善に関わる事例の第一の目的は、父帝の有徳の性格と善き心とを称えることにあり、この時代における社会の齟齬を指弾しようという動機は介在していないのである。この貴族階級の皇女は宮廷の窓から外を見わたしはしたものの、父帝の治世の頃に端を発する封建社会という制度そのものによって引き起こされた国内の不安定な状態については、ひと言も記していない。

アンナ・コムネナの価値観は保守的で、伝統を改革するより守るほうを好んだが、ひとりの個人、あるいは女性としての彼女は、従来の伝統とは大きくかけ離れた存在だった。この時代、アンナは東欧で最も学識を積んだ女性であり、その恵まれた環境によって与えられた特権よろしく自らの夢を実現し果《おお》せたのである。学問に没頭し、千年ののちにも読まれるような著作を書き上げた彼女は、愛してやまなかった宮廷から追放されたとはいえ、歴史から追いやられることもなかった。むしろ自分自身を自らの手で歴史上に書きとどめたのである。彼女は同時に、自身と家族とを千年に及ぶギリシアの遺産に結びつけたいと願ってもいた。そして歴史の中には――少なくともアンナの書物のページには――学識ある女性を容れる余地がまだ残っていたのだった。

✺7 宇宙論、医学書、博物学書を著した修道女

——ヒルデガルト・フォン・ビンゲン（1098–1179）

キリスト紀元一一四一年、ビザンツ帝国の皇女アンナ・コムネナが、コンスタンティノポリスで父帝アレクシオス一世の伝記をものする数年前、はるか西方のヨーロッパの一国で、ヒルデガルト・フォン・ビンゲン［★〝ビンゲンのヒルデガルト〟とも］なる女子修道院長が人知れず強烈な啓示を得ていた。神が語りかけてくるその声を、四十三歳にして耳にしたのだという。八歳からを修道院で過ごしたヒルデガルトは、子供時代にもまばゆい光に満ち満ちた幻視に見舞われていたらしいが、諸々のことがはばかられ、それを誰かに言えようはずもなかった。ところが今度は当の神が、これまで送り届けてきた啓示の数々を記し残せと命じたのである。聴罪司祭は、彼女の幻視体験についてひとしきり耳を傾けると、神の下命を実行するよう激励した。こうして、ヒルデガルトは絵とテクストとで自らが見聞きした内容を著しはじめ、生涯の終わりを迎えるまでそれを続けていくのである。

ヒルデガルト・フォン・ビンゲンの著作は、驚くほど多彩な領域にわたっている。代表的なものとしては、『道を知れ』*Liber scivias*［★『中世思想原典集成』15所収、佐藤直子訳、平凡社］、『生命の功徳の書』*Liber vitae meritorium*、『神の業《わざ》の書』*Liber divinium operum* からなる挿画入りの〝三部作〟が挙げられるだろう。『道を知れ』は、この世のはじまり、天使と人間の起源、原罪、そして救済の奇跡のそれぞれに関する独自の神学的かつ宇宙論的な見解を提示しており、『生命の功徳の書』は、

宇宙という広大な枠組みの中で生まれる日々の問題を扱った人生の実践的な指南書で、『神の業の書』からは、宇宙と、神の最大の創造物である人間とをめぐる、より深化した思索がうかがえる。ヒルデガルトにはほかにも、作者未詳の作品を除けば史上最古の典礼劇となる『徳性の階梯』*Ordo virtutum* や科学書『被造物の種々の精妙なる本性に関する書』*Liber subtilitatum diversarum naturarum creaturarum* といった著作があるが、後者の場合、没後となる十三世紀に『自然学』*Physica* [★『医学と自然学』、井村宏次監訳、ビイング・ネット・プレス]、『病因と治療』*Causae et curae* [★臼田夜半編訳、ポット出版] として分冊刊行されている。

また彼女が残した文書には、王室関係者、聖職者、そして一般修道女らに宛てた三百通以上もの手紙も見受けられ、そこからは幅広い交流関係や影響のほか、人々に実践的な示唆を与えようという自身の願望などに関する多くのことがうかがえる。そのうえ同時代人が〝当代一の美しい音楽〟と口をそろえて褒め称えた楽曲を数多く手が

◉29……代表作『道を知れ』(1141–1151/刊行1153)収載の、神の啓示を受ける著者ヒルデガルト・フォン・ビンゲンを描いた挿画。向かい合っている人物は、幻視の記録を補佐した写字生の修道士フォルマール。

け、詩を詠じ、ラインラント一帯を旅して大勢の聴衆を前に教えを説いてもいるのだ。一介の修道女にとって、このように公の場で活動を行い、書物を著すことは、有力な男性後援者の存在なしにはおよそ不可能だろう。事実、啓示を書きとめてそれを伝えよという神の声を耳にした本人の確信はもちろんとして、その使命《ミッション》自体が真正であることを、ローマ教皇をはじめとする高位聖職者たちに得心させてのけてもいるのである。

　ヒルデガルトは、ベルマースハイムの貴族家庭の第十子として一〇九八年に誕生したが、幼少期から病弱だったため、ふさわしい結婚相手を見つけるのは難しいだろうという両親の判断のもと、ディジボーデンベルクのベネディクト会修道院に預けられたうえで、のちに女子修道院となる附属の女性用施設で教育を受けることになった。とりわけ彼女に目をかけ、師となったのが、後年この施設の院長を務めることになる若き修道女ユッタ・フォン・シュポンハイムである。一一三六年、ヒルデガルトはユッタの死を受けて院長職を引き継ぎ、その十数年後には新たに独自の女子修道院を設立しようと決心するのだが［★このときすでに自身の幻視によって声望を集めており、設備が手狭になっていた］、当初、修道院の僧らはこぞってこれに反対したのだという。

　貴族の家筋の者は、息女に教育を施そうと修道院に送り出す際、いわゆる〝持参金〟として土地その他の資産を寄進するのを常としていた。つまり修道院にとって、新たな〝競合者〟が独立するということは財政的な損失を意味していたのである。しかし、ヒルデガルトはついに所属する修道院を説き伏せて、一一五〇年、ライン川沿いの町ルペルツベルクに自身の女子修道院を開き、入所を希望する二十人ほどの貴族の娘たちとともにそこに移り住んだ。ヒルデガルトの名声と人望は年を追うごとに高まり、新たな見習い修道女たちが続々とこの地を訪れるようになる。

　ヒルデガルトの生地が位置するラインラント地方は、神聖ローマ帝国の領地である（この帝国の正式名称は、一五一二年以降、「ドイツ国民の神聖ローマ帝国」となった）。現在のドイツ、フランス西部、イタリア北部、その他で構成された神聖ローマ帝国は、十余りの独立した公国や辺境伯領からなり、それぞれを治める諸王や諸伯などが、選帝侯の権限を与えられたうえで共通の支配者であるドイツ王、すなわち皇帝を選出していた。十二世紀ヨーロッパにあって、これほどの機能性に富んだ行政体制と洗練された宮廷とを擁した国家は、ほかにはビザンツ帝国くらいのものだろう。だが、ヒルデガルトが女子修道院を設立した一一五〇年代には、帝国全体に不穏な動勢が目立つようになっていた。赤髭王フリードリヒ一世（在位：1152–1190）はイタリア遠征を行って教皇ハドリアヌス四世による戴冠を受けたものの、以後、この地に関する政策をめぐって教皇側と反目し合うようになる。ヒルデガルトは精力的にフリードリヒ一世と交流をもって多くの書簡を交わし、彼女が率いたルペルツベルク女子修道院もまた彼の庇護を受けるまでになっていたが、ことこの対立問題に関して言えば、結局のところ次代の教皇アレクサンデル三世（在位：1159–1181）を支持することにしたようである。

この女子修道院長の提言によれば、神は、男がひ弱になり、能力も衰えてなんの役にも立たない存在となった時代にあって、「自らをしてより賢く、いっそうの力をもっているとと信じ込んでいるこれらの者どもを恥じ入らせようと、愚かでか弱い女を」選んだのだという。ところが〝愚かでか弱い存在〟をもって自らを任じた当のヒルデガルトこそが、実際にはこのうえなく精力的な著述家であり、独行の思索者であり、宗教の改革者、神秘家、作曲家、詩人、治癒者、自然哲学者にして、ドイツにおける植物学、地質学、動物学といった学問領域の祖と目されるようになるほどの自然科学者だったのである。

新旧世界の分水嶺で

十一世紀から十二世紀へと移る頃、ヨーロッパは史上稀に見る変動を体験しつつあった。アンナ・コムネナが〝野蛮人《バルバロイ》の暴挙〟として叙述した第一回十字軍は、西欧側にしてみれば教皇を戴く教会の勝利であり、同時にヨーロッパ経済の勝利だった。十字軍のおかげで東方の市場が西欧に開かれ、とりわけ北イタリアの都市国家がその恩恵に浴したのである。中欧の町々が発展をはじめると、専門の職人という新しい社会階級が台頭した。彼らはもはや農業や土地に直接的に依存する存在ではなく、町場の住民もまた封建領主からより独立した存在となった。東方諸国との交易がそのまま西欧の諸都市と中産階級とを誕生させたわけではないものの、西欧の経済発展自体がいっそう大きな経済圏をはぐくんでいったわけで、たとえば中世後期の交易の場では、イングランドの荒野における羊の飼育、フランドルで行われる羊毛の生産、イタリアの都市国家で営まれる金融業のあいだに密接な関係が構築された。

十二世紀に入ると、西欧諸国は、経済や技術ばかりか行政の面でも急速に発展を遂げ、その一方で、より効率的な耕作法と農具の普及によって作物の収穫量も格段に増大しはじめ、農村地帯は日増しに豊かになっていった。同じ時期、ローマ・カトリック教会は、土地を所有する貴族階級の拘束を逃れて世俗の支配者からの独立を宣言し、その結果、非宗教的な権威とのあいだに新たな力関係ができあがった。つまり教会は、現世の権勢からの影響の及ばない、西欧全域を統御し得る強固な枢軸になったのである。教皇ウルバヌス二世の呼びかけに端を発する十字軍の遠征は、カトリック教会と教皇がその国境を越えた力を誇示する最初の一大事業だった。

十二世紀の修道院は以前と変わらず、各コミュニティの精神的支柱をなす文化センターであり続け、司祭や修道士らが宗教上の規律、習慣の遵守に加えて、古《いにし》えの文化の保護育成にも当たっていた。有力な修道院や女子修道院の多くが貴族階級によって創建されていったが、わけても学識のある貴族たちは、古典古代の重要な文献を収蔵する教会図書館の建造に力を注いだ。こうした学問を奨励する富裕な施設では、修道士や修道女が、その仕事の一環として昔日から伝わる手稿の書写に従事していたものの、ヒルデガルトの他界［★一一七九年］からわずか数十年後にはヨーロッパで最初の勅許による大学が成立することになり、修道院は知の中枢としての地位を次第に失っていく。医療に関しても、十三世紀へと時代が移り変わる同時期に、カトリック教会が修道院における施療に難色を示すようになり、聖職者もまた医学研究そのものを禁じられていった。つまり、ヒルデガルトの存命中にはまだ、修道院が医学知識の涵養と実践の中心をなしていたとはいえ、そうした場としての機能もやはり大学へと移行していくことになるのである。

だがこうした流れのかたわら、十字軍の戦傷者のための新しい病院がさまざまな形態をもって続々と登場し、実質的

✺7 宇宙論、医学書、博物学書を著した修道女

に教会側、すなわち修道院と、傷病者の治療および介護との結びつきは、以後何世紀にもわたって消滅することはなかった。

中世盛期の価値観と権力側による実践

七世紀以降に女子修道院が併設されるようになった大規模修道院にあって、男女の地位は基本的に同等だったが、それから数百年後、中世も盛期を迎えると、女性に対する抑圧が強まりはじめる。十二世紀には、修道院の階級構造内での修道女の地位は低下していき、禁欲と隠遁の場という考えが主流になって、狂信的な修道士たちは、結婚や家族、世俗の愛といったものをいっさい捨てるようにと人々に説いてまわった。しかしその一方、カトリック教会では聖母マリアへの信仰もまた強まっていく。ビザンツ帝国にあって聖母マリアはかねてから熱烈な崇敬を捧げられていたものだが、ここに来て、西欧社会の女性たちにとっても、自己を投影する最も重要かつ肯定的な対象となったのだった。

こうした趨勢を考えると、ヒルデガルト・フォン・ビンゲンは特別な幸運に恵まれていたと言えるかもしれない。支援を惜しまない男性聖職者に常時囲まれ、神学的、道徳的、社会的なさまざまな問題をめぐる自論に耳目を集め果《おお》せたヒルデガルトは、その後半生においてたいへんな評判を呼ぶ説教師になっており、教皇からは〝ドイツの女性預言者《プロペティッサ・テウトニカ》〟とまで称揚され、中欧や西欧では〝ラインのシビュラ〟として名を轟かせたのである［★シビュラは、アポロンの神託を授かる古代地中海世界の巫女］。

中世盛期の社会は厳格な階級制であり、人の一生はその出自によって全面的に決定された。誰もがそれぞれ居場所や社会的地位というものをもち、そこにいることでよしとしなければならなかったのである。ある者が主人に生まれつくかと思えば、それ以外の者は従僕として生を受ける――これは神によってあらかじめ定められたことであり、こうした社会的秩序に異を唱えようとしてもそれは決して妥当とは言い難く、引いては世俗の権力にしても神の差配によるものなのであって、従僕が上位者に、女性が夫に、子供が親に従うこともまた当然の理《ことわり》と考えられていた。

この社会にあっては、ジェンダーや階級のほかにも歴然とした区別の基準があった。それが、いわゆる〝学〟の有無である。教育を受け得る階級は聖職者と貴族で、商人もある程度まではこちら側に属することになる。逆に無学でよしとされたのが農夫、従僕、農奴、その他の貧しい人々で、教会と修道院、文化、学問における共通語であるラテン語を、こうした一般庶民が解することはなかった。しかし、中世盛期になって大学が創設される時代を迎えると、学問を広く奨励する機運が生まれた。学識こそが強固なキリスト教崇拝をはぐくむという信念ゆえのことだが、教会内でもさまざまな一般教育に関する事業が実践に移され、教皇アレクサンデル三世なども貧困層の子供らに無償で読み書きを教えるよう各司教区に勧告している。一般庶民のあいだには、公式の宗教だけでなく、異教のならわしや信仰、魔術などを奉じる心性が根強く、教育によってそれらを排除しようとしたのである。ただし、〝学〟のある者とそれをもたない一般庶民との関係はまったくの一方的なものというわけでもなく、前者にしてもまた、民間の慣習からさまざまな考えを取り入れてはいた。

ヒルデガルト・フォン・ビンゲンは多くの同時代人と同様、ジェンダーや階級間の不平等に関する当時の観念をそのまま受け入れていた。女性は身体的にも精神的にも脆いのだから、社会や家族の中で従属的な地位にあることは至極当然なのであり、まさに異種の動物を別々の檻に容れるように、階級は分断されてしかるべきである――これがこの時代の人々の思考なのであり、女子修道院長の要職にあった頃のヒルデガルトも、ただ貴族の息女のみが修道女見習いに、引いては真の〝キリストの花嫁〟になるに値するという同様の規範を採用していた。つまり、より下層の出となる娘らは、院内にあって助修女《レイ・シスター》[★修道女同様の宗教生活を営みながら、彼女らが従事しない労働を担った]の地位に甘んじなければならなかったのである。

とはいえこうした姿勢をとりながらも、ヒルデガルトの著作の端々には男女の間柄をより肯定的な精神のもとでとらえている箇所が見て取れる。聖書の教えによれば、女性はアダムの肋骨からこしらえられた〝弱き器〟なのであり、つまり男性である神学者の多くが、神によって創られたのは男性だけであって、女性は男性という種《しゅ》がこの世界にやって来るための〝器〟でしかないと考えていたわけだが、ヒルデガルトはといえば、女性も含むすべての人間が神の創

✺7　宇宙論、医学書、博物学書を著した修道女

造物であることを強調していたのである。彼女はまた、結婚に関しても男性聖職者以上に肯定的な考えをもっており、その最たる例としては、配偶者の双方を豊かにするパートナーシップとしての結婚についての言及が挙げられるだろう。この女子修道院長は神学的な面でも絶対的な男性寄りの視点には立たず、聖三位一体には男女双方を思わせる要素があり、父と子とともにある聖霊は女性的な面を多々有しているとして、しばしば教会を、信仰深い子供らを優しく抱きしめる母親のようなものと表現した。

多くの知識人が公然と女性への対抗姿勢をとっていた時代にあって、女性を肯定的にとらえるこうした考えをはばかりなく提唱すること自体、たやすいとはまず言い難い。世俗の権力にとっての脅威、あるいは悪魔のしもべという烙印を押され、危険な事態を招く結果となってもまったく不思議はないのだ。しかしヒルデガルトは、〝ラインのシビュラ〟としての影響力を十全に発揮して権威筋を自らの側につけ、その高位を保ち続けた。彼女は常に神、すなわち至高の権力に直接訴えかける姿勢を前面に押し出したのである。男性聖職者たちはおそらく、ヒルデガルトの強烈な幻視体験と驚異的な学識をして、たゆまぬ知的努力のもとに身につけたとするよりも、神からの授かりものと見なすほうがいっそう簡明だと気づいたのだろう。

十二世紀科学の理想：ヒルデガルトが参照した諸文献

古典古代後期、ローマ帝国が崩壊して東西に分裂した四世紀から、ヨーロッパの知的世界はラテン語の〝西〟とギリシア語の〝東〟に分かれはじめ、この言語の障壁が西欧へのギリシア語文献の普及を遅らせるゆえんとなった。一方、七世紀以降に多くのギリシア都市を制圧していったイスラーム世界の人々は、古代のギリシア語文献に接する機会を得て、八世紀の〝黄金時代〟の幕開けに乗じてそれらを精力的にアラビア語へと翻訳していくことになるのだが、十一世紀が終わる頃までにイベリア半島とシチリアなどからの撤退を余儀なくされたことを契機に、その手中にあった科学、哲学に関する諸文献も広く西欧の学者らの知るところとなる。つまり、ラテン語を重んじる西欧でも結果として自然科学研究が盛んに行われていくことになったのであり、いわば〝科学の復興〟がここにはじまったわけだ。そうした潮流に身を置いたひとりがフランスのシャルトル学派に分類されるギヨーム・ド・コンシュ（1080頃-1154頃）で、批判者らに向けた次のような記述を残している。「自然の力についての知識をなんらもち合わせないまま、彼らは世の人々をその無知の仲間に引きずり込もうとしている。いかなることも学んで欲しくないと望み、田舎者並みの思考力がありさえすればよく、事物の背後にある原因《わけ》を探求しないようにと願っているのだ。（……）このような彼らの信念はいかなる知恵にも根差さず、ただひたすら〝従順な修道士たること〟を求めている」[65]

実際のところ、十二世紀の科学の理想は、今日のような新知識の探求や発見というより、その占有にこそ求められていた。つまり、既存の知識の採用と体系化がその主たる為事《しごと》だったのである。人間と自然はともに、本来的に不変の存在と見なされており、科学と哲学の任務は、その裡《うち》にある意味を理解するべく努めるところにあった。人間になし得るのは、理《ことわり》を通じて現実の究極の構造に関する知識を身につけることだけなのである。現実の究極の構造とはその原初の姿のまさに写しであるべきなのであって、一方の知識は広く変わり得るとは見なされてはおらず、それは単にありのままを学び、用いるしかないものなのだった。こうした基本的な視点に立ちながら、それでも十二世紀の哲学者と神学者は、人間と世界と神についての正確な知識はどれか、引いてはそれをもたらす文献はどれかということについて、熱心に議論を闘わせていた。

十二世紀に兆した、この自然科学に対峙する際の新しい熱情は、ヒルデガルト・フォン・ビンゲンの著作の中にも顕著に表れている。ヒルデガルトはその自伝中、自らのことを正式な教育を受けていない無学な女性と記しているが、こうした謙遜は彼女にしてみれば意図的な選択で、同時に自分の知識の源泉を明かさないようにする方策でもあった。女性であり、しかも修道女でもある身にとって、学識の誇示は不適切な行為にほかならず、そのような挙に及べば即、傲慢さの表れ、権威に対する攻撃と受け取られかねなかったのである。ともあれ彼女のこうした奥ゆかしさは、啓示

✺7　宇宙論、医学書、博物学書を著した修道女

の形をもって神に言葉をかけられた女性預言者という衆の理想に寸分違《たが》わず合致した。ヒルデガルトの知識が、当人、同時代人がともにそう考えていたように、神から直接もたらされたというのならば、それ以外の〝出典〟に言及する必要などはない。それでも、彼女が著した科学書を一読すれば、古典古代および中世の学者たちによる神学、哲学、博物学、医学に関わる多くの文献に目を通していたことも確信されるのである。

ヒルデガルトは、中世の西欧世界の学者らと同様、その著作をラテン語で記していたが、そこには独特の癖がある。これが、彼女のラテン語がほぼ独習によることを示す何よりの証左となるだろう。著述に際しては、写字生を務める修道士が補佐役となって彼女による蝋板への筆記を紙に書き写していったようだ。とはいえヒルデガルトが資料文献を一言一句写すことは決してなく、部分部分は書きたい内容にかなうように自由に編集、更新されている。たとえば、神との直接の結びつきのゆえんと見なされた、彼女が目にしたというまばゆい〝生ける光〟についても、聖アウグスティヌス［★〝ヒッポのアウグスティヌス〟とも］（354–430）が提示した〈光としての神〉という概念《イデア》にきわめて近いものの、人間が現実と自分自身とを理解できるよう、神がその光をもって人間の意識を照らし出したというこの聖人の著述をそのまま引くことなく、独自の形に変えて記されているのだ。ただし、たとえそのような改訂が加えられたとはいえ、彼女の思考自体は、当時の神学者にとって充分に受け入れやすいものではあった。

ベネディクト会の修道院は、学問に肯定的な立場を取っていた（だからといって、修道女による神学や自然哲学の問題についての見解の表明を奨励していたわけではないのだが）。著述という営為に対する修道院の積極的な姿勢は、大量の蔵書を擁する図書館からしても明らかで、最大規模の施設ともなれば、古典古代および中世の学者たちによる数十、あるいは数百にものぼる手稿を保管している場合もあったのだという。

十二世紀半ばの西欧の教会図書館には、神学書と併せて、古典古代の医学者ヒポクラテス（前460頃–前370頃）、ガレノス（129頃–200頃）、博物学者プリニウス（後23–79）らによる著作のラテン語写本も収蔵されており、各施設間で回覧もされていたが、ヒルデガルトの書物には、これらからの影響が明らかに見て取れる。わけてもプリニウ

◉30…………『道を知れ』収載の、ヒルデガルト・フォン・ビンゲンによる最初の宇宙モデル。同書のラテン語原題*Scivias*（スキウィアス）は、*Scito vias domini*（スキト・ウィアス・ドミニ＝「神の道を知れ」）の略語。卵型をした宇宙の中心に置かれた地球には、古典古代の理論に則った四大元素（火、空気、水、土）が描かれている。上方に縦に並ぶ輝く花々が惑星を、一番大きな花が太陽をそれぞれ表している。

スの『博物誌』*Naturalis historia*［★全5巻、中野定男他訳、雄山閣出版］は、薬効あらたかな千種以上の植物が記載されているばかりか、天文学、人類学、歴史学、動物学に関わる万象を網羅する一大百科全書となっている。またヒルデガルトが、神学者にして教父のセビーリャのイシドールス（560頃-636）による著作に通じていたことも確実だろう。以上の著述家の諸作に加えて、彼女は、ドイツの民間に伝わる治療法や口承にもたいへん詳しく、こうした諸々を独自の作法をもって古典古代の医学や中世の自然哲学の知識に結びつけてもいる。

宇宙論、そして世界における人間の位置づけ

十二世紀、西欧で〝科学の復興〟が起こり、長いあいだ忘却の淵に沈んでいた重要な古《いにし》えの諸文献が、ギリシア語やアラビア語で書かれた底本から精力的にラテン語へと訳されていった。一一六〇年代には確実にアリストテレスの教えが北ドイツの修道院に伝わっていたことが、ヒルデガルトが晩年にものした宇宙論からも察せられる。だが、一一四一年から五一年にかけて書かれた『道を知れ』に登場する、ヒルデガルト初となる宇宙モデルを見てみると、どうやら彼女は当時まだアリストテレスの宇宙観を充分に把握していなかったようなのである。

ヒルデガルトの最初の宇宙モデルは古典古代の思想家らが述べているような球形ではなく、いわば卵形をしていた［★図30を参照］。〝卵〟の中心に球体の地球があり、その内部には古来の理論に則った四大元素（火、空気、水、土）まで示されている。また、この図には、月とその上方の世界（宇宙）が描かれ、宇宙空間には諸惑星とともに天空で一定の位置を占める星々、そして太陽が見受けられるのだが、これらの配置は、当時のヒルデガルトが、古典古代の学者らに受け入れられていた〈天の秩序〉を正しく提示できるだけの知識をもっていたことを確実に示している。月の真上には金星と水星があり、そのさらに上に太陽、火星、木星、土星が続いているのだ（図上部の小さな花が惑星で、ひと際大きな花が太陽を表している）。ちなみにこの序列は、クラウディオス・プトレマイオスが示したそれとも一致

しているわけで、彼は太陽をして、諸惑星を二つの群に分かつ役割を本来的に担っているようにとらえていた。すなわち、常に太陽の近傍に現れるものと、太陽に対する角度が不定のものである。

『道を知れ』から二十年以上ののちに完成する最後の著作『神の業《わざ》の書』では、当初の卵形をした宇宙モデルは廃棄され、代わって古典古代の思索に呼応した同心円モデルが提示されており、ヒルデガルトが一一六〇年代には古えの宇宙構造論を扱った文献のラテン語訳に接する機会を得ていたということが察せられる。ただし、プトレマイオスによる『アルマゲスト』ラテン語版はその後の一一七五年刊行となるため、同書がヒルデガルトの目にとまることはむろんなかったはずである。

最初の著作『道を知れ』と読み比べてみると、『神の業の書』にはヒルデガルトにとって新機軸となる同心円宇宙の重要な一部をなす、あるテーマが組み込まれていることがわかる。大宇宙《マクロコスモス》と小宇宙《ミクロコスモス》の相関という概念《イデア》である。ヒルデガルトの同心円宇宙モデル［★図31を参照］に描かれているのは、キリスト教における父なる神を頭部から顕現させる原初的存在〈カリタス〉、つまり永遠の愛徳が、腕を伸ばして世界（宇宙）を取り巻く火の環《わ》を創り出し、その裡《うち》に種々の層を封じ込める有様である。この世界を構成するのは、最外円となる火の環から、空気の環、水の環、最内円となる土の環、すなわち地球へと続く同心円で、これらはアリストテレスの教えにある四大元素をそのまま踏襲している。三つの外惑星（火星、木星、土星）と多数の恒星が置かれる最外円となる環の内側の、暴風が吹き、稲光や雷鳴、そして雹といった自然の威力が荒ぶる地場には太陽が見受けられる。次の環には地球により近い二つの惑星（金星と水星）が位置している。太陽以外の恒星はさらに内側の環の際《きわ》に配され、そこから先に雲の領域が示されている。そして、これら同心円の中心にあるのが地球で、そこには周囲を取り巻く環に向けて手を差し伸ばす人間が立っている。大宇宙の力に刺し貫かれるように、天体と自然の威力とのはざまに描かれた小宇宙たる人間は、一説によれば糸状をした宇宙光線をその手に握り、世界と連絡しているのだという。

中世盛期には、世界と人間の関係を、こうした大宇宙／小宇宙のモデルで示すことが一般的になっていたが、ヒル

✺7　宇宙論、医学書、博物学書を著した修道女

●31……『神の業の書』（1163-1173／74）収載の、ヒルデガルトによる第二の宇宙モデル。画面左下には、神の啓示を受けるヒルデガルト自身の姿が描かれている。

◉32………『道を知れ』収載の、教会の概念図。教父アウグスティヌスの書に通暁し、自身の著作にも広く取り入れたヒルデガルトは、彼にならって、信者を守る母親として教会をとらえていた。

デガルトの著作にあってもこの思想は繰り返し言葉と挿画とで示される。天地創造とは一個の実体であり、その中では最も小さな砂粒に至るまでのすべてが相関している。ひとりひとりの人間の裡に世界が秘められ、小宇宙である人間は大宇宙としての宇宙総体を反映しているわけで、ヒルデガルトの『神の業の書』に描かれた世界もまた、部分部分が常に相関し、絶え間なく創造運動を続けるひとつの環なのである。そして彼女はここに、以下のような独自の神学的な解説を加える――堕天使ルシファーによって創られ、互いに競い合い、比べ合い、妬み合うという悪に毒された〈反世界〉が源となって、この世に引きも切らない緊張が生じたため、神は戦《いくさ》にのぞんで世を救い、そこに棲まう者らが犯した罪を贖うべくひとり子を遣わされた。ヒルデガルトはこの世界を、その最小単位に至るまでひとつの神学的説明に基づく綾《あや》に織り込んだ。当然ながらそこでは、慈悲、救済、〈カリタス〉すなわち愛徳、〈ウィリディタス〉すなわち生命力が、最終的に勝利を得ることになる。

健やかであれ、病を避けよ

医学と博物学をテーマとする『自然学』、そして『病因と治療』は、ヒルデガルトのほかの著作に比べて学術研究の対象として取り上げられることが少なかった。しかし近年になって、この二冊の書物は天然薬物［★動植物や鉱物などから得られる、自然由来の薬剤］の信奉者たちのあいだで大きな注目を集め、ポーランドのヴィガート・シュトレーロフやドイツのゴットフリート・ヘルツカなどの、ヒルデガルト研究者や医学者による解説書が幾種も出版されている［★上記二人の共著には、『聖ヒルデガルトの治療学』、飯嶋慶子訳、フレグランスジャーナル社がある］。ある種の天然薬物信奉者は、概して師と仰ぐヒルデガルトの見解を無批判に受け入れており、その著述をすぐに治療法として受け入れるというわけにはいかないものの、少なくとも長いあいだ忘れられていたヒルデガルトの医学知識を一般読者に広く知らしめた点においては高く評価されるべきだろう。

ヒルデガルトの医学は、いわば〝西欧版の東洋医学〟と見なされてきた。彼女もまた東洋医学と同様に、身体と精神と魂とで構成された総体としての人間を対象にしているのであり、こうした視点に立ってみると、身体の病は、患者の心の状態や当人と神との関わりを詳細に検討せずに対処することはできないことになる。ただし、スピリチュアルな要素が重視されているとはいえ、それは決して身体よりも精神が重要だという意味ではない。彼女は常に、人間を物質的な現実の一部、自然の一部としてとらえているのだが、そうした現実(自然)とその一部としての人間はどちらも神の創造によるものなのであって、とどのつまり、それらの検討は神の仕事を研究することにほかならないのである。

自然を肯定的にとらえるこの思考は、後年記された『生命の功徳の書』でいっそう強く打ち出され、身体や精神とセクシュアリティの関係にまで踏み込んだ見解が提示される。ヒルデガルトにとって、精神は身体に宿る生きた炎、そして力であり、人間は常に、身体と精神からなる統一体としてとらえなければならないものだった。身体と精神はともに神の創造物であり、人間はその〝生〟においてこれら二つにおける快楽のいずれをも選ぶことができる。精神の快楽は本質的にスピリチュアルなものであり、その者をより神に近づけるのだが、一方で身体の快楽が常に悪であるとは限らない。ヒルデガルトは子供の養育を例に取り、良い養育とは、子供の身体と精神の両方に気を配ることであり、愛のこもった養育においてのみ、子供は身体と精神双方の歓びを知り、完全な成人になるのだと述べる。規律に重きが置かれる養育と比較してみれば、彼女の理想がきわめて先進的に響くことだろう。

そこで最も実りあるとされているのは、あたかも太陽が月を温めるように精神が身体を涵養するという関係性である。後年の著作における精神と身体の関わりについてのヒルデガルトの見解は、師たるユッタ・フォン・シュポンハイムのはるか先にまで達している。ユッタの思考は禁欲主義の色合いが強く、精神を純化するためとあれば、身体は痛めつけられ、罰を受けてしかるべきものだった。この極端な禁欲主義が、最終的にユッタを夭折へと導くことになるのだが、ヒルデガルトは病弱だったにもかかわらず、当時の女性の平均年齢より五十年以上も生を長らえた。

セクシュアリティについての記述からも明らかなように、ヒルデガルトの神学と自然哲学に関わる思索の中核をなすのは、生命の根幹をなす〈ウィリディタス〉と天然自然の活力、そして創造的な霊性である。神が自ら創造した人間を殖やす手段として選んだセクシュアリティは、それ自体悪しきものではない。ただし、性的な関係は生殖の目的のためにのみ実践されなければならないとこの女子修道院長は語る。生物学的観点から女性のセクシュアリティについて述べる彼女の筆致には、道徳的な諧調がいっさい見られない。「男性と交わるとき、女性は脳内に熱い感覚を得、それが官能的な快感を生み出す。そしてその間ずっと、自らの悦びの感覚を相手の男性にも伝え続け、これによって男性は射精に至る。精液が体内に入ると、女性の熱情によって生み出された熱さが精液を惹きつけ、それが精液そのものにも伝わるや、すぐに女性の生殖器官が収縮をはじめる。月経期間中に開くようになっている子宮が、固く縮みあがって閉じてしまうのである。たとえてみれば、力の強い男性が何かを隠しておくために手を強く握り締めるようなものだ[66]」

医学に関するヒルデガルトの記述においてもまた、世界は四つの基本元素――火、空気、水、土――に分けられるという古代ギリシア以来の思想が繰り返し語られる。「これまで何度も示したように、これらの四つの基本元素が世界をひとつに結びつけているのだが、これは人間の身体におけるさまざまな状態をも出来《しゅったい》させる。四元素は、人間を均等に覆い、外部世界にあまねく広がって活動していると同時に、一個の人間の裡《うち》にも配置され、機能している。火、空気、水、土は人間そのものでもあって、人間は四元素によって〝形成〟されているのである。人間は、火から熱を、空気から息を、水から血を、土から身体を得ている。風によって見、空気によって聞き、水によって動き、土によって歩き得るのだ[67]」

世界が四つの基本元素で構成されているのとまったく同様に、人間の内部では、血液、黄胆汁、黒胆汁、粘液の四つの基本的な体液が働いている。こうした体液説は古代ギリシアに端を発し、それによれば病気は四体液の均衡の崩れによって引き起こされるのだという。ヒルデガルトは、とりわけ黒胆汁の病因としての作用に注意を向ける。黒胆汁は否定的な感情に結びついており、精神状態を低下させ、憂鬱、怒り、辛い感情を引き起こすのである。また彼女は、対処可能な病の治療法は自然の中にこそ見出されるとも語り、その段でいくと身体への施療だけでは充分な結果は得られず、患者の気分が沈み、健康に対する自身を失ってしまえば、どのような手を施しても無駄になってしまうと指摘している。より近年の言葉を使うと、人間はほかのいかなる生き物よりも精神物理学的《サイコフィジカル》なつながりが強固で、その心理と身体は一対の存在ととらえられるということになり、気分は肉体の回復に影響を及ぼすが、それと同時に肉体の不調もまた気分を左右する。つまり、両者は同時に治し得るのである。

ヒルデガルトは、病因について医学的、宗教的な説明を提示する。病は身体の基本的な体液の均衡が崩れることによって生じるのだが（医学的説明）、同時に、人間が神意に従っていた無垢な状態から失墜したことによっても引き起こされるのだという（宗教的説明）。人間は神の言葉に従わないという罪を犯し、その結果、神によって創造された世界の完全な調和が壊れ、人は神とのつながりを失いつつあるが、しかし同時に、神はその大いなる叡智によって、人間に、病を理解し防ぐ能力を与えてくれた――そうヒルデガルトは考えていた。彼女は、宗教的な病の起源（原罪）を教えるだけではよしとせず、病気の対処法までを提示した。最も重要なのは、彼女が、健康を増進し病気を避ける全体観的《ホリスティック》な生活態度を推奨したということだろう。

健康を増進する生活態度は、正しい食事と適度な運動、充分な休息、調和に満ちた音楽の聴取、肯定的で開かれた精神と信仰との保持からなる。八百数十年も前に書かれたこれらの訓戒は、今日の健康的な生活に向けての指南書に見られるそれと驚くほど似通っている。その一方でヒルデガルトは、禁欲主義や厳格な菜食主義を奨めてはいない。すべてはあくまでも適度にということで、水で割ったワインやビールさえ、ほどほどの量を摂れば善き生活の一要素となる。ワインやビールが、精神の発揚に効能を発揮するからである。

ヒルデガルトの奨める対症方法は主に、外用、内服ともに植物から調合した薬剤による。これらは、今日ある天然薬物の指南書の多くにあっても推奨されるものだが、彼女はそこに有効な癒しとしてマッサージ、入浴、サウナ、瀉血、そして鉱物や宝石による療法などを加えている。ヒルデガルトの処方においては太陽光もまた重要な役割を果たし、とりわけ種々の薬品を調整するときにこれが重要になる。鉱物や宝石、植物といった数々の物質は、使用前に太陽のもとで温めておく必要があるのだが、こうしたさまざまな物質を必要に応じて熱し、冷やし、乾かし、湿らせる方法もまた、古典古代の〝物質の基本的な四性質〟に通じる概念《イデア》に基づいているのだろう。諸物質のすべてには、四大元素と上記の要素のそれぞれの特性がいろいろな形で組み合わされてあり、その度合いが物質の医薬効果を決定するのだという。

ヒルデガルトは三百以上の薬草の効能と用法を提示している。たとえば消化によいのはフェンネル（茴香《ういきょう》）で、「肉、魚、そのほかを油で調理したものを食べて胃の具合が悪くなった場合には、この種を食べると治まる」[68]とされている。彼女はアーモンドの健康増進効果にも着目し、「頭がぼんやりし、顔色が悪く、いつも頭痛がするようになったときは、毎日アーモンドを摂るとよい。頭内が充実して、顔色も正常に戻る。また、肝臓機能の低下に苦しんでいる者もまた、生《なま》か茹でたアーモンドを毎日摂るべきである。アーモンドはいついかなる場合でも、健康を損なうことなく、また体内の水分を奪いもせずに力を与えてくれるため、肺の活性にも有効である」[69]と述べている。そして、リウマチの痛みをやわらげる効果があるというトネリコの葉については、次の記述が見受けられる。「脇腹や四肢の一部、あるいは全体に、あたかも骨折か負傷でもしたかのような激痛を覚えるリウマチ患者には、次のような治療を行う。まず、トネリコの葉を採って茹でる。患者をリネンの上に寝かせ、茹でたトネリコの葉でくるむ。痛みのある部位には、特に多めに葉を置くように」[70]

ヒルデガルトの医学においては、病気の予防の点でも治療の点でも食事が大きな位置を占めており、『病因と治療』と『自然学』には各薬草についての紹介の中に多くの調理法も掲載されているが、これこそが古《いにし》えの医学書との最大の違いと言える。昔日の医師らは薬剤と料理とを厳密に区別し、料理人と医師のあいだに明確な一線を引いていた。医学は男性だけが専門に携わり得るものであり、それは女性が担う低位の行為とされる料理とは厳格に区別されるべきだったのである。一方、ヒルデガルトは、健康のすべての基盤が伝統的に女性の責任領域とされてきた適切な食事に依拠していることを明言している。彼女の著作に取り入れられたような称賛すべき数々の発想によって、女性の家事労働の地位そのものが高められたとしても過言ではない。とどのつまり、女性による家事労働、とりわけ料理は、社会全体の健康の基盤でもあるのだ。

博物学

ヒルデガルト・フォン・ビンゲンは、世に知られた最初のドイツ人博物学者ということになるだろう。その著作は、自然をめぐる多彩な知識、ことに植物に関する深い造詣の表れとなっている。『自然学』第一の書では食餌面や医療面における利用法を交えて植物が、そして第二の書ではとりわけ水と土に注目した自然界の四大元素がそれぞれ語られ、以下、第三の書から第九の書までを費やして、樹木、石と宝石、魚、鳥、動物、爬虫類、金属といった諸々の事柄が述べられている。

『自然学』中、特に紙幅を割かれているのが、実に全体の三分の一ほどを占める植物に関する第一の書である。古典古代以来、園芸は誰はばかることのない趣味とされており、それに対する関心は中世になっても衰えることはなかった。修道院の庭園は伝統的に薬草園《ハーブ》、花園、果樹園の三つで構成される。薬草園の植物のほとんどは、古《いにし》えの庭園に見受けられるものと同じで、花薄荷《マヨナラ》、木立薄荷《サマーセイヴォリー》、セージ、茴香芹《チャーヴィル》、薄荷、パセリなどが植えられていた。花園で最も重要なのは、薔薇である。この花は中世盛期にあって聖母マリアの象徴であり、ロマンティックな愛と性とを示唆するようになるのは中世も後期になってからのことになる。ヒルデガルトは種々の薬草の用法を示すばかりか、効能が最も高まるように思われる収穫期についても説明を加えている。また資金を潤沢にもつ修道院であれば高価な東洋の香辛料を入手することもできたわけで、ヒルデガルトが親しんでいたそうした植物には、シナモン、クローブ、生姜、ナツメグ、白胡椒、そしてコショウ科の蔓植物である畢發《ひはつ》やインドネシア原産の生姜の近縁種であるガランガ

✺7　宇宙論、医学書、博物学書を著した修道女

ルの根などがあった。
ヒルデガルトが記載している植物の多くは、女子修道院が建つ一帯に自生しており、引いては彼女自身が自らの住環境を知悉していたことの証左となるだろう。たとえば地面に生える茸を食用に奨めない一方で、木に生える茸は調味用に使えるとする言及も見受けられるのである。薬用の樹木に関しては葉（それも新しいものか古いものか）、果実、皮、種、根に分けて解説し、周囲の地面にも注意を払うようにと読者を促している。

石と金属に関する記述は、まず第一に治療を目的としていた。一例を挙げると、水晶については次のように述べている。「水晶は、凍るほどに冷たい暗い色の水中に見出される。その冷たさはこのうえなく、水晶の〝火〟は消え失せている。空気と陽光がこの冷たい水に触れると、水晶の白色が現れ出て、水晶は透んだ固体になる。内部の冷たさが結晶をより密に、より純粋にしていき、熱が結晶を溶かすことはもうできない。水晶の特性は、冷たさと水とに由来する」[71] ヒルデガルトは、水晶を目の治療に用いることを奨めている。陽光のもとで温めた一片の水晶を目に押し当てると、悪い液が引き出されて視覚が改善されるのだという。ヒルデガルトはまた、鉛を毒性の物質として、調理や食物を供する際にはそれでできた器を用いてはならないと述べるほどの知識を有していた。こうした種々の石や金属による療法は、十六世紀に至るまで続けられていたようである。

また、ヒルデガルトによる動物学関連の記述は、民話と、動物についての古代の知識と、彼女自身の観察結果とが混在した興味深いものだ。動物の生態をめぐって、中世で最も広く読まれていた書物といえば『フィシオログス』*Physiologus*［★オットー・ゼール独訳、梶田昭和訳、博品社］ということになるだろう。同書は、キリスト紀元一世紀にエジプトで編纂されたと考えられる動物寓意譚の原型とでも言うべきもので、その後何世紀にもわたって多くの学者らによって新しい知見が次々と追記されていった。ヒルデガルトは、『フィシオログス』の内容をそのまま写してはいないものの、参考文献としては用いており、その記述と自身の観察結果とを比較対照している。

『自然学』における魚の記述は、今日の研究者たちからの大きな注目を集めている。中世の修道院では魚が最も重要な食材のひとつで、調理法を含む言及は、各修道院のそれぞれの地域の環境と家政の実態について、実に多くのことを伝えている。ヒルデガルトが取り上げた魚は三十六種で、その整理の手際も近代的な分類学を彷彿させるものだ。真の自然科学者と呼ぶにふさわしく、魚の発生と習性、繁殖にまでそのまなざしを向けているのだが、取り上げている種の多くが、内陸部の河畔で暮らす修道女にとってなじみの深い淡水魚であることは言うまでもない。

そして、『自然学』に登場する家禽、昆虫、陸生動物、爬虫類は、地産の種あり、外国種あり、さらには神話上の生物ありといった具合で、あのユニコーンも牛や鼠や馬と同様に詳述されている。神話、伝承上の生き物の多くについては古典古代に遡って記述を行っているが、その一方で十二世紀ドイツの動物伝承を反映したものもある。ヒルデガルトによる自然の手引きは、観察、神話や伝承、民間信仰の寄せ集めではあるものの、自然、そしてその現象への関心は真摯で尽きることがない。こうした姿勢はまさに、確固とした科学史上の評価を与えられてしかるべきものだろう。

ヒルデガルト・フォン・ビンゲンは、全体観的《ホリスティック》な思索者だった。彼女の幻視において、人間と自然と宇宙とはそのすべてをもって一個の実体を形づくっており、そこには神が遍在していたのである。この女子修道院長にとって、人間と自然と宇宙の研究は神の業《わざ》の追究にほかならず、それについて書き記すことはすなわち神の業への賛美の表明だった。こうした概念《イデア》は、今日に至るまでヨーロッパの知の歴史において幾度となく復活し、とりわけルネサンス期と宗教改革期を生きたカトリックの新プラトン主義者とプロテスタントの天文学者にとって特別な関心の対象となったが、しかし彼らがヒルデガルトの著作に目を向けることはなかったようだ。彼女の教えはむしろ、今日の読者のあいだではるかに大きな関心を呼んでいる。宇宙は有機的な統合体であり、その中においてはあらゆる部分がそれ自体の重要性を有しているという思索と、そうした宇宙の姿を目にし得る能力によって、彼女は現代人を魅了しているのだ。

✴8 フランス初の女性職業作家

――クリスティーヌ・ド・ピザン（1364–1430頃）

文芸論争は、フランス一流の長きにわたる伝統として、巷間でよく取り沙汰される。最初の激烈なそれが巻き起こった舞台は一四〇一年のパリで、翌〇二年まで続いたこの筆戦には、やがてヨーロッパ初の女性職業作家とされる人物がその名を連ねていた。広範な知識を誇る著述家、女権擁護者の、クリスティーヌ・ド・ピザンである。[72]

論争の発端となったのは、賢明王シャルル五世の秘書官ジャン・ド・モントルイユ（1354–1418）が『薔薇物語』*Roman de la rose*［★上下、篠田勝英訳、ちくま文庫］をめぐってしたためた公開状だった。ギヨーム・ド・ロリス（1200頃–1240頃）とジャン・ド・マン（1240頃–1305頃）によってそれぞれ著された、本編と続編とからなるこの愛の寓意譚を彼は絶賛したのだが、[73] そこにクリスティーヌが異を唱えるべく、やはり公開状をもって応じたのである。当時、すでに女流詩人としてそれなりに知られていたクリスティーヌは『薔薇物語』に対する自身の見解を述べ、特にジャン・ド・マンによる続編についてはド・モントルイユが述べるほどの賛辞に値しないと主張した。だが、論争が熱を帯びていくにつれ、クリスティーヌは唖然とさせられることになる。ド・モントルイユを筆頭に、いつもなら倫理を強く擁護するはずの教養人士の多くが、自分たちと同じフランス語をもって登場人物の男性が女性を侮辱し貶めている箇所に、まったくと言っていいほど関心を示さなかったのである。

◉33……詞華集『百のバラッド』*Cent ballades*（1410年版）収載の、執筆中のクリスティーヌ・ド・ピザンを描いたミニアチュール。

クリスティーヌの見解によると、『薔薇物語』続編は女性蔑視以外の何ものでもなかった。ド・ロリスの書いた本編が洗練された騎士道物語と言って差し支えないものである反面、続編にはそうした〝精神〟が微塵も見受けられない。クリスティーヌは、ド・マンのテクストをして偽善の典型とまで指弾している。この続編が奨励している〝ロマンティック〟な恋愛は、彼女の時代にあって女性と男性とでまったく異なった結果を出来《しゅったい》させるばかりか、束の間の快楽を得た男性がそのまま別れていくそうした関係が、家族と社会という場から女性を排斥する論拠にもなりかねない、というのである。

こうして、以後足掛け二年にわたる白熱した論争の幕が切って落とされ、クリスティーヌ・ド・ピザンの名は瞬く間にパリの数多の文芸サロンに広まった――学識を積んだ地位ある殿方に混じって、大胆にも自論を表明し、自己のジェンダーを擁護するこの婦人はいったい何者なのか？　クリスティーヌは、感性豊かな女流詩人であるばかりか、必要とあれば学識ある男性たちと丁々発止のやり取りを交わし得る存在であることを自らはっきりと示したのだ。『薔薇物語』をめぐって高まった世の注目は、彼女の人生を変えた。そしてその関心は、恋愛詩や女性の地位から、歴史、教育、社会問題、さらには戦争と和平外交というテーマにまで大きく広がっていくのだった。

シャルル五世の図書館

クリスティーヌ・ド・ピザンは、いかにしてこのような著述家になり得たのだろうか？　彼女は職業作家、つまり書くことによって生計を立てた、ヨーロッパ初の女性である。当時にあって、写本は黄金や真珠を縫い付けた衣装と同じくらいの贅沢品であり、どれだけ学識があるといっても一介の中産階級女性には手に入れられなかったはずだ。にもかかわらず、クリスティーヌが読んだ書物はおびただしい数にのぼる。いかにして、これらに親しむことができたのだろうか？　そのうえ驚いたことに、彼女は、その時代の教養語とされていたギリシア語とラテン語のいずれにもさほど通じていなかったようなのである。[74]

　これらの疑問に答えるには、クリスティーヌの誕生以前となる一三五〇年代の半ばまで遡ってみなければならないだろう。この頃のフランスは、善良王ジャン二世（在位：1350–1364）の治世下にあったわけだが、彼による国政は積極的な数々の施策の反面、順調とは言い難く、社会は深刻な危機に陥っており、イングランドとの戦《いくさ》［★百年戦争(1337–1453)］もまたいつ果てるとも知れなかった。この王は書物と学問に強い関心を寄せており、古典古代の文献を仏訳させる計画に着手していたものの、やがて敵国イングランドの捕囚となって異邦の地ロンドンで客死の憂き目に遭い、以後、彼のプロジェクトは嫡子シャルル五世によって引き継がれていく。ちなみに、一三五四年から五六年にかけて古典文献初の仏訳として世に送り出されたのが、ティトゥス・リウィウス（前59頃–後17）によるラテン語の書『ローマ建国史』*Ab urbe condita libri*［★上下、北村良和編訳、PHP研究所］で、ドミニコ会修道士ピエール・ベルシュイル（1290頃–1362）が訳者を務めている。[75]

　一三六四年、クリスティーヌ・ド・ピザンの生年に王位を継いだシャルル五世は、父王が布《し》いた文献保護の試みと翻訳プロジェクトを熱心に推進した。この新王は、古代ギリシア・ローマと同様に、言語を教育と政策の武器にしたいと考えていたのである。いわば彼は、フランスに〝国民感情〟と呼び得るものを喚起しようとしていたわけだが、そのためにはフランス語という母語を用いる一体感と、それによって臣民たちが敵国人以上の優位を自ら確信することが不可欠だった。フランス語は、ラテン、ギリシアの各語に比肩する文化言語であらねばならず、この国語のもとで一丸となった国人《くにびと》たちが、ラマンシュ海峡［★英仏海峡の仏名］の向こうに浮かぶ島国育ちの者どもよりもはるかに優れてあることを、祖国の王位を脅かす仇敵イングランド王国民らにもまた明確に知らしめ続けておく必要があったのだ。

　シャルル五世はまた、ヨーロッパの名だたる学者らを自身の宮廷へと招聘したが、そのうちのひとりがヴェネツィアの人トンマーゾ・ディ・ベンヴェヌート・ダ・ピッツァーノで、彼は愛娘をもうけてまもなく、フランス宮廷付きの占星術師、医師としての誘致を受けている。その頃、トンマーゾは生国にあってすでに、市中の医療改善なども手がける高給職に就いていたものの、シャルルによって招聘されるやためらうことなくこれに応じてパリへと赴き、一三六八年には妻と幼い娘クリスティーナを呼び寄せた。トンマーゾの一家は仏名ド・ピザンを名乗り、父娘はそれぞれトマ、クリスティーヌと呼ばれることになる。

当時、シャルル五世の図書館はルーヴルの古城にそびえる塔内にあり、クリスティーヌが到着した際、件《くだん》の翻訳プロジェクトはこの施設の最重要事業として進められていた。その中心となって、すでに何年にもわたり翻訳作業に携わっていた人物が、その頃を代表する先見的な哲学者ニコル・オレーム（1320頃–1382）である。この学僧は、一三七〇年代にアリストテレスの主著『ニコマコス倫理学』*Ethika nikomakeia*［★朴一功訳、京都大学学術出版会］と『政治学』*Politika* のラテン語版を仏訳してのけており、同著者による天文学をめぐる作品［★『天体論』、全集4所収、村治能就訳、岩波書店］も『天体および地球の書』*Livre du ciel et du monde* として註解を加える形で訳出している。シャルルの図書館の現存する蔵書目録に目を通すと、こうしたアリストテレスの諸作をはじめとする仏訳書が、神学、歴史学、政治学、天文学、古典文学といった多岐の分野にわたって取り揃えられており、敬意と称賛を贈らずにはいられない。この王の図書館にはまた、人文主義の父と目される亡命フィレンツェ人二世フランチェスコ・ペトラルカ（1304–1374）などがものした、同時代文献の仏訳も収蔵されていた。つまり、当時のヨーロッパで最も充実していたこの施設こそが、クリスティーヌ・ド・ピザンの知識の源だったのである。

家族とともにシャルル五世宮で過ごしていた時期に、クリスティーヌはこれらの貴重な諸作に接する特別な機会を得た。フランス語で膨大な知識を吸収することができたのは、王による翻訳プロジェクトから下された賜物以外の何ものでもない。父の地位と、王の秘書官として仕えていた後年迎える夫のおかげで、彼女は、当時のヨーロッパを生きた中産階級女性が誰も手に取ることのかなわなかった数々の書物に親しめたのだった。シャルル五世の蔵書の大半は、王室仕様の素晴らしいミニアチュールで飾られた逸品で、王の財産目録にもこれらの書籍の一部についての言及が見受けられる。[76] こうした〝宝物《ほうもつ》〟に触れられる機会をクリスティーヌは十全に利用し、のちにシャルル五世の伝記を書いた際にも、この王の文化事業と翻訳プロジェクトとを称揚している。それによると、ルーヴルの図書館にはおよそ九百巻にものぼる書物が収蔵されていたのだということで、[77] 彼女がその書名を挙げて言及しているそうした先人の業績は枚挙にいとまがなく、もちろん、それらを実際に読んでいたことも確実だろう。

人文主義：ヨーロッパ中世後期の新しい知の潮流

クリスティーヌ・ド・ピザンが著述に手を染め出した頃、パリの文芸サロンには、イタリアの自由都市に端を発する人文主義の初期の動きが広がりはじめていた。[78] フランスでこの新思潮支持の先頭に立っていたのが、パリ大学総長のジャン・ジェルソン（1363–1429）と、あのジャン・ド・モントルイユである。[79] ジェルソンはクリスティーヌの親しい友人で、『薔薇物語』をめぐる論争ではクリスティーヌと同じくド・モントルイユに反対する立場を取ったものだが、こうしたフランスの人文学者らの論争に率先して参加した当のクリスティーヌにしても、彼らが唱導するその思潮に精通していたことは言うまでもない。

イタリア人文主義の父フランチェスコ・ペトラルカは、齢《よわい》も七十を重ねようという一三七〇年代になってから、シャルル五世宮を私人として訪れているが、王の図書館に自著の仏訳が収蔵されているのをその際に知ったようである。[80] ギリシア語、ラテン語などの古典語に暗かったクリスティーヌだが、先述したようにこうした仏訳書を介してペトラルカ、ジョヴァンニ・ボッカッチョ（1313–1375）、リーノ・コルッチョ・サルターティ（1331–1406）といった多くの初期人文学者からの影響を受け、彼らと同じ視点に立つことで諸学教育の道徳的な重要性、古典文献に書かれた思想や歴史、社会的テーマなどに関心を寄せることになった。[81] 彼女の最初期の著作の構成と文体は、ともに中世の寓意文学に近いが、それらはやがて政治理論などの新たなテーマのもとで対象を描く、いわゆるノンフィクションを指向するものになっていく。[82]

人文学者らは、言語と歴史とを同一の地平上にとらえていた。[83]異なる時代に生きた人々にとっては、言語という〝思索〟もまた異なる意味合いを帯びることになる、という理解に最初の先鞭をつけたのが、中世後期、すなわちルネサンス初期のイタリアの人文学者なのである。彼らは〈アナクロニズム〉という概念《イデア》を導入し、[84]それぞれの歴史的なコンテクストから切り離しては文化的な現象や思考を解釈し得ないことを指摘しようと試みた。スコラ哲学者ならぬ身である彼らは、ギリシア・ローマの古典を、その本来の歴史的コンテクストの範疇で把握することを目指したのである。十四世紀、ペトラルカによって提起されたこの新しい思索の道筋は、中世のスコラ哲学と自然哲学に対する挑戦であり、一般的には〈フマニタス研究《ストゥディア・フマニタティス》〉として知られていた。人文学者《フマニスタ》による文法、修辞学、政治学、倫理学、歴史学の講義に感化されたこの思潮の支持者が、古典文化を理想に掲げながら、スコラ哲学は非実際的な議論のための議論でしかないと批判を行うようになり、大学の講義のあり方としてそうした哲学は否定されなければならず、取って代わるべきはとりわけ道徳の次元を注視した実践哲学であるとまで主張したのだった。

クリスティーヌ・ド・ピザンもまたこれにならって、文芸を通じての道徳教育の重要性を尊んだ。[85]道徳文学は人間の本性《ほんせい》を高めるためにあると考えられていたわけだが、彼女によると『薔薇物語』がそれを達成しているとはおよそ言い難く、哲学と文芸、ということはどのつまり社会は、基本的に今一度、道徳の問題を考えなくてはならない。そしてそれは、古典古代の理想を介してのみ可能となるはずなのだ。こうして言語と修辞学とが、スコラ哲学者に対する人文学者の武器となったのである。

その人文学者がまず専心したのが、ギリシア語とラテン語である。言語は、一方で人間を過去から隔てる。しかしもう一方では、人間を歴史、未来、神とつなぎ、社会と自然の一部とし得る唯一の橋にもなる。人文学者にとっての言語は、話されるものであれ書かれるものであれ、スコラ哲学者にとっての言語のような議論のための単なる媒介《メディア》ではなく、自分自身と世界との距離を縮めるための最も重要な人間の装備《ツール》だった。

新しい人間と新しい哲学のための原型となるモデルも、古典古代に求められた。クリスティーヌの広範な著作においてもそれは明らかだが、初期作品に見られる寓意的な手法については、いくぶん時代が近い中世文学を範としている。一四〇〇年に発表された『オテアからの書簡』*Épître d'Othéa* は、表題に謳われた知恵の女神がトロイアの王子ヘクトルに人生のさまざまな局面に関する助言をしたためた手紙を送るという寓意譚で、クリスティーヌがこれを書くうえで特に着目したのがオウィディウス（前43頃－後17）による『変身物語』*Metamorphoses*［★上下、中村善也訳、岩波文庫］とギリシア神話、そしてトロイア戦争だった。『オテアからの書簡』は彼女の全作品中で最も広く読まれ、十六世紀までに少なくとも六版が刊行されている。詩文形式で世界史を寓意的に描いた『長き学びの道の書』*Livre du chemin de long estude* と『運命の変異』*Mutacion de fortune* からは、クリスティーヌが古典古代の歴史書、中世の旅行記、そしてダンテ（1265–1321）による『神曲』*La divina commedia*［★全3冊、平川祐弘訳、河出文庫］といった諸作を読み込んでいたことが見て取れる。また、彼女が愛好した著述家ボエティウス（480頃–524頃）の『哲学の慰め』*De consolatione philosophiae*［★『世界古典文学全集』26所収、渡辺義雄訳、筑摩書房］は、古典古代の哲学全般に関する知識の提供元になると同時に、徳性、正義、運命、自由意志の問題を考察する素材にもなった。

　このペトラルカに嚆矢が求められる書物に注ぐ新しい熱誠ぶりは、すなわち人文主義の政綱の一環でもある。その向かう先は、書物と歴史学全般を独占する教会への異議にあり、つまり人文学者たちは、歴史に関する著述を〝救済〟というキリスト教の教義から切り離し、世界を神によって創造されたものではなく、あくまでも人間が形づくったものとして扱おうとしたのである。中世初期の歴史家たちが、主として聖人と聖職者だけに目を向けていたのに対し、中世後期の人文主義の潮流にあっては、歴史書の中心人物として個々の為政者や戦功をあげた英雄が取り上げられた。クリスティーヌ・ド・ピザンによる伝記『賢明王シャルル五世の業績の数々と善行をめぐる書』*Livre des faits et bonne mœurs du sage roi Charles V*（以下『シャルル五世伝』）もまた世俗の統治者についての歴史書で、この類いとしてはフランス初の著作となる。

　人文主義にあっては、歴史以外にも政治学研究と政治活動の重要性が注視された。イタリアの都市国家では、積極的に政治に関与しようとする富裕中産階級が公的な事柄への発言権を求めており、政治学の研究を進める必要性が高まっていたのである。アリストテレスの『政治学』、プラトンの『国家』、ティトゥス・リウィウスの『ローマ建国史』などを都市国家の政治学に応用する試みは、こうしてなされていくことになる。人文学者らは、自らの主義主張を学術界の内部だけで通用する研究にとどめておくつもりなどはなく、広大な展望のもと、公的な生活に積極関与する自立した個人の新しいモデルを生み出すことによって、社会全体に影響を及ぼそうと追究を深めたのである。

クリスティーヌ・ド・ピザンは、当時のフランスで最も活発な著述家に数えられる。『女の都』*Cité des dames* は、女性の手によって何はばかることなく同性を擁護した最初にして最重要な著作であり、刊行と同時にたいへんな注目を集めた。また、『三つの徳性の書』*Livre des trios vertus* と題された婦人向けの指南書は、男性のあいだでもことさら人気を博したが、それはおそらく『女の都』よりもいくぶん保守的な価値観が示されていたためもあるだろう。『三つの徳性の書』は複数言語に訳され、ことにポルトガル語で刊行された最初期の一冊となった。[86] 社会的なテーマを扱ったそのほかの著作、たとえば『国体の書』*Livre du corps de policie* では、善き統治のあり方について広範な考察がめぐらされている。また、『平和の書』*Livre de paix* は、フランスの憂うべき状況を述べ、より効果的な管理や行政の例を提示した政治冊子で、『戦争と軍事技術の書』*Livre des faits d'armes et de chevalrie* のほうは、軍の委嘱のもとに執筆された交戦および戦争と平和の外交をめぐる著作となる。

社会活動を展開する十五世紀の人文学者にとって、もうひとつの重要なテーマが子供の教育で、彼らが創り出した教程では、コミュニケーション能力、実践哲学、道徳教育、歴史知識、自由七科《アルテス・リベラリス》［★文法学、修辞学、論理学、そして算術、幾何、天文学、楽理の三学四科からなる、人間に必要とされる実践的な知識と学問の基本課目。本書第6章冒頭を参照］を教えることに、特別重きが置かれていた。養育、教育、作法についてのクリスティーヌの諸作『道徳の教訓』*Les enseignemens moraux*、『道徳の格言』*Les proverbes moraux*、そして『三つの徳性の書』は、人文主義が奨める教程に忠実に則った内容を披瀝しており、当時としてはたいへんな評判を読んだようである。

クリスティーヌの父トマ・ド・ピザンには、やはりイタリア出身の著名人であるペトラルカやサルターティと個人的な交流をもっていた可能性がある。三人は同じ時期にボローニャ大学で学んでいるのだが、いずれにせよクリスティーヌがこれらイタリアの初期人文学者らの思索に初めて接したのは父を介してのことだった。ペトラルカは、トマ・ド・ピザンの医学面における論説は評価せず、『医師への論駁』*Invective contra medicum* の中で揶揄しているが、一方、トマの第二の専門分野である占星術に関しては、多くの人文学者が肯定的な立場を取っていた（中世には占星術と医学は密接なつながりをもっていたのである）。そしてクリスティーヌもまた、占星術の基礎知識を父から授かっている。占星術と医学との関わりは、宇宙の総体が縮小されて人間の裡《うち》に再現されているという大宇宙《マクロコスモス》／小宇宙《ミクロコスモス》の概念に基づいており、黄道十二宮は身体各部とつながりをもち、それぞれに影響を及ぼすとされていた。そうした思想のもとで作成されるホロスコープは、宮廷占星術師が為政者の特性や特定の日に結びついた宇宙的因果性を解説する際に、また国の将来を予言する際に使われる一方、初期の教育心理学のための装備《ツール》としても用いられていた。子供の性格の本質的な面を明らかにする、と考えられたのである。

一家の長、そして歴史の専門家として

クリスティーヌ・ド・ピザンは貴族でこそなかったものの、幼少期から文化の香りに包まれたシャルル五世の宮廷で過ごし、また成人後もその著作がオルレアン公ルイ一世（1392–1407）［★シャルル五世の子でシャルル六世の弟］やブルゴーニュの豪胆公フィリップ二世（1342–1404）［★シャルル五世の弟］といった王族の注目を集めるなど、生涯を通じてフランス宮廷と密接なつながりを保ち続けた。こうした有力諸侯の宮廷にもまた〝より繊細なるわざ《アルス・スプティリオル》〟と呼ばれる極度に複雑かつ技巧的な新しい音楽様式が、文芸以外にも人気を博するなど、文化的な雰囲気が充溢しており、オルレアン公に至ってはクリスティーヌの初期の詩作を支援する最大のパトロンにもなっていた。後年、ブルゴーニュ公の執筆依頼を受けるようになってからのクリスティーヌは、詩ではなくノンフィクションを書きはじめるわけだが、これはそちらのほうが彼の宮廷で

高評を受けていたからでもある。

シャルル六世（在位：1380–1422）の時代になると、オルレアン、ブルゴーニュ両公の権力闘争が拡大していき、一四〇七年のルイ一世暗殺を契機に、フランスは内乱状態に陥る。これに乗じた形でイングランドとの敵対関係も再燃し、クリスティーヌの人生も厳しい様相を呈していくのだが、とはいえ彼女は、職業作家にして社会批評家へと転身する以前に、運命の女神が司る輪というものが国家にも個人にも等しく作用するということを否応なく認識せざるを得ない状況をすでに経験していた。〝運命の気まぐれ〟というテーマは、古典古代から中世、そしてルネサンス期を通じて、文学でも広く取り上げられてきたものだが、クリスティーヌは身をもってその痛みを知るに至ったのである。

一三八〇年、十六才の誕生日を迎える前に結婚したクリスティーヌは［★生年月日は一三六四年九月十一日］、幸せな家庭生活を送っていた。しかし続く十年のうちに父トマと夫エティエンヌ・デュ・カステルが相次いで他界し、二十代も半ばという若さにして突如、三人の子供と母、姪との生活を女手ひとつで支えなければならない状況に直面してしまう。夫エティエンヌは秘書官として王に仕えていたが、この地位が自動的に未亡人の生活を保障することはなく、結果、この独り身となった上位中産階級《オート・ブルジョワジー》の女性は、自ら生計を立てていく道を探さざるを得なくなった。最初は手稿の清書者として働き出したクリスティーヌだったが、ほどなく当時流行していた恋愛詩に手を染め、過去の幸せな日々と亡くなった夫への憧憬を綴る作品を次々と発表していく。中世後期のフランスにおいて、女性が著述を公に発表するということはきわめて珍しく、当初、クリスティーヌが注目を集めたのは、単に彼女が女性であったというただそれだけの理由によるものだったが、それがやがて多くの執筆依頼につながっていった。こうして彼女は、夫の死後十年がたった頃には家族全員をペン一本で養っていけるようになったのである。著述という営為が、主に男性学者に担われていた時代にあって、クリスティーヌがこれを成し遂げたのは驚くべきことだと言っていい。

未亡人の身で著述を生業《なりわい》としたクリスティーヌの人生には、さまざまな変化が起こった。暮らしを支えていけるかどうか、まだまったくの手探り状態だったときに末子となる次男を亡くし、その悲しみも癒えないうちに残る二人の子供を遠く離れた地に送り出さざるを得なくなったのである。それもまた友人たちの助けを得て、娘にはポワシーにあるドミニコ会の女子修道院に立派な落ち着き先を見つけてやることができたし、同じ頃、かねてから彼女の詩に惹かれ続けていたという理由で交流が生まれていたソールズベリ伯からの、同い年の彼の息子の学友として長男をイングランドに寄越してはどうかという申し出もありがたく受けている。こうして、子供たちと別れ別れになったクリスティーヌだったが、その後も手紙のやり取りは欠かさず、定期的に二人のもとを訪れることも忘れなかった。

シャルル五世の弟であるブルゴーニュ公フィリップ二世は、クリスティーヌの『運命の変異』の書きぶりとそこに満ちあふれている学識や知見に多大な感銘を受けており、兄シャルル五世の伝記執筆を彼女に所望した。一介の女性著述家にとって、通常ではとうてい考えられない栄誉ある仕事である。ブルゴーニュ公もまた、シャルル五世と同等の高い教養を誇り、多くの学者らのパトロンとなっていたのだが、この伝記刊行は、彼にしてみれば未来の国王である王位継承者に理想の為政者像を示すという意義があった。時の国王シャルル六世の宿痾となっていた精神疾患は徐々に重篤の度合いを深めており、一三九三年以降ともなると次代の教育はもとより統治者としての任もまったく果たせない状態に陥ってしまうほどだったのである【★"狂気王"の異名をとる彼は、一三九三年、舞踏会の乱痴気騒ぎで四人の焼死者を出した事件の当事者となって以来、そもそも不安定だった精神の均衡を完全に欠いたとされる】。クリスティーヌによる『シャルル五世伝』は今もなお、フランス中世後期の諸研究者にとって重要な史料となっている。王を過剰に賛美しているという批判も折々向けられてきてはいるものの、著者である彼女自身もまたそれを自覚していたらしく、同書に着手したのは王の善き業績を描くためであって、そこに批判の意図は入り得ないと序文の中で釈明を行っている。

『シャルル五世伝』の執筆によって、クリスティーヌは自分が子供時代を過ごした宮廷での生活がいかに特権的なものだったのかを改めて認識させられることになり、結果として同書はその頃の時代背景を明瞭に浮かび上がらせる作品になっている。シャルルが精力的に統治に当たっていた時代、のちに百年戦争と呼ばれることになるイングランドとフランスの王位をめぐる戦いはいつ果てるとも知れず、まったく先が見えない状況にあったわけだが、この戦争の最大の犠牲者はといえば農民たちや田舎住まいの人々であり、フランス庶民のほとんどは、ペストと飢饉と盗賊たちの襲来をしのぐだけで精一杯だった。来る年も来る年も、イングランドはフランスの田園地帯に攻撃を仕掛けては多くの村々や町々を破壊し、さらには盗賊集団と化した傭兵たちまでもが押し寄せて、侵略軍に優るとも劣らない暴虐ぶりを発揮しつつ徹底的な略奪行為を行っていたのである。領主たちが課す重税、社会不安、極度の窮乏生活といった諸々は農民たちを叛乱へと駆り立て、事態は血みどろの局面へと発展していく。こうした悲惨な状況のただ中にあって、一三四〇年代にはじまったペストの流行は繰り返しヨーロッパ全域を襲い、領主や臣民の別なく人々を死へと追いやっていった。

シャルル五世は、フランス絶対王政の礎となった君主である。まず、諸侯間の諍い事を禁じ、自国の全域に統一された税制の導入を試みた。これは当初、臨時徴税だったが、やがてイングランドに対する防衛のためという名目で恒久課税となっている。この王はまた、海軍創設の重要性を理解したヴァロア朝最初の人物で、こうした軍事政策によって戦場を国土から海上へと移行させようと目論んでいた。さらに、書物の書写と流通に資金を提供し、学問を推奨したこともあって、彼の治世下、パリはヨーロッパ最大級となる写本製作の中枢に数えられるようになっている。

『シャルル五世伝』では、王の著述保護政策の業績と併せて、彼の科学的知見に対する助言者として著者クリスティーヌの父トマ・ド・ピザンが果たした役割の重要性が、熱のこもった筆致で記されており、同時に彼女自身の科学への関心も明かされている。初期のイタリア人文主義を支持したシャルル五世宮では、科学的思考と古典文化の復興が奨励されていた。宮廷にあって強い影響力をふるっていた聖職者、数学者にして物理学者のニコル・オレームに至っては、アリストテレス天文学の註解の中、「他の天体と同様、地球も動いている可能性がある」という、当時としては革命的な〈地動説〉の概念《イデア》をほのめかしているほどである［★ただし、立場としては〈天動説〉支持者だった］。

シャルル五世は一三八〇年に急死するが、その時点で自身が王位に就く前にイングランドに奪われていたフランス領のおおよその奪還に成功していた［★このかつてのイングランドへの領土委譲は、二十年前（1360）のブレティニ・カレー条約による］。しかし、こうした勝利は、農民たちへの重い課税によって成し遂げられたものであり、当然ながら彼らのあいだでの王の評価を高めることにはならなかった。シャルル五世の治世下では、のちの数十年間にわたる内乱のときに比べてはるかに効率的な国家運営がなされていたとはいえ、王が——その高い教養にもかかわらず——自国の運営に完全に成功したとは言えず、さまざまな問題を抱えた国家をあとに残したまま逝く形になった。

『シャルル五世伝』は、唯一現存する王についての同時代文献であり、今日の中世研究者にとって格別に興味深い著作である。政治と戦争に加えて、王の日々の生活や親族についても描かれており、そこからは間近で目にした十四世紀末のフランス宮廷生活の姿がうかがえる。また同書は、王の学問上の事績にも言及しており、ニコル・オレームの広範な著作とともに、中世末期のフランス宮廷で多様な学問研究が行われていたことを示す証左にもなっている。

フェミニストおよび教育者として

フェミニズムという視点を通じて、中世末期のフランスを眺めてみればどうなるだろう？　クリスティーヌ・ド・ピザンは、学識ある多くの男性たちが表明する女性蔑視の見解に、また、女性の地位を低く見なしている法律と現状に、怒りと悲しみを覚えていた。一四〇五年に発表された『女の都』では、この当然と言うべき憤りが全面的に表されている。一方『三つの徳性の書』もまた女性をテーマとする一冊ではあるものの、こちらのほうは『女の都』に比べてはるかに保守的な内容である。

女性とその地位をめぐるこの二著は、今日の研究者女性のあいだに相反する反応を引き起こしている。女性歴史家の多くは、クリスティーヌを当時の重要な女権擁護者ととらえているが、一方でその頃の社会全体を形づくっていた家父長制という構造そのものに疑義を呈していないとして、彼女を〝生粋のフェミニスト〟ではないとする者もいるのである。事実クリスティーヌは、『三つの徳性の書』で女性たちに、たとえ暴力をふるう夫に対しても従順でつつましく振る舞うよう諭している。しかし、いずれにせよ支持者の論からは、クリスティーヌが書くことによって自身のジェンダーを擁護し、反女性的な姿勢に立ち向かったヨーロッパ初の女性だったということが察せられる。中世後期にあっては、たとえ〝学〟を身につけた女性であっても、家父長制という社会構造そのものに異議を唱えるなどとうてい考えられないことであり、彼女にそれを求めるのは筋違いだと言っていいだろう。社会が成熟し、一般に不可侵のものとされていたジェンダーの役割に女性が少しずつ異論を表明できるようになったのは、実に十八世紀末のことなのだ。

『女の都』は、女性が同性読者に向けて書いた、ヨーロッパで初めてとなる書物である。たとえば『薔薇物語』論争における公開状のような、クリスティーヌによるいっそう早期の女権擁護論は男性に向けたものだったが、『女の都』と『三つの徳性の書』が想定する対象は間違いなく女性読者なのであり、言い換えれば著述という営為はここに至って初めて女性のための能動的な舞台となったのである。

この著作は、クリスティーヌ自身が机の前に座っている場面からはじまる。机に積まれた写本を眺めていた彼女の目が、一冊の小さな冊子の上で止まる。それは女性の脆さについて書かれたもので、諷刺を意図した作品ではあったが、それを見ながら彼女は次のように思いを巡らせはじめる。なぜ、あれほど多くの男性が――それも教養ある者たちまでもが――女性を悪しざまに言うのだろう。自分もまた、男に生まれたほうがよかったのだろうか？　この問いを徹底的に考察してみようと決意したクリスティーヌは、とつおいつするうちほどなく眠りに落ちていくわけだが、ここで話は本筋へと導入される。三人の寓意的な登場人物、すなわち理知の淑女、誠実の淑女、公正の淑女が現れて、クリスティーヌを相手に女性が成し遂げてきた諸事をめぐって長い議論をはじめるのだ。淑女らは、彼女をある場所へと誘《いざな》い、そこに〝女の都〟を、すなわち反女性的なこの世界における有徳の女性のための避難所を創るように促す。

『女の都』という書名は、教父であるヒッポのアウグスティヌスがラテン語でものした『神の国』*De civitate dei*〔★全5巻、服部英二郎他訳、岩波文庫〕を念頭につけられている。アウグスティヌスは、『神の国』によってキリスト教コミュニティの一体化を企図したわけだが、『女の都』も同じような寓意像を用い、時間と文化の境界を超えた女性の徳性と、それをもった人々自体についての考察をめぐらせながら、女性が成し遂げてきたことによる同性の精神的コミュニティの強化を目指しているのだ。物語が進むにつれ、クリスティーヌと三人の淑女とのあいだでは、女性の真の本性《ほんせい》について、女性が人生のさまざまな局面で社会全体にどれほど貢献してきたかについて、そして女性がなぜ、しばしば社会においてこれほどの不当な蔑視をこうむってきたのかというその理由《わけ》について、諸々の議論が重ねられていく。ここで対象になっているのは、一部の女性ということではない。それは王室や貴族の女性、信仰に身を捧げた女性、中産階級の女性、職人の女性、一般家庭の主婦と母などの、すべての女性に向けて語られているのである。たとえ一般家庭の女性であっても、常日頃行っている家事と育児によって社会に貢献しているのだ。クリスティーヌは、農業、園芸、織物、縫物、料理といったさまざまな重要な領域で、女性が社会を進歩させてきた事実を示そうと試みている。女性は常に極端な過小評価を受けてきたが、しかし、これほどまでに人類の進歩に寄与してきた存在は、古代の学者の中にさえいない。まさにこのことを、読者に想起させようというのである。

『女の都』を執筆していた一四〇五年、クリスティーヌの手もとにはジョヴァンニ・ボッカッチョの『名高い女性たちについて』*De mulieribus claris* が置かれていた。この書を主な資料に用いた彼女は、ボッカッチョの筆法にならって歴史上、神話上双方の女性を登場させているが、とはいえその目的は政治的なものだ。ボッカッチョのように単に女性を称賛、批判しようというのではなく、女性存在そのものを擁護しているのである。女性による達成事という視点から眺めれば、『名高い女性たちについて』はそれを称えているわけではなく、単なる娯楽的、道徳的な読み物にすぎないと言っていい。対してクリスティーヌは、伝統的な知の権威者らに臆することなく異を唱え、古典古代の哲学者もイタリアの人文学者も誤謬を犯している可能性があると述べる。そして彼女にはまた、もうひとつの動機がある。能動的な女性を論じる中、同胞たちの連帯感を強め、自己をより高評するよう鼓舞したいと考えているのだ。

同書ではまた、年齢を問わない女性の教育と学習の権利が擁護される。クリスティーヌの見解では、女性が自らの

●34……クリスティーヌ・ド・ピザン『女の都』(1410年版)収載の、〝我が街〟を築く女性たちを描いたミニアチュール。

足で立ち、自身と家族の世話をし、コミュニティにとって価値あるものを創造する機会を保証できるのは唯一、古典教育であれ実践教育であれ〝教育〟しかない。その教育の課程においては、あらゆる階級の女性がそれぞれの社会的地位と生活状況に応じた能力を身につけることになる。上流階級の息女は、兄弟とともに学校に送り込まなければならない。そうすることによって、初めて女子も自身と自らのジェンダーとを擁護する術《すべ》を学び得る。女子は身体的には男子より脆弱なのかもしれないが、しかし知的には男子以上に鋭敏であるとクリスティーヌは主張する。彼女は、女子が兄弟と同じ教育を受けられるようになって初めて、すべての知的分野においてこの事実が明らかになるだろうと考えていた。とはいえ、科学や古典に取り組む時間や手立てをもつ者は、上流階級に限られている。こうした人々以外に、クリスティーヌが科学や古典の習得を奨めることはなかった。

当時の社会では、多くの女子にとって、家庭の維持管理の能力を身につけるほうがラテン語の熟達よりも有用なことだった。商人や職人の家庭であれば、計算や帳簿付けを学べば家族が営む商いや店を手伝えるようになるだろうし、城館に住む貴族家庭の淑女であれば、いっそのことそうした課目に加えて農業関連のあらゆる知識を学び、さらには機会さえあれば武力をふるって略奪行為に及ぶ盗賊軍団から所有地や家族、使用人たちを守ることができるようにしておけば安心というものだろう。

クリスティーヌはまた、悲惨な状況にある下層階級女性に対しても明確な意見を述べ、たとえば売春婦たちには、看護婦や使用人、洗濯女などの仕事を探すようにと促す。彼女によれば、この世において女性の自己評価を高め、それを確実にする唯一の道は、誰からも尊敬される生活を送ることにあった——女性、ことに既婚女性にとって最も重要な徳性は、謙遜、高潔、勤勉、従順、調和である。賢夫人は、暴力的な夫の前でもつつましく振る舞うものだが、それはそうした謙遜の態度がいずれ善き報いをもたらすからだ。さらにクリスティーヌは論をつなぐ——死に瀕した夫が良心の呵責に駆られ、妻に全財産を遺すという事例も少なくない。とはいえ、夫亡きあとの賢夫人ともなれば、以後同じ轍を踏まないよう心がけるべきである。貞淑を守り、自立して家族を支えるべきなのであって、ほかの男性という新たな重荷を背負い込んだりしないほうがよい。

後期の著作『道徳の教訓』と『道徳の格言』は、人文主義の視点に立って、道徳教育の重要性に注目し、一般的な徳性の教義を検討したものである。中世後期に最も重視された徳性は、正義、理知、思慮分別、堅忍不抜であり、宗教的な徳性としては、謙譲、中庸、禁欲、忍耐、親切、純潔、調和の七つがあった。子供にとっては、教訓物語や格言の形で提示するのが最も頭に入りやすいということを、クリスティーヌは理解している。人文主義思想の影響力は大きく、ルネサンス期になるとこうした教育方式は、特に上流階級と上位中産階級《オート・ブルジョワジー》の家庭できわめて頻繁に採用されるようになった。

国家論と戦争論

クリスティーヌ・ド・ピザンは、政治、社会問題をテーマとする、当時の最も多産な著述家のひとりだったが、この領域での彼女の思索は、今日驚くほど知られていない。[87] 実のところ、初期のロマンティックな詩作品を除くクリスティーヌの全著作は、もっぱら社会的なテーマや題材を扱っている。『国体の書』、『平和の書』、『戦争と軍事技術の書』の三作で考察されているのは、理想的な為政者と政治システム、そして戦争と和平外交のあり方である。十五世紀から十八世紀の終わりまでに、クリスティーヌの政治的著作に言及したものは少なくとも五十にも及び、ここからしても彼女の著作の一部が二百年以上にわたって知られていたことは明らかだろう。

フランスの内乱期を通じて、クリスティーヌは、シャルル六世妃イザボー・ド・バヴィエール（1370頃–1435）を含む多くの為政者の姿を、精力的に記した。自身の社会階級とジェンダーのゆえに、政治構造そのものに影響力を及ぼし果《おお》せる可能性がまったくないことはわかっていた彼女であっても、平和のために世に訴える著作の執筆によって、真の民衆の権利というものを明確に意識し得たわけで、社会で現実に力を行使できる貴族階級に属さない、一介の中産階級の女性にすぎない我が身にも、意志決定を行う人々に対して直接意見を申し立てる権利があると考えつつ、自国の実効性のない統治体制と、その結果引き起こされる社会の混乱を、心から懸念していたのである。

〈市民権〉は人文主義思想の中核をなす重要な概念《イデア》である。それはイタリアの自由都市においてある程度実現しており、上流階級、上位中産階級《オート・ブルジョワジー》、知識人、富裕側の職人や商人は、各都市の政治と商業における実質的な権限を有していた。これらの都市国家は君主制と民主制が混在する構造になっており、両者の最良の部分を結びつける試みがなされていたのだが、対してクリスティーヌが長じてなお生を紡いでいったフランスは、純然たる君主制国家だった。このことに関して、彼女は疑義を呈しておらず、その点、イタリアの思想家たちよりは保守的な立場にあったことになるが、それでもフランス君主制の現状には改良の余地があるものと思っていたようである。

クリスティーヌの社会把握の基盤には、〈国体〉としての国家がある。この概念はそもそも古典古代に端を発し、中世盛期にイングランドの学者ジョン・オヴ・ソールズベリ［★〝ソールズベリのヨハネス（ジョン）〟とも］（1115頃–1180）が『ポリクラティクス』*Policraticus*で定式化した。これによると、社会はさまざまな器官からなる一個の身体なのであり、当然のように王がその頭を担い、行政官や立法機関が心臓や脳といった重要な器官に充当される。片方の手は法を執行する人々、もう一方の手は軍、そしてこの身体をしっかりと大地の上に立たせておくことのできる二本の脚の一方は農民、もう一方は商人と職人である。ジョンは、社会にとっての両脚の重要性を強調し、この二つがそろうことによって初めて社会は動き得るのであり、言い換えれば発展することができる、という意見を提示した。彼は述べる――頭と心臓と脳は、両脚への配慮を常に忘れてはならない。つまり、民の要望を考慮しなくてはならないわけで、さもなければ両脚が社会全体を転覆させることもまたあり得るのだ。

クリスティーヌもまた、自著で脚、すなわち〈国体〉にとっての農民と職人の重要性を強調する。社会の最貧層、つまり最も抑圧されている集団ですらも、全体（全身）という視点から見れば軽んじられていいということはない。こうした集団が増加していけば、社会全体が混沌状態へと追いやられることも充分に考えられるのである。なし崩しに内乱期へと陥った社会は、悪しき政治によって導き出された結果の一例となるだろう。一方『平和の書』では、支配階級に為政のあり方を改善させる指針を与えようという試みがなされている。階級社会そのものに異を唱えなかったとはいえ、クリスティーヌは（ジョンが提起した形で）〈国体〉にはすべての階層が寄与していることを明確に認識していた。社会の安定と平和は、各階層がそれぞれの形で社会全体の益に寄与し、それぞれの社会的義務を遂行するときに最良の形となって保たれる。この機能的で実践的な視点は、最後には個人が社会に果たす責任という近代の概念へと発展していく。

フランスを苦しめた内乱期、何よりも平和のために著作活動を続けたクリスティーヌだったが、軍からの委嘱を受けて戦争に関する書物も著している。その『戦争と軍事技術の書』は一世紀近くのあいだ、軍の教本として使われていた。印刷技術の発展によって、数えきれないほどの版が刊行されているが、中にはクリスティーヌ・ド・ピザンの名ではなく、男性の著者名のもとで出版されたものもある。のちの世代は、戦争に関するこれほどまでに重要な著作を女性が書いていたということを理解できなかったのだろう。[88] しかし、シャルル七世（在位：1422–1461）の軍事顧問にして軍司令官だったアルテュール・ド・リシュモン（1393–1458）は、同書から多大な影響を受けた。今日に至るまで、軍事史家たちはこぞってこのド・リシュモンをフランス最大の軍改革者、専業者《プロフェッショナル》としてのリーダーシップを重んじたフランス軍初の司令官としているが、彼はそうした知識をすべてとは言わないまでもクリスティーヌの著書から得ていたのである。[89]

『戦争と軍事技術の書』の主要な情報源として用いられた書物としては、まず四世紀のローマ帝国の軍事学者ウェゲティウスによる『軍事論』*De re militari* が、次にオノレ・ブーヴェ（1340頃–1410頃）の『戦《いくさ》の樹』*Arbes des batailles* が、それぞれ挙げられる。もちろんこれらの資料は適宜改訂のうえ用いられており、原本の内容がそのまま引き写されているわけではない。クリスティーヌはまず、教父アウグスティヌスによって提示された〈正しき戦〉という概念を提示する。これは今日も白熱した議論が交わされているテーマだが、クリスティーヌによれば、正しい戦争をはじめ得るのは臣民の安寧に責任を負う正当な為政者のみということになる。防衛のための戦争や誤った行為を正すための戦争は正当化することができるが、報復の心根をもって仕掛けられた戦いや純然たる侵略の意図に基づく争いは、〈正しき戦〉とは言えないのだという。

彼女はまた、優れた軍事的リーダーシップの判定基準、指導者たちの特性、防衛や攻撃の戦術、軍備とその用法、戦争捕囚の待遇法についても言及し、解雇された、つまり統率者を失った元兵士らが、社会にとってどれほど大きな脅威となるかを読者に想起させる。あらゆる戦いにおいて、参与者の全員が広く合意されている、すなわち国際法に基づかなければならない戦闘規定を受け入れ、それに則って行動すべきであるという考えを、クリスティーヌは支持している。ただし、実際にヨーロッパでここまでの国際法が採用されるまでには、何世紀もの時の流れが必要となった。

ジャンヌ・ダルクを称える詩

クリスティーヌ・ド・ピザンの最後の著作となった『ジャンヌ・ダルク頌』*Le ditié Jeanne d'Arc* は、表題となった

〝オルレアンの処女《おとめ》〟を称える詩作品である。ジャンヌ・ダルク（1412頃-1431）をめぐっては後世、多くの歴史書、詩、小説、戯曲が著されているが、この『ジャンヌ・ダルク頌』は、それらの嚆矢であるとともに題材となった本人の存命中に刊行された唯一の書物となる。フランス王太子［★のちのシャルル七世］は、「王子を助けてイングランドに占領されているフランス領を奪還せよ、という神の声を聞いた」というジャンヌの言を信じ、彼女をオルレアンへと派遣した。クリスティーヌは、ジャンヌが王太子の軍とともにこの都市《まち》をイングランド軍の包囲から解放したその年、同詩を書き上げたのだという。ジャンヌ・ダルクは、オルレアンでの奇跡的な勝利からわずか二年後、権力闘争の捨て駒とされてイングランド軍の捕囚となり、数カ月に及ぶ尋問ののちに魔女という裁定を下された揚げ句、火刑に処された。ジャンヌの最大の罪状のひとつはその不自然にして〝おぞましい〟男装であり、こうしたいでたちがほかの女性らに悪しき模範を提供するとされたのだった。

動乱期のフランスにあって最も才能ある女性に数えられていたクリスティーヌは、この詩の中で同時代のもうひとりの驚異的な女性にじかに語りかけている。彼女の著作は、ジャンヌの英雄的な行動がもたらしたほどの影響を一般大衆に与えはしなかったものの、死後少なくとも二百年のあいだ、教養人士が集う諸サークルで読まれ続けた。そして彼女の作品群は、十九世紀も終わる頃と一九七〇年代後半の各時期に、研究者の小グループによって再発見されることになる。その後、クリスティーヌ・ド・ピザンという作家とその著作の重要性に対する理解は少しずつ深まっていった。クリスティーヌの著述家としての業績は比類なく、男性同様の水準にある卓越した筆力と思考力とを披瀝した彼女一流の才能を前に、フランスの多くのパトロンたちがこぞって執筆を求めた。クリスティーヌ・ド・ピザンは、深い知識に裏打ちされた社会批評家であり、批判者たちに勇をふるって立ち向かい、自身のジェンダーを擁護した最初の女性だったのである。

✴第Ⅲ部　ルネサンス期の女性教養人と科学革命

「女性もまた、年齢を問わずして、こうした栄誉を希求し、優れたる学識という天の恵みにあこがれているのだ」[90]とは、遍歴のうちに博覧強記の作家となったフランソワ・ラブレー（1483/84–1553）が、自身の小説『パンタグリュエル』*Pantagruel* に記した言葉である［★引用は『ガルガンチュアとパンタグリュエル』2所収、宮下志朗訳、ちくま文庫より］。この見解は、いかにも滑稽諷刺譚の巨匠のペンによるものではあるが、とはいえ単なる戯言ではない。なにしろ彼の著作の主たるパトロンは、高度な教育を受けた女流文学者、ナバラ王妃マルグリット☆［★〝マルグリット・ド・ナヴァル〟とも］（1492–1549）だったのである。古典に範を求める文化的な理想の〝復興〟は、その萌芽から数えてわずか一世代のあいだにイタリアとフランスで開花期を迎えたのだが、多くの女性がこのいわゆる〝ルネサンス〟の恩恵に与《あずか》り、ことにイタリアではパトロンを務める貴婦人、学識ある中産階級女性、そして知的に洗練された高級娼婦といった、新たなタイプの女性教養人が誕生していった。

ルネサンス期、父親が望みさえすれば、多くの女子が教育を受けることができた。イタリアでは、カッサンドラ・フェデーレ☆（1465–1558）やラウラ・チェレータ☆（1469–1499）といった、父親から学問を奨められた中産階級女性たちが、あらゆる階級に属する男女の別ない人々からの尊敬、称賛を集めている。それでも彼女らが、教養人士の集いにあって対等の立場の者として受け入れられることはなく、十九世紀スイスの歴史家ヤーコプ・ブルクハルト

（1818–1897）などは、イタリアの上流階級および上位中産階級《オート・ブルジョワジー》の女性が男性同様に教育を受ける機会を与えられていたと主張しているもの、[91] ジョーン・ケリー＝ゲイドル（1928–1982）による後年の研究によれば彼のこの見解はかなり楽観的で、教育に携わる多くの女性が、この意味でのルネサンスが女性にもたらされたのかどうかについて、疑問の目を向けているのだという。[92] 果たして女性には、人文主義の教程［★本書129頁3段目の人文主義が奨励する教程を参照］のようなルネサンス期の学問プロジェクトに連なることが、本当に可能だったのだろうか？

ルネサンス期の人文学者にとって、古典語であるギリシア語とラテン語や、それらを駆使した学者たちは崇拝の対象になっていた。彼ら人文学者は個人の自由を祝福する一方、その著作のために教会としばしば衝突したが、階級社会や教会の権威、確立された男女の役割とヒエラルキーといった問題を真剣に取り上げたわけではない。人文主義とは何よりも学者による運動

であり、その目標は古典研究を――女性や下層階級に向けて開放するのではなく――優勢な社会思想や慣習から解放することにあったのである。それとは対照的に、カッサンドラ・フェデーレやラウラ・チェレータなどの女性人文学者らは、自らが記すテクストにおいて女性教養人という能動的な身分の確立を目指していた。そしてこのような女性たちの多くが、現代の働く母親たちには非常になじみの深い、学問と育児のどちらかを選ばなければならないという問題から自由になることを願っていたのだった。

十六世紀になると、自然哲学、特に医学と天文学に対する新たな関心が徐々に生まれてきた。ルネサンスの人文主義運動や、新たに生まれた自然哲学に関わる人々は、大学で依然として用いられていた古典古代以来の権威を中世的に堅苦しく解釈することには批判的で、この新たな

●35……アンドレア・ダ・フィレンツェ「教会の伝道と勝利」（1365-1367）に描かれた、自由七科（アルテス・リベラリス）を司る女神（ミューズ）。フィレンツェ、サンタ・マリア・ノヴェッラ教会内のスペイン人礼拝堂収蔵のフレスコ画。

●36……ゼバスティアン・ミュンスターとハンス・ホルバインによる世界地図（１５３２）の周囲を飾る装飾画（部分。図47の全図も参照のこと）。

哲学を支持する者たちは、アリストテレスの自然哲学についても、プトレマイオスの天文学についても、ガレノス派の医学についても、絶対に正しいと見なすことはもはやない。のちに〝科学革命〟としても知られることになるこの一見急進的な変化は、実際には同一のイデオロギーをもたない曲がりくねった道程を延々と辿っていった。

十六世紀から十七世紀へと移り変わる頃には、教養あるフランス人助産婦☆ルイーズ・ブルジョワ（1563–1636）が、同業向けの訓練の改善を求めて闘った。女性による大学での医学習得が許されなかった時代にあって、医療の専業者《プロフェッショナル》として働く機会をもたらそうとしたのである。彼女は著作の中で、母体と新生児の双方における安全性が向上するという、新たな分娩法を提案している。

北方ヨーロッパのプロテスタント地域では、夫と並ぶほどの責任が妻の担う役割として新たに追加されていく事例が見受けられる一方、修道院制度が廃止されたために女性教育を支える機能が他に移行しており、各国語による聖書の翻訳がより一般的になるとともに、全社会階級の男女を問わない人々の識字力向上が重要課題になった。上流女性ともなれば、デンマーク貴族の息女☆ソフィー・ブラーエ（1556–1643）のように、カトリック修道女に比肩する相当に高水準な教育を授けられたものだが、シレシア（シュレジエン）の医師の娘☆マリア・クーニッツ（1610–1664）の場合、中産階級の出身ながら長じてヒュパティア以来とまで称揚される最も重要な女性数学者、天文学者にまでなって、歴史にその名を残している。

✺9 果たして女性にルネサンスは到来し、人文学者たり得たのか？

——カッサンドラ・フェデーレ（1465–1558）／ラウラ・チェレータ（1469–1499）

一四八七年、イタリアのパドヴァ大学において、ラテン語による歴史的な演説が行われた。そこにはある男性の卒業を寿《ことほ》ぐための演題が掲げられていたのだが、聴衆の熱狂的な関心は彼ならぬ演者の側に向けられていた。登壇したのは、ひとりのうら若い女性である。「私が教養ある方々ややんごとなき方々、大学協議会の会員諸氏、そして高名なる紳士諸兄を前にお話しすることを恐れているのなら、言葉は喉につかえ、居並ぶみなさまに膝を屈することになるでしょう。ですが、私は勇気をもって語らなければならないとわかっております。多くの方々は、私が向こう見ずで、若すぎて、独り身の婦人であるという点を指摘なさるでしょうけれど、自分では教養を積んだ人間だと考えているのです。昔日のアテネさながらに人文主義のもとで科学が栄える、この都市の教養ある紳士方に対して、自分のジェンダーは気にかけず、あえて演説を行おうと思います[93]」

カッサンドラ・フェデーレが、いとこの学位授与式において行ったこの演説は、ヨーロッパの大学で初めて女性が公式に行ったもののひとつだが、この出来事にはかなりの皮肉が込められていた。ラテン語を流暢に操り、哲学を学ぶ重要性を称賛したこの女性が、大学への入学を認められていなかったからだ。カッサンドラは当時のパドヴァを古代アテナイになぞらえたが、これは彼女の立場からすると、残念ながら至極的確なものだった。ルネサンス期のイタ

◉37……………『賢婦カッサンドラ・フェデーレによるヴェネツィア書簡と最後の発話』*Clarissimae feminae Cassandrae Fidelis Venetae epistolae & oratines posthumae*（1636）収載の、カッサンドラ・フェデーレの肖像。

リアの都市国家に暮らす女性には［★ちなみにパドヴァは一四〇五年、都市共和国であるヴェネツィアに編入されている］、アテナイ同様、男性並みの権利はなく、学んだことで生計を立てることはおろか、それを活かせるような地位への道も閉ざされていたのである。当時のイタリアにおいて、女性の大学教授や医師、裁判官という発想は、アテナイの頃と同じくらい非常識なものだった。

女性にルネサンスはあったのか？　女性たちは、十五世紀から十六世紀のイタリアで盛期を迎えた芸術や科学におけるルネサンス、つまり古典復興の精神を、分かち合うことはできなかったのだろうか？　一般的な認識として、芸術や科学の追究は、イタリアの都市国家に住む人々のごく一部にすぎない識字力に長けた上流階級だけに許されていたとされる。そのための教育という視点から眺めてみると、ことに男子の場合ははじめから結果が明らかだ。つまり、寄宿学校へやられるか〝学〟を授ける女性家庭教師《ガヴァネス》が雇われるのである。一方、女子の場合はといえば、父親の許しを得てようやく教育を受けることができたわけで、しかし中にはそのように学問を奨められて、生涯を通じて自著が相当に広範な学者連に親しまれることになったブレシアのラウラ・チェレータや、ヴェネツィアのカッサンドラ・フェデーレさながらに、経済的にはほどほどの中産階級という出自であっても世に知られた存在になり得る娘らもいた。十五世紀末までには、貴族もしくは中産階級の出身者である二百人もの女性が、詩や物語が大半を占めるイタリア語の諸作品を発表してのけているのである。[94]それでもルネサンス期にあって古典文献を原語で研究し、チェレータのようにラテン語を自在に操るほど教養を積んだ女性はごくわずかだったし、フェデーレばりにラテン語ばかりかギリシア語にまで通暁した女性ともなると、さらに少なかった。

ルネサンス期のイタリアとフランスでは、貴族や中産階級の中でも特に教養を重んじる家庭において、女子教育が行われるようになっており、上流出身女性で教育を授けられた者の数は、前時代に比べて増加傾向へと移りはじめている。修道院附属の学寮に身を置く女子に対しても初等教育は行われていたが、たとえそうした施設に入ったとしても、一生を修道女生活に捧げることにはもはやならなかったようで、確かに教養を積んだ多くの女性が女子修道院での信仰生活を選び、あるいは世間から隠棲してはいるものの、それは初期の人文学者であるヴェローナの☆イゾッタ・

ノガローラ（1418–1466）のしたように、齢を重ねてから自らの意志で行うことだった。一方、ルネサンスが花開いた頃のイタリア、ことにヴェネツィアにおいては、十四行詩《ソネット》をたしなみながら文芸サロンで女主人役を務めた教養ある高級娼婦が数多く存在し、トゥッリア・ダラゴーナ☆（1510頃–1556）などは自著の出版まで果たしている。

中世にあっては、教養ある女性の大半が完璧な貞女、つまりは修道女で占められていたものだが、ルネサンス期ともなればもはや〝キリストの花嫁〟という外衣に身を包む必要もなくなり、こうした女性は男性が支配する学問という領域に対等の立場で足を踏み入れようとしていた。とはいえ、古典古代の言語と文学とを学び、男性と肩を並べて議論の場へと参加する女性というものは煩わしい存在とされ、特別に優れた生来の知が称えられるそのかたわらで、わざわざ彼らの領分にまで入り込み、伝統的な役割を捨て去っていると非難されもしたのである。

いずれにせよ、教養ある女性に向けられた称賛はといえば、どこにでもいる無学な娘や妻と比べて秀でていたからこそ高まったわけで、カッサンドラ・フェデーレの父親などは、〝類い稀な教養をもつ年若なご婦人〟という我が娘の評判を利用して、地元貴族を顧客として自ら営む法曹家の職に、さらなる益を引き寄せようとまで目論んでいる。[95]彼はヴェネツィアの若殿ばらが集う総督《ドージェ》の宮廷に娘も出入りできるよう根回しをしたが、十二歳にしてギリシア語とラテン語を流暢に操れるほどの早熟さを備えていたとあって、この少女は古典語に通じていると大いにもてはやされ、興味を抱いた人々がわざわざ遠方からやって来ては彼女に向けて感嘆の声を上げた。カッサンドラがそれまで学んできた諸々が、宮廷に行けば父親に報酬をもたらす演し物になったというわけだが、とはいえいざ適齢期を超えてみると、パトロンたちは彼女とその家族に充てた援助を次々と打ち切っていくことになる。彼らは〝年頃をとうに過ぎたご婦人〟がどこにも嫁がずにいることの外聞の悪さを問題にしたのだが、裏を返せば〝あどけない才媛〟という魅力に陰りが出てきたのだった。

父親や夫に従順で、学問に裏付けられたような意見を口にしないことを求められがちだった娘、妻、母親といった女性にとって、教養ある女性は悪例とまで言われており、生涯独身を通し、自身に関する誤った噂が匿名の諷刺文として流布したせいで、教養人という立場を捨てざるを得なかった前出の人文学者イゾッタ・ノガローラのような人物もいる。この種の中傷は、ルネサンス期のイタリアで活躍した教養を積んだ女性たちにとって、はなはだ迷惑なことだったろう。とはいえ、男性たちにしてもその影響を逃れられるものではなく、たとえばあのレオナルド・ダ・ヴィンチ（1452–1519）もまたそうした誹謗にさらされており、彼の場合は、自身を同性愛嗜好者とする根も葉もない噂によって、芸術家としての評判が失われることを恐れていたらしい。

イタリアのみならずヨーロッパの他地域でも、大学は何世紀ものあいだ女性に対して門戸を開かなかったが、冒頭で挙げたカッサンドラ・フェデーレがパドヴァの学舎で行った演説には、少なくとも事態を漸進させる効果があったようである。イタリア第二の歴史を誇る同校［★最古はボローニャ大学］が後年、女子学生に学位を授けた世界初の大学になったのだ。その当事者となる☆エレナ・ルクレツィア・コルナーロ・ピスコピア（1646–1684）の学位取得は一六七八年のことで、カッサンドラの件《くだん》の演説から数えておよそ二百年、一二二二年の大学創立からは実に四百五十余年という歳月が流れていた。ピスコピアが学位を手にしたのは、野心あふれる父親に圧力をかけられた末のことだったが、教養を積む女性たちにとって彼女は憧れの存在となり、イタリアにおける評判は長きにわたって衰えることがなかった。

ルネサンス宮廷における女性の教養

古典古代に関する学問知識は、十五世紀が近づくにつれイタリアやフランスの王宮で高く評価されるようになっていったわけだが、そこではまた十三世紀の吟遊詩人が謳った理想像からの影響よろしく、洗練された物腰や話しぶりを好む新作法も表れていた。たとえば、ルネサンス期の人文学者、外交官のバルダッサーレ・カスティリオーネ（1478–1529）の著書『宮廷人』*Il cortegiano*［★清水純一他訳、東海大学古典叢書］などは、当時の貴族階級の男女が新たにもつべきたしなみが記された格好の資料になるだろう。教養ある貴族であれば、フェンシングや狩り、そしてなにがしかの運動競技

◉38……ジャン・クルーエ「ナバラ王妃マルグリット」（1530頃）。フランス女性としては最も初期の著述家に数えられ、同時代の評判を呼んだサロンを主催した彼女は、文芸や政治に関する討論にも積極的に加わった。

の心得も当然あるように見なされていたのである。概してルネサンス期のヨーロッパ宮廷は、二系統の文化の舞台となっていた。戦《いくさ》や狩猟といういかにも男性原理に基づいた文化と、洗練された礼儀作法や学問という、それとは別個に置かれる文化である。[96]カスティリオーネによれば、文化的な宴には女性の参加も認められはするが、その空席は主に聞き手を座らせるためのもの、ということになる。場の雰囲気に和し、礼儀正しく振る舞い、気の利いた問いを発して会話に貢献する——サロンにおける貴婦人の他を措いても優先すべき役割は、そんなところにあった。

とはいえ、イタリアにはフェッ

ラーラ公妃エレオノーラ・ダラゴーナ（1450–1493）［★夫はエステ家当主のエルコレ一世デステ］をはじめ、彼女の二人の娘で、結婚によってマントヴァ公妃となったイザベッラ（1474–1539）と、やはり婚後バーリ公爵夫人からミラノ公妃となったベアトリーチェ（1475–1497）といった、サロンでの受け身の役割に満足しない貴婦人も数多おり、科学者や芸術家のパトロンとして活発に行動した彼女らは、内政、そして外交へとその影響力をふるっていくことになる。だがこうした女主人役を務める宮廷婦人は、どれだけその社会的地位が自ら雇った中産階級出の教養人士たちより上であろうと、彼らが共有する〝文芸共和国《レスプブリカ・リッテラルム》〟と称されるコミュニティにおいては［★教会の独占から知識を〝解放〟した人文学者同士が、主に文通によって国際的ネットワークを築いていったのである］、対等の立場の仲間として遇されることはなかった。

一方、ルネサンスの影響下にあったアルプス以北の宮廷や貴族家庭にとっての〝教養〟の習得は、男性以上に女性がいそしむに相応しい〝為事《しごと》〟とされ、それは十五世紀から十六世紀への変わり日を迎えても依然として同じだった。フランスでは、王妃☆カトリーヌ・ド・メディシス［★〝カテリーナ・デ・メディチ〟とも］（1519–1589）のような貴族階級の女性の多くが、自ら身につけた学識よろしく影響力と自立の道を手にしていたし、[97]ナバラ王妃マルグリットもまた、当時の文芸サークルで得たたいへんな声望のゆえに、結果として文芸総体の歴史に確固たる地位を築いている。

大学や教会における教育が男性の手に委ねられていたとはいえ、ことアルプス以北の貴族家庭にあっては、男子たるものペンよりも剣に精通すべしという謂いが、十六世紀に入っても相変わらずの矜持とされていた。たとえ地方裁判所勤めの下層貴族であっても、君主によって引き起こされた戦闘において勇猛と忠誠を示すことは当然の義務なのであり、それがイングランド人貴族の父親ともなれば、我が子に向かって「ペンの男」になるくらいならば縊《くび》れてしまえとまで言ってのけるかもしれない。[98]その反面、同時期となる十五世紀から十六世紀を生きた、イタリア都市国家の下層貴族が特権階級に対して結ぶ関係は、よほど独行の気味を帯びていた。宮廷が主に傭兵を雇ったため、かの地の貴族男性には淑女と交わりながら文芸に精を出す余裕というものがあったのである。

今日の研究では、ルネサンスを復興《デ・ノーウォ》の〝発生〟というよりも、中世の〝継続〟として眺めることが強調されている。民主的なイタリアの都市国家、ヨーロッパ全土を挙げての株式市場、それに大学といった、ルネサンスにおける重要な社会的、経済的、文化的機構の多くの端緒が、中世に開かれているというのである。そして、イタリアの都市国家で十四世紀にはじまった古典研究への新たな熱狂――人文学者が巻き起こした運動――が、次の世紀にはアルプス以北へと広まり、徐々にヨーロッパの全都市に伝わっていくのだった。

中世からルネサンス期への移行は、人々の生活に対する教会の影響力低下にともなって顕在化したと言えるだろう。道徳観の失墜によって、聖職者や修道院における世俗指向が白日のもとにさらされ、とりわけアルプス以北では反感と不満が高まっていった。そして、カトリック教会による贖宥状の販売、聖職者による汚職と堕落の噂といった諸々が、ついには十六世紀の宗教改革や宗教戦争へと収斂されていくことになるのだが、その宗教改革と並んで、十五世紀にはじまった技術や経済や文化における発達の証左となる印刷術の急速な普及、方位探知術の改良、そして探検航海が、十六世紀までのヨーロッパ人の営む生活を随時更新し続けるのだった。

絵画芸術の面では、十五世紀のイタリアで古典古代の理想が再発見されたことで、その往年のモティーフがヨーロッパ伝来のキリスト教的なテーマと相まって昇華されていき、新しい表現法、技術、理論が生み出され、そしてはぐくまれていった。また同時期、建築という分野も、イタリアの各都市において重要な位置を獲得する。町々は、キリスト教徒の生活を管理する見事な鐘楼を建造するかたわら、世俗の美しい建物を競うようにこしらえていき、その一方で都市計画には方眼、すなわち〈グリッド〉という新しい概念《イデア》が表れて、たとえば中央広場の周りに建物を配置する際などに採用された。都市の庁舎といった建物は、こうして広場を挟んで置かれた教会と対等の地位を得るに至ったのである。

文学研究において、ルネサンスの人文主義は、中世に行われていた追究とはまた異なった立場を取っていた。過去と現在とを、明確に区別したのである［★本書127頁の〈アナクロニズム〉のくだりを参照］。古典文献のテクストは、現在という視点だけからはもはや読解できない。そこで研究者は、テクストを歴史的背景に置こうとしたのだった。[99] 古典語教育がフィレンツェではじまった十四世紀末、イタリアの学究のあいだにギリシア文学が紹介され［★一三九七年、ビザンツ人マヌエル・クリュソロラス（1350頃-1415）が当地に語学校を開設した］、一四五三年にオスマン帝国がコンスタンティノポリスを攻略すると、ビザンツ（東ローマ）の学者がイタリアへと多数移住してきて、それまで知られていなかった古代ギリシアのテクストを西側の研究者に伝えた。この時点から見受けられるようになった、是が非でも古《いにし》えの写本を探し出そうとする動きは、瞬く間にアルプス以北へと広がっていくことになる。

ルネサンスの精神は、十五世紀イタリアの宮廷男性による芸術や建築、そして古典古代に関する研究への貢献に、ことさらはっきりと表れているが、それは十三世紀の各都市で営まれた商業活動なしにはおよそ考えられないものだろう。イタリアの都市国家は、ヨーロッパ中の田園地帯を長らく支配してきた自然経済に基づく封建制とは異なる、貨幣経済を基盤とした資本主義的な社会モデルや政治モデルに依拠していたわけで、そのような中、多くの都市で指導者の立場へとのぼりつめていったのが、裕福な商人一族である。たとえばフィレンツェのメディチ家などは、羊毛産業や採鉱業において労働者を容赦なく搾取し、また金融業の巧みな運転によって私財を殖やしたうえで、取引先をスペイン、ロシア、スコットランド、シリアといった当時知られていたほとんどの地域へと広げ、[100] その一方で、十三世紀に勃興したヴェネツィアとジェノヴァの中産階級は、海運業に精力を注ぎ、ビザンツ帝国との密接な取引関係を維持していくのだった。

富裕な中産階級や貴族たちは、立派な宮殿を打ち建てては四阿《あずまや》や庭園をしつらえ、我と我が身の彫像の製作を依頼し、フレスコ画などの絵画を描かせ所蔵した。彼らは大金を投じてルネサンス期の人文学者による古典研究を支持したものだが、それがパトロンや芸術家、古典学者の地位をひとしなみに向上させることになる。宮廷男性や上位中産階級《オート・ブルジョワジー》は、さまざまな分野で活躍する才能豊かな学者や芸術家を〝獲得〟しようと競い合うようになり、ということはそこからしてもルネサンス期イタリアの都市国家は、知識階級が支配層エリートの特別な庇護のもとにあった、プトレマイオス朝時代のアレクサンドリアに似ていたとも言える。一四五〇年代から一五五〇年代までの一世紀のあいだに、最も著名な建築家、芸術家、彫刻家はイタリアの各都市国家で働き、エリート層は古代ローマ時代以来となる芸術と科学への投資をいっそう推し進めていった。たとえばレオナルド・ダ・ヴィンチは当初フィレンツェでメディチ家に仕えていたが、ジュリアーノ・デ・メディチ（1453–1478）の死後はミラノ公夫妻であるスフォルツァ家のルドヴィーコ・マリーア、通称イル・モーロ（1452–1508）とベアトリーチェ・デステが雇用主の役割を引き継ぐようになるのである。

イタリアの都市国家は、強固な郷土愛が広く行き渡っているところがギリシアのそれにも似ていたが、その反面、内部の争いが絶えることはなかった。フィレンツェ共和国に仕えた外交官、役人、著述家のニッコロ・マキアヴェッリ（1469–1527）は『君主論』*Il principe*［★佐々木毅訳、講談社学術文庫］の中、主人公が財産狙いの悪徳連に利用される政治的陰謀を正確に分析している。ともあれ、オスマン帝国がコンスタンティノポリスを征服した一四五三年以降、イタリアの多くの都市国家は、フィレンツェとミラノの強力な一族であるメディチ家とスフォルツァ家が主導する同盟によって結束したわけで、つまりは東のオスマン人と北のフランス人という外部からの新たな脅威により、いったんひとつにまとまったのである。フィレンツェとヴェネツィアの両共和国、ミラノ公国、ローマ教皇庁、ナポリ王国がこうした中でも大規模な部類に数えられるが、ウルビーノ、フェッラーラ、マントヴァの各公国、そしてシエーナとジェノヴァの両共和国にしても、文化、経済、政治のうえでは決して軽んじられるものではなかった（とはいえ結局のところ、都市国家間の諍いや小競り合いは、イタリアがようやく統一される十九世紀まで絶えることがなかった）。

イタリアの都市国家で暮らす貴族と中産階級とのあいだに横たわる障壁は、十三世紀にはじまった発展によってヨーロッパの他地域の状況に比べて低まり、社会的地位は生まれではなく事業や富によって主に決められたが、中産階級の影響力がいや増すにつれて、ついには同じような傾向が国境を越えて顕在化するようになってきた。ともに非嫡出子だったレオナルド・ダ・ヴィンチやレオン・バッティスタ・アルベルティ（1404–1472）などの特殊な技能と進取の気組みをもつ人物もまた、出自がどうであれその才ゆえに尊敬を集める地位にのぼりつめることができたわけだが、このように優れた資質をたたえる個人を好むルネサンス期の環境は、同時代の教養ある多くのイタリア人女性にも利益をもたらしていくのである。

ラウラ・チェレータ：学問にいそしみ、著作発表の機会をうかがった女性

ラウラ・チェレータが十一歳のとき、都市ブレシアで治安判事と弁護士の職に就いていた父親は、才能あるこの長女に自ら基礎教養を授けようと、四年前に送り込んだ女子修道院から彼女を連れ戻した。[101] 彼はその後、娘を相手にギリシア語とラテン語の基礎と、数学や天文学の原理を自宅で教え込んでいく。ラウラは、深夜を迎えてもなお学習を続けた。昼間は、家事にいそしむ母親を手伝わなければならなかったのである。妹や弟たちが寝付いたあと、セネカ（前4頃–後65）のストア派哲学やキケロ（前106–前43）の雄弁術を学んだ彼女は、夜を徹しての独習を日々続けるうちに、ラテン語の語彙を見る間に増やしていったのだという。兄弟が寄宿学校へと入り、昼間にはつらつと学ぶそのかたわら、姉妹のほうは女性に生まれたというだけで、疲れてかすむ目をしばたたかせながらラテン語を読まなければならなかったというわけだ。

当時の一般的な上流階級の息女は、長期にわたっての学問の習得が許されなかった。若くして嫁ぐのが当然とされたのであり、母親になればなったで知的な研究を続けることはふさわしくないとされたのである。レオン・バッティスタ・アルベルティは、一四三二年から三四年にかけて著した論説『家族論』*Della famiglia*［★池上俊一他訳、講談社学術文庫］の中、たとえ十五歳に満たない幼い花嫁であったとしても、齢を重ねた婦人に比べてすぐに順応するため、妻の務めに備えた訓練を施しやすく、結婚相手としてはむしろふさわしいと記している。妻の主たる仕事には、子を産み、愛情をもって

◉39……1640年出版の書物のために描かれた、ラウラ・チェレータの肖像。

育てることだけにとどまらず、必要とあればしつけも行い、休むことなく家計をやりくりし、使用人を監督する、といった諸々もむろんのこと含まれていた。麻布を湿気らせない方法を知っており、良い油と悪い油の見分けがつき、包丁の切れ味を落とさず、調味料を新鮮に保つ術《すべ》を知っている。それこそが、良妻と言われたのである。いかにも裕福な女性とあれば乳母や子守、使用人を雇うかもしれない。だが、妻たるものそうしてできた余暇を書物によって無駄遣いすべきではない、と広く考えられていたわけで、上流階級の息女の場合などは、祈祷書や料理の手引きを読むことができれば充分だと見なされていたのだ。ヴェネツィアの人文学者フランチェスコ・バルバロ（1390–1454）は、自書『妻の務めについて』*De re uxoria* において、最良の夫人とは善き家庭から現れるものであり、従順で控えめでなければならないと語気を強め、身だしなみもきちんとしているべきであるほか、何よりも多産で、高潔で、周囲からの好評の持ち主でいることが肝要だとも述べている。

広大な土地と高い社会的地位をもつ貴族女性であれば、パトロンという立場と文芸の探究とを両立させ得たかもしれない。だが、たいていの中産階級の女性は、読むことさえままならなかった。読み書きができなかったラウラ・チェレータの母親などは、ラテン語の習得を望む娘に強い反感を抱いていたらしいが、彼女もまた母たるもの使用人を監督しつつ子をはぐくむべきであり、そのような仕事には高い語学力など不要であるという意見の信奉者だったようである。多くの女子にとっての学習は、成人後に捨てざるを得ない子供時代の〝手なぐさみ〟とされていたのだった。

フィレンツェに暮らしていた人文学者レオナルド・ブルーニ（1370–1444）は、教育という領分における女性の努力について、基本的には肯定的な見解を示していた。ただし彼は、上流女性が学ぶべきこととそうでないことのあいだに明確な閾《しきい》を設けるよう望み、「未婚女性の教養ある魂にとって、算術と幾何学の学習は無駄である。同じく意味をもたないのが、修辞学は言うに及ばず占星術の学習であり、公の討論や法についての議論、論理的な思考といったそのほかのどれもが女性といっさい関わりがなく（……）」[102]と語る一方で、宗教文学や道徳文学、歴史を扱った物語や詩の朗読を薦めている。

以上のように教養を積んだ女性に対する疑いの目はあったものの、ラウラ・チェレータは長じて優秀なラテン語学者、つまりは人文学者になった。プラトンやエピクロスの哲学、プルタルコス『英雄伝』、プトレマイオスによる天文学といった諸々を、ギリシア語の知識が不足していたため訳書を通じて学んだ彼女は、古代ローマの著述家セネカとキケロに最も親しんだようだが、ボッカッチョの諸作やトマス・アクィナス（1225–1274）の神学に加えて、スコラ哲学にまで精通するようになっている。とはいえ、このように幅広い学識を誇ったチェレータであっても、生前、自著が印刷物として発表されることはなく、その運びとなるまでには死後およそ百四十年となる一六四〇年を待たなければならない。

イタリアにおける印刷機の初登場は、ラウラ・チェレータの生年に近い一四六五年の頃で、活版印刷術が発明されてからわずか十年後のことだった。ヨハネス・グーテンベルク（1398–1468）によって、あらゆる種類の印刷物の普及に革命が巻き起こったのである。十五世紀から十六世紀のヨーロッパでは、大まかに見積もって約二千万種もの書物が印刷されているが、[103]その大半が間違いなく聖書や教理問答書、それに課税台帳のような事務関係、行政関係の出版物であり、古典文学や形而上学、倫理学、政治理論、自然哲学の著作の中でもこと女性によって書かれたものの割合は、千分の一にも満たなかった。つまり、文芸の世界はその後何世紀にもわたって、男の領域であり続けるのである。

十五世紀末の著述の多くは、まだ印刷物には仕立てられなかったとはいえ、北イタリアの学識者サークルでは広く行き渡っており、ラウラ・チェレータの作品も確実に読まれていた。彼女は、ルネサンス期の人文学者がよくそうしたように、ラテン語で公開状（公開書簡）をしたためていたのだが、それが〝書簡集〟としてたびたびまとめられていたのだ。同様の書簡集は、レオナルド・ブルーニやローマ教皇ピウス二世（在位：1458–1464）、アンジェロ・ポリツィアーノ（1454–1494）などのルネサンス期の学者らによっても世に送り出された。それらに収められた書状は私的なものだったが、きわめて洗練された筆致をもって多くの古典文学の大家について言及している。それ自体、書き手が自らの知識のほどを示し、古典古代の巨匠に対する称賛を表現したいという意欲のこもった言葉で編まれた、巧みな手業《てわざ》による装飾紋様《オーナメント》になっているのだ。そして、こうした書状は私的なものであると同時に公的なものにもなり得るわけで、自らを語るような内容を多く含んでいるがゆえに、書き手の存在感がいつまでも強く残る早期の〝自叙伝〟として、現在も研究の対象になっている。

ラウラ・チェレータの書簡集に収められた文面を見ると、女性による学問とその習得を擁護する気迫のこもった発言が、ビブルス・センプロニウスなる名の男性に宛てられている。その書きぶりはクリスティーヌ・ド・ピザンの著書『女の都』にも似ているが、チェレータのどの著作にも女権擁護者であるこのフランス人女性についての言及がいっさいないことから、彼女についての知識はほぼなかったものと思われる。むしろチェレータが刺激を受けた書物は、ド・ピザンの著作でも用いられている、女性の伝記を集めたボッカッチョの『名高い女性たちについて』のほうだろう。チェレータはビブルスに宛てた公開状の中で、知性にかけては女性のほうが劣るという彼の主張に反論するため、古典古代と自分の時代にいた女性教養人の名を多数列挙している。ただし、この書面の宛て先は架空の人物という可能性もある。*Bibulus*《ビブルス》という名がラテン語で「嬉々として飲む者」を意味し、*Sempronius*《センプロニウス》という家名がラテン語副詞で「常に」を意味する*semper*《センペル》を想起させるのだ［★古代ローマの男性名は、個人名、氏族名、家族名の三つ名（トゥリア・ノミナ）からなり、〝ビブルス〟と〝センプロニウス〟は通常それぞれ家族名、氏族名と解される名前である］。この名前は意図的に選ばれたもので、一個の若い女性知識人が身近にいたビブルスのような者、すなわち女性嫌悪癖の酔漢に対して腹を立てていたことを物語っているのかもしれない。

ラウラ・チェレータの公開状の中で最も挑発的なテクストでは、女性を含めたすべての人々に〝学ぶ〟という固有の権利があると力説されている。女性に階級や地位——娘、妻、母親、未亡人という立場——に関係する権利や義務しかなかった当時にあって、非常に大胆な主張と言えるだろう。ルネサンス期の人文学者は、知識に対する嗜好は必ずしも出身や社会階級によらないと主張していたが、チェレータの場合、それがジェンダーで縛られた資質と見なされるべきでもないことを付言しようと試みているのである。

ラウラ・チェレータの同時代人でドイツの人文学者のデジデリウス・エラスムス［★〝エラスムス・フォン・ロッテルダム（ロッテルダムのエラスムス）〟とも］（1466–1536）もまた、老境にさしかかってから女性の教育を受ける権利を支持しはじめている。とはいえ、その支持の理由は、チェレータとは違う。つまりそれは、教育によって自立と自己認識が確固とした方向に向かうからではなく、良妻賢母を育成する一助になるだろうとエラスムスが考えていたからにほかならないのである（もっとも、彼が結婚をパートナーシップとする考えを擁護し、夫が当然のように家長とされて、妻は使用人と見なされる類いの伝統的な階層という発想に疑問を呈したことには変わりない）。

ラウラ・チェレータは、女性に学ぶという固有の権利があるとする自身の考えに、〈女性共和国《レスプブリカ・ムリエルム》〉という概念《イデア》を結びつけた。ルネサンス期には、学識者が共有する国際コミュニティを意味する文芸共和国《レスプブリカ・リッテラルム》という語がしばしば用いられていたため、このなじみ深い抽象概念を賢く用い、女性がともに学ぶ国境を越えたコミュニティというものを案出したのである。男性をかたわらにして自身の教養を実感するには、女性である自分たちが大きな全体の一部をなしていると思えるようにならなければいけないと、彼女は考えていた。ルネサンス期の人文主義教育の理想に従ってチェレータが強調したかったのは、学問の最も重要な機能は〝真実〟につながることにあり、その真実は人生に積極的に関わることによって得られるという点だろう。哲学が真に意味をもつのなら、それは毎日の生活の一部になるべきなのである。彼女のたとえを参照すると、真実への旅と神を目指す旅は、家内にしつらえられた部屋を通り抜けることになるのだという。人そのものが家であり、その理知が窓であり、それを透して家の中を、引いては世界を眺めやることができるのである。
ラウラ・チェレータによる女性の教育に寄り添おうという強固な姿勢は、数多の読み手に向けられるばかりか、彼女の意見に懐疑的な男女の別ない人々や、彼女の名前で発表された公開状をして自らのペンによるものであろうはずがないと主張する人々にも突きつけられていた。中には、書面が示唆するほどの教養など実際ありもしない婦人が、このような取り澄ましたラテン語で自論を述べるべきではないという意見の者もいたほどである。チェレータは、父親の代筆だろうという見解に対して、聡明な父を大いに尊敬しているけれども、膨大な量のやり取りをしたのは実のところ父ならぬ当の自分なのであり、彼が病気のせいでペンを執ることができなかったときも、成り代わって多くの私信をしたためている、と応じたのだった。

ラウラ・チェレータは、自身の書簡集に収められた公開状の一通をカッサンドラ・フェデーレに捧げているが、知識人であるこの〝娘〟二人が友人関係になることは残念ながらなかった。フェデーレは著述内、人前の別なく、同性が抱える問題のために闘おうという意志をチェレータほどには表明しなかったが、ただし彼女同様、女性の学問習得を支持していた——たとえそれが日常生活にあって男性による学問習得ほどに役立つものではなかったとしても、である。いずれにせよ、学習から得られる知的な歓びによって、二人はまさに衝き動かされていくのであり、フェデーレの場合は、ヴェネツィア議会と総督《ドージェ》に問題を提起する、次のような演説も行っている。「(……)けれども私は、文芸の実用性、価値、そして荘厳さについて、すでに充分にお話をしてきました。なぜなら、文芸こそがまったくもってほかの何かだからなのです。それは、挑むかいのあるものです。汲めども尽きないものです。私は、それを大いに楽しんでおります。そして自分の人生において、編み針と糸巻き棒だけという意味をなさない武器をもってどれだけ前へ進んだのかを考えてみると——文芸を身につけたとしても、婦人には報酬も栄誉も何ももたらされませんが——それでも、歓びや楽しみを享受するためだけであれ婦人は学問にいそしむべきだ、と固く信じているのです。(……)」[104]。

カッサンドラ・フェデーレはラウラ・チェレータとは異なり、手紙を通じて社交界の人々といっそう幅広く意見を交換した。カスティーリャ女王イサベル☆（在位：1474–1504）やフェッラーラ公妃エレオノーラ、その娘のベアトリーチェ・デステといった王族や貴族ともやり取りをもち、教皇や枢機卿、大修道院長などにも手紙を書いているし、一方でジョヴァンニ・ピーコ・デッラ・ミランドラ（1463–1494）やアンジェロ・ポリツィアーノをはじめとする多くの学者らに至っては、彼女への返信の中でその学識を称賛してもいる。学問は、その優れたたしなみがなければかなえることも保つこともままならない人間関係を、フェデーレにもたらしたのである。

〝女性をめぐる論争〟

伝統的な女性の役割と教養ある女性の役割との調和という問題は、〝女性をめぐる論争《ケレル・デ・ファム》〟というフランス語の呼称がしばしば用いられる議論において取り沙汰されてきた。古《いにし》えの頃よりはじまったこの熱論で俎上に載るのが女性ならではの性質や美徳、理知、そして人間性の涵養で、十四世紀から十九世紀にかけての期間だけでもこうした案件に関する何百という論文が発表されているのだが、それらを通じて女性の特質というものについての熟考は重ねられ、その権利への賛否両論もまた示されてきたのである。女性擁護の支持者は数のうえでは少なく、書かれたものはといえば魔女狩りの指南書以上に知られていなかったが、とはいえその努力は無駄ではない。クリスティーヌ・ド・ピザンのような同性の女権擁護者のほかに、男性支持者もいたのである。フアン・ロドリゲス・デル・パドロン［★〝ファン・ロドリゲス・デ・ラ・カマラ〟とも］（1390–1450）などは、女性は男性に比しても決して劣ってはおらず、それどころか実際のところいっそう高潔だと自著で示唆しているし、当時としてはたいへんな評判を呼んだガレアッツォ・フラヴィオ・カペッラ（1487–1537）やハインリヒ・コルネリウス・アグリッパ（1486–1535）による諸作もまた女性を弁護するものだった。

反女性の立場を唱えるテクストはと言ったときには、女性が肉体的にも知的にも男性より脆いという発想を助長するとして、まずアリストテレスの諸作や聖書がたびたび批判の的にされてきた。キリスト教にあって定型となってい

◉40………伝ロベルト・カンピン「火除けの衝立の前に座る聖母子」（１４４０頃）。聖典をかたわらにした聖母マリアが、幼子イエスに授乳をしている。マリアの姿は母親の無限の愛を象徴したものと考えられ、開かれた書物は神の子の母がもつ聖なる知識という発想に関連づけられている。天界の女王のための宮殿に座し、真珠やそのほかの宝石で裾を飾りつけた外衣を着せられた聖母マリアの後方には、暖炉の火を除けるために柳の枝で編まれた衝立が、頭部の周囲を飾る光背となって高潔さと母性愛の偉大さを表すように描かれている。また、幼子イエスの裸形は、神の子としての無垢さを示すのだという。

る挿話によると、アダムとイヴは蛇にそそのかされて善悪の知識を得られる木の実を食べてしまい、この違反行為によって楽園から追放されるのだが［★「創世記」3］、ルネサンスの学者らはそうした失楽園の直接の成果として人が自由意志を手にしたのだと考え、自らの運命に縛られることなく世界を我が身に合わせて変えはじめたアダムの行動を称えた――ところが、一方のイヴはといえば、そのような感謝をいっさい受けていないのである。

ジョヴァンニ・ピーコ・デッラ・ミランドラは自著『人間の尊厳についての演説』*Oratio de hominis dignitate* の中でその頃の時代精神を適切に定義し、男性の偉業と自由意志の獲得とを称賛している。そして、ルネサンス期の思索に沿った神は、男性であるアダムに対してだけ次のように語りかけるのだ。「われわれは定まった座も、固有の姿形も、おまえ自身に特有ないかなる贈物も、おおアダムよ、おまえにあたえなかった。それというのも、おまえの願い、おまえの意向にしたがって、おまえが自分で選ぶその座、その姿形、その贈物を、おまえが得て、所有せんがためである。他のものたちの限定された本性は、われわれによって規定された法のなかに抑制されている。おまえは、いかなる制限によって抑制されることもなく、その手のなかにわたしがおまえを置いたおまえの自由意志にしたがって、自分自身に対して自分の本性を指定するであろう。世界のなかにあるものすべてを、いっそう都合よくおまえがそこから見まわせるように、わたしはおまえを世界の中心に置いた。われわれはおまえを、天のものとも地のものとも、死ぬべきものとも不死なるものとも、つくらなかった。それというのもおまえが、あたかも自分自身の専断的な名誉ある造り主であり形成者であるかのように、自分の選り好んだどんな姿形にでも自分自身を形づくりえんがためにである。おまえは、獣であるところのより下位のものに堕落することもできるであろうし、おまえの意向しだいでは、神的なものであるところのより上位のものに再生されることもできるであろう」[105]［★『ルネサンスの人間論：原典翻訳集』所収、佐藤三男訳編、有信堂高文社より］

ピーコ・デッラ・ミランドラが描いたような世界では、女性にとっての居場所はない。それでも彼は、ことさら女性に対して敵意を抱いていたわけではなく、実生活では家のない女性たちに財産の一部を自ら寄贈したりもしている。彼はただ、女性をして〝活動的で思索的な社会〟の一部ではないとする、当時の意見に合わせていただけなのだ。また、その書き手が女性教養人を評価し、称賛していたことは、私信を見ればわかろうもので、一例としてアンジェロ・ポリツィアーノがカッサンドラ・フェデーレに贈った惜しみない賛辞をここに挙げてみたい。「あなたは、いっさいの準備をせずに演説をすることができると聞き及びました。偉大な演説者の中にさえ、この能力に欠けた者がいます。実のところ、あなたの信条はきわめて巧妙で、それを実に鋭く主張されており、確立された思索に果敢に挑む（……）うら若い未婚女性として、魂がご自身のジェンダーによって抑えつけられないやり方をもって、学問の競争場のうえであえて男性と争おうとしている。（……）確かに私はかつて、知識や学問のどのような分野においても、あれほどに優れた人物はいないということで（むろん、そう信じていますが）、ピーコ・デッラ・ミランドラを称えておりました。ですがカッサンドラ、今の私はあなたを大いに尊敬するようになっています。あなたはピーコのすぐうしろまで迫っているか、ともすれば肩を並べる位置にまでつけているのかもしれません」[106]

ポリツィアーノの手紙がフェデーレを喜ばせたのは間違いないが、教養人士のサークルに彼女の居場所はなかった。学識ある女性は学問の〝お飾り《オーナメント》〟という立場にまではのぼれるが、女性によって記された哲学論文は出版にまわす原稿としては受け取られず、パトロンのほうもまた研究を続けるための金銭的援助は行わなかったのである。

〈活動的な生活〉

ラウラ・チェレータとカッサンドラ・フェデーレは熟達した古典学者であり、ラテン語の筆法と含意を少なくとも著作の主題と同じくらいに重視していた人文学者だった。二人の著作では、神の起源と、ピーコ・デッラ・ミランドラの『人間の尊厳についての演説』に記されているような、ほかの被造物と比べた人類の独自性という重要な案件が扱われている。そこでは自由意志の問題が考察され、ロレンツォ・ヴァッラ（1407–1457）が自作の対話篇『快楽について』*De volupate*［★近藤恒一訳、岩波文庫］と『自由意志について』*De libero arbitrio*［★『ルネサンスの人間論：原典翻訳集』所収、佐藤三男編訳、有信堂高文社］で行ったように、心性を涵養することの大切さが強調されるのだ。チェレータもフェデーレも、結婚と友人関係が重大事であることについては多くの紙幅を割いており、大方の男性人文学者と同じように、社会にあってのいわば〈活動的な生活《ウィタ・アクティウァ》〉が重い役割を果たすとしたうえで、〃自由市民に供された能力〃――すなわち自由七科《アルテス・リベラリス》――のうちにある個人が学ぶべき文法学、修辞学、論理学の三学《トリウィウム》において教育は哲学のたしなみと並んで軽んじられるべきではなく、社会全体にとっても有益だとしている。

〈活動的な生活〉は、現実の世界では男性にのみ可能だった。修辞学や論理学の習得は女性に奨められなかったが、それは家庭を切り盛りするうえでなんの役にも立たないと考えられていたからである。女性人文学者による人文主義思想の支持は、無意識裡に男性の利益を擁護することを意味していたのであり、それは女性が学問と家庭の二者択一を迫られないよう望んでいたラウラ・チェレータにとって、痛ましいほどに明らかだったようだ。彼女が書くことによって求めたのは、どちらの活動も含む女性という身分の確立だった。その一方で、学習が可能になるには伝統的な女性の仕事の多くを捨て去る必要がある、とカッサンドラ・フェデーレは説く。「（……）人間として存在するその短いあいだに、私がようやく勉学に身を委ねたそのとき、自ら伝統的な女性としての運命を拒絶し、現世《うつしよ》の栄誉とつながるばかりか、全能の神の悦びを表すかのような願望に集中して、人間世界における不朽の名声を手にするように思います。それゆえに私の目標は、人文主義に則った科学を学習するという、燃え上がるような信じ難い――この謂いが不適切でないことを望んでおりますが――男性的な衝動に身を任せることでした。そうしてこそ、偉大な学者たちが私の名を大いに称賛し、祝福してくれるのです[107]」

初期の多くの女性人文学者にとって唯一となる代替策は、いわゆる〈観照的な生活《ウィタ・コンテンプラティウァ》〉にあり、それはすなわち自身の裡《うち》なる知的日常の向上に集中することを指していた。教養を積む女性の大半が学習から得られる恩恵は、最終的にこの方策によってもたらされる〝知的財産〟に関するもののみということになるのだが、それは彼女らが学問を専門的に利用することができず、学識者サークルにあっては男性と対等な立場の一員として受け入れられなかったからである。ギリシア語とラテン語を流暢に操ったイゾッタ・ノガローラは、自身に関する中傷文書が出まわると、公人としての生活から進んで身を引いた。彼女は年若い頃、多くの男性学者らと盛んに文通を交わしていたのだが、その文芸の才について賛辞を惜しまなかった彼らにしても、対等な立場の相手として彼女を受け入れられなかったのである。[108]カッサンドラ・フェデーレもまた、長年努力してもパトロンを得られないことに気づかされ、ついには文芸の追究をあきらめざるを得なかった。学者や宮廷男性からの称賛はまるで意味をなさないままであり、古典学者として彼女の仕事を所望する者は誰ひとりとして現れなかったのだった。

　女性は、男性が支配する学識者サークルの外部会員というほどの存在だった。文芸サロンの女主人を務めるような、政治的影響力をもつ貴婦人であれば、〝教育〟というものを気ままに享受できたのかもしれないが、それにしても学識者サークルにおけるその立場は文芸上の功績に依拠するわけでもなく、相変わらず主に社会的地位や富に基づくだけだったのである。それでも、例外はあった。フランス出身のナバラ王妃マルグリットなどは、端倪《たんげい》すべからざるパトロンであると同時に、名の知られた著述家でもあったのだ。一五三〇年代のイタリアには、上流女性たちがより自由に自らの著作を発表できる、新たな文芸サロンが登場した。それらの諸作は各地の言葉で綴られた詩を主としていたが、そうして文学に携わる彼女たちでさえ、学識者とひとしなみには扱われなかったのである。[109]

　ルネサンス期の女性人文学者の著作は、男性の手になるものとは大きく様相を異にしていたが、これは主に、前者には自らのジェンダーを繰り返し擁護する要があったからである。自作をラテン語で発表する女性は、ジェンダーの役割という通念を拒む例外的な人物と見なされた。つまり教養ある女性たちが表したのは、相反する感情や思想を喚起する〝第三のジェンダー〟とでも言える曖昧なものだったのだろう。カッサンドラ・フェデーレなどは、その著作において、自分は女性にすぎないのだからとペンを手にしたことをすんでのところで詫びそうに思えるほど、自らの功績を貶めるような表現を多用している。この種の自己軽視は男性作家も用いたものだが、とはいえ彼らが男性であることを陳謝したことなどはない。自身の文才を低めて語るような教養人士は、実際には慎み深さをまとうことによって、その能力に関心を向けさせようとしていただけなのである。少なくともルネサンス期には、ジェンダーを変えることはできなくても能力を高めることはできたのだろう。

女性人文学者は、そのジェンダーに関わりなく著述家として真摯に受けとめられたいと望んでいた。だが実際のところ、そうした女性教養人は知的にも肉体的にも絶対に〝高潔〟でなければおよそまともとは見なされず、あまつさえ教養人士は彼女らをして結婚歴の別なく〝処女《おとめ》〟と呼びさえしたわけで、そこには高潔な知恵の女神である処女《パラス》アテナという見立てへの願望があったのである。このように文芸の教養を純潔と結びつける発想は、教養ある女性たちのほとんどが貞女の鑑である修道女によって占められていた中世時代の通念によっても補完されていたのだが、ルネサンス期を通して、今度は男どもを容赦なく苛む古代神話の女戦士、アマゾン族がその引き合いに出されはじめる。つまり、女性教養人が多くの男性にとっての脅威と映ったらしく、それもまた彼女らによる伝統的な領域への侵入ゆえのことなのだった。

カッサンドラ・フェデーレは、教養を積んだ男性同様に、宮廷に仕えることを望んでいたことだろう。彼女はヨーロッパ中の多くの宮廷男女に何通もの手紙を書いたようだが、学者として仕える機会を授ける意向を示したのはただひとり、アラゴン、シチリア、ナポリを統《す》べる夫フェルナンドとともに同君連合であるエスパーニャ王国（スペイン）を築いたカスティーリャ女王イサベルだけだった。だが、両者のやり取りは十年近く続いたものの、残念なことにイタリアの都市国家とフランスとのあいだに戦《いくさ》が起こって政情が全体的に不安定化したため、結局のところフェデーレが女王の宮廷に赴くまでには至らなかった。

メディチ家によるアカデミー、美の理想化、虚栄の焼却

一四九〇年代の終わり頃、カッサンドラ・フェデーレは、フィレンツェの〝宮廷学会《アカデミー》〟の最も重要な参加者たちからの知遇を得た。ただし彼女自身は、この非公式な学識者サークルからの正式な招待は受けていない。裕福な中産階級に属するコジモ・イル・ヴェッキオ（大コジモ）ことコジモ・デ・メディチ（1389–1464）は、フィレンツェの政治、経済、文化におけるまぎれもないリーダーだった。彼は一四五〇年代にプラトンの学園《アカデメイア》を復活させてフィレンツェを古代アテナイに匹敵する科学、芸術、哲学の中心にしようと目論み［★実質はメディチ家周辺の知識人の集いであり、〝学園の復活〟というほどの具体性はない］、死後は彼の孫でのちにロレンツォ・イル・マニーフィコ（偉大なるロレンツォ）として知られるようになるロレンツォ・デ・メディチ（1449–1491）が、このプラトン・アカデミー《アカデミカ・プラトニカ》の主人役を務めることになる。ロレンツォの古典文学への愛情は、祖父からばかりでなく、自作詩を発表するほどの才に長け、周囲への影響力をもち合わせた母、☆ルクレツィア・トルナブオーニ（1425–1483）からも受け継がれており、ピーコ・デッラ・ミランドラやアンジェロ・ポリツィアーノなど、古典と人文主義に専心する最も有能な学者らをも惹きつけるほどだった。プラトン・アカデミーを率いた人物は、コジモの時代にその庇護に入り、集いの呼称にその名を残す哲学者の作品すべてをラテン語訳してのけたマルシリオ・フィチーノ（1433–1499）で、彼はこのフィレンツェの〝宮廷学会〟に出入りする人文学者たちへと新プラトン主義哲学に関する深遠な知識を伝えていくことになる。そして、この私的なサークルの参加者がしばしば集っていた場所が、サンドロ・ボッティチェッリ（1445–1510）による「春《プリマヴェーラ》」、「処女神《パラス》とケンタウロス」、「ヴィーナス《ウェヌス》の誕生」といった絵画が飾られ、訪れる者全員の目を楽しませていたというメディチ家所有の館、カステッロ荘である。

この館は、魅力的なイタリア式庭園とボッティチェッリの神話画によって、洗練された雰囲気を生み出していた。なお、後者は集いのさなかに詠まれたというアンジェロ・ポリツィアーノによる古代をモティーフとした詩から想を

得たとされており、画家は右の優れた古典学者と芸術の擁護者から、いかにして自作に古代神話を用いるか、またいかにして霊性と肉体性を融合させるか、あるいはいかにして美の理念に対処するかといった諸々に関する、個人的な助言も受けていたようである。ボッティチェッリの絵画に顕著に見られるこうした美は、聖なる永遠の美を反映した現世《うつしよ》の美という、新プラトン主義哲学に基づいている。宮廷では、女性美が新たに形而上的な重要性を獲得したが、それは貴族女性にとっては純潔と並んで最も肝要な特性とされていた。どのような女性の美であれ時の流れとともに衰えるものだが、美の理念のほうはといえば絶えることがなく、架空の人物を表したものとはいえ範を実在の女性に求めているボッティチェッリの描いた女性たちにしても、あらゆる肉欲と熱情とがはぎ取られた永遠の美の表象となっているのである。

新プラトン主義者による哲学は女性を美化し、神秘化した。男性著述家は、あたかも一幅の完成された絵画や一体の均整のと

◉41……サンドロ・ボッティチェッリ「ヴィーナスの誕生」（1483頃）。愛の女神ヴィーナス（ウェヌス）が海の泡から生まれ、巨大な帆立貝の殻に乗って陸地に到着した場面を描いている。この作品は、メディチ家の別荘であり、定期的にプラトン・アカデミーの集いが開かれたカステッロ荘に飾られた。ボッティチェッリもルネサンス期のほかの人文主義者と同様、現世（うつしよ）と肉体の美は観念世界の反映にすぎないという、新プラトン主義者が唱えた哲学に関心を抱いていた。

れた大理石像に見とれるかのように、やんごとなき女性をひたすら美しい対象として描写したのである。その一方でエステ家やスフォルツァ家、ボルジア家の数多の女性らはそのような受け身の役目には満足できず、夫とともに宮廷生活や政治に積極的に関わった。貴婦人による権力の行使は、水面下で最も効果を現す場合が多かったが、コンテッシーナ・デ・バルディ（1390頃-1473）やルクレツィア・トルナブオーニといったメディチ家の女性の多くはそうしたやり方を取らずに、建築契約や婚姻、役人の任命に関して決断を下していったようである。彼女らは莫大な財力を頼みにさまざまな人々の便宜を図っては、その見返りとして自らの政治的な影響の範囲を広げようと期待していたわけだが、とりわけ女性によるこの種の権力の行使は〝待合室での政治《ソットゴヴェルノ》〟という呼称を得ており、こうした事柄に携わる貴婦人は都市における重要な地位に任命されることこそなかったものの、間違いなく多大な影響力を擁し、恩恵の順番待ちをする市民にはよく知られた存在になっていた。それに対してルネサンス期の学者らは、高貴な生まれの女性による権力の行使についてはあからさまには書かず、男性が支配できる特性のほうにいっそうの関心を向けていくのである。

人文学者が女性に求める美については、本質的な対立があった。美が純潔と並ぶ上流女性の必須要件だった反面、男性から見たときに自らの美を強調しすぎても、うぬぼれが強い婦人という烙印をすぐさま押されかねなかったのである。醜い女性が不快と見なされ、たとえ純潔であっても助けにはならなかった一方で、美しい女性のほうは、いかにも神々しいまでの美をありのままに映しているのかもしれないが、それは同時に当人の側の軽薄さを反映したものとも解されることがあったというわけだ。男性著述家は、女性をして男性に比べたときの自らの本質的な劣性に終生とらわれたままの被造物と定義している。だが女性による著作を読めば、〝男性による鏡〟に映る反射像《イメージ》を無理につくるまでもない独自の文化と生活が女性にはあることがわかるだろう。ラウラ・チェレータは、伝統的な女性文化と学問を結びつけるというやり方で、教養ある女性の姿を象《かたど》ろうとした。彼女の記述には、素晴らしい語り手や優秀な織り手といった古代のヒロインが描かれている。その女性たちは、手ばかりか頭を使う仕事もできたのである。

一四九一年にロレンツォ・デ・メディチが死ぬと、一族は一四九四年に追放され、共和制政治が彼らに取って代わる。都市フィレンツェは、ドミニコ会修道士ジローラモ・サヴォナローラ（1452–1498）による地獄の責め苦のような雄弁術によって制圧され、一般信徒も聖職者もみな一様に、悔い改めて世俗的な贅沢品を手放し、不正行為や不摂生をやめるよう求められた。かつては世評も高く、静養を求める人々の訪問地だったこの都市《まち》は、今や薄暗く陰気になってしまったのだった。とはいえサヴォナローラが聖職者や僧院、さらには教皇がかつて唱えたような堅固な道義心を訴えたとあって、中にはそうした彼の説教を歓迎する市民もいた。つまりはカトリック教会全体が深刻な精神的危機に陥っていたわけで、一四九七年の謝肉祭《カルネヴァーレ》の時期には、シニョリーア広場で〝虚栄の焼却〟のための火が焚かれ、サヴォナローラが不要な衣類、書物、宝石類、装身具、非キリスト教の絵画をすべてそこにくべるよう市民を駆り立ててさえいる。彼とその支持者の弁によれば、外見の美は聖なる美を反映してはおらず、単なる虚栄にすぎないのだといい、女性は自身にとって最も大切な唯一の宝物《ほうもつ》である自らの純潔を守ることに集中し、無駄な装飾品など忘れるべきだとさえ述べられているのである。

サヴォナローラの影響力が大きくなりすぎたと判断した教皇アレクサンデル六世（在位：1492–1503）は、ついに彼を異端者と宣言する。長々と続けられた苦しい尋問の末に、サヴォナローラの体は一年前に虚栄の焼却のための火が焚かれたのと同じ広場で炎に焼かれた。彼による熱のこもった演説に引き続いた死刑執行が済むと、さらに厳粛で暗い色の覆いが、古典古代の理想化に走りすぎたフィレンツェをすっぽりと包み込んだ。長年にわたり続いたとされるその状態は、ボッティチェッリがのちに描いた宗教画を見ても明らかで、この鎮まることのない都市フィレンツェとカッサンドラ・フェデーレとのつながりもまた、彼女自身が大いに崇敬の念を寄せたアンジェロ・ポリツィアーノの一四九四年の死を契機とするかのように断ち切られることになる。彼女は、ジャン＝マリア・マペッリという名の医師と結婚してクレタへと移り、以後六十余年ものあいだイタリアの学識者サークルから姿を消すのだった。

男性を扶助する女性教養人

カッサンドラ・フェデーレが一四八〇年代にフィレンツェとヴェネツィアでの学識者サークルの集いを楽しんでいた一方、若きラウラ・チェレータは自著を発表する道を必死になって探していた。だが版元は見つからず、それでもラテン語の研究を独自に続けた彼女は、次第に法曹家である父親のかけがえのない助手になっていくのである。

ラウラ・チェレータは十五歳で結婚し、商人の夫とともにヴェネツィアへと移り住んだ。しかしこの夫が、わずか一年後の一四八五年に突然亡くなってしまう。子供をひとりももうけていなかったため、夫側の家族にも彼女を縛る理由はない。未亡人となった娘がよくそうしたように、チェレータは再び嫁げるよう実家に戻った。とはいえ、再婚はかなわない。父親が病気になり、娘の助けを必要としたからである。

ラウラ・チェレータは父の頼みにより、わずか十六歳で一家に関する諸々と彼の仕事絡みのやり取りのうち、ラテン語を要する事柄を引き受けることになった。彼女はその若さにもかかわらず、自分と父親のためにいい仕事をしてくれたという礼状を兄たちの恩師らに宛ててしたためてもいる。人生経験の浅い女性が父を継いで家業を手がけるということ自体、当時としては非常に珍しかったものだが、それでも彼女が記した書面からはそのラテン語能力と知識のほどがうかがえたと見え、受け手は好印象をもったようである。こうした例は、教養があればこそ、女性であっても代理人としての適正を欠く親族男性のさらなる代理役を務められ、役人や教師と対等の立場で渡り合えたということを示している。これがラテン語に暗い彼女の母親であれば、そうした責務を引き受けることは不可能だったろう。

十六世紀になると、教養ある女性が担った父親や兄弟、夫の助手としての役割は、科学論文の執筆においても重きを置かれるようになった。公認の機関や大学を問わず、教育の道は何世紀にもわたって女性に開かれなかったものの、ことそれが家族内とあれば男性教養人との新たな形の協働関係も生じる余地があったのである。いずれにせよラウラ・チェレータは書くことによって、伝統的な女性の領域である家庭から男性が支配する外の世界へと自らの〝社会〟

の範囲を広げることに成功した、最初期の中産階級女性のひとりとなった。彼女は自身の立場を強く意識して、それを著述に利用したようで、公開状（公開書簡）を編んだ『親書集』*Epistolae familiares*には、教師や役人宛ての書面が多数収録されている。先述したように、このような書き物はルネサンス期の人文学者にとって、自論を世に問う流行の手段となっていたわけだが、〝正式な〟公共の声をもたない女性にとっては——たとえ書状のうえだけであっても——行動する自立した市民としての自分を表現し得る唯一の可能性だったのである。

ラウラ・チェレータは、一四九九年にわずか三十歳で亡くなった。郷土でこそ名を残し称賛を受けたが、一方で特筆に値するほどのその幅広い教養もあってか、ねたまれ、中傷もされた彼女が迎えた死のあとには、ラテン語で書かれた八十二通の公開状が遺され、特に落命したロバに関する諷刺の利いた対話篇は、死後百四十年近くを経てからようやく印刷物として日の目を見ることとなった。

フェデーレ、舞台へと帰還する

一五五六年、ひとりの老婦人が、高名な来賓やヴェネツィア議会議員、そしてミラノ生まれのポーランド王妃ボナ・スフォルツァ（1494–1557）の前で演説をはじめた。その場に居合わせた人々は、誰ひとりとしてこの年老いた女性がかつて人前へ出たときのこと覚えていなかっただろう。彼女はその昔、自由市民（そして自由七科《アルテス・リベラリス》）という考えにかなったテーマのもとでの議会向け演説や、あるいは哲学を学ぶ重要性についてのパドヴァ大学における演説を行ったものだが、今回の聴衆は当時まだ生まれてもいなかったのである。それでも、九十一歳にもなるこの老婦人の声からは洗練された響きがまるで失われておらず、そのラテン語には気品すら感じられた。この女性こそ、誰あろう齢を重ねたあのカッサンドラ・フェデーレである。当局主催によるポーランド王妃を称える祝賀会において、議会は彼女に演説を依頼する旨を決定した。ヴェネツィア共和国の偉大なる〝娘〟として何十年も前に祝福を受けた、この教養ある老婦人にとってのはなむけになるだろうと取った措置である。むろん、行政の首脳らは若すぎて彼女のことを個人的な記憶にとどめておけようはずもなかったわけだが、その評判のほうはすでに世代を超えていたのだった。

カッサンドラ・フェデーレの長い生涯のあいだに、ヨーロッパ人の知る〝世界〟は様変わりを遂げていた。新たにもたらされた地理上の視点によって、主にエリート層や知識階級、そして外国貿易に携わる者らの生活がまず影響を受け、もはや誰も過去には戻れなくなっていたのだ。探検航海に赴いたジェノヴァのクリストーフォロ・コロンボ［★〝クリストファー・コロンブス〟とも］（1451–1506）は、目的地のインドこそその目で見ることはかなわなかったものの、従来のヨーロッパ人にはまったくの未知だった新大陸の発見への端緒を開いた。またヴァスコ・ダ・ガマ（1469–1524）はインド航路の開拓によって史上かつてない航海の試みへと後続者をつなげ、ニコラウス・コペルニクス（1473–1543）に至っては『天球回転論』*De revolutionibus orbium coelestium*［★高橋憲一訳、みすず書房］を出版して、宇宙の中心から外れた位置にある地球がほかの諸惑星とともに太陽の周囲を回っていることを説いている。彼の太陽中心説、すなわち〈地動説〉は当初、科学者や聖職者にほぼ取り上げられることがなかったものの、人類と地球とを新たな宇宙論に基づく秩序へと導く決定的な論述となった。その頃はカトリック教会にとっても波乱の時期で、改革派からの激しい反対の声が百出した結果、ヨーロッパ全土は宗教戦争へと段階的に突入していくことになる。

カッサンドラ・フェデーレが一四八八年にイサベル女王の宮廷へ向かうことができていたら、彼女の人生も大きく変わっていたことだろう。カトリック両王であるイサベル女王とフェルナンド王に仕えて尊敬を集めた学者は多数いたわけで、フェデーレにしても古典文学や哲学の研究に必要な平安を得られ、同時に知的な刺激を受けられる環境に身を置くことができたのかもしれない。とはいえもしも彼女がこの機会を手にしたと考えても、研究を通じての達成事を仮定できる者は誰ひとりとしていないだろう。何よりも、沈黙を守っていた六十余年のあいだの彼女の〝為事《しごと》〟さえ、今や杳として知れないのである。カッサンドラ・フェデーレとラウラ・チェレータは、後世にほんのひと握りの記述しか遺していない。また、前者が記した手紙には書き物に関するかなりの量の言及もあるが、著作そのものともなると何ひとつ見つからないのが現状であり、想像をたくましくすると、船が難破して彼女と夫の全財産が失われた際、波にさらわれてしまったのかもしれないのだ。

女性教養人のルネサンス

ルネサンス期、イタリアの都市国家で暮らした上流や中産階級の女性たちは、男性ほど華やかにとはいかないまでも文芸、科学、芸術を追究する機会を得、その多くがペンを執ってラテン語による書状や演説の草稿や研究論文を、あるいは母語による詩や物語をそれぞれ書きはじめた。この時代のそうした著名人には、本章で論じた人々のほかにもイッポーリタ・スフォルツァ（1445–1488）、アントニア・プルチ（1452–1501）、☆モデラータ・フォンテ（1555–1592）、☆ルクレツィア・マリネッラ（1571–1653）らがいる。新しく登場した印刷術の恩恵よろしく、女性の手がけた著作も識字力のある人々のあいだにだんだんと広まり、こうして彼女らは自身のテクストによる〝声〟を手に入れていったのだった。

父親は娘の教育にますます資金を費やしはじめ、教養を積んだ夫や兄弟が、科学その他の知的作業において助手役を担う妻や姉妹を得難く思うようになると、ついには家族内で男性教養人と女性が協働する新しい関係が形づくられていく。天文学、航海術、地図の作成術、自然科学といった諸分野にあっては新たな技巧が必要とされており、それが今度は職人家庭の女性たちに、自宅の作業場における望遠鏡や顕微鏡、地球儀、星辰儀《アストロラーブ》、そして水準器といった新しい科学機器の製作へと加わる機会を生み出したのである。一方では、未亡人となった妻が亡夫の作業場を引き継いで、独力でその仕事を続けるようなこともあったわけだが、[110] いずれにせよこうした女性たちは、十六世紀に端緒が開かれた、のちに科学革命として知られるようになる一連の過程において、新たな技巧を編み出す〝技能者〟の一群のうちに数えられるようにもなる。

ルネサンス期の数々の大発見は、次代のヨーロッパにおける覇権と経済の見取り図を決定づけていったが、それは同時に未知の人々との交流をも可能にし、引いては蛮人《ソヴァージュ》と呼ばれるようになる人々に関する活発な議論が十八世紀の哲学界で巻き起こる遠因にもなった。蛮人は女性のように、ヨーロッパの白人男性には理解できない存在なのか、あるいは謎めいていて感心するものでありながら〝他者〟なのか、そしてこういった他者についての追究は――それが蛮人であれ女性であれ――白人男性を考察する場合と同様に理性によって導かれるものなのか、それともその類いの人々は、卑しい欲望を理性で制御できないような、より正確を期して言えばアリストテレスが記したような〝生来の奴隷〟なのか、などといったことについて哲学者らは考察を重ねたのである。いかにも生来の奴隷ということであれば、自らの為事《しごと》を独力では決めかねるだろう。そのゆえ、ヨーロッパ男性にとって、彼ら彼女らを導かなければならないことは至極明白となるのだった。遡ってルネサンス期のある種の女性教養人は、女性蔑視という誤った姿勢を指弾する著述によって成功を収め、未来の世代を生きる同輩の先鞭をつけていったのである。

✺10　パリ出身の教養ある職業助産婦

——ルイーズ・ブルジョワ（1563–1636）

一五九八年、一刻も早く朗報を家族に伝えようと、ひとりの女性が秋の日のパリの街角を足早に通り過ぎていった。大事そうに抱えている書類は、十一月十二日付で助産婦に従事することを正式に認める証書である。十六世紀末のパリ、ロンドン、そしてドイツの多くの都市では、助産婦を専門職として認める制度の確立が求められていたが、公的な総合養成機関すらまだ設立されていなかったほどで、助産婦としてすでに数年の経験があったルイーズ・ブルジョワにしても、専用ではない窓口で宣誓、登録のうえで助産婦の資格を得て、ようやく新たなキャリアへと続く扉を開いたのだ。

プロテスタントのアンリ四世（1553–1610）がカトリック同盟の圧力に屈することなく、まずは名目上のフランス国王となった一五八九年の頃から、パリの社会状況は次第に安定してきていた。即位当初こそ前途多難な様相を呈したとはいえ［★アンリに対抗したカトリック同盟が、彼の即位と同年にシャルル十世を擁立した（ちなみにこの僭称王は、一五九〇年に死去している）］、ナバラ王アンリことフランス王アンリ四世は、数年に及ぶ社会不安と自国の宗教戦争に終止符を打つ一方で、勇気と機転をもってスペインと対峙し、十年をかけて国民の忠誠心を少しずつ獲得していったのである。彼はまた、表向きではあれプロテスタント信仰を公式に棄て、国内の主流派であるカトリック者からも高く評価されるようになっていた。

●42……………初の著者『諸所見』（１６０９）に収載の、ルイーズ・ブルジョワの肖像。

いずれにせよルイーズ・ブルジョワは、一五八九年十月にパリ郊外で起こった王対カトリック同盟の紛争のあおりを受け、実母と三人の幼子を連れての遁走を余儀なくされたあの夜のことをいつまでも記憶にとどめていた。このとき、彼女の一家はまさに全財産を失ったのである。セーヌ左岸のカルティエ・ラタンにアパルトマンを見つけたものの、理髪外科医［★後述する通り、この頃は今日的な外科医という職分が確立される端境期であるため、原文 surgeon には前時代的な職名としての〝理髪外科医〟という訳語を文脈に応じて採用した］である夫の稼ぎだけではどうやら生活が成り立ちそうもない。収入を得る必要に迫られ、それまで家計を預かって子育てに専念していたルイーズは、すぐさま助産婦の職を得ようと決意するのだった。

ルイーズ・ブルジョワとその家族が一五八九年に抱えた負債は、それから十一年後、晴れて黒字へと転換したようだ。一六〇〇年、アンリ四世はフィレンツェのマリー・ド・メディシス［★〝マリア・デ・メディチ〟とも］（1573–1642）と再婚を果たし、この王と彼の二番目の王妃とのあいだには一日も早い世継ぎの誕生が望まれるようになったのだが、王妃懐妊の報が伝わるや、しかるべき腕のある助産婦探しがはじまったのである。将来王位に就く命を預かる立場として、助産婦を務める人物の選定には特別な配慮がなされなければならない。たとえば、アンリ四世にその手際を高く評価されていた助産婦デュピュイ夫人の場合、王当人の非嫡出子を多数取り上げていたとあっては王妃の意にそむはずもなかった。そこで最終的にこの大役を務めることになった人物こそが、助産婦としての実力を認められていた今ひとりの候補者〝ブルジョワ夫人〟だった。

アンリ四世が一六一〇年に暗殺されるまで、ルイーズ・ブルジョワは王家の嫡子六人全員の出産に立ち会った。彼女の名は歳月を重ねるにつれ着実に広まっていき、とうとうパリ在住貴族の子女の大半がその助けを得て誕生するまでになっている。〝ブルジョワ夫人〟は、フランスで最も著名で、かつ高い評価を獲得した助産婦の座に三十年あまり君臨し、六十四歳になる一六二七年まで現役として活躍したのである。だがその一方で、単なる助産婦で終わりたくないとも考えた彼女は、医学書の執筆まで志しているものの、こと大学からの医学の学位取得のほうはといえば、女性であるという理由によって正式に認められるには至っていない。

ともあれルイーズ・ブルジョワは、出産や流産、不妊のほか、新生児の世話、そして婦人や新生児の疾患といった事柄を取り上げた著書『諸所見』*Observations diverses* 初版を一六〇九年に刊行し、続いて一六一七年に第二版、その九年後となる一六二六年には第三版をそれぞれ増補改訂版として世に送り出すことになる。同書は多くの称賛と幅広い支持とを獲得し、ラテン語、ドイツ語、オランダ語に翻訳されつつ一七一〇年まで版を重ねているわけで、彼女は、医学知識と実務経験の両方が求められる新時代で活躍した初の女性であるばかりか、助産婦の仕事についての記載によって好評を博し、広範な読者層に愛読された著書の作者にもなったのである。

旧弊な医学界に吹いた新風

ルイーズ・ブルジョワの生きた十六世紀後半から十七世紀前半、ヨーロッパの医科大学では四体液説がいまだ根強く信奉されていた。四体液説とは古代ギリシアの医学者ヒポクラテスが打ち出した理論で、人体を流れる基本の四体液、すなわち血液、黄胆汁、黒胆汁、粘液と、それらの相互関係とで成り立っている。当時は四体液が均衡を保持する状態が健康の証と定義されていたもので、つまり疾病とはその崩れを表しているのだ。健康上の問題は、四体液のいずれかが過剰になったからと考えられたのであり、たとえば血液が増えすぎると喀血が起こり、黄胆汁の過多は下痢や高熱の原因にもなり得る。また一方で、余分な黒胆汁はけいれん、卒中、重篤な頭痛、腸閉塞、鬱を引き起こし、粘液が多く分泌されるのはてんかんや糖尿病、失神、腫れ物の徴候とされたのである。

古典古代の後期、在ローマのギリシア人医師ガレノスは、ヒポクラテスの四体液説をさらに推し進め、体液の基本性質、すなわち熱、冷、乾、湿の四要素の均衡が身体機能を左右するという理論を唱えたが、彼を師と仰ぐガレノス派医学は、近代に向かうにつれ自然界での基本元素の特性や人体に及ぼす影響にも着目するようになる。頭痛は通常、熱によって生じるが、日光を極度に浴びることや、刺激臭、感情の昂ぶり、アルコールの過剰摂取が原因となっても起き得る。そのため、肉、乳、セックス、強い感情、酒類の摂生によって頭痛は治癒するとされた。また低温に由来する頭痛に悩まされる患者には、頭部を温め、屋外で適度な運動をするよう指導がなされもし、のちの医学的見地からしても、これはかなり理にかなった療法と言えるだろう。

中世における人間の基本四性説は、ヒポクラテスやガレノスが提唱する四体液説と共通する部分が多い。多血質、胆汁質、憂鬱質、粘液質のそれぞれに分類される四性説では、人間の基本的気質と健康状態には強い結びつきがあり、生来の気質によってかかりやすい疾病があるものと考えられていた。こうした病因を気質でとらえるという理解は古典古代の医師や中世のアラビア医学に端を発し、十九世紀までのヨーロッパ医学になんらかの影響を与えていくことになる。

四体液説では、それぞれの疾病における本質を重視している。その診断と投薬に当たっては、年齢やジェンダー、そして患者の気質が重要な検討材料となったし、天体、特に惑星の軌道が体液の均衡に影響を及ぼすと信じられていた時代とあって、苦痛をともなう場合は黄道十二宮も診断基準として採用された。星の巡りが合わなければ、治療効果は得られないのである。近代社会の幕開けとなる十六世紀にも、吸角などの瀉血療法に適した日取りをまとめた最初の天文暦《アルマナク》が登場したほどで、たとえば牡羊座は頭、牡牛座は首、双子座は手と腕、蟹座は胸、獅子座は心臓、乙女座は肝臓と肺を司り守る星座であるというように、黄道十二宮の星座と人体の各部位との関連性が指摘されており、こうした星々と身体との関わりを理解するには数学の心得と、天体の総合的な位置を割り出す能力が求められた。そして、その知識が疾病の診断と有効な治療に役立つという発想のために、占星術は十七世紀を迎えてからも医学に深く関与し続けるのである。

薬剤の処方では、〈逆には逆をもって制す《コントラリア・コントラリイス》〉という経験則としての概念《イデア》が採用されていた。これは〝冷〟に相当する薬をもって発熱に対処するといった類いの考えで、薬草を熱、冷、乾、湿という四つの基本性質に分けて処方するのである。投薬や治療によって体液とその特性とを均衡の取れた状態に戻し、過剰な体液は体内から排出しなければならない。多すぎる血は吸角などの瀉血療法で処置するし、黄胆汁や黒胆汁の過多であれば、止瀉薬や制吐薬、制汗剤などの薬を処方する。近代医学の視点に立った場合、四体液説に沿った治療の中には当の疾病以上に危険な結果を招くように思われるものもあったようだが、それでもルネサンス期の大学所属の医師や民間療法師は、消炎鎮痛効果のほか、緩下作用や神経麻痺といったさまざまな効能をもつとされる数多くの植物に関する豊富な臨床知識を有し、パラケルスス（1493–1541）による医療化学《イアトロケミストリー》（iatrochemistry= 医師を指すギリシア語〝*iatros*〟《イアトロス》と化学を指す〝*kemeia*〟《ケメイア》とを語源とする、錬金術的化学を踏まえた医学）が普及するにつれ、鉱物の薬剤使用への関心も高まっていく。

　ルイーズ・ブルジョワもまた、こうした薬剤の処方や効能に関する広範な知識をもっていた。彼女にとって最後の刊行物となった、各種疾病の治療に採用されている薬剤の処方二百八十種を挙げた一六三四年の著書、『秘薬集成』*Receuil des secrets* で詳述されている指示に従いさえすれば、どの家庭の素人薬剤師であっても植物、鉱物、動物由来の原料からさまざまな薬を調合できたほどである。執筆に当たってブルジョワは古来の処方を集め、町の呪《まじな》い医にまで取材して情報を得ていたらしい。疾病の治療薬を処方する際に、ほかの医師と同じ物質を原料として選んでこそいるものの、独自の配合比率の採用からして彼女が頻繁に薬剤の臨床試験を行い、その効能を確認していたことがうかがわれる。一方で医師であれ呪い医であれ、薬剤の特性で最も重視すべきは、患者の分泌作用を活性化させる機能であると考えていた彼女は、それほどの重篤な症状でなければ、強い作用を引き起こさずに患者の症状を緩和させる療法を最優先してもいた。ルイーズ・ブルジョワは、薬の力ではどうにもならない疾病も多数存在するという認識のもと、治癒というものが最終的に神の意思によって左右されると見なされていた時代にあって、肉体そのものがもつ回復力を信じるよう患者らを励まそうと常に心がけていたのだった。

　彼女と同時代のヨーロッパの大学で開かれていた解剖学講座でも、古典古代の賢人の教えが尊ばれていた。死体を解剖しようというときは、関連の授業で教授が指導するのを慣例としていたわけだが、その仕事はといえば、学生たちがこれから目の当たりにする実習についてのテクストの読み上げで、肝腎の実作業のほうは理髪外科医や死体解剖の専従者が指示通りに行い、結果の仔細も学部の権威たちが確認する目的でのみ開示されたのだという。その際の診断では、たとえ腑分けによって患者のある特定の組織に病変が認められたとしても、その患部における基本四体液の量と質こそが重視されるべきであるという信念が、厳格に固持されていた。解剖学の改革者であるブリュッセルの人アンドレアス・ヴェサリウス（1514-1564）はこうした講義法を強く批判し、解剖とは医学界の権威による根拠のない自信に依拠するのでなく、理髪外科医による観察を通して得た見解を基準に行われなければならないと主張した。彼の意見とはすなわち、解剖においては特定の組織や臓器に発現している病変にこそ注目すべき、ということである。一六二八年、イングランド人ウィリアム・ハーヴィ（1578-1657）は、この時代の生理学界にあってきわめて意義のある著書『心臓の動きと血液の流れ』*Exercitatio anatomica de motu cordis et sanguinis in animalibus*［★岩間吉也訳、講談社学術文庫］を発表し、動物実験をもとに血液の循環機能を解明したが、残念なことにブルジョワがこの論説に目を通すことはなかったようである。

医学と外科術は互いに異なった分野と見なされ、ことに後者は十七世紀まで大学医学部の課程外に置かれていた。医師にとって第一の使命とは、前述した治療によって患者の基本四体液を均衡の取れた状態に戻すことにあったのであり、抜歯、銃創の手当、四肢脱臼の整復、切断手術などの外傷の治療はその職務とは認められず、当然のようにそれらを担当した理髪外科医にしても医師とは違った職能者として独自の同業組合、すなわちギルドを結成していたのである。理髪外科医の徒弟は師の監督のもと、将来の生業《なりわい》となる外科術を学び、そうして一人前になってさらに学識を積んだ者であれば医学書を執筆して、観察から得た所見をもとに自らの研究分野を充実させたものだが、それでも大学研究者に向けられるような敬意を払われることはなく、そのうえ往々にして大学の学術言語であるラテン語も身につけてはいなかった。

ルイーズ・ブルジョワは当時の医師らが採用していた四体液説に精通しており、生理学や解剖学に関する書籍を執

◉43……ヤーコプ・リュフによる指南書『人間の受胎と誕生』（1580版）。左は子宮内の双子、右は産褥期の母親と新生児の世話をする場面。当時、すべての医師が、子宮内の胎児の位置に関する明確な見解をもち合わせていたわけではなかった。

筆する際には論理的背景としてそうした知見を参考にするとともに、フランスにおける外科術改革の偉大なる旗手、アンブロワーズ・パレ（1510–1590）の著作にも親しんでいた。理髪外科医出身の技能者として三代のフランス国王に仕えたパレは、教育者であり、ルイーズ・ブルジョワの夫の親しい友人でもあったのだが、ルイーズ本人もまたこの老師のもとで学んだとあって家族ぐるみのつき合いもあり、つまり実のところパレ家と彼女の一家は長年同じ建物で生活した仲だったのである。パレが考案した新しい外科技法によって、フランスは十八世紀まで外科術の先進国であり続けた。ただ、著作がラテン語ではなく、母語のフランス語で書かれていたため、彼の評判は生涯を通じてごく狭い範囲にとどまり、名声が広まることはなかったようである。パリで大学に奉職する医師の多くもパレに反感を覚えていたが、それというのも外科術の達者であるはずの彼が手術に専念せず、著作で医学理論を述べてばかりいたからということらしい。

いずれにせよ、銃創治療薬として開発された、卵黄と薔薇《ローズ》油、松精《テレビン》油を調合したという軟膏によって、パレはその名を知られるようになる。従来の銃創治療薬は煮立てた油を使い、塗るとひどい痛みをともなったものだが、彼が調整した膏薬はその点でも優れており、感染症の予防力については段違いの効能を発揮した。また、いかにもパレは一個の理髪外科医だったとはいえ、多くの同業者と違って外科治療をいわば最後の手段と考えており、手術はできるだけ控えめにすべきだという主張をもっていたらしい。たとえば、彼は鼠径ヘルニアに対しては睾丸を傷つけない術式を選んだものだが、そのやり方は従来の手法からは逸脱していたようである。一方、彼は分娩に際してローマ時代の医師エペソスのソラノス（後98–138）にならい、子宮に手を差し込んで力をかけずに横方向を向いた胎児を動かすか、胎児の両脚をもち、子宮内で少しずつ位置を調整するという術式を採用しており、十七世紀の時点ですでに行われていた妊婦の帝王切開については大きな危険がともなうものとして警鐘を鳴らしてもいる。パレのこうした一連の態度に感化されたブルジョワは、病の治癒には清潔な環境と患者の精神状態が大きく作用するのだと説くかたわら、自著の中でも彼について、一般化した前提に対する疑問を自身の見識の基礎とし、人生を通じて学び続けた生粋の学者だったと言及している。

助産婦の社会的地位の向上を目指して

十六、十七世紀のヨーロッパではまだ、出産は主に女性を中心とする共同作業だった。多くの場合、友人や親戚など、経産婦である年上の女性らがそれを手伝い、ときとして〝にわか助産婦〟が立ち会うこともあったようである。そうした職を担う者の大半が地方の貧困家庭の出身で、その知識を母親か先輩の助産婦から受け継いだ、いわば〝無学〟な女性だったといい、都市部ともなるとしばしば夫の稼ぎ以外にも収入を得ようとする職人の妻がその役割を務めていた。十七世紀になると、通常の出産であれば母子ともに良好な経過を辿ることが普通になったとはいえ、衛生面の不徹底や新生児性疾患、あるいは事故が原因で子供が亡くなる事例は依然少なくなかった。難産は、往々にして胎児が子宮内の正常な位置に収まっていないがために生じ、母子双方に死をもたらす。逆子となった胎児を正しい体勢に戻せる助産婦がわずかだったとあって、そうした原因で母子ともに亡くなる事例は枚挙にいとまがなかった。また、子宮の掻爬《そうは》、つまり出産時に排出されなかった胎盤などの摘出処置がもとで、母体が致死性の感染症にかかることもあったのだという。通常、難産ともなれば理髪外科医が出向くことになり、そこで彼らは掻爬や、こときれた母親の胎内から子を取り上げる帝王切開を仕事として引き受けていた。

にわか助産婦には、単に経験を豊富に重ねただけの人材や町の呪《まじな》い医も含まれてはいたものの、そのような中にあって高い技能を誇る者も確かにいたようである。とはいえ都市部の貧困層や地方で施療を行う彼女らの評判は総じて低く、とりわけ医師や理髪外科医からは冷遇されたため、あてがわれる報酬や社会的地位もまた分相応にとどまっていた。こうした助産婦が、不潔で、酒に目がなく、強欲なうえに無知蒙昧だという非難を浴びていたことも否定できないのである。だがその評価や社会的地位の低さにもかかわらず、こと助産婦を兼業する呪い医の場合は、ほかの女性では得られない社会的責任をもっとも考えられていたらしく、たとえば聖職者の立ち会いのない出産によって生まれた子供が亡くなった場合、彼女らには〝臨終の《イン・エクストレミス》〟洗礼を施す義務が生じたし、処女《おとめ》の純潔が問われる場合は専門知識をもつ重要な立会人の役を務めることになった。こうした助産婦は受洗する子供を抱きかかえる役目も担い、出産の一連を無事に果たした際には家族で催す祝い事の主賓に迎えられさえしたようである——もっとも、それが死産に終わったときともなれば、慣例としてすべての責任が負わされもしたのだが。

このように重要な役割をどれだけ務めようとも、助産婦の社会的な地位はなんら向上しなかった。むしろ魔女狩りの時代の地方社会ともなれば、受洗前に亡くなった赤子を魔術や悪魔崇拝に使うという実際にはあり得ない犯罪に問われた呪《まじな》い医が［★死産した嬰児を呪い薬の原料にするなどと言われていた］、追放の憂き目に遭うことすらままあったのである。一方で、いかにも法の手の届く範囲の外で就業していたとあって、にわか助産婦は組織的な男性社会から見ても頭の痛い存在だった。人間の誕生はかなりの確率で危険をともなう驚嘆すべき出来事であり、しかも男性はそこに介入を許されない。それはあくまでも、女性の手に委ねられていたのである。また、経血や母乳といった体液は精液などの男性の排泄物とは別物と見なされ、超自然的な力といっそう密接な関係があると考えられていたものだが、助産婦はそうした〝神秘〟への対応

✺10　パリ出身の教養ある職業助産婦

◉44……………リュフ『人間の受胎と誕生』（1580版）に収載の木版画。誕生の日時と天体の位置との関連性を考慮して、ホロスコープが作成される。出産が近づくと占星術師［★図の奥の2人］が呼ばれてその場に立ち会い、そのときの星図をもとに新生児の未来を予測するのである。

も担っていたのであり、望まない妊娠を回避する術を伝授する呪い医に至っては、男性の聖職者や俗人の支配者、そして医師によっては手出しのできない妊娠中絶に関する知識までもち合わせていた。その一方で、出産で母子のいずれかが命を落とせば、まがいものの医療行為を施すとしてすでにその存在が疑問視されていた彼女らが、すぐに槍玉に上がることになるのだった。

助産婦への低評価と疑問の余地のある処置法に懸念を抱き、そうした現状をひとえに専業《プロフェッショナル》者としての知識不足のゆえと考えたルイーズ・ブルジョワは、解剖学の講義も含む助産婦の研修をはじめるべきだと提言した。そして一六三〇年代、パリのオテル・デュー病院において一貫した助産婦教育が実施される運びとなる。院内の衛生水準が低いことは、承知のうえだった。ここには、一五八〇年代に彼女自身が助産婦として勤務していたのである。ちなみに当時の病院は、治療施設というより救貧院としての様相が色濃く、入院したら最後、患者は死を待つばかりで回復は望めなかったのだという。

上流階級を顧客にもつ恵まれた助産婦として、ルイーズ・ブルジョワはこの職業の社会的地位の向上と評価の改善を求めるとともに、専業者としての助産婦が悪評ふんぷんたるあの呪《まじな》い医のような者とは違うということを、世に知らしめようとしていた。テクストを書く能力は、専業者として認められるうえで欠かせない素養だが、彼女自身はラテン語では執筆しなかったとはいえ――それ以前にこの言語をよく知らなかったのだが――手がけた医学書は先達となる女性学者の誰よりも多くの部数をさばいている。この成功には、王族の助産婦というブルジョワの社会的立場が間違いなく功を奏していると言えるだろう。助産婦界でも最高と言っていいほどの地位を手に入れていた彼女には、同業者の中にあっても抜きん出た知識と専門能力、そして経験があったものと思われる。そのうえ、ほかの女性には成し遂げられなかった形で助産婦という仕事のうちに実践と理論とを両立させ、ことさら都市部の同業者の評価を高める一方で、顧客や医師、理髪外科医から見た自身の地位をも向上させているのだ。

独自の助産学

十七世紀の医師たちは、母体や子宮という視点から見た妊娠の仕組みや、誕生というものの生理学的側面を漠然と理解するにとどまっていたが、古典古代の医学的権威の学説を信奉していたという点では、ブルジョワも当時の学者たちとなんら変わりはない。ヒポクラテスは、産後に起こる腹腔の変形など、子宮の〝特異な動き〟にとりわけ着目しており、彼と同時代の医師らはといえば、子宮が正常な位置を逸脱するとヒステリー発作などの女性特有とされる疾患を発症する原因になるとしていた。古典医学にあって、子宮は能動的で感情が宿る臓器とされ、それ自体が意思をもっているように見なされていたのである。臓器の中で、女性の精神《プシュケ》や生理《ピュシオロギア》に大きな影響を与えるのが子宮というわけだ。一方、ルイーズ・ブルジョワは子宮の一義性を次のように表している。「子宮は動脈で心臓と、静脈で肝臓と、神経で脳と、薄膜で腹腔とそれぞれつながっている。それは、体と最も密接な関連性をもつ臓器なのである」[111]

ガレノスは、男性がもつ精子と女性がもつ卵子という二つの要素が出会うと妊娠が成立するという説を打ち出したが、これにはブルジョワも賛意を示したうえでそこからもう一歩踏み込み、卵子にこもる〝熱〟が妊娠しやすさを左右する要因であると考えていた。「卵子は大量の水分を含むが、この水分は脳で発生し、脊柱から腎臓を経由して卵子に到達する。この水分が通過する際、精子が〔良好な〕状態となり、それを維持するよう、平熱を超えない程度まで卵子を冷却する。(……)」[112]ブルジョワはまた、卵子が過度に温められると流産を招くとして、妊婦にアルコール飲料や香料の利いた食事の摂取を禁じた。卵子が度を超えて熱をはらむと子宮によってはぐくまれる種子が〝焼き殺されて〟しまうと、当時の人々は考えていたのである。

ルイーズ・ブルジョワは、同時代の医学知識に自分が実践上で知り得た知識を結びつけようと試みていた。前掲の著書『諸所見』では、女性の身体構造、生理学、流産、出産、産後の処置についての症例と妊娠の段階別症例が、多数紹介されている。胎児が産道から出てくる正常分娩では頭が下になる体勢が正しく、出産による力の干渉が最小限になるという研究結果を発表してもいるが、これは産科学上非常に意義のある、至極斬新な見解だった。彼女はまた、出産する母体を助けることが助産婦の最大の務めであるとも語っている。「助産婦の仕事とは、適切に行動し、依頼主である母親を支え、母体に害を与えない程度に彼女たちの希望をかなえることにほかならない。(……)妊婦が歩くことを希望し、実際に歩ける健康状態であるのなら、出産がはじまるまで自分の足で歩かせるべきである。(……)何ごとも急がず、破水を防ぐのはもちろん、産道を無理に広げないよう気を配ることが助産婦の務めである。(……)分娩は神のお告げがあるまで待つこと(……)特に自然分娩では子宮を傷つけないよう配慮すること(……)分娩にのぞむ女性にとって最も大切なのは、母子ともに快適な出産になるよう、母体にとって最適な姿勢を見つけることだと、幾度となく身をもって体験しているのである」[113] 著者ブルジョワは、当時の一般診療でこうした知恵や沈着な行動が活かせなかった理由を、助産婦や医師の大半が、出産はあらゆる手を尽くして短時間で処置するものだと考えていたからだとしている。

彼女は、一六一七年の著書『我が娘への教育』*Instruction à ma fille* で助産婦と妊婦との関係について述べ、助産婦の仕事とは第一に過酷な要求に応える奉仕業であると力説している。まず、出産にのぞむ妊婦は常に顧客として遇さなければならない。次に、助産婦はできるだけ静かな環境をその妊婦のために確保し、出産の際に頼れる者は本人だけなのであるから、己の力を信じるようにと当の妊婦を励ますべきだ、というのである。現代では、これから出産しようという女性が本来担う役割についての議論が盛んに行われているわけで、〝自然分娩〟の支持者は、妊娠を病の類いではないとしつつ、大切なのは出産という行為を医学上の悩ましさとしてとらえないことだと提唱する。つまりルイーズ・ブルジョワは、およそ四百年も前に現代同様の思想をもっていたということになるのだ。しかも彼女は、出産を、妊婦が一瞬にして患者になる予測不能な事象であるとも述べている。助産婦は折に触れて手を差し伸べ、母子ともに健康な出産となるよう支援しなければならない。辛い処置を施す場合も、助産婦は妊婦への敬意を忘れてはならないのである。

そしてブルジョワは自著の中で、助産婦側の不適切な処置に警告を促す事例をいくつも紹介し、出産中、気の短い助産婦が不適切な頃合いや手段で介入すると、母子ともに重篤な障害を及ぼすかもしれないとも指摘している。彼女はまた、出産の苦痛をして女性の原罪に対する神が下した罰だとする当時の一般的な見解をよしとしなかった。苦痛と原罪とを結びつけて考えるような助産婦は、妊婦に不自然な体勢を強い、本来の出産ではしなくともいい辛い思いをさせるというのだ。ブルジョワ曰く、助産婦とは船を安全に港に誘導し、乗客の安全を守り、航海中は荷物を大切に扱う、水先案内人のようなものなのだった。

ルイーズ・ブルジョワは、難産の処置についても先駆的な存在だった。妊娠の進捗がはかばかしくない場合、助産婦は専業《プロフェッショナル》者としての手腕を駆使してその事実を確認し、原因を考えたあと、出産に介入する頃合いと、講じる措置を判断する能力をもつべきだという見解を示しているのである。彼女自身、状況に応じて投薬で出産を遅らせる技能を身につけていたわけで、助産婦らには産道に入った胎児の頭の位置に注意し、頭頂部が下の体勢にあるかどうかを確認するようにと指南しつつ、臍帯の状態を確認するよう呼びかけ、胎児や母体を傷つけずに、また胎児を窒息させずに首からそれを取り外す方法についても記している。さらに彼女は、産道から胎児の臀部が見えた際にその向きを変え、肩が見えるようにする手法も会得していたらしい。
十六、十七世紀の医師や助産婦は、母乳育児を推奨しなかった。それが新生児の健康や快適な生育環境に致命的な打撃を与えた事例が多数確認されていたからだ。ところがルイーズ・ブルジョワは当時の慣例には従わずに母乳育児を奨める一方、〝健康上好ましくない〟母乳が出ないよう、母親が気を配るべき物事についての助言を数多く行ったのである。当時のフランスでは、新生児の大多数が地方の貧しい乳母に預けられ、我が子を手ずから育てられる者は一部の上流階級の人々に限られていた。富裕層は自宅にいながらにして、召し抱えた乳母と乳児の両方の栄養状態を管理できたものだが、地方に送られた乳児の多くは、栄養不良やさまざまな疾病、事故といった理由によって一年未満で命を失っていたのだという。乳母の重みで乳児が窒息死するという事故が頻繁に起こって、ヨーロッパ各地で政府当局が対応に追われ、こうした窒息事故を防ぐため、乳児用のベッドを用意するようにという制令を出す町が相次いだ。だが子供の死は珍しいことではなく、その死因を調べる事例は稀で、法的措置が講じられることは滅多になかった。だからといって両親が我が子に愛着をもっていなかったというわけではない。子供の死亡率が今日の福祉国家の基準をはるかに超える時代でもあり、親たちは、我が子がひとりでも成人に達してくれさえすればもっけの幸いととらえていたのである。

専門性の確立

十六世紀以降、医師や理髪外科医のあいだでは出産関連の医療に対する関心が高まっていった。ドイツ語圏では一五一三年にマルティン・ルター（1483–1546）の盟友、エウカリアス・レースリン（1470頃–1526）が『妊婦と助産婦の薔薇園』*Der Schwangeren Frawen and Hebammen Rosengarten* を、また一五四四年にヤーコプ・リュフ（1500–1558）が助産婦向けの指南書『人間の受胎と誕生』*De conceptu et generatione hominis* をそれぞれ出版しているが、多大な人気を博した両書はともに版を重ねてヨーロッパの各言語に翻訳されている。だが、助産婦に教育の場を与えて専門知識の向上を図ろうとする医師はまだ少なかった。医療界に従事する専門職は自身の領域をかたくなに守り、他者に伝授しようとはしなかったのである。医師は理髪外科医のあら探しをし、理髪外科医はといえば医師を非難したものだが、こうした双方が槍玉に上げたのが助産婦で、新技術や優れた術式に関する情報が彼女らみなには行き渡らず、助産学の実践知識はなかなか向上しなかった。助産婦や医師、理髪外科医の多くが、出産の立ち会いに当たって苦痛をともなう姿勢を取るよう再三にわたって推奨しており、産道を強制的に広げ、妊婦の腹部を押して臨月に満たない胎児を無理に分娩させた結果、生まれた子供に生涯残る傷をつくることすらあったのだという。

✺10　パリ出身の教養ある職業助産婦

難産の処置に不安を感じた助産婦が万策尽き果て、男性の理髪外科医に助けを請う頃には、すでに手遅れである。ルイーズ・ブルジョワは自著でこう述べている。「短時間で処置を済ませるのが妊婦を苦痛から救う何よりの手段だと信じて疑わない、無知で臆病な助産婦より、思いきって妥当な処置を講じる有能な外科術師の手にかかるほうがましというものだろう。(……)きわめて有能な助産婦の存在を決して否定はしないが、そうでない者があまりに多いのである」[114] この発言でわかるように、ブルジョワは自らをして助産婦というよりもむしろ有能な理髪外科医ととらえていた。

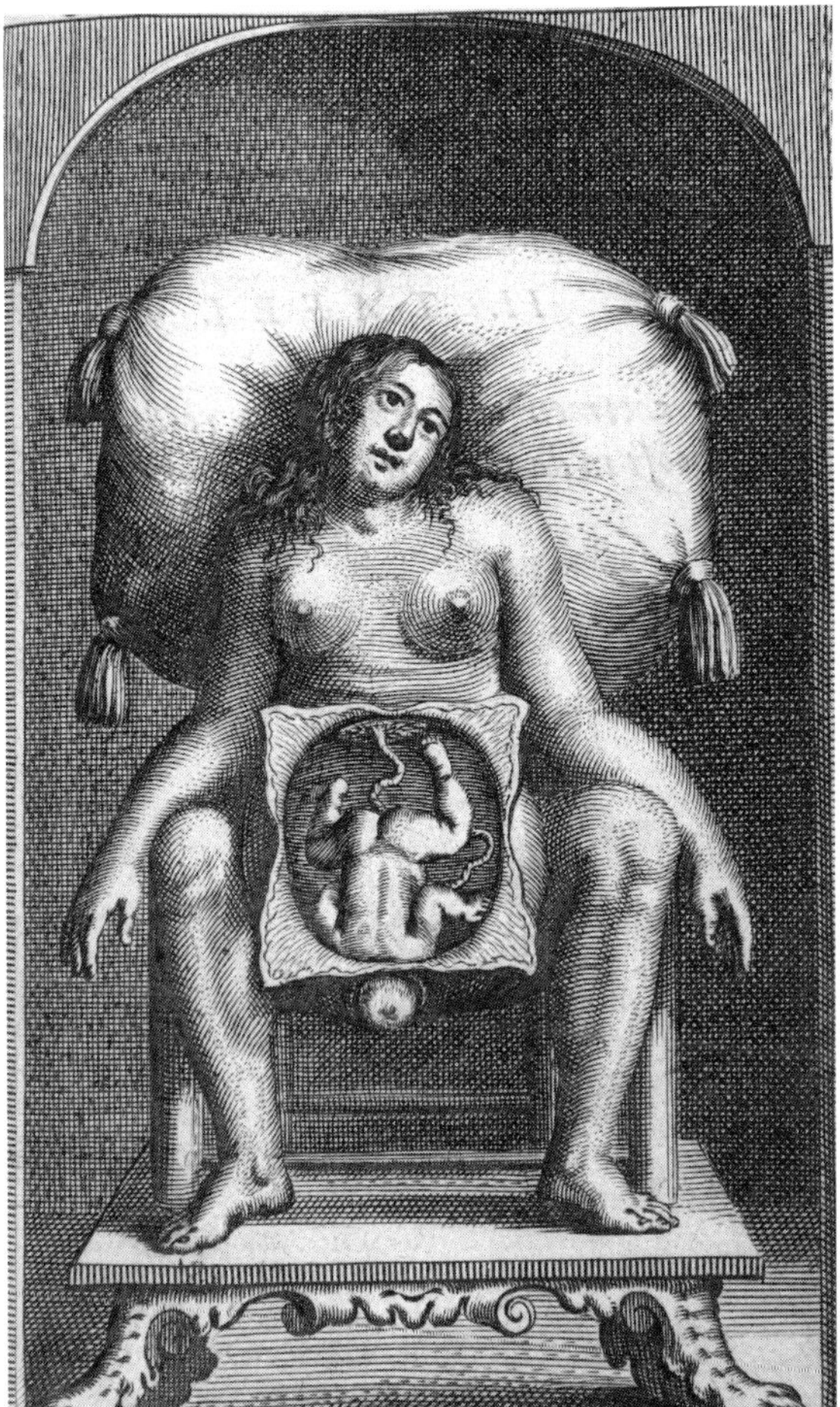

◉45……サムエル・ヤンセンの書(1685)に収載の、分娩の体位図。ルイーズ・ブルジョワは、分娩の際には妊婦が最も快適な姿勢を取らせるべきだと説いた。分娩では胎児が頭から出てくるのが最も望ましいが、経験豊富な助産婦だった彼女は逆子の向きを変えることもできたのだという。

いずれにせよ、理髪外科医は概して節度を保つ、、、ため、ときにシーツを隔て、施術の対象を見ることなく手探りで治療を施していたのだが、そのことが仇となって母子両方の健康が危険にさらされてもいたようである。こうした節度を何より重んじるヨーロッパの一部地域では、理髪外科医が出産に立ち会うことすら禁じていたのだ。一五二二年のハンブルクでは、ヴェルトという名の理髪外科医が女性になりすまして出産に立ち会った罪を問われ、火刑に処されたのだという。だが一方で、男性が携わる、いわゆる〝助産士〟の評判が次第に高まっていったこともまた確かである。外科術の名門チェンバレン家などは、数多くの難産で重用されることになる鉗子を十六世紀末に発明している(もっとも、一世紀近くものあいだこれを門外不出としたため、この器具の普及までには十七世紀末以降を待たなければならなかったのだが)。ともあれ時が十八世紀へと移り変わる頃には、従来の助産婦の仕事はほぼ外科医に引き継がれるようになっていた。

最初の著書『諸所見』を書いた頃、ルイーズ・ブルジョワの書くテクストには医師や理髪外科医への敬意が感じられた。「出産の準備中、妊婦が医師を呼ぶ行為をとてもありがたく感じるのは、その医師を私の代弁者のように感じるからだ。(家族や友人のように)自発的に出産に立ち会い、助言をする立場にあっても、自分の意見は口に出せず、たとえ助言ができたとしても最終決定を下すのは医師である。医師は妊婦の健康履歴を知り、適切な処置を心得ている。私がこれまで語ってきた治療とその成果はすべて、ともに治療を行ってきた経験豊富な医師諸兄が考え出したものなのである」[115]ところが年を追うごとに、出産に立ち会う医師や理髪外科医への評価は辛辣なものへと変わっていく。一六二六年、ブルジョワは著書にこのような言葉を残している。「医学とは、薬学や外科術はもちろん、理論よりも実践に根ざしたさまざまな分野から発展した専門領域であることは、誰が見ても明らかな事実である。先王は医学という学問をよくご存じで、ご子息誕生の折、フランス医学界で最も造詣の深い医師四名を出産に立ち会わせた。王は医師団のリーダーとして私を指名し、四名の医師には、私の許可なく王妃に強制する行為を禁じ、指示どおりに出産を無事終わらせるようにと命じた。私の技能は科学の理論ではなく経験で得たものであり、これまで百件を超える症例を手がけてきた。一方、彼ら医師団の助産経験は数件にも満たないのだ」[116]

医師らが繰り返し助産婦の衛生管理のずさんさを批判する中、ブルジョワは、感染症の患者を治療したばかりの医師や理髪外科医による出産の立ち会いは適切ではないだろうと述べている。十七世紀の時点で細菌やウイルスの存在はまだ確認されていなかったが、感染症が衣類を介して伝わることはすでに結論づけられており、彼女が母体と助産婦の衛生管理の重要性を説いたのにも確固たる裏付けがあったのである（ヨーロッパでは、一八三〇年代になってようやく、妊婦が出産時に死亡する最も深刻な原因として、医師の手指や使用する器具を媒介とする細菌感染が挙げられるようになる）。ともあれ、先述のようにブルジョワが医師を低く見る発言をしたのには、博識で信頼のおける助産婦として、自らの地位が揺るぎないものとなり、医師の支援が必要なくなったからとも見て取れる。こうして学説と経験の両方を独学で会得した助産婦が、新たな専業者《プロフェッショナル》として医療界の一端に加わることになったのである。ただし、その分野でいかに有能であろうとも、女性は依然として専業者として見なされないという現実には変わりはなかった。

機織りや針子など、伝統的に女性が従事するとされた専門職に就く職人たちは、男性の鍛冶職人や樽造りの職人と同じくくりでは扱われなかった。女性の賃金は低く、師匠より腕が立っても助手として遇されたのである。ヨーロッパでも限られた都市では女性がギルドを結成できたが、専業者を名乗るうえでは諸条件が課せられていた。また、理髪外科医ギルドを例にとれば、女性の入会こそ認められなかったものの、外科技能者の妻や娘であれば夫または父の助手と見なされたわけで、つまりは職種によって女性が男性の代わりを務めることはできたが、当のギルドの会員として認められることはなく、女性の専業者として公認を得ていたのは、〝接待専業者《プロフェッショナル・エンタテイナー》〟である娼婦のみという時代だったのだ。

ルイーズ・ブルジョワの一族は、家族ぐるみで医療職に就いていた。夫のマルタン・ブージエは、亡くなる一六三二年まで理髪外科医として働いていたし、三人の娘のうち二人は医師に嫁ぎ、残るひとりは母の後を継いで勉学に励んで助産婦になり、息子はといえば薬局を興している。職人一家の慣例の通り、ブルジョワ＝ブージエの人々は医療と看護とをその生業《なりわい》としたわけで、一族は自宅に患者が来訪する形式で診療を行い、薬剤を調合し、医学書を執筆した。中でも決断力のある母親として家を切り盛りしたルイーズは、一族を代表する最も著名な存在となったのであり、職人一家の母親が、家長である父親が存命中であるにもかかわらず、これほど公に存在感を発揮した事例は珍しい。確かに、裕福な商家や金融家の未亡人が夫の死後、高い社会的地位に就くことはあったのだが、ルイーズ・ブルジョワという先例からは、女性であってもその家柄の如何を問わず、専業者としての自身の価値を足がかりに立場を確立し得たことがわかる。だがそれも、当時にあって専門職と明確に認められた理髪外科医や助産婦などに従事する者だからこそ、成し遂げられたのだ。

保身に回った晩年

一六一七年春、ルイーズ・ブルジョワは、ルイ十三世（在位：1610–1643）の弟であるオルレアン公ガストンの妻、マリー・ド・ブルボン＝モンパンシエの第一子出産を取り仕切るよう依頼を受けた。難産の末、嫡子は無事生まれた。だが、公爵夫人が産後の回復を得られないまま九日後に亡くなってしまう。医師団が早急に解剖した結果、子宮内に残存していた少量の胎盤による感染症が死因であるという診断が下される。それは、公爵夫人の死に直接関わったとは言わないまでも、ルイーズ・ブルジョワの責任を追及する内容だった。ブルジョワは自著で、これまで大勢の医師を刺激するようなことをしてきたが、その手痛い代償を負うことになったと語っている。いずれにせよパリ在住の多くの医師がこぞって、彼女を傲慢で独善の気味があまりにも強いと糾弾していた。

こうした非難に激昂したブルジョワは、医師団が発表した公式見解への回答書を書き、『医師への弁明』*Apologia contre les physiciens* という表題のもとに発表した。その中で彼女は、件《くだん》の処置について次のように述べている。「彼ら（医師団）は自分たちの医療行為の正当性を主張し、公爵夫人の死の責任を私ひとりに負わせようとしております。自らの名誉を守るため、公爵夫人の体調不良と出産後の経過について、事実をもとに症例全体を徹底的に明らかにすべきだと考えたうえで発表した今回の所見では、医師団の誤診によって報告された、子宮内に残留した胎盤の小片が公爵夫人の死因でないことが明らかにされております。（……）私はこの三十年、誠実かつ実直に、そして誇りをもって、助産婦という仕事に従事し、数々の症例で相当数の実績を得てまいりましたし、助産学に関する書物は版を重ね、幾多の言語に翻訳されてきてもおります。著名な医師たちが私の貢献に感謝するとともに、私の著書が人類に与えてきた数々の恩恵を好意的に受け止めてまいりました。子宮内に胎盤の小片を残したという認識がもし私にあれば、その事実を速やかに申告し、彼らからの助言と支援を得たはずです」[117] 当時から四百年近くたった今、公爵夫人を死に至らしめた感染症の詳細を検《あらた》めることはできないが、公式の検死書にあるブルジョワの医療過誤が理由ではないということだけは言えるだろう。つまり、この書類を作成した医師団は、彼女の三十年以上にわたる助産婦としての栄光ある実績を意図的に打ち砕こうとしたものと思われるのだ。

ルイーズ・ブルジョワの評価は、失墜したわけではない。著作は何度も改訂され、その死から一世紀近くたっても出版されているのである。彼女の活躍は、医師たちのあいだで産科学への関心がにわかに高まってきた時期と重なるため、その著書による直接的な学問への影響を推し量ることは難しい。だが、一六三〇年代にパリのオテル・デュー病院ではじまった助産婦の体系的な教育や、助産という営みが職業として成立したこと自体は、彼女の影響によるものと見て間違いはないだろう。十七世紀に助産婦という職業が、医学に関心をもつ女性にとっての男性と伍して活躍できる舞台へと転じたそのことが、彼女の功績なのである。とはいえ、助産婦がしかるべき処遇を勝ち取ることはなく、十八世紀になると、分娩にのぞむ女性の健康管理は医療の専業《プロフェッショナル》者である男性にこそふさわしいという思想のもと、助産婦はいっそうの活躍の場を奪われ、男性専業者の助手として立ち会うことしかできなくなってしまうのだった。

✺11　科学革命時代の北欧女性

――ソフィー・ブラーエ（1556–1643）／マリア・クーニッツ（1610–1664）

一五七二年十一月、カシオペア座に突如として新たな明るい星が出現した。星は次第に暗くなり、十八カ月たつと完全に消えた。このようなことが、なぜ起き得たのだろうか？　この現象は超新星、すなわち苦悶する星が見せる最期の姿であり、十六世紀にはまだ誰もその実態を知らなかった。むろんのこと、人々は当惑した。こうして天空はもはや同じものではなくなり、地上の生活も変わっていくことになる。すでにしてキリスト教世界は大混乱にあったわけで、超新星が科学革命への道を示した一五七二年の秋には、パリで起きたサン＝バルテルミの虐殺以降のさらなる無意味な宗教戦争に巻き込まれつつあった。苦悶していたのは、地上の権力も天界の星も同じだったのである。

一五七三年、デンマークの天文学者ティコ・ブラーエ（1546–1601）は、この最新の発見についての著作『新星について』*De nova stella* を発表し、その名をヨーロッパ全土の学術界に轟かせた。そして同年、食《しょく》を迎えた月が見せる満ち欠けの変化を計算するティコの手助けをしたのが、妹のソフィー・ブラーエである。ヨーロッパ科学の中心地は、十六世紀も終わりになると次第に地中海から北欧に向けて移動していったのだが、ブラーエ兄妹《きょうだい》がこの天空ショーを観測したのもバルト海沿岸だった。ティコは、北方ヨーロッパのプロテスタント地域では最も知られた天文学者のひとりで、妹のソフィーもまた、兄が建てたウラニボルク天文台が活気あふれる場所になるよう献身を惜しまなかっ

●46………カミーユ・フラマリオン『一般天文学』*Astronomie populaire*（1880）の挿画。1572年11月、カシオペア座の中に新しい星を発見したティコ・ブラーエ。

たようである。

天文学の新時代を迎えたヨーロッパ人は、新しい方法で星を見やるようになる。イタリアの物理学者で天文学者のガリレオ・ガリレイ（1564-1642）が一六〇九年に開発した望遠鏡を使いはじめると、人々の目の前には驚異的な星空の展望が開け、木星の衛星、金星の満ち欠け、太陽の黒点などが、宇宙の構造についての新たな疑問をもたらしていった。こうした新時代の初期にはまだ、大衆からも学術界からもそれほど敬意をもたれていなかった数学志向の天文学者たちは、自国でそうなることはまれだったとはいえ、やがてそれぞれが時を得て一個の預言者になっていく。古代の終わりから近世に入る手前までの時期、数学者、つまりラテン語の〝マテマティクス〟という呼称には否定的な意味があったものだが、それも聖職者らのあいだとなればなおさらだった。この肩書きは占星術師か、さもなければホロスコープの編纂者を示唆していたのである。にもかかわらず、天文学者は古くから教会への奉仕もしていて、こうした人々は言うなれば〝編年史家《クロノグラプス》〟なのであり、彼らの仕事には、年間の不定祭日を前もって計算することも含まれていた。ティコ・ブラーエのように観測を行い天文表を作成する学者は、さしずめ天文計算家といったところだろう。十七世紀に入ると、天文学者たちは新しい科学機器を自由に操り、キリスト教会やアリストテレスの自然哲学が定めた〝永遠の真実〟を無視した新しい知識をもつようになっていった。最新の天文学が科学とカトリック教会の衝突を招いたのは、当然のなりゆきと言える。

ヨーロッパにおける十六世紀と十七世紀は、宗教戦争と魔女狩りの異常な残忍さを特徴とする、受難の時代と位置づけられることが多い。カトリック教会を中心に発展した封建的階級社会は宗教改革が進むにつれ崩壊しはじめ、ヨーロッパ全土のプロテスタント信徒とカトリック信徒が宗教改革や反宗教改革の精神のもとで互いに攻撃し合い、血みどろの事態を呼び込んだ。ヨーロッパの宗教戦争の引き金となったのは、一五一七年、ドイツの都市ヴィッテンベルクでマルティン・ルターという無名の若き聖職者がカトリック教会に向けて発表した、九十五箇条の論題（「贖宥状の意義と効果に対する見解」）である。この条文は、カトリック教会の多くの階層に断絶を引き起こし、また、社会不安をも生じさせていきながら、権威に歯向かうさまざまな紛争が勃発するきっかけとなる。北方の大学の神学者たちも、ついには教皇が贖宥状を売ることを非難するようになり、貧しい農民は封建領主を攻撃した。ドイツにおける叛徒の勢いは、ことさらすさまじかった。

フランスのプロテスタントのうち一万人が死んだとされるサン＝バルテルミの虐殺は、その何十年か前からはじまっていた、汎ヨーロッパ主義の宗教、社会、政治運動の結果だった。十七世紀にスウェーデンが権力への野心を燃やし、バルト海周辺での地位を高めようと、ドイツのルター派側について軍事介入を行うと、宗教戦争の炎はヨーロッパ全土を呑み込み、こうして勃発した三十年戦争（1618–1648）の結果、主戦場となった神聖ローマ帝国では、最大の損害を受けた地域の人口が三分の一にまで減少したのである。

戦争、感染症、飢饉による荒廃のスケープゴートが求められると、北欧や中欧では魔女狩りが行われた。魔女裁判を推し進めたのは、たいていはこうした惨状に苦しめられた人々の羨望、苦痛、そして復讐心である。ほうぼうの村や町の住人たちは、互いにでっちあげの罪状を密告し合い、自分の身を守れない者はたやすく告発された。魔女として有罪にされた者の多くは、プロテスタント地域の貧しい女性たちだった。[118] こうして迫害や疫病や饑餓から逃れようとした人々が、長年にわたって北欧や中欧の母国を出奔していくことになる。シレシア（シュレジエン）の数学者で天文学者のマリア・クーニッツ[119]もそのひとりで、〝シレシアの処女神《パラス》〟［★処女神（パラス）はギリシア神話の知恵を司る女神アテナを指す］、〝第二のヒュパティア〟［★本書第5章を参照］などと呼ばれたこともうなずけるような、新時代最初の傑出した女性科学者だった。

何十年にもわたる社会不安にもかかわらず、北欧の科学は急速に発展していく。科学史におけるこの頃は、当時から科学革命の時代と呼ばれていたが、天文学、物理学、医学、そして博物学における洞察、理論、観察、発明の広がりは、かなりゆっくりとしたものだった。初めのうちは、比較的少数の科学者がこれを後押しし、新たな視点や、知識を生み加工する新手法を支えていたのだ。そして、その先見の明のある科学者たちの中には、女性の姿もあった。

デンマークの貴族女性だったソフィー・ブラーエは、兄からの恩恵よろしく最も価値ある天文機器を用いながら天

CVS VNIVERSALIS
PIPER
MVSCATA
GARIOFILI
Aquilo seu Boreas
MARE CONGELATVM
SCYTHIA
Scythia intra Imaum
Scythia extra Imaum
Regnū Cassiæ
Regnum Cumaniæ
Desertum Belgian
Imaus mons
TARTARIA MAGNA
Terra Mongal
Regnum Corasmæ
ASIA
Aria
Persia
Drangiana
Gedrosia
Indus fl.
Ganges fl.
Emodi montes
Regnum Turquestram
Regnū Tharsæ
Regnū Cathay
Cambalu
Caetius
TROPICVS CANCRI
India extra Gangem
Provincia Sym
INDIA INTRA Gangem
INDIAE regnum
Ciamba prouincia magna
Sinus Gangeticus
Sinus magnus
Taprobana
AEQVATOR
Cheronesus
Sinarū regio
Subsolanus
Regnum Marsuli
Regnū Pego
Zeila
Vulturnus
INDIA ab Indo flu. sic appellata, oppidis adeo exculta dicitur, ut quidam 5000. in ea esse dicant. Terra est saluberrima, bis in anno metit fruges. Fert cynnamomū, piper, & calamum aromaticum. Ebenum arborem sola producit. Psittacum autem & monoceron bestiam habet. Beryllis, adamantibus, carbunculis, margaritis, & alijs gemmis preciosis abundat. Centum & triginta annorum æuum ob temperatum cœlum quidam agunt. Cultus præcipuus cum gemmis: alij lanceis, alij linis peplis uestiuntur: pars nudi: pars obscœna tantum amiculati. Niger uulgo corporis color, ex materno utero sic nati. Potum ex rizo & hordeo conficiunt. Aetati senum prærogatiuā nullam tribuunt, nisi prudentia excellant. Sunt tamen Indorum multæ gentes diuersæ forma & lingua, nec eisdem uiuentes moribus.
SCYTHARVM natio primo parua & contempta fuit, sed postea in magnum imperium & gloriam peruenit, agros amplians usque ad Tanaim fluuiū, à quo Scythia ipsa longo tractu uersus ortum protensa, Imao monte per medium uelut in duas Scythias diuiditur. Tartaria quæ & Mongal, maiorem Scythiæ occupans partem: regio est plurimū montosa, & ubi campestris est, admixta ex glarea barenosa, multis patens deserti. Aer & cœlum intemperatum, tonitrua & fulgura in æstate adeo horrenda sæpe fiunt, ut præ timore homines intereant, Iam calor magnus est, mox frigus & densissimæ niues cadunt.
Euro auster
Latitudo meridionalis
VARTOMANVS

◉47……このゼバスティアン・ミュンスターとハンス・ホルバインによる世界地図（1532）の周囲に見られる装飾画は、発見されて間もない新世界の驚異や恐怖を描いている。右上の端は需要の多かった香りのいいハーブ、左下の端は食人の風習の様子。〝新しい天文学〟に関する描写も含まれており、極地（地図中央上下）にいる天使はあたかも地球を〝回転〟させているかのようで［★下方の極地の拡大図（図36）も参照］、地図製作者たちは、手稿の形で学者のあいだに出まわっていたコペルニクスの比較的無名な論文『小論』*Commentariolus*［★『天球回転論』所収、高橋憲一訳、みすず書房］を知っていたのだろう。

界の系統的な観測方法を学ぶかたわら、スイスの錬金術師で医学者のパラケルススが発展させた医化学に基づく実験を自身の研究室で行い、その時代に初めて医薬品化学を追究した学者のひとりとなった。一方、シレジアの人マリア・クーニッツは、当時の天文学における最も傑出した数学者であり理論家に数えられる。彼女の著書『慈悲深きウラニア』*Urania propitia*（1650）［★ウラニアはギリシア神話の天文を司る女神］は、ヨハネス・ケプラー（1571–1630）が定式化した天体の動きに関する新理論を体系的に研究した最初の書物であると同時に、科学が新たな局面を迎えたこの時代にあって初めて女性が書いた天文学と数学の膨大な研究論文でもある。クーニッツは、この大がかりな傑作をラテン語とドイツ語の両言語で記した一冊としたことによって、ドイツ語の専門用語や科学用語を発展させたパイオニアにもなった。

宗教と魔術に基づく世界観と、科学の世界観

近代の黎明期、〝科学〟は、本質的に今日とまったく違う見方をされていた。知識を表すラテン語〝*scientia*《スキエンティア》〟に由来する〝scientist《サイエンティスト》〟という言葉が、特に大学で自然現象に関する合理的な結論を導くための研究に従事する者を指して十九世紀に使われるようになるまで、科学者は概して〝natural philosopher《ナチュラル・フィロソファー》〟（ラテン語で〝*philosophus naturalis*《ピロソプス・ナトゥラリス》〟）、つまり自然哲学者と見なされていたのである。十五世紀、ヨーロッパのそこかしこの宮廷は、王や王子、そして上位中産階級《オート・ブルジョワジー》によって維持されていたわけで、そのつながりから設立された学会《アカデミー》が、たくさんの教養人士に、大学で受ける以上の魅力を感じさせる仕事の機会を与えはじめていた。こうした人々の宮廷での仕事には、多くの場合ホロスコープの作成や錬金術の実践までもが含まれてくる――つまり、今日では非科学的と見なされる知の追究である。ルネサンス期の学問の潮流にもなった、世界の起源や構造や発達、そしてその世界を支配する規則や法則に対する視点や考察は、現代同様、科学者の年齢、教育、社会的地位に大きく左右されており、その世界観自体が、現代人の感覚でとらえられているような自然科学とは一致しないものだった。新しい科学とそれについての理解がようやく芽

生えはじめた頃合いでもあり、人は教養の有無にかかわらず、科学というより宗教と魔術という視点から世界を眺めていたのである。ルネサンス期でも最重要と見なされるような科学の実践者たちのおおむねは、二十一世紀とは対照的に世界、地球、そして人間のすべてを神の創造物の一部ととらえ、あらゆる自然現象の裏では神の力が働いているとして疑わない敬虔な信仰心の持ち主で、神が人間にとって謎なのだから、万象を、あるいはそれを統《す》べる摂理を知ることもまた決してできないということも、彼らにとっては納得のいく考えだった。

そのような中にあって、新プラトン主義的な傾向をもつルネサンス期の学者たちは、キリスト教信仰にプラトンやピュタゴラスの理論を組み合わせ、そうした物事の奥義を伝授された者だけが達し得るはずの神の謎の解明に努めていた。多くが、世界の構造や、世界を支配する力の深遠な理解に近づくための手段とされていた古《いにし》えの学問、すなわち占星術や錬金術に関心を寄せ、神秘主義的な力を行使して自然に影響を与えようと腐心していたのである。そこには、世界の構造が調和していること、そしてそれを説明するのにピュタゴラス派の数秘術が適用できることを確かめたいと願う欲求――つまりは新プラトン主義哲学の精神に則った欲求――があった。こうして、新プラトン主義哲学は、神秘主義的な科学の実践を強化する一方、科学的な理論や説明における数学の地位をも向上させていくのである。

魔術的な世界観、そして黒魔術、白魔術の双方を含む魔術や邪悪な精霊に対する固定観念は、教養の有無にかかわらず等しく人々の裡《うち》にあった。たとえば、魔女であるかどうかの識別と尋問の指南書『魔女への鉄槌』*Malleus maleficarum* を書いたヤーコプ・シュプレンガー（1436頃–1495）とハインリヒ・クラマー（1430頃–1505）という二人のドミニコ会出身の審問官などは、この時代にあってむしろ教養のある側に属していたのである。魔女狩りとは異端という思考に基づいたものであり、カトリック世界では魔女に関連した〝情報収集〟がはじまっていたとはいえ、それが組織化されるようになったのは十六から十七世紀頃のことで、その後プロテスタントが多数派を占める北欧や中欧にも広がっていく。この時代、多くの教養人が、午前中に世界の数学的な構造を理論的に熟考しながらも、午後になると貧しく無学な女性を糾弾し、悪魔との乱痴気騒ぎに興じる魔女集会《サバト》へと参加した罪によって彼女らを告発するという行為になんら不条理を見出さなかった。宴のときとあれば箒に乗って空を飛びまわり、悪魔の裔《すえ》にキスをする。これが、魔女に対する一般の認識で、近代のはじまりにあっては、信仰、態度、価値観、知識のどれもが古来の習慣と進取の気組との混合物であり、しばしば現代人にはとても理解できないような、不合理かつ突飛で、そしてグロテスクな場面がそこで繰り広げられていた。

南方のカトリック地域に住む科学の実践者たちにとって、異端審問によって訴追され火刑に処せられる危険は比較的高く、片や北方のプロテスタント地域のあちこちでは、ひきもきらない戦《いくさ》のせいで生活が動揺し不安定になっていたわけだが、いずれにせよそこで行われる魔女狩りはときとして集団ヒステリーの様相を呈し、大勢の人々の暮らしに暗い影を落とした。たとえばヨハネス・ケプラーの母親もまた魔女の嫌疑をかけられたが、息子の有力な人脈よろしく放免されている。マルティン・ルターやヤン・ウィールことヨーハン・ヴァイヤー（1515–1588）のような、その教養によって名を轟かせ、影響力を誇った一部の人々は、こうした迫害に断固とした反意を唱えていた。

カトリック系の、そして南方のプロテスタント系の大学では、中世の神学者が形成した論理や権威に基づき導かれた結論としての科学という考えが、宗教改革のさなかにあってもなお引き続き強い影響力をふるっていた。アリストテレスが観察の重要性を強調していたにもかかわらず、自然哲学者が科学的な手法の一環として実験をはじめ、系統的な調査をするようになったのは十七世紀に入ってからのことになる。そこで言う科学とは、主にアリストテレス哲学体系における経験的知識の適用を意味し、同時にその体系内で見つかった誤りを修正するためのものと見なされていたのであり、大学では単にその科学者の能力のみならず、科学的発見の信頼性が重視され、主張や仮説はその提出者が人品疑わしい単なる愛好家であるよりも、道徳的な人格と学者としての優れた評判を併せもつ人物であるほうが、確実性もまた高いと考えられていた。

学者の肩書きをもてない女性の科学的な思想や主張は、たいていは非学術的なものととらえられた。マリア・クーニッツが『慈悲深きウラニア』の序文でこうした態度に異議を唱えようとしたのは明らかで、彼女は自分が〝ただの〟

女性であるにもかかわらず科学に夢中になったのはなぜなのかを、その中できちんと説明すべきと感じていたようだ。科学革命《レヴォリューション》は何世代にもわたる長期的な道筋を辿ったが、それはむしろ進化《エヴォリューション》と呼ぶほうが適切かもしれない。天文学の〝進化過程〟がその端緒を開いたのは、ポーランドの教会で司祭を務めていた数学者で天文学者のニコラウス・コペルニクスが『天球回転論』を発表した一五四三年のことで［★諸般を鑑み、著者の死後に刊行されている］、この主著の中で太陽中心の宇宙モデル（〈地動説〉）を示した彼は、自説がプトレマイオスの宇宙モデル（〈天動説〉）に見られる惑星の動きにより厳密な調和をもたらすと主張していた。

古代に初めて太陽中心の宇宙モデルを提唱したのは、サモスのアリスタルコス（前310頃－前230頃）だが、この考えは中世のあいだに忘れ去られてしまっていた。アリストテレスの学説による世界観を基礎としていた多くのヨーロッパ教養人は、太陽中心モデルに反対する立場を取ったが、コペルニクスもまた、ニュルンベルクの神学者で校正者も務めたアンドレアス・オジアンダーともども著作において自論を証明しておらず、前書きでは「仮説」という言葉が使われている。この局面においては、当のコペルニクスも宇宙は果たして〝日心〟なのか、つまり太陽が中心にあるのかということを確信していなかったわけで、おそらくそれはいくぶん脇に逸れた真ん中近くにあり、引いては宇宙を太陽中心型というよりも太陽静止型と呼ぶべきだと考えていた。そしてまもなく、太陽中心の宇宙モデルであればプトレマイオスの学説よりもいっそう簡単に天文学的な計算ができることがわかり、占星術師たちもホロスコープの作成にそれを活用するようになるのだった。

コペルニクスの宇宙モデルは当初、教会の権威を脅かすものではないとして、異議を挟む必要もないように見なされていた。プロテスタントもカトリックもこの理論を信じず、そのうえ説を正当化する証拠も示されてはいなかったのである。教会の幹部が天文学者たちの考える天界に関心をもちはじめるようになったのは、一六〇九年のある晩、ガリレオ・ガリレイが自作の望遠鏡を月に向け、かつて誰も目にしなかった鮮明な夜空を目にしてからのことで、それまでは教皇を含む関係者の大半が、祈りのとき以外は空を一顧だにしていなかった。教会は、神が人間を自分自身の似姿として創り、世界の中心に置いたと教えてきており、世界は不変のもので、大地が常にその中心にあることを示すため、聖書のそこかしこにある言葉を引用していた。[120]

一六一六年、かつて大学教授の職を得ていたパドヴァからローマへと向かったガリレオ・ガリレイは、教皇と宗教裁判所の審問を受け、コペルニクスの宇宙モデルが教会の権威を脅かすものではないとして教会幹部の説得を試みたものの、その学説を真理として流布しないよう逆に警告を受けている。従わなければ、異端の告発は免れない。教会の脅しは、自らを敬虔なカトリック信徒であると疑わなかったこの天文学者にとって、屈辱であり恐怖でもあった。十六年後の一六三二年、彼はかの高名な著作『プトレマイオス派とコペルニクス派の二大世界体系に関する天文対話』*Dialogo sopra i due massimi sistemi del mondo tolemaico e copernicano*［★『天文対話』上下、青木靖三訳、岩波書店］をローマから事前の出版許可を得たうえで発表したが、一年もしないうちに異端の告発を受け、またもや宗教裁判の法廷に召喚されてしまう。この時期、新教皇ウルバヌス八世（在位：1623–1644）は、スペインと敵対するフランス軍に味方し、三十年戦争に深く関わるようになっていた。カトリック世界に対する教皇の忠誠心が、スペインでことさら疑いの目で見られていたため、自らの支配権を強めなければならなかったのである。異端審問は、ウルバヌス八世にとって権力を示す重要な舞台であり、カトリック世界からの信頼を強めるための手段でもあった。ガリレイの裁判後、コペルニクスの太陽中心の宇宙観や、ガリレイ自身による『天文対話』を広めることは禁じられるようになる。そのうえガリレイは、深刻な結果を招くことを避けるため、コペルニクスの〝異端思想〟の放棄をも誓わされたのだった。

教皇の禁止令は、北欧や中欧のプロテスタントの科学コミュニティにあって、南欧のカトリック地域ほどの影響力をもたなかった。教皇やカトリックの宗教裁判所によって禁じられた書物であっても、プロテスタントの多くの町々では堂々と出版され続けたのである。そしてガリレイの発明した望遠鏡がアルプス以北に紹介されるや、コペルニクスの学説がプロテスタント教養人の興味をかきたてるようになる。ごつごつした月面を目にした人々は、もし宇宙のどこかから地球を観察すれば、地表もこれまで信じていたものとは違う様子に見えるのかもしれないと考えはじめ、月同様に満ち欠けする金星が観測されてコペルニクスの太陽を中心とする宇宙の証拠もようやく出揃い、そしてすべての天体は地球の周囲を回っているというアリストテレスの思想も、木星の衛星の存在によってくつがえされていった。

望遠鏡が発明されるまでの何十年かのあいだ、観測天文学の頂点に君臨していたのがティコ・ブラーエである。彼は、肉眼による系統的な観測により、天体の動きに関するデータを当時の誰よりも多数集めることに成功し、あまつさえそれを用心深く保持もしていたわけで、晩年に当たる何年かの研究をプラハでともにしていたヨハネス・ケプラーですら、この師（あるいは共同研究者）が亡くなった一六〇一年以降に、ようやくその緻密な記録を手にすることができたほどだった。ブラーエの入念な観測、特に惑星軌道の観測結果は、ケプラーが宇宙を数学的に記述し、惑星軌道の形状は円ではなく楕円だと示す際の一助となる。

コペルニクスからガリレイを通じてケプラーへと引き継がれた天文学の科学革命は、二千年近くヨーロッパを支配したアリストテレスの物理学や自然科学にとどめの一撃を見舞うことになった。とはいえ、アリストテレスが科学の舞台からすぐに消え去ったわけではない。古典古代の偉大なる学者がついにその玉座から退けられたのは、アイザック・ニュートン（1642–1727）が『自然哲学の数学的諸原理《プリンキピア》』*Philosopiae naturalis principia mathematicae*［★中野猿人訳、講談社］を発表した一六八七年のことである。それでもなお、アリストテレスの自然哲学に批判的な人々でさえもが、この哲人に対する敬意を払い続けた。ガリレイがいみじくも表現したように、アリストテレスが望遠鏡で天界を覗いていたならば、宇宙の構造に対する自身の見識を変えていたかもしれないのだ。

そして十七世紀も後半を迎えると、科学を〝活動〟として、そして〝力〟と表されるひとつの手段としてとらえるフランシス・ベーコン（1561–1626）の思想が広く支持を集めはじめる［★「知は力」scientia potentia estという彼の格言を想起されたい］。裕福な商人家庭に生まれ、長じて数学にも幾分かの冷静な目を向けるようになったベーコンは、科学者というより科学からなる哲学に取り組んだ法学者で、系統立った実験や科学的な器械の開発を大いに支持し、科学の実践者であれば知識を獲得するための実験の重要性――つまり職人が遠い昔から知っているようなことの重要性――を認識すべきだと考え、さらに自然科学に対する神学の負の影響も強調して、科学の追究をそれと切り離したいと望んでいた。

ベーコンが唱道した〈機械論〉的な世界観は、十七世紀の終わりに教養人のあいだで数えきれない信奉者を生み、自然に対する伝統的な思考に変革をもたらすことになる。中世における自然は、まったくもって女性的かつ〈有機体論〉的で、人に惜しみない寛容を与えるものとして、依然肯定的な感覚でとらえられていた。よく耕された畑が豊かな収穫物を生み、コミュニティ全体に益をなす。人間と自然は、そのような相互作用の関係にあると見られていたのである。一方、新時代の〈機械論〉的な構想に従えば、自然は生命体というより一個の装置と考えたほうが妥当で、人間の需要に沿うように活用されるべきものだった。畑、家畜、奴隷は、その所有者に利益を生んでこそ価値を発揮するのである。自然は引き続き女性的なものと見なされはしたものの、慈悲深き母なる大地というよりも、予測不能の野生の女性ととらえられ、代償の多寡にかかわらず手なづけ抑制すべきと考えられるようになる。生産性の向上はまぎれもなくヨーロッパの生活水準を押し上げたが、自然資源の無謀な搾取は、すでに十七世紀には地域の環境問題を引き起こすようになっていた。

ウラニボルクのソフィー・ブラーエ

一五七三年、十代半ばのソフィー・ブラーエが、生家クヌートストルプ城で兄と一緒に月食の満ち欠けを計算したとき、そのそばには自由に使える世界最高の天文機器が取り揃えられていた。当時未開発だった望遠鏡こそなかったものの、肉眼や、あるいはティコが高度計算のために製作した精密な四分儀や六分儀などを用い、そうして検出できた結果にはきっと満足していたことだろう。[121] 四分儀は古典古代から使われていた道具だが、ティコはこれを精度の高い優れた機器へと改良し、ウラニボルク天文台の地面に穴を穿って設置していた。ティコ・ブラーエは当時最も

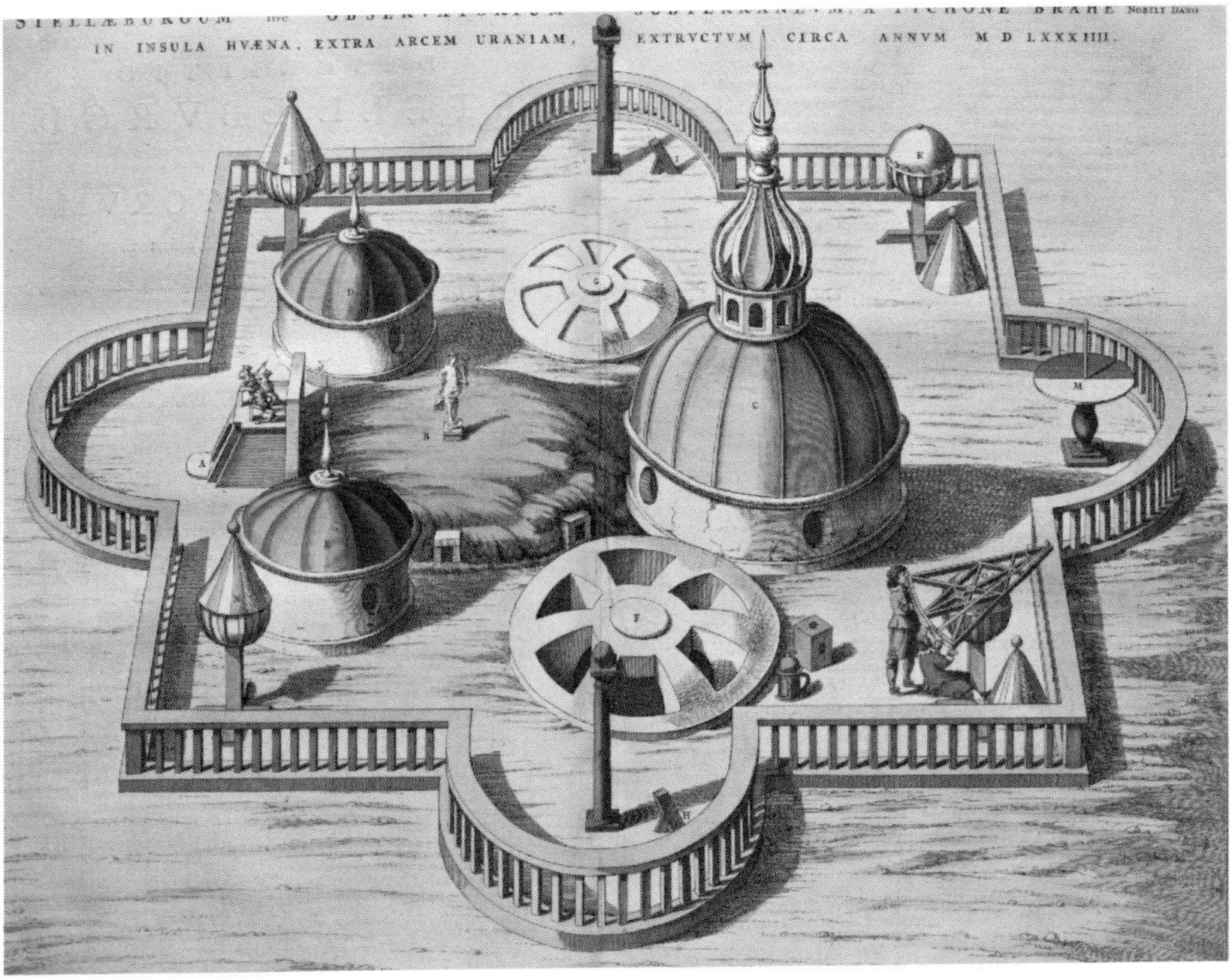

正確な天体観測を行った優秀な天文学者であり、妹のソフィーも、兄から最高の訓練を受けていたのだという。

ソフィー・ブラーエは、たくさんのきょうだいたちの中で、兄を別にすればただひとり自然哲学への関心を示すようになった子供だった。もっとも、当時デンマーク貴族の子息たちがヨーロッパの諸大学で教育を受けることが流行していたとはいえ、専門家としての教養は、ブラーエ家ではあまり尊重されていなかったらしい。ティコとソフィーのあいだには十歳もの年齢差があったが、科学への探求心がこの兄妹を固く結びつけていた。この兄は妹を〝ウラニア〟と呼んで自身の天文学の女神《ミューズ》と見なし、あらゆる方法で科学への興味を支えようとしたのである。

デンマークのフレゼリク二世は、約七百五十ヘクタールのヴェーン島をティコ・ブラーエに与え、そこに天文台を建てさせた。王は科学を支持しており、自国の著名な学者であるティコを、ほかの君主に仕えさせようとはしなかった。

◉48……………ヨアン・ブラウ『大地図帳』*Atlas maior*（1662）の挿画。ティコ・ブラーエがエーレ海峡のヴェーン島に建てたウラニボルク研究所と天体観測所は、ヨーロッパ全土にその名を轟かせた。ソフィー・ブラーエもそこで長期間を過ごし、自身の科学探究に没頭した。

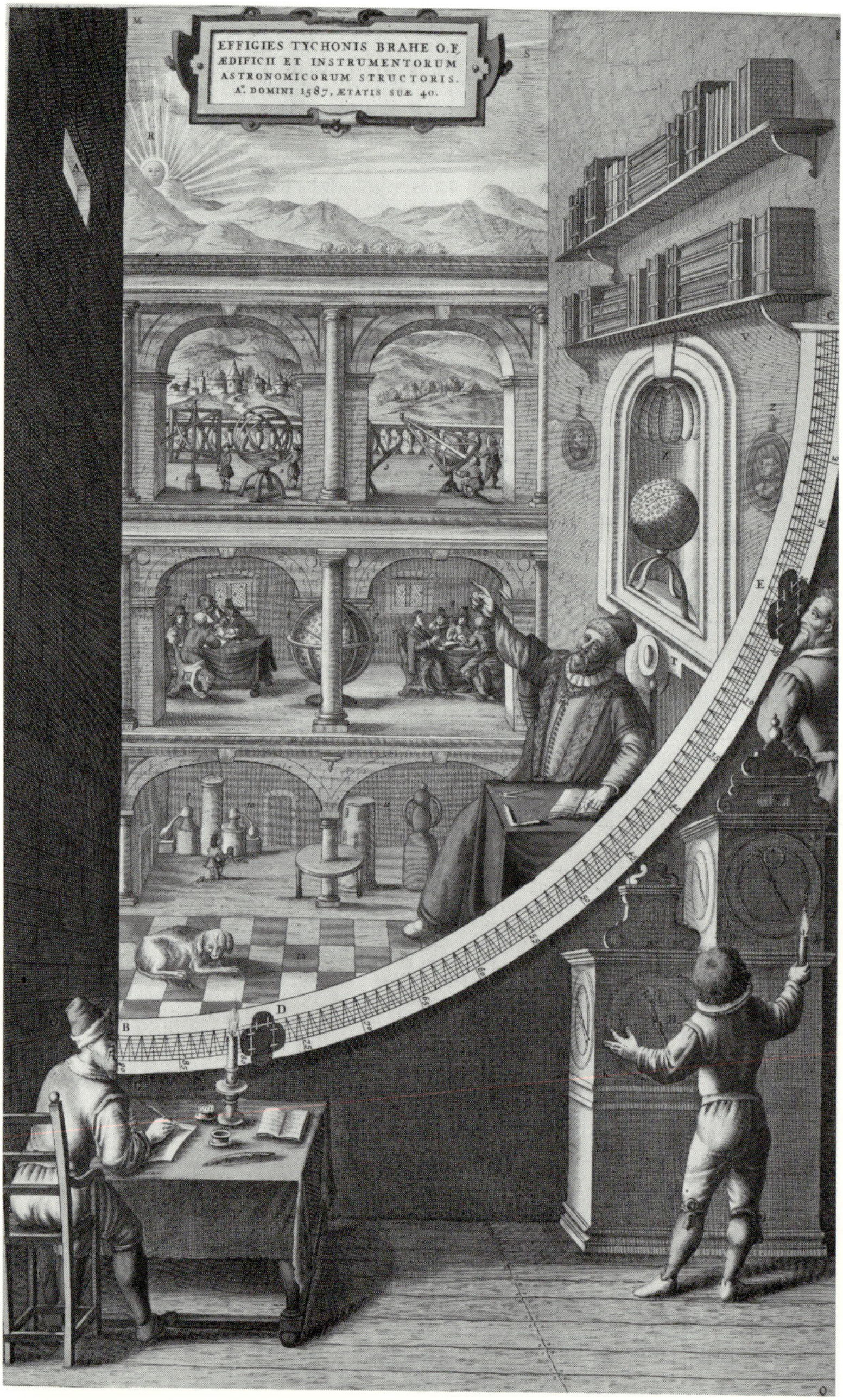

◉49……………ヨアン・ブラウ『大地図帳』（1662）の挿画「天を観測するティコ・ブラーエ」。巨大な壁のようなウラニボルクの四分儀が見える。星からの光は左上部の開口部から入ってくる。背景に見えるのはウラニボルクで用いられている施設図で、屋上が観測用テラス、中央階が図書室、1階が研究室となっている。

望まなかったのだ。何年かののち、島には天文学の女神ウラニアの名にちなんだ立派な研究所ができあがったが、そこには二つの観測所、化学実験用の研究室、そして素晴らしい図書室がしつらえられていた。島には五十ばかりの世帯が暮らしを営んでいたようで、いわばその全員が科学に奉仕することになったのである。

著名な天文学者が島の住民に求めた一定の義務は、どうも最善のやり方で指示されたものではなかったようだ。幾年かにわたってヨーロッパ全土からティコの〝科学センター〟を訪れた門下生たちとは違い、島の住民の多くは星を眺める貴族を快く思わなかったのである。この間、ウラニボルクはソフィーの知の家でもあり、彼女を常に歓迎する私的な学校でもあった。十六世紀の終わりには、近代ヨーロッパのエリート科学者がこぞってティコのあの島を訪問するようになり、ソフィーはそうした人々と知り合う機会を得ることになる。彼女はウラニボルクの女主人役を務め、とりわけ王族の客人をもてなした。ティコの妻の社会階級が低かったため、ソフィーの義姉に当たる彼女がこの仕事を任せられることは儀礼上あり得なかったのである。

兄から優れた天文学の手ほどきを受けたソフィーは、すぐさまホロスコープの作成の熟達者になった。正確なホロスコープの作成には、天体の動きへの理解と、恒星や黄道十二宮との関連で惑星の位置を計算できる数学能力が求められる。ホロスコープはルネサンス期に人気を博し、王族も庶民も——それをつくる余裕さえあれば——この出生時の天球図を欲しがった。ティコ・ブラーエ、ヨハネス・ケプラー、ガリレオ・ガリレイなどの著名な天文学者は、その多くがホロスコープ作成に携わった経験をもっている。こうした天文学者たちはみな、占星術の予言の信憑性に問題があることを知りながらも、ホロスコープを所望する君主や王の庇護のもとで働いていたのだった。

一五八八年に最初の夫のオーテ・トットを亡くしてから、ソフィーはそれまで以上にウラニボルクで時を過ごすようになり、翌年には兄の旧友エーリク・ランゲと知り合った。世界を旅してきた経験から突飛な冒険談で女性たちを楽しませることを好んだ彼は、一五七二年のサン＝バルテルミの虐殺の折にはパリで狂気じみた惨劇に遭遇し、下水道を通って辛くも街から逃れるという体験もかいくぐっていたらしい。ソフィーは初対面の時点でランゲに惹かれたように思われるが、二人の仲をブラーエ家が猛反対したため、結婚がかなったのはようやくその十三年後のことになる。ランゲは時がたつにつれて怪しげな事業の企てに巻き込まれ、妻のものだった余りある財産のすべてを徐々に道楽めいた錬金術に浪費していった。この新しい夫が一六一三年に死去したあとのソフィーは、質素な、しかし知的には豊かな生活を送った様子で、ヨーロッパ全土にいる大勢の教養人の男女と文通し、庭で珍しい植物を育て、ホロスコープをつくり、家系学関連のテクストを執筆し、小さな研究室で化学の追究を続けたのだという。

ソフィー・ブラーエとパラケルススの医学

ソフィー・ブラーエが書いた大量の手紙は、わずかな断片しか残っていない。古い時代の教養ある女性の多くがそうだが、ソフィーの自然哲学研究や思想も、間接的な情報から組み立てるしかない。現存するティコ・ブラーエから妹に宛てた手紙の一通には、ソフィーが特にパラケルススの医学や医療化学《イアトロケミストリー》に精通していたとあり、友人や貧しい島民たちのために、その方法論に従った薬剤をつくっていたのだという。[122] 鉱物や化学品を用いる治療は、植物に頼った伝統的な調合から一歩進んだ手法だった。

医学における新療法を開拓したパラケルススは、ソフィー・ブラーエにとって医学者の手本となる人物だった。スイスで生まれ、医学の因習打破主義者となった彼は、同時代のこの分野では最も知られた人物で、優れた医師であるばかりか体系的な植物学者でもあり、錬金術、占星術、そして神秘主義全般にも通じていた。彼の洗礼名は、フィリップス・アウレオルス・テオフラストゥス・ボンバストゥス・フォン・ホーエンハイムというもったいぶった代物で、気が短く傲慢なこの人物は、当時尊重されていたとはいえもはや時代遅れになっていたヒポクラテスの四体液説を基本とするガレノス派医学の実践を非難したために、人品疑わしいという評判を――そして、とりわけ大学関係者によって占められた数限りない敵を――得ることになった。彼は、古代の医学書を公然と燃やし、今や医師たるもの自然という偉大な書物をひもとき学ぶに如《し》くはないと言ってはばからなかった。

ヨーロッパを旅して回ったパラケルススは、医学への造詣を深めながら、同様に採鉱、錬金術、魔術、占星術の知識を身につけていき、自身が読み、聞き、見たものに基づいて、古代の錬金術の知恵を頼りに彼一流の医学理論を発展させた。一五三〇年の著書『奇蹟の医の糧』*Paragranum*には、こう書かれている。「(……)自然物に内在している大いなる隠された特性は、錬金術によって明らかにされ、生み出されることがなければ、誰にも明らかでない(……)冬にその樹木を観察しても、樹木が何であるのかがわからず、樹木に内在している特性が何なのか、ということもわからない。夏の季節がやって来てはじめて、芽が、花が、実が、次々と明らかにされ(……)自然物の内なる特性は、夏を通じて樹木の性質が知られるように、錬金術に精通しなければ、人間には隠されたままなのである」[123][★大槻真一郎、沢元亙訳、工作舎より]錬金術師とは、直接には見えない自然の側面や特性を明らかにすることで、その真の性質を引き出すものである。それが、パラケルススの考えだった。

◉50……フランドル派の画家クエンティン・マシス(1466-1530)によるパラケルススの肖像。ソフィー・ブラーエを含む大勢の女性化学者が、パラケルスス、洗礼名フィリップス・アウレオルス・テオフラストゥス・ボンバストゥス・フォン・ホーエンハイムが発展させた薬化学に関心をもった。

パラケルススは、いかにも錬金術師らしく、変容、もしくは物質がほかの物質に変わる現象というものを信じていた。錬金術の伝統的な目的は、ありふれた物質から神聖で貴重な黄金を生み出すことにあったわけだが、彼の興味は、黄金をつくることよりも、むしろ科学的な薬剤調合に錬金術を活用することに向かっていたと思《おぼ》しい。ヨーロッパの初期の錬金術師は、蒸留液のいくつかには医学的な効果があることに気づいており、パラケルススはこれをさらに初期の薬剤治療の形にまで発展させたのである。あらゆる権威に断固反対し、アラビアの著名な学者であるイブン＝スィーナー［★〝アウィケンナ〟とも］（980–1037）の医学書を堂々と燃やしていたものの、パラケルススは彼の著作を大いに参考にしていた。

アラビアの初期の化学者たちは、鉱物とその派生物を動物相や植物相から区分けして考えていた。パラケルススの場合、それをさらに六つに分類しており、彼自らが原質――すべての金属の母となるもの――と考える硫黄、塩、水銀や、地球上の生物にまで深甚な注意を払っていた。三つの原質とは、単純な物質ではなく、より〝霊的な〟物質と見なされ、これらが万物に〝内的な本質と外的な形態〟を与える。硫黄は燃焼の謂いで、燃焼のあとには塩が残され、発火の際の煙の部分に当たるのが水銀である。ほかの錬金術師と同様、パラケルススもまた、自然界にあるすべての物質は二、三の基礎的な物質に帰することができるとしており、つまり彼は、万物が硫黄か塩か水銀のそれぞれを因子としているように信じていたのである。

パラケルススによれば、病気はさまざまな外的な要因や媒介物によって生じるものであって、当時の大学で教えていたヒポクラテスの説、すなわち体液の不均衡から生じるのではない。小宇宙《ミクロコスモス》としての人間と大宇宙《マクロコスモス》としての世界（宇宙）は、絶えることのない相関関係にあり、人間は世界の一部として見なされなければならないのだ。大学の医師よりも老練な治療師のほうが、その経験から病気や施術の知識を得ているものと考えたパラケルススは、彼らの話を聞かせようと弟子を送り出して患者とその環境を仔細に観察させ、より効果的な診断を下せるよう促した。

また、彼は心理学のパイオニアとも見なされており、さまざまな身体的兆候と精神的兆候の関係を理解し、無意識の影響という発想を初めて示唆した人物でもあった。一方で、疫病に感染した人間から分泌物を採取し、その少量を含ませた丸薬を使って罹患者の治療を行ったとも伝えられることから、ホメオパシー［★同質療法。治療対象の疾病と同じ症状が出る薬剤を少量投与する治療法］の発明者とまで言われている。人々の疾病の要因を少量摂取させることで、治癒もまた可能であると信じていたのだ。

パラケルススによるそのほかの医学上の業績を挙げると、アヘンの調剤であるアヘンチンキの発明、〝亜鉛〟物質の命名、さらに、水銀の医学的効果の研究がある。彼は、梅毒患者の治療で初めて水銀を使ったのだという。また、現オーストリアのフィラッハ管区で働く鉱夫たちを調べ、彼らの呼吸器疾患は一般的に信じられているような山の精霊の仕業ではなく、粉塵の吸引によるものだと主張したこともあったらしい。

信仰心に篤く、自然や人間に対する全体観的《ホリスティック》で、かつ〈有機体論〉的な構想をもっていたパラケルススは、自然や人間を生きた有機体として研究し——これは今日的な見地と言えるだろう——十七世紀終わりの自然哲学者のあいだで支配的だった自然のメタファー、すなわち機械としてはとらえていなかった。宇宙（＝世界）は男性原理と女性原理に等しく基づいており、調和のもとに構築され、どちらかのジェンダーが優勢ということもない——そう考えていたのである。アリストテレスや当時の医学が唱えた思想で言われたような、受胎の瞬間にあっては女性の種よりも男性の種のほうが重要だと見なす意見に、彼は異を唱えていた。

自身の範と仰ぐパラケルスス同様、ソフィー・ブラーエもまた信心深いキリスト教徒で、愛の重要性、そして治療師という職業への共感を強調している。だが、彼女が治療師としてどれほど活動していたのかについては、よくわかっていない。[124] いずれにせよ医療従事者として公に奉仕することはできなかったはずだが、独立した治療師としての評判はどうやらあったらしく、ソフィーの地位や女性治療師としてのイメージは、ありふれた治療師のそれとは様相を異にしている。結局のところ彼女は、並みの治療師とは違う、教育を受けた貴婦人だったのである。化学を追究したほかの大勢の女性たちと同様、ソフィーもおそらくは、パラケルススの思想にある男性的な力と女性的な力のあいだで奏功する〝宇宙的な平衡性〟という考えに魅了されていたのだろう。

天文学、占星術、医学以外にソフィー・ブラーエが熱を注いだ活動が、貴族女性にはふさわしいと見なされていた園芸である。ソフィーの庭には、母国にあっても珍種であるたくさんの草花、とりわけさまざまなハーブが薬用に栽培されていた。ティコによると、エリクスホルムにあるソフィーの庭は、当時のスカンディナヴィアでも最も見事な庭園だったらしい。自身も熱心な園芸家だった兄が贈った最大級の賛辞と言えるだろう。

パラケルススの医療化学について女性が書いた初めての書物が、一六五六年のフランスで発表されている。それが☆マリー・ムルドラックの『淑女のための、慈しみにあふれる優しい化学』*La chymie charitable et facile, en faveur des dames* で、いくつかの版が出版され、ドイツ語やイタリア語にも訳された。この著作は、化学物質の特性に関するパラケルススの見解をじっくりと紹介したもので、引いてはソフィー・ブラーエの研究室でどのような化学実験が行われていたかも示唆しており、薬剤や化粧品の調合のためのさまざまな化学的手法や原料についても説明が施されている。[125] 一方イングランドでも、家庭向けの化学書が一六五〇年代に多数出版されている。最もよく知られているものとしては、☆レディ・エリザベス・グレイ（1582–1651）の『選り抜きの手引き、もしくは珍らかにして精撰されたる秘密』*A Choise Manual, or, Rare and Select Secrets*、そして☆レディ・アレシア・トールボット（1585–1654）の『自然の内奥』*Natura exenterata* が挙げられるだろう。また、イングランド王チャールズ一世（在位：1625–1649）のフランス人の妻、☆ヘンリエッタ・マリア王妃［★〝アンリエット・マリー〟とも］（1609–1669）に捧げられた〝家庭の化学〟と家庭医学の書、『開かれた王妃の小部屋』*The Queen's Closet Opened* も同時期に出版されている。W・Mというイニシャルのみの著者は、ここに登場する調合法《レシピ》を王妃独自の書き物から直接転記したと主張しているのだった。

ソフィーはなぜ科学書を著さなかったのか？

ソフィー・ブラーエには、当時最も著名な女性教養人になれるだけのすべてがそろっていたし、自身の考えを体系的に述べ、それをテクストで表現する能力もあった。では彼女はなぜ、天文学、占星術、薬化学などに関する書を一冊も出版しなかったのだろうか――しかも、どの分野にも一生涯関心をもち続けていたというのに、である。

ソフィーの兄によれば、彼女にはラテン語の知識が不足していたようなのだが、とはいえそれに熟達するための能力や時間に不自由を覚えていたということはなかったはずである。一六〇二年にエーリク・ランゲと結婚するまで、ソフィーにはあり余る財産があった。彼女が科学研究や執筆活動の表舞台に出てこなかった理由は、ほかにあるのだろう。女性による学問や女性学者というものに対して、同時代の世間全般が何を見ていたのかを考えれば、ソフィーの選択はいっそう理解しやすくなるかもしれない。ルネサンス期を通じて、女性による学問は、未婚の場合に独りいそしむ類いのお堅い楽しみととらえられがちだった。既婚女性であれば、自身の最も重要な役割、つまり母や妻としての務めを妨げる学問など、あきらめるのが当然と見なされていたのである。

現在では、ティコ・ブラーエがソフィーと学者たちとの文通に関する書物を出そうと考え、そこに占星術に関する妹のテクストも掲載しようとしていたことがわかっている。だが、ティコはその出版前に亡くなり、ソフィーによる手稿も失われてしまった。ただしティコが書いた序文は残っていて、そこに妹のテクストを出版しようとした理由が記されている。「天文学理論の構築などは、女性にはまったくもって抽象的で複雑にすぎ、女性がそこに関わるべきではないため、私は妹に、そのようなことはやらないよう真剣に言い聞かせた。だが生まれつき頑固で、強い自信をもつ妹は、こと知的な事柄とあれば、たとえ男相手にでも屈しようとはしなかった。それどころかソフィーは、以前にも増して精力的に調査に没頭すると決心し、占星術の基本原理を次々と学んでいった。[126]（……）私が思うに、天文学を本当に理解し、科学の基礎に基づいてそれを追究している女性など、これまでどこにもいなかったはずだ。尊敬を集めたいと願う男性諸君のあいだでさえ、占星術の真髄を把握している人物はほんの少数なのである[127]」

ティコ・ブラーエは妹による科学の追究を励ましはしたが、女性も男性のように自分の時間を研究につぎ込むべきだとまでは思っていなかった。有能なソフィーには、助手を務めて兄の客人を楽しませる力があり、問われれば自分の意見を披露することさえできたはずだが、にもかかわらず彼女にとっては、野心的な兄の陰に隠れているほうが体裁上も楽だったし、そのうえ自立した科学者としてやっていこうとすることは不適切にも思え、実際それはまったくもって不可能でもあったのだ。

天文学、占星術、薬化学への関心は、ソフィー・ブラーエの世界観全体を支え、その中心にはパラケルススによる大宇宙《マクロコスモス》と小宇宙《ミクロコスモス》の相関という概念《イデア》があった。科学論文のかわりに、ソフィーは六十ものデンマーク貴族の家系に関する詳細な歴史を記し、家系学的な情報源に対する重要なアプローチを展開した。家系の徹底研究や学者たちとの文通は、科学への大きな野心と執筆への強い衝動がソフィーの裡《うち》にあったことを示している。だからこそ彼女は、純粋な挑戦の機会を与えてくれる中立的な分野を選んだのである。ソフィー・ブラーエの世代の教養ある女性たちは、男性と同じように宇宙の構造や天文学に関する公の議論に加わることこそできないものの、家系図の研究であれば、自分たちの領域を侵されたと考えがちな男性を不快にさせることもない。ソフィー・ブラーエの科学への情熱は、当該の学術史に居場所を見出せなかったとはいえ、デンマークの貴族女性のサロンで名を上げるには充分なものだった。たとえ彼女が一本の科学論文すら発表していなくとも、女性教養人としての名声は今なお兄とともに生き続けている。

マリア・クーニッツ：戦火の陰での科学

シレシア（シュレジエン）生まれのマリア・クーニッツは、子供の頃、父親がティコ・ブラーエの〝ウラニボルク〟に滞在したときの話を聞くことを大いに好んだ。医師である父ハインリヒ・クーニッツは、最低でも一年はヴェーン島に滞在したことがわかっている。彼はウラニボルクで、自身の天文学研究のみならず、学識のある女性の理想像と実際に見《まみ》える素晴らしい機会を得て、その恩恵を娘にも与えようと考えた。ソフィー・ブラーエは極上の模範であり、ハインリヒ・クーニッツは、我が子にも語学や天文学や数学を学ばせるべきだと確信したのである。

　娘の学業を応援してくれる家族のそばにいられることは、マリア・クーニッツにとって大きな幸運だった。五歳にしてドイツ語を読みこなすようになった彼女は、長じてポーランド語、イタリア語、フランス語という三つの近代言語も流暢に操れるようになり、さらにはギリシア語、ラテン語、ヘブライ語といった古典語にも習熟していた。この驚異的な語学力により、マリアは実質的にヨーロッパにおけるいかなる科学議論であろうとも、言語や文化の境界を越えて対応できるようになったのである。彼女の父親や、そしてのちに彼女の夫となるエーリアス・フォン・レーヴェンも、ポーランドのヨハネス・ヘウェリウス［★〝ヤン・ヘヴェリウシュ〟とも］（1611–1687）やフランスのイスマエル・ブリオ（1605–1694）のような、当時の傑出した天文学者と接点をもてるよう助力を惜しまなかった。父のみならず、夫も熱心な天文学研究者だったのである。だが、優れた科学論文を書き上げたのは、マリアただひとりだった。

十七世紀に中産階級の女性が天文学を学ぶことは、たやすいことではない。シレシアの僻地にある小さな町ピッチェン（現ピチナ）の人々は、天文学に関心をもつ娘を冷ややかに眺めていた。昼間に眠るマリアが、夜になると起き出し、教会の教えや公衆道徳に反するような怪しげなことをしている。そんな噂も流れた。教養ある女性は、科学を追究する権利を絶えず守らなければならず、彼女にとって町の偏狭な雰囲気はさぞ息苦しかったに違いない。とはいえ、魔女として裁判にかけられるリスクを冒し、カトリックの宗教裁判所の注目を惹きでもしたら、いっそう危険なことになる。マリア・クーニッツも父も、プロテスタント信仰を告白しており、宗教裁判所の判決に拘束力はないが、だからといって安全とも言えなかった。宗教改革と反宗教改革の波は、ドイツとその近隣の町や村のあちこちを襲っていた。カトリックにしろプロテスタントにしろ、双方とも自らの信仰を守るため、次々とほうぼうの村や町を〝征服〟せざるを得なかったのである。

三十年戦争のあいだ、最初はスウェーデン王グスタフ二世アドルフ（在位：1611–1632）、その後は皇帝フェルディナント二世の各軍隊によって、神聖ローマ帝国の領土はひどく荒らされることになった。ほかのドイツ語圏の天文学者や数学者と同様、マリア・クーニッツもヨハネス・ケプラーも、ほぼ時期を違《たが》えずに家族ともども戦争の恐怖から逃れているが、とはいえ両者の道筋は一度として交わることはなかったようだ。ケプラーが唱えた天界の機構を学ぶことを自身一生の課題としたクーニッツは、彼の天文表に数学的な改良を加えていくわけだが、この偉大な先人がそれを目にすることはついになかったのである。

クーニッツとケプラーには、占星術に関するある共通の〝縁〟があった——アルブレヒト・フォン・ヴァレンシュタイン（1583–1634）である。神話的とさえ言える広範な声望を高めつつあった神聖ローマ帝国皇帝フェルディナント二世のもとで軍司令官を務めていたヴァレンシュタインは、一六二六年にシレシアのマリア・クーニッツの家で数日を過ごした。熱狂的なカトリック皇帝に仕える軍司令官は、クーニッツ一家がプロテスタント信徒であることなどまったく気にかけなかった。マリアの父親はこの地域で最も優れたホロスコープ作成者だと言われていて、ヴァレンシュタインはその一家の世話になることにむしろ興味を抱いたのである。彼は表向きこそ皇帝麾下の将軍だったが、自分自身の戦争を戦っていることは誰の目にも明らかで、従軍志願者とあれば誰でも迎え入れ、ヨーロッパ全土から集めた傭兵によって軍を組織した。カトリックの皇帝に仕えていても、傭兵軍の指揮官の大半はプロテスタントだったというわけで、ヴァレンシュタインにとっては、国籍や宗教よりも、自分の地位に対する懸念や、信じるに足る占星術的な予言のほうが重要だったのだ。前の皇帝に仕えていた宮廷占星術師で優れた天文学者のヨハネス・ケプラーに、自らホロスコープの作成を依頼したこともある。この裕福な権力者からの庇護を取りつけ、たえず苦しい生活への援助を受けられるようになり、ケプラーは喜色満面だったという。

一六二八年、ヴァレンシュタインは、ケプラーが家族の安全を守り研究に集中できるよう、シレシアのザーガンという平和な町への転居を援助した。資料によれば、クーニッツとケプラーは少なくとも一年は同じ地域に住んでいたことになるが、出会いは一度もなかったようである。当時のマリア・クーニッツは、ケプラーが前年に発表した天文表、すなわち〈ルドルフ表〉を熱心に学んでいた。とはいえ、ケプラーがシレシアに居心地のよさを感じることはついぞなく、地域に宗教的な暗雲がたちこめ、野火のように広がり出すと、元いた土地への未練は新たな不安へと変わっていくのだった。しばらくのあいだはやはりザーガンにいたヴァレンシュタインから特別な保護を受けていたが、一六三〇年、選帝侯たちからの圧力で、皇帝は勝利をもたらしたこの軍司令官を退任させざるを得なくなる。ヴァレンシュタインからの庇護を失ったケプラーは、家族を支えるためにかつて職を得ていたリンツへと赴き、未払いの報酬を集めてくるしかなくなった。シレシア全体が戦場となったその頃ともなると、リンツへの旅路は非常に危険なものだったらしい。時を同じくして、マリア・クーニッツも夫とともに、シレシアからポーランドへと逃れていた。ケプラーは二度と家族のもとへは戻れず、死の床で司祭に、カトリック、プロテスタント、カルヴァン主義者の全員がともに生きられるようになることを望むと語った。伝えられる話によれば、このとき司祭は、キリスト教徒たちが和解する前に地獄が凍りついてしまうだろうと返答したのだという――これで死にゆく天文学の改革者が慰めを得られたとは、どうにも考え難い。

ドイツで戦争が続くあいだ、マリア・クーニッツとその家族は、プロテスタントであるにもかかわらず、ポーランドのオウォボクにあるカトリックの修道院に避難していた。マリアはそこでも尊敬するヨハネス・ケプラーの研究について学び続け、自分自身の天文計算を生み出していく。皇帝フェルディナント三世［★一六三七年に二世の跡を継いだ］への手紙の中で、[128] クーニッツは自著『慈悲深きウラニア』への好意的な検閲を懇願し、さらにシレシアの状況を伝えている。この手紙は一六五〇年以降に書かれたもので、反宗教改革運動により十年以上も続いたシレシアの不穏な状態が記されている。クーニッツとケプラーの両天文学者は、天界の驚異に没頭できるような隠れ家を手に入れることができたとはいえ、その人生の大半にわたり、戦火の陰での研究を強いられたのだった。

三十年戦争の終盤にドイツにもたらされた被害の多くは局地的なもので、換言すれば戦時下にあっても平和な生活を営む土地が多くあり、驚くほどの数の中産階級女性がプロテスタントのドイツ語圏ヨーロッパ国家で高い教育を求めるようになっていた。だが、ほかのヨーロッパ諸国と同様、依然として女性は大学から歓迎されていない。ラテン語に堪能であれば女性もまた書物の翻訳を許されはしたが、自然科学の追究となると決して推奨されはしなかったようである。[129] 自然科学が流行するのは、それ以前は自然哲学と呼ばれていたこの学問に関する一般読者向けの著作が書籍市場に出まわりはじめる、十八世紀の啓蒙時代に入ってからのことである。

十七から十八世紀にかけ、ドイツ語圏ヨーロッパで天文学に真剣に取り組んだ女性は、マリア・クーニッツのほかに四人いる。ヨハネス・ヘウェリウスの二番目の妻☆エリーザベタ（1647–1693）、☆マリア・クララ・アイマルト

（1676–1707）、☆マリア・ヴィンケルマン＝キルヒ（1670–1720）とその娘の☆クリスティーネ・キルヒ（1697–1782）である。とはいえ五人の中で科学的著作を執筆し出版することができたのは、ただひとり男性天文学者の助力なしに自身のキャリアを築き得たマリア・クーニッツだけだった。

宇宙の四つのモデル

十七世紀ヨーロッパの天文学者であればみな等しくそうなのだが、マリア・クーニッツにもそれぞれ支持者のある四つの異なる宇宙モデルが選択肢として用意されていたと言えるだろう。まず大学や南方のカトリック地域では、アリストテレスとクラウディオス・プトレマイオスによる古《いにし》えからの地球中心モデルが強い支持を集めていたし、一方で異端審問から距離を置くプロテスタント地域の学者らはコペルニクスの太陽中心モデルを徐々に受け入れるようになっていた（そもそもこの説を異端視していたはずのカトリック教会内においてさえも、こうした動きはうかがえた）。プトレマイオスとコペルニクスがそれぞれ説いた要素の折衷と言える第三のモデルを、独自の研究を通じて提唱したのがティコ・ブラーエである。彼のモデルにおいては、プトレマイオスの宇宙観同様に地球が中心に置かれ、その周囲を太陽と月が軌道を描いて回っているのだが、惑星はといえばコペルニクスの考えを踏襲したかのように太陽の周りを巡っている。ガリレオ・ガリレイに言わせれば、これは「まったくの狂気の沙汰」だった——そもそも神が、そのような矛盾した代物を創造するはずがないのだ。

そして最後に、第四のモデルを提示したのがヨハネス・ケプラーである。彼はコペルニクス以降初めて、地球を含む各惑星が太陽の周囲の軌道上にあることを示そうとした天文学者だった。一五九六年に出版された著書『宇宙の神秘』*Mysterium cosmographicum*［★大槻真一郎、岸本良彦訳、工作舎］において、ケプラーは、神の計画に従って宇宙を支配する正確な幾何学的秩序を提唱した。数学を、昔日のピュタゴラスの学説と一致する科学的な結論を引き出すだけの道具としてでは

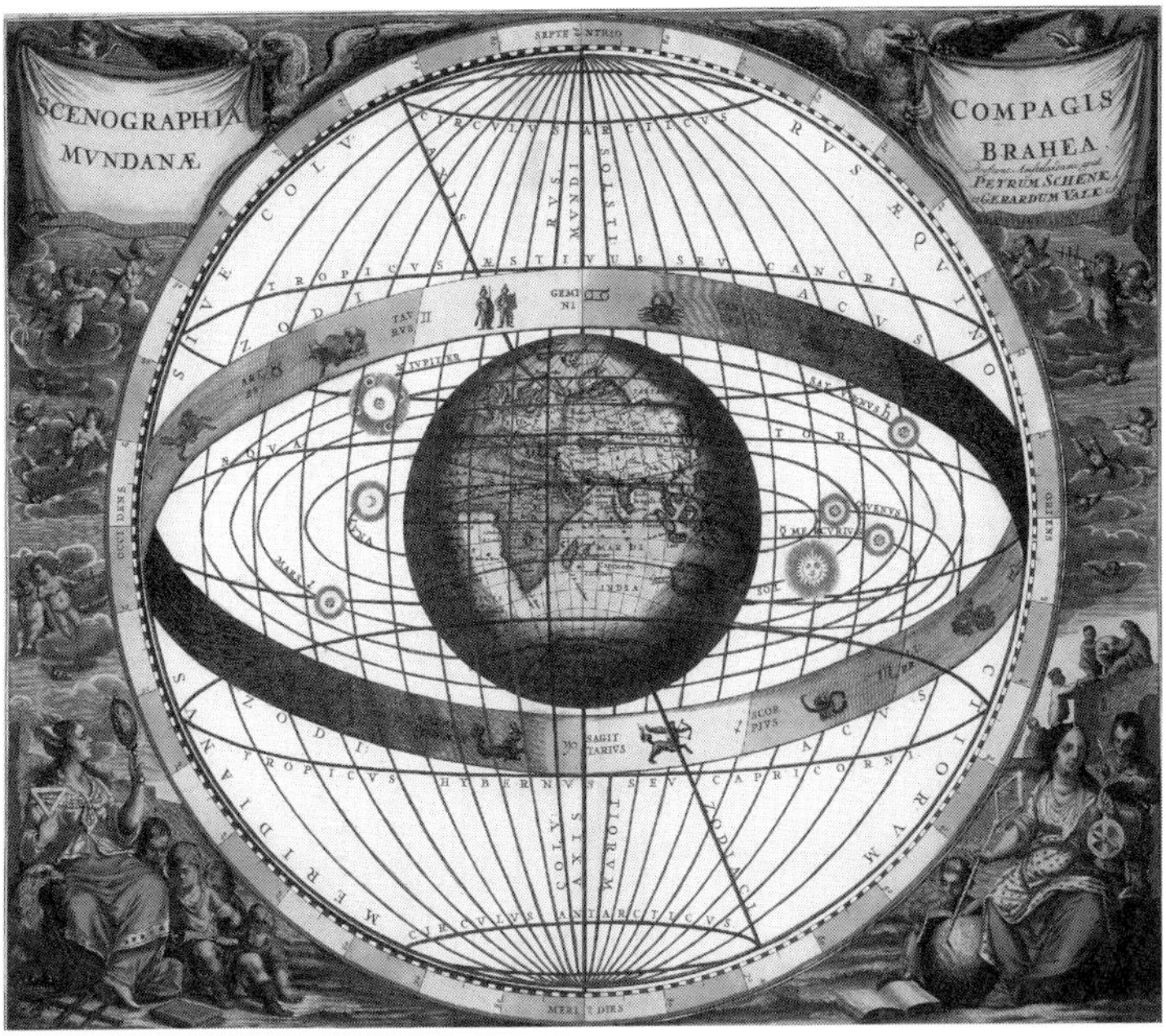

◉51……アンドレアス・ケラリウス『大宇宙の調和』(1708版)収載のティコ・ブラーエ的宇宙モデル。古代ギリシアからの教えの通り、まだ地球が中心にあるが、惑星は太陽の周りを回っている。

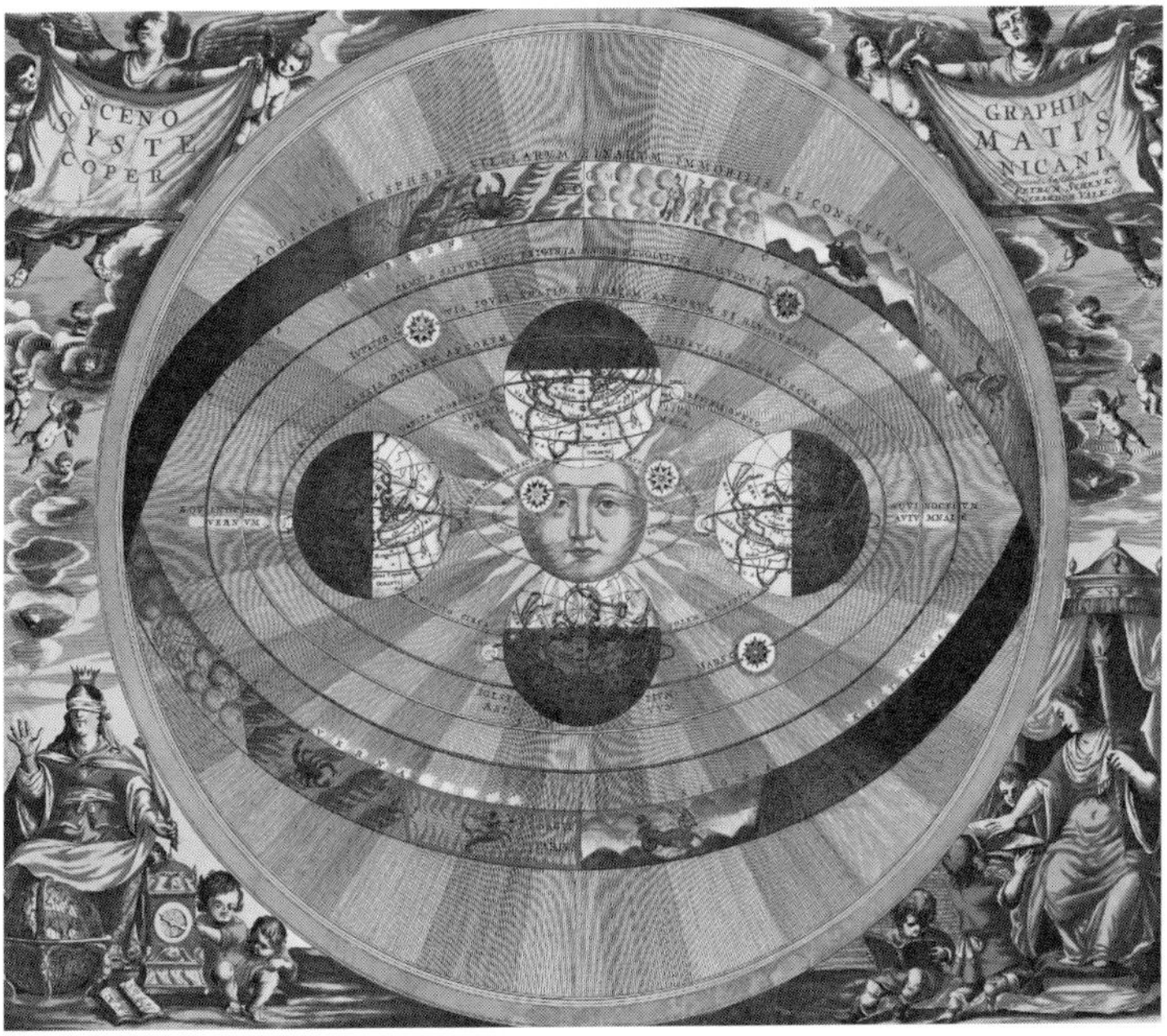

◉52……同書収載のコペルニクス的宇宙モデル。この太陽中心の宇宙では、地球を含むすべての惑星が太陽の周りを回っている。

なく、宇宙の真髄となる性質を明らかにする唯一の手段として用いたのである。彼は宇宙を調和した統一体として眺めながら、はるかな過去に生じた幾何学的な形状が精密な秩序をもってそこで繰り返されているものと考えた——神のシステムには混乱の入る余地などないのである。こうした数の神秘は、古代の知恵や東洋の宗教から題材を得た〝ニュー・エイジ〟文学の中、いまだに存続している。[130]

火星の軌道を九年間研究し、自身の観測とティコ・ブラーエの正確な観測結果とを比べ、コペルニクスのモデルとの融和を試みたケプラーは、惑星の軌道が円ではなく楕円であることに気づいた。独創的な幾何学公式を考案した彼は、それを使って楕円軌道を提示し、計算することに成功したのだ。〈ケプラーの第二法則〉によれば、惑星と太陽を結ぶ直線は、同じ時間周期で同じ面積の領域を移動する。つまり、軌道を描く天体は、太陽に近いほど速く、遠いほど遅い速度で動いている。ケプラーはこうした新しい発想と計算を、一六〇九年の著書『新天文学』*Astronomia nova*［★岸本良彦訳、工作舎］で提唱したのだった。

コペルニクスのモデルとケプラーのモデルはどちらも太陽中心型だが、後者では、もはや惑星は水晶の球体に貼り付きもせず、それぞれの楕円軌道に沿って〝自由に〟動いている。では、何が惑星を軌道にとどめているのか？ケプラーは太陽の力によるものだと考え、こう論じた——太陽には、そもそも磁力がある。この現象の正しい説明はニュートンの〈万有引力の法則〉の登場を待たなければならないが、このケンブリッジ大学の偉大なる研究者に先立つこと五十年前、最も真理に近づいていたのはケプラーただひとりだった。だが、同時代人で彼の研究に興味を示したのは、ほんの少数にすぎない。物理学の偉大な改革者にして望遠鏡の発明者のガリレオ・ガリレイでさえ、ケプラーの概念《イデア》を称賛するだけの準備は整っていなかったのである。ガリレイの嘲笑は、科学者としての双方の気質の違いゆえだったのかもしれない。偉大な発明家であり、優れた実験手法の開発者であるガリレイとは対照的な、傑出した理論家にして数学者——それがケプラーなのである。ガリレイは、イタリア語の対話形式で大衆受けする研究について綴り、それによってコペルニクスの宇宙観に関する知識を見事に開示してのけたが、ケプラーはといえば、自身の科学的著作をすべてラテン語で記し、難読で重々しいと揶揄されるほどの表現形式を好んだわけで、そのうえ彼のピュタゴラス派ばりの数秘術は、ガリレイのような実践家肌の科学者にとって至極そぐわなくものだった。結局のところ、ケプラーの著述に純粋な熱狂を覚える者は、マリア・クーニッツような少数の数学者たちに限られていたのである。

ウラニア・プロピティア（慈悲深きウラニア）

『慈悲深きウラニア』の冒頭には、マリア・クーニッツの夫エーリアス・フォン・レーヴェンによる前書きがあり、この著作はすべて妻が書いたもので独自の観測や調査に基づいていると念を押しつつ、彼は次のように記している。「（……）この天文学についてのテクストがいよいよ公になる。数多の法廷や教授たち、数多の検閲や判断、さらに数多の読者たちによって吟味されることは疑いなく、好意を示す者もあれば悪意の目を向ける者もあるだろう」[131] ヨーロッパの多くの国々では、法的な慣例として夫が妻の後見役に当たることになっており、マリア・クーニッツとエーリアス・フォン・レーヴェンの場合もまた、妻が夫に隠れて科学研究を行っていたわけではなく、妻や母としての重要な義務をごまかしたり放棄したりしたわけでもないことをまず訴えたいと考えたのである。

序文の中、マリア・クーニッツは勇敢にも科学研究に従事する自身の権利を主張しようと試みた。子供の頃、愛する父がどのように言語や歴史や数学や天文学を教えてくれたのかという記述にまず紙幅を割いた彼女は、そこで音楽や絵画などの女性に適切とされるたしなみも身につけたと述べたうえで、天文学研究というものは平素夜間に行われ、最もおろそかにできない妻、あるいは二児を抱える母という役割の妨げにはなりようがないと読者に訴えつつ、何を措いても重要な義務を第一に済ませ、そのあとで天文学の追究に集中してきたことをとりわけ強調したのだった。マリアが自分の主要研究に二十年以上を費やした事実も、この謂いによって説明がつくだろう。彼女はさらに続けて、常に謙虚な気持ちで、敬意をもち、神の栄光のために科学研究に従事していきたいと考えていることを、読者に伝えようとしている。

五百五十二ページにわたる天文学の大著『慈悲深きウラニア』は、二つの言語（ラテン語とドイツ語）によって記され、学問上、最も本質的な四領域――すなわち天体観測、機器、理論、そしてそれらに関連した数学を含めた天文表――で構成されている。表題ページの「過去、現在、未来のどの時点の惑星の動きもすべて手軽に示し得る、新しく、簡単で、待ち望まれた天文表」[132]という言葉が示唆する内容の数倍も徹底した研究書と言えるだろう。ちなみに同書は、ハプスブルク家の血脈に連なる当時の神聖ローマ帝国皇帝、フェルディナント三世に捧げられている。

マリア・クーニッツは著書において、自身の名がティコ・ブラーエやヨハネス・ケプラーと関連づけられるように望んでおり、実際、天体観測に関してはティコ・ブラーエの継続的かつ系統的な観測方法を支持する立場を取っている。厳密な観測を常に行うわけではなかったブラーエ以前の研究者に比して、クーニッツはおおよその目視だけでは精密な運行を判じかねることを理解していたのである。とはいえ彼女の場合、高価な大型望遠鏡はもちろん、常設の天文台を所有することもかなわず、戦争の脅威から逃れるときにも容易に運べる、手持ち式の小型機器でこと足れりとするしか道はなかった。

天文理論の章では、惑星が太陽の周りを各自の楕円軌道で〝自由に〟回っていると提唱する、ケプラーの太陽中心モデルが詳説されている。このモデルがまだ世界の科学者連の賛同を得ておらず、天体の位置もプトレマイオスのモデルに従って計算され、そうした筋の書物も出版され続けていた一六五〇年代の状況からしても、異例と言えるだろう。太陽中心の宇宙観を擁護すればカトリック教会の教えに反してしまうため、多くの天文学者は対立を避けるべく、太陽中心説を今ひとつの理論的な計算モデルである〝仮説〟として扱っていたのである。

いずれにせよマリア・クーニッツの数学研究が、精密な天文機器の不足によって妨げられることはなかった。むしろ『慈悲深きウラニア』が果たした最も重要な科学的貢献は、天文表や、それに関連する数学を扱ったことにあるのだ。彼女はケプラーの研究を高く評価し、一六二七年に発表されたこの先人による〈ルドルフ表〉をじっくりと学んだ。表題が示すように、この天文表は、ボヘミア、ハンガリー、そして神聖ローマ帝国の科学や芸術を保護したいくぶん風変わりな君主、ルドルフ二世（在位：1576–1612）に捧げられている。ケプラーの作成したこの天文表は、当時にあって最も正確なものではあるが、クーニッツに言わせれば、不要なまでに複雑化された数学が使われていた。ケプラーはいかにも傑出した数学者だったが、ある時期の惑星の運行や位置の解析に、彼自身が示した以上に簡便な計算法があることに気づいたのは、ほかならぬクーニッツだったのである。

科学が基本的に目指すひとつの到達点は、研究対象とする現象をできるだけ単純かつ明瞭に示すことにある。クーニッツが修正を加えたことで、ケプラーの天文表はより簡単に扱えるようになった。彼女が提案したのは、天体の一日の動きや、惑星の長期的な動きを計算する新しい方法で、さらには月食や日食の予測やそれに関連する計算法にも改良を加えている。

マリア・クーニッツの『慈悲深きウラニア』は、天文学における〈ケプラー問題〉を数学的に解決しようとする試みをつなぐ、歴史的に重要な鎖の環《わ》となった。数学者たちは、見かけ上単純な天界の構造を前にしながら、楕円軌道を描く天体の運行に関わるこの複雑な問題に取り組み続けていたのである。〈ケプラー問題〉という呼称は、むろん惑星の軌道を楕円とした最初の人物に由来しているが、さらに彼はその楕円という形自体が太陽に関わっていることにも気づいていた。あのニュートンでさえ、重力と、そして惑星の軌道に及ぼすその影響についての理論を発展させる際、ケプラーの見識を入念に調べ上げたうえで自身の理論に適用しているほどだが、にもかかわらず彼の論を参考にしたとは公言していない。〈ケプラーの法則〉[133]や〈ケプラー問題〉の解は、現在もなお人工衛星の軌道設計に用いられている。

マリア・クーニッツがケプラーの研究に加えた数学的改良は、同時代の教養人に称賛されたが、実際にはクーニッツが望んだほど広い範囲では用いられなかったようである。フランスの天文学者イスマエル・ブリオなども、クーニッ

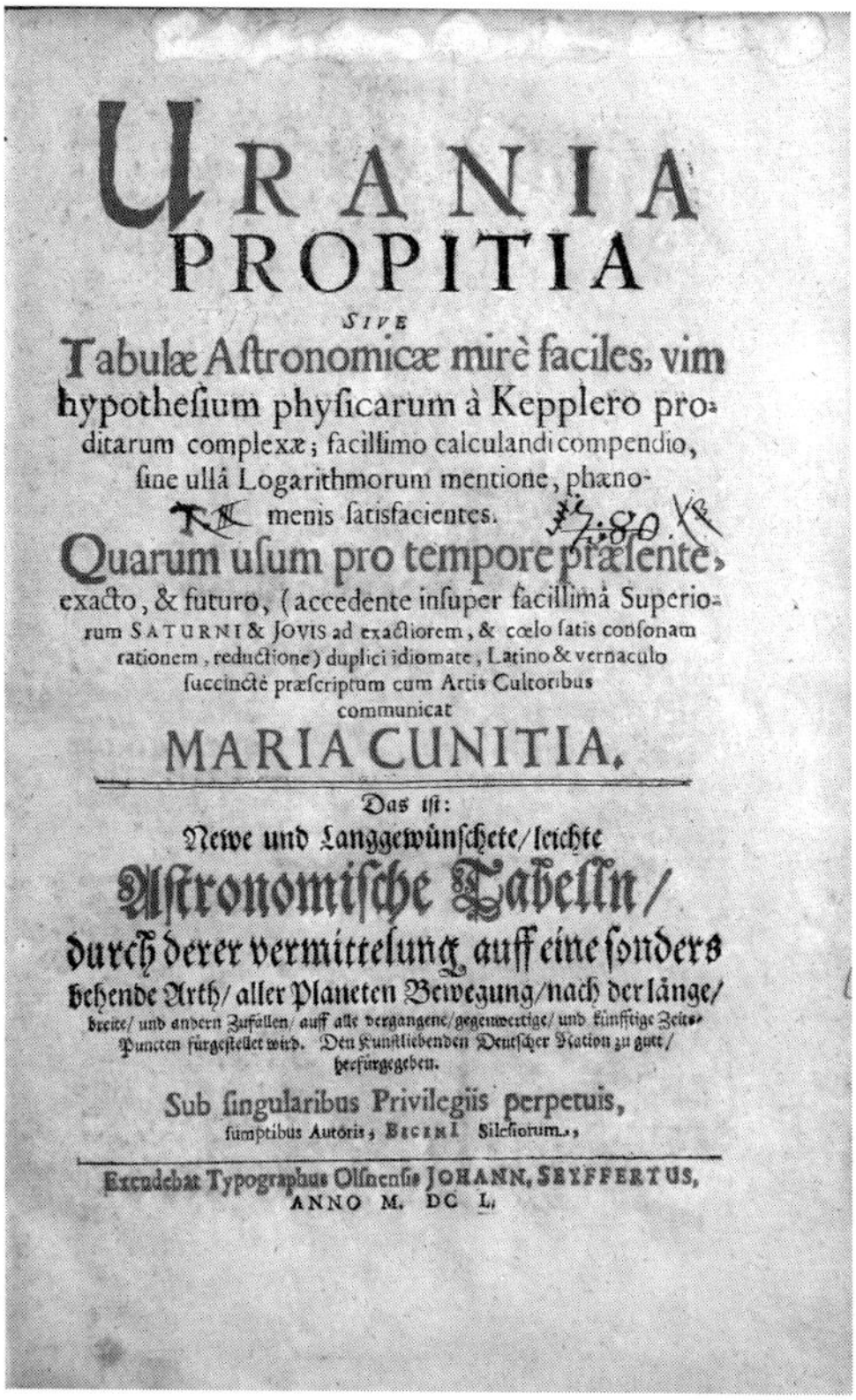
URANIA
PROPITIA
SIVE
Tabulæ Astronomicæ mirè faciles, vim hypothesium physicarum à Kepplero proditarum complexæ; facillimo calculandi compendio, sine ullâ Logarithmorum mentione, phænomenis satisfacientes.
Quarum usum pro tempore præsente, exacto, & futuro, (accedente insuper facillimâ Superiorum SATURNI & JOVIS ad exactiorem, & cœlo satis consonam rationem, reductione) duplici idiomate, Latino & vernaculo succinctè præscriptum cum Artis Cultoribus communicat
MARIA CUNITIA.
Das ist:
Newe und Langgewünschete/ leichte
Astronomische Tabellen/
durch derer vermittelung auff eine sonders behende Arth/ aller Planeten Bewegung/ nach der länge/ breite/ und andern Zufällen/ auff alle vergangene/ gegenwertige/ und künfftige Zeitpuncten fürgestellet wird. Den Kunstliebenden Deutscher Nation zu gutt/ herfürgegeben.
Sub singularibus Privilegiis perpetuis, sumptibus Autoris, BICINI Silesiorum.,
Excudebat Typographus Olsnensis JOHANN. SEYFFERTUS, ANNO M. DC L.

◉53……マリア・クーニッツ『慈悲深きウラニア』（１６５０）の表題ページ。上下段がそれぞれラテン語とドイツ語で記されていることに注目されたい。

ツの天文表が数学的に改良されたものであるにせよ、自身の天文表よりは正確性に欠けると論じている。実のところ、ブリオのものも含め、ケプラーのあとをとって発表された天文表はどれも、いくつかの惑星の計算に誤りがある。とはいえ、クーニッツの『慈悲深きウラニア』は完全に忘れ去られたわけではなく、十七世紀の終わりから二十世紀の初めにかけて書かれた三十以上の文献に引用されている。[134] マリア・クーニッツは当時の著名な天文学者たちと手紙のやりとりをしていたが、当時の慣習に従い、返事は彼女ではなく夫へ宛てた手紙として来るのが常だった。そしてこれらの書簡は、研究記録とともに詳査や公表の機会を永久に逸してしまう。一六五六年の火災によって、大半が失われてしまったのである。

『慈悲深きウラニア』は、宇宙から眺めた日食の描写で締めくくられている。日常の視点から我が身を引き離し、自身やその周辺や全宇宙を意外な見地から考察するクーニッツの能力は、あらゆる偉大な先駆者と共通していると言えるだろう。ヨハネス・ケプラーは初と言われるＳＦ小説をものし［★『宇宙の神秘』*Mysterium cosmographicum*（1596）、邦訳『ケプラーの夢』（渡辺正雄他訳、講談社学術文庫）］、月から見た地球の姿を考察した。また、二十世紀初めに〈相対性理論〉を生み出したアルベルト・アインシュタイン（1879–1955）は、光線に乗るという概念《イデア》をいじりまわすうちにこの理論を思いついたと述べている。

国家プロジェクトとしての科学

時代の気風も手伝ってか、科学の追究には高尚な道徳上の目的があるべきだと信じたクーニッツは、自己の知識や技能を科学という領域における同胞の利益に活用されるよう熱望する、と誠実な心情を書き残している。この〝熱望〟という表現からは、クーニッツの女性教養人としての強い自負や、自らがジェンダーに関わりなく科学に貢献できる何かを保持しているという揺るぎない信念が感じられる。彼女は、ラテン語を解する天文学者のみならず、読み書きができる程度のドイツ語圏の人々にも呑み込めるような、自らの母語で書かれた最新の天文学研究を著そうとしていた。たとえば当時の重要な読者である船乗りの場合、いかにも天文学の知識を航海術に活用していたとはいえ、首導者である船長や舵手が必ずしもラテン語に堪能というわけではなかったのである。

十七世紀ヨーロッパの科学や学問の世界では、依然ラテン語が共通の言語で、マリア・クーニッツは確かにラテン語を読める一方でドイツ語が覚束ない人々にも自著を読ませたいと望んでいたものの、その二つ以外の言語に翻訳しようという意志までは示していない。著作権という考えのなかった当時、翻訳によって内容が変わってしまったり、ときにはねじ曲げられて伝えられたりという危険が常にあったのである。

クーニッツは、ラテン語を読めない層であっても、男女の別なく科学を学べるようになることを最も望んでいた。科学は国際的な学者だけの〝娯楽〟にとどまらず、国家的な〝目的の達成〟にも使われるべき、という持論のゆえだが、実のところ、こうした姿勢は彼女だけのものではない。一六一七年頃には、ヨーロッパのドイツ語圏で活動するさまざまな分野の学者が、〝実りをもたらす会《フルッフトブリンゲンデ・ゲゼルシャフト》〟と呼ばれる協会に参加し、科学言語としてのドイツ語の標準化を目指していたのである。とはいえ、ドイツ語圏でも、ヨーロッパのそれ以外の地域でも、最も重要な科学研究は先述の通りラテン語で行われていたわけで、『慈悲深きウラニア』のドイツ語部分もまた、ラテン語部分よりも読みやすく書かれてはいる。前者は素人向けに、後者は天文学者向けに記されているため、両言語の内容は重なるものの、厳密に同じというわけではなかったのだ。

一般の教育水準が上がるにつれて科学教育を受ける人々の比率はさらに増え、自然哲学はもはや上流階級や教養人の占有物ではなくなり、識字力と余暇がある者であれば誰であれ追究が可能になった。『慈悲深きウラニア』は、科学における業績を一般に広める試みの有意義な模範であり、女性科学者の偉業としてもとりわけ注目すべき画期的な書物だと言える――同書は、ヒュパティアの科学論文から千年以上を経て、女性が初めてものした意義深い天文学と数学の研究書なのだ。そして著者マリア・クーニッツはといえば、女性も科学に献身できることを自ら示そうとした人物なのであり、科学の恩恵を受ける側になることもある女性が、実のところ科学の真剣な〝創造者〟にもなれるというそのことが、何よりも注視されるべきだろう。クーニッツは、女性の精神や知性という財産を無駄にすべきではないとして、社会全体の利益のための仕事を与えられることが妥当だと考えていた。いずれにせよ『慈悲深きウラニア』から発せられた良識と忍耐の吉報は、新しい知的な空気が生まれる予兆となる。時代は依然として予測不能であり、空がいつまた魔女の火刑から立ち昇る残忍な煙で暗くなるのかという不安を抱えながらも、ヨーロッパは啓蒙時代の入口の際《きわ》までその歩みを進めていたのである。

✴第Ⅳ部　十七・十八世紀の教養ある貴婦人、科学の冒険者、そして匠《アーティザン》

「何かを出版したことのある女性は、私ひとりではない。理性とは無性《むせい》なのである。女性の理性を男性のように鍛え、同等の時間と精力を教育に注げば、男性に引けを取らない能力をもち得る」[135]――フランスの女性教養人マリー・ムルドラック（1610頃–1680）の書いたこの言葉は、一六五六年に出版された彼女の教本『淑女のための、慈しみにあふれる優しい化学』の序章に表れている。ムルドラックはルネ・デカルト（1596–1650）との面識こそなかったものの、理性は大学に所属する男性にのみ与えられるものではなく、女性も含む万人に授けられているとするこの思想家に賛同していた。デカルトは、広範囲にわたる知友と交わした文通によって、自身の新しい哲学を伝えていったわけだが、中でも最も大事に思っていたお気に入りの交際相手が、深い学識の持ち主であるプ☆ファルツ公女エリーザベト（1618–1680）だった。この二人のあいだで交わされた熱心な書簡は、十九世紀から広く研究されるようになり、今なお多くの学識者の興味を惹いている。

宗教戦争の動乱に苦しめられた十七世紀のヨーロッパからは、社会階級やジェンダーの平等を求める新しい復興運動に身を投じる活動家が輩出され、あらゆる階級の人々を惹きつけた。この時期のオランダで最も著名な女性教養人、ア☆ンナ・マリア・ヴァン・スフールマンは、フランス人の熱烈なプロテスタント伝道者ジャン・ド・ラバディ

◉54…………17世紀イングランドの公爵夫人マーガレット・キャヴェンディッシュは、ヨーロッパで初めて堂々と自分の学識を示した女性のひとりであった。彼女の著書『自然の図像集』*Natures Pictures*（1671）の口絵では、アテナとアポロンを両脇に配した教養の女王に自らをなぞらえている。

（1610–1674）のはじめた運動に参加し、大勢の人々に衝撃を与えた。宗教的な覚醒に衝き動かされた彼女は、ラバディスト（ラバディ信奉者）としての信条を個人的に強く擁護し、神学と哲学の論文としても重要な著作となる『正しき選択』*Eukleria*という一冊をラテン語で著している。

そして、イングランドの教養ある伯爵夫人☆アン・コンウェイ（1631–1679）もまた、貴族が認めようとしない運動であるクエーカーの諸々の活動に参加した人物で、自己の信仰と哲学的思索に触発されて記した『往古および現代における無上なる哲学の諸原理』*Principles of the Most Ancient and Modern Philosophy*が、彼女の死後となる一六九〇年に出版されている。近年、ドイツの優れた思想家ゴットフリート・ヴィルヘルム・ライプニッツ（1646–1716）の広大な執筆用別荘で見つかった手紙の調査が行われたが、そこにはコンウェイの著述に大きな関心を寄せていたことや、自身の思想との類似点をいくつも見出していたことなどが綴られていた。[136]

十七世紀後半になると、国際貿易と併行した文化的生活が花開くことになる。一六六〇年、ヨーロッパで初めて国王が認める科学学会《アカデミー》となった王認協会（ロイヤル・ソサイエティ）がロンドンで設立され、実験をとも

◉55……マリア・ジビーラ・メーリアン『ヨーロッパ昆虫誌』*Histoire des insectes de l'Europe*（1730）より、ラグド・ロビン［★ragged robin＝ぼさぼさのニセアカシア］と蛾。

なう自然哲学の追究を標榜していくのだが、ここで導入された科学機器（顕微鏡や真空ポンプ）に批判的な姿勢を取ったのが、イングランドの多作な著述家で哲学者の☆マーガレット・キャヴェンディッシュ（1623-1674）である。記述によれば、協会が称賛するこれらの〝玩具〟や、協会が操作したと思われる〝奇跡〟は、必ずしも世界に関する良質かつ正確な情報を与えてくれるものではないのだという。検査やそこで使われる器具は、確かに自然がどのように機能しているのかを教えてくれるかもしれないが、なぜそうなるのかは教えてくれない――キャヴェンディッシュは、辛辣な調子で協会の紳士連に訴えたのだった。

　三十年戦争が終わると、北ドイツのプロテスタント地域でも経済や文化の復興がはじまり、ドイツにあって高位の職業と見なされていた出版業者が、☆マリア・ジビーラ・メーリアン（1647-1717）のような影響力のある博物学者や挿画家に、作品を広めるための好機を提供していくことになる。メーリアンは、自ら出資して科学的な〝冒険〟に乗り出した初の女性で、南米のスリナムへと旅をし、そこで行った調査をもとに博物学書を執筆した。虫の変態《メタモルフォシス》に関する彼女の研究は昆虫学の先駆けとなり、関連の学問分野の進歩に大きな影響を与えたのだった。

　また、十七世紀の最後の年にはベルリンで科学アカデミーが設立され、ゴットフリート・キルヒ（1639-1710）が初となる公認の天文学者の役職を自身の天文台で拝命したが、責務の遂行を独力だけに頼らなかった彼の助手を十年の任期中にわたって務めた人物が、妻のマリア・ヴィンケルマン＝キルヒである。

✵ 12 オランダ女性による知のレース編み
――プファルツ公女エリーザベト（1618–1680）／アンナ・マリア・ヴァン・スフールマン（1607–1678）

［エリーザベト］公女殿下　私が今までに公に致しました諸著作の、最大の成果と認めますことは、貴女が光栄にもそれらを閲読されましたこと、またその縁によって貴女を知ることを許され、貴女の天与が、これを範として後世に示すことが、公の義務であると信ぜられるほどであることを、承知したことであります。（……）殿下のうちに、この［真理認識の］最高の配慮が存することは、次の点から明らかであります。即ち、年少の婦人たちに無識を余儀なくする、宮廷の気晴らしも因習的な教育も、貴女があらゆる善き技や学を探求するのを、妨げ得なかったからであります。（……）即ち、貴女は私がかつて公にした諸研究を、すべて完全に理解した唯一人の方であることを、今までに発見しているからであります。（……）殆どすべての人において、形而上学に属することに携わった場合には、幾何学的なことに恐れを抱き、逆に幾何学を研究した場合には、第一哲学に関して記されたことを、理解しないのが常であります。ただ私は、貴女の頭脳のみはすべてを等しく明察する唯一のものであると認め、その故に当然類稀れなるものと申すのであります。[137]

これはフランスの哲学者ルネ・デカルトの主著、『哲学原理』*Principia philosophiae* 巻頭の献辞に綴られた言葉で

◉56……………ヘラルト・ヴァン・ホントホルストによるエリーザベト公女の肖像（1645頃）。ヴァン・ホントホルストは、エリーザベトとアンナ・マリア・ヴァン・スフールマンの美術の師でもあった。

ある［★前段引用は桂寿一訳、岩波文庫より（［ ］は補足）］。

エリーザベト公女とデカルトは、ハーグ（デン・ハーハ）にある公女の母エリザベス・ステュアート（1596–1662）の邸で一六四三年に初めて出会ったものと思われる。ふだんのデカルトは社交を避けがちで、上流階級の人々がカード遊びに興じ、踊り、人の噂話に花を咲かせる寒々とした大広間にいるよりは、自宅の暖炉の前で抽象的な思索に耽ったり、幾何学について考えたりするほうを好んでいた。当時の学者の大半がデカルトの哲学にあからさまに首をかしげ、失笑を隠そうともしなかったため、当然のことながらそうした集まりを彼が楽しめるはずもなく、むしろ自身の新しい哲学を認めてくれる教養を積んだ〝部外者〟を熱烈に求めていたし、そんな独自の哲学に深い理解を示すドイツ公女がハーグにいるということも、すでに友人から聞かされ知っていた。一六四三年五月、デカルトは、公女エリーザベトからの最初の手紙を嬉しい驚きとともに受け取ったが[138]、これこそが哲学者と公女の友情のはじまりであり、その後彼が亡くなる一六五〇年までの七年間、熱烈な文通が続くことになる[139]。二十歳以上の年の差こそあれ、両者は互いの中に同種の精神を見出していた。デカルトは、若いが学識のある公女を高く評価し、一六四四年の会心の論考、『哲学原理』を彼女に捧げたのである。

三十年戦争の混乱により、無数の人々が長年にわたる国外逃亡を余儀なくされたが、十七世紀のオランダの町々を包む寛容な気風は、宗教的、政治的理由でヨーロッパのほかの地域を逃れてくる人々を惹きつけた。エリーザベト公女の父親であるプファルツ選帝侯でプロテスタント信徒のボヘミア王でもあったフリードリヒ五世（1596–1632）［★ボヘミア王としてはフリードリヒ一世］もまた、一六二〇年に自領を追われたときに家族の何人かを連れてハーグへと逃れている。だが長女のエリーザベトは当初、祖母とともにハイデルベルクの城に残り、ほかの家族と合流するためにオランダへ移ったのはようやく七年後のことだった。祖母のもとで基礎教養を厳しく授けられ、家族から〝ギリシア人〟と呼ばれるほど早熟な語学力を発揮し、数学と哲学に卓越した才能を顕していく彼女は、のちにオランダでひと回り近く年上となる教養人、アンナ・マリア・ヴァン・スフールマンの知遇を得る。驚異的な語学の天才としてヨーロッパ中にその名を知られていたヴァン・スフールマンは、当時〝ユトレヒトの星〟とまで称揚されるほどの人物だった。この二人は、一六三〇年代の後半、ライデン（レイデン）で出会ったものと思われるが、[140] その後はともに画家ヘラルト・ヴァン・ホントホルスト（1592–1659）から手ほどきを受けるようになり、とりわけ芸術を好む傾向にあったヴァン・スフールマンのほうは、ミニアチュールや銅版画の才能によっても世に知られることになる［★図59の自画像を参照］。一六三〇年代と四〇年代、才知に恵まれた上流女性が公然と科学や美術の追究に関わることができたのも、そこがオランダであればこそなのだった。

奇貨あふれる邦《くに》

オランダの知に対する寛容な気風は、多分に実用文化の結実と言ってもいいだろう。十六世紀と十七世紀にヨーロッパで宗教戦争が巻き起こった頃、オランダはさまざまな人々にとっての安全な避難地となった。とりわけ移住者の多数を占めたのが、プロテスタント信徒とユダヤ人によって構成される裕福な中産階級市民で、彼らはこの新天地で地元民さながらに店舗を構え、織物や紡績のための作業場をしつらえ、パン屋を開き、造船所をこしらえていった。そして十七世紀、オランダはカルヴァン主義者の職業倫理と自由な気風を唯一の資源に、世界貿易、金融市場、そして職人技術の中心地にもなる。原料が世界中から輸入され、商品に加工され、売買による大幅な利益が計上された。デンマークのオーク材で船体を組み上げ、フィンランドのタールでロープを加工し、そうしてできた船舶に乗り込んでインド、中国、西南アジアへと向かい、先々で絹、磁器、香辛料を輸入する一方、新大陸からはカカオやタバコやコーヒーや砂糖を買い付けて母国の同胞が考案した手法で精製し、ヨーロッパ諸国に高値で売りさばいたのである。

オランダ商人にとって、富を殖やすことは〝神の御心〟の実践を意味していた。とはいえ、カルヴァン主義的な倫理感は、財を過剰にひけらかすことを許さない。砂糖やそのほかの商品は、それが売られて利益をあげる局面におい

●57……オランダのハーグは活気あふれる都会で、たとえ女性であっても自由に闊歩し、川船などで便利に市中を移動することができた。

てのみ、神を称える讃美歌となるのだ。ルネ・デカルトはイタリアの友人にこう書き送っている［★デカルトは一六二八年にオランダへと移住している］。「（……）この偉大な都市《まち》に暮らして、商業に関与していない者は私くらいなものだ。ここではみな私事《わたくしごと》に夢中なため、誰からも注目されずに自分の生活を送ることができる」[141] オランダの諸都市は、現代的な感覚に照らしても大都会と呼べるもので、いわば世界主義的な、言語、宗教、文化、思想のるつぼなのであり、そして何よりそこは独立した自治のもとにあった。

こうした諸都市を治めたのが、選挙で選ばれた裕福な中産階級市民からなる地方議員だった。そして彼らの地方議会から州議会に向けての代表者が選ばれ、さらにそこで選出された代表が国会へと送り込まれるのである。ネーデルラント連邦（オランダ共和国）は低地諸国の北部七州で構成され、中でもホラント州とその州都アムステルダムは、とりわけ自由な気風をもって知られていた。デカルトはこの寛容な国を称賛し、友人宛ての手紙にこう記している。「日々の快適さやとりわけ大切な品々をこれほどたやすく手に入れられる場所が、世界のどこかにまだあるだろうか？ここには、我々のためとあれば断固として〝構え銃《つつ》〟の姿勢をとる軍隊がいる。そのような平和の中で疑う余地のない自由と安眠を享受しながら、毒を盛られたり、ペテンにかけられたり、中傷されたりすることもたまさかにしかない、我々の父祖さながらに無邪気な人々が当たり前に暮らす、こうした国がほかにあるだろうか？[142]」

　次第に豊かになってきたオランダの中産階級は、美に囲まれることを望み、芸術への投資をまるで惜しまなかった。一方、芸術家たちは、十七世紀に到来したオランダ美術の黄金時代にあって、祖国の美の価値や理想を表現しようと努めていた。同時代のイタリアやフランス、そしてそのほかのヨーロッパ諸国の芸術家が、依然として宗教や神話をモティーフに描いているときに、彼らは家庭生活や周囲の自然をテーマとして制作するようになっていた。レンガづくりの家々のいかにも中産階級めいた屋内の様子を描いて、その家庭が外界の混迷をかき消すかのように醸し出す平穏を表現し、のびやかでくつろいだ母国の低地風景をも描

◉58……ニコラオ・イオハンニス・ヴィスハーによる、17世紀オランダの貿易や文化の偉大さを強調するべく、ライオンを象（かたど）って描かれた地図（1633）。〝レオ・ホランディクス〟、すなわちオランダのライオンとして知られるこの類いの地図は1580年に初めて印刷され、今や貴重な逸品とされている。

写したのである。耕された土地やそこに建つ風車は、産業に携わる人々が自然の力を制御し、人間に奉仕させることに成功した証だった。農民の描写では、彼らの生活の厳しさよりも素朴な喜びが強調され、宿屋や酒場の光景は、アルコールの危うさを説き聞かせる代わりにそれを笑い飛ばしていた。

オランダの黄金期の画家たちは、ヨーロッパの美術では初めて女性を男性の対等なパートナーとして描き、伝統的には女性の領域だった〝家〟という場所にもその価値を見出した。そこには、女性や子供の肖像画や日常の雑事を描いた作品によって名声を得た、ユディト・レイスター（1609–1660）のような女流画家の姿も大勢見受けられたが、オランダの女性たちは、なおも活動の場を家の外へと広げていった。ヨーロッパのほかの地域で暮らす上流女性であれば、メイドや使用人を市場《いちば》へ行かせたところを、オランダ女性の場合は自ら進んで買い物に出かけたものである。町々の市場は、女性を含む社会のあらゆる階層の人々にとっての出会いの場所になった。エリーザベト公女やアンナ・マリア・ヴァン・スフールマンのような独身女性もまた、気ままにそこを訪れ、見知らぬ人々に混じって川船に乗り込み、かといってそれで娼婦扱いされるでもなく、都市生活を謳歌していたのである。

〝ユトレヒトの星〟が擁護した女性の学ぶ権利

アンナ・マリア・ヴァン・スフールマンは、若くしてその深い学識を知られており、ユトレヒトにやって来たヨーロッパ教養人であれば、誰もが彼女のもとを訪ねずにはいられないほどだった。一六三〇年代から四〇年代にかけて、彼女と手紙を交わした哲学者、文筆家、語学の徒も数多い。アンナは、子供時分に兄弟と同等の教育を授けられ、ギリシア語、ラテン語、算術、幾何学、天文学、音楽、美術を学んでいるが、こと語学に関して兄弟以上の才気を示すようになってからは、家族によって専任の家庭教師が雇われるようになった。この仕事を喜んで引き受けたのが、神学とオリエント言語学の教授、ヒスベルトゥス・ヴーティウス（1589–1676）である。アンナのラテン語を市中随一と見込んだヴーティウスは、教え子となった彼女に、まずはユトレヒト大学の落成を祝う詩を書かせ、さらにはこの才能ある生徒を新設まもないその大学の講義に通わせたいと願うようになった。とはいえ、大学には女子学生を受け入れる慣例がない。実現までには少々の工夫が必要だった。ヴーティウスは、学内の因襲によってアンナの特権が妨げられることのないよう〝仕切り席〟を用意し、神学や哲学の講義中、そこに座るアンナの姿をカーテンで遮り隠すことにした。

若きアンナ・マリア・ヴァン・スフールマンは、ルネサンス最末期の女性教養人、語学の天才、そして女性が教育を受ける権利の擁護者として名声を築いた。論文『教養ある処女《おとめ》、もしくは処女は学者たり得るか否か』*Dissertatio de ingenii muliebris ad doctrinam et meliores litteras aptitudina* では、保守的なアリストテレス信奉者との議論を通じて、キリスト教信仰をもつ女性の学習が禁じられる理由になるような障壁は、一般道徳の中にも、また女性の能力の中にもいっさい存在しないことを証明しようと努めている。この論文は、一六三八年にラテン語初版が出版されて以来、一六三九年には英語とオランダ語に翻訳され、何年かのちにはフランス語版も刊行されることになる。当時のヨーロッパでは、女性教育に関する学術的な議論が盛んになっていたため、彼女の提示した問題は、これ以上ないほどに時宜を得たものとなった。

ヴァン・スフールマンによれば、充分な関心を抱き、必要な費用と学習の手段がありさえすれば、どんな女性であってもあらゆる科学や芸術を学べるはずで、またそのようになるべきなのだった。十五世紀の初め、イタリアの人文学者レオナルド・ブルーニは、ルネサンスの理想に従って、上流女性が詩や教会史や倫理学を学ぶことを推奨していた。ただし彼はその一方で、算術、幾何学、天文学、自然科学、法学、医学、修辞学などは、女性の教養として不適当だとも考えていた。[143]

ブルーニとは異なり、ヴァン・スフールマンのほうは、どの学問分野が男性や女性に適しているかという区別はしていない。彼女の意見では、知性や能力は、ジェンダーではなく個性によって決まる。女性は公の地位というものを

●59………自著『ヘブライ、ギリシア、ラテン、ガリア諸語による散文および韻文の小品集』*Opuscula Hebraea, Graeca, Latina, Gallica, prosaica et metrica* 収載の、アンナ・マリア・ヴァン・スフールマンの自画像。初版は1648年で、その後いくつかの版が出版されている。

もてないため、実際には娯楽としてしか学ぶことができないが、だからといってそれを貶めることは間違っている。知的な関心は自己理解を深め、それ自体が重要で、かつ価値のあるものだ。さらに、女性の知的努力は懸念されるべきものではないし、市民が厳しい法律によってではなく、知恵によって価値を決めることは、国家にとっても有益だろう。十七世紀は教育を受ける時間や財力をもつ人々が少なく、ヴァン・スフールマンは万人が学習の機会をいっそう与えられることを希望しつつ、子供の教育の責任は親にあるのだと強調した――それは、女子であっても例外ではないのである。[144]

ヒスベルトゥス・ヴーティウスは自身の才能ある教え子を励ましながら、ヘブライ語、アラビア語、カルデア語、シリア方言、コプト語など、聖書やその他の神聖文書の研究に使う、珍しいオリエント言語や古代語の手ほどきもした。こうした教育は、プロテスタント神学者が試みる、原語で書かれたキリスト教文書の研究と密接に関連している。カトリックの伝統では、教会が権限を与えた一部の専門家だけが、こうした神聖文書を正しく解釈するに足る能力と理解を備えているという見解が維持されていた。一方のプロテスタントは、カトリック神学者の解釈を飛び越えて、じかに聖書に触れる手段を求めており、それを実現するには、ギリシア語、ラテン語、コプト語、ヘブライ語による聖書の翻訳や、そのほかのキリスト教文書を並行して読むしかなかったのである。

デカルトは、一六四〇年にはすでに、ヴーティウスとアンナ・マリア・ヴァン・スフールマンの密接な師弟関係や、ヴァン・スフールマンの神学への興味に気づいていた。彼は友人にこう書き送っている。「このヴーティウスという男は、詩や絵画などの優雅なものに優れた才能をもっているスフールマン嬢をだめにしている。ヴーティウスはもう五、六年も彼女をわずらわせ、神学の議論以外何もできないようにしているのだ。そのせいで彼女は、誠実な人間と議論する機会を失ってしまった。その一方でスフールマン嬢の兄は、ありふれた知性の持ち主として名を馳せるていたらくだ」[145]

ヴーティウスとスフールマンに対するデカルトの評言は、オランダの学識者による諸サークルで起きていた対立、すなわち、デカルトによる新しい哲学と、ヴーティウスが属するカルヴァン主義学者による哲学との争いを示唆している。知的生活の自由度という点で、オランダがヨーロッパのほかのどこよりも優っていたことは、両派の知的議論の激しさからも見て取れるものの、この言葉という剣の応酬は、礼儀正しく洗練された議論とは言えず、公然とした中傷に陥る場合もあった。ヴーティウスとデカルトの議論は何年も続くことになり、一六四〇年のデカルトによる友人宛ての手紙の中には、ヴーティウスについての次のような記述も見られる。「(……)あの大言を吐く世界一の衒学者についてだが、ユトレヒトの学者連の中に私の哲学を強く支持している医学教授がいるために、はちきれんばかりの不快を感じているようだ」[146] デカルトはそれから七年たっても、エリーザベト公女にこんな不満を漏らしている。「かつて私がこの地で見出そうとした平和は、今後は望むほど完全なものにはなり得ないでしょう。(……)学問をひけらかす神学者の集団が結託して、中傷をもって私を抑え込もうとしているのです。彼らは全力で私を陥れようとしていて、用心しないとたやすく侮辱を受けてしまいます」[147]

一六四九年にスウェーデンの☆クリスティーナ女王(1626–1689)の宮廷へ向かう途中、デカルトはユトレヒトのアンナ・マリア・ヴァン・スフールマンを訪問し、彼

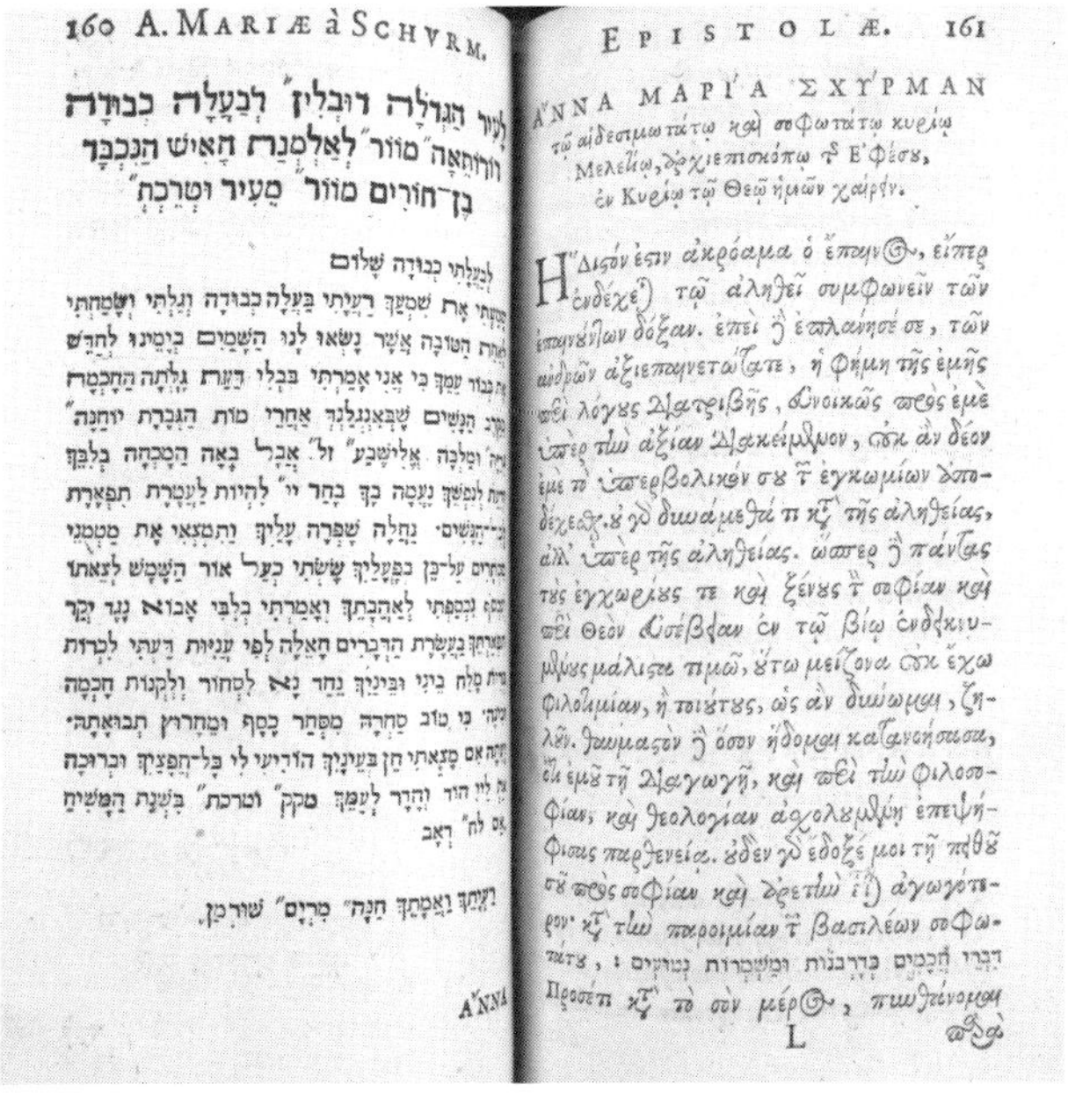
160 A. MARIÆ à SCHVRM.

EPISTOLÆ. 161

ANNA MAPIA ΣΧΥΡΜΑΝ

●60……アンナ・マリア・ヴァン・スフールマンは、いくつもの言語で執筆して自身の教養のほどを示した。1648年には、『小品集』[★図59の説明文を参照]という書名のもと、自作の詩、散文、書簡のすべてを1冊にまとめている。テクストは主にフランス語とラテン語で、また一部がギリシア語やヘブライ語などで書かれている。

女が強い関心をもってヘブライ語の聖書を学んでいるのを見て取った。彼はヴァン・スフールマンに、それを読むのは時間の無駄だと思うと告げたが、哲学者のこの言葉をヴァン・スフールマンは非常に不愉快に思い、二度と接点をもとうとはしなかった。[148] そしてこの頃から、ヴァン・スフールマンとエリーザベト公女の友人関係も長らく疎遠になる。ヴーティウスとデカルトのあられもない争いの中、二人の女性もそれぞれの味方について忠誠を貫いたのである。ヴァン・スフールマンが、友人であるエリーザベト公女ほどにデカルトの哲学を受け入れたとはまず言えない。彼女は、デカルトと自身の師であるヴーティウスとの確執を間違いなく知り抜いており、結果として前者の哲学を表層的にしか知ろうとしなかったのである。

エリーザベト公女とデカルトの〝哲学書簡〟

エリーザベト公女とデカルトの文通がはじまったのは一六四三年のことだが、そのときすでに、このフランス人哲学者は物議を醸す人物として学識者サークルでも名の知られた存在になっていた。もっとも彼は、ヴーティウスとのあいだで交わされた目を覆うような論舌の応酬によって、自身の諸作までもが学術界からの強い反感を買うのではないかと恐れてもいた。公女は、不安を募らせるこの哲学者に同情的だった。彼女の人生にもまた、常に嵐が吹きすさんでいたのである。

一六一九年、ボヘミアのプロテスタント信徒は、エリーザベトの父プファルツ選帝侯フリードリヒ五世に、自国の王位に就くことを要望した。が、プロテスタント信徒は覇権を維持できず、フリードリヒとその家族は、翌年(一六二〇年の〝白山の戦い〟の終結後)、カトリック信徒によって国外逃亡にまで追い込まれた。カトリック信徒はフリードリヒ一世となったこの男のひと冬だけの短い治世をあざけり、彼を〝冬王〟、妻でエリーザベトの母親のエリザベス・ステュアートを〝冬妃《ふゆきさき》〟と呼んだ。とはいえ、一家の不運はこれで終わらない。エリーザベトの兄が若くして水死してしまい、父フリードリヒもまた、王座と息子を失った落胆の余り、一六三二年に亡くなってしまうのである。さらにはエリーザベトの弟のひとりまでもが、オランダに移ったのち、とある殺人に関与し、そのうえ一家がハイデルベルクに所有していた財産や土地も失われたとあっては、たとえ貴族の家柄であろうとも、エリーザベトや妹たちへの良縁は望むべくもなかった。そして一六四九年一月には、イングランドからさらなる悲しい知らせが届く。エリーザベトの叔父にしてイングランド王のチャールズ一世が、内戦［★第二次イングランド内戦（1648–1649）］の果て斬首刑に処されたのである。

デカルトもエリーザベト公女も、自らを取り巻く混乱からの逃げ場を書物や思索に求めた。双方とも多くの喪失に耐え、そのことが知的情熱に影響を与えたわけで、不確かな世界の中、哲学に理性の断片を求めようとしたのである。近年、哲学史教授リリ・アラネンが、次のように書いている。「デカルトはルネサンス期の自然哲学者であり、中世のスコラ哲学流の形而上学者であり、近代数学、物理学のパイオニアである。彼は人間を、自分の知性と意思に全面的に依存する、自律的な存在と考えていた。最初は創造的な数学者として出発したが、デカルトの野心は常に哲学にあった。単なる確かな知識《スキエンティア》ばかりか、知恵《サピエンティア》をも求めたのである」[149]

エリーザベト公女がデカルトに魅了されたのは、彼が学会的《アカデミック》な権威に屈しない、新しい種類の独立した思想家だったからである。デカルトは自身に知的課題を与え、その解決に力を注いだ。確かな知の源泉とは何か？　どうすればそれが手に入るのか？　おおむね、こうした疑問への答えは古くからの権威に教えを請えば得られるものだが、それはデカルトにとって受け入れ難いことだった。彼は知の源泉にいっそう深い確信を求めていたのであり、その疑問は、西洋哲学と自然科学に広範な影響をもたらすことになる。そしてまさにエリーザベト公女を惹きつけたのも、そうした疑問だったのである。

デカルトは最初の著作、つまり一六三七年の『方法序説』[150] *Discours de la méthode*［★山田弘明訳、ちくま学芸文庫］において、いかにして確かな知恵の探究に乗り出したか、またいかにしてそれを見出し得たかを、斬新な様式をもって説明した。自ら発展させた手法を、彼は〈方法的懐疑〉と呼んだ。人はすべての人々や物事を疑わなければならない。習癖、慣例、観察、権威によって断定された真実、さらに自分の考えや肉体の存在さえも疑うのだ。デカルトが考えたのは、疑えない何か――否定のしようのない何か――の発見は可能なのか、ということで、言い換えれば、すべての疑いの先に存在する何かがあるのか、ということだ。疑い得るすべてを捨て、デカルトは、のちに西洋哲学において最も有名になった言葉を生み出した。〝コギト・エルゴ・スム〟、すなわち「我思う、ゆえに我あり」である。人が確信することのできる、疑いの先にある唯一の物事は、考える主体の存在、つまり、疑っている〝私〟だ。私は疑う、私は考える、かくして私は存在しているはずだ。ほかのすべてを超えた、考える生き物として〝私〟は存在している。

考える自己というものに知恵の礎を見出したデカルトは、この確かな真実のうえに新しい哲学と認識論を築きはじめた。長きにわたる一連の演繹的思索ののち、デカルトは、人が〝明晰かつ判明〟に考えることができるものはすべて〝真〟であると述べた。しかし賢明にも彼は、明晰かつ判明なものを知るのは必ずしも簡単なことではないとしながら理論を進めていく。こうした〝真〟は発見可能であり、数学的な証明もできる。デカルトは優れた数学者であり、解析幾何学、もしくは座標幾何学の発明者とも見なされている。彼がほかの科学以上に数学に重きを置いたことは、「数学は神の言葉である」というガリレオ・ガリレイの言葉に則った、ピュタゴラス＝プラトン学派的な伝統に関連づけることができる。数学的な真は、純理的なものであり、筋の通った推論によって到達することができ、観察や経験主義的な実験が不要という点で、唯一無二のものなのだ。

デカルトは、神の存在は明瞭さと正確さの基準に見合うものだとも信じていた。神は完璧にして無限であり、存在は神の限りない特質のひとつである。現代人の目には、デカルトの理論は奇妙に映るだろう。ユニコーンやゴブリンを想像しただけで、それが存在していると主張できるものだろうか？　とはいえ彼の理論上、そうした生き物は完璧でも全能でも無限でもない。したがって、その存在は確かとは言えないのだ。

デカルトの神とは、キリスト教神学者の神ではなく、哲学者のそれなのである。その存在は、神学的な真実としてではなく、論理的な必然性としてデカルト哲学の中で正当化される。たとえ幾分暗示的なものであれ、神とは彼の形而上的構造物における唯一の構成要素なのだ。神の存在を用いれば、〝主観的〟で明晰かつ判明な考えがいかに〝客観的〟な現実についての情報と結びつくのか、個人がいかに外界の知識を獲得できるのかを、デカルトは説明し得る。彼に言わせれば、これが可能なのは、完璧な神の存在とは神が失望を与えないことを意味するからなのである。神は我々が物質的な世界の情報を獲得できるということを、我々の理性を通じて保証する。デカルトの考えでは、神が創造した物質的な世界は機械装置のように機能し、我々はその働きの原理を、理性を通じて学び理解することができる。デカルトは個人の意識（思考）と周囲の世界（物質／肉体）とのあいだに橋を架けた。デカルトの解決法は、知的であると同時に独創的なものだった。

デカルトは、かなり一般的な感覚で〝考える〟ということを理解していた。考える存在は、疑い、理解し、否定し、さらに把握し、想像し、そして感じる。我々は概して、考える生き物として存在し、このゆえ肉体の認識よりも、精神的、もしくは知的な機能についての確かな認識をもっている。こうした魂と肉体の二元論というデカルト派の高名な理論を導き、デカルト本人がそれを最も詳細に叙述した著作が『省察』*Meditationes de prima philosophia*（1641）［★山田弘明訳、ちくま学芸文庫］である。[151] デカルトによれば、現実は相互に独立した二つの実体に分けられる。すなわち、非物質（魂）と物質（肉体）だ。我々はこの双方についての情報を、理性を通じて受け取る。すべての存在は、神のように純粋に精神的なものか、物体や動物のように純粋に物質的なものかのどちらかで、人間はこの二つ（魂と肉体）の混合と見なし得るのである。

エリーザベト公女はデカルトの著作を丹念に読み込み、すでに彼に宛てた最初の手紙で、魂と肉体の二元性を中心に質問を投げかけている。デカルトが主張するように魂と肉体が二つに分かれるものなら、魂はどうやって肉体を動かしているのか？　精神現象である意思が、どうやって腕を動かすのか？　魂と肉体につながりがないと仮定すれば、自発的な活動は筋が通らないものになってしまう。エリーザベトはデカルト哲学の新鮮さには敬意を表したが、その最大の弱点を見抜いてもいた。魂と肉体の関係についての質問に適切な返答はできなかったものの、デカルトがエリー

◉61…………ヘラルト・ター・ボルフ（1617-1681）による風俗画（1655頃）。17世紀の教養人士は、頻繁に手紙を交わした。女性の背景に描かれた寝台を覆うカーテンが、彼女による〝親密な〟思索を暗示している。当時のオランダ美術では、ペンをもつ男性が常に知的探索を象徴する一方で、女性は恋文の執筆者として描かれた。

ザベトの質問にいらだつことはなく、彼女が自分の哲学を本当に理解してくれる数少ない人間だということは確信していた。

肉体から魂を、物質から理性を切り離すことは、デカルト哲学による跳躍の頂点ではなく、むしろ踏み切り板《スプリングボード》のようなものだ。論理的な思考や魂を通じてのみ世界に関する確かな知識を獲得できるという点に従えば、デカルトの合理主義や哲学にはこの分離が必要なのである。〝私〟――考える主体――は、私の肉体から根こそぎ引き離される。私の精神は自由だが、私の肉体は自由ではない。疑うことができるよう、精神は自由でなければならない。疑いは、明晰かつ判明な考えの確実性をもたらす。私の肉体が決して自由になれないのは、肉体が自然の機械的な法則に従う機械だからだ。私の体は衰えるが、私の精神は自由に飛び立つことができる。

エリーザベトとの文通がなければ、論考『情念論』*Les passions de l'ame*［★谷川多佳子訳、岩波文庫］で述べたような精神と物質の関係を、デカルトが真剣に研究しはじめることもなかっただろう。[152] 特に自分の倫理に関する考えについて論評してくれたエリーザベトに、彼はその初版を捧げている。[153]

エリーザベトはデカルトの明晰な様式を尊敬していたものの、人間の理性や意思がデカルトの言う方法で常に人の行動や肉体を制御しているわけではないということを、繰り返し手紙で書き送った。「あなたの言う幸福は、意思に完全には従属していないものを頼りにしなくても、手に入れられるのでしょうか。理性の力をすべて奪い、人が分別ある満足を感じることを妨げる病というものは存在しますし、理性の力を低下させ、人が良識ある助言を拒んだり、最もつつましい人々が情熱に屈したり、移り気な運を生き抜けなくなるようにしてしまうものは、ほかにもあります。(……)」[154]

公女自身は、〝メランコリー〟つまり現代では鬱と称されるような状態にはなじみがあり、こうした精神状態は、理性だけで癒やせるものではないとも考えていた。長年にわたり自分自身の苦悩と格闘し、明晰かつ判明な理性によってようやくそれを克服したデカルトにも、エリーザベトの言わんとする意味はわかっていたに違いない。デカルトの知的独創性は、個人的な経験を誰にでも適用できる普遍的で妥当な理論へと拡大する能力から生まれたものだ。それでもなおエリーザベトは、残念ながらどんな人間も知的な能力をもっているわけではないということを、デカルトに伝え続けた。

デカルトはエリーザベトに同意し、人間が単なる論理的な存在でなく、肉体的な存在でもあることを認めた。エリーザベトの関心は、魂と肉体がともにどう機能し合うのかということにあった。エリーザベトがデカルトの議論のすべてに納得することはなく、しばしばこの哲学者に対し、より優れた議論を求めた。「物質を認め、魂まで広めた領域を認めることのほうが、肉体を動かす力や、肉体に動かされて非物質的なものに至る力を認めるよりも、私にはたやすいことなのだと思います。（……）あなたが述べているような魂を理解することは、まったくもって難しいことです。（……）肉体がなくても自存することができ、肉体と何も共通点がないとしても、それでも魂は肉体に大きく支配されています[155]」

一六五〇年にデカルトが亡くなってのち、デカルト自身と同様に女性の知的関心を支持してきた多くの人々は、精神的な資質はジェンダーなどの肉体的な属性に左右されるものではないと信じていた。デカルトはこの主張を、女性は男性よりも知的理解力に欠けるというアリストテレスの主張よりも明白な形をもって、自身の哲学で形而上的に正当化してみせた。デカルト哲学の支持者は、女性が自由意志や束縛されない精神をもっていて、独自にそれを向上させることができると信じていた。デカルトと同じフランス人のフランソワ・プーラン・ド・ラ・バール（1647–1725）が宣言したように［★『両性平等論』、古茂田宏他訳、法政大学出版局］、「魂には性差がない」のである。

知の源泉を吟味したデカルト哲学による認識論が分水嶺となり、これ以降、西洋哲学は合理主義と経験主義に枝分かれしていく。合理主義者は理性がすべての純粋な知の源泉であり出どころだと論じ、一方で経験主義者は、それを主に観察や経験を通じて生まれるものと主張した。エリーザベト公女はデカルトへの手紙の中で、認識論的な経験主義を支持する哲学者のうち、誰がのちに名声を得るだろうかと問いかけている。エリーザベトは、科学や哲学と日常

●62…………ヤン・ステーン（1625-1679）による「医師の往診」（1662頃）に描かれた、医師が上流女性の脈を取る場面。使用人の女性が手にしているのは、患者の尿の入った瓶で、当時の医師はそれによって診断を下していた。17世紀のオランダ絵画で人気を博した風俗画では、通常、疾病を身体的な病というより〝心痛〟として描いた。

生活とのつながりや、感情がいかに判断に影響するかに関心を寄せ、デカルトにも魂と肉体の関係性をいっそう詳しく説明するよう求めていた。

エリーザベトとデカルトにとっての哲学は真剣な知の探究であり、哲学が純粋で確かな知を自分たちにもたらすことを、そして何よりも心の平穏をもたらすことを願っていた。デカルトは見事な形而上的システムを構築してこの務めの一助とし、理性への信念は、人の心や周囲の世界の追究に彼を集中させた。そして数学、そして光学にも興味を抱くようになったデカルトは、先駆的な論文を著していく。一方エリーザベトのアプローチは、彼のそれとは異なるものだった。彼女は哲学の実際的な応用に興を覚えていた。自己と他者それぞれの要求や欲望の均衡を取るにはどうすればいいのだろうか？　人は道徳的な問題を、デカルトが期待したように明晰かつ判明に考え得るのだろうか？デカルトの信念によれば、それは可能だ。知恵は木のような階層をもっているというのである。「つまり、哲学全体は樹木のようなものだ。根は形而上学、幹は物理学、幹から現れてくる枝はすべてほかの知の枝葉である。枝は主要な三科、すなわち医学、力学、倫理学（これ以上なく完璧で、ほかの知の枝の完全な知識を前提とし、知恵の最終段階である倫理学）に分類し得るだろう」[156]

一六四九年、デカルトは、クリスティーナ女王の根気強い招きに応じ、ついにスウェーデンへと赴く決意をする。滞在は予定外に短いものとなり、到着してまもなく病に倒れたデカルトは、その翌年に亡くなった。厳しい北欧の冬や、女王に求められた早朝からの講義は、より穏やかな気候や長い睡眠時間に慣れていた哲学者にはなじめなかったのだろう。[157]デカルトの死後、彼の最も貴重な所有物に交じり、大事に保管されて何度も読み返した形跡のあるエリーザベト公女からの手紙を、友人が発見した。親しい友の訃報に接したエリーザベトは、その返却を求めた。二人が交わした手紙は何十年もたってから再発見され、初めてそのすべてが出版されたのは、二百年以上あとの一八七九年のことになる。

エリーザベト公女と同様、アンナ・マリア・ヴァン・スフールマンも生涯独身を通し、両親の死後は、年取った二人のおばを世話しなければならなかった。一六四八年に三十年戦争が終わり、ヴェストファーレン（ウェストファリア）条約が結ばれると、おばたちは生まれ故郷のケルンに戻りたがった。何年も二人の世話にかかりきりだったヴァン・スフールマンは、自分がずいぶん学問から離れてしまったことに気づくのだが、教養人士のサークルに戻りたいと感じることもなくなり、一六六九年には、フランスの伝道者ジャン・ド・ラバディの信仰復興運動に参加するようになった。

ジャン・ド・ラバディは、中年期に鮮烈な宗教的覚醒を体験してカトリック信仰と司祭職を捨てた人物で、初期キリスト教徒による素朴で誠実な生活への回帰を人々に呼びかけ、社会の堕落を糾弾した。彼の信仰復興運動は、概して異端と見なされ、プロテスタントとカトリックの両教会を敵視しているように受け取られていたため、アンナ・マリア・ヴァン・スフールマンの宗教的覚醒は、学会《アカデミー》の友人たちを不快がらせることになった。理性によって名を馳せた女性が、そのような〝異端宗教のセクト〟の手に落ちるとは誰も思っていなかったのである。かつてのヴァン・スフールマンの擁護者や友人たちは、彼女の選択を不条理で傲慢な反抗と見なしていた。

ギリシア語〝エウクレリア〟と原題を付されたアンナ・マリア・ヴァン・スフールマンの著書『正しき選択』は、ド・ラバディの運動に参加した理由を弁明し、批判に応じようとしたものだ。一六七三年にラテン語で出版されたこの著書は、たとえ言われていることが事実に反しているにせよ、文学的な、そして知的な関心を捨てたわけではないということをあえて証明しようという試みでもあった。とはいえ、自らの学識を地上の栄光よりも神への奉仕に役立てたいと願ったヴァン・スフールマンは、かつての自分の学術的業績をして取るに足りないと一蹴している。彼女にとってみれば、神に与えられた〝真の知〟に助けられて成し遂げたものでない以上、そんな業績は無益なものなのだった。

『正しき選択』はさして研究者の興味を惹くこともなく、一般には宗教的な告白の書と見なされている。ド・ラバディの信仰復興運動を通じて神との真の結びつきを見出したことが記されているこの書は、ヴァン・スフールマンの人生の物語でもあり、生前親しんだアウグスティヌスの『告白』*Confessiones*［★著作集5所収、宮下宣史訳、教文館］を彷彿させるところもあるのだ。とはいえ『告白』もまた、哲学作品なのである。『正しき選択』をそうした刊行物として研究した数少ない哲学史家にアンヘラ・ロートハーンがいるが、[158] 彼女によれば、アンナ・マリア・ヴァン・スフールマンは、当時の哲学的な問題、たとえば真の知の本質や、それを獲得するための人間の能力といったことへの直接的な意見を表現しているのだという。こうした認識論の問題は、デカルトやスピノザやヴーティウスなど、十七世紀にその名を知られたあらゆる哲学者が熱心な注目を寄せた論点なのである。

ヴァン・スフールマンは、世界についての認識を、形而上学、物理学、そして倫理学の三分野に跨がらせている。形而上学は魂を、物理学は物質を、倫理学は価値観をそれぞれ扱っており、各分野はどれも現実の〝イメージ〟を構築する助けとなる。土地の情報を提供する地図のように、現実世界の情報を読み手側に開示するのだ。だが、どんなに詳しい地図であっても、土地そのものに置き換えることはできない。地図はただ、土地を図示するだけである。『正しき選択』に込められた意図の本質は、地図の先にある土地そのものなのであり、言い換えれば、神が創造した現実を見る助けになるのは、キリスト者としての知恵だけなのだ。キリスト教の信仰は、形而上学や物理学や倫理学といった科学には置換できないが、科学を補完し、真の知と信仰とを区別していくうえで、現実の全体像の把握を促すのだという。

『正しき選択』の驚異的な点は、十七世紀女性の著した書物にありがちな、哲学や神学の男性権威者を前にしての謙遜がないというところにある。学問や高等教育に必要な女性の知的適性を考えた彼女早期の著作とは異なり、〝教養ある処女《おとめ》〟が礼儀をわきまえつつ知識を披露するそぶりはまったく見られない。『正しき選択』から聞こえてくるのは、自立して年齢を重ね、一貫した信条をもつに至った女性の声だ。同書は伝記的な著作ではあるが、同時に女性がこうした議論を公に行うようには思われなかった時代における、真摯な神学論文であり、哲学論文なのである。ヴァン・スフールマンは、神学や哲学の矛盾に対処する能力が充分自身に備わっていると考えており、自著の中で自らを権威と位置づけつつ同時代の議論に対しては忌憚のない博識な論評を加え、またプラトン、アリストテレス、デカルトなどを信奉する者の道徳哲学を分析しながら、自分なりのキリスト教倫理を定めている。『正しき選択』が同時代のほかの著作においてほとんど言及されていないのは、神学としてはあまりに急進的で、まったくの異端だと一般に思われていたためだろう。

驚いたことに、ヴァン・スフールマンが公然とデカルトを腐していたにもかかわらず、『正しき選択』の語り口には『方法序説』の一部を思わせるところがある。デカルトは、随筆家ミシェル・ド・モンテーニュ（1533–1592）さながら、非常に主観的な要素を自らの哲学論文に用いた。自己を哲学の中心に置きながら、アリストテレス主義者やスコラ哲学者の世界観への失望について書き、そこを独自の新しい哲学の出発点とした。ヴァン・スフールマンにしてもその著作の中で、自身を通じて神学の問題を議論し、学会とプロテスタント双方の神学に対する失望を語っている。彼女もデカルトも、真実に到達するまでの自分の感情や思索の過程を描写したのである。両者の個人史は、読者が著者の概念《イデア》に共感しやすい執筆手法の支柱を提供する。『正しき選択』とデカルトの諸作の違いのひとつは、前者がしばしばキリスト教の神聖文書を引用し、それを使って読者を納得させようとしたのに対し、後者は権威に頼らず、自分自身の理性の力と、常に才気あふれる様式だけを頼みにしたところにある。

『正しき選択』は、偉大なオランダの哲学者バルーフ・デ・スピノザ（1632–1677）の思想とも似た側面をもっている。つつましい哲学の巨人スピノザは、物議を醸すその思想によって二十代前半にユダヤ人コミュニティを追われ、光学レンズを磨いて生計を立てていたが、重要な哲学論文『神学・政治論』*Theologisch-politiek traktaat*［★吉田量彦訳、光文社古典新訳文庫］が一六七〇年に世に出ると、母国の寛大なキリスト教徒たちでさえ、〈無神論〉を弄ぶ異端者と彼を見なした。この『神学・政治論』でスピノザが提唱したのは、聖書を文字通り受け取るべきではないということだった。彼がとりわけ批判したのは、言うなれば〝死んだ言葉〟への信仰を生み出そうとしている神学者だ。ヴァン・スフールマンもまた神聖文書の解釈の重要性を強調し、『正しき選択』の中でその手本を示した。彼女はスピノザとは対照的で、突き詰めれば聖書やそのほかの神聖文書には、キリスト教の真実に関わるすべてが含まれていると強く信じていた。とはいえヴァン・スフールマンは、当然ながら聖書を字面だけで解釈すればいいとは考えていなかった。

アンヘラ・ロートハーンは、『正しき選択』に示された神についての見解が、スピノザの主著『エティカ』*Ethica*［★工藤喜作訳、中公クラシックス］に提示された視点と非常に似通っていることを指摘している。[159]『エティカ』はスピノザの死後となる一六七七年に出版されたが、それはヴァン・スフールマンの著作が出版された四年後のことだった。スピノザが数年を費やしたこの著書の手稿版は、出版までの何年かにわたり、学者たちのあいだで回し読みされていた。アンナ・マリア・ヴァン・スフールマンがこうした原稿に接した可能性は高い。スピノザは『エティカ』において、神は教会が教えるようなすべての被造物を超越した存在ではないと主張しているが、ヴァン・スフールマンもまた同様に、神は人間の生活を支配する世界の上や外やその先にいるのではなく、それゆえにキリスト教徒一般が慣例通りに信じているような〝超越〟した存在ではないと書いている。

スピノザとヴァン・スフールマンにとっての神は、どこにでも、何にでも存在する。彼らの神は内的な存在なのだ。「（……）神はすべての裡《うち》に存り、つまりは神聖なものばかりか世俗的なものにも、取るに足りない不快な生き物にも存在しているのであり、すべての被造物の中に見て、感じて、経験できるはずのものである。（……）」[160]『正しき選択』のこの一文は、スピノザのペンによると言っても通用しそうである。

ただ、スピノザの神がヴァン・スフールマンの神とまったく同じというわけではない。彼が打ち立てた哲学システムにおける神の哲学は、デカルト同様、神学的真実としてというよりも、いっそうの構想上の必然としてとらえられている。この両者の哲学を優れた詩になぞらえれば、〝神〟という言葉をその詩から取り除くことは考えられないし、もしほかの言葉に置き換えようとしても完璧な韻律を乱してしまうだろう。ヴァン・スフールマンの場合、彼女の詩は〝神〟という言葉を中心につくられ、その語に依存している。デカルトもスピノザもそれなりに宗教的で精神的な側面を自身ではもっているものの、こと彼らの哲学となるとそうではない。ヴァン・スフールマンの哲学は、自己解釈によるキリスト教の神がすべての基本になっているのである。

ラバディスト運動に参加したアンナ・マリア・ヴァン・スフールマンは、ほかのラバディストたちと質素な生活をともにしたものの、精神的には豊かな生活を送り、その豊かさの使途を『正しき選択』に書き綴った。晩年の彼女は、デカルトが定義し崇めた、精神の自由を手に入れたのかもしれない。それは、ほとんどの人間には到達できない境地だった。デカルト、スピノザ、そしてヴァン・スフールマンは、さまざまな哲学や神学の問題について意見を異にしたものの、当時の知的状況に影響された究極の自制を求めたという点においては、三人とも共通している。たくさんの人間が、より深く知り、理解の通りに生きたいと願った時代だった。自分を取り巻く狂った世界を理解し、人や神を理解することはたやすくなく、それはまた現代にあっても変わりがない。十七世紀後半の時代精神は、ヨーロッパ人に対してこれまで以上に多様な方向へと向かう道筋を示した。そしてそうした道筋をさすらう探索者は男女の別なくその数を増やしていき、宗教、哲学、科学の真実はただひとつだという時代は、いよいよ終わりに近づいていったのである。

和解

一六六七年、エリーザベト公女は、ヴェストファーレンのヘルフォルトにある、プロテスタント女子修道院の院長に指名された。世俗的な遺産こそ子供の頃に失ってしまっていたものの、彼女はヘルフォルト随一の女性権力者となり、その権威は監督［★プロテスタント教会組織の最高位聖職者］にすら匹敵するものだった。五十歳になってようやく自身の〝王国〟をもつことができたエリーザベトは、結婚生活に縛られることもなく、学問や地域の人々を扶ける仕事に時間を費やし、七千人ばかりの住民の生活を向上させるため、葡萄の栽培、畜産、工芸の復興に努めた。彼女は交渉の腕にも優れ、長引く争議をいくつもまとめたほか、修道院の独立運営をよく維持した。古典古代や近代を問わず、科学や哲学の優れた文献を図書室に収集し、亡き友人デカルトがこの蔵書を見れば誇りに思ってくれるはずだと信じていた。そして修道女たちにも勉学を奨めて、この一流の図書室を最大限に生かそうとしたのだった。

エリーザベト公女は、迫害された人々を進んで修道院に受け入れ、旧友アンナ・マリア・ヴァン・スフールマンや、ラバディストの男女の同志たちにも避難場所を与えた。だが町の人々は、この貴族出身の女性修道院長ほどに寛容ではなく、財産や地位や肩書きを捨てた人間ばかりの集団を好ましく思わなかった。ジャン・ド・ラバディの運動においては、階級もジェンダーの序列も存在せず、神の前では誰もが平等だ。このことは、核家族を普遍ととらえ、女性のなし得る最高の功績は妻や母になることだと信じるヘルフォルトの人々には、まぎれもなく不快な話だった。ヴァン・スフールマンやほかの信仰復興主義者たちは、エリーザベトの庇護のもと、ヘルフォルトで三年を過ごした。修道院長の公女にはより長く避難場所を提供する気持ちがあったろうが、どうやら住民や教会の我慢は限界を超えかけていたようで、結局グループは新たな避難先を求めて町を去ったのだった。

人生の半ば以降、エリーザベト公女とアンナ・マリア・ヴァン・スフールマンは、互いの関係に、自分自身に、世界に、そして神に折り合いをつけて生きようとした。どちらも、書くことで世界に自分の居場所を求めた――ひとりは私的な手紙を通じて、もうひとりはすべての学者が読み得るラテン語のテクストを通じて。両者のテクストはいずれも知的なレース編みのようで、知恵と、入念に系統立てて綴られた文節によってなりたち、そこには彼女らの時代や豊かで多彩な知的生活がしっかりと織り込まれている。エリーザベトは、当時あちこちで生まれた信仰復興運動にも、また彼女が快く受け入れた運動支持者の中にも加わることはなかった。はるか昔、友人のルネ・デカルトに励まされながら探究した内面の光をようやく見つけた今、おそらくこうした運動に慰めを見出す必要はなかったのだろう。

エリーザベト公女の知的遺産

エリーザベト公女の教養と、彼女がデカルトの〝パトロン〟貴族だったという評判は、すでにその当時から広く知られていた。イングランドのレディ・アン・コンウェイが広く取り交わしていた手紙の中にも、公女についての言及が十カ所以上も見受けられる。[161]

一六七九年、エリーザベト公女は重い病に倒れた。結婚してハノーファー選帝侯妃となっていた妹のゾフィー☆(1630–1714)は、この姉を元気づけようと、彼女が喜びそうな客をヘルフォルトへと招く。幅広い学識をもつことで知られたドイツ人ゴットフリート・ヴィルヘルム・ライプニッツが、一六八〇年、エリーザベトが亡くなる二、三カ月前にそこを訪れ、ゾフィーは死期の近い姉の病床のそばで彼と初めて出会っている。[162] ゾフィーは哲学に興味を抱くようになり、その後ライプニッツは彼女の宮廷哲学者になった。

哲学への深い関心は、こうしてエリーザベトの一族の次世代にも引き継がれていく。当時のドイツで最も知られる女性教養人になった姪のゾフィー☆・シャルロッテ(1668–1705)は、母親と同じようにライプニッツを師と仰ぎ、哲学に関する熱心な手紙を交わした。彼女はプロイセン公にしてブランデンブルク選帝侯でもあるフリードリヒ三世(1657–1713)と結婚し、一七〇一年に最初のプロイセン王妃となるのだが[★夫はプロイセン王フリードリヒ一世を名乗った]、十七世紀末に科学アカデミー創設を提言したライプニッツを強力に擁護している。教養ある伯母のエリーザベト公女がもしも生きていて、姪が自らの国で学問や科学を奨励したことを知れば、さぞや誇らしく思ったことだろう。

✺13 二人の哲学者：知を熱望したイングランドの貴婦人たち

——マーガレット・キャヴェンディッシュ（1623-1674）／アン・コンウェイ（1631-1679）

一六六六年、ニューカッスル＝アポン＝タイン公爵夫人ことマーガレット・キャヴェンディッシュが、論文『実験哲学上の観察報告』*Observations upon Experimental Philosophy* と小説『新世界誌 光輝く世界』*The Descriotion of a New World, called the Blazing-World*［★『ユートピア旅行記叢書』2所収、川田潤訳、岩波書店］を発表した。とはいえこの年は、書物の出版には最悪の時期だったと言えるだろう。同年イングランドは、世紀の大厄災であるあのペストが蔓延するさなかにあり、そのうえロンドンは大火に見舞われ、英仏海峡においては制海権をめぐるオランダ艦隊との戦闘［★第二次英蘭戦争（1665-1667）］が展開されていたのである。

そもそもが国教会を擁する取るに足りない島国にすぎなかったはずのイングランドは、経済、政治、文化のそれぞれにおける国家間の主権争いに国民が総力を注いだ結果、十七世紀末までにはヨーロッパ屈指の超大国であるスペインやフランスと肩を並べ得るほどの発展を遂げることになった。たとえば、十一年間にわたる共和制を廃止して君主制へと王政復古を果たした一六六〇年には〝自然知識の向上のためのロンドン王認協会〟が設立されているのだが、これがいわゆるロイヤル・ソサイエティで、かのイングランドの名高い研究団体がここに誕生しているのだ。また同年、ロイヤル・ネイヴィー（王立海軍）の称号を得たイングランド海軍が全艦隊や商船を率いて王党派に転じており、

◉63……オランダ黄金時代の画家、サミュエル・ヴァン・ホーホストラーテン（1627-1678）による「手紙を読む女性」。レディ・アン・コンウェイを描いたとも言われる本作には、同時代の画家ピーター・デ・ホーホ（1629-1684）による作品の模倣という指摘もある。

商業、政治、そして軍事といった各方面で国益を守ったこともつけ加えておきたい。

〝王認協会〟の会員は、自然科学の発展こそが幸福に通じるという理念のもと、この新団体の発足に関わることを望んでいた。では、その理念とはそもそもどういう質《たち》のものだったのだろうか？　当時の哲学者や、実験を重んじる自然科学の普及を目指す者のあいだに、自然というものに関する統一された見解がいっさいなかったにもかかわらず、[163] 王認協会創設に加わった会員には、次元の違うひとつの共通認識があった。それが「行動は男《ファッティ・マスキイ》、言葉は女《パローレ・フェミネ》」というイタリアの標語で、[164] かくあるべしという会員の身の処し方を示唆するたとえとして、この謂いがよく使われていたのである。ここにはおおよそ、男性が実験科学の手法の発展のために多くの力を注いでいるかたわら、女性はといえば形而上的な疑問を口にするだけだ、という主張が込められているのだろう。優れた自然科学者、技師、建築家で、協会の活動の貢献者にして牽引者でもあった会員ロバート・フック（1635–1703）にしても、団体の指針を「（神学、形而上学、倫理学、政治学、文法学、修辞学、論理学をもって干渉することなく）実験を通じて、自然界と、すべての有益な技巧、製造、実用機械、動力機関、創意についての知識を改善せしめること」と表明しているのである。[165]

マーガレット・キャヴェンディッシュは、そういった時代精神の中にあっても先入観にとらわれることなく、勇をふるって自身の哲学的意見を公にした人物で、経験に基づく自然哲学という視点に立ちながらも、王認協会が考える以上に悲観される世界についての〝客観的な〟知見をもたらす自論を唱えた。哲学史という見地からすれば、彼女が自身の批判を推し進めていった諸作は実に興味深い。それらは、客観的な自然哲学の体系がようやく形を整えつつあった時代に、その将来性を評価しようと試みた最初期の書物に当たるのである。にもかかわらず、残念なことに彼女の評論はほとんど注目を浴びなかった。紳士たるもの、いかに淑女相手であろうとも女を向こうにまわす類いの討論に加わるなど筋違いというもので、当時の女性にしても匿名でなければ公に科学や哲学を云々することが許されていなかったのである。むしろキャヴェンディッシュの言動を女性として非常にはしたないものと見なしていた人々は多く、そうした場合は彼女の活動を支援していた夫にさえ、ことさら眉をひそめて接することになるのだった。

キャヴェンディッシュと同時代を生きたもうひとりの貴族階級出身のイングランド人女性が、アン・コンウェイである。独自の哲学研究にいそしんだ彼女の発言は、ごく小規模な内輪のサークルだけに向けられており、世間に公表しようという野心などはそこに介在しなかった。もっとも、知名度というものに対するそうした姿勢の違いこそあれ、キャヴェンディッシュとのあいだに哲学思想上の共通点が多かったことも事実である。二人はどちらも〈生気論〉の提唱者であり、すべての物にはその存在を維持し整える裡《うち》なる精神が宿っていると主張していた。彼女らはその一方で、動物や人間を含めた万物の行動や存在は肉体と魂との因果関係で説明がつくとする、デカルトが説いた〈機械論〉に異議を唱えてもいる。とはいえキャヴェンディッシュとコンウェイは、双方ともにデカルトに比肩する哲学的な合理主義者でもあり、宇宙とすべての事象は人知によって解釈し得ると考えていた。つまり、合理主義的な知だけが世界の真理に到達できるというのである。こうした二人の主張を受けた王認協会の会員連は、哲学的経験主義を支持し、人間を取り巻く世界について真の正しい知の源泉を獲得できる手段は、ただ観察だけであると表明した。

マーガレット・キャヴェンディッシュは多作な著述家であり、生涯に十四冊の自著を発表してもいる。そこには、自伝的な読み物のほか、警句集、詩集、戯曲や、自然哲学関連の論考などが見受けられる。一方のアン・コンウェイはといえば、唯一となる哲学的考察が、死後何年もたってから名前も記されずに発表されている程度である。ともあれ二人の著作は、どちらも十七世紀の科学論を詳細に取り上げており、自然哲学に関する独自の興味深い理論を展開していると言えるだろう。それらは、近年になって体系的に研究されているわけで、二人はようやく同時代のヨーロッパを生きた男性哲学者と同等の扱いを受けつつあるのだ。[166]

マーガレット・キャヴェンディッシュ：亡命下の哲学と社会理論

上流階級の家庭に育ったマーガレット・ルーカスは、一六四三年にイングランド王妃ヘンリエッタ・マリアの侍女となった。当時、上流の息女がそのような役目を仰せつかること自体、さほど珍しくはなかったものの、彼女のこの選択は人生における重要な転機に結びついたと言えるだろう。その一年後には、すでに凶々《まがまが》しさを極めていた内戦［★第一次イングランド内戦（1642–1646）］を逃れるフランス生まれの王妃にともなってパリへと亡命する次第となり、そこで当時ニューカッスル＝オン＝タイン侯爵だったウィリアム・キャヴェンディッシュ（1592–1676）と出会うことになるのである。彼女より三十歳ほども年嵩だったウィリアムは、文化的な素養と騎士道的な情熱にあふれる男性だった。この出会いのあと二人はすぐ恋に落ちて結婚したものの、互いの願いもむなしく子供を授かることはなかったようだ。

キャヴェンディッシュ夫妻は、当時流行となっていた文芸サロンをパリの屋敷で催しはじめ、やがて好事家のヨーロッパ文士がこぞって詰めかけるまでになる。この夫妻のサロンはまた、イングランドから亡命してきた王党派の人々にとっての、国を捨てた同輩とともに集うとりわけ大切な場にもなっていた。マーガレット・キャヴェンディッシュの文学者としてのキャリアに最も深い影響を与えた常客には、夫の弟にして広範な知識を誇る数学者サー・チャールズ・キャヴェンディッシュ（1595?–1654）や、母国を同じくする哲学者トマス・ホッブズ（1588–1679）、フランス人哲学者であり数学者でもあったピエール・ガッサンディ（1592–1655）らが挙げられる。十六年にもわたる亡命生活の中、マーガレット・キャヴェンディッシュはやがて書物を著しはじめるのだが、それというのも極端なまでに内気で表立ったことを好まない自身の性格のゆえで、つまりは自邸を訪れた教養人士と議論を闘わす勇気をもてなかったことへの反動なのだろう。会話の輪から一歩身を引いていた彼女は、それでも注意深くすべてにじっと耳を傾けていたのである。

一六四八年、ウィリアム・キャヴェンディッシュは若い妻をともなってフランドルのアントウェルペンに居を移し、当地が誇るバロック期の画家ペーター・パウル・ルーベンス（1577–1640）がかつて暮らしていたルネサンス様式の素晴らしい邸宅を仮の住まいとした。夫妻はそこでもまた亡命中の王党派の人々が集うサロンを主催し、やがてその宴はニューカッスル・サークルと称されるようになる。その後何年かにわたってマーガレットは文学や哲学、ことに自然哲学を学んでいくのだが、義弟サー・チャールズによる手ほどきからは特に多大な恩恵を受けている。新知識に通じた彼は、コペルニクスの宇宙観をはじめ、顕微鏡や望遠鏡の構造などをしきりに吹き込んだらしく、一方でキャヴェンディッシュ邸には化学実験室がしつらえられていたため、海流や風といった自然現象の研究にいそしむこともできたようだ。マーガレットは勤勉な生徒で、チャールズの薦める科学書や哲学書をすべて読破したらしい。ただし、語学については意欲がまるでわかなかったと見え、目を通せるものといえば英語のテクストだけだったのだが。いずれにせよチャールズは、当時にあって崇敬を集めていたピエール・ド・フェルマー(1601–1665)やジル・ド・ロベルヴァル(1602–1675)、そしてデカルトといった数学者らと積極的に文《ふみ》を交わしていたこともあり、最新の数学理論までマーガレットに教え込もうとしていたのだが、この義姉の興味がもっぱ

●64……同様の光景を描いた銅版作品によっても知られる、アブラーム・ボスによる「舞踏会」(水彩、1635)。ウィリアムとマーガレットのキャヴェンディッシュ夫妻は、アントウェルペンで亡命生活を送った折(1648–1660)、豪奢な邸宅で文芸サロンや音楽界、舞踏会などを催したが、こと舞踏会は上流人士の社交において不可欠な集いだった。

ら文学と哲学に向かったため、それらはなおざりになったようである。

アントウェルペン時代、マーガレット・キャヴェンディッシュは〈原子論〉という〈唯物論〉的な哲学思潮に関心を抱きはじめた。前四世紀生まれのギリシア人哲学者エピクロスや、前一世紀に活躍したローマ人哲学者ルクレティウスがその著名な提唱者だが、フランス人哲学者、数学者のピエール・ガッサンディが、先述したパリの文芸サロンに出入りしていた頃に再びこれを推賞していたのである。エピクロスの唱えた説《エピキュリアニズム》はイングランドを追われた王党派の人々に好まれ、哲学上の、また倫理上の意見交換をはぐくむと同時に、内戦によってもたらされた騒擾《そうじょう》による故国からの逃避行を正当化する具となった。かつて、アテナイの自由市民にとって、政治活動はいかにも義務ととらえられていたが、とはいえ当のエピクロス自身は政治や世情に関与せず、むしろ隠遁を奨めてさえいたのである。ほとんどの王党派は自らの意思で母国イングランドから逃亡してきていたが、そこに踏みとどまって未来の護国卿オリヴァー・クロムウェル（1599–1658）の共和派と一戦を交えている仲間たちへの罪悪感を、どうにも拭いきれずにいたに違いない。マーガレット・キャヴェンディッシュの兄にしても戦《いくさ》で命を落とし、母やおばや姉の墓は戦いのさなかに荒らされてしまっていた。このことは、彼女の心に深い影を落としていたらしく、その悲しい思い出からいつまでも立ち直れずに、家族を失ったことにまつわる罪の意識にとらわれ続けていたようだ。彼女の著作に戦争の狂気や動乱の再燃をテーマにした作品が見受けられないのは、そのためでもあるだろう。

エピクロス派哲学は、知識や友情によってもたらされる平静な心、恐怖からの解放、そして高潔で穏やかな生活を人生の目的としている。来世は存在せず、そのため死への恐怖は無駄な感情なのだという。死に際しては、あらゆる存在をつくるきわめて微小かつ不可視の物質である原子が自らを新たに再配列するだけで、引いては神という存在にしても、人間の生命に関わっていないがために恐れる必要もなくなるのである。ヨーロッパのキリスト教徒は、エピクロスを古代ギリシアの哲学者の中で最も度し難い異教の徒と見なし、単なる〈無神論〉信奉者としてかたづけたものだが、その哲学には王党派でさえ頭を悩ませる一面もあった。彼が開いたという〝エピクロスの園〟では、女性、そして奴隷すらも受け入れられ、誰もが平等とされたのである。

エピクロスの〈原子論〉は、宇宙の構造や現象についての新たな興味深い道筋を、自然哲学に関心を抱く十七世紀の知識人に示した。この哲学者によれば、肉体、魂、感覚や思考を含めた宇宙のあらゆるものは究極の物質なのであり、常に運動している原子という見えない最小単位に分割できると考えられ、その動きは無秩序に現れるのだという。十七世紀の自然哲学者にとっては、原子とその運動の解釈、すなわち自然や宇宙の基本単位への理解がとりわけ重要だったのだろうが、〈原子論〉はその当時にあってもひたすら難解な概念《イデア》であり、原子そのものについてはイングランドの科学者ジョン・ダルトン（1766–1844）が十九世紀に自説を発表するまでさらなる議論が重ねられていく。いずれにせよ、彼の化学実験によって元素が〝最小単位〟である原子で構成されると解釈されたことを契機に［★後年、ダルトンの考えを基礎に、原子もまた〝さらに分割される〟ことが判明する］、この粒子は本格的な科学研究の対象になるのだった。

十七世紀の多くの哲学者や社会論者と同様、トマス・ホッブズも〈原子論〉に影響を受けたひとりである。彼は自身の最もよく知られた政治哲学書『リヴァイアサン』（正題は『リヴァイアサン、あるいは教会的および市民的なコモンウェルスの素材、形態及び権力』*Leviathan, or The Matter, Forme and Power of a Common Wealth Ecclesiastical and Civil*）［★全4巻、水田洋訳、岩波文庫］を、亡命先であるフランスからの帰国と同年となる一六五一年に刊行しているのだが、マーガレット・キャヴェンディッシュはといえば、この作品を歓喜をもって迎えたようだ。夫ウィリアムが何年も師事し、のちには彼の最初の結婚でできた子供たちの家庭教師まで務めたホッブズは、自邸のサロンに出入りしていた、いわば身内のひとりにも数えられるような人物であり、一家を挙げてその頃最も大胆不敵だったこの政治哲学者を支援し、執筆活動に専念できるよう力添えをしていたのである。

彼が初めて社会契約に基づく専制君主制を紹介した『リヴァイアサン』は、当時にあって最重要の古典的な政治哲学書ととらえられている。そこには、旧約聖書に登場する海の怪物〝レヴィアタン〟の名を借りた、「自然状態」にある人間の自由意志と必然性のもとで出現した社会を擁する国家が描かれているのだ。まず、市民生活が発生する前の自然状態における産物《コモディティ》には限りがあるため、「万人の万人に対する闘争」が立ち現れる。一方、国家の重要な使命は戦いや混乱を防ぐことにあるのだが、無政府状態は権利をそうした国家に——なろうことならひとりの王のような専制君主に——委ねたほうがよい、と人々に促すことになる。そして市民がそのような社会契約を是認するとき、君主から下される権利と自由だけを享受することになるのだ。

　こうした絶対的な君主はいかにも専横だろうとホッブズは認めるが、同時にそれは彼にとって無政府状態よりは好ましいものだった。いずれにせよ彼は、国家にあってはすべての市民が平等で、君主は絶対の権力を仮託されているだけだとも強調している。また、ホッブズの理想とする国家には宗教の自由があるとされたが、これは当時としては大胆で新しい発想と言えるだろう。そして彼は、国家の使命が法と秩序を守ることにあるとしながら、その弱体化を招き、役割を果たせなくなることを証拠立てたとして、成就した内戦を非難しなかった［★第三次イングランド内戦は彼の帰国と同年の一六五一年に終結し、その二年前にはイングランド共和国が生まれている］。つまるところ、一連の紛争を通じて人々は自然状態に復帰したわけで、こうして新しい社会契約が形づくられ得るというのである。

　ホッブズの著書は出版後すぐに注目を浴び、激しい論議を引き起こす。イングランドの王政を待望する亡命中の王党派は彼の発想に熱狂し、そして同時に顔色を失った。王による専制君主制という概念を歓迎したものの、国家が外圧から市民を守れないときの財産の共有化や、内戦を通じての平等化については否定し、納得しなかった彼らに言わせれば、真の王党派たるものいかなるときでも王に忠実であるべきなのである。教会や宗教を批判したホッブズはフランスのカトリック信徒を怒らせ、ついにはイングランドへと強制的に退去させられている。彼の社会哲学の普及を抑制するはずの共和国政権が支配する祖国への帰還を、余儀なくされたというわけだ。

　結局のところ、マーガレット・キャヴェンディッシュが関心を示したホッブズの記述は、前半に記されている宗教観と国家や人間についての哲学原理の解釈についてのくだりだった。著書において端から〈唯物論〉の立場を取るホッブズは、森羅万象が原子で構成されており、生命はその運動にすぎないとも述べている。彼は、そもそもが宗教倫理から乖離した理念を抱いた政治哲学者で、国家は神の法に則っておらず、人間の社会契約に基づくものだという思想の持ち主だったのである。ホッブズはエピクロス同様、人々の認識というものは身体が感覚に及ぼす〝圧〟によってもたらされるだけにすぎないとして、迷信からの解放を促した。想像力は、現実に存在しない認識を出来《しゅったい》させやすいというのだ。しかし、人々は悪魔やその手下、魔女といった諸々の邪悪な存在を相変わらず信じていたわけで、彼のこの意見はあまりにも斬新にすぎるように受け取られることになった。

キャヴェンディッシュの最初の哲学的テクストは、〈唯物論〉的な脈絡にある〈原子論〉を根底に記されてはいるものの、やがて民主主義の支持が不可避であるという考えに至ったと見え、次第に彼女の社会哲学からはこうした思索が除外されるようになる。ともあれ、自身初の哲学書となる『哲学的ならびに物理学的見解』*Philosophical and Physical Opinions*（1655）に見受けられる言説は以下の通りだ。「ありとあらゆる原子がそのまま生きとし生けるものを形づくるとすれば、それらは等しく権力、生命、知識ばかりか自由意志や権利をも有することになります。そのためにありとあらゆる人々は絶対的な存在にも等しくなり、ひとつの王国に複数の王がいないように、ひとつの政権を受け入れることもないでしょう。むしろ人間の誰しもが等しい権力を有していれば、善い政体が創られるのではないでしょうか。（……）」[167]

マーガレット・キャヴェンディッシュはどこから見ても特権階級に属する婦人であり、保守的な社会哲学者である。他の同時代人と同様、誰もが〝義務〟を果たしている上流階級においてはすべての人生は最高のものである、と彼女は考えていたが、自らがもって任じるほど周囲は彼女にその特権を認めてはいなかった。自身の名前で著書を刊行した際、彼女は自分がジェンダーの規範を破り、その範疇を逸脱したことを承知しており、社会の混乱を招くかもしれないという思いから、一般向けの教養を支持する態度は取らずに、上流婦人に哲学や科学の研究を奨めるという立場に身を置く程度にとどめたのである。

一六六〇年、キャヴェンディッシュ夫妻は亡命先からイングランドへと帰国した。護国卿オリヴァー・クロムウェルはすでに二年前に他界しており、その後紆余曲折を経て共和制がついに幕を閉じたのである。王政廃止の象徴として十一年前に処刑された先王チャールズ一世の子息、チャールズ二世（在位：1660–1685）も亡命先から帰国を促され、王位を継承した。その王への忠誠心を買われてウィリアム・キャヴェンディッシュは初代ニューカッスル＝アポン＝タイン公爵に叙されるわけだが、願いむなしく新政権の重職には就けていない。やむなくキャヴェンディッシュ家はノッティンガムシャーのウェルバックに建つ屋敷に閑居を定め、拝領した地所の繁栄に相努めるようになる。こうしてマーガレットは、その後も著作を続け、著述家としての経歴を重ねていくばかりか、期せずして夫のために新設された位階であるニューカッスル＝アポン＝タイン公爵の妻という肩書まで手に入れたのである。

このニューカッスル公爵夫人は自身の生涯において、統一性をもった哲学的著作をとうとう出版できなかった代わりに、そのときどきの自身の考察を著し、広い読者層に訴えることはできたようである。詩や警句はもとより演劇にまで及ぶ彼女の諸作には、それぞれ哲学的なテーマが見受けられるわけだが、純粋な哲学的考察を記した著書を挙げるならば、すでに述べた『哲学的ならびに物理学的見解』（1655）と『実験哲学上の観察報告』（1666）に『自然哲学の基礎』*Grounds of Natural Philosophy*（1668）を加えた三冊ということになるだろう。

マーガレット・キャヴェンディッシュは、形而上的な熟考に基づいて自然界のあらゆる存在についての自身の哲学を明らかにし、いわば〝一元論的かつ生気論的な唯物論〟である彼女一流の類像を論議した。すなわち、世界はただひとつの実体から成り立っているという一元論を説き明かそうとしたのである。存在するすべての物質はその類像である生命力と呼ばれるひとつの実体に帰すると考えた彼女の哲学は、近代的な構想と古典的な概念《イデア》を止揚したかのような独創性を備えており、魂と肉体（精神と物質）はそれぞれが独立しているとするデカルト的二元論に真向から対立する視点を取ると同時に、万物がひとつの実体から成り立ったうえで魂をもち得るという、エピクロスの概念を支持するものだった。物質はいずれにせよ階層的であり、その証拠に、他に比べていかにも理性的ないくつかの存在があるとも述べた彼女は、一方でデカルトをはじめとする哲学者が唱えた、知をもち合わせていないがために動物には感情がないとする〈機械論〉的な自然観を批判してもいる。[168]こうしたキャヴェンディッシュの思想は、同時代のレディ・アン・コンウェイが表した、魂をもちながらも単なる物質ではないひとつの実体から万物が成り立つとした〝一元論的かつ生気論的な観念論〟とも、また様相を異にしたものであると言えるだろう。

　現代から見れば、十七世紀の形而上学は未熟なものに思えるかもしれないが、それはあくまでも現行の思索に比べた場合であり、そもそも物質の本質を問うことは哲学ではなく、むしろ自然科学——物理学や化学、微生物学など——によって行われるべきであるだろう。とはいえ十七世紀の形而上学のあいまいな用語を削ぎ落としさえすれば、さまざまな概念が現代でも充分に通用するはずで、まずキャヴェンディッシュの自然観は当時よりも現代のそれに近いように思えるのである。デカルトの哲学とは対照的に、自然や動物を機械として論じなかった彼女はむしろ、よく知られた著作『エセー』*Les essais*（1580）［★全6巻、原二郎訳、岩波文庫］の中で動物に対して好意的な意見を述べているフランスの思想家ミシェル・ド・モンテーニュに影響を受けている節がある。ちなみに彼女は、夫とデカルト支持者とのあいだの書簡で、動物には理性があるかどうかという議論が闘わされていたことを知っていたはずで、そこではしばしばモンテーニュの思索が参照されていたのだった。[169]

　マーガレット・キャヴェンディッシュは、中世で広く信じられていたように自然を有機体と見なし、人間もその一部にすぎないと考えていた。被造物の頂点にいるわけではなく、神授の権利を〝御心〟にかなうよう行使するばかりの人間は、[170]樹木や鳥と同じく物質なのであり、ほかのすべてと同様、万物の存在を支配する生命力の影響をまさに受けているのである。とはいえ彼女は、こうした見解の一方で、自然界を階層によって収斂されるととらえ、人間はその理性によって自らの地歩を固めているのだとも信じていた。物質であるという点ではほかの被造物となんら変わりがないにもかかわらず、理性や知の恩恵よろしく自然界に特別な地位を占めていられるというのである。

気高き保護論者

キャヴェンディッシュを語るうえで、自然保護についての思索を軽んじるわけにはいかない。ただし、現代の自然保護主義者とは対照的に、彼女は自然に本質的な価値があるとは考えなかった。彼女の描いた自然とは、ほとんどが夫の一族が所有する地所に限定されており、そこに森林や庭園、池や橋などが含まれていたのである。イングランドの森は古くから王侯貴族によって領有されており、狩猟などの娯楽のために利用されてきた。キャヴェンディッシュが自著の中で嘆いた森林破壊とは、一族の領地での出来事を指しているのであって、同時にその結果もたらされる財産の損失をも俎上に載せているというわけだ。

彼女による詩『一本のオークと、それを伐採するひとりの男とのあいだで交わされた、ある対話』[171] *A Dialogue Between an Oake, and a Man Cutting Him Downe* では、オークの古木が木樵《きこり》に切らないでおくれと訴える様を描き、二つの相反する立場を対比している。つまり、古木は午後の陽のもとで伸びた涼しい木陰や鳥たちのさえずり、風にそよぐ緑の葉擦れといった上流階級が享受するあらゆる自然を、そして一方の木樵は木を切ることで自らの暮らしを支える労働者を、それぞれ代表しているのである。とはいえキャヴェンディッシュには、娯楽に興じている貴族と、汗水たらして働く労働者とのあいだに存在する格差を強調する意図はないだろう。確かにそこで描かれているように、実際に自然を楽しむのはただ貴族だけで、労働者には田舎や都会のどこに身を置こうともオークの木の下でのんびりと休んでいる暇などあろうはずもない。だが詩の中の木樵の関心はといえば、製材所へ木を売ることなのだ。その後、製材所は丸太を造船所に売るだろう。そして木造船は貿易や未開の土地の征服に駆り出され、世界中を巡るだろう。製材所は、古《いにし》えからの伝統や上流階級の財産を象徴するオークの古木を、木樵の生活を支え仕事熱心な中産階級の商人に分配される、生命のない材へと加工しているわけで、つまりは上流階級が古来守り続けてきた財産を奪っているのである。キャヴェンディッシュはまた、他の著作の中で自国が世界と衝突することに対する疑問も投げかけており、これは現代にあっても激論が闘わされる次のようなテーマをはらんでいる[172]——結局のところ、発展とはなんなのだろうか？　そして、誰にとって有益なのだろうか？

実験的自然哲学への批判

マーガレット・キャヴェンディッシュは同胞のフランシス・ベーコンと同様、神学と科学を切り離して考えることを強く支持していた。彼女の哲学は、神の意思や創造物にはまったく触れてない。学識ある著述家であればそのほとんどが、自らをして敬虔なキリスト教徒であると読者に思い込ませていた十七世紀において、まさに大胆な仕儀と言えるだろう。だが彼女がベーコンと異なるのは、実験をともなう科学の手法が〝自然の謎を解き明かせる〟とは考えていなかった点にある。実験によって自然についての何かをその手に得られると思ってこそいたものの、自然がなぜそのような作用をもたらすかという疑問を説明できると見なしてはいなかったキャヴェンディッシュは、要するに実験をともなう科学では哲学的な疑問の答えを導き出し得ないと考えていたのである。

彼女は演繹的な思考法を信奉し、詳細を観察する前にまず自然界の真の体系的な形而上的モデルを築くべきだと主張していた。だが一方、王認協会の思考法は帰納的である。自然界のすべての法則の解明に際して、観察こそが最も重きを置かれるべきだと強調していたのだ。キャヴェンディッシュがそうした帰納的な考えを批判していたのは、王認協会が使用していた顕微鏡のような実験器具を〝粗末な代物〟と考えていたからで、たとえそれらを事物の観察に用いたとしても、新発見を果たせるようにはとても思えなかったのである。[173]

著書『実験哲学上の観察報告』では、次のような批判が見受けられる。「とはいえ、誤解しないでいただきたいのです。

すべてのレンズが物質の真の姿を示せないと言っているわけではありません。拡大したり増幅させたりする光学レンズの類いは、物質の表面だけを歪めて見せることがあると言いたのです。レンズを透して見た物質は、真の姿ではあり得ません。レンズを透して見た姿は、レンズが見せている姿にすぎないのです。それは、書物を写したときに誤りがあるのと同様で、いえ、それどころではなくそのときの光の反射や屈折、加減や位置によって、虫などがさまざまな姿や形に見えることを画家も認めているではありませんか。つまり、最もふさわしい採光、位置、あるいは加減を得るやり方がわからないときに、事物の本来の姿を表していると言ったり、判断したりができるのでしょうか？[174]」

ここであえて名前こそ挙げてはいないものの、キャヴェンディッシュは暗に、著名な科学者であり『ミクログラフィア』*Micrographia*（1665）［★永田英治他訳、仮設社］の著者でもあるロバート・フックの思索にさえ批判の目を向けている。[175]だが、建築家の肩書きももつフックは、彼女の著作の刊行と同年に甚大な被害をもたらしたロンドン大火関連の復興事業に忙殺されており、批判に取り合うこともついぞなかったようだ。

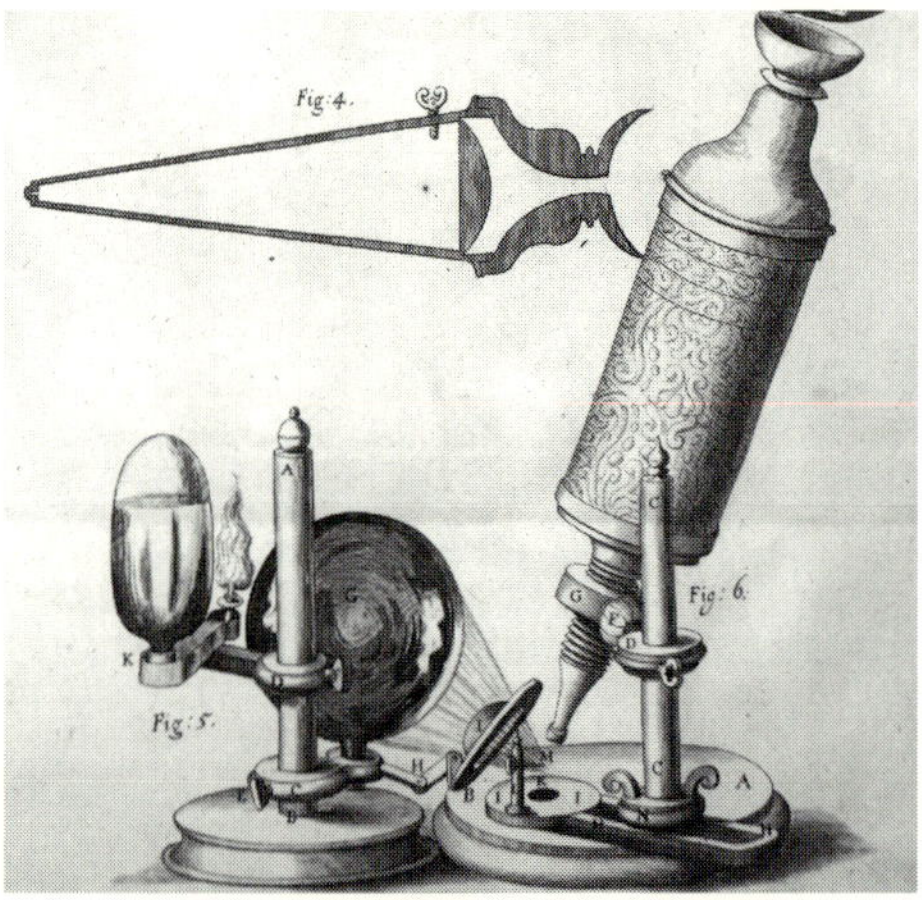

◉65……ロバート・フック『ミクログラフィア』（1665）に収載の顕微鏡図。フックは、2枚のレンズを用いた複式顕微鏡を自作し、人間の目には見えない微小な対象物の研究に革命をもたらした。

顕微鏡を透して得た知識を標的にしたキャヴェンディッシュの批判は、十七世紀後半に出現した、のちに哲学と自然科学とを分離させることになるひとつの潮流に影響されていた。十九世紀を迎えると、大学や研究所を舞台に科学を専門にする研究者がいや増して哲学との棲み分けが促され、王認協会のような愛好家クラブ的な性質もある団体に所属する紳士科学者は、次第に大学などに勤務する科学の専業者《プロフェッショナル》に道を譲ることになるのである。デカルトとライプニッツは、どちらも形而上的な思索を重んじ、とりわけ確かな知識をもって自然を追究するキャヴェンディッシュを評価していた。だが彼らは何に基づいてどのように彼女を評していたのだろうか？　今日の科学的な知による自然研究の現場では、よしんば論点の重要性が減るどころか増える一方であったとしても、哲学者と自然科学者が関わることはまずないのだ。

特に望遠鏡や顕微鏡のような新しい機器は十七世紀における科学研究を大きく発展させ、人々はそれまで目にすることのなかった現象の観察に集中していった。一枚の絵が無数の言葉に勝るのと同様、視覚的に表現されるもののほうが言葉よりも真実に近いと信じられるようになったのだ。むろん、それまでの自然科学の書物にも挿画は収録されていたが、中世やルネサンス期ともなるとその役割はもっぱら装飾や意匠表現にあったのであり、科学的な精密性を指向するようになるのはようやく十七世紀末を迎えてからのことだった。こうした流れにあって、先述したフックのほかに顕微鏡を透して極小の対象物の姿を開示した人物として挙げられるのが、イタリア人医師マルチェロ・マルピーギ（1628–1694）、オランダ人博物学者アントニ・ヴァン・レーウェンフック（1632–1723）である。また、望遠鏡を使って天体の相貌を初めて詳《つまび》らかにしたガリレオ・ガリレイから遅れることおよそ四十年、著書『セレノグラフィア、もしくは月の描写』*Selenographia, siva lunae descriptio*（1647）で巨大なケプラー式望遠鏡を使って観察した月面図を紹介したのがポーランド人天文学者ヨハネス・ヘウェリウスで、彼はさらに新たな十個の星座を記載し、四つの彗星を発見していく。

マーガレット・キャヴェンディッシュは、哲学者であって自然科学者ではない。したがって、彼女の興味の対象は視覚的なものではなく言葉だった。世界を創り上げる言葉こそがまず重要なのであり、つまり世界をして心の目を透して見るものととらえていたのだ。ルネサンス期の科学的記述において他に代え難い役割を果たしていた文学や詩は、十七世紀の科学界でも依然不可欠な媒体として機能していたわけで、自然科学者はしばしば詩人でもあり、換言すればその詩人が自然研究に従事していたのである。だが新しい科学機器や手法、実験が登場した頃から、自然科学における言語はより精密に、そして広範囲に形を整えられていくようになる。自然科学が独自の道を進むにつれ、科学における記述も実験とその結果の表現という形式に進化していったのである。

キャヴェンディッシュは自ら記した論文『実験哲学上の観察報告』や小説『新世界誌 光輝く世界』の中で、王認協会が実践している経験主義に基づく自然科学を批判している。『新世界誌』は恋愛ものと紀行ものの形式を取った諷刺小説で、北極で難破事故に遭ったうら若い女性が、王認協会に酷似した奇妙な生き物のコミュニティに遭遇するのだが、最終的にそのヒロインは自ら見出した王国の統治者マーガレット一世女王となるのである。ひとりの女性が統治者や科学団体の長になるというこうした着想は、当然のことながら挑発行為だろう。随筆家、作家のジョナサン・スウィフト（1667–1745）は、一七二六年の諷刺小説『ガリヴァー旅行記』*Gulliver's Travels*［★富山太佳夫訳、岩波書店］でキャヴェンディッシュ以上の名声を勝ち得ることになるのだが、彼女はその半世紀以上も前にこの自作をものしているのだった。

実験主義に基づく自然哲学と紳士の名誉

十七世紀後半のイングランドにあって、女性は公の場で自然哲学の議論に参加することを期待されも歓迎されもしなかった。王認協会の創立時も、婦人による活動の参加は不可と定められていたほどで、新しい実験主義の自然哲学に関わることは当然ながら経済的に独立している自由な紳士の特権であり、つまりはそうした人員であれば自然の神秘に専念できるだけの時間も資金もあるだろうと見なされていたのである。会員は、紳士の名誉《ジェントルマンズ・ホナー》という発想に則る者として、科学の発展に尽力する純粋な啓蒙家になることだけを期待されていたのだ。[176]

王認協会に範を取ってのちに設立されたパリやベルリンの科学アカデミーもまた、自然哲学の普及や真理の探求を目的としていたが、それは当然のことながら社会的かつ道徳的に重い責任を担い得る者の為事《しごと》と見なされていた。要は、女性や使用人が彗星の軌道や事物の本質、昆虫の変態についていくら語ったとしても、まず名誉が先立たなければ信用は置かれなかったのである。男性の名誉が言葉の信頼性に依拠していた一方、女性の名誉はといえばその身の純潔性にあったうえ、最初は父の、婚後には夫の財産のいかばかりかが重視されていたのが当時の実状で、つまるところ女性には社会的かつ経済的に夫にすがるしか道がなく、そうした面からしても独立した男性のように真理を追究することが許されるはずもなかった。[177]

王認協会は次第に紳士クラブ化し、貴族同士の社会的交流が自然科学の研究と同じくらいに重んじられるようになった。協会の会員は一七四〇年に三百人を超えたものの、自然哲学に関心を抱く者はその三分の一程度のもので、[178]そこからしてもこの団体が、あたかも意図的にただひとつだけの会員資格しか求めていなかったかのようにも思われる――つまり、男性かどうか、ということである。

〝いかれマッジ〟と王認協会

一六六七年、ニューカッスル公爵夫人は王認協会を訪問したい旨の希望を伝えたが、それはすぐというわけにはいかなかった。彼女による実験科学への批判を根にもつ協会の会員連が、婦人には門戸を開放していないという基本原則を盾に、いったん謝絶の意を伝えてきたのだ。とはいえ、なにしろそれは〝公爵夫人〟からの申し出である。研究活動の続行に不可欠な経済的援助をもたらす夫の公爵が、無視できない後援者であることを充分承知していた協会としても、結局のところ無碍に扱うわけにはいかなかった。

同年五月三十日、ニューカッスル公爵と夫人が乗った馬車が王認協会の中庭に到着するまでのあいだ、あたかもロンドン中がその行幸を見守っているかのような光景が繰り広げられた。子供たちが馬車を追いかけ、人々は夫人が手ずから意匠を凝らした奇抜で派手なドレス姿をひと目見ようと、通りに群がる。著書『新世界誌』の中で、当の彼女がどのように紹介されていたのかを、誰もが知っていたのである。夫人は自著で、王認協会に向けての皮肉を次のように述べている。「私はヘンリー五世やチャールズ二世にはなれませんが、マーガレット一世になる努力をしています。私には権力も時間も、ましてやアレクサンドロス大王やカエサルが成し遂げた世界征服をする理由もありません。それどころか、女王にもなれないかもしれません。財産や運命が私に何も授けてくれなかったので、誰のためでもない、誰からも責められない自分の世界を創るしかないのです。誰の中にも同じことができる力はあるのですから」[179]

とはいえキャヴェンディッシュは、その作品を通じて、傲慢で出世欲が強く、はしたないうえに狂気じみた人物という印象も世間に与えていた。後半生のあだ名は〝いかれ《マッド》マッジ〟である［★マッジ（Madge）はマーガレット（Margaret）の愛称］。一九五〇年代後半を迎えてもなお、諸々の評伝に表れた彼女は常軌を逸しているように描かれており、それは「ニューカッスル公爵夫人はいささか気がおかしく、デカルトの合理主義への固執があまりにすぎる人物という描写が最も妥当だろう」と紹介されているほどなのである。[180]実際のところキャヴェンディッシュはデカルト主義を批判していただけで、確かに同時代の人々は彼女を風変わり《エキセントリック》な女性と感じていただろうが、さすがに狂っているとまでは考えていなかったはずだ。彼女による自然哲学は、ようやく近年になって公平な目で見直され、系統立てた研究がなされるようになっている。[181]

意識的に自らの人物像を創り上げたマーガレット・キャヴェンディッシュは、周囲からどう思われようとそれを歯牙にもかけなかった。彼女の著作は、心底提示したいと願った存在の様式《モード》以外のなにものでもない。この公爵夫人が多くの書物をものしたのは、議論や自論を口にできる場から距離を置かざるを得なかった自身の内向的な気質のゆえでもあったのだ。また彼女は一方で、著者であると同時に読者でもあった。科学関連の著述が科学者と科学に関心を抱く人々との対話として書かれていた時代にあって、彼女の哲学的著作のほとんどが、他人の著書に対する論評なのである。もっとも、女性である我が身を振り返る彼女自身は、おそらく正当に評価される批評家にはなれないだろうことを痛感していた節がある。王認協会のような科学者団体の会員は、自分と同じ種類の読み手、つまり〝紳士〟に向けて諸作を著していたのだ。婦人向けに書かれた一般的な科学書は、彼女の死後、十八世紀になってようやく全盛期を迎えることになる。

マーガレット・キャヴェンディッシュは、五十一歳で他界した。そのとき八十二歳だった彼女の夫は、愛してやまない妻のために盛大な葬儀を執り行い、ロンドンのウェストミンスター寺院にこの〝ニューカッスル公爵夫人〟を埋葬している。彼女の眠る石棺のレリーフには、書物、ペン、インク壺などの愛用していた身の回りの品々を携える彼女が彫り刻まれていたのだという。

コンウェイ子爵夫人アン：クエーカー信徒にして哲学者

イングランド人哲学者レディ・アン・コンウェイは、ニューカッスル公爵夫人の存在やその著書についての知識はもち合わせていたが、個人的な交流を試みたり、著述の内容に深く関心を寄せたりすることはなかった。この二人には、双方ともに上流の出であるうえ、身分の高い紳士を夫にもつ学究だったという共通項はあるものの、〝積み重ねた教養の発露〟という意味で言えば、両者は大いに異なっているようだ。まず、マーガレット・キャヴェンディッシュは著書の中で自身の知見を披露したり、自らを登場させたりすることを好んだが、アン・コンウェイのほうはといえば、表舞台に出たり、自著を出版したりすることがなかった。加えて言えば、婚前の名をアン・フィンチという後者は、前者と違って幼い頃から家庭教師についてしっかりとした古典教育を受けてもいるのである。十七世紀のイングランドでは、ラテン語を学ぶ女性はほとんどおらず、ましてやギリシア語やヘブライ語に通じた女性ともなるといっそう数は少なかった。そうした点で、アンは異色の存在と言えるだろう。

当時、ラテン語は男性向きの課目であり、女性が学んだり身につけたりするものではないとされていた。この言語は、一般庶民や識字力の皆無な者、そして女性全般からすると、特権意識の強い上流階級のサークルに属する教養人士が専有する、いわば暗号も同然で、その習熟に至っては、選ばれた者だけが羽織れる肩掛けさながらの、興味のない者にとっては馬鹿げているとさえ見えるような営為だったのである。にもかかわらず、アンはラテン語を学んだ。異母兄のサー・ジョン・フィンチが読書好きな社交家で、女性が男性同様の知識を得ることに好意的だったというのが、ひとつの理由である。この兄を通じて、彼女は自身の思索に最も深く影響を与えた人物に数えられる哲学者、ヘンリー・モア（1614−1687）と出会うのだった。

ケンブリッジ・プラトン学派の重要人物だったモアは、同大学でジョン・フィンチに哲学を教えるばかりか、書簡を通じて彼の異母妹にまで手ほどきをしていた。モアとアン・フィンチとのあいだで交わされた諸々の手紙は哲学の通信教育さながらで、イングランドの大学の講義で熱心に紹介されていたデカルトによる合理主義の適切な解釈を彼女に伝える一方、この師が関心を抱いていたキリスト教の倫理観との結びつきという課題ももたらして、生徒であるアンの思索を深めていく。神学と哲学とをはっきり切り離してとらえていたマーガレット・キャヴェンディッシュとは違って、アンは神学に興味を覚えており、このことはやがて彼女の発想に大きな影響を与えることになる。いずれにせよモアとの長きにわたる文通によって、アンはこと哲学的な思索に関して素晴らしい飛躍を遂げることになった。[182]こうした相互に影響を与え合う二人の書き物を通じた関係は、ルネ・デカルトと公女エリーザベトの交流にも比較し得るものだろう。

一六五一年に教え子がサー・エドワード・コンウェイ（1623−1683）と結婚してからも、ヘンリー・モアの個人教授は続いたようである。アンとエドワードの結婚は、二組の由緒ある裕福な貴族同士の理想的な結びつきと見なされたものだが、そのうえ二人は婚前から同じ興味を胸に抱いてもいた。どちらも、哲学と科学に強い関心を寄せていたのである（ちなみにこの新郎もまた、モアの教え子だった）。エドワード・コンウェイは、頻繁に旅に出かけた。とりわけよく訪れたのが親族の管理する地所のあったアイルランドで、政治家としてのキャリアももつ彼は、チャールズ二世の統治下にある北アイルランドの開発担当相を務めることになり、妻の没後となる一六七九年にはそれまでのコンウェイ子爵から伯爵に叙せられている。二人のあいだには子供がひとり生まれたが、二歳の誕生日を迎える前の一六六〇年に天然痘であえなく亡くなってしまう。アンは、そのときの深い悲しみのあまり健康を害し、特にひどい頭痛に悩まされ続けることになった。その症状は重篤で、亡くなる十年前からは荘園の外にも出られなくなり、臨終までの数カ月間は寝たきりの状態だったらしい。

一六七〇年、アン・コンウェイは生涯の自身の思索に強い影響を与えた、もうひとりの教養人と出会う。英名フランシスクス・マーキュリーを名乗ることになるフランキスクス・メルクリウス・ヴァン・ヘルモント（1614-1698）である。博学のオランダ人医師であり、錬金術師でもある彼は、ウォリックシャーにあるアンの暮らす屋敷、ラグリー・ホール[183]に専属の医師兼話し相手《コンパニオン》として訪れたあとそのまま地所内に住み込み、彼女が亡くなるまでの九年間を当地で費やした。ヴァン・ヘルモントの主な役目はアンの病を治すことにあったわけだが、治療法の明らかでない症状とあって、そうした意味ではあまり役に立てなかったようである。ただし、二人はともにヘブライ語に通じていたため、厳格にして敬虔な信仰復興論を唱えるクエーカーの概念《イデア》と並んで、ユダヤ教神秘主義のカバラにまつわる研究に手を染めるようになった。こうしてアンは、夫や哲学の師ヘンリー・モアから得る以外の新しい興味の対象をもつに至ったのである。

ユダヤ教、キリスト教、イスラーム、古代の異教といったすべての偉大な宗教の導く最終的な到達点は同じである、とアンは記している。明白な平等性を提起したその寛容な見解は、カトリックとプロテスタントのあいだに巻き起こった宗教戦争からの復興を企図していた当時の人々からしても、むしろ急進的に思われた。十七世紀のキリスト教徒のほとんどは反ユダヤ教、反ユダヤ人の立場を取っており、たとえば敬虔なキリスト者であればカバラなどに興味を抱くはずもない。ましてや、研究対象が社会やジェンダーの公平性を提唱するクエーカーとあっては、カバラ以上に貴族として許し難い仕儀となるのだった。礼を尽くすべき高位の者の前であっても脱帽もしないクエーカー信徒になるということは、貴族階級の女性にしてみれば新世界への移住やアボリジニとの共同生活も同然の醜聞《スキャンダル》になる。ところが、宗教に対するアンの信念は、周囲の反応を完全にものともしなかった。

子爵夫人アン・コンウェイやニューカッスル公爵夫人マーガレット・キャヴェンディッシュは、どちらも意図的に社会生活から遠ざかっている。アン・コンウェイの〝閉居〟は自らの病によるところが大きく、その結果彼女を哲学に没頭させた。そしてマーガレット・キャヴェンディッシュは自著を通じて世間の目に触れてはいたものの、人前に出たときの緊張癖のゆえに社会を避けるようになった。では、イングランドの上流女性の〝社交〟の場はどのようなものだったのかというと、貴族階級の女主人が催すサロンは亡命先となったフランスでこそ頻繁だったものの、この国でとなるとさして好まれるというほどでもなかったようで、そうした宴を主催することへの関心も比較的低く、せいぜい時折友人を屋敷に招待する程度でしかなかったらしい。とはいえ科学や哲学に興じるサロンはもちろんロンドンにもあり、中でもよく知られていたのが一六四〇年代から一六六〇年代に☆キャサリン・ジョーンズ［★ラニラ子爵アーサー・ジョーンズに嫁いだキャサリン・ボイル］（1614–1691）が主催した集いだった。近代科学の父ロバート・ボイル（1627–1691）の姉で、レディ・ラニラとして知られていた人物である。[184] 彼女はアン・コンウェイさながらの積極性をもって政治に言及し、教育問題にも深い関心を示した。二人は互いを知っていたようだが、書簡を交わすほどの間柄ではなかったらしい。

アン・コンウェイの哲学

アン・コンウェイの唯一となる著書『往古および現代における無上なる哲学の諸原理』は生前ついに世に出ることがなく、束になった原稿が、彼女の死後、ヴァン・ヘルモントによって見出されている。アムステルダムでの初版刊行は、彼女が亡くなってから十一年が過ぎた一六九〇年だったが、発見からの時差はヴァン・ヘルモントがラテン語訳に費やしたゆえのことで、そうしたほうが知識人から好意的に受け取られるだろうと彼は配慮したのである。ヴァン・ヘルモントによる序文からはじまるこの書物の著者名は、ただ〝教養あるイングランドの伯爵夫人〟という表記がなされているだけだった。彼は確かにアンに敬意を払っていたはずで、むしろマーガレット・キャヴェンディッシュが自身の哲学書で名前を明かしたために受けることになった評判に目配りをして、著者を守りたいと考えたのだろう。

マーガレット・キャヴェンディッシュとは異なり、アン・コンウェイの哲学は神学から出発していた。参考までに、この著書の正題を次に挙げておこう。『著者の死により英語からラテン語訳され、ヘブライ語による古代哲学の註解を付した、学舎《まなびや》や通常の現代哲学、デカルト主義、ホッブズ主義、スピノザ主義では議論できない疑問や問題を解決する、神とキリストおよび被造物、すなわち精神と物質全般に関する、往古および現代における無上なる哲学の諸原理[185]』*The Principles of the Most Ancient and Modern Philosophy concerning God, Christ, and the Creatures, viz. of Spirit and Matter in general, whereby may be resolved all those Problems or Difficulties, which neither by the School nor Common Modern Philosophy, nor by the Cartesian, Hobbesian, or Spinosian, could be discussed. Being a little Treatise published since the Author's Death, translated out of the English into Latin, with Annotations take from the Ancient Philosophy of Hebrews.*

アン・コンウェイは〈機械論〉や〈唯物論〉、そして〈無神論〉による世界観を批判し、自然界のあらゆる存在の真理は霊的かつ〈生気論〉的な視点で置き換えられることを提唱した。キャヴェンディッシュ同様、コンウェイも魂と肉体（精神と物質）というデカルトの二元論を批判しているのである。彼女にとって、肉体は〈機械論〉の法則に従って動く受動的な機構ではなく、むしろあらゆる存在が重要な命をもった諸要素となるのだ。キャヴェンディッシュが神をしてこの世のあらゆるものになんの役割も果たしていないとした一方で、コンウェイの〈生気論〉における哲学は神の創造物や神自身の存在から導き出されている。コンウェイによる魂と肉体は、聖性を有した同一の連続体における両端であり、かつ互いに対抗し合う存在ではないのである。

アン・コンウェイの哲学は、調和と完璧を求める楽観主義から編み出されている。この世のすべては、完璧な状態に向かって常に動いている。憎しみや怒り、苦痛、憂鬱は、いまだ進行途中の状態の表出なのであって、そこでは苦痛さえも意味をもち、それが精神を高め、強固にする。物質が完璧な状態に達すると、それは精神となり、創造主である神のもとへと戻る。コンウェイの哲学の中心には神があり、神はすべての創造主の上位にある存在なのだ。すべての創造において、被造物は同じひとつの創造主と共通のつながりをもつ。しかし、人間に備えられているもののすべてが神から与えられたものというわけではない。なぜなら人間は常に動いている存在であり、創造されたあとも、もともと備えられていないものを手に入れ続けるからである。

彼女の書物を読んで最初に反応を示したという記録のある著名人はライプニッツであり、老齢のヴァン・ヘルモントからそれを渡されたのはコンウェイの死からおよそ二十年がたっていた。ここ数十年のあいだに、思想史や哲学史におけるライプニッツが果たした役割に注目が集まったことで、アン・コンウェイへの関心も高まってきているが、彼女の名はエイトンが英語で執筆したライプニッツの伝記[186]［★『ライプニッツの普遍計画』、渡辺正雄訳、工作舎］や、その後に発表されたドイツ語の伝記にも登場せず、『往古および現代における無上なる哲学の諸原理』が彼女の名前を明記した新篇としてようやく一九九六年になって出版されている程度にとどまっている。[187]

ライプニッツは、広く書簡を通じて大勢の人々に自身の哲学を伝えている。彼は哲学以外にも数学、論理学、言語学、実用工学の分野で足跡を残しているのだが、広範で多様な著作があるにもかかわらず、出版まで漕ぎ着けたのはほんの一部でしかない。ライプニッツの形而上学にはアン・コンウェイからの影響も認められ、ヴァン・ヘルモントとは議論を重ねてもいるようである。また、一六九七年の記述には、次のようなくだりが見受けられる。「私の哲学の信条は亡きコンウェイ伯爵夫人の思想にやや近く、プラトンとデモクリトスのあいだに位置しているだろう。デモクリトスが、そしてヘンリー・モアと彼の一派との論争でデカルトが主張している、あらゆることが機械的に起きるという謂いを私は支持している。だが、すべてのことは現存する原理と目的因から起きるとも考えている」[188]キリスト教信仰と女性史および宗教史を専門とする現代の研究者アリソン・P・クーダートによれば、ライプニッツは彼の名を世に知らしめた単子、すなわち〈モナド〉という概念《イデア》にヴァン・ヘルモントとの議論やアン・コンウェイの著作から多くを取り入れているようだが、その思想はルネサンス期の哲学者ジョルダーノ・ブルーノ（1548–1600）もすでに提唱していたのだという[189]［★〈モナド〉という用語自体がすでに上記三人の著作に表れており、それはクサのニコラウスにまで遡られる（マーチャント『自然の死：科学革命と女・エコロジー』、団まりな他訳、工作舎を参照）］。

ライプニッツとコンウェイの主張をまとめれば、この世界の万物は生命力や活力をもつ単位――〈モナド〉――から構成されている。言い換えるなら、〈モナド〉は〈原子論〉の信奉者が主張するような受動的で不可分の粒子ではなく、発達する能力をもった能動的で単一な力の核なのである。〈モナド〉は常識で理解することは難しく、測定可能な物体でもないのだ。ライプニッツは、彼の最もよく知られた論文『モナドロジー』*Monadologie* の中で、こう記している。「(……) 物質のどの部分も、古代の人たちが認めたような無限分割の可能性を秘めているだけではなく、現実におのおのの部分が、また多くの部分にと、どこまでもはてしなく細分されていて、しかも、その一つ一つの部分が、それぞれみな固有の運動をおこなっている (……)。でなければ、物質のどの部分も、宇宙全体を表出することができるとはいえないだろう。／そこから、物質のどんな小さな部分にも、被造物、生物、動物、エンテレケイア、魂が、たくさんふくまれていることがわかる。／物質のどの部分も、草木のおい茂った庭園か、魚のいっぱい泳いでいる池のようなものではあるまいか。しかも、その植物の一本の枝、その動物の一個の肢体、そこに流れている液体の、一滴のしたたりが、これまたおなじような庭であり、池なのである」[190]［★清水富雄、竹田篤司訳、中公クラシックスより］

ライプニッツはその晩年において、魂と肉体は端から端へとひとつにつながっているとするアン・コンウェイのカバラに基づく思想に出会った。[191] 魂ないし精神は運動を表し、肉体はその可視化なのである。彼は、コンウェイが提唱した場所と時間に関する相対的な思想を支持したわけで、つまり両者ともに全体と部分のあいだにある関連性や相互作用に着目していたということになる。神の定義は二人の哲学では常に中心に据えられ、どちらも神を創造主と見なしていたが、さらにプロテスタントとカトリックの両教会の寛容と協調によって理解を深めようとする、世界教会運動までともに構想している。しかし、ドイツ宮廷で外交官を務めていた頃のライプニッツは、この件についての発言を控えるようにしていたのだという。

アン・コンウェイの死後に刊行された論文は、知を熱望するイングランド女性の地位の向上に寄与した。ヴァン・ヘルモント、ライプニッツ、ヘンリー・モアがコンウェイの哲学に深い興味を示さなければ、彼女は誰にも知られずにいたかもしれない。コンウェイの墓碑はその名前を伏せたままで、ただ彼女を指す〝クエーカー信徒の淑女〟という銘だけがそこに刻まれている。

教育による女子の道徳観の向上

中産階級向けの女子教育は、イングランドにおいては十七世紀からはじまったが、そこで学ぶ少女たちはまだマーガレット・キャヴェンディッシュやアン・コンウェイのような傑作を生み出そうという志を抱くまでには至らなかった。学校長を務めた教育者バスシュア・メイキン（1610頃-1675頃）は女子教育改革の積極的な支持者であり、一六七三年に『古代の淑女教育の復活に関する論考』*An Essay to Revive the Ancient Education of Gentlewomen* と題した宗教、礼儀作法、芸術、話法についての小冊子を刊行している。メイキンはイングランドで音楽、料理、ジャム作り、パン作りを教える学校を、数人の少女を対象にはじめた人物で、伝統的な婦人向けの課目に加えて、選択課目としてフランス語、ラテン語、イタリア語、ギリシア語、ヘブライ語、数学、理学、哲学も習得できるような教程も準備していた。彼女は小冊子の最後で、女子教育の目的は男性の権威を否定するためでなく、女性の道徳観の向上のためにあると記しているが、この一文は、娘の教育に関する決定権をもつ父親を意識したうえで書かれたものと考えていいだろう。自身が運営する学校に生徒を集めるためには〝顧客〟の意見に耳を傾けることが大切だと、メイキンは知っていたのだ。そして時代が十八世紀の初頭を迎えると、上流女性にとっての社会的利点になるとして、文芸教育が重視されるようになるのだった。

✴14 博物画家、昆虫学の先駆者にして探検家

——マリア・ジビーラ・メーリアン（1647–1717）

マリア・ジビーラ・メーリアンの父マテウス・メーリアン（1593–1650）は評判の銅版画家で、そのうえ信仰の自由によって巷間に知られた都市フランクフルト［★フランクフルト・アム・マイン］で業績も好調な印刷出版業を営んでいた。タウヌス山地から注ぐマイン川を中心に広がる活気にあふれた交易都市であるフランクフルトは、三十年戦争のさなかにあってもなお中立を貫いており、マテウスが先代［★舅親に当たるジャン・テオドール・ド・ブリ（1561–1623）］から継承した事業を国際的に展開していくにはうってつけの土地柄だったと言えるだろう。

この都市《まち》は、感染症や迷い込んだ兵士がたまさか混乱を引き起こすことこそあれ、戦禍に見舞われていた当時のドイツ（神聖ローマ帝国）の中では比較的平穏で、恒例の書籍見本市《ブック・フェア》もまた変わりなく催されていたほどだった。出版人にとっての一大年間行事であるその見本市に、マテウスは積極的に参加している。主力事業は最初の妻の祖父であるリエージュ［★現ベルギーにあった司教領］の人テオドール・ド・ブリ（1528–1598）が一五九〇年から手を染めていた新大陸アメリカに関する挿画入りの大著『大旅行誌』[192] *Grand Voyages* の継続出版で、当のマテウス自身が西洋の都市部や田園部を活写して一六三三年から刊行に着手していた『ヨーロッパの劇場』*Theatrum europaeum* もまた各冊ともに評判を呼び、版を重ねていたのだという。

◉66……晩年のマリア・ジビーラ・メーリアン。彼女の没後に制作された銅版作品で、次女の再婚相手のゲオルク・グシェルが描いた63歳頃の肖像をもとにしている。

メーリアン家では常に画材が手の届くところにあり、子供らは思い思いに絵を描き、色を塗り重ねて過ごしたらしい。まだ幼いながらもマリア・ジビーラの心には印刷機の出すあの音と匂いとが焼き付けられ、父親が刷り、あるいは挿画を手がけた書物を、彼女はそれこそ夢中になって眺めていった。ことに『大旅行誌』には遠く遥かな国々の胸躍る物語が満載されており、アホウドリやトビウオといった生きものや異邦で暮らす人々のそれまで目にしたこともない絵姿に、持ち前の奔放な想像力が強烈にかきたてられていく。彼女は長じて南米への学術調査遠征を独自に敢行し、当代一の昆虫学者、博物画家となるわけだが、その快挙もまたこうした幼児期の原体験がもたらしたひとつの成果なのである。

だが、その父もマリア・ジビーラがまだ三歳の頃に急死してしまう。後妻だった母ヨハンナ・ハイムは、すぐに再婚を決めた。新しい父親となったヤーコプ・マレル（1613–1681）は画家、画商として成功していた人物で、スイス、バーゼルに生まれてフランクフルトにやって来たマテウス同様、妻とともに〝国際色豊かな〟家庭を形づくることになる。ヨハンナ・ハイムはオランダ（ネーデルラント）のフランス語地域に生まれたワロン人で、片やヤーコプ・マレルはといえばドイツ出身ながらユトレヒトに数年住んだこともあり、やはり妻の故国にとりわけ縁が深かったのだった。

こうしてマリア・ジビーラは、裕福なプロテスタント家庭でその感性をはぐくまれていくことになる。[193] このメーリアン＝マレルからなる新しい一族では、それぞれの父伝来の〝職人芸〟が息子たちへと、さらには才能ある娘たちへと引き継がれていった。彼女の義兄［★マテウスの最初の結婚の子供］に当たる実父と同名の小マテウス・メーリアン（1621–1687）とカスパル・メーリアン（1627–1686）はすでに成人しており、当時の若者の例に漏れず家を出て芸術学校へと入ったのちに宮廷で職を得たが、マリア・ジビーラのほうはといえば自宅で継父から直接画業の手ほどきを受けている。職能者家庭とあって実践的な技巧にこそ重きが置かれたため、マリア・クーニッツやアンナ・マリア・ヴァン・スフールマンといった前世代の女性教養人さながらの人文学教育を授けられることこそなかったものの、前の結婚による三人の十代の連れ子がいたヤーコプ・マレルには幼児の才能を見抜く慧眼が備わっており、マリア・ジビーラの資質はすぐと彼の知るところになったのである。

実父マテウス・メーリアンとのふれあいはほんのわずかだったが、マリア・ジビーラの胸に秘められた彼の輝かしい姿は生涯色あせることがなかった。とはいえ画家としては、ゲオルク・フレーゲル（1566–1638）に代表されるフランクフルト静物画の伝統や、アルブレヒト・デューラー（1471–1528）らドイツ・ルネサンスの巨匠の作品を範としたヤーコプ・マレルからの影響が大きく、彼女は線画や手間のかかる銅版画をはじめ、水彩や油彩の技法も早々と身につけていく。しかし一方、十七世紀に専業者《プロフェッショナル》としてたいへん重んじられ、成長過程の書籍市場にあってその技巧をいっそう必要とされるようになっていた彫版の仕事には油彩同様に男性向けのものという通念があり、女性がそこに携わることをいっさい禁じる芸術家ギルドも数多かった。それもあってかマリア・ジビーラはとりわけ水彩画の習得に励むことになり、長じてその道の達者と言われるまでになるのである。

当時、銅版の技法をもって印刷された挿画入りの書物はまだまだ高価だったものの、それにもかかわらず植物図譜や昆虫図譜の需要が高まりを見せていたことも、また事実である。義兄の小マテウスまでもが一六五三年にかのヨーハン・ヨンストン（1603–1675）による『博物誌:昆虫篇』*Historiae naturalis, de insectis* の出版に手を染めているのだが、実際のところ同書の知見はまだルネサンス期の書物に依拠するものであり、この頃の著述家は後年マリア・ジビーラが研究に専心することになる昆虫の変態《メタモルフォシス》をいまだ理解していなかった。

画家としての道を歩むにせよ、昆虫や植物を体系的に研究するにせよ、婚前のマリア・ジビーラの〝拠点〟はフランクフルトの自宅だった。彼女は上位中産階級《オート・ブルジョワジー》にまでのぼりつめた職能者家庭の子女であり、充分な訓練を積んだうえで画家、銅版画家、博物画家、出版人として、また少女らのための美術教師として働くことになるわけで、さらには自宅の庭を舞台に植物学と昆虫学の研究にまで手を伸ばしていた。どうやら彼女が属した文化圏では、ジェンダーを理由に職人としての仕事から疎外されることは比較的少なかったようである。

実父の遺産が潤沢にあったためではあるが、専業者として身を立てたマリア・ジビーラ・メーリアンは、やはり職

●67……………メーリアンの主著『スリナム産昆虫変態図譜』（1726版）に収載の、蝶の変態とその食餌植物を描いた挿画。

人だった婚約者ヨーハン・アンドレアス・グラフが連れ合いの仕事に好意的だったこともあってか、婚後も他者に依存しない暮らしを営むことができた。二人の結婚は、マリア・ジビーラが十八歳となる一六六五年のことで、三年後に長女ヨハンナ・ヘレナが、さらにその十年後となる一六七八年には次女ドロテア・マリアが生まれている。長女の誕生を期に一家はニュルンベルクへと居を移し、夫ヨーハン・グラフは一六七五年から七七年にかけて、妻の最初の著作となる『新しき花々の書』*Neues Blumenbuch* を出版している。銅版刷りによる見事な草花の写生画が収められた同書には、画家や刺繍作家の図案に役立てようという狙いがあった。

　園芸や刺繍に親しんだり花の絵を描いたりすることは、中産階級の女性たちには相応の趣味だと考えられていたが、一方で人々はマリア・ジビーラの芋虫や毛虫への執心ぶりに眉をひそめたものだった。彼女が幼少期から自然界全般に対して熱意をもって行ってきた類いの実践的な観察や体系的研究は、当時にあっていかにも異例だったのである。とはいえ、女性を迎え入れようとしなかった科学界に披露こそしなかったものの、彼女が自宅の庭で粛々と従事してきた昆虫の変態に関する研究が先駆的だったことに間違いはない。彼女には、このテーマに基づいて著され、そのいずれもが数版を重ねた重要な二作がある。それが『ヨーロッパ産鱗翅類：その変態と食草』*Der Raupen wunderbare Verwandlung und sonderbare Blumennahrung*（1679）と『スリナム産昆虫変態図譜』*Metamorphosis insectorum Surinamensium*（1705）である。[194]

昆虫学の先駆者

　一六六〇年に十三歳という若さでマリア・ジビーラ・メーリアンがものした観察記録は、従来の博物学観をくつがえすものだった。当時、ヨーロッパの大学や学術サークルで認められていたアリストテレスの知見によれば、昆虫は泥土から生じるはずなのである。むろん少女だったマリア・ジビーラには、アリストテレスの教えや昆虫に関する講義が大学でどのようになされていたのかなど知るよしもなかっただろうが、いずれにせよ自らの目で確認したことはゆるぎようもない。彼女は、家族の友人がフランクフルトに所有していた養蚕場で蚕蛾《かいこが》を眺める機会に恵まれ、興味を抱く。蛾は泥ではなくちっぽけな幼生（卵）から現れ、そしてその幼虫がまずさなぎになってから——つまり蛹化を経て——生まれることに気づいたのだ。

生糸（絹）産業は古代にはもう隆盛を極めていたし、蛾の変態《メタモルフォシス》についても六世紀の東欧（ビザンツ帝国）では既知のことだった［★つまりこの頃、当地で養蚕業が起こっている］。その知識を、西欧の自然科学者たちは千年ものあいだ知らずにいたわけだ。その後、イタリアの医師、博物学者のフランチェスコ・レディ（1626–1697）や解剖学者マルチェロ・マルピーギがそれぞれ蝿や蛾の変態に関する論文を発表して、その斬新さを称えられてもいる。だが、メーリアンが蚕蛾の誕生と変態の真相をつきとめたのは、それよりも十年近くの歳月を先駆けていたのだ。

二世紀を経て、サンクト・ペテルブルク（当時レニングラード）科学アカデミー図書館の文書官が、メーリアン直筆のメモ入りの画帖を見出した。その複製が一九七六年に数カ国で初出版され、彼女が子供時分にはじめた体系的な昆虫学研究についての新情報が明らかになる。[195] 彼女の文書や巧みな水彩画がロシアに渡ったのは、十八世紀、ピョートル大帝（1671–1715）がサンクト・ペテルブルクにしつらえた稀少品陳列所《クンストカメラ》に収蔵するため、書物や美術品その他の価値ある〝珍らかなるもの〟の蒐集に着手したときだった。画帖のメモからマリア・ジビーラのほうがより早くから研究に乗り出していたことは明らかなのだが、にもかかわらず昆虫学書の初刊行がレディやマルピーギの後塵を拝したため、彼ら二人のイタリア人学者に何年も先んじて独自の〝発見〟を成し遂げていたことが長きにわたって知られずにいたのである。この何百もの植物や昆虫が細密に描かれた画帖は、マリア・ジビーラが十三歳にしてすでに一人前の画家であり本格的な昆虫学者でもあったことの何よりの証拠となるだろう。

西洋で産する昆虫を描いた『ヨーロッパ産鱗翅類』という書題で知られるメーリアンの著書は、いろいろな意味で従来のどの昆虫学書とも異なっていた。そこには紙葉の全面を使った大型図版四点を含む、彼女が手ずから彫版を施

●68……蚕蛾（かいこが）の変態を研究したマリア・ジビーラ・メーリアンは、13歳にしてすでにその過程を熟知していたものの、その知見の発表のほうは約20年後となる1679年の『ヨーロッパ産鱗翅類』の刊行を待つことになる。

した銅版画が五十点収録されており、それぞれには当該の昆虫が見受けられる場所と食餌植物についての簡潔な説明書きが添えられている。丁寧で、そして簡潔な言葉遣いが施されたテクストである。ところが残念なことに、その添え書きには学術的な精密さが見受けられない。彼女は学校教育を受けておらず、そのうえ〝学〟があるところを誇示したいとも考えなかったのだろう。ともあれ同書には、昆虫学の先達が残した成果の焼き直しではなく、自身の見識を臆することなく提示しようという意欲がうかがえるのだった。

『ヨーロッパ産鱗翅類』には、有機的な生きた存在という自然観が表れている。メーリアンは、何にも増して自然の循環《サイクル》とその結果生じる変化とに興味を惹かれており、対象となる昆虫をその棲息環境下で観察するという最新手法を用いた初めての研究者だった。一枚の絵の中に、卵から成虫までの変態の全過程に加えて、種《しゅ》の命をつなぐための養分を供給する食餌植物までもが描き込まれ、その草花にしても、開花から結実までの段階のそれぞれを表現していることすらあるのだ。もちろん、素の状態で植物が花と実を同時につけることはなく、昆虫にしても変態の各段階を一挙に見せるわけでもない。つまりメーリアンによる昆虫や植物の水彩画は、まず第一に自然科学に資する模式図ということになるだろう。そのうえ彼女の作品は、卓越した芸術性をも兼ね備えているのだ。

幼虫がかじった葉の孔《あな》まで仔細に描いているのは、観察を通じて種それぞれが違う形の〝虫喰い跡《あと》〟を残すことをメーリアンがわきまえていたからにほかならない。昆虫を生態系の一部として見やる彼女の手法は、当時の博物学研究の水準からしても何十年と先を行くもので、さまざまな点において現代の生物学領域で行われている実践に近い。たとえば同時代人となるオランダ人ヤン・フダルト（1617–1668）による『変態と博物学』*Metamorphosis et historia naturalis*（1662–1667）の場合、昆虫が泥土から生まれるという旧来のアリストテレス説が紹介されているうえ、著者による挿画はきわめて精緻ながら、ほとんどが幼虫や成虫で、卵の絵はごくごくわずかしか見受けられず、食餌に至ってはどこにも描かれていないのだ。

昆虫は、中世写本の飾り絵《イリュミナシオン》として、あるいはルネサンス絵画にあっては静物《ナテュール・モルト》（屍物）として描かれたものだが、いずれの役割も装飾の域を出ていなかった。初期の博物学書では主として生物分類を補完するためだけに棲息環境を抜きにした昆虫を取り上げていたわけで、十七世紀になってもなおユニコーンや人魚といった幻獣が実在する動物や昆虫と並置して紹介されていたのである。それに比べて、メーリアンの作品中には空想上の昆虫や植物はただの一点たりとも見られない。彼女は、自ら目にしたものだけを描いた。現代の研究者らの言を引いてもその描法はあくまでも写実なのであり、個体の識別が明確になされているのだ[196]。

そのような系統的な観察法を生涯にわたって向上させたメーリアンは、成虫、幼虫、卵のそれぞれをいつどこで発見したのかを詳細に記録したうえで、さまざまな植物を与えられた幼虫がどれを食餌としたのかを実見し、その発育、生態、生殖、変態を細大漏らさず観察していった。卵からさなぎの段階を経て成虫となるまでに二、三日しかかからない種もあれば、羽化までに何カ月かを要する蝶のような種もある。『ヨーロッパ産鱗翅類』初版の序文からしても、自身の研究が他に類を見ないものであることを彼女はしっかりと意識していたようだ。「本書は、芋虫や毛虫の見事な変身ぶりと花からの独特な栄養摂取に関する未曾有の研究を紹介するものである。芋虫や毛虫などの幼虫、蝶、蛾、そしてその類いの小さきものについて、棲息地や食餌、変態の頻度や場所およびその特異な様態を記し、博物学の徒や画家、園芸愛好家の方々に役立てていただくことを期した。綿密な調査に基づく簡潔な解説を添えた写生画を、自ら銅版を刻んでここに刊行する――大マテウス・メーリアンの娘、マリア・ジビーラ・グラフ」[197]

十七世紀の初め、昆虫といえばまだ数多くの迷信や盲信の対象で、大多数の人々の寄せる関心は魚類、鳥類、哺乳類に比べて薄かった。信仰上、美しい蝶《プシュケ》はしばしば再生した魂《プシュケ》の顕現とされ、蜜蜂は活性や聖母マリアの純潔を象徴していたが、その反面〝醜い〟虫たち――糞便にたかる蠅、堆肥を這い回る甲虫、不潔な床の上をせわしなく走るゴキブリなど――は庶民にしてみれば悪の権化のように忌み嫌われ、博物学者にとっても研究対象にはなり得ない、取るに足りない代物と見なされていたのだ。

アイザック・ニュートンによる重力理論の恩恵よろしく太陽系の構造とそれを維持する力の解明が進んだ一六六〇年代にあってもなお、ごく一般的な動植物の基本的な生態や棲息環境との関係性すら明らかになっていなかったということで、アレクサンダー・フォン・フンボルト（1769–1859）やチャールズ・ダーウィン（1809–1882）の登場もまた、まだまだ先のことになる。ともあれこと昆虫に関して言えば、メーリアンの先駆的研究によって自然の芳醇さや多様性を解明しようとする際の、興味深く重要な研究対象へとようやく昇格したのである。

メーリアンが著作で強調していたのは、昆虫を含む生きとし生けるものはすべて神の創造物であり、そうして創られた世界のあらゆる生きものにはそれぞれの居場所と役割があるということで、そのような態度は敬虔主義の信奉者だった家族や親族から受け継がれたものだった。ただし、信仰心に篤く、その著書が敬虔主義的プロテスタントの影響下にある有識者向けだったにせよ、彼女は神やキリスト教の象徴的意味にはほとんど言及していない。『ヨーロッパ産鱗翅類』の序文には、次のような記述が見られる。「かくも驚くべき変わり身が頻繁に起きているとは、人智を超えた造物主の力と、微細な生きものや気ままに飛翔する生きものにあまねく行き渡るその配慮とをただただ称えるばかりで（……）その心象に突き動かされ、かくも素晴らしい神の御業《みわざ》を描いた拙い書物を世に問う次第である。ただし、これによって称えられ敬われるのは決して著者にはあらず、微小で顧みられることのない虫たちをお創り給うた神のみが、称賛と尊敬に値する」[198]

〝珍らかなるもの〟の蒐集、そして博物学上の新知識

やがて十七世紀も後半を迎えると、昆虫学関連の著作が次第に姿を現しはじめる。技術の進歩にともない、拡大鏡や顕微鏡によって小型生物を細部まで調べることが可能になったのである（メーリアンはたいてい、拡大鏡だけを使っていた）。博物学者らは、船員や商人や探検家がアメリカ大陸やアジアで蒐集したヨーロッパでは未知となる種《しゅ》に刺激され、当の自分自身が踏みしめている大陸の動植物相を入念に研究するようになった。

遠方諸国と自国の〝珍品〟が、裕福な市民や貴族によって私的にしつらえられた博物観賞の間《ま》——ドイツ語では〝驚異の陳列室〟という意の *Wunderkabinette*《ヴンダーカビネッテ》と呼ばれた——に収められることもままあり、奇妙な動植物や化石、貝殻のほかにも、古代の遺物、鉱物、異形の胎児などがそこに並べられた。やがて十八世紀への変わり目になると、そうした蒐集が大流行を見る。机の引き出しひとつに収まる程度の小規模なものからいくつもの部屋を占領する大規模なものまで、やり手で自尊心が強く、十分な資力と文化に対する理解をもち合わせた市民がみな揃って矢も盾もたまらずその趣味に走ったのであり、いわばこれらが現代的な博物館の先駆けとなる。たとえばサンクト・ペテルブルクの稀少品陳列所《クンストカメラ》に収蔵された骨董コレクションなどは、一七二八年に早くも一般公開されている。

近世初期にヨーロッパ人が次々と新たに発見していった土地から、それこそ堰を切ったように流れ込んでくる情報を手際よく整理して研究対象化したいという思いも、この蒐集熱に拍車をかけた。[199] 現代人が経験している技術の急速な進歩から生じた情報の氾濫が、実のところ一六六〇年代を生きた人々の身辺にも起こっていたというわけだ。遠方

諸国を巡る船員、商人、探検家、宣教師といった人々が化石や遺物、新奇な動植物を探し求め、すぐには消化しきれないほど大量な周辺世界の情報をヨーロッパへともち帰ると、その絶え間なく流入する新知識によって、慣れ親しんで安全に思えていた周囲の環境が突如として謎だらけに映りはじめる。このような新しい情報を分析し、系統立て、分類しようという試みに感化される形で、〝珍らかなるもの《キュリオシティ》〟を蒐集展示しようという願望がやおら隆盛を迎えたのだ。そして博物学という主題への好奇心《キュリオシティ》、つまり関心もまた、各国の科学学会《アカデミー》などの学術団体が注目するところとなっていく。メーリアンの研究にしても、十七世紀末から十八世紀初めにかけての〝自然の驚異《ヴンダー》〟に対する熱狂の影響下にあったのである。

古典古代からこの方、分類は博物学における重要な課題だった。ところが十七世紀になっても、動植物は研究対象にこそなれ、定まった名称がいっさい決められていなかった。メーリアンにしても、自ら描いた植物や昆虫に名前をつけておらず、たとえば蝶の類いや蛾の類いといったある一定の〝群れ〟に区分けしているだけなのである。スウェーデンの植物学者、医師、動物学者であるカール・フォン・リンネ（カロルス・リンナエウスとも。1707–1778）が二名法［★リンネによる『自然の体系』*Systema naturae* 第十版（1758）で確立した、ラテン語属名の次に種小名を記す種（しゅ）の命名法］という独自の分類体系を発表するまでは、たいていの博物学者が古典古代およびルネサンス期の旧態依然とした法則に従った外見や動作の類似性という視点のもとでの分類を採っており、肢《あし》のない〝虫〟や多くの幼態などは往々にして同一の〝蠕虫の仲間《クラス・オヴ・ワーム》〟として分類されていたほどだった。また、それが植物図譜であれば、顕花植物に続いて三つ葉のマメ科植物、そして潅木、高木という順の配列がしばしばなされていたようである。

マリア・ジビーラ・メーリアンの『ヨーロッパ産鱗翅類』は、そうした分類法の通例にはいっさい従っていない。眼目は昆虫や植物の分類にはなく、昆虫の変態《メタモルフォシス》の過程に関する追究と、食餌植物を含めた自然環境に棲息する種の提示にあるのだと明言すらしている。また、画家である彼女は、植物や昆虫のさまざまな部位を示唆する対照記号によって画面の美観を損なわせたくないとも考えていたらしく、自ら親しんだ一冊である顕微鏡を用いたオランダ人

◉69………〝珍らかなるもの〟の陳列室。ヨーロッパの統治者や君主、裕福な市民たちがみなこぞって所有した、解剖学や博物学に関連するコレクションを展示するこうした場は、17世紀末から18世紀初めにかけて流行し、観者を驚嘆させ、不可思議で奇妙なものへの好奇心を満足させるような、とびきりの〝珍品〟が蒐集された。この頃のコレクションを直接の嚆矢とする、現代の博物館も数多く存在する。図は、ヨーロッパ最古の部類に属する、ナポリの薬剤師フェッランテ・インペラート（1550－1625）の陳列室における一場面で、息子のフランチェスコが蒐集品の数々を指し示して、客を驚かせている。

◉70………『スリナム産昆虫変態図譜』（1726版）に収載の、クロコダイルとサンゴヘビ（珊瑚蛇）を描いた手彩色銅版画。マリア・ジビーラ・メーリアンは南米調査旅行（1699－1701）によって動物の剥製や塩漬け、異国の自然を描いた絵をもち帰り、オランダの蒐集家に提供した。

生物学者ヤン・スワンメルダム（1637–1680）の著書『昆虫学総記』*Historia insectorum generalis*（1669）にしても、やはり記号遣いは控えめなようだ。

ワルタ城での隠遁生活：メーリアンの〝転身〟

一六八五年、マリア・ジビーラ・メーリアンは、娘二人と母とともに突如オランダ北部フリースラントのウィーウウェルトの町にほど近いワルタ城へと転居する。何年か前に義兄カスパル・メーリアンが、この城を拠点にしたフランス人牧師ジャン・ド・ラバディの信仰復興運動に加わっていたのである。なぜ彼女はこの教団への逼塞を決めたのだろうか？ 生活を一変させることになったいきさつがわかるような手紙の類いは、あいにくと残されていない。二十年以上にわたって上位中産階級《オート・ブルジョワジー》家庭の妻として夫とともに子をはぐくみながら、気に入りの仕事に打ち込むという意欲的な暮らしを営んできた彼女であれば、ラバディスト・コミュニティへの参加はその結婚生活やそれまでの人生さえも捨て去る手だてと映るわけで、成員同士の結婚しか認めなかったラバディスト運動に身を投じたとなれば、実際それはそういうことなのかもしれない。メーリアンの夫ヨーハン・グラフは一六八六年に一度だけそこを訪《おとな》い、ニュルンベルクの家へと戻るよう妻と娘らを説得したが、それもまた徒労に終わっている（のちにこの夫婦の離婚は正式に認められ、ヨーハン・グラフは再婚した）。ちなみにラバディストが標榜する敬虔主義は、マリア・ジビーラが入信する前にも富裕な上流層の才媛を惹きつけており、当時最も声望を集めていたオランダの女性教養人アンナ・マリア・ヴァン・スフールマンが、一六七八年に亡くなるまでこのコミュニティで暮らしたのだという。信仰復興運動の指導者ジャン・ド・ラバディは女性の高い知的能力に信を寄せ、語学、哲学、神学におけるヴァン・スフールマンの博識を称賛した。そのうえ彼女は、銅版画家、ミニアチュール作家としての才まで兼ね備えていたのである。コミュニティの一員ともなれば瀟洒な衣服や宝石類などの世俗的な贅沢をあきらめなければならないが、一方で研究や執筆、芸術作品の制作は続けられる。メーリアンはワルタ城で一心にラテン語を学び、娘らを相手に画業の指導を行った。

同時代のプロテスタントによるもうひとつの主な信仰復興運動といえばクエーカーが展開したそれが挙げられるが、その支持者にしてもラバディストにしても、男女間、階級間の平等を信じていた。ジェンダーの如何、専業者《プロフェッショナル》としての資格、教養の有無、社会階級の高低などに関わりなく、およそ三百五十人を数える成員のあいだに世俗的な差別は介在しない。ただし、信仰上では〝選民〟と〝候補者〟という二つの等級分けがなされた。後者はまだ精神的な高みに達していない、依然として利己心や所有欲に縛られているとされる人々を指し、こうした新来の成員はコミュニティに所有財産を渡すことを慣例づけられていたが、〝候補者〟であるうちに辞去を決意した場合は少なくとも財産の一部は返還されたようである。

いずれにせよマリア・ジビーラ・メーリアンは、このワルタ城でやがて人生の転機となるような発見をすることになる。それは先人であるアンナ・マリア・ヴァン・スフールマンが体験したような、精神的覚醒ではない。愛してやまない昆虫に関わる、新しい知見の獲得である。当時はさして珍しくもなかった〝驚異の陳列室〟がワルタ城にもあり、そこにはため息をつくほど美しい蝶の標本が収められていた。城主コーネリウス・ヴァン・ゾンメルスディークが、当時オランダ領だった南米のスリナムからもち帰ったものなのだという。彼は植民地の大部分を所有し、総督まで務めていたのだった。ちなみにワルタ城で暮らすコーネリウスの姉妹三人は、のちにスリナムのラバディスト・コミュニティへと移住している。ともあれメーリアンはこの陳列室で、スリナムとその地に広がる昆虫界が醸す〝美〟に、初めて触れたのだった。

ワルタ城の質素ながらも神の加護のもとにある環境が、昆虫で言えばさなぎの段階のような心安らかな信仰生活をメーリアンにもたらしていた。だが一方で、夫や元の生活を手放してまでラバディストとなる勇をふるった彼女であれば、いつの日か安閑とした中産階級の庭でうごめくちっぽけな幼虫から転身《メタモルフォシス》を遂げて飛翔したいと思いをめぐらせてもいたことだろう。飛び立とうとすれば、苦しみや悲しみを味わわずには済まないことはもちろんである。彼女は、いずれどうしても必要になる力を、このワルタ城で蓄えていた。[200]

アムステルダムへの移住

一六九〇年の夏、マリア・ジビーラ・メーリアンは娘らと連れ立ってラバディスト・コミュニティを辞去し、アムステルダムへの移住を決めた（数年後、夫ヨーハンとの離婚も正式に認められることとなり、以来彼女は旧姓に戻ったものの、それを公言しようとは考えなかったため、周囲に対しては自らを未亡人で通すことにしたようである）。最愛の近親者である義兄カスパルと母がすでにどちらも亡くなっていたとあって、ラバディストの中で世間と隔絶した生活を送ることにもはやなんの希望も見出せなくなっていた彼女は、一方で充分に成長した娘たちに自らの人生を選択させたいとも感じていたのかもしれない。長女ヨハンナ・ヘレナは、ワルタ城でヤーコプ・ヘンドリク・ヘロルトという好青年と交際するようになっていたが、その彼にしても、ともにコミュニティを離れるつもりでいた。

画材と絵画作品、そして昆虫の標本を携えたメーリアンは、まずアムステルダムで住まいを探す。離婚を申し込んだ夫のもとにフランクフルトやニュルンベルクで蓄えた財産を残してきたため、ワルタ城を出るときにはひどく心許ない身の上となっていたが、自身の腕ひとつで娘たちを養っていく心算はできていた。だが移住してまもなく長女ヨハンナ・ヘレナがヤーコプ・ヘロルトと結婚して新居を構えたため、結局この母親のもとには次女ドロテアひとりだけが残る形になった。

十七世紀末のアムステルダムは、およそ二十万人が住む大都会だった。港には世界各国からの積み荷が、東西インド会社の船に載せられ運ばれてきた。主要な荷はインド、中国、東南アジア諸国からの香辛料、磁器、絹、茶葉や、南米からの砂糖、カカオ豆、熱帯林を伐り出した木材である。市場は活気にあふれ、新しい商売をはじめるための投資が金融業者によって盛んに行われ、大勢の顧客が職人や芸術家に思い思いの作品を発注した。滞りなく落ち着き先の決まったメーリアンも、すぐに絵画の教え子を集め、自らも絵を描き続けていく。その一方でヨハンナ・ヘレナの精力的な夫、ヤーコプ・ヘンドリク・ヘロルトもオランダ東インド会社の貿易関係に人脈をつくり、自ら取引をはじめる。ワルタ城にひきこもって厳格で禁欲的に暮らしてきたメーリアンと彼女の娘たち、そして義理の息子だが、アムステルダムでの生活はさまざまな可能性に満ち満ちた活気あふれるものへと様変わりした。

『ヨーロッパ産鱗翅類』に収められたメーリアンの挿画は、アムステルダムの自然科学者や蒐集家のあいだでもつとに知れわたっており、著者である彼女はそうした人々の集いにあって大いに歓迎された。当時のアムステルダムは、植物学者や園芸愛好家にとってまさに楽園さながらの土地柄だったのである。公立植物園のほかにも大学附属植物園が数多く造営されていた一方で、裕福な中産階級や貴族たちにしても敷地内に素晴らしい庭園をしつらえており、メーリアンもまた頻繁に彼らのもとに招かれていた。アムステルダム市営の薬草《ホルトゥス・メディクス》園の園長を務めるカスパル・コメリン教授なども、商人から世界中の種《しゅ》を取り寄せて整備した園庭を披露している。メーリアンはこの頃、富裕商の夫人アフネタ・ブロックが郊外に所有する地所を訪ねては新種の植物や熱帯産の鳥類についての見識を広げてもいて、この都市《まち》でも指折りの蒐集家である今ひとりの富裕商レヴィヌス・ヴィンセントのもとでは大量の珍しい昆虫や蝶を観察することができたようである。また市長のニコラエス・ウィトセンとその甥ヨナス・ウィトセンも珍種の昆虫と植物を熱心に蒐めており、ことに一般公開もされていたニコラエスの〝逸品〟は年中大勢の見物客を楽しませていた。まさにアムステルダムは、持ち前の好奇心を満足させるのに充分な暮らしをメーリアンにもたらしたのである。

新しい故郷となった地で、何年も数々の珍種の蒐集品を目にしてきたメーリアンは、肝心なことが欠けていると気づく。昆虫の成体を固定した完品標本は、いかにもその棲息地がひと目でわかるよう整理が施されたうえで展示されているものの、幼虫のときの姿態や何を食餌として生きていたのかを知ることはできなかった。しかもこれらは、自然な棲息地から遠く隔たって置かれていた。メーリアンは次第に、素晴らしい熱帯の蝶や昆虫の生態を自然環境のもとで研究したいと考えるようになる。

アムステルダムへ移住してから九年後となる一六九九年の初め、メーリアンは果実や草木、昆虫を描いた絵を売りに出し、調査旅行に必要な資金調達をはじめる。財産分与の相続人に娘たちを指名し、遺言書も整えた。調査地に選んだのは、むろんのこと当時オランダの植民地だったあの南米、スリナムである。こと当地の事情については、すでに数々の東南アジアの植民地のそれに比べてもいっそう通じるようになっていた。スリナムを相手取った砂糖貿易で成功していた義理の息子やワルタ城でのかつての知人、あるいはアムステルダムで知遇を得た人々からそこでの厳しい暮らしぶりを聞き及んでいたのである。アムステルダムから東南アジアへはおおむね九カ月を要するが、スリナムであればおよそ二カ月という比較的短期となる旅程で済むわけで、それもまた彼女の決意を固くしたのかもしれない。

富裕な中産階級や貴族、学術団体はいずれも調査隊には熱心に援助を行っていたものの、マリア・ジビーラ・メーリアンへの〝投資〟に興味を示す者はそういなかった。五十二歳という壮年の婦人がきつい船旅や熱帯の気候に耐えられるとはなかなか考えられなかったのだろう。それでも彼女は臆することなく、調査行の資金集めに奔走したのである。当時、ヨーロッパの植民地へと旅する婦人といえば、たいていは総督か行政官、宣教師、兵士、商人、または労働者としてその地に赴く者の妻か娘と相場が決まっていた。婦人が男性の同行者もなく旅行に乗り出すこと自体が珍しく、それが熱帯の植物や昆虫の採取を目的とする独り身の女性二人とあってはどうしても好奇の目を向けられることになる。それでもメーリアンは、個人による学術調査のために資金援助を取りつけ、旅を実行し、その成果を見事な書物として出版した最初の女性となったのだ。

スリナムへ

一六九九年六月、マリア・ジビーラ・メーリアンは二十一歳になる娘ドロテアをともない、大西洋を横断する帆船に乗り込んでアムステルダム港をあとにした。荷と人を詰め込んで二カ月以上を費やす大型商船での旅は熟練の世界旅行者にとってさえ過酷なはずで、ましてや船旅になじみのないメーリアン母娘にはひと際辛い時間が流れていたことだろう。今ひとりの女性教養人で、イングランド人作家にして翻訳家のアフラ・ベーン☆（1640–1689）は[201]、メーリアンたちに先駆けることおよそ四十年前、スリナムに向けて旅立っていた。女性旅行家としても知られ、数カ国語を操った彼女は、スパイとしてチャールズ二世王に仕えてもいたらしく、著書『オルノーコ』*Oroonoko*（1688）［★土井治訳、岩波文庫］にはこの作家が到着した当時のまだイングランド植民地だった頃のスリナムでの暮らしぶりが描かれている。同書は反奴隷制の立場を取り、ヨーロッパからの入植者による地元民の扱いを批判した初の書物となった。メーリアンもまた、強固な糾弾とまではいかないまでもベーンと類似した考えを抱いていたようだが、もしその著書を読んでいたのであれば、スリナムの気候、自然、野生生物についての誤謬に腹を立てたかもしれない。そこにはスリナムの人々が野牛の肉を胡椒のソースで食べ、かの地の天候は「常春《とこはる》」さながらだなどと記されているのだが、むろんそのようなことはないのだ。

メーリアンと娘ドロテアはスリナムに到着して、首都パラマリボにある家に落ち着いた。長い年月をかけて建てられたコロニアル様式の木造家屋がひしめく、海岸沿いの一角である。この植民地の人口の約九割はアフリカ出身の奴隷で占められていた。かつてイングランドの支配者層によって、大規模なサトウキビ農園を経営する際の労働力として拉致されてきたのである。およそ八千人いたとされるアフリカ人奴隷の中には、先住民であるインディオが暮らしていたジャングルや山の中へと逃亡する者もおり、そこで集落を築き、ヨーロッパ人支配者の迫害に抵抗したのだという。千人ほどのヨーロッパ人のほとんどはオランダ人プロテスタントで、残りはポルトガル系ユダヤ人とフランスのカルヴァン主義者、そしてイングランド人やドイツ人だった。いずれにせよメーリアンは、植民地の提督だった今は亡きコーネリウス・ヴァン・ゾンメルスディークの縁戚から昆虫調査に関する協力が得られるものと期待していた。だがヨーロッパの支配者層は昆虫に興味を抱く彼女を前にとまどいを隠せず、いっそうの協力を惜しまなかったのは結局のところインディオたちだったのだという。彼女は、アフリカ人奴隷とインディオの女性を助手として雇うことにする。ほかの先住民との交渉や、珍種の植物や昆虫の探査の際に都合が良かったのである。
同年十月のうだるような熱気にまみれながら、メーリアンは最初の昆虫観察記のためにペンを執った。当時のヨーロッパを挙げての見解では蝶類だけでもおよそ三百種が知られていた模様だが、どうやら多数の地元産の熱帯種が混同されていたようで、南米の〝現場〟ともなればその倍以上かと思われるほどの素晴らしく色鮮やかな昆虫が飛び交っていたのである。彼女は、この熱帯地域の相をつぶさに記録していく。昆虫は、人間が暮らす領域のどこにでも――それこそ家屋、衣服、昼食を詰めたバスケット、果ては画材の隅々にまで――ためらいもなく侵入してきた。住まいの徒歩圏内を手はじめに娘とともに日々精力的な観察に乗り出したメーリアンは、カヌーを調達して川を下るしかない辺鄙な場所、はたまた大農園の所有者からの許可が下りたとあればその邸に滞在しつつ広大な畑地の奥にまでも踏み込んでいった。
約二年間、むせ返るほどの暑さの中、メーリアンは娘とともに疲れを見せることなく夜も惜しんで徹底した観察に励んだ。調査の対象は、昆虫以外にも蜘蛛、蜥蜴《とかげ》、蛇、蛙、亀、二枚貝にまで及び、植物の場合も先住民だけが知っているさまざまな薬草や食草の取材まで行っている。とりわけ興味深かったのが、ヨーロッパには未紹介となるうえ食用としての栽培が期待される植物や果実だった。サトウキビの収穫ばかりに偏向している植民地の習慣に、強い反感を覚えていたのである。彼女はむろんのこと、まだ何年もスリナムにとどまる心積もりでいた。だが結局のところ、断続的に苦しめられた熱帯病のために、娘ともどもアムステルダムへの帰還を余儀なくされてしまう。いわば黄熱病やマラリアが、二人の撤収を早めたのだった。

「傑出した美しい書物」

銅板刷り原版の『スリナム産昆虫変態図譜』は、まさに書誌学上の秘宝と言える。この書物が醸し出す魅力は一目瞭然で、初版と第二版に収載された六十点の手彩色画と、その後の版で追加された十二点の大型図版は、どれをとってもそれ自体がまさに傑作なのだ。一七二六年版の扉絵には、丸々とした子供《プット》の姿をした智天使《ケルビム》たちに取り巻かれながら植物や昆虫の研究にいそしむ著者本人が描かれている［★図71を参照］。遠景に配された、山々を臨むスリナムの草地の眺めに目を凝らすと、捕虫網を携えてかがむひとりの女性が見受けられるが、これもまた自画像であると思《おぼ》しい。

　十七世紀には、学術書の巻頭に扉絵を付けるのが流行《はやり》になっていた。その書物の実際的な挿画というわけではなく、寓意を通して全体の内容を読者に案内する役割の、絵で表された入り口のようなものだ。『スリナム産昆虫変態図譜』はいかにも、著者であり挿画家でもある当人がじかに南米で研究した異国の動植物相をヨーロッパ人に伝えるためにつくられたものではあるが、その扉絵はといえば、当時の男性著述家がものした旅行記に見受けられるような、ヨーロッパからやって来た植民地開拓者たちの前にひれ伏した先住民たちが、自らの豊かな土地を差し出すといった類いの代物とは違う。同書の扉絵に征服者然とした女性が描かれていないのは、実にメーリアンらしい。彼女はしばしば、現地にいるインディオやアフリカ人奴隷がもっている周辺地域の知識に敬意を表し、ヨーロッパ人入植者よりも彼らのほうを高く評価してさえいるのだ。十九世紀末に至るまで〝蛮人《ソヴァージュ》〟という言葉がヨーロッパ産の旅行記で幅を利かせたものだが、メーリアンの場合、インディオやアフリカ人奴隷、そしてその子孫に対して一度たりともそうした言い回しを使っていない。彼女の著書は、同様のテーマで男性たちが著した、自分を前面に推し出すばかりで現地の人々の協力についてはひと言もない〝高尚《ヒロイック》な書物〟とは、表現の質が大きく異なっているのだった。

　メーリアンが『スリナム産昆虫変態図譜』に取り組んだ期間は、帰国後の四年にもわたった。彼女が植物や昆虫を描いた透明水彩《アカレル》画は、刊行時すでにして「アメリカ大陸を描いた史上最高に美しい絵[202]」と見なされていた。その水彩画をもとに挿画が銅版に起こされ、印刷されるのである。とはいえ、メーリアンが自ら彫版を手がけた図はごく一部だけで、それというのも旅で抱え込んだ負債を清算してさらに印刷費用を賄うために、当該の原画を売らなくてはならなかったからだ。そのうえ実のところ、彼女は二つの大冊に同時に取り組んでいたことにもなっている。ドイツ出

◉71………『スリナム産昆虫変態図譜』（1726版）に収載の扉絵。マリア・ジビーラ・メーリアンが、裸の子供に変化（へんげ）した智天使に囲まれて、植物や昆虫の秘密を探っている。

身の博物学者ゲオルク・エーベルハルト・ルンプフ（1628–1702）による『アンボイナの珍品展示室』*D'Amboinsche Rariteitkamer* の彫版に回す原画として、都合六十プレート分に相当する甲殻類、貝類などを描いているのだ［★〝プレート〟は解説テキストのページと別に制作される挿画用のページで、特装図譜の場合は手彩色が施された］。こちらの仕事で得た収入で、彼女は彫版師を三人雇い、スリナム滞在中に描いた水彩原画の植物や昆虫をすべて起こすことができた。両書の刊行は、ともに一七〇五年に完遂されている。

『スリナム産昆虫変態図譜』に収められた最初の二点は、成虫や幼虫が満足げに表面を這い回っているパイナップルの図となる。一枚目では実の膨らみかけたこの植物の葉を大型種のゴキブリがかじり［★図72を参照］、二枚目では、たわわに熟れきった実の周りで蝶がその魅惑的な色彩の翅《はね》をひらめかせている。同書は、蚕蛾《かいこが》の変態《メタモルフォシス》に発想の端緒を開いた著者がかつて西洋産昆虫に関する研究書『ヨーロッパ産鱗翅類』で提示した描法を継承し、昆虫と食餌植物を同一画面内で表しているのだ。蚕蛾やパイナップルをまず取り上げたメーリアンは、それらをして独自の有用性ゆえに重きを置かれるべき動植物と見なしていたのだろう。一方、彼女はこの著書でも、植物や昆虫の研究における従来型の分類にとらわれることなく、自身一流の〝体系〟を忍ばせている。昆虫の変態やその食餌に関する情報を伝えるかたわら、その表現自体の美によって歓びと驚きとを喚起する各図が、あたかも〝珍らかなるもの〟のコレクションのような様相で互いに響き合っており、そうした親しみ深い対象や未知の対象に誘《いざな》われた読者は、熱帯の森の奥へ奥へと次第に歩みを進めていくことになるのである。『スリナム産昆虫変態図譜』にはまた、昆虫や植物のほかに蜘蛛、蜥蜴《とかげ》、蛇、蛙を表した図も収録されているが［★図74、75を参照］、これらの動物も自然科学の視点から眺めればみな一様に卵から生まれるとも言えるわけで、いずれにせよ〝驚異の陳列室〟の展示がやはりそうだったように、こうした動物群も美の一要素として機能しているのだった。

一七〇五年の『スリナム産昆虫変態図譜』初版は、オランダ語とラテン語の両方で出版された。メーリアンがオランダ語の原稿を執筆し、アムステルダムの植物学者カスパル・コメリンがそれをラテン語訳したのである。その後、同書は仏訳され、イングランドの薬剤師ジェイムズ・ペティヴァー（1665頃–1718）の訳による英語版の出版まで

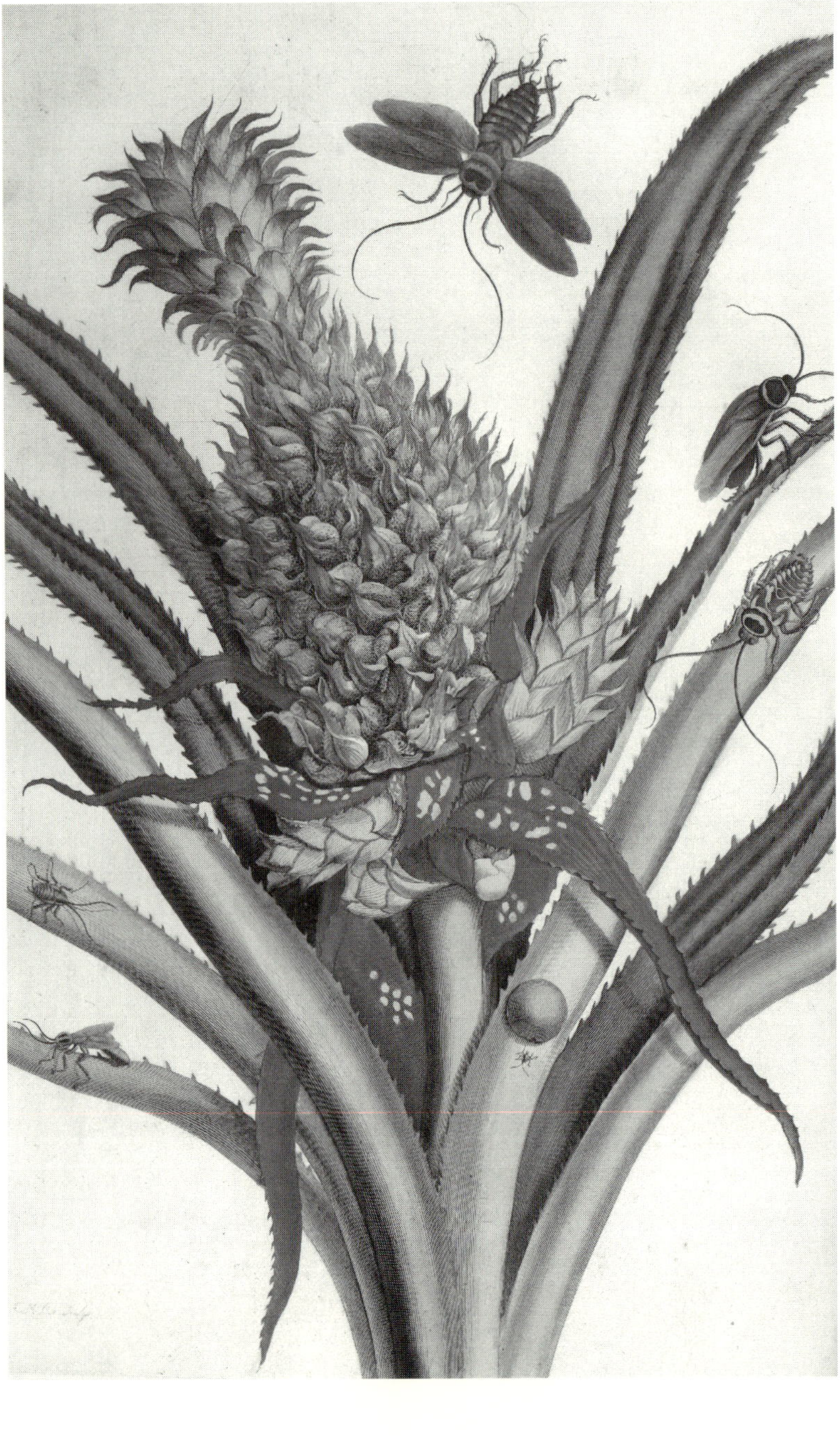

◉72……『スリナム産昆虫変態図譜』（1726版）に収載の、未熟なパイナップルとそれに惹き寄せられるゴキブリを描いた図。この版が刊行された18世紀初め、ヨーロッパではパイナップルがいまだに珍種とされていた。

検討されている。だが最後者の場合、蝶、蛾、蜥蜴、蛙、蛇といったように旧来の体系に則った挿画分類を施してはどうかという訳者の提案を著者メーリアンがよしとしなかったため、企画自体が着手されることなく流れている。彼女はペティヴァーに宛てた手紙の中で、自分は昆虫の成長と変態に興味を覚えているのであって、お奨めのような対象の分類はそうした目的に相応しくないだろうと答えており、この薬剤師が送ってきた昆虫標本を同封して返却し、自分がそもそも関心をもっているのは生きている虫の成長と行動なので、もう屍骸を送らないで欲しいと申し入れてもいる。[203] メーリアンはまた、アントニ・ヴァン・レーウェンフックといったほかの博物学者が提示した、ある種の幼虫の両脇に見受けられる小さな丸い〃瘤《こぶ》〃は目であろうという見解に異議を唱えてはばからなかった。そして彼女は正しかった。実際、それは目などではなく、体表の紋様だったのである。

　熱帯の昆虫が見せる変態を描くことが『スリナム産昆虫変態図譜』の眼目ではあったが、メーリアンはその昆虫

●73……『スリナム産昆虫変態図譜』（1726版）に収載の蝶の図。マリア・ジビーラ・メーリアンは、高名な博物学者アントニ・ヴァン・レーウェンフックの主張を否定し、鱗翅類の幼虫の体表の斑点が目ではなく紋様だと断言した。

ともに紹介する植物の選択についてもゆるがせにすることはなかった。構図の要素としては植物が画面の大半を占めるわけで、その重要度は主題である昆虫に優るとも劣らない。彼女は明らかに、スリナムの野生の植物相というよりも地元民のあいだで知られている〝有用植物〟を糧として成長する昆虫を好んで描いている。南米にはヨーロッパ人入植者が持ち込んだ柘榴、無花果、葡萄もあったし、逆にレモン、朱欒《ざぼん》、橙《だいだい》などはすでに本土の人々にも親しまれていたのだが、パイナップル、カカオ、薩摩芋ともなるとあまり知られてはいなかったようである。メーリアンは挿画に当てた短いテクストで、キャッサバの根から取った澱粉でパンを焼くことや、どの植物のどの部分が染料になるのか、あるいはどの植物繊維が紡ぎ糸となりハンモックに編まれるのか、といったように、その植物が地元民に食用として、あるいは薬用として重きを置かれている様を説明している。植物学や昆虫学に資する観察に加えて、種《しゅ》の利用法に関する民俗学的な研究もなされているわけで、これもまた『スリナム産昆虫変態図譜』の重要な一側面だと言えるだろう。

『スリナム産昆虫変態図譜』に描かれたおよそ二十種の植物とすべての昆虫がヨーロッパでは未知となる種で、それらの観察記録という点だけでも同書は当時における最も重要な南米の動植物研究書となった。メーリアンは、この自著によって同時代のほかの博物学者たちとのつながりを示そうと、何人かの名を序文に挙げているが、ことにアムステルダム市営の薬草園《ホルトゥス・メディクス》を束ねるカスパル・コメリン教授については種のラテン語名に関する協力を得たという旨の詳細な覚書が見受けられ、またニコラエス・ウィトセンとヨナス・ウィトセンといった地元有数の昆虫蒐集家たちとの交流についても言及がなされている。

調査旅行の成果として生み出された書物ともなれば、その序文は支援者への感謝の言葉でしめくくられるものだが、メーリアンの場合はその限りではない。どの個人からも経済的な援助を受けていないのだ［★アムステルダム市からの資金援助は受けている］。自己資金を投じて調査旅行を決行した彼女は、動植物相の研究、図版の制作、テクストの執筆、果ては刷りに至るまで独力でやってのけている。こうした驚異的な偉業は、科学者や芸術家としての能力ばかりか、経済力、危険な冒険に乗り

●74……『スリナム産昆虫変態図譜』（1726版）に収載の、蝶と蜥蜴（とかげ）の図。こうした小型の爬虫類の口中でさまざまな昆虫がその生を終える様子を、メーリアンは天然自然の環境下で観察したものだが、このように画面に描き加えられた動物には、純粋な研究対象というよりは装飾要素としての意味合いが色濃い。

◉75………『スリナム産昆虫変態図譜』（1726版）に収載の、水辺に棲息する生きものの図。メーリアンは、陸上、空中、水中、樹上といった多様な環境で生きる昆虫と、それを取り巻く植物とのあいだで繰り広げられる相互作用や相互依存に関心を抱いていた。

出す覚悟、強靭な精神、そして頑健な体といった諸条件が揃うことなしには達成不可能だろう。当時ままあった女性への偏見をものともしない〝力〟もそこに必要だったと考えれば、それはなおさらである。

独行の先駆者として

不思議なことにマリア・ジビーラ・メーリアンは、『スリナム産昆虫変態図譜』の中で、同行者であり終始仕事上の重要な協力者だったはずの娘ドロテア・マリアにはひと言も触れていない。助手を主に務めたのが自分の娘だと明記してしまうと、せっかくの調査旅行そのものが愛好家の女性二人による手遊《てすさ》びさながらに見られかねないという懸念が、ともすればあったのかもしれない。それでも、ドロテアは母の没年となる一七一七年には生前すでに資料の編集を済ませていた『ヨーロッパ産鱗翅類』の新版を追悼記念として出版したうえで序文を書いているし、死後はその作品と著作権の管理人にもなっている。ドロテアは追悼版に寄せた序文で、スリナムに移住した姉ヨハンナ・ヘレナが夫とともに現地で母が着手した昆虫や植物についての研究を引き継いだことにも言及している。本章冒頭に掲載した、現存する唯一のメーリアンの肖像は、義理の息子——ドロテアが最初の夫を亡くしたあとに再婚した、スイス人画家ゲオルク・クシェル——の描いた絵をもとに制作されたものだ［★図66を参照］。この夫婦は子供たちを連れてサンクト・ペテルブルクへと移住したうえで、ともにピョートル大帝が創設した美術アカデミーの指導者となり、皇帝《ツァーリ》の稀少品陳列所《クンストカメラ》のため、鳥や花の絵の制作に当たったのだという。帝は自身のコレクション用にマリア・ジビーラ・メーリアンの水彩原画も大量に購入しており、その複製が一九七四年に初公開されている。

マリア・ジビーラ・メーリアンの著作は、のちの植物学、昆虫学にあってきわめて重要な意味をもつ。リンネの自著には百カ所以上の彼女に関する言及が見受けられるし、彼に師事したデンマークの昆虫学者ヨーハン・クリスティアン・ファブリシウス（1745–1808）は、彼女の研究についてよりいっそうの言葉を尽くしている。昆虫が織りなす変態《メタモルフォシス》の全過程を同一画面上で見せるメーリアン一流の描法や、それぞれの種《しゅ》の棲息環境のもとで観察を行う研究手法は、十八世紀を通じて自然科学における定石となっていった。イングランドの博物学者で挿画家のエリエーザー・アルビン（1680–1742）やアメリカの昆虫学者で挿画家のジョン・アボット（1751–1840）、そしてフランスの博物学者であるボーヴォワ男爵アンブロワーズ・パリゾ（1752–1820）らはみなメーリアンからの影響を大いに受けているし、あのドイツの詩人ヨーハン・ヴォルフガング・フォン・ゲーテ（1749–1832）もまた彼女の著作に惜しみない賛を贈っている。

十八世紀も終わりに近づくと、ジュネーヴに生まれてフランスで活躍した思想家ジャン＝ジャック・ルソー（1712–1778）がいみじくも語ったように、植物学は「女性に最適な学問」とされるようになっていた。その実、ルソーは〝ご婦人方〟や〝お嬢さん方〟に自宅の庭という限られた範囲における植物学を奨めるばかりで、地球の反対側にまで調査旅行に乗り出すことなど決して奨励してはいないのだが。ロンドン植物学会は、積極的に女性会員を募集した初めての団体だったが、その高い女性比ゆえに、男性ばかりの集まりでは何かとありがちな格式めいた物事を云々することもなく、早くも一八三〇年代には全体の一割が女性で占められるようになっていた。これもまた、マリア・ジビーラ・メーリアンの功績と名望が、後進のヨーロッパ女性に自然科学への一途を切り開いた好例だろう。

✺15 ベルリン・アカデミーの〝科学技能者〟

――マリア・ヴィンケルマン＝キルヒ（1670–1720）

一七一二年の初め、一年半以上も悶々と待ちわびたのち、天文学者マリア・ヴィンケルマン＝キルヒは屈辱的な通知を受け取った。ベルリン科学アカデミー【★のちのプロイセン科学アカデミー。ベルリン芸術アカデミーとともに〝ベルリン・アカデミー〟と総称される】が、夫の死後も天文学助手として働きたいという彼女の請願を却下したのだ。マリアは、夫のゴットフリート・キルヒが首席天文学者としてアカデミーに勤務していた十年余りにわたって助手としての重要な責務を果たしてきたものの、一七一〇年にその夫を亡くした直後からは、従来の仕事にとどまるための闘いをはじめていたのだった。ベルリン科学アカデミー会長ゴットフリート・ヴィルヘルム・ライプニッツは、〝キルヒ未亡人〟（マリアはそう呼ばれていた）の働き続ける権利を守ろうと支援に奔走していた。だがいかんせん、彼の助力だけでは不充分だったのである。アカデミーの運営陣は、請願を却下する明確な理由を何ひとつ示すことなく、マリア・ヴィンケルマン＝キルヒを雇い続けることができない旨の決定を下した。

マリアの上申によって、運営陣は女性を雇うかどうかという根本的な問題に決着をつけなければならなかった。そして彼らの決定は、一六六〇年代にロンドンの王認協会やパリの王立科学アカデミーがとっていた、女性を成員として受け入れないという立場に影響されることになる。つまり、一七〇〇年に設立されたベルリン科学アカデミー[204]とし

◉76……カミーユ・フラマリオン『一般天文学』(1880)の挿画。机に向かい、アーミラリ天球儀をじっと眺める天文学の女神ウラニア。

ても、ほかのヨーロッパ諸国の慣例にならってロンドンとパリのやり方を踏襲するのが必然であり、ドイツの科学者団体もまた〝紳士〟が集う場になるべきであるという決議がなされたのである。アカデミーの産みの父で初代会長を務めるライプニッツが女性の採用を支持していたとはいえ、彼のように提言する者はまだ少数派だった。

ヨーロッパ各国の科学学会《アカデミー》では、研究成果を残した者は誰であれ迎え入れられた――ただしそれも女性でさえなければ、である。自然科学者として初めて二度もノーベル賞を受賞した化学者マリー・キュリー（1867–1934）でさえも、フランスの科学アカデミーの人選から漏れている。ヨーロッパの大学が大々的に女子学生の入学を許可するようになったのは一八六〇年代の初めだが、ロンドン、パリ、ベルリンの各科学学会が最初の女性会員を受け入れたのは一九四〇年代に入ってからのことになる。中でもフランスの科学アカデミーは最も対応が遅く、一九七九年になってようやく女性の入会を認めるようになっている。

このような状況ではあったが、一八六〇年代の終わりから七〇年代初めにかけて、女性たちは夫や兄弟、息子の共同研究者として、科学学会と密接なつながりをもつようになった。彼女らは独自の地位を与えられることこそなかったものの、多くの場合、助手として認知され、非公式な称賛の的となった。たくさんの母や妻、姉妹、娘たちが、学会員である家族が書く論文の筆耕者や編纂者を務めて積極的に活動し、中には、大勢の王認協会所属の科学者が常に群れ集う活気あふれる科学サロンを長年にわたって主宰した、近代科学の父ロバート・ボイルの姉レディ・ラニラのひそみにならうかのような女性もいた。[205]

十七世紀の終わり、ヨーロッパ各国の王立科学学会では、観察に基づく知識、さらにはフランシス・ベーコンの思想を基盤とする〝技能〟と結びついた実用的な知の真価が認められつつあった。[206] それまでの千年間で薬や香料の製造者がつちかった技術と知識とを礎《いしずえ》に近代化学が発達する一方で、たとえば理髪外科医や、才媛ルイーズ・ブルジョワのように助産婦の役目を果たしたその妻たちなどの、技能に拠った背景をもつ人々によって医療科学も進歩を遂げたのである。また、書物の挿画家は、職業知識をもつ出版業者と連携して次第に自然哲学や博物学関係の仕事を請け負うようにもなり、こうした潮流は、マリア・ジビーラ・メーリアンのように優秀な博物学者でもある女性芸術家を誕生させることになった。そして、技能に拠った背景をもつ天文学者たちもまた、機器の開発や暦の編纂によって、自らの研究領域を発展させていく。マリア・ヴィンケルマン＝キルヒの天文学者としての自負は、学術研究上の能力よりもむしろ熟練した技能者としてのわざに根ざしたもので、彼女の子供らも技能に長けた一家の慣例にならい、両親と同じ道を歩むことになる。

経験に基づく知識と技能が求められる薬剤師や理髪外科医、助産婦、機器の製造者、挿画家などの家庭では、往々にして一家総動員の作業が求められた。十七世紀の末には、こうした〝科学の技能者〟たちがもつ知識と彼らが用いるわざが、自然科学研究の新たな理念に欠かせない要素となった。技巧に長け、自然科学と密接なつながりのある〝家業〟を身につけた女性たちは、〝厨房を経由して〟密かに一家の男性たちの助手を務め、科学の発展の一端を担い得たのである。

ヨーロッパの科学学会で実験に基づく自然哲学に従事する研究者たちは、世界をひとつの巨大で複雑な機械ととらえ、自然現象の観察や実験によって法則が見出せると考えるようになっていた。自らを取り巻く地球が、現実に自然哲学者たちに挑みかかり、自然の力の根源にある秘密を解き明かす実験を考案させようとしている――そう信じていたのだ。そこで最良の実験知識を与えてくれたのが、何世紀ものあいだ自らの仕事に専門家としての体験上の手法を役立ててきた職人たちだった。

ヨーロッパにおける技能は、ギルド制によってあまねく管理されていた。加入が認められるのは、ほぼ男性だけである。[207] この制度は地域色が強く、技能の種類や土地によって規則は大きく異なっていたようだ。現にイングランドでは、伝統的に男性の職業だった鍛冶屋やレンガ工、大工などの多くの職人ギルドが条件付きで女性を受け入れていた。女性の修行期間は、男性のわずか半分である。[208] ドイツでは、夫の死後も妻が独自に仕事や取引を継続することを認めるギルドが多かった。とはいえ、〝未亡人〟はあくまでも夫の代理であって、独立した職人と見なされるわけではない。

息子が成長し、父の職業を継げるようになると、多くのギルドが妻に技能を放棄させていた。

一七〇〇年から一〇年まで、ベルリン科学アカデミーで正式に夫の助手を務めていたマリア・ヴィンケルマン＝キルヒは、天文学においてそれまで女性が到達したことのない重要な地位を獲得した。天文学が公式には女性に門戸を開いていなかった時代に、見事に独力で身を立てたのである。彼女はまた、三人の子供たち全員、つまり息子のクリストフリート（1694–1740）、そして娘のクリスティーネとマルガレータを天文学者に育て上げた。天文学と、とりわけそれに関わる暦の編纂は、マリア一家の生活の糧となっていたわけで、ベルリン科学アカデミーに雇用継続の許可を願い出る際も、彼女はあえて首席天文学者ではなく、夫のもとですでに実績を積んだ〝助手〟としての地位を求めたものである。

マリア・ヴィンケルマン＝キルヒは、アカデミーの運営陣に宛てた請願書の中で、暦の編纂はそれまでも一家の主たる収入源であり、夫の死後は、自分と家族の生活を支える唯一の糧であることを主張した。しかも、技能者の妻である彼女には、家業を続ける権利がある。ところが、アカデミーの見解は異なった。天文学者は正式にギルドを組織しておらず、大学で基礎教育を受けている前提があるため、その妻に対してもギルド加入者に与えられる類いの権利は何ひとつ認められないというのだ。専門的な技能を身につけた女性たちが夫の死後もどうにか暮らしていくには、再婚し、自立の道をあきらめるほかなかった。とはいえマリアには、おとなしくそれに従う気などさらさらなかった。

マリア・ヴィンケルマン＝キルヒと天文学の技能者たち

マリア・ヴィンケルマンが未来の夫ゴットフリート・キルヒと出会ったのは、おそらく一六八六年のことである。当時、マリアはまだ十六歳、ゴットフリートは三十歳年上だった。二人が顔を合わせたのは、ライプツィヒにほど近いゾンマーフェルトにある、独学の天文学者クリストフ・アルノルトの自宅である。両親を亡くしたマリアは、かなりの時間を家族の親しい友人たちと過ごし、野心的な天文学愛好家アルノルトの研究を自ら進んで手伝いながら、彼から数学や天文学的計算を学んでいた。ルター派の司祭だった父から、まだ幼い頃に天文学の手ほどきを受けていたマリアは、アルノルトの助手を務めながらお気に入りの趣味を続けられたというわけだ。アルノルトの仕事は農業だったが、自由になる時間を天文学に捧げた彼は、本職の天文学者たちからも一目置かれる存在であり、ゴットフリート・キルヒをはじめとする多くの学者がアルノルトの自宅を頻繁に訪れていた。

マリア・ヴィンケルマンとゴットフリート・キルヒの結婚は、双方にとって好ましいものだったはずだ。若く、知的で、活力に満ち、家庭をきりもりするばかりでなく天文学研究の助手まで務めてくれる女性を妻に迎え、ゴットフリートはさぞや喜んだろう。マリアのほうも、夫とともに天文学の学習を続けられることを嬉しく思ったに違いない。アルノルトのもとで、何年間も計算や観測、暦の編纂を手伝ってきた彼女は、天文学に関しては専門家も同然だったが、学者の夫がいなかったならば、仕事を続ける機会はまず得られなかったに違いない。

天文学者は、理髪外科医や薬剤師のようにギルドこそ組織していなかったものの、そうした職人たちと共通点の多い職業だった。十六世紀から十八世紀頃の著名な天文学者の中には、大学で医学や神学、あるいは法学といった天文学以外の学位を取得した者が多い。天体観測や計測器の使用にはかなりの訓練が必要だが、それは大学の教科外で、天文学者たちはおおむね職人の世界と同様に〝徒弟〟として〝師〟に仕えながら仕事を身につけていったのである。ゴットフリート・キルヒもまた、ヨハネス・ヘウェリウスの一家が所有するダンツィヒの私設天文台で働いた。この師は、当時にあって自ら組み立てた望遠鏡すら信用せず、旧態とした機器である巨大な四分儀を使って正確な計測を行ったことで、特にその名を知られていた。

一七〇〇年、ゴットフリート・キルヒは、創設まもないベルリン科学アカデミーの初代首席天文学者に任命され、妻マリアもまた夫とともに、非公式ながらプロイセン公国の首席天文学者の助手という重要な地位に格上げされることになった（ちなみに、アカデミーが資金不足によって最新鋭の観測機器を用意できなかったため、天文学者たちは

●77……ヨハネス・ヘウェリウス『天文機器』*Machina coelestis*（1673）収載の、四分儀を使う著者と妻エリーザベタの図。エリーザベタ・ヘウェリウスは、マリア・ヴィンケルマン＝キルヒ以前のドイツで最もその名を知られた女性天文学者だった。

一七〇七年まで、質素な自前の観測施設で研究を行っていたようである)。ゴットフリート・キルヒの雇用を裏付ける、プロイセン公にしてブランデンブルク選帝侯のフリードリヒ三世［★一七〇一年よりプロイセン王フリードリヒ一世となった］の署名入り文書によると、君主に公認された天文学者は、惑星、太陽、月の位置を連日記録して入念に観測を行い、年に一度発行される『天文日誌』*Ephemerides caelestium* を更新しなければならず、さらに、一七〇〇年五月十日に出された勅令によって「毎年指定された時期に、公国内でのみ有効な暦」を提出する義務が課されていたのだという。[209]

ベルリン科学アカデミーは、天文学の地位を大きく向上させたという点で、ロンドンやパリといったヨーロッパ各地に設けられた同様の科学学会とは趣を異にしている。一六九〇年代の終わり、フリードリヒ三世の妃ゾフィー・シャルロッテは、プロイセンでは暦の編纂がまったく行われておらず君主専用の天文台ひとつない、と宮廷付きの哲学者ライプニッツに懸念を漏らしていた。ここでライプニッツは、科学学会の設立という自身のプランを実現させるべく奮闘する。それは、かつてゾフィー・シャルロッテの母親であるハノーファー選帝侯妃ゾフィーに提起した案件でもあったのだ。彼はこの機会を逃すまいと、新設する科学学会の運営資金の大半を暦の独占販売でまかなう、という発案まで行っている。収益金は、天文台の建設や常勤スタッフの雇用にも充てられるというのである。

ところが、ベルリンの宮廷で独自のプランを進めるのは、そう簡単ではなかった。選帝侯は、お抱えの哲学者が妻のゾフィー・シャルロッテに多大な影響を及ぼすのを喜ばなかったのである。一七〇〇年にようやくベルリン科学アカデミーの創設が決定すると、まずは独占的に暦の編纂を行う体制を整えなければならなかった。それはもともと、教会に仕える天文学者が行ってきた仕事である。それを担うゴットフリート・キルヒは、新設されたアカデミーで最も重要な科学者となり、マリアがつくったプロイセンの公式暦の収益金によって、細々とではあるもののアカデミーの研究費の大半がまかなわれた。一七〇一年にプロイセン公国は王国となり、この科学アカデミーの創設は、新たな王国が果たした最初の偉業と見なされた。

暦の作成に必要な計算は非常に複雑なため、専門家だけがその作業に携わった。古代エジプトやメソポタミアの時代から、暦の重要な役割のひとつは、国民に主要な宗教的祝祭の時期を知らせることにあり、今やその日付は聖書と調和していなければならない。だが、聖書には復活祭《イースター》の日付に関する正確な記述がなく、そのことがヨーロッパのキリスト教世界で暦の編纂に当たる者たちを大いに悩ませた。結果としてヨーロッパでは、天文学的に決められた日付に応じた復活祭の祝日が、東方正教会、ローマ・カトリック、プロテスタントの各教派によってしばしば異なることになった。

科学アカデミー内に地位を得たゴットフリート・キルヒとマリアは、科学のみならず、宗教、社会、政治、経済に関する各要素を含む、プロイセン王国全体に対しての重要な責務を負っていた。アカデミーでのマリアの立場は夫の地位に左右されたものの、彼女がいかに重い役割を果たしているのかは、そこに籍を置く誰もが知っていたに違いない。ゴットフリートは助手なしにはとうてい仕事をこなせなかっただろうし、妻以上にその立場にふさわしい人材はまず見つけられなかっただろう。ゴットフリートは自著の中で、妻が天文学者として果たしたきわめて重要な役割に対し、何はばかることのない謝意を述べている。技能者の家庭であればなじみのことになるのだろうが、夫妻は職場にあっても分かち難いパートナーだったのである。夜になると、マリアは夫と交替で天文台へ行き、昼間は計算作業をしながら家事や子供たちの世話をこなした。

一七〇二年、マリアは異例の発見をする――未知の彗星である。だが彼女は、この十八世紀天文学の一成果と見なし得る発見の当事者になることが許されず、観察記録は夫名義によって発表され、その認識は事実上の発見者が妻であるという数年後の夫の告白までくつがえされることはなかった。ゴットフリート自身、すでに一六八〇年にその世紀で観測された中でも最も明るいとされる〝キルヒ彗星〟の発見によって、彗星軌道に関する見識を深める新たな道をすでに切り開いていたのだが、彼が当時の著名な天文学者のひとりに数えられるようになったのも、この業績があればこそだった。

マリア・ヴィンケルマン＝キルヒが生涯に発表した論文はわずか三本で、いずれも天文学に関するものだった。

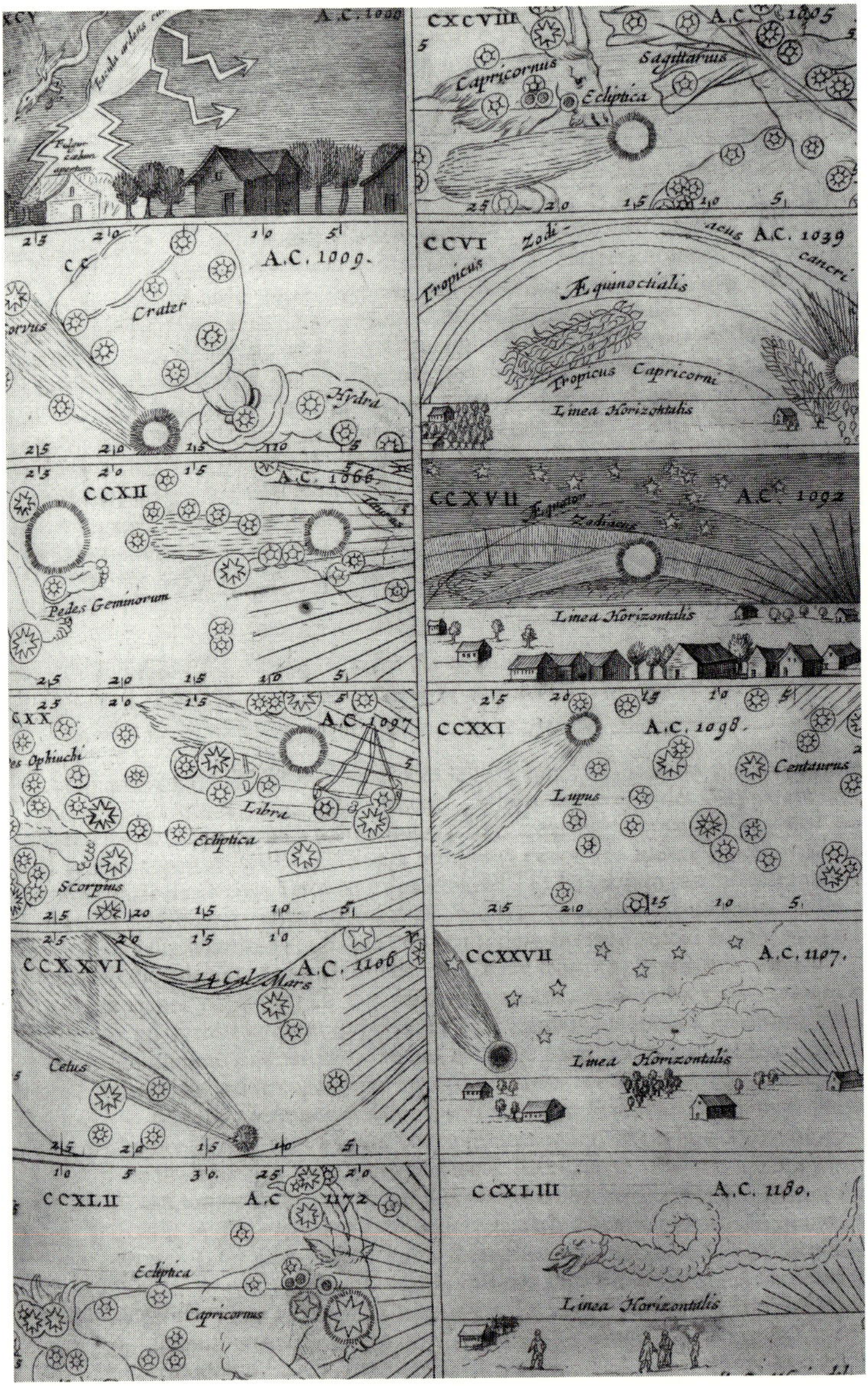

◉78……ポーランドの天文学者スタニスラフ・ルービエンニッキー（1623-1675）による、聖書に記されたノアの大洪水から1665年までに観察された415個の彗星を描いた図版集『彗星の劇場』*Theatrum cometicum*（1667）に収載の、1000年から1180年までの観察図。彗星は、18世紀初頭の天文学者たちの興味を大いにかきたてたもので、マリア・ヴィンケルマン＝キルヒもまた未知の彗星の発見者となっている。さまざまな迷信の源泉となった彗星は、その軌道計算を通じて太陽系に関する膨大な新知識を天文学者らにもたらした。

几帳面に天候を記録し、天気予報が農民や漁民たちにもたらす利益について、彼女はひたむきにペンを走らせたものだが、惜しむらくはラテン語の知識の乏しさで、天文学に関する国際的な議論に加わりたくても、思うような表現はかなわなかったようである。

一七〇九年、マリアは、ベルリン科学アカデミー会長のライプニッツから、貢献にふさわしい謝辞を受ける。彼は、プロイセン王国の宮廷に彼女を紹介するに当たり、天文学者としての業績を強調するよう努めていた。「ベルリンには、きわめて学識の高い女性がおります。類い稀なる才媛で、彼女の功績はつくり話や言葉のあやなどではなく、深遠なる天文学の知識の賜物です。この女性が究《きわ》めた科学の分野で、匹敵する相手を見つけるのは容易ではありません。博学な天文学者がみなそうであるように、彼女もまたコペルニクスの太陽不動説、すなわち〈地動説〉の支持者でありまず。喜ばしいことに、すみずみまで熟知した聖書に基づき、かの説の正当性を主張しているのです。彼女は第一級の天文学者たちとともに観測を行い、四分儀や望遠鏡の扱いにも熟練しております[210]」

アカデミーからの立ち退きと復帰

ところが、こうしたライプニッツの称賛も、マリア・ヴィンケルマン＝キルヒの支えとはならなかった。先述したように、夫の死後、ベルリン科学アカデミーは彼女の貢献をもはや不要と判断したのである。当時アカデミーの書記を務めていたダニエル・エルンスト・ヤブロンスキーが、ライプニッツに宛てて次のような手紙をしたためている。「(……)彼女の夫の存命中から、アカデミーは女性に暦を編纂させていると嘲笑を買っておりました。もしも彼女が夫の死後も職にとどまることが許されれば、世間はあきれ果てるでしょう[211]」アカデミーは、暦の編纂の担当者として男性を雇い入れることにした。しかし、最も優秀な候補者ですら、仕事の能率も正確さもとうていマリアには及ばず、この書記はのちに、新しく雇った天文学者は課された仕事をこなす才がないか、あるいは仕事への興味がないよ

◉79……ヨハネス・ヘウェリウス『天文機器』（1673）収載の挿画。1714年から1716年までの2年間、マリア・ヴィンケルマン＝キルヒは、天文学に親しむ子供たち——クリストフリート、クリスティーネ、マルガレータ——を連れて、著名な天文学者ヨハネス・ヘウェリウスとその妻エリーザベタの天文台〝シュテルネンブルク〟で働いた。この絵は、屋根が連なるダンツィヒの風景を描いたもので、画面中央に見えるのは、ヘウェリウスが所有する3軒の家の屋根の上につくられた〝観測台〟（約10×20メートル）である［★〝シュテルネンブルク〟はヘウェリウスがティコ・ブラーエにならって自身の天文台に付けた名称で〝星の城〟を意味する］。

うだとライプニッツに愚痴をこぼすことになる。

　アカデミーはもはやマリアの貢献を求めていなかったが、せめてもの温情のしるしにと〝キルヒの遺族〟が公用住宅にそのまま住み続けることを許可した。マリアはまた、わずかな寡婦年金と、夫とともに働いた功績を称えるメダルを与えられもしたが、こうした諸々はさほど役に立たず、一七一二年十月、荷物をまとめてベルリンの向こう側に住む娘のもとに転居しようとついに決意する。その地で、フォン・クロージク男爵が所有する天文台の差配を請け負うことにしたのである。マリアはここで、四十二歳にして職業人生の頂点に達することになる。科学アカデミーで働き続ける権利こそ失ったものの、観測の責任者として彼女以上の適任者はいないと誰もが感じていた。フォン・クロージク男爵の天文台では、アカデミーよりも格段に自由な裁量が与えられ、二人の助手まで雇うことができたのだという。マリアはおそらく、十八世紀に私設天文台の運営を任された唯一の女性になるだろう。

　しかし、その安定も長くは続かない。わずか二年後の一七一四年にフォン・クロージク男爵が亡くなり、またもや新たな雇い主を探さなければならなくなったのである。最初はダンツィヒで数学教授の助手を務め、のちにその町の天文台で天文学者としての職を得た。当時すでに亡くなっていたあのヨハネス・ヘウェリウスの家族が、故人によって生前自宅にしつらえられていた天文台にマリアと息子クリストフリートを雇い入れてくれたのである。ヘウェリウス家にとって、有能な女性天文学者はさして珍しい存在ではない。ヨハネスの二番目の妻エリーザベタ・ヘウェリウスは、実のところ二十年以上にわたり夫とともに働き、数多くの未完原稿をまとめて彼の死後に出版した人物なのだ。

かつて父親がそうしたように、ライプツィヒとダンツィヒの大学で天文学を学んでいたクリストフリートにとって、母親や妹たちと一緒に仕事が続けられるというヘウェリウス家の申し出は嬉しい驚きだった。そして二年後の一七一六年、再び天文学者を募集していたベルリン科学アカデミーは、その席にクリストフリート・キルヒを迎え入れることになる。理論天文学の能力が充分とは言えないクリストフリートを採用した裏には、母親が助手を務めるだろうという期待が込められていた。もちろん助手には同等の給料は支払われず、首席天文学者なみの地位も与えられない。つまり、マリアはまたしても、薄給で、陰ながら身内の男性を――今回は息子を――支える役目を期待されたのである。

一家は同年、もうひとつの仕事の申し出を受けていた。ロシア皇帝《ツァーリ》ピョートル大帝が、サンクト・ペテルブルクにある帝立天文台での家族を挙げての奉職を所望してきたのである。どうやらその打診の裏には、皇帝の私的助言者に任ぜれたばかりのライプニッツの働きかけがあったと思われる。とはいえキルヒ一家は、もうひとりのドイツ人女性科学者マリア・ジビーラ・メーリアンの娘たちほど冒険心に富んではいなかった。メーリアンの娘のひとりは、家族とともにサンクト・ペテルブルクへと移り住み、生涯を通じて美術アカデミーで働き続けたものだが、一方のキルヒ一家はといえば皇帝の希望を辞退することに決め、ダンツィヒからベルリンに帰還したのである。

マリアはなぜ、多くの屈辱的な思い出が残るベルリン科学アカデミーの再雇用に応じたのだろうか？　おそらく彼女は、我が事よりもまず息子のキャリアを重視したのだろう。クリストフリート・キルヒの能力は、首席天文学者の地位にはまだ不充分だったが、母親の助けを得てどうにか役目を果たすことができた。しかし、アカデミーとの衝突は避けられない。ライプニッツは何年も前にそこを去り、マリアにはもはや心を許せる友がいなかったのだ。彼女はアカデミーに招かれた客たちと言葉を交わすことすら禁じられ、裏方に徹する覚悟がなければ、いずれ職場からも公用住宅からも追い出されることになると思い知らされる場面がたびたびあった。アカデミーの運営陣は、大事なのは母親としての役目であり、これからもご子息の食事の世話をして欲しい、とただ告げるだけだった。

五十歳を目前にして、マリアは今度もまた身を引くしかなかった。若い頃は錚々たる天文学者たちとともに働き、王族からも仕事ぶりを賞賛された彼女が、今や息子のための料理人に甘んじなければならない。天文学者としての職業人生は終わったのだ。とはいえ彼女は粗末な機器を使って自宅で観測を続けながら、我が子が職を得たことに満足していたのかもしれない。その後クリストフリート・キルヒは、一七四〇年に亡くなるまでアカデミーで働き続け、マリアと二人の娘クリスティーネとマルガレータもまた、アカデミーの望む限り、常に目立たない無名の存在として彼の補佐役に徹していくのである。

一家と親交のあるアルフォンス・デ・ヴィニョールが一七二一年に記したところによれば、クリストフリートの妹たちは兄を手伝い、人知れず黙々と彼の負担を軽減させ、天文台に客が招かれたときにはいっさい姿を見せなかったのだという。[212] 謙虚な態度が報われた一方、裏方に徹する分別にも欠けていた母親とは異なり、姉妹はわずかな給料をあてがわれながらアカデミーで暦の編纂を続けることを許された。実のところ一七八〇年代に入るまで、プロイセン王国の公式な暦はひとりの女性、クリスティーネ・キルヒによって編纂されていたのである——先述した書記は、かつてこうなることをひどく恐れていたのだ

◉80……天文学と実験に基づく自然哲学を講じたイングランド人教師マーガレット・ブライアンによる教本『天文学の明瞭なるシステム』*Compendious System of Astronomy*（１７９７）の扉絵。マリア・ヴィンケルマン＝キルヒ母娘の肖像は現存しないが、彼女らもまた、ここに描かれた著者とその娘らのように観測機器とともにポーズをとったかもしれない。

が。マルガレータ・キルヒは、天文学研究を辞めてハンブルクの商人と結婚し、その後は家事と子育てに専念した。

クリスティーネは働き続け、マルガレータの息子ヨーハン・エーレルト・ボーデ（1747–1826）を自分同様の天文学者に育て上げた。ボーデは、一七七二年までベルリン・アカデミーで助手として働き[213]、伯母の見習いから徐々に昇進して首席天文学者と天文台の責任者を兼務するまでになった。つまりは彼の一族が、二代続けてそのポストを占めたことになる。ボーデは、太陽とその周りを巡る惑星との関係から割り出す平均距離を求める法則によってその名を残した。それは、発見者［★ヨーハン・ティティウス（1729–1796）］の名と合わせて〈ティティウス＝ボーデの法則〉として知られている。ボーデが編纂した『天文図』*Uranographia*（1801）は、肉眼で見える星と、星座間の境界が実質的にすべて表示されており、当時最も高く評価された星図のひとつに数えられた。だが一八二六年のボーデの死により、ベルリン科学アカデミーにおいて百三十年近く続いた天文学者の黄金時代は、終わりを告げることになる。

キルヒ家の女性たちが辿った運命は、十八世紀に広く存在したジェンダーによる職業上の〝区分〟を大きく露見させた。助手という格付けのもとであれば、天文学のような男性の領分で女性が働くことはいかにも可能だったが、たとえ仕事の内容がまったく同じでも、男性になら与えられる名声を女性は授からなかったのである。このような〝区分〟は何千年来のものであり、そこには常にジェンダーに基づく思想やヒエラルキーが反映されてきていた。「男性は科学を創造し、女性はただそれに従事するのみ」、あるいは「男性は真の専門家で、女性は単なる助手」といった考えは、現代の日常的な思考にも深く根ざしている[214]。古来、男性の領分だった職業で、女性が疑問の余地のない素晴らしい成果を上げた場合も、その女性が特異な存在と見なされて初めて、人々は納得するのである。

十七世紀から十八世紀における、女性による天文学および自然哲学研究

一流の科学学会は女性を歓迎しなかったが、十八世紀になると、ヨーロッパ中の上流および中産階級の女性たちの

あいだで、科学研究熱が高まった。家庭内で行うならば、こうした研究は道徳心を向上させるとさえ考えられていたのである。一七〇四年、初の婦人向け雑誌「レディーズ・ダイアリー」*Ladies Diary* がロンドンで発行され、女性たちは人気の記事や謎解き、数学問題などに刺激されて科学を学びはじめた。この〝女性のための年刊誌〟はイングランドで大評判となり、面白い記事や謎解きを求めて過去の号まで買い集める読者まで現れたのだという。[215]「レディーズ・ダイアリー」は、一八四一年までのほぼ百五十年間、順調に発行され続けたのだった。

デカルト派哲学と新科学の熱心な唱道者で、パリ王立科学アカデミーの書記も務めたベルナール・ル・ボヴィエ・ド・フォントネル（1657–1757）は、名高い著書『世界の複数性についての対話』*Entretiens sur la pluralité des mondes*［★赤木昭三訳、工作舎］を上梓して女性による科学の追究を促進した。その時代の哲学上の問題を提起する初の婦人向けの入門書となったこの書物は一六八六年に出版されたが、その時点ですでに時代遅れになっている部分もあり、のちの版ではニュートン理論を完全に無視してさえいる。同書はそれでもなお、自然科学の門戸を開く一冊として非常にわかりやすく興味深いとされ、多くの読者からの支持を集めた。ひとりの青年が、匿名の侯爵夫人に天文学や物理を含む科学を教え、顕微鏡の使い方まで指導するという内容である。

イングランド初の女流職業作家アフラ・ベーンは、経済的事情から一六八八年にこのフォントネルの書の英訳を手がけることになった。しかし、彼女には原著者の文体が人を見下しているように感じられ、そのうえ登場する匿名の侯爵夫人が間の抜けた感じに描かれていたため、とうてい科学を深く理解できそうには思えなかったのだという。いずれにせよ「レディーズ・ダイアリー」とフォントネル作品の人気に触発され、多くの作家が婦人向けの大衆ノンフィクションに手を染めることになった。中でもジョン・ハリスの『紳士と淑女の天文対話』*Astronomical Dialogues between a Gentleman and a Lady*（1719）とベンジャミン・マーティンの『若き紳士と淑女の哲学』*The Young Gentleman and Lady's Philosophy*（1744）は、多くの版を重ねている。いずれも〝フォントネル方式〟を踏襲した、男性の親族や教師が、知識を求める若い女性に手ほどきをし、自然科学や宇宙の成り立ちへの理解を深めさせるという話で

◉81…………ベンジャミン・マーティン『若き紳士と淑女の哲学』(1744)の1755年版収載の口絵。女性読者を当て込んだ天文学と自然科学に関する読み物は、18世紀に広く普及した。物語はたいてい、経験豊かな男性が若い女性に手ほどきをし、自然科学の研究へと導く場面からはじまる。

ある。

イタリアでは詩人で自由思想家のフランチェスコ・アルガロッティ（1712-1764）が、『淑女のためのニュートン理論』*Newtonianismo per le dame ovvero dialoghi sopra la luce e i colori*（1737）と題する一冊を出版し、同理論の入門書として、絶大な人気を得た。この書物もまた、女権擁護者である☆エリザベス・カーター（1717-1806）によって、一七三九年に英訳されている。

一七六九年に出版された、スイスの数学者レオンハルト・オイラー（1707-1783）の『ドイツ王女宛ての物理学と哲学に関する手紙』*Briefe an eine deutsche Prinzessin uber verschiedene Gegenstande aus der Physik und Philosophie* はすでにして、これまで挙げたどの作品よりもはるかに女性の天賦の才に信を置いた一冊となっている。オイラーのこの著書も非常に人気が高く、数カ国語に翻訳された。一七九五年に刊行された英語版の序文では、女性が以前よりも理性的な存在として扱われるようになり、その点において、社会もまたよい方向に変化しつつあると翻訳者が特記している。

フランスでは多くの貴婦人が文芸サロンを主宰し、そこに集う人々が、社交界での退屈しのぎとして流行したカード遊びの代わりに、自然哲学について論じ合う光景が見受けられた。ラテン語、数学、天文学、解剖学を学んだ才媛で、名の知られたパリの科学サロンを主宰した☆マルグリット・ド・ラ・サブリエール夫人（1636-1693）が代表的な人物として挙げられるが、その一方でこうした科学や文芸を追求する婦人を嘲笑して大当たりを取ったモリエール（1622-1673）の戯曲『女学者』*Les femmes savantes*（1672）［★内藤濯訳、新潮文庫］などが〝女性による空虚な科学熱〟という世間一般の見解を裏付け、その後の数世紀にわたって女性が自然科学を深く理解できようはずもないという視点が、多くのヨーロッパ人の態度の中に厳然と居座ることになる。とはいえ、誰もがモリエールの皮肉に哄笑したわけではない。ド・ラ・サブリエール夫人やキルヒ家の女性たちのように、揶揄や中傷など気にもとめず、淡々と自然科学研究に挺身し続けた人々もいたのである。

✴第Ⅴ部　啓蒙時代のサロン、大学、科学界の女性教養人

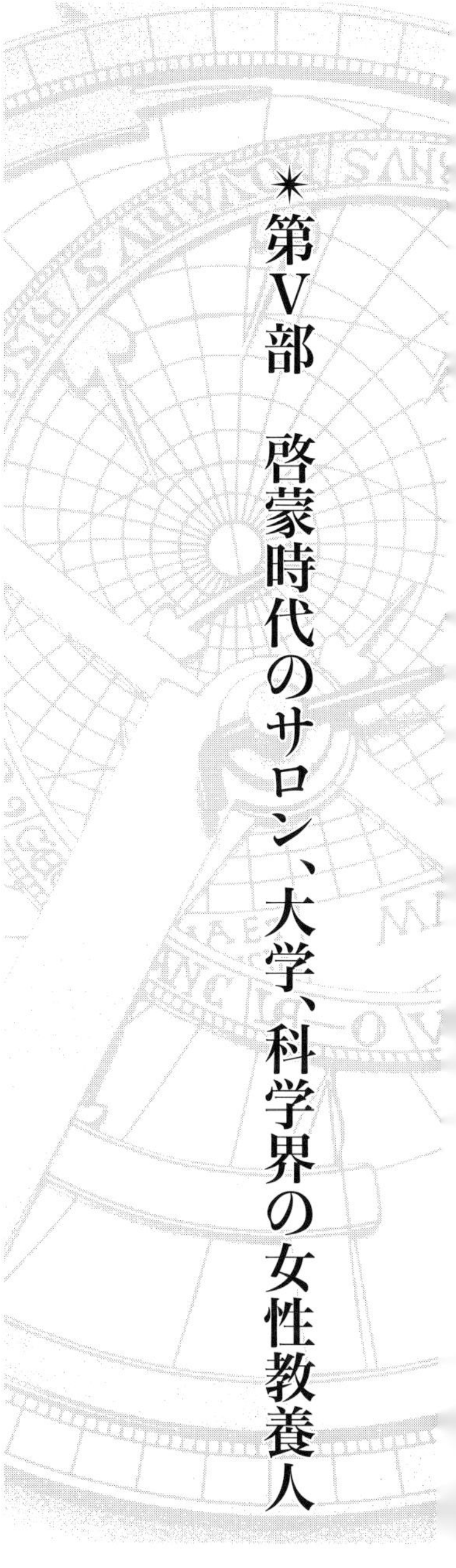

「自らの理性を用いる勇気をもて」とは、イマヌエル・カント（1724–1804）が一七八四年刊の名高い自著［★『啓蒙とは何か』、中山元訳、光文社古典新訳文庫］に記した言葉である。このドイツ人啓蒙思想家による励ましの言葉を心にとめる余裕のある女性は、いかにも増えつつあった。もっとも彼自身は、理性的な努力が女性にふさわしいとも、そうするように女性を鼓舞することが自らの目的であるとも考えていなかったのだが。いずれにせよ〝理性〟というものは、前世紀、すでにルネ・デカルトによって〝大衆化〟されていた。彼は、階級やジェンダーにかかわらず、健全な知性が万人に与えられてしかるべきだと断言したのである。啓蒙時代は、科学の普及にとっての黄金期であり、一般向けのノンフィクション書籍が出版されるや、それらは科学に関心をもつ女性たちに熱狂的に受け入れられていった。というのも、彼女らは自然哲学（現在の自然科学）を充分に学ぶ機会にまるで恵まれていなかったのである。

啓蒙時代には、教養人士にとっての私的な場であり、社会の発展段階において重要な役割を果たすことになるサロンが、貴族や裕福な中産階級の女性たちによって催されていて、客人たちと学問的な討論を交わすという平等の機会を、上流女性たちに提供していた。そこに誰を招くかは、サロンの場にふさわしいテーマを選ぶ女主人によって決められるのである。

●82……………ドニ・ディドロ、ジャン・ダランベール編『百科全書』の扉絵。諸学の女神（ミューズ）たちが、真理の女神［★画面中央上］のヴェールを剥ごうとしている。

フランスの貴婦人たちは、十六世紀のイタリア・ルネサンスで王妃らが行ったように、下位階級の才能ある男性らのパトロンになることが多かった。☆エミリー・デュ・シャトレ侯爵夫人（1706–1749）と啓蒙思想の著述家ヴォルテール（1694–1778）との関係は、何世紀にもわたって作家らを魅了し、事実、侯爵夫人手ずからペンを執った科学的著作でさえ、二人の恋愛のせいで影が薄くなってしまったほどである。彼女は、自らの考えをしたためた『物理学教程』*Institutions de physique* の一七四〇年初版によって、ニュートンとライプニッツの著作に基づいた新たな物理学を、フランスの科学界に紹介するという重要な役割を果たしているのだ。

才能あるイタリア人物理学者☆ラウラ・バッシ（1711–1778）もまた、デュ・シャトレ夫人同様、一七三〇年代のイタリア学術界におけるニュートン物理学の普及を促した。彼女はそこで一本の科学小論すら著さなかったものの、生地ボローニャでは指折りの評判を取り、かつ高給をもって雇われるニュートン物理学の教師だった。大都市ボローニャは、こうした教養ある女性たちからの恩恵よろしく、同時代の声望を高めるようになる。そこでひと役買ったのが、のちにローマ教皇ベネディクトゥス十四世となるランベルティーニ枢機卿（1675–1758）だった。彼は科学に深い関心をもつ開明な人物で、ボローニャ科学アカデミーの学位と会員資格を女性に対して与えている。この

◉83……サー・ゴドフリー・ネラー「ニュートン像」（1702）。

枢機卿の尽力があればこそ、ラウラ・バッシはボローニャ大学で教鞭を執ることがかない、☆アンナ・モランディ・マンゾリーニ（1716–1774）は同大学の解剖学教師となることができ、そして数学者☆マリア・ガエターナ・アニェージ（1718–1799）もまた、学部の名誉研究員に迎え入れられた。ことにアニェージは、ディルク・ヤン・ストライク（1894–2000）の言を引くと、五世紀のヒュパティア以来となる重要な女性数学者なのである。

ドイツ生まれで、のちにイングランドへと移住した☆カロライン・ハーシェル（1750–1848）は、俸給と、天文学への多大な貢献に対しての年金を英国王から下された最初の女性になる。彼女と、同時代のフランス人☆マリー・ラヴォワジエ（1758–1836）は、どちらも身内の男性学者と親密に協働した。カロラインは天文学者ウィリアム・ハーシェル（1738–1822）の妹であり、意義深い数々の美点をもつ同僚でもあった。また、夫のアントワーヌ・ラヴォワジエ（1743–1794）とともに科学の改革者となったマリーの業績は、〝近代化学の母〟という呼称に実にふさわしい重要なものだった。

✳16 フランスにおける新物理学の伝道者

――――エミリー・デュ・シャトレ（1706–1749）

エミリー・デュ・シャトレ侯爵夫人は、決して忘れ去られることのない女性だろう。科学史を概説する教本には、当時の数少ない女性学者のひとりとして、今なお名前が挙がっている。[216] 近年になって、彼女の人生や科学的著作はこれまでにないほど研究されているが、[217] 一九七〇年代まで、彼女の名声はといえば科学上の功績というよりも啓蒙思想家ヴォルテールとの関係のほうに根ざしていた。伝記作家たちは、彼女の書斎で行われたことより寝室で起こったことに興味をもつ場合が多く、[218] 文化史という側面から見たとき、そうした作品は確かに興味をそそる〝読み物〟になっている。

一方、科学史という側面から見ると、現在デュ・シャトレ夫人は主にニュートンの名著『自然哲学の数学的諸原理』（1687、以下通称『プリンキピア』）をフランス語に翻訳した人物として知られている。ただし、彼女は単なる翻訳者ではない。それどころか自立して、革新的な考えに満ちた、科学的思索者でさえあった。一七三〇年代から四〇年代にかけて、デュ・シャトレ夫人ほどニュートンの著作に精通していたフランス人もほぼいないだろう。[219]『プリンキピア』が史上最も難解な書物の一冊に数えられていることからしても、この境地は決してささやかなものではない。

デュ・シャトレ夫人の学究としての最も重要な功績のひとつは、この難解な書を簡単に理解できるようなフランス

◉84……………マリアンヌ・ロワール（1715頃-1769）による、机の前に腰掛けるエミリー・デュ・シャトレの肖像。

語へと、見事に翻訳してのけたことである。だが何よりも注目すべきなのは、ニュートンの概念《イデア》に関して批判的な分析をしたり註解を加えたりという、一七四〇年代のフランスにあっては目新しい手法を採ったところだろう。当時の科学界は分裂していて、大半はデカルトの知的遺産に固執しており、ニュートンによる新たな物理学に興味をもつ者は、ほんのひと握りだった。フランスの王立科学アカデミーもまた、ニュートン学派が立場を強めはじめていたとはいえ、大部分がデカルトを支持している。デュ・シャトレ夫人が自身の科学的著作の中で熱望したのは、存命中からすでに天才の名をほしいままにしていたこの自然哲学者にして数学者でもあるイングランド人が提唱した概念を理解し、広く知らしめることだった。彼女は重要な科学的思索者だったが、それはとりわけ、当時の自然科学という領域を偏見のない心で見やる目をもっており、ニュートンによる物理学とライプニッツによる形而上学のような一見矛盾しているかに思われる諸概念を、見事にまとめ上げられたことに由来する。

貴族の少女から科学の女王へ

婚前の名をガブリエル・エミリー・ル・トヌリエ・ド・ブルトゥイユといったエミリー・デュ・シャトレは、一七〇六年、フランス貴族社会の上位に属する家柄に生まれた。母親のアンヌ・ド・フルーレ＝テッセと父親のルイ・ニコラ・ル・トヌリエ・ド・ブルトゥイユの家系は、古くからフランス王室と親《ちか》しい関係にあり、〝太陽王〟と呼ばれた国王ルイ十四世（在位：1643–1715）の外交官を長らく務めたド・ブルトゥイユ男爵は、王その人との謁見を求めて宮殿にのぼる声望ある訪問者たちの中からさらにふさわしい者を選別するという職務も任されていた。一家の第四子として生まれたエミリーは、ひとり娘ということもあって、貴族の子女としての幼少期をそのまま何不自由なく贅沢に過ごすことを許された。その頃、彼女が暮らしていたのは、部屋が三十もあり、ほぼ同じ数だけの召使いがかしずく、パリのテュイルリー庭園にほど近い邸宅である。

幼い頃から学習に興味を示したエミリー・ド・ブルトゥイユは、兄たちと同じような体系的教育こそ受けられなかったものの、外語や数学を瞬く間に習得した。彼女の男子顔負けの関心は、それこそ乗馬やフェンシング、ラテン語にまで及び、その知的好奇心と活発さのせいで望ましい未来の夫を遠ざけることになるのではと、両親が気をもむほどだった。

エミリーが十歳のとき、ある人物が一家を訪れる。名の知られた著述家で学者の、パリ王立科学アカデミー終身書記ベルナール・ル・ボヴィエ・ド・フォントネルその人である。彼は晩餐の席上、星空の不思議を少女に説き明かした。のちにエミリーは、彼のペンによるあの『世界の複数性についての対話』を読むことになるのだが、これは父親から与えられたものと思われる。とはいえ、同書のテーマはエミリーにとって興味深かったものの、そこに登場する侯爵夫人はといえば、ひどく単純な人物として描かれているように感じられた。若きエミリーが、男性によって記された書物の単なる〝お飾り《オーナメント》〟になるのではなく、〝世界の複数性〟をこそ自らしたためるようになろうと決心したのは、この頃だったのかもしれない。

十五歳を迎えるや、貴族の娘にとって気楽な青春期などもはや過去のものとなり、夫探しが熱を帯び出す。同時代の人々のように、エミリーもまたそれにいそしむ以外に選択肢はなかった。さもなければ、母親によって修道院へ送られるという、いっそうひどい道が待ち受けていたからである。十八歳になり、エミリーは自分より十一歳年上のフロラン＝クロード・デュ・シャトレ侯

◉85……貴族の娘である若きエミリーは、30の部屋と広い庭があるパリの邸で育った。当時の雰囲気は、ロココ期を代表するフランス人画家ジャン＝オノレ・フラゴナール（1732-1806）による「ぶらんこ」（1766）に、すばらしいタッチでとらえられている。自然環境、野外の遊び、繊細な官能性、そして性的快感などを味わおうという欲望は、当時の画壇で人気を呼んだテーマであり、エミリーの暮らしの一部をなしてもいた。

爵と結婚する。この花婿は、ルイ十五世（在位：1715–1774）の軍に所属する高官であり、家を空けることが多かった。一七二六年に娘が、翌年には息子が生まれるが、夫不在のあいだ、若き妻は学問に親しみ、当時の宮廷ではやりのカード遊びや踊りに興じていた。

上流階級の男女が愛人をもつことは、この時代にはありふれたことだった。それでも、妻の不貞とあっては社会が許さず、怒りに駆られた夫の差し金で鞭打たれたり、無一文で路上へ放り出されたり、残りの人生を修道院で過ごすよう追いやられたりということもままあったという。エミリーにしても数々の情事を重ねてこそいたものの、夫妻はといえば隠れなく愛し合っていたらしく、侯爵もまた妻の不倫に心を痛めることなしに、彼女の科学的探究や著作を生涯支えたようである。

情熱的な学究のデュ・シャトレ夫人は、一七三〇年代には高等数学や〝実験に基づく自然哲学〟の教授として一流のフランス人学者を雇い入れた。そうした家庭教師であり愛人のひとりが、才こそあれ札付きとして知られるパリ王立科学アカデミー所属の数学者で科学者のピエール・モーペルテュイ（1698–1759）である。ニュートンの自然哲学に精通した数少ないフランス人学者のひとりだった彼は、一七三六年から翌三七年にかけて、ルイ十五世の出資による北極圏探検隊を率いてフィンランドのトルネ谷を訪れている。この探検の目的は、地球の極点地域がニュートンの主張する通りわずかに平坦になっているのかどうかを、三角測量を用いて確かめることにあった。探査行は成功裡に終わり、ニュートンの主張の正しさが証明されると、数学者たちのあいだでは彼の論説に対する関心が、そしてヨーロッパの地理学者たちのあいだではラップランドに対する関心が、それぞれ高まることになった。デュ・シャトレ夫人は、ラップランドを訪れていた当時のモーペルテュイに宛てて、次のような手紙を書いている。「報道によれば、あなたは蚊に食べ尽くされる寸前だったということですね。けれども蚊のほうは、あなたがラップランドの女性たちに抱いている欲望ほどには、あなたへの情を感じていなかったのではないでしょうか？　私には、どんなことも気兼ねなくお話しください。あなたがパリへ送った手紙はみな、そういった女性たちに向けて書かれた、哀愁のこもった韻文ばかりのようですね」[220]

この侯爵夫人にとって、もうひとり重要な数学の恩師となるのが、十二歳にしてパリ王立科学アカデミーに迎え入れられ、数理の神童とまで謳われたアレクシス・クロード・ド・クレロー（1713–1765）である。彼もまたラップランドへと赴いたモーペルテュイ探検隊に参加しており、長じてフランスでも一、二を争う聡明な数学者となってからは、ニュートンの『プリンキピア』を訳すデュ・シャトレ夫人に手を貸して、関連する計算式の確認を請け負ってもいる。つまり侯爵夫人は、こと高等数学に関する限り、当時のフランスで受けられる最高の手ほどきを受けていたのである。彼女はあらゆる教えをすぐさま吸収して、一七四〇年代にはヨーロッパ数学界の牽引者の多くと積極的な手紙のやり取りを重ねるようになった。ただし、男性主体の科学コミュニティにおける彼女の立場にまったく問題がなかったわけではない。[221]デュ・シャトレ夫人は、教養人士からの偏見のない反応を得られるよう自身のジェンダーを明かすことは望まず、多くの科学的著作が当初は匿名で発表されたのだった。

ヴォルテールの登場：ロマンスと自然哲学

一七三四年の夏、デュ・シャトレ侯爵夫妻は、才能ある詩人で劇作家のフランソワ＝マリー・アルエ、すなわち筆名ヴォルテールを庇護のもとに置く。彼はそれまで、大いに苦難を味わい通していた。若さゆえの皮肉屋ぶりが嵩じて、怒りっぽい貴族をからかったあげくに濡れ衣を着せられて悪名高いバスティーユ監獄へと収監され、しかるのちに浪々の身となったのである。ヴォルテールは、イングランドへと居を移す。同地での彼は、文芸、科学、司法制度、そして生活環境を大いなる熱狂をもって学びはじめ、それらがフランスよりもかなり進んでおり、そのうえ自由なことに気がついた。とりわけ魅了されたのが、ウィリアム・シェイクスピア（1564–1616）の戯曲、ジョン・ロック（1632–1704）の社会哲学、そしてニュートンの自然哲学である。母国に舞い戻ったヴォルテールは、一七三四年刊（英初版は前年）の『哲学書簡』*Lettres philosophiques*［★林達夫訳、岩波文庫］の中で、イングランドの王室と司法制度を称賛しつつ、フランスの現況を批判した。

ヴォルテールはまた、フランスの知識階級をニュートン主義の確たる支持者にする役を買って出た。とはいえ、それはそう簡単にいくことではない。英仏海峡が地理的のみならず、心理的にもフランスとイングランドの学識者連を分け隔てていたからである。パリ王立科学アカデミーは、ヴォルテールのような教養ある国際人から時代遅れと見なされたデカルトという権威を、頑迷にも信じ続けていた。

互いを完璧な心の友と感じたエミリー・デュ・シャトレとヴォルテールのあいだには、消えることのない熱烈なロマンスが燃え上がった。パリの社交界やヴェルサイユ宮殿にはびこる噂話やら権力闘争やらに辟易した二人は田舎へと移り、デュ・シャトレ侯爵が所有する父祖伝来の大きな城で暮らすようになる［★この隠棲には、先の『哲学書簡』によってヴォルテールがパリの右派から告発されたことも関係している］。侯爵は、自身の妻がヴォルテールと一緒に城へ移り住むことに待ったをかける手はずを、いっさい取ろうとはしなかった。このことには、そうしたロマンスに対するフランス貴族階級のリベラルな姿勢が反映されていると言えるだろう。一方でヴォルテールは、その城で行われた改修に自ら出資を申し出てさえいる。デュ・シャトレ夫人は、シレーにある二人のこの新しい家庭を「我が学堂《アカデミー》」と呼ぶようになる。各自には専用の仕事場がしつらえられ、そこからは一万二千冊以上もの蔵書を抱えた書庫や、最新の科学機器のそろった広い実験室へと出入りができるようになっていた。

エミリー・デュ・シャトレは、ニュートンの自然哲学に関する概説を書くヴォルテールに手を貸し、それは『ニュートン哲学要綱』*Éléments de la philosophie de Newton* として一七三八年に出版されることになる。ただしヴォルテールは彼女ほどには高等数学に秀でておらず、ニュートンによる複雑で専門的なラテン語も、完全には理解していなかった。とあるシレー城への訪問者が、侯爵夫人の暗算と翻訳の技量について、次のように述べている。「テクストがラテン語で書かれているというのに、彼女は淀むことなく声高らかにフランス語で読みあげた。そうしてひと息つくたびにやや口ごもるのだが、最初私にはその理由がわからなかった。やがて気づいたのだが、そのページにあるすべての計算を、彼女はあっという間に頭の中で済ましていたのである」[222]

ヴォルテールは、エミリー・デュ・シャトレの素早い思考と、科学的著作に見られる数学および語学の才能に感服していたが、正直なところ、彼女からもほかの誰からも、陰に追いやられることを望んではいなかった。一七三七年、彼はパリ王立科学アカデミーが行った懸賞論文への応募を決意する。眼目は長年の謎を解くことにあった――火の正体とはなんなのだろうか？　侯爵夫人は喜んで、友の研究に手を貸すと約束する。そして二人は、それまでの多くの化学者と同様、熱にさらされたさまざまな素材が異なる反応を示すことに気づく。幾種類もの金属の重さを量り、熱せられると重さが増すものもあれば、まったく影響を受けないものもあると突き止めたのである。

だが、やがてヴォルテールのやり方が最適でないと思うようになったエミリー・デュ・シャトレは、独自に懸賞へと応募しようと決心し、論文提出の締め切りがわずか一カ月後に迫っているぎりぎりのときに、研究報告の執筆を開始した。しかも、それは密かに進めなければならない。彼女が友人の研究の意義に納得していないことが知られれば、相手の気持ちを傷つけることになってしまうのである。デュ・シャトレ夫人は、夜半《よわ》に乗じて書きものに打ち込んだものの、ヴォルテールに怪しまれてはいけないと、実験をまったく行うことができなかった。彼女は自身の研究の焦点を、熱よりも光に置こうとしていた。

火は光と熱の両方からなるが、この両者は互いにどう結びついているのだろうか？　多くの学者がプリズムを使ってすでに実験を行い、光は屈折して何色もの光線になることを見出していた。デュ・シャトレ夫人は、そのように色のついた光線がどう熱と結びついているのかを考えはじめ、各光線の発熱量もまた、それぞれ違うだろうと推論するに至った。この仮説を検証する実験は単純で、必要なのはプリズムを通した明るい日の光だけだ。さまざまな光線の温度を、正確な温度計で測るのである。彼女は、人間の目に見えない光があるのかもしれないと推理していた。それから七十年後、ドイツ出身の天文学者ウィリアム・ハーシェルがこの実験を行い、デュ・シャトレ夫人の仮説、つまり紫外線などの不可視の光があるという考えの正当性が証明されることになる。

エミリー・デュ・シャトレは、百三十六ページに及ぶ論文を審査員のもとへと極秘裡に送った。そして数カ月後、王立科学アカデミーが入賞者を発表する。結局のところ、最優秀賞を手にしたのはヴォルテールでもデュ・シャトレ夫人でもなかったのだが、どちらの論文も興味深いものとして選外佳作となり、アカデミーの紀要に掲載されることになった。独行の学者としてのエミリーの評判は、ここからはじまるのだ。ラップランドへの探検旅行によって巷間にその名を轟かせていたピエール・モーペルテュイなどの多くの学者が、彼女の論文を応募作全体の中でも圧倒的に秀逸だと見なし、[223] 当のモーペルテュイに至っては、最優秀賞を別の人物に与えるのは不公平極まりないとまで評したものである。

ヴォルテールはモーペルテュイの評言に興味をもたなかったが、それはおそらく、彼のことをエミリーとの関係におけるライバルだと見なし続けていたからだろう。その

●86…………ヴォルテール『ニュートン哲学要綱』（1738）、扉の見開き。著者は作業の補助者エミリー・デュ・シャトレに同書を捧げている。

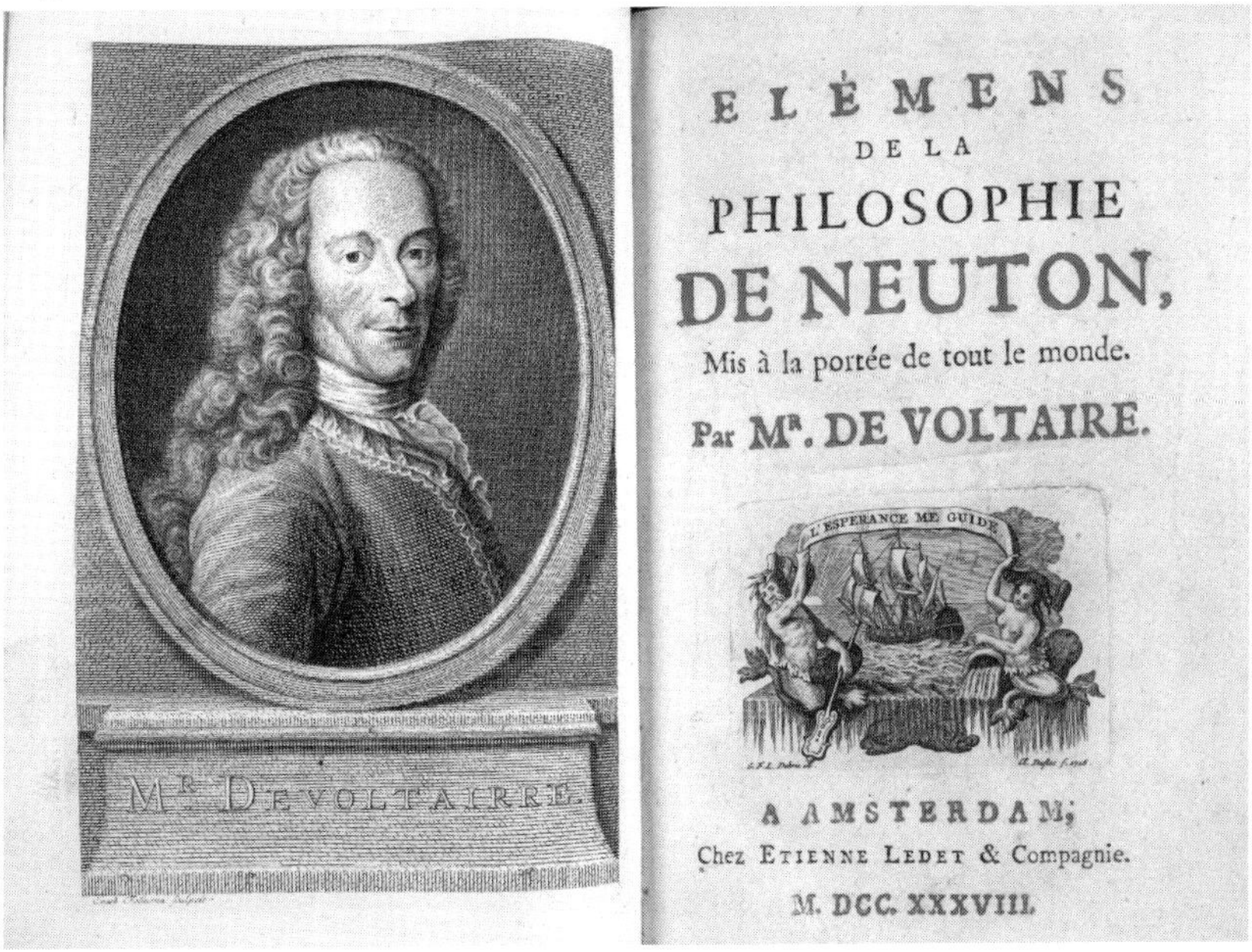

一方で侯爵夫人は、そこが書斎であれ寝室であれ、さまざまな人物と過ごす時間については、何はばかることなく自分の意のままに決めていた。寝室でほかの男性と一緒にいるエミリーの姿を、ヴォルテールが目にしたという逸話もある。侯爵夫人は慰めに、ヴォルテールを愛していないわけではないと説明したのだという。気の乗らない友人の邪魔をすることも、不意の慾情によって午睡中の彼の目を覚まさせることも望んでいないだけなのだった。[224]

光の世紀

フランス人は十八世紀の啓蒙時代を〝光の世紀《シエクル・デ・リュミエール》〟と呼んでいるが、これはあらゆる知識の習得を導いて、人生のすべての部分に光を投げかける〝知性の光〟を指した言い回しである。ドイツの哲学者イマヌエル・カントによると、啓蒙思想とは人間が背負った未成熟状態からの解放を意味しており、そこで彼は〝自らの〟理性を用いるよう、人々に促している。[225]啓蒙思想《エンライトメント》の時代、すなわち光に照らされた《エンライトメント》状態にあった十八世紀には、社会的論議の機会が増して、多くの哲学者や著述家が絶対君主制を批判しはじめ、また司法制度の改善を要求しはじめた。中でも最も大胆だったのが、勇気をもって宗教の自由を求め、奴隷制と検閲を批判し、労働者や女性の状況改善のために声を上げた者たちで、同時に学校制度や医療制度も多くのヨーロッパ諸国で発展を見せつつあった。いずれにせよ十八世紀の啓蒙思想とは、単純で独断的な教義《ドグマ》としてのシステムではなく、むしろ現状に対する批判的な〝提案〟だった。啓蒙思想家たちは発展を信じ、変化を求めていたのであり、また過去の過ちは、知性、知識、科学をもって修正できるものと信じられていたのだ。ただし、ヴォルテールは民主主義を「大衆による専制政治」として擁護せず、文明化された君主制のほうを支持していた。

〝知性〟はすぐさま、社会的思索においても科学的思索においても、〝自然〟と同義になった。神によって創られたこの世界、つまりは自然環境を研究すれば、当の神をも知ることができる——そう説明することにより、学術的探究を宗教のしがらみから解放しようと人々は志したのである。自然環境は、体系的な〝実験に基づく研究〟によって人間が知り得る〝自然法則〟に支配されていると考えられていた。自然を研究することが、同時に神自身と神の意思を研究することになると示されるのなら、聖書は神に関する唯一の権威ではなくなり、科学が聖書の言葉に合わせる必要はもはやなくなることになる。啓蒙時代の大半の学者は神の存在を否定しなかったが、どんな形であれ、学術の追究に教会が干渉することは望んでいなかった。

この世に神の計画に類する何かがあり、神の知性に類する何かがその働きを支配するというのなら、道徳原則もまた自然法則から生じることになる。社会は客観、つまり科学知識に基づいて発達すべきという概念《イデア》は、啓蒙思想の時代に溶け込んでいった。そして、この客観性こそが現代の西洋科学の基本原理なのである。とはいえ、多くの哲学者や科学社会学者が指摘するように、この原理に問題がないわけではない。[226] 十八世紀にあって、学問の手法は主観を交えないものというわけではなかった――そしてこの謂いはまた、今も有効である。現代の科学社会学上の論争では、科学的探究が内包する動機や価値観をできるだけ透明化すべきだという立場が強調されている。誰が出版し、誰が受けとめ、誰が代金を払い、誰が利益を得て、そして誰が科学研究の結果を最終的に利用するのかは、決して些細なことではない。科学という領域に身を置くさまざまな行為者たちが、科学研究における方法や対象、そして善き科学研究の普遍的な定義法に関して、重大な影響を及ぼしているのだ。

啓蒙思想の時代にあっても、さまざまな戒律は哲学と密接に絡み合っており、そのため、十八世紀の自然哲学では、神の存在や人間の魂、物質の能動的および受動的な性質についての論議が続いていた。エミリー・デュ・シャトレが関心をもったのが〈生気論〉で、これは物質にはある種の生命力が含まれているという考えである。彼女は物理学と形而上学における問題点、つまりはニュートンの重力理論、倫理と医療の諸問題、自由意志の問題、道徳の起源、人間の感覚の働きに根拠を求める諸原理、そして感情を扱う心理学などにじっくりと思いをめぐらせた。そして、デカルトやスピノザ、ライプニッツといった、十七世紀にその思想体系を打ち立てた偉人たちに続いて、宇宙の物理的構造や人間の行動の諸原理をも解明する、包括的な哲学理論を創り出そうとしたのである。

知識を広く習得して、体系的に表したいという願望は、啓蒙時代の百科全書派の著作にもよく見て取れ、ドニ・ディドロ（1713–1784）の名を巷間に知らしめた『百科全書』*L'Encyclopédie* には、科学や芸術、そして職人による手技などが幅広く紹介されている。あらゆる分野にわたる当時の知識の全般を可能な限り網羅した、十七巻にわたるテクストと十一巻に及ぶ図版からなるこの膨大な叢書は、一七五一年から七二年にかけて刊行された。自身もまた職人一家の出で、ナイフづくりのわざを父親から教え込まれながら幼少期を過ごしてきたディドロには、イングランド人フランシス・ベーコンの哲学と、職人が自らの知識を仕事に応用するそのやり方の両方に賛嘆する心が同居していた。『百科全書』の諸項目を見ると、宗教、法律、文学、数学、哲学、天文学、自然科学史に並んで、紡績、織物、採掘、農業、造船、架橋、力学などが、徹底的に取り上げられているのだ。

ヴォルテールやモンテスキュー（1689–1755）、ジャン＝ジャック・ルソー、アンヌ＝ロベール＝ジャック・テュルゴー男爵（1727–1781）といった啓蒙思想の多くの学者が諸項目の執筆者に名を連ねるこの百科図鑑は、当時の類書の中でも最大の規模を誇るものとなった。とはいえ、社会や法律、神学に関連するいくつかの項目が、フランスの厳しい検閲や教会の目をかいくぐるにはリベラルにすぎたため、叢書中、最初の二巻は発禁処分を受けている。要は「同書には、王室の権威を損ない、法に拠らない思索を促し、叛乱を煽り、曖昧な語句によって典礼の逸脱や堕落を招き、宗教に対する敵意を駆り立て、信仰を蝕むいくつかの概念《イデア》が記されていると、王が知るに至った」[227]のである。フランスで発禁となったこの二巻は、最終的に、より自由な気風をもつ都市アムステルダムで出版されることになった。

フランスにおける啓蒙時代は、学者だけの狭隘な領分から知識を解き放ち、一般大衆にも親しみやすく提供しようという願望によって特徴づけられる。つまり、科学の大衆化が、引いてはいっそう幅広い読者に向けてわかりやすく書いてみたいという動機が、〝当世風〟ということになったのである。こうした試行には、ド・フォントネルが早くも十七世紀末の自著で手を染めており、一七三〇年代にはイタリアの美術批評家で国際的に活躍したフランチェス

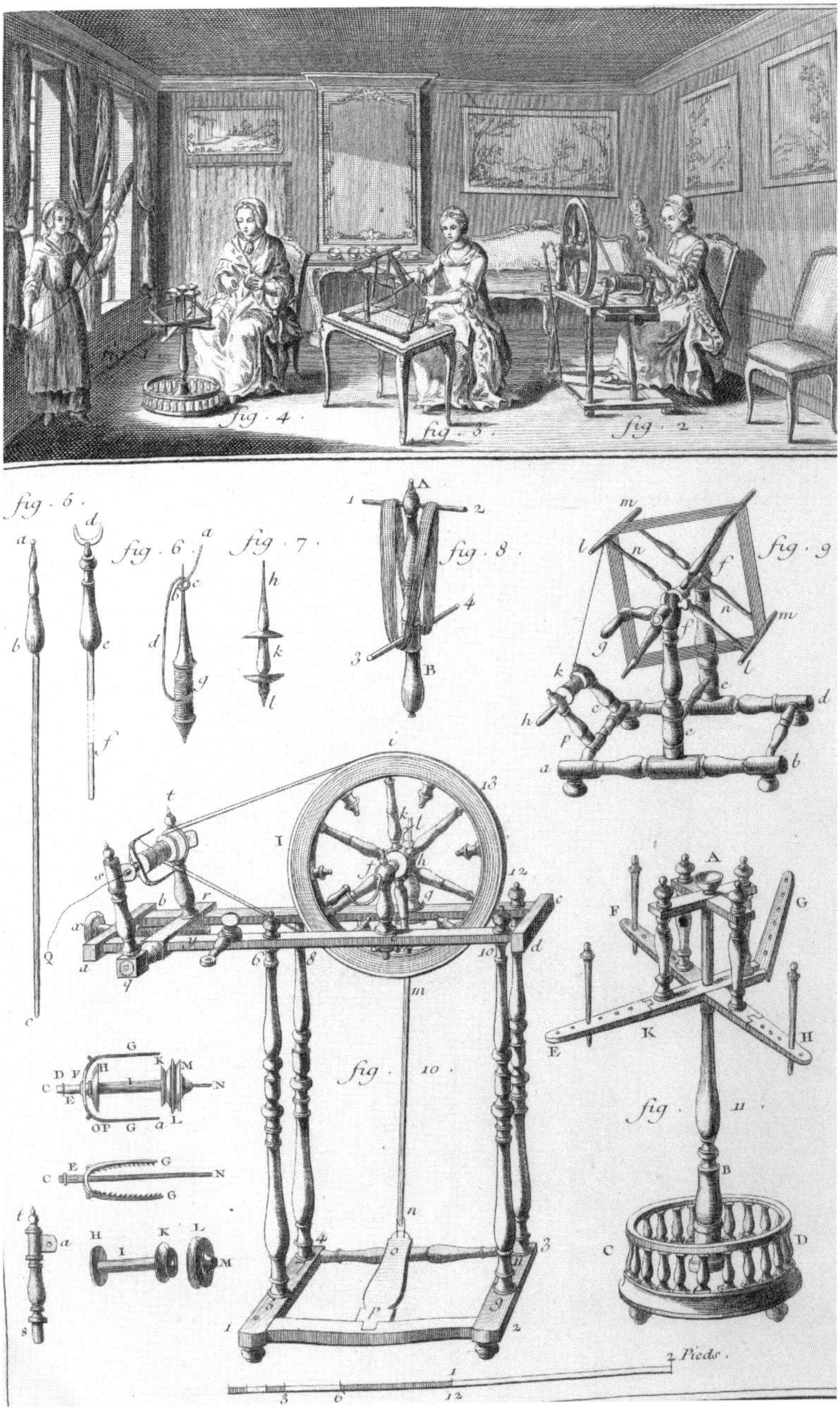

●87……………ディドロ、ダランベール編『百科全書』は、文化や文明の諸分野をでき得る限り扱った、当時としては最も広範囲に及ぶ百科図鑑だった。職人の手技も広く取り上げられており、多くの機械装置には解説図が付されている。図は1765年の刊本に収載された、紡績術を扱うページ。

コ・アルガロッティが、自身の崇拝するド・フォントネルの仕事を引き継いだ大衆寄りの啓蒙的な創作をライフワークとした。後者による一般書『淑女のためのニュートン理論』は、一七三七年に初めて世に送り出されている。[228]ド・フォントネルの作品を踏襲した同書は、とある博識の教養人が匿名の侯爵夫人に自然哲学を教えるというもので、著者アルガロッティが書名に組み入れた「淑女」という言葉には、上流女性ばかりか高等数学に縁のない一般女性のことも示唆されていた。

フランチェスコ・アルガロッティは、一七三〇年代にエミリー・デュ・シャトレとヴォルテールに招かれてシレー城に滞在したとき、自著の草稿を書いたのだという。一七三六年、ピエール・モーペルテュイが、ラップランド探検旅行への同伴をこのイタリアの友人に打診しているが、サロンにとどまるほうを好んだ彼は、その申し出を丁重に断ったのだという。アルガロッティは、十八世紀に散見された教養ある国際人の典型で、その考えや生き方からは、啓蒙時代に特有の科学的知識に拠った〝自由な思索〟や、社会変革を指向するサロン人士が抱くであろう、いかにも品のいい野心の片鱗がうかがえる。もっとも、サロンに出入りするこうした洗練された男女は、こと貧しい者や革命となると断固として擁護を拒んだ。アルガロッティの〝革命的な〟思索は、主に母国ミラノにいる上流女性たちの心を惹きつける類いのものであり、中でも彼が先導した〝イングランドの叡智〟はたいへんな人気を集めていた。これは、ニュートンの概念《イデア》の大衆版や、イングランドの言語や紅茶をたしなむ習慣、そしてロンドン風の帽子の着こなしに対する諸々の興味などを見ればわかることだ。フランスでは、啓蒙思想のイデオロギーがヨーロッパのどこよりも過激になったが、その社会的影響が帽子のはやりを変える程度にとどまろうはずもない。一七八九年にフランス革命が勃発し、以降導入されたギロチンによって、エミリー・デュ・シャトレの長男を含む多くのフランス男性が命を落とすことになるわけで、それは、アルガロッティが自著の序文の中でかねがね断定的に標榜していた、魂ばかりか社会をも改善し得る知の様態とはほど遠い出来事だった。

エミリー・デュ・シャトレは、ニュートン力学とライプニッツの形而上学に心からの興味を抱いており、比類なき洞察力をもったこの二人の概念《イデア》を組み合わせた書物を著そうと目論んでいた。何度も推敲を重ねた末、彼女はついに『物理学教程』を一七四〇年に出版する。この成果への反応をひどく気にかけていたデュ・シャトレ夫人は、初版を匿名で出すことに決めた。侯爵夫人の名が初めて明らかにされるのは、一七四二年の新版刊行のときのことになる。

物理現象を明確な数学的方程式として公式化するのは非常に難しい。ニュートンが一六八七年に『プリンキピア』の中で発表した〈万有引力の法則〉にしても、当初、科学人士の思索にはほとんど影響を与えなかった。それというのも、数学や物理学の専門家を含め、理解できた者がごく少数にとどまったからで、これは、およそ二百五十年後にアルベルト・アインシュタインが〈相対性理論〉を発表したときの反応と似通っている。両者の理論はともに、自然界に関する当時の理解全般や、物質の性質への既存の視点、そして宇宙をつかさどる力への考えといった諸々を結局は粉砕することになるものの、そうした新発見をいくら喧伝したところで、耳を傾けられるようになるまでには論の発表から長い時間を要するものなのである。人々は、ニュートンの形づくった新たな数学を徐々に理解しはじめ、ようやく、この〈万有引力の法則〉が天空における力学的現象から銃弾の弾道距離に至るまでの数多くの物理現象を、見事に説明しているらしいと気づいていった。

エミリー・デュ・シャトレは、二台の馬車による衝突のような場合においてもある種の力が働いているという、ライプニッツの考えを支持し、その力は〈活力〉と呼ばれていた。だがニュートンによれば、そのような力は存在しないのだという。向かい合って進むまったく同じ二台の馬車は、衝突するや宇宙における偉大な力を発生させる。つまり、馬車の質量（m）が速度（v）によって増加するのだ。ところが両者が衝突すると、その運動量《モメントゥム》は消滅してしまう。衝突によって生じた力（現在で言う運動エネルギー）は、どこへ行ったのか？　十八世紀の多くの物理学者と同様、ニュートンは神が説明を与えてくれるものと信じており、力は消えたように見えるが、〝時計仕掛けの宇宙〟は神が手段を講じて最終的に機械のように正確かつ完璧に動くのだと主張した。ここでニュートンの知のライバルであるライプニッツが、このイングランド人をあざける理由を見出し、ではなぜ神は永久機関をつくらなかったのかと尋ねた。どうやら神は時折、時計を巻かなければならないということになるが、果たしてそうだろうか？

デュ・シャトレ夫人の考えでは、衝突する二台の馬車の質量（m）と速度（v）による運動量（運動エネルギー〈E〉）は、衝突の際になくなるのでなく、熱と音に変化するはずだった。そして、衝突による運動量（運動エネルギー〈E〉）は質量（m）に速度（v）の二乗をかけて計算できる――つまり$E=mv^2$となる――ことを提唱した。彼女が実験を通じて見出したこの公式は、そもそもがオランダの物理学者ウィレム・スフラーヴェサンデ（1688-1742）によるもので、彼は軟らかい粘土に同じ重さの小球を落とすという実験を行っていた。ニュートンが正しければ、二倍の速度で落とした球は二倍深く沈み、三倍の速度で落とした球は三倍深く沈むことになる。だが実際のところそうはならず、二倍の速度で落とした球は四倍深く沈み、三倍の速度で落とした球は九倍深く沈んだのだった。運動エネルギーの値を得るには、球の質量に速度の二乗をかける必要が確かにあったのである。

度重なる変遷の末、百年後の一八四〇年代、〈活力〉に新たな名前が与えられた。〈エネルギー〉である。運動エネルギー、熱エネルギー、電気エネルギー、そして磁気エネルギーは、どれも同じエネルギーの異相であり、$E=mv^2$という公式は標準的な計算法として認知されるようになった。そして、エネルギー（E）と質量（m）と光の速度（c）を、素粒子レベルで最終的に結びつけたのがアインシュタインである。彼の有名な公式$E=mc^2$によって物質がエネルギーであることが定義されると、もはや物質が生きているか死んでいるかという問いは意味をなさなくなった。

アインシュタインの全業績をして、エミリー・デュ・シャトレの方程式の v を c に変えただけだと主張するのはいかにもそそられることだろうが、この一見すると些細な〝変更〟が、そのまま物理学における〝革命〟となることは自明である。侯爵夫人と彼女の同時代人は、作用と反作用という力でできた世界にあって、旧態とした物理学と力学に依然深く根拠を求めている。アインシュタインによる〈相対性理論〉、つまり任意の物体の速度が光の速さに近づいたときに起きる現象は、旧物理学上の法則がもはやあてはまらない、まったく異なる概念なのである。

今日では、〈活力〉という概念とエミリー・デュ・シャトレの洞察は、最終的に〈エネルギー〉という考えを理解するに至る発展の過程における、重要な結節点と認識されている。現代人は、ほんの小さな粒子にすら莫大な〈エネルギー〉が含まれていること（$E=mc^2$）に気づいているし、そうした認識が、原子力発電の基礎的な理解に役立ってもいる。最小作用の、質量保存の、そしてエネルギー保存の諸法則、あるいは充足理由律は、いずれもデュ・シャトレ夫人が支持したものであり、現代物理学の基礎を構成するものだ。彼女は自著の中で当時の自然哲学における最新の諸概念をさまざまに結合させて、〈エネルギー〉ないしは〈活力〉の本質に対する人々の興味を高めたのだった。

侯爵夫人は『物理学教程』の序文で、著作をものしようと決断するに至った理由を述べている。フランスの出版界には、ニュートンとライプニッツによる諸法則やスフラーヴェサンデの実験を紹介する、基礎物理学に関する教本が存在しなかったのである。彼女は意識的に教本という体裁を選択しているが、これは教養人士のサークル内において、女性の書いた科学的著作を標榜する以上に受け入れられやすいと判断したからだろう。科学の世界で男女が果たす役割についての因習的な考え方への持論を表すため、彼女は自著を息子に捧げている。女性（母親）が男性（息子）に自らの科学的思索を伝授するのはきわめて異例で、それは完全に後者の役目と見なされていたものだった。ただしエミリーは、女性のために教育を推進するというはっきりした公式の立場を取ることもなければ、女性教養人という手本を娘に伝える大きな努力もしてはいない。

自らのペンによる基礎物理学の教本を学識者連が熱狂的に受け入れたことにより、エミリー・デュ・シャトレは当時の教養ある国際人たちの仲間入りを果たした。ボローニャの科学アカデミーから入会の打診を得たことをたいへん誇らしく思った彼女は、その招聘の書状をいちばん大事にしている書類の中に生涯保管することにし、当時の慣習にならって多くの有名科学者に自著を贈った。〝数学界の第一人者《プリンケプス》〟ことスイスのレオンハルト・オイラー、イギリス人数学者のジェイムズ・ジュリン（1684-1750）、ドイツ人哲学者のヨーハン・クリスティアン・ヴォルフ（1679-1754）などが主な宛て先で、さらには彼らに対して自著への意見やそこに見受けられる改善点を挙げるよう依頼してもいる。

ライプニッツによる哲学上の諸々の概念を、本人以上に平易にしたのがデュ・シャトレ夫人である――こうしたヴォルフの所感は、侯爵夫人を喜ばせた［★ヴォルフはライプニッツの思想に基づいた形而上学体系の構築者として知られている］。というのも、夫人の家庭教師のひとりで、実際にはヴォルフの概念を自分のものとして教えていたサミュエル・ケーニヒ（1712-1757）とは違い、彼は自説の〝剽窃者〟として彼女を責めることをしなかったからだ。基礎物理学に関する彼女の教本がすぐにドイツ語へと翻訳されたのは、このヴォルフに負うところが大きい。自身もヴォルフ支持者であるという聖職者ジャン・デシャンもまたデュ・シャトレ夫人の書を称賛し、取り組む勇気があった者などひとりもおらず、読むことすらほぼ不可能と見なされていた一扇《いっせん》の哲学の門戸を開けて、自国に対する手本を示したこの誉れ高きフランス女性を奉じてやまない、とあふれる歓喜をもって告白している。ヴォルフの概念を完全に理解するほどの才ある優雅な淑女が、自らの母語をもってそれを世に示したとあっては、彼の思索を曖昧にしているとか、不明瞭なやり方でかえって難解にしているなどとあげつらわれる謂れはいっさいない――そう述べたデシャンは、デュ・シャトレ夫人をして、ヴォルフのみならず著述界全体からの感謝に値する人物である、と惜しみない称賛の念を表したのである。[229]

最後の闘い

エミリー・デュ・シャトレは、人生最後の幸福な日々を、ロレーヌ公国にあるリュネヴィル城内のスタニスワフ・レシチニスキ（1677-1766）の宮廷で過ごすことになる。この人物はスタニスワフ一世としてポーランド・リトアニア国王の座に二度就いたものの、一七三五年に退位させられており、娘のマリー・レクザンスカ（1703-1768）はといえば、国をもたない王の息女であれば、どれだけ錯綜した縁組みになったところで国政に影響を及ぼすことがないという思惑から、フランスのルイ十五世と政略的な婚姻関係を結ばされていた。デュ・シャトレ夫人もまた知遇を得たマリー王妃は、ルイ十五世とのあいだに十人の子供をもうけ、広大なヴェルサイユ宮殿内にあるわずかな自室で孤立した生活を送っており、第十子が生まれてからは夫婦の会話もすでになくなっていた。王は、美しく聡明で、君主に対する影響力は顧問官をも凌ぐと言われたポンパドゥール夫人（1721–1764）のような、数多くの愛人たちとのつきあいに執心していたのである。

ルイの差配によって一七三八年にロレーヌ公国を与えられたスタニスワフは、自らの関心を、科学、芸術、慈善事業、そして愛人へと振り分けた。彼は長じて自らの名を冠した小さな科学アカデミーを設立すると、一七四八年にヴォルテールとエミリー・デュ・シャトレに参加を促し、二人はこの申し出を快諾した。ヴォルテールの言説はパリにいる多くの貴族の不興を買っていたものの、スタニスワフの宮廷であれば両人ともに王族なみの待遇を受けられたのである。ヴェルサイユ宮を飛び交う噂話や陰謀に別れを告げた二人は、荷物を携えリュネヴィルへと赴く。そこでは誰もがヴォルテールの戯曲を好み、侯爵夫人の美と知性とを称賛した。そうしてデュ・シャトレ夫人が出会ったのが、若きサン＝ランベール侯爵である。ほどなくして彼は、彼女の愛人となった。

一七四九年の初め、エミリー・デュ・シャトレは自らの懐妊に気づく。四十二歳だった彼女は、自身、子を宿すような年齢をとうに過ぎたものと思っており、我が身が四度目の出産に耐えられないのではと恐れおののいた。息子のひとりを赤子のときに亡くしていたとあって、子供ら、つまり長男と長女にしても、この母の新たな妊娠に賛意を示すわけにはいかなかったようである。同年春、デュ・シャトレ夫人は、出産時に落命する場合に備えて必死の準備をはじめる。彼女が恐れたのにも、根拠がないわけではない。出産は、若く健康な女性にとってさえ、決して危険が少なくなかったのである。衛生面の重要性が理解されるのは十九世紀半ばになってからであり、多くの母親が医師の不潔な手からの感染症によって命を落としていた。この新たな子の父親であるサン＝ランベール侯爵は、自身の連隊とともにほかの都市へと転勤しなければならず、デュ・シャトレ夫人にとっての望ましい関係を続けることにはもはや興味を示さなかった。そのような状況下にありながら、彼女は未完の科学研究を続けようと決意する。幸い、残る産前の日々をリュネヴィル城で過ごしてもいいというスタニスワフからの親身な許しを得てからは、そこで著作に集中し、なおかつ平穏な状態で出産に備えることができたようである。

一七四五年、デュ・シャトレ夫人は、すでにしてニュートンの『プリンキピア』の翻訳と註解の作業に着手していた。仕事自体はゆっくりとしたものだったが、その理由のひとつに、ヴォルテールが彼自身の著作のほうに注意を向けるよう、彼女に絶えず求めていたことが挙げられる。二人の情熱的な関係は何年も前に冷えきっていて、どちらにも新たな情事の相手がいはしたが、とはいえ親《ちか》しくあることに変わりはなかったのだ。デュ・シャトレ夫人は自著を後回しにしたままで、この友のテクストを編集し、根気よく論を交わしていた。とはいえ、彼女にはもはや無駄にする時間などなかった。『プリンキピア』の翻訳と註解は、子供が生まれる前に完成させなければならない。それはまさに、時間との闘いだった。

デュ・シャトレ夫人は無我夢中で作業を進めた。朝八時に起き、そのまま休みを挟まずに七時間ものあいだ書き続け、それから一時間の休憩を取ったあとに作業を再開して、夜十時頃になるとヴォルテールが顔を出すのだった。二人で何時間か議論してからは、朝五時まで作業を続けた。そして数時間休むと、前日と同じ流れでまた作業がはじまる。仕事の完遂までには、わずか四カ月しか残されていなかった。

一七四九年九月四日、エミリー・デュ・シャトレは女児を出産する。彼女が、『プリンキピア』の翻訳と原著者ニュートンの天体力学、〈万有引力の法則〉、そして数学に関する平明な註解を書き終えたのは、ほんの数日前のことだった。ヴォルテールの見立てでは、彼が自身の戯曲の登場人物にあてる会話を創作することに比べれば、かなり楽な出産だったということになる。[230] 六日後の九月十日、夫人は今一度の推敲の許可を求めたのち、翻訳部分のテクストを版元に届けて欲しいと希望を告げた。そして同日遅く、彼女は、気分がすぐれないと言ってから意識不明に陥り、息を引き取る。夫、新しい愛人、そして最も長きにわたる日々を過ごした人生の伴侶ヴォルテールが彼女を看取り、別れを告げた。医師は死因を特定できなかったものの、おそらく血栓症ではないかと思われる。生まれた赤子もまた生後十八カ月で亡くなり、母親の隣に埋葬されることになった。

エミリー・デュ・シャトレの手による『プリンキピア』の翻訳は、図らずも長いあいだ日の目を見ずに措かれた末、人生の伴侶の死を深く悼み続けたヴォルテールによって刊行される。当初フランスには、侯爵夫人が生涯をかけたこの仕事を受け入れる市場は存在せず、死後十年が過ぎた一七五九年になってようやく、彼女の著作への興味を問い直す好機が到来したのである。フランスの数学者たちは、一六八二年に視認された彗星が一七五八年に再び現れるというエドモンド・ハレーの予言について、長年にわたる議論を続けていた。ニュートンの〈万有引力の法則〉は、この彗星再来の結果を受けて裏付けられることになるのだが、実際パリ上空にそれが姿を現すや、打ち捨てられていた侯爵夫人の原稿もまた息を吹き返したのだった。

一七五九年、店という店がエミリー・デュ・シャトレ訳による註解版『プリンキピア』を売り出した。[231] ヴォルテールが賛意に満ち満ちた序文を寄せた同書は、当然とも言える多くの称賛を得、出版直後のある一流の科学時評にも、以下の文言が記されている。「長年のあいだ、大衆はこの書物の刊行を待ちわびていた。さまざまな問題により、もっと早くに出版されることはかなわなかったものの、そのような延期もまた、同書の素晴らしさを増し、哲学――それも註解が付された哲学――における勝利の瞬間にひと役買っただけのようである。だからこそ、この翻訳と註解は、哲学的研究に興味をもつすべての人々に――とりわけ哲学的論法を理解し得る人々に――親しみやすい形でニュートンの概念《イデア》を学ぶ機会を与えているると言えるだろう。（……）彼女はこの幾何学の大著を、数理的な検討に明るくない読み手の程度に合わせた形で再現した。（……）若き数学愛好家らがニュートン哲学の聖域へと導かれるゆえんである」[232]

✺17 ボローニャ大学の三人の女性学者

――ラウラ・バッシ(1711-1778)／アンナ・モランディ・マンゾリーニ(1716-1774)／マリア・ガエターナ・アニェージ(1718-1799)

ボローニャの教養ある女性たちにとって、十八世紀半ばは歓びに満ちた時代だった。この頃、ラウラ・バッシとアンナ・モランディ・マンゾリーニ、マリア・ガエターナ・アニェージの三人が、時を前後してボローニャ大学で講義を行うために招かれ、同地の科学アカデミーからも会員になるよう招請を受けているのだ。三人のうちの二人、物理学者のラウラ・バッシと解剖学教師のアンナ・モランディ・マンゾリーニは、長きにわたって学問上のキャリアを重ね、生涯を通じて専門分野の研究に活発に取り組んだ人物だが、もうひとりのマリア・ガエターナ・アニェージはというと、優れた数学者で数多くの著作を残してはいるものの、三十四歳という若さで科学の道から離れ、修道院に入って残りの生涯を慈善活動に捧げている。

十八世紀、ボローニャの名高い大学と科学アカデミーは、必ずしも女性に門戸を開放していたわけではなかった。当時にあって大学で学び、そして教える機会が与えられていた女性はほんのひと握りであり、この地ばかりかイタリアのほかの大学都市でも、婦女子に学習の機会をいっそう与えるべきか否かについての激論が闘わされていた。感情もあらわに論戦に加わった女性も多く、たとえば一七二二年にデカルトの『哲学原理』をイタリア語に翻訳したジュゼッパ・エレオノーラ・バルバピッコラ（1702-1740）などは、公女エリーザベトに捧げられた同書に独自の前書き

◉88…………1731年10月、ボローニャ大学で一流の聴衆に向けて初めての発表を行うラウラ・バッシの図（1732）。

を付け、女性の学ぶ権利についての熱弁をふるっている。一方、教養人を自負するイタリアの父親たちにしても、往々にして娘らが〝学〟を身につけられるよう取り計らったもので、中には我が子の能力に応じた学位を大学から勝ち取ろうと努める者まで現れた。一七二二年、アルフォンソ・デルフィーニ・ドーシ伯爵が、娘のマリア・ヴィットリアのためにボローニャ大学から法学博士の認定を得ようと東奔西走しているが、その願いはかなえられていない。とはいえそれでも、一七三〇年代のイタリアでは、教養を積んだ女性に対する態度は次第に好意的になりはじめていた。

ボローニャの名士の中には、学究肌のランベルティーニ枢機卿（のちの教皇ベネディクトゥス十四世）のように、実力次第で学位を手にできる女性がいても差し支えないという考えを支持しはじめた者もいた。[233] 一七一四年、他に先んじてボローニャ科学芸術アカデミーを創設したもうひとりのかの地の有識者、ルイージ・フェルディナンド・マルシーリ将軍（1680–1730）も、優秀な女性に学位を授けるという発想に賛意を示し、枢機卿ともども〝学問の母〟をもって任じたかつての我が都市《まち》の誉れを取り戻したいと願っていた。[234] 彼はアカデミーのために、すでに多数の書物を寄贈していたランベ

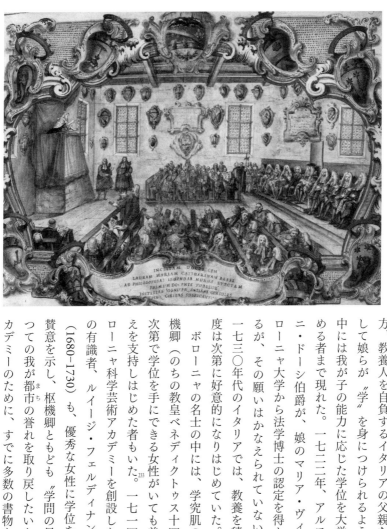

ルティーニと協働して最新の科学機器を手に入れ、それらを装備した研究室をしつらえたものである。そしてこの科学芸術アカデミー（簡単に〝協会《イスティトゥート》〟と呼ばれていた）が、ラウラ・バッシとアンナ・モランディ・マンゾリーニによる学問の徒としての活動における重要な舞台になっていくのだ。

科学と芸術の二つのアカデミーに分かれていた〝協会〟はまた、一七四〇年に即位した教皇ベネディクトゥス十四世が自ら招聘した会員らが集う場所としての役割も果たした。この一員として選出されることは、イタリア人学者にとってまさにこのうえない名誉であり、つまりは大いなる栄達を意味していた。そして一七四五年に、女性として初めてアカデミーの永久特別会員に選出されたのが、誰あろうラウラ・バッシである。

一方のアンナ・モランディ・マンゾリーニとマリア・ガエターナ・アニェージは残念ながら名誉会員に推挙されるにとどまったわけだが、この地位にはバチカン図書館という宝庫を利用できる特権が許されていなかった。これは、科学アカデミーの主流が特に物理と化学の各研究で占められており、そのかたわら数学や、理論と実験を重んじる自然哲学の発展にも力が注がれていたということを意味している。とはいえ、〝協会〟の今ひとつの片翼となる芸術アカデミーにしても、主に視覚芸術を後援しながら、天文台や、解剖学と博物学のための博物館まで擁していたのである。

十八世紀、都市ボローニャは教皇領の一部だった。独立した議会をもち、大学には固有の管理組織があったとはいえ、枢機卿たち、中でも彼らから選出される教皇は、市と大学の運営に絶大な影響力をふるっていた。イタリア女性が築く学問上のキャリアを多少なりとも支援しようという決断は、心からの慈善行為と単純に割りきれるものではなく、世評を引き寄せるため慎重に計画された動きのひとつでもあったわけで、啓蒙思想の時代潮流にかなった教養ある女性たちは、教育が公徳をどれほど高からしめるかといったことを象徴する存在である一方、ヨーロッパの他地域におけるボローニャの認知度の向上に貢献し、諸国の学者連の関心を惹きつけるだろうという期待を集めてもいた。なにしろ一六七八年には、エレナ・ルクレツィア・コルナーロ・ピスコピアに女性としては初となる学位を与える式典をひと目見ようと、二万人を超える人々がパドヴァ大学に押し寄せたほどである。それから百年がたったとはいえ、それぞれピスコピア同様に名を知られていたバッシ、マンゾリーニ、アニェージが学位取得のために行う発表会もまた、依然として重要な公開行事であることに違いはない。詩人たちはこぞってこの三人に捧げる頌歌《オード》をつくり、当時数多く出版されたイタリア旅行記にあっても彼女らへの惜しみない賛が贈られた。

この頃のボローニャは、もはやルネサンス期ほどには世界の著名学者の目を惹く場所ではなくなっており、イタリアにある諸々の大学や科学学会《アカデミー》にしても、優れた研究者の支持を得るため真剣にしのぎを削る必要があった。大学教師への女性の登用がたとえ単なる〝宣伝行為〟だったにせよ、学習の機会は西洋でおしなべて増すことになり、世紀が終わる頃ともなれば、婦女子のためのより良い自然科学教育を求める声が、全ヨーロッパを挙げて高まっていた。

イングランドの女性教養人で、ヨーロッパとアジアの各地を旅した経験をもつ女権擁護者、☆レディ・メアリ・モンタギュー（1689-1762）は、女性による学問習得を督励するイタリア人の作法を称賛し、次のような娘宛ての手紙を一七五三年に書き送っている。「この地の教養を積んだ女性の地位は、決して冷笑の対象にはなりません。貴族たちは女性著述家が一族にいればそれを家門の誇りと感じますし、ミラノのレディ〔アニェージ〕は教皇聖下〔ベネディクトゥス十四世〕による思慮深い招待を受けて、ボローニャ大学の数学教授になっています。（……）正直に言うなら、イングランドほど女性を軽蔑している国もほかにないでしょう。（……）」[235]

ラウラ・バッシ：イタリア実験物理学の母

二人の女性教養人、エミリー・デュ・シャトレとラウラ・バッシは、それぞれの科学研究をもって、ニュートンによる新物理学をヨーロッパ大陸で大きく進展させた。フランスの伯爵夫人エミリー・デュ・シャトレは卓越した理論家、数学者で、一方のラウラ・バッシは主として実験物理学に従事した研究者である。この二人は互いに面識がなかったと思われるが、バッシがデュ・シャトレ夫人の書いた物理学教本を講義で使っていたことから察するに、それぞれの

●89……1732年4月17日、ボローニャでの公開学位弁論の模様を描いた図（1732）。ラウラ・バッシが自身の学位論文の発表を行い、5人の高名なボローニャの学者が、反対論者の役を担った。こうした弁論会は公に開かれた一大催事であり、議会と大学、教会を代表する歴々が肩を並べた。画面の右側、右手を挙げた人物がラウラ・バッシで、彼女に対向する高座の貴賓席には教皇の特使であるグリマルディとランベルティーニ（のちの教皇ベネディクトゥス14世）の両枢機卿が座している。

学術上の業績だけは把握し合っていたに違いない。[236] ちなみにデュ・シャトレ夫人もまた、バッシ同様にボローニャ科学アカデミーの会員として招聘を受けている。

ラウラ・マリア・カテリーナ・バッシは、経済的に恵まれない環境のもとに生まれた。それでもきょうだいのうち生き残ったのは彼女だけとあって、弁護士だった父親は自身のたったひとりの子となった彼女により良い教育を受けさせたいと望むようになっていた。彼女がラテン語やフランス語、そして数学の学習をはじめたのは、まだあどけない五歳のときのことである。十二歳で医学教授の直弟子《プロテジェ》としてボローニャ大学への入学が許され、より体系だった教育が施されるようになると、少女はいっそう身を入れて励むのだった。一七三一年、十九歳のラウラが語学と自然哲学に深い造詣を得ていると見抜いた教授は、その知識を披露させて能力を検《ため》すべく、地元でも一流の学者らを招く。そのときの彼女の発表に大きな感銘を受けたのが、出席者のひとり、ランベルティーニ枢機卿である。

一年後、枢機卿が〝協会《イスティトゥート》〟の面々を説得し、ラウラ・バッシは科学アカデミーの名誉会員となった。そして同年ほどなく、大学と市議会は彼女に哲学の学位を授与する旨を決定する。正式な弁論会は、一七三二年四月十七日に執り行われる運びとなった。学位取得のため行われたバッシによる諸々の発表における演題は実に四十九にもわたり、形而上学と論理学にも多少の時間が割かれたものの、大半が物理学関連に費やされたのだという。このとき彼女は大学で講義を行う権利も得たが、その際には教授からの特認が必須とされた。実際のところ、これらの学位と講義権は単なる形式上のしるしにすぎず、大学に籍を置く科学者としての彼女のキャリアはなんら向上することがなかったのである。

もっとも、バッシがこの立場に甘んじることはない。ニュートン理論への理解をより深めようと、さらなる高等数学の追究を望んでいたのだ。そして一七三五年、微積分学についての自著の執筆によって世評を集めていたかのガブリエッレ・マンフレディ（1681–1761）のもとで数学の研究に着手した彼女には、やはり同じ年にバチカン図書館の蔵書と文書が開放されてすらいる。これは、かつて女性に与えられたことのない厚遇だった。科学アカデミーに迎えられてから一七三八年までの六年間、バッシは同年代の男性知識人と肩を並べて学者としての自由な生活を送ったが、ボローニャの人々の中には嫉妬のあまり〝未婚女性〟のそのような暮らしぶりに非難がましい目を向ける者も出はじめた。尊敬されるべき女性という評価を守るためには、結婚のこともやはりおろそかにできない。その頃、バッシが書いた友人宛ての手紙にはこうある。「（……）個人的な事情によって私の心は曲げられ、このような決断に至りました。（……）選んだのは同じ科学の道を歩んでいる人ですし、彼が蓄えている長い経験を考えれば、私の行く末の妨げにはまずならないでしょう。（……）」[237]

こうして選ばれた医師ジュゼッペ・ヴェラッティ（1707–1793）は、そもそも興味の向かう先が未来の妻と同じであり、夫となってからは何十年にもわたって彼女の最も親しい同僚となった。この結婚は間違いなく幸福なものであり、二人は十五年で五人の息子と三人の娘という八人の子宝にも恵まれている。とはいえラウラ・バッシ・ヴェラッティが一七七八年に亡くなったそのとき、存命していたのは四人の息子だけだった。

子供たちのうちの少なくともひとり、パオロ・ヴェラッティは、両親にならって学問の道を選んだ。多くの子供を妊娠し出産しても、ラウラの学究活動にはほとんど影響がなかったわけで、そのことは驚嘆に値する。彼女にとっては、まだ幼い我が子を次々亡くすほうが、出産以上に辛かったことだろう。ラウラ・バッシの家庭生活については大半が詳細不明で、残されたわずかばかりの手紙の中でも、個人的な出来事には触れられていない。ただ幸いなことに、そうした閲覧可能な書簡は、学者としての彼女を探るうえでの最も重要な情報源になっている。

科学関連の著作こそ一冊も発表していないものの、ひとりの教師として多忙を極めたラウラ・バッシは、自宅と科学アカデミーの双方で応用物理学と理論物理学、化学、数学の各講義を四十年以上にもわたって続けるかたわら、研究室でさまざまな実験を行っては自ら課題とする理論への理解を深めていった。彼女が受けもった講義のテーマからは、ニュートンの〈万有引力の法則〉、静水圧と大気圧、流体力、電気、磁気といった諸学への興味がうかがえる。バッシが自身の見識を著作化しなかったのは、ひとえにいっそうの研究が必要だと感じていたからで、このため彼女の講義録もまた後世にほとんど伝えられていない。

一七四五年、ラウラ・バッシは破格の栄誉を与えられる。今度こそ形ばかりでなく、教皇ベネディクトゥス十四世の肝煎りによって科学アカデミーの正式な一員になるよう、招請を受けたのだ。こうして特別会員、しかも唯一の女性会員として、彼女は迎えられた。この指名は、多くの有力後援者による長年の尽力の成果だった。しかし、これによって大学の教壇にのぼる機会が増えたわけではない。学校側の態度は相変わらずで、なかなか彼女が教鞭を執ることを許さなかったのである。一七四九年、大学で解剖学についての講義をする機会が与えられかけたものの、あいにくと専門ではなかったため、この案件は実現しなかった。バッシは同年、自分が最も興味を抱く課目である実験物理学の最新成果を取り上げて、自宅で講義を開こうと決意する。

遡ること百年前、ボローニャ市議会は大学教師による自宅での開講をすでに許可していた。新しい科学理論と概念《イデア》の普及を鑑みて、このような授業形態のもつ重要な効能を認めたのである。ともあれラウラ・バッシの物理学講座は盛況で、自宅を開放した授業はほぼ二十年の長きにわたって続けられた。一七七六年、議会はようやくバッシを応用物理学教授に任命する。当時この学問は大学の課目には見受けられず、当該の枠はというと〝協会《イスティトゥート》〟にしかない。

彼女は六十五歳にしてついに教授の資格を得、何はばかることなく堂々と〝協会〟の設備を使って自ら選んだ課目の講義にいそしむことを許されたのだった。五歳年上の夫もラウラの助手役を拝命し、髪に白いものが混じるようになってもなおかくしゃくとしたこの夫婦は、一七七八年に妻の死を迎えるまでともに研究を続けていく。

ラウラ・バッシの講義内容はほぼ完全に失われてしまったが、そこで扱われたテーマの一覧がボローニャ科学アカデミーに今も残っている。講義の三分の一近くは流体、つまり水によって作動する装置の研究に費やされていた。水力はかの地でも最も重要なエネルギー源で、紙や麻、絹の生産に利用されていたのである。アカデミーは学者たちによる機械装置の開発を、地場産業の利益になり得るとして奨励していたが、それも市民の日常に役立つ研究に邁進していることを実際に誇示し、議会と世論とを味方につけようという意図があればこそだった。一方、ボローニャ科学アカデミーでは水蒸気についての研究も行われており、他とは性質を異にするこの気体が、体積と圧力に関わる〈ボイルの法則〉（1662）の埒外にあることもすでに理解されていた。とはいえ加圧された水蒸気の働きを見極めることは難しく、十八世紀半ばにあって、この地の物理学者らは自身の研究におけるこの最新課題にきわめて熱心に取り組んでいたものの、これを完全に制御し、エネルギー源としての安定活用の実現に至るには、たとえば輸送機械の動力などに大幅に用いられるようになる十九世紀の初頭を待たなければならない。

〝はやり〟の電気

ラウラ・バッシと夫のジュゼッペ・ヴェラッティは、当時最も話題になっていた自然現象に関する研究も行っていた——電気《エレクトリシティ》である。[238] 静電気は古代からすでに知られており、前七世紀にはギリシアの自然哲学者タレスが、紡錘《つむ》の琥珀飾りに糸などの軽い物体を引きつける不思議な力があることを発見している。この現象は後年、イングランド人ウィリアム・ギルバート（1544–1603）によって〝*electricus*《エレクトリクス》〟と呼ばれることになるが、このラテン語名称のそもそもの由来となったのがギリシア語の琥珀、つまり〝elektron《エレクトロン》〟である。実のところ、船乗りたちもこうした変事にはなじみがあった。雷雨のときともなれば、帆桁の金具から不気味な青い炎が立ちのぼるのだという。〝聖《セント》エルモの火〟と呼びならわされたこの現象は、静電気の放電に起因しているのである［★四世紀頃の人物、聖エルモ（エラスムス）は、船員から落雷除けの守護聖人とされている］。

電気についての研究は十八世紀に急激な進歩を遂げたが、十七世紀には湿度と電気的引力との関連性はすでにして周知の事実で、多くの学者が電気伝導率についての研究に手を染めていた。イングランドのスティーヴン・グレイ（1670–1736）なども、三百メートルを超える距離を隔てての電気の伝播実験に初めて成功している。一七四〇年代までには、静電気を起こすことはもはや課題ですらなくなり、後続の学者たちは〝蓄電〟という問題の解決に向けて競い合った。ライデン大学のオランダ人科学者、ペトルス（ピーター）・ヴァン・ミュッスヘンブルーク（1692–1761）は、〈ライデン壜〉として知られることになる、そのための初歩的な装置を一七四六年に開発している。

一七四八年、フランス人聖職者で物理学者のジャン＝アントワーヌ・ノレ（1700–1770）は、この〈ライデン壜〉をもとに静電気を発生させ蓄える簡単な機械装置を発明したが、二年前の春には近衛部隊の兵士百八十人がつくった〝人間の鎖〟に電気を流してみせるという実演も行っている。当時、学識者のあいだでは、他とは違ういわゆる〝無能者〟に電気ショックがどのような影響を与えるかについて真剣な議論がなされていたほどで、十八世紀という時代にあっては、科学上の発見を広く知らしめるためのあれこれが手を替え品を替え案出され、こと電気関連のこととともなると、抜きん出て大げさで派手な趣向が凝らされたのである。

その博識をもって名を轟かせていたアメリカ人ベンジャミン・フランクリン（1706–1790）もノレ同様、先の尖った金属棒のほうがいっそう遠距離に放電するという、（伝導体としての）性質に興味をもっており、この知見は一七四九年の避雷針の発明につながっていく。彼はまた、電荷には正と負の二種類があることを説き明かし、それを表す〝＋〟と〝−〟という記号を初めて使った人物でもあった。そしてラウラ・バッシも、フランクリンとほぼ同時代となる一七四〇年代に、電気を伝える尖った物体の性質に関する独自の実験を行っていた。ノレ、フランクリンの両者とのあいだで、活発に電気関連の実験についての書簡を交わしていたのである。フランクリンの実験がそうだったように、彼女の実験でも電気と磁気との密接な関係が明らかにされたが、それが議論の余地なく証拠立てられ、説明されるのは、十九世紀になってからのことになる。

バッシは、後続の世代で最も重要な電気研究者となった若き同胞、アレッサンドロ・ボルタ（1745–1829）とも交流をもっていた。いわゆる〈ボルタ電堆〉という電気を常時供給できる最初の蓄電体《バッテリー》を開発したことが、彼の功績だろう。ボルトという電圧（起電力）の単位もまた、この発明者の名前にちなんでいる。

イタリア人学者の多くは電気のもつ治療効果に着目していたわけだが、ラウラ・バッシにしても、この領域における夫のジュゼッペ・ヴェラッティの研究に貢献を果たしている。控えめな人物とは言い難く、自身を間違いなく電気研究の王者と見なしていたノレもこのテーマに興味を抱いており、イタリアの〈電気治療管〉を学ぼうとはるばるアルプスを越えてやって来ていた。フランス人学者によるこの訪問は、伊仏の科学を前進させることになり、山脈を挟んだ両国の科学アカデミーもまたこの種の国際的な

◉90…………アメデ・ギルマン『磁気学と電気学』*L'Magnetisme et l'electricite* の英語版（1891）に収載の、起電装置を描いた図。電気は18世紀に最も注目を集めた研究対象のひとつだった。

活動を奨励したものの、嫉妬もあってかノレがイタリア人の同僚たちの業績を素直に喜ぶことはなかったようである。ともあれ、ジャンフランチェスコ・ピヴァーティとジュゼッペ・ヴェラッティは、自分たちの新しい手法をして、身体の特定部位の麻痺などのさまざまな疾患の治療に成功したものと主張していた。それはあらまし、アヘンや香料などの強い物質で満たされたガラス管に両手を入れた患者に軽い電気ショックを与えるという療法で、患者への効能の有無はといえば、まちまちだったと言わざるを得ない。それでもヴェラッティの電気療法についての論文はヨーロッパ中に知れわたり、すぐにフランス語に翻訳されるほどだった。ラウラ・バッシと夫の実験は、試行錯誤を繰り返しながらも電気関連の研究を発展させたのである。十八世紀、きわめて多くの学者が電気の研究にいそしんだものだが、時の試練に耐えて名声を保持しているのは、そのうちでもほんのひと握りなのだった。

アンナ・モランディ・マンゾリーニ：女性造形作家から解剖学教授へ

新しい実験物理学はさておき、解剖学研究とその教育に関しての輝かしい過去をもつボローニャは、この分野へのさらなる貢献を目指していた。なにしろ中世にあって、解剖学教育で名を馳せた大学をすでに擁していたほどである。ルネサンス期には、解剖学という領域の偉大な革新者だったブリュッセル出身のアンドレアス・ヴェサリウスがボローニャで講義を行っており、顕微解剖学の先駆者マルチェロ・マルピーギと著名な解剖学研究者アントニオ・マリア・ヴァルサルヴァ（1666–1723）もやはりこの都市《まち》を拠点としていた。そして、ボローニャの科学研究における有力な後援者だったランベルティーニ枢機卿の決裁によって、科学アカデミーに収める蝋製の人体解剖模型が二人の造形作家に注文されることになる。その発注を受けたのが、両名ともに解剖学に造詣の深い、ジョヴァンニとアンナのマンゾリーニ夫妻だった。

アンナ・モランディの幼年時代については、さしたる資料もなく、わかっているのは芸術を学んだということだけである。彼女は、その当時出会ったジョヴァンニ・マンゾリーニと一七三六年に結婚し、[239]同年、新夫が同業者のエルコーリ・レッリから蝋製人体解剖模型の設計と制作の仕事の斡旋を受けることになる。蝋はイタリア人造形作家にとってなじみの素材で、そもそもの嚆矢は聖人の人形をつくる中世の習慣に求められる。五年をかけてこの材の取り扱いと人体構造に精通するようになり、それもあって大学の解剖学教授にまで任命されていたジョヴァンニは、自身の工房を開く決心をした。妻アンナ・モランディが病気がちな夫を手伝い、解剖学を学びはじめたのは、この頃のことだ。彼女は日記の中で、初めのうちは人体を切り取るという発想に嫌悪を感じたものだが、すぐにその不快感を克服できたと書いている。夫の病が重くなるにつれ、受注した蝋製模型の作業を妻ひとりで請け負わざるを得ない場面が増えていった。そのうえ夫の健康状態がさらに悪化すると、自宅で開く解剖学講義までもが代理である彼女の双肩にかかることになる。ところが逆にアンナはだんだんと自信をつけていき、やがて解剖学の知識においても、蝋を用いての人体解剖模型の制作においても、夫に匹敵するまでになった。

あえなく未亡人となり、母親として独力で二人の子供を育てるようになる一七五五年までに、アンナ・モランディは国境を越えた名声を得ていく。[240]夫とほぼ十五年間ともに働くことで、充分な経験を積んだ熟練者《マエストロ》の域に達

◉91……アンナ・モランディ・マンゾリーニ自らが制作した彼女自身の蝋人形。近年修復を受け、ボローニャ大学の解剖学博物館に展示されている。

する技倆を身につけるのである。夫の生前、二人は協力して数々の偉業を成し遂げているが、妊娠期間の各段階に準じた発生から臓器の形成といった胎児の状態を示す二十体もの蝋製模型の制作もまたその一端であり、これはボローニャ大学外科学教授、ジョヴァンニ・アントニオ・ガッリ（1708–1782）がその頃自ら設立した産科学部で見本として使うべく発注した〝作品〟となる。

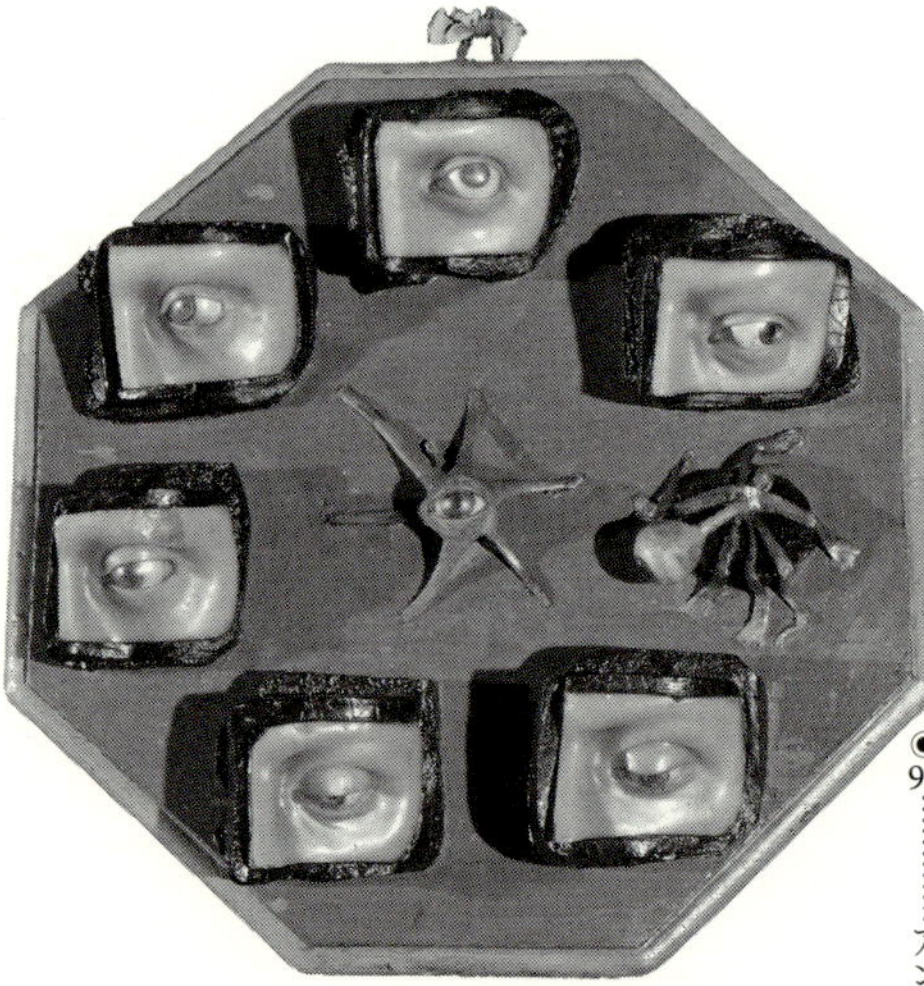

◉92……アンナ・モランディ・マンゾリーニによる、外眼筋を表した蝋製模型。

夫の死後、解剖学を教えながら人体解剖模型を制作するアンナのもとへ、ヨーロッパ中からさまざまな打診が舞い込むようになった。ヴェネツィア共和国の総督《ドージェ》やサルディーニャ国王までもが、彼女の技能に興味を示したのだ。一七六九年にボローニャを訪問した神聖ローマ帝国皇帝、オーストリア大公のヨーゼフ二世（1741–1790）もまた、彼女の蝋製模型をいたく気に入って何体かを購入し、その後はウィーンの解剖学博物館の支援を続けるようになったほどで、ロシアの女帝エカチェリーナ二世☆（在位：1762–1796）にしても、サンクト・ペテルブルクの科学アカデミーにおける講義のためアンナを招聘している。もっとも、生前の教皇ベネディクトゥス十四世が勤勉で優秀な学者や芸術家をボローニャにしっかりつなぎとめておきたいと望んでいたため［★教皇の死去は一七五八年］、この熟練の女性技能者もまたすでに夫の後任としてボローニャ大学の解剖学教授に任命されていた。アンナは〝協会《イスティトゥート》〟のもとで運営されている芸術アカデミーの名誉会員として承認されてもいるが、十年前のラウラ・バッシのときとは違い、正式な会員として認められたわけではなかった。とはいえ教皇の推挙よろしく、ボローニャ市議会はさらに年三百リラの補助金を支給する決議を行っている。

夫の死後、誰とも縁づくことのなかったアンナ・モランディ・マンゾリーニは、学識ある独立した女性技能者として残りの人生を過ごせはしたが、年収のほうは同じ職業に就く男性の水準には届かなかったようである。彼女もまたラウラ・バッシ同様、自身の研究に関連する著作を世に出してこそいないものの、教師として旺盛に働き、さまざまな世代の学徒らを解剖学の世界へと導いていった。制作に当たった数多くの精巧な模型は一部が現存しており、一方では解剖学講義の内容を察するに充分な、自ら記録した詳細な観察を載せた二百五十ページにわたる日記も歴史学者によって発見されているが[241]、こうした蝋製模型と記録のどちらからも、アンナが世評の高いほかの研究者をただ手本とするだけでは満足せず、自ら進んでかなりの数の独自研究を行っていたことが見て取れる。

アンナがとりわけ興味を抱いたのは、人間の感覚と、目や耳、舌、手のような感覚器で、ほかの解剖学研究者と同様に各感覚器を描写したばかりか、それらが生理学的にどのように機能するのか、またそれらを通じて人間がどのように外界についての情報を得るのかということにこだわっていた。彼女はまた、目についての精密な解剖検査を行い、それが六つの独立した筋肉（外眼筋）で動いていることを見出し、涙管や光彩、あるいは視覚と手の連動についても追究している。

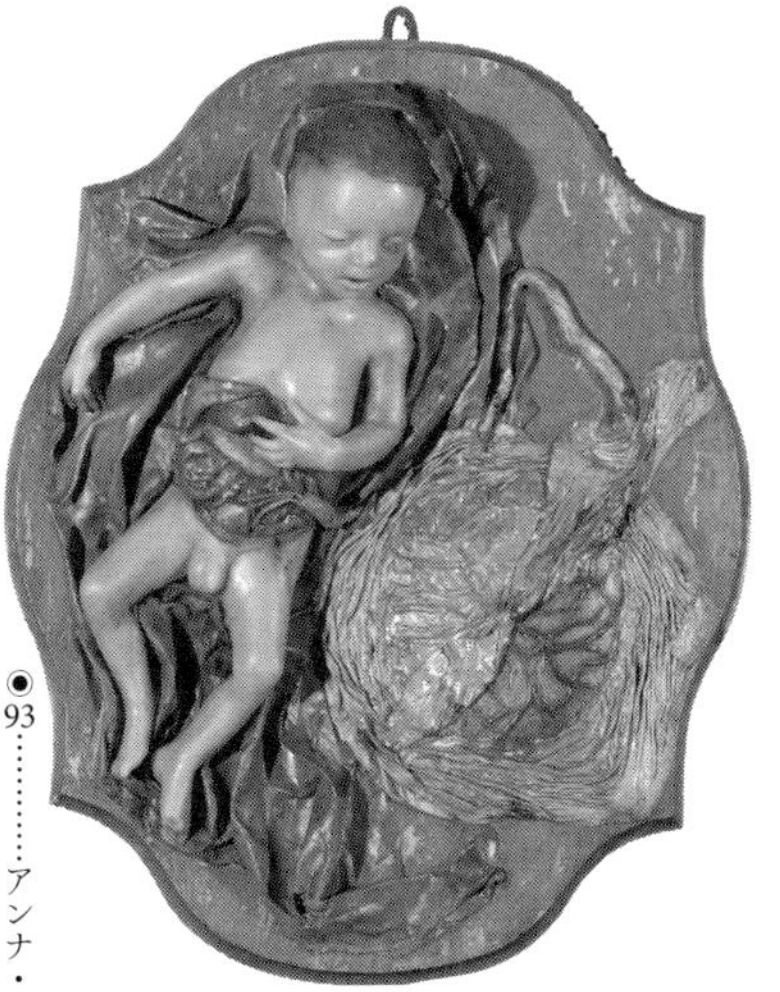
◉93………アンナ・モランディ・マンゾリーニによる、へその緒と胎盤の構造を表した胎児の蝋製模型。

感覚器に関する彼女の研究は、啓蒙思想の時代に行われていた精神と肉体の関係にまつわる幅広い哲学的議論にも関わっていた。一六八九年に出版された『人間知性論』*An Essay Concerning Human Understanding*［★全4巻、大槻春彦訳、岩波文庫］の中で、知識が生得観念に基づいていると主張する合理主義者に対抗する立場を取ったイングランドの哲学者ジョン・ロックは、自身の認識論において経験的見解を擁護し、すべての知識は経験と感覚に拠った観察に基づいていると述べている。結局のところ科学が研究し得るのは、ただ感覚を通じて観察される現象だけだというのだ。アンナ・モランディ・マンゾリーニのような解剖学者は、人間がどのようにして環境についての情報と知識を得るのかを知ろうとして、感覚器の生理学的作用を解明するべく努めたのだった。

アンナの仕事は、その死後も忘れ去られることはなかった。彼女の蝋製模型はボローニャの解剖学博物館の上座を占め、あとに続くさまざまな世代の学生たちによる解剖学の習得に不可欠な〝材〟であり続けた。現在もなお同じ場所で、都度修復されてきたその模型を見ることができる。

マリア・ガエターナ・アニェージと〝数《すう》〟の道行き

マリア・ガエターナ・アニェージは、いわゆる〝あどけない才媛〟だった。ミラノの裕福な絹商人である父親のピエトロ・アニェージは、豪勢な屋敷で地元の上流人士のための宴を頻繁に開いていたのだが、そこで人気を集めたのが、まだ十歳にもならない才能豊かな二人の娘、マリア・ガエターナとマリア・テレーザである。宴の最中マリア・テレーザがハープシコードに向かって自作の曲を奏でれば、マリア・ガエターナは諸国の言葉の詩や小話《しょうわ》を自らラテン語に訳してそらんじるといった具合で、十八世紀、このように賓客の前で子供たちに何かを演じさせるのは、上流人士にとっての定番のもてなしだった。たとえばその楽才によって大いに名を馳せたマリア・アンナとヴォルフガング・アマデウスのモーツァルト姉弟《きょうだい》もまたそうした〝演者〟で、二人は野心的な父レオポルドに連れられてほうぼうのヨーロッパ宮廷を巡業したものである。

一七二七年、九歳のマリア・ガエターナは、かつてヴェネツィアのカッサンドラ・フェデーレがしたように、女性の学ぶ権利を擁護する名高いラテン語の演説を父親のサロンで行った。[242]このあどけない才媛の演説はおそらく彼女の教師たちの手によって書かれたものだろうが、よしんばその通りであったにせよ、一七二〇年代のイタリア上流階級で女性教養人が議論の的になっていたことの証しにはなるだろう。それが本人のペンによるのかどうかに関わりなく、女性にいっそうの学ぶ機会をと求める者が少女とあれば、さほど害があるようには受け取られまい。彼女は演説の中、教養ある妻であればいっそうの善き伴侶になるのだから、女性に教育を受けさせることは婚姻関係をより強固にするはずと強調しつつ、キリスト教徒の婦人がその知識を忌憚なく用いられるようにするべきだと声高らかに述べ上げた。政治と宗教は男性だけのものではなく、女性もまた文芸や諸言語、そして研究活動を通じて自らを向上させてしかるべきだというのである。この演説の主調は、百年前に同じ問題について述べたアンナ・マリア・ヴァン・スフールマンの弁とほぼ同じだった。[243]

　マリア・ガエターナは十三歳になるまでに、現代ヨーロッパ語の多くを流暢に話すことができるようになっており、ギリシア語やラテン語、ヘブライ語にも通暁していた。そして二十歳ともなると、ただ父親を喜ばせるためだけにやっていたあの演し物からも手を引こうと、女子修道院に隠遁する許可を求める。だが父のピエトロは、この尼僧になるという娘の思惑に断固として反対した。マリアはもう客の前で余興をしなくてもいいという条件のもと、家にとどまることに同意した。彼女が少女の頃に行った演説は、一七三八年に出版された『哲学の命題』*Propositiones philosophicae* に収録されている。

　母親が亡くなると、マリアは世帯全体の管理と、弟妹たちの教育や世話を引き受けた。父親が二度再婚したため、彼女は都合二十人もの下の子供たちの学習を監督することになるわけだが、そのあいだも絶えることなく自然哲学や

◉94……マリア・ガエターナ・アニェージの肖像（19世紀）。数学分野における彼女の業績は、同時代を生きたヨーロッパの学識者らのあいだでつとに知られていた。後年、彼女は学問の世界との接触をすべて断ち、慈善活動に生涯を捧げた。

数学の独習を自宅にいながら続けており、一方では数学教本に向けての素材収集もはじめていた。言語に関する豊富な知識と数学の才能に恵まれていたマリアは、デカルトやニュートン、ライプニッツ、フェルマー、オイラー、ベルヌーイ兄弟のような、ヨーロッパの一流数学者の理論を充分に学び得たのだった。

一七四〇年代にあって最新の理論とされていた微積分は、まだひと条《すじ》の系のもとに整えられてはいなかった。そのような折でもある一七四八年、マリア・ガエターナ・アニェージによって出版された二巻の数学概説書『解析教程』*Istituzioni analitiche* は、現代数学の幅広い分野を系統的に説明した初めての書物ということになる。同書では、有限量の解析や円錐曲線、曲線の最大値と最小値、三角関数、無限小解析、微積分方程式などが論じられており、これによって彼女は瞬く間にヨーロッパ中でその名を知られるようになったのである。

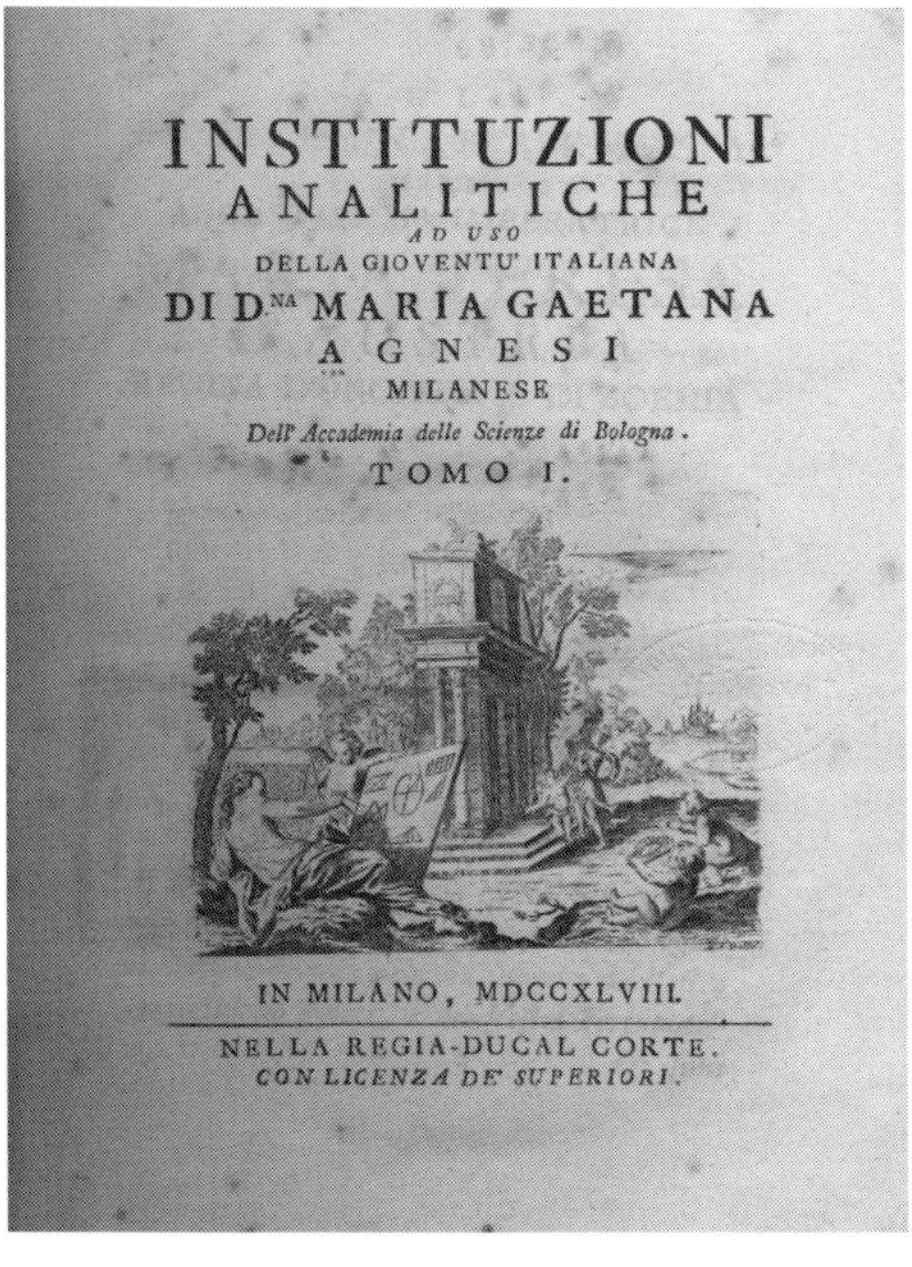

◉95……マリア・ガエターナ・アニェージ『解析教程』（1748）の表紙。同書は多くの言語に翻訳されたうえに新版も刷られ、長いあいだヨーロッパ中の数学教育の現場で用いられた。

マリアはこの教本を、当時絶大な影響力をふるっていた実力者である、神聖ローマ帝国皇后にしてハンガリー・ボヘミア両王国の統治者、そして十六人の子供の母親でもあった☆マリア・テレジア（1717–1780）に捧げている。国家の教育制度向上に関心を寄せていた皇后は、このミラノの女性数学者による献辞に応えて、たいそうな値打ちのダイアモンドを恭しくケースに収めて贈ったものだが、後年、こうした下賜物を含むマリア所有の貴重品は本人の意向に従って売却されることになり、そこで得られた利益は貧困や病気などの理由で窮状にある女性の避難所設立の基金として使われた。

『解析教程』は、学術界に熱狂をもって迎えられた。フランスの科学アカデミーなどは、同書の内容を検討するために一流数学者からなる特別委員会を設置したほどで、そこで書記を務めた人物がアカデミーの名のもとで出した手紙には、次のようなことが記されている。「マダム、当アカデミーからの称賛に添えて、私個人の賛美を述べさせていただきたく存じます。私はアカデミーから、あなたのお贈りくださったご本について組織全体を代表して申し上げる名誉を下されました。(……)この書物は我が国にあなたの研究を紹介するとともに、イタリアに大きな栄光と名声をもたらすものであります。あなたの研究はきわめて有用であり、我々はこのようなものを長いあいだ待ち望んでおりました。御作は、レイノーの解析学や近年イングランドで発表された研究報告のような、過去のすべての試行を凌駕するものです。こうした先行の試みはいずれも、数学を学びたいと願う者を御作ほどに迅速に、また大きく進歩させる一助となるものではありませんでした。(……)もしフランス人数学者との交信があなたの歓びになるのでしたらば、あらゆる力添えをさしあげることが私の幸いとなりましょう。謹んで、心よりの尊敬と敬意をお伝えいたします」[244]

このように大仰な称賛を受けたにもかかわらず、マリア・ガエターナ・アニェージはフランスの科学アカデミーに入ることを認められなかった。しかしそれでも、ボローニャの科学アカデミーの名誉会員になるように勧誘され、大学の名誉数学教授の地位の承認を受けたのである。それは父親の望みでもあったため、彼女は自らが浴するに値するとされた学問上の栄誉を享受することにした。学問の世界から退くのは、この父親が亡くなってからのことになる。以後、マリア・ガエターナは、子供たちに信仰教理を教えて生計を立てながら、一度も結婚することなく貧者の救護に身を捧げていった。八十一歳で亡くなったときには聴覚と視覚を失っており、全財産を貧困層に寄付していたのだという。皇后や教皇、そして学術界を挙げての称揚を受け、褒美を下された天才数学者は、彼女が後半生を捧げた人々と同じくらい無名の人として、貧者と病者のための共同墓地に葬られたのである。

✺18 天文学のシンデレラ

——カロライン・ハーシェル（1750–1848）

カロライン・ハーシェルがまだ幼い頃、親《ちか》しい者は誰ひとりとして、この小さくやせ細ったさえない娘が百年近くも生きることになるとは思わなかっただろう。彼女が将来、最も著名な天文学者に数えられるようになると予測する者に至っては、さらに少なかったものと思われる。カロラインは回想録で自らを〝シンデレラ〟と呼び、生地であるドイツのハノーファーにおける不幸な子供時代から、イングランド王によって俸給を下される天文学者の地位に至るまでの長い道のりを綴った。イギリス初の、給金で身を立てる専業《プロフェッショナル》の女性天文学者が、とうとう現れたのだ。晩年は、天文学に関わる業績によって大いに称賛され、二つの王立科学協会《アカデミー》から名誉会員に選出されてもいる。もっとも、当時の慣習に従って、ジェンダーを理由に正会員として認められることはなかったのだが。

　回想録の中、カロラインは、兄のウィリアム・ハーシェルに対する感謝と敬意を何度も強調している。「私自身は何者でもなく、何も成し遂げていません。今の私の存在と、もてる知識は、すべて兄のおかげなのです」[245] 妹が天文学に興味をもつことに、ウィリアムが決定的な役割を果たしたのは間違いない。だが、知識の習得に対するカロライン自身の熱意と挺身がなければ、天文学において二人が共同で成し遂げた業績もまた、より限られたものになっていたことだろう。彼女は五十年近くにもわたって兄の天文学調査を支え続けたわけだが、ことに諸々の発見を成し遂げた

●96……兄のウィリアム・ハーシェルが発見した天王星の軌道を指差すカロライン・ハーシェルの肖像。彼女は98歳という高齢で天寿をまっとうした。

二十年間の忌憚のない二人の協働関係は、余人を寄せつけないものとしてつとに知れわたっている。ただし、カロラインは、兄の手の中にあるただの〝道具〟といった存在ではない。彼女自身が独立した有能な天文学者だったということは、ここで指摘しておくべきだろう。

この兄妹《きょうだい》には、共通して熱中するものがほかにもあった。それが音楽で、昼夜を徹して天文学に取り組むようになる前、二人はその道の玄人として生きていたのだ。ウィリアムは、天文学者としてのキャリアの初期に、作曲や指揮を手がけて天文学研究に必要な資金を得ていたし、一方のカロラインはといえば、イングランドへの移住後に技巧派の歌い手へと成長した——正式な歌唱訓練はいっさい受けていないにもかかわらず、である。二人は、一年のある程度を、ウィリアムが指揮してカロラインが歌うという演奏活動に費やし、残りの日々を天文学に捧げていた。

〝悲惨なハノーファー〟、そしてバースへの脱出

カロライン・ハーシェルは、その長い生涯で回想録を二度書いている。[246] その中で彼女は、音楽においても、のちの天文学においても、総じて自分は兄の助手にすぎなかったと強調している。彼女の回想録にはかすかな〝苦み〟が感じられるが、それもまた辛かった子供時代を考えれば無理からぬことだ。確かに彼女は、天文学に関する重要な研究で各科学協会《アカデミー》から認められる存在になりはしたが、とはいえそのような栄誉を与えられたのは、ようやく晩年になってからのことなのである。もっとも、回想録でたびたび描かれる自らを卑下する姿勢もまた、テクスト上の効果を狙った意図的なものと受け取られるべきだろう。彼女は、一方は家族としての義理によって、もう一方は自身の個人的な野心によって、自らに課せられた相反するプレッシャーを引き受けながら生きていくことを余儀なくされているように感じていた。子供時代を過ごした家庭では、母親があらゆる手を尽くして彼女を因習的で質素な女性観の型にはめ込もうとしたその裏で、父親からは、勤勉さと明確な目標をもって諸事にのぞめば、自らを向上させて高い社会階級

の仲間入りができるという、また別の人生観を学んでいたのだ。彼女の望みは、母が求めるようなメイドではなく、「人の役に立つ」人間になることだった。[247]

　カロライン（生名カロリーネ）は一七五〇年に、下位中産階級《プティット・ブルジョワジー》の一家における第八子、四女として生まれた。子供時代が、朗らかに過ぎていったとは言い難い。母アンナと長兄ヤーコプによる彼女の扱いは、現代の基準からすると残酷かつ屈辱的で、幼い頃に学んだのは、他人に対して自分が役立つと常に証明する必要があるということだった。いちばん下の、しかも女子とあっては、ほかの家族からの愛情や思いやりもめったに示されず、九十歳という高齢を迎えてからも、当時受けたいたわりはどんなものであれ思い出せるほどだった。子供の頃のわずかながらも楽しい思い出の中には、父親のイーザークと、彼女を取るに足りないメイド扱いはしなかった兄のウィリアム（生名ヴィルヘルム）の姿が必ずあった。かつてまだ小さな少女だった頃、母の知らぬ間にこっそり父に連れられ家を抜け出し、一緒に星空を見上げて歓声をあげたことがある。カロラインはそこで、生まれて初めて彗星を目にしたのだった。

　生き延びた末娘を育てながら、給金のいらない住み込みのメイドとして働かせる。それが母アンナの目論見だった。カロラインは、五歳のときかかった天然痘から生還したものの、顔に痘痕《あばた》が残っており、嫁ぎ先を見つけるのは難しいだろうと家族もあきらめていたし、本人もまた、母親の考えをすぐに受け入れはじめ、十代にして早くも〝嫁き遅れ〟の役どころに甘んじるようになった。彼女が家事と裁縫以外の技術を身につけることを母親は望んでいなかったが、父親はといえば、娘らをせめて初等学校へと通わせて、読み書きができるようにすべきだと主張していたのだという。結局、カロラインはそういった基本的な諸々を教わりはしたものの、母親に追い立てられ、ようやく家事を終えたところで、何かほかのことを学ぶ時間はもう残されていなかった。満足に文字を読むこともできなかった母アンナにしてみれば、娘に〝学〟がつくと考えること自体我慢ならなかったのだ。

　父イーザークは、自らの根気と才覚よろしく、社会という階段をうまくのぼっていった人物である。庭師の息子から身を起こした彼は、軍楽隊で常任の地位を授かる音楽家として尊敬を集めるまでになっていた。イーザークはまた、自然哲学や数学、天文学にも関心をもっており、そうした自身の興味を息子らに伝えようと努めてもいたが、この父が一七六七年に亡くなると、あとに残されたカロラインには母親と兄たちの言いなりになるほかに術《すべ》もなく、二十二歳にして早くも、自分は家族に仕える無給の使用人となって残る人生を送るのだと確信するようになった。母親は彼女にフランス語の学習すら認めなかったが、それができさえすれば、女性家庭教師《ガヴァネス》として身を立てることも夢ではなかったかもしれない。十八世紀、フランス語はヨーロッパのどの宮廷にあっても最も洗練された言語と見なされており、上流階級の一族ともなればまず我が子に学ばせたいと願ったものだった。つまりは家庭教師たるもの、フランス語の知識が必須だったのである。

一七七一年十月、ウィリアムからカロライン宛てに不意の手紙が届く。イングランドに移り、温泉町バースでともに暮らそうという提案だった。この兄はすでに、短期間の戦争［★七年戦争（1756–1763）における〝ハステンベックの戦い〟］の末にフランス軍がハノーファーを占領した一七五七年、イングランドへと渡っていた。こうした占領自体は一年と続かなかったものの、そのままバースに残ったウィリアムは、音楽家として華々しいキャリアを築くことに成功していたのである。

ハノーファーとグレートブリテンとを股にかけた頻繁な交流の端緒は、同じ世紀にハノーファーの王家とイングランドのステュアート王家とのあいだで調整された〝結合〟によって開かれる。一七一四年、ステュアート朝の女王アンの死により、同朝の血縁に当たるハノーファー選帝侯ゲオルク一世（1660–1727）が、議会の支持を得て国王ジョージ一世となったのである。ハノーファー選帝侯国（のちの王国）とグレートブリテン王国（のちの連合王国）がひとりの君主を奉じるこの同君連合は、以後一八三七年まで続くことになる［★同年戴冠したヴィクトリアが女性統治を認めないハノーファーの王位を継承しなかったのである］。つまりイギリス人は、百年以上にもわたってドイツを起源とする王に統治されたわけだが、その実相にもかかわらず、人々がドイツ人を見下すことも多々あったようである。とはいえ実のところ、ハーシェル兄妹《きょうだい》や作曲家ゲオルク・フリードリヒ・ヘンデル（1685–1759）といった数多くのドイツ人が、この国で端倪《たんげい》すべからざる専業者《プロフェッショナル》としてのキャリアを見事築いてのけているのだった。

当時のバースは、イングランドの中でも文化的に最も活気に満ちた流行の町のひとつで、音楽や演劇の世界で暮らす専業の演者たちには、あり余るほどの仕事が用意されていた。ウィリアムはすでに、彼の三人の兄弟、ヤーコプ、アレクサンダー、ディートリヒ［★英名はそれぞれジェイコブ、アレグザンダー、ディートリク］の働き口をすべてバースで見つけており、今度は可愛い妹に同じ機会を与えようというのである。兄のアレクサンダーとウィリアムは、この妹独得の資質である美しい歌声に磨きをかけるよう奨めたが、母親と長兄ヤーコプの見立てによると、その目論見はまるで馬鹿げていた。母親がカロラインのバース行きをようやく許可したのは、新たに入り用になる使用人への払いを、ウィリアムがもっと承知してからだった。

●97……トマス・ロス（1730頃-1745頃）が描いた、18世紀のバースの風景。この頃のバースはイギリス南西部にある人気の温泉地で、ヨーロッパの上流階級がこぞって余暇を過ごす文化センターさながらの町だった。

一年近くもさんざん待たされた末に、ようやく妹をバースへと連れて行くべく、ウィリアムがハノーファーにやって来た。一七七二年八月十六日、二人を乗せた四輪馬車は、ついには星空への道を示すことになる文字通りの〝新たな世界〟へとカロラインを運び出したのである。とはいえ人生のこの場面にあっても、将来、天文学者を生業《なりわい》にしようとは、カロライン自身夢にも思わなかった。ドイツ北部からオランダを越えてイングランドへと至る旅はたいへんに困難で、馬車と船を乗り継いで計十日もかかったものである。新たな故郷となる町に身を落ち着けた当初、カロラインは孤独だった。英語はひと言たりともわからなかったし、他者との交わりが不得手な一家で育ったため、新しい環境で求められる調和の取れた社交術のようなものを、ほとんどもち合わせなかったのである。イングランドに越した最初の年は、カロラインにとって辛いものだった。ひとり歌声を磨き、英語力を伸ばそうと努力するかたわら、ウィリアムからも、音楽会への出演の合間や、多くの生徒を相手にチェロやバイオリン、ハープシコード、オーボエの家庭教師を務める空き時間のたびに指導を受けた。午後は午後で、根を詰めたハープシコードの独習である。まず何を措いても兄の役に立つようになろうと、音楽の道での成功を心に決めていたのだ。そのうえカロラインは、自分自身とウィリアムの分ばかりか、アレクサンダーの世話も含む家事まで任されていた。

音楽会と望遠鏡

二年間の習練の末、カロラインは自分の歌声を専業の声楽家のレベルにまで見事に高め果《おお》せ、ほどなくして聖歌隊で歌うことを認められた。一方、ウィリアムはこの頃、自身新たに興味をもった天文学において、妹のさらなる手助けを必要としはじめていた。ほかの多くの天文学愛好家のように、彼もまた天象《てんしょう》の研究をはかどらせる、できるだけ大きな望遠鏡をつくりたいと考えていたのである。一七七四年の夏、ハーシェル兄妹《きょうだい》はより大きな家へと移り住み、ウィリアムの望遠鏡製作の作業場とした。カロラインとアレクサンダーの助けを得て、ウィリアムはその後の二年間で大きな望遠鏡を三台組み立てた。これらの反射望遠鏡に使った鏡は、錫と銅の合金を研磨したもので、正確さが求められるその研磨作業には時間がかかったものの、彼は自ら手がけると言って聞かなかった。カロラインも時間があると、歌の練習のかたわら、天文学を追究する兄をいっそう手伝えるようにと数学の学習を続けた。

一七七七年三月、カロラインの声楽家としてのキャリアの中でも記念すべき出来事が起きる。それまでは、兄が指揮する聖歌隊でしか歌ったことのなかった彼女が、ヘンデル作の名高いオラトリオ「ユダス・マカベウス」を独唱する二人の女性の枠に選ばれ、このとき初めて自分だけの歌声を披露することになったのである。その翌年には、やはりヘンデルの作となる著名なオラトリオ「メサイア」の公演で首席歌手を務めた。五年のうちに、単なる一音楽愛好家からイングランドの厳しい音楽界の頂点にのぼりつめたわけで、正式な声楽の訓練をほとんど受けていなかったことや、家事のかたわら、天文学を追究する兄のためにも時間を割かなければならなかったことを考えると、これは途方もない偉業だった。

その後はバーミンガムからの仕事の依頼もあり、専業の声楽家としての輝かしいキャリアがカロラインを待ち受けていた。〝ハノーファーのシンデレラ〟は、イングランドの音楽界を挙げて称揚される人気歌手となったのである。

カロラインは二十八歳にして、金銭的にも社会的にも自立した生活を送る機会をついに手にしたわけだが、それに乗じることはしなかった。それどころか、兄のウィリアムのそばから離れることなく、手伝いを続けた――彼の天文学研究を、報酬も得ずに補助したのだ。一七八二年までには、たまさか音楽会で共演することはあれ、天文学に費やす時間が次第に増えるようになっていた。カロラインは回想録の中で、声楽家としてのキャリアという未来からの魅力的な申し出を断った理由について、明確な説明をいっさいしていない。自立は望んでいたものの、兄の庇護のもとにある家を出て、独力で外の世界へと踏み出す勇気がなかったのだろう。言うなれば、星の光を反射する鏡となる道を望んだのかもしれない。だがその一方、この選択そのものが、彼女の考えによるものではなかったという可能性もある。ウィリアムは自身の天文学研究において、報酬を必要としない妹の助けを必要としていたわけで、妹に芸術家としての人生における経済的なリスクを意図的に強調し、危なげない別の道を選ぶよう仕向けたのかもしれない。つまりそれが、兄とともに営む暮らしであり、天文学の研究ということである。ハノーファーで使用人扱いされていた自分を〝救い出してくれた〟兄に対して、生涯恩義を感じ続けていたカロラインにしても、兄が天文学研究で自分の助けを必要としている以上、声楽家として自立した人生を選ぶことは正しくないと感じたのだろう。彼女のこの決断によって、イングランドのオペラ界は多大な損失を被り、片や天文学調査のほうはそれと同じだけの利を得たのだった。

◉98……カミーユ・フラマリオン『一般天文学』（1880）の装画。ウィリアム・ハーシェルと妹カロラインは、休むことなくともに働いた。

一七八一年三月十三日の夜から、カロライン・ハーシェルの人生は兄の新たなキャリアとますます密接に絡み合うようになる。この夜にウィリアムがある発見をしたことで、ドイツ人の無名の愛好家が、著名な天文学者になったのだ。このときに彼が研究していた天体は、ちょうど円盤のような形をしていた［★この天体は〝環〟をもっていたのである］。新たな惑星を発見したと発表する勇気がなかった彼は、新しい彗星を発見したとして、ロンドンの王認協会に報告した。だが、その後の数カ月に及ぶ入念な観測を経て、専業《プロフェッショナル》の天文学者がこの天体の軌道計算に成功し、ウィリアムがにらんだ通りであることが証明されたのである。彼は自らつくった強力な望遠鏡で、新たな惑星を本当に発見したのだ。のちにこの惑星は、ギリシア神話における天文の女神ウラニアにちなんで、〝天王星《ウラヌス》〟と名付けられた。天文学者マリア・ヴィンケルマン＝キルヒの外孫である、ベルリン・アカデミー所属のヨーハン・エーレルト・ボーデの提案による命名だった［★国王に捧げるとしたウィリアム自身の命名〝ジョージ星（ゲオルギウム・シドゥス）〟は定着しなかった］。

ウィリアムとカロラインの兄妹《きょうだい》は、主に太陽系外の宇宙空間に取り組んだ、ヨーロッパでは初となる天文学者だった。そこで起きる現象を研究するため、ウィリアムはさらに大きく強力な望遠鏡をつくり続けたが、それには多くの時間と資金が入り用で、音楽家としての仕事を投げ打ち、すべての時間を天文学に注ぐには、パトロンを見つける必要があった。天王星を発見したウィリアムに興味を抱いた国王ジョージ三世（1738–1820）は、彼が王室からの援助を受けるに値する人物かどうかを、王室天文官ネヴィル・マスケリン（1732–1811）に尋ねている。

一七八二年三月、ウィリアムはジョージ三世に招かれ、自作の望遠鏡をグリニッジ天文台で披露することになった。このときの王との謁見はともかくも成功し、ジョージはウィリアムに年俸二百ポンドを認めて、ウィンザーの王城の近郊に移り住むよう要望を述べたが、その際、義務のひとつとして挙げられたのが、必要とあればいつでも使えるよう、王室の人々に望遠鏡の扱い方を教えること、というものだった。ウィリアムは、音楽家としての報酬の半分にしかならない給金をものともせず、この申し出を快諾する。[248]

十八世紀の科学的探究は、その学究活動によっての金銭をいっさい産まない、上流階級の自由な男性たちの趣味という側面が依然として非常に大きかった。働かずに暮らしていけるだけの資産をもたない学者たちは、研究によって生計を立てるために必死の努力を重ねるのが常で、ウィリアムとカロラインにしても、王室からの援助があるとはいえ経済的に安定することはなく、二人は望遠鏡の製造と販売を続けて副収入を得なければならなかった。天文学に関する書物や論文の稿料や販売で得る代金も、収入源のひとつだった。

ウィリアムは、夜空を観察するという作業そのものに多くの助手を必要としていたが、そのうえ大きな望遠鏡を動かして目指す天体へ向けるのに手を貸してくれる男手も雇わなければならなかった。とはいえ彼の助手たちの中でも要となっていたのがカロラインで、彼女は毎晩、望遠鏡と兄のそばに控えていた。兄が夜空と補助望遠鏡に目を凝らすあいだ、カロラインは小さな机に腰掛け、イングランド人ジョン・フラムスティード（1646–1719）による星図表『大英恒星目録』*Historia Coelestis Britannica*（1725）と、〝彗星の狩人〟であるフランス人シャルル・メシエ（1730–1817）がまとめた天体カタログを研究していた。彼女は兄の発見を記録し、星図を用いて取り組むべき天体へと手引きし、そして毎朝、前の晩のメモを要約して整理したあとで恒星や星雲の位置を特定するのに必要な計算をすべて行うという、骨の折れる仕事で一日をはじめた。

カロラインによる無償の補助なくして、これほど効率よく作業を進めることは、ウィリアムにもできなかっただろう。彼の分析や論説は、この妹が慎重にまとめた観測資料に基づいていたわけだが、要は彼女ほどの専門知識をもつ者を雇う余裕が、彼にはなかったのである。ウィリアムの研究における効率とその結果生じた成功は、報酬を要求せず、また無欲で几帳面なカロラインの作業にその大部分を負っていたと断言しても、なんら言いすぎではない。この二人が外宇宙の研究をはじめた当時、天文学者に認知され、メシエのカタログに記載されていた星雲や星団などの天体は百個ほどだったが、それからの二十年間で、カロラインとウィリアムはさらに二千四百もの新たな天体を観測し、その位置を算出したのである。二人は誰よりも、外宇宙に関する知識を広げていったのだった。

カロラインは、天文学において必須とされる数学の習得が非常に早く、ウィリアムから望遠鏡の使用法を教わってからは、二人で二重星や、ガスとちりとさまざまな粒子からなる星雲状物質など、外宇宙にあるほとんど知られていない現象に注意を向けはじめた。妹が彗星を探しやすいよう、ウィリアムが小型の望遠鏡をつくってやると［★カロラインは十一歳の頃に患った発疹チフスによって発育が阻害され、極端に小柄だったのだという］、彼女はそれを二晩使っただけで兄ですら気づいていなかった星雲を見つけ、やがてはアンドロメダ大星雲の伴星雲など、それまで観測されていない天体を次々と発見していった。一七八三年末までに、カロラインはどの天文学者も目にしたことのない新たな天体を百個も見出していた。これは、驚くべき偉業である。彼女が観測に用いたのは兄の大型望遠鏡ではなく、小さく単純なものだったのだ。カロラインはわずか一年で、観測天文学の専業者《プロフェッショナル》として一人前に成長していたのである。妹の能力を確信したウィリアムは、彼女のために二十四倍の倍率の反射望遠鏡をつくることにした。

〝彗星の狩人〟から国王お抱えの天文学者に

一七八六年春、ハーシェル兄妹《きょうだい》は、スラウ［★ウィンザー城があるイングランド南部のバークシャー北東地域。現在は単一自治体］のとある村の新居へと移り住む。同年七月、ウィリアムはドイツへの数週間の旅に出かけたが、その目的はゲッティンゲン大学天文台に、ジョージ三世（ハノーファー選帝侯ゲオルク三世）による資金と下命によって自身がつくった望遠鏡を届けるためだった。兄の留守中、カロラインは自身の研究に没頭して、観測台にひとりでいるのを楽しむようになる。八月二日、彼女は自分の筆記帳にこう記している。「今日は星雲を百五十個数えた。今夜は晴れないかもしれない。一日中雨が降っていたが、今は少し上がってきたようだ。午前一時。昨夜の天体は彗星だった」[249] ロンドンの王認協会で書記を務めていた天文学者アレグザンダー・オーバート（1730–1805）宛てに自分の発見について書くまで、彼女は寝付けなかった。やがて、カロラインの名と彼女が見つけた彗星は、ヨーロッパ中の教養人たちに知られていく。

カロラインは毎晩、夜空の図表をつくっては、彗星を探し続けた。天文学者というキャリアにおいて、彼女はそれまで観測されていなかった彗星を新たに八個見つけている。彼女は、フラムスティードによる二巻からなる星図表『大英恒星目録』に記載された三千個の恒星を、ウィリアムの系統的観察法にいっそう能率的に適合するよう、夜空を赤経一度の幅ごとの細長い一片に分けて並べ直し、そこにいくつかの誤りを見つけると、それを修正していった。この作業には数年が費やされたが、ようやく完成したのは一七九八年のことで、カロラインは修正作業を行いつつ、自らが一七八六年までに集めた星雲を書き加えていた。その数は千個を超えていた。

一七八六年にスラウへ移ってから、ウィリアムは家主の親戚であるメアリ・ピットと結婚するつもりであることを披露する。二人が結婚してしまうと、カロラインは兄と兄嫁が暮らす家に一緒にいたいとは思わなくなり、自分だけの家を建てることにした。ただし、ひとりで暮らすには生活に困らないだけの資産が必要である。彼女には、それがなかった。カロラインは自活するために勇を振るい、国王に兄の助手を公式に務めていることに対する俸給を願い出る。そして一七八七年十月、ついにカロラインは、生まれて初めてとなる自分の仕事への対価を支払われた。その額、十二ポンドと十シリング。これは彼女が毎年受け取ることになる四度の支払いの一回目で、一年間で合計して五十ポンドとなり［★一ポンドは二十シリング］、彼女が死ぬそのときまで支給されるというものだった。この俸給額は兄の収入の四分の一にしかならなかったが、とはいえ一七八〇年代のイングランドにあっては、高給とされる女性家庭教師《ガヴァネス》が手にする額面のおよそ二倍に相当した。[250] カロラインは、イングランド王から科学研究に対する俸給と年金を与えられた、初の女性となったのである。

その後二十年にわたって、カロラインは自立した天文学者としての名声を高めていった。フランス人天文学者ジョゼフ＝ジェローム・ド・ラランド（1732–1807）なども、彼女とたびたび手紙を交わしてその功績を褒め称えていた人物である。彼は母国においても才能あふれる女性天文学者たちとの交流をもっており、パリの王立天文台長を務めながら、早くも一七五七年には☆ニコル＝レーヌ・ルポート（1723–1788）の卓越した能力に着目して、アレクシス・クレロー（1713–1765）のもとで木星と土星の引力の影響を受けたハレー彗星の軌道（摂動）を計算させていたし、彼の〝生涯の伴侶〟☆ルイーズ＝エリザベート＝フェリシテ・デュ・ピエリにしても、自身の専門についての講義を行うほどの有能な天文学者だった［★ド・ラランドは公式には独身を貫いている］。

俸給を得たおかげで、カロラインはつましいながらも安定した生活を送ることができたし、甥となるジョン・ハーシェル（1792–1871）の誕生によって、人生に新たな彩りが加えられもした。ジョンは長じてカロラインと非常に親密になり、彼女は彼女で天文学者としての歩みをはじめた甥のキャリアに関心を寄せるようになるのである。ウィンザー城での食事会にもたびたび招かれたカロラインは、王室の子供らに自身の天文学研究のことを喜んで説明した。一七九九年にはグリニッジ天文台からの招聘を受けたが、これは自立した天文学者である彼女にとって、たいへんな名誉だった。そして彼女は、一八二二年に兄が亡くなるそのときまで、彼の研究を手伝い続けたのである。

ハノーファーへの帰郷：ついに訪れた富と栄誉

兄ウィリアムの死後、カロラインは急に思い立って、末弟のディートリヒとその家族が暮らすハノーファーへと帰郷することにした。故郷に戻った彼女のもとをジョンはたびたび訪れていて、一八三二年には、八十二歳になる叔母のかくしゃくとして機敏な様子を記している。カロラインはこの甥とその妻マーガレットに対して、ハノーファーは退屈なところだと手紙で愚痴をこぼすことが多かったが、劇場や音楽会には定期的に足を運んでいたようで、同市の文化的な生活には積極的に参加していた。また彼女は、ヨーロッパ中からの訪問者がひきもきらない著名人になってもいて、バイオリンの名手ニコロ・パガニーニ（1782–1840）との一八三二年の邂逅は、ことさら喜ばしい出来事だった。ハノーファーに戻ってからも、カロラインが天文学から引退することはなく、甥ジョンの依頼を受けて、星雲と星

◉99………ケン・ホッジズが描いた、70年ほど前にエミリー・デュ・シャトレも言及したプリズム実験を行う、ウィリアム・ハーシェルの肖像（19世紀）。彼は、さまざまな色に分かれる光の温度を測れる高感度の装置を製作した。この実験により、デュ・シャトレ侯爵夫人の推察通りに、色の異なる光は温度も異なるということが判明した。

団に関する膨大な資料を体系的なカタログにまとめる作業をはじめる。まず、全部で二千五百もある星雲の正確な座標を計算し、それを種類別に分類していったのだが、はじめてから二年とたたない一八二五年にはこのとてつもない作業を完成させて、天文学界の称賛を集めている。

一八二八年二月、カロラインによる天文学への功績に対して、王立天文学会が彼女にゴールドメダルを授与した。同学会の副会長ジェイムズ・サウスは、この機会を祝して、ウィリアム・ハーシェルのかけがえのない助手だった彼女を称賛している。「彼〔ウィリアム〕のような苦難にのぞむ者が果たしているでしょうか？　彼とともに荒天に立ち向かえる者がいるでしょうか？　困窮していた彼と暮らしをともにする者がいるでしょうか？　それも、女性で！　彼女はいったい、何者なのでしょう？　その人物こそ、彼の妹ミス・ハーシェルであり、夜ともなれば彼の書記役を務めた女性なのです。彼が口述した観測結果を紙に記録したその人が彼女であり、観測した天体の赤経と極距離を記録したのが彼女なのです。望遠鏡のそばで夜を過ごし、明け方になると大まかに書いた手稿を部屋へともち帰って、朝には前夜の記録を清書してまとめたその人が彼女であり、連日連夜の仕事の計画を立てたのが彼女なのです。あらゆる観測結果をまとめ上げ、あらゆる計算を行ったその人が彼女であり、すべてを体系的に整理したのが彼女なのです。そして、彼が不朽の名声を手に入れるのに手を貸したその人が彼女であり（……）実際のところ、この偉大な二人による共同作業を見るにつけ、兄の頭脳と妹の不屈の努力のどちらを大いに称賛すべきか、わからないほどなのです」[251]この演説では、観測天文学者としてのカロラインの功績に対する称賛が続き、彼女が発見した新たな彗星が五つ挙げられ、それまで観測されなかった星雲や二重星の発見者としての彼女の重要性が強調されたのだった。

七年後の一八三五年、王立天文学会は☆メアリ・サマヴィル（1780–1872）とともに、カロラインを名誉会員とする。学会への礼状の中で、彼女はこのスコットランド人数学者と並んで名前を挙げられたことは大きな名誉だと述べた。一八三八年には、アイルランド王立アカデミーがカロラインを名誉会員とし、一八四六年には九十六歳の彼女の天文学者としての功績を称えた科学ゴールドメダルが、プロイセン王フリードリヒ・ヴィルヘルム四世（1795–1861）から授与された。国際的に活躍する著名なドイツ人学者であり探検家のアレクサンダー・フォン・フンボルトは、王からのゴールドメダル授与を彼女に知らせる手紙の中で、この賞は兄の助手としての彼女の役目と、天文学者としての彼女自身の功績の双方に対して贈られるものであると強調した。[252]カロラインは晩年、自身の科学研究に対して、それまでのどの女性よりも多くの栄誉賞を受けた。彼女に授けられたこの誉れは、十九世紀後半に入って、大学での学習や科学領域で専門的な研究者として働くことを望む多くの女性の行く末に、好ましい影響を与えることとなった。

✺19 革命の陰に生きた、近代化学の母

——マリー・ポールズ・ラヴォワジエ（1758–1836）

一七九四年三月八日、マリー＝アンヌ・ポールズ・ラヴォワジエの世界は一瞬にして崩壊した。パリの革命広場に設営されたギロチンによる残虐な饗宴はすでに幕を開けており、その日、夫のアントワーヌ・ラヴォワジエと、父ジャック・ポールズが、その他二十六人とともに処刑台の露と消えたのだ。そして同日午後、彼女は自らの命以外のすべてを失った。屋敷はもちろん、全財産が国民議会によって没収され、何カ月も獄につながれた揚げ句ようやく釈放されたかと思うと、今度はかつての友人がみな彼女に背を向けてしまったのである。マリーの支えになったのは、没収された財産の一部が戻るまで彼女を自宅にかくまってくれた、忠義に厚い召使いただひとりだった。

当時は、身の毛もよだつ恐ろしい殺戮や叛乱弾圧の知らせが、全

◉100……ロベスピエールが主導した恐怖政治の時代として知られる1793年6月から1794年7月までのあいだには、連日のようにギロチンによる処刑が行われた。この刷り物に描かれているのは、ルイ16世処刑の場面である。

国各地から毎週のように届いていた。そのうえ国そのものはといえば、一七九二年に国民議会の決議を受けてハンガリーおよびボヘミアの国王に宣戦布告を行っており、それは実質的にオーストリアとその同盟国プロイセンらを相手取った戦争［★フランス革命戦争］への突入を意味していた。つまり当時のフランスは、国を挙げて十四世紀の農民一揆や十六世紀の宗教戦争の時期さながらの混乱の渦中にあったのだ。人というものは、極限状況に置かれると度を超えた行動に走りがちだが、国中が混沌としていた往時のフランス人もまた、その多くが自らの利益だけをひたすら無節操に追求していた。

フランス革命は、「自由《リベルテ》、平等《エガリテ》、博愛《フラテルニテ》」の標語のもと、一七八九年にはじまったものだが、こうした理想も急進的なジャコバン派による恐怖政治の中であえなく崩れ去った。実際、革命に批判的だと少しでも疑われれば、それが誰であれ処刑されかねなかったのだ。受刑者には王族や貴族、中産階級や聖職者もむろん含まれてはいたものの、結局のところその大半が貧しい労働者や農民、下位中産階級《プティット・ブルジョワジー》であることは明らかだった。しかしこのような状態が長く続くはずもなく、ついにはダントン（1759–1794）、マラー（1743–1793）、ロベスピエール（1758–1794）など、処刑する側だったジャコバン党の指導者たちまでもが刑死し、もしくは暗殺されることになった。

◉101…………1789年10月5日、パリの貧しい女性たちは国王夫妻に窮乏を訴えるため、パリからヴェルサイユまで、パンをよこせと叫びながらデモ行進を行った［★ヴェルサイユ行進］。その後、これを見た王妃マリー・アントワネットが「パンがなければ、お菓子を食べればいい」と言ったという、根も葉もない噂が広まった。

幼い妻から科学者の集うサロンの女主人に

革命に先立つこと二十年の一七七一年、うら若き処女《おとめ》だったマリー・ポールズは、人生を左右する大きな決断に迫られた。亡き母の親族が選んだ花婿候補と結婚するか、それとも女子修道院に赴くかのどちらかを選ばなければならなかったのだ。花婿候補は五十代の裕福な伯爵で、彼と結婚すれば、何不自由ない生活と宮廷への出入りが約束される。しかしマリーは親戚たちの奨める縁談には気が乗らず、そんな年上の伯爵と結婚するなどまっぴらだと断った。父のジャック・ポールズも娘の意志を尊重し、マリーは修道院行きの準備をはじめた。親子ほど年の違う伯爵と結婚するくらいなら、修道院にでも行ったほうがまだましというものである。

だがその年の十一月、父が新しい花婿候補を見つけてきた。徴税請負人《フェルミエ・ジェネラル》だったジャック・ポールズが仕事を通じて知り合った二十八歳の弁護士で、パリ王立科学アカデミーの一員でもある好青年、アントワーヌ・ラヴォワジエである。フランスでは何百年ものあいだ、国民から税金を取り立てる仕事は徴税請負人と呼ばれる民間の代理者が行っていた。塩やタバコなどに課税する権限をもつ彼らは、パリの市門で通行税まで徴収していたほどで、その収税の利権は人々の垂涎の的だった。これさえあれば、たいして働かなくても私腹を肥やすことができたからだ。アントワーヌ・ラヴォワジエもジャック・ポールズも、六年間有効の収税権をもっていた。ちなみにこの時代、徴税請負人になれるのは、社会的地位が高く、強力な縁故がある者だけだった。ラヴォワジエも徴税請負人という職があればこそ、科学《シアンス》、とりわけ化学《シミ》に多くの時間と情熱を傾けることができたのである。

マリー・ポールズには、この二人目の花婿候補のほうが、たとえ伯爵ではなくともずっとましだった。両家の家格もほぼ同等とあって親族の決断も早く、二人は出会ってわずか四週間後、花嫁十三歳、花婿二十八歳にして結婚式を挙げる。幼くして妻となったマリーはすぐに、この多忙な夫と一緒に過ごすには自分も科学に関心をもたなければならないことに気がついた。基本的な教育は、実家にいた頃父から手ほどきを受けていたため、科学を学ぶことにも抵

◉102……1783年12月1日、フランス人のジャック・シャルル（1746-1823）とニコラ＝ルイ・ロベール（1760-1820）が、史上初の水素ガスを使った有人気球をテュイルリー庭園で飛行させた場面を描いた図。1780年代、熱気球による飛翔はパリの人々にとって驚嘆と憧憬の的であり、ラヴォワジエ夫妻もまたその際に使う、空気より軽いガスの生成に取り組んだ。

抗はない。そこで、夫や夫が雇ってくれた家庭教師の指導により自然哲学と化学の勉強をはじめ、さらには夫婦共通の関心事である化学研究に役立つ絵画や語学の素養もさらに伸ばしていった。こうして数年のうちに、マリーはアントワーヌ・ラヴォワジエの〝賢妻〟として、パリの知識人のあいだでその名を知られるようになる。[253] ラヴォワジエ夫人のサロンの常連だった、あるパリっ子はこう絶賛している。「彼女ほどの知性と才能を兼ね備えた人物はほかにいない。（……）彼女は、女性の体躯に男性の精神を宿している[254]」

マリーは、夫の研究助手のみならず翻訳や科学書の挿画制作まで担い、夫ラヴォワジエにとってなくてはならない存在となっていった。天文学者である兄の研究を支えたイングランドのカロライン・ハーシェル同様、マリーも強い情熱をもって夫の後衛を務めたのである。同時代を生きたこの二人の女性は、男性の家族とともに重要な科学研究に携わった点でも、共通している。もっとも彼女らの性格はまったく異なり、そして歩んだ人生もまた大きく違っていた。イングランドで地味に暮らしていたカロライン・ハーシェルのほうは、当時の政治的動乱の影響をさほど受けなかったが、社交家のマリー・ラヴォワジエはといえば、その後半生を革命の大混乱によって大きく翻弄されることになるわけで、そのような騒擾《そうじょう》の嵐の中で夫を失うまでの二十年近く、彼女は重要なパートナーとして彼の研究を支え続け、化学が近代科学として確立されていくうえで多大な役割を果たすのだった。

二十歳になる頃、〝ラヴォワジエ夫人〟は、自宅で堂々たるサロンを主宰するまでになっていた。パリの知識人や、滞在中の外国人学者たちがそこに招かれ、自由でくだけた雰囲気の中、時事問題や最新の科学研究について、気軽に、そして活発に意見を交換し合うのだが、常客はフランス人だけに限らず、アメリカ人ベンジャミン・フランクリンやイギリス人のジョゼフ・プリーストリー（1733–1804）、ジェイムズ・ワット（1736–1819）など、外遊中の著名な科学者も多数姿を見せていた。

一七七五年、アントワーヌが火薬硝石公社の重職に就くと、夫妻はパリ兵器廠へと転宅し、そこに当代随一の化学実験室をしつらえた。それからの十三年間、二人は待望の子供にこそ恵まれなかったものの、忙しくも幸福な日々を過ごした。非営利の委員会やプロジェクトにも数多く携わっていたアントワーヌ・ラヴォワジエは、マリーと結婚する前からパリ市街に街灯を設置するよう提言を行い、また長年の調査に基づいた母国で初となる地質図まで作成しており、火薬硝石公社の監督責任者になってからは製品の量と質の改善にも取り組み、事故件数の大幅な削減に貢献してもいる。小作農の労働環境改善にも熱心だったアントワーヌはまた、硝石で肥料をつくる新たな手法を編み出して農業の生産性を向上させ、さらに他方では、刑務所や病院の運営に関する多くの改善を提案したほか、パリの飲料水供給や熱気球の飛行安全性を高める研究も手がけるといった活躍もしており、新度量衡法設立委員会の一員に名を連ねて近代メートル法開発の立役者にまでなっている。夫妻は交友が広く、華やかな社交生活を送っていたが、それでも自然哲学、とりわけ化学の研究には余念がなく、多くの時間を研究に費やしていた。今や〝近代化学の父〟とまで呼ばれるラヴォワジエだが、妻マリー・ラヴォワジエもまたその献身的な協力によって〝近代化学の母〟と見なし得るだろう。

化学界の革命：フロギストンとの闘い

十八世紀後半まで、化学の研究や物質の基本性質に関する考え方には、アリストテレスの自然哲学が大きな影響を与えていた。一六六一年にはロバート・ボイルが著書『懐疑的な化学者』*The Skeptical Chymist* の中で、それまでの四大元素説（火、空気、水、土）と三原理説（硫黄、塩、水銀）の問題点を論じていたが、当時はそれをうわまわる包括的な理論が存在しなかった。ボイルは、それ以上単純には分解できない基本構成要素としての元素を提案したが、これが広まることはなく、一七七〇年代になってもなおほとんどの化学者が、すべての物質を空気、水、二種類の土（水銀の土と石の土）、そしてきわめて微細な粒子から成るフロギストンで構成されているとする〈フロギストン説〉を信じていた。このフロギストンは、燃焼する物質から放出されるときにのみ観察される。つまり、物質が燃えるのはそこからフロギストンが抜けるためだと考えられていたのである。

すでに一七三〇年代の初めには、エミリー・デュ・シャトレやヴォルテールなど、化学に関心のある知識人たちによって、金属の中には高温で熱すると質量が増えるものがあることが証明されていた。しかしそれでもなお、化学者の大半は科学的現象を定量的にとらえようとはしなかった。というのも十八世紀の末にはまだ、物質の燃焼前と燃焼後のわずかな重量の差を正確に測れる精密な計器がなかったのである。

だがアントワーヌ・ラヴォワジエは、化学実験で使う計器の精度に強くこだわり、適当なものがないときは自ら設計して独自の計測器を製作していたし、また、実験前に綿密な計画を立てることや、一連の実験過程を正確に記録することに執心してもいた。彼の実験日誌の多くがマリー・ラヴォジエの筆跡であることからすると、実験を計画し、正確な記録を残すのは彼女の役割だったのだろう。また、夫の著書の挿画となる実験器具の銅版画を描くのもマリーの仕事で、このゆえに彼女は実験器具のことを知り尽くしていた。

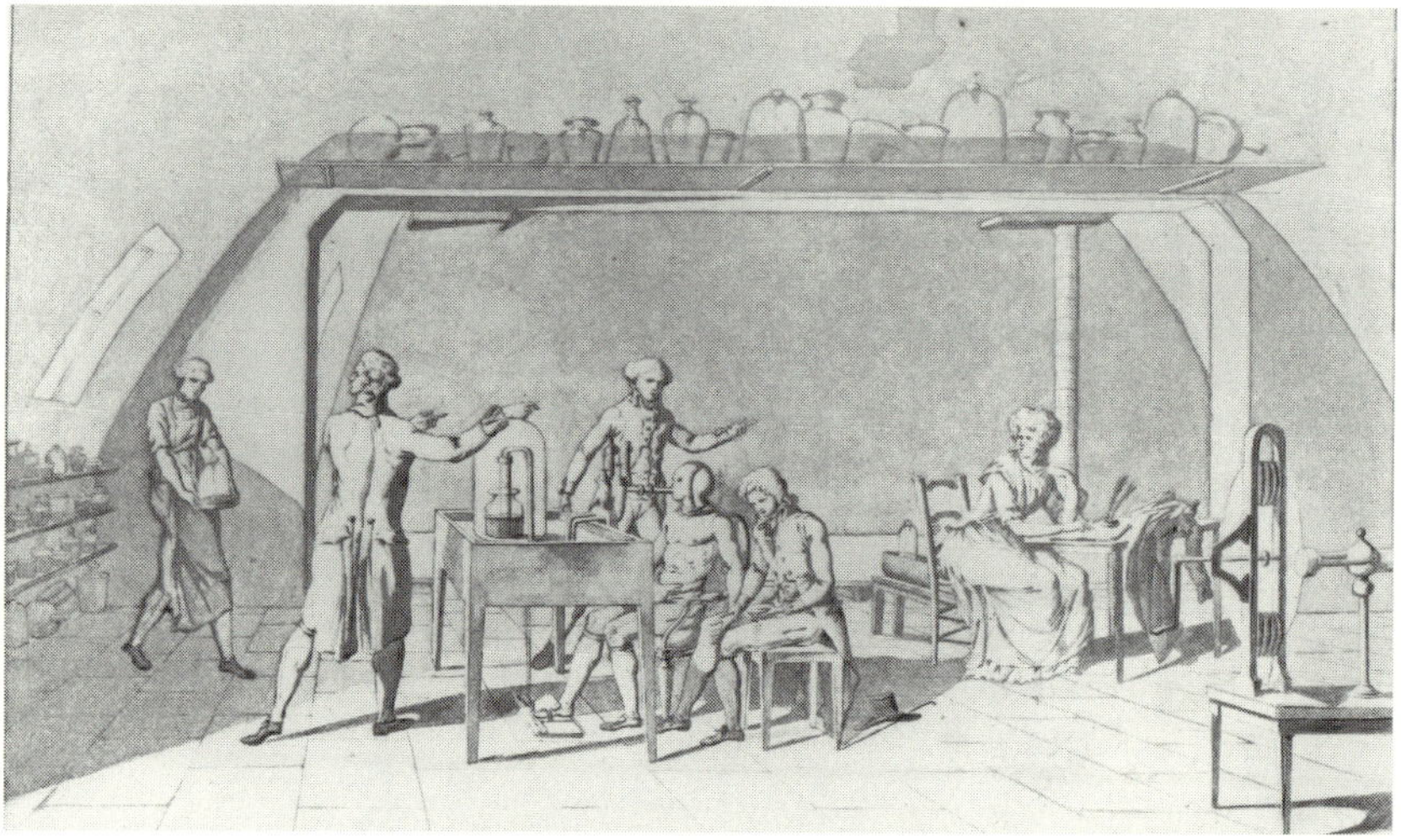

◉103……グリモー・エドゥアールによる評伝（１８８８）収載の、自前の実験室で呼気に関する実験を行う、アントワーヌ・ラヴォワジエの図。右端で机に向かっているのが、実験過程とその結果を記録するマリー・ラヴォワジエである。この図は、マリーが描いた原画を写真製版によって複製したもの。

アントワーヌ・ラヴォワジエは、化学を錬金術や古代ギリシアの元素主義とは違う、系統だった学問にしたいと考えていた。しかしそのような革命を起こすには、従来の視点の誤りを証明するだけでは不充分であり、新たな理論を打ち立て、化学を語る新たな言語を創り出さなければならない。彼はこの研究に打ち込み、マリーもまた二十年近くにわたって彼を手伝い続けることになる。

この時期のイギリスとフランスとでは、あたかも両国が英仏海峡を挟んで何かの競争でもしているかのように、かつてないほど多くの科学的発見がなされた。語学の才に長けたマリー・ラヴォワジエは、それが不得手な夫のために、イギリスの最新研究について書かれた文献を翻訳しようと、英語の習得に励んだ。ジョゼフ・ブラック（1728–1799）やジョゼフ・プリーストリー、ヘンリー・キャヴェンディッシュ（1731–1810）といった著名なイギリス人化学者による多くの新発見は、その後、ラヴォワジエの新たな理論につながったが、当のイギリス人化学者はというと、自身の専門領域となる学問をラヴォワジエなみの新しい視点ではとらえきれていなかった。イギリスの大物化学者たちはみな、〈フロギストン説〉を信奉していたのである。ラヴォワ

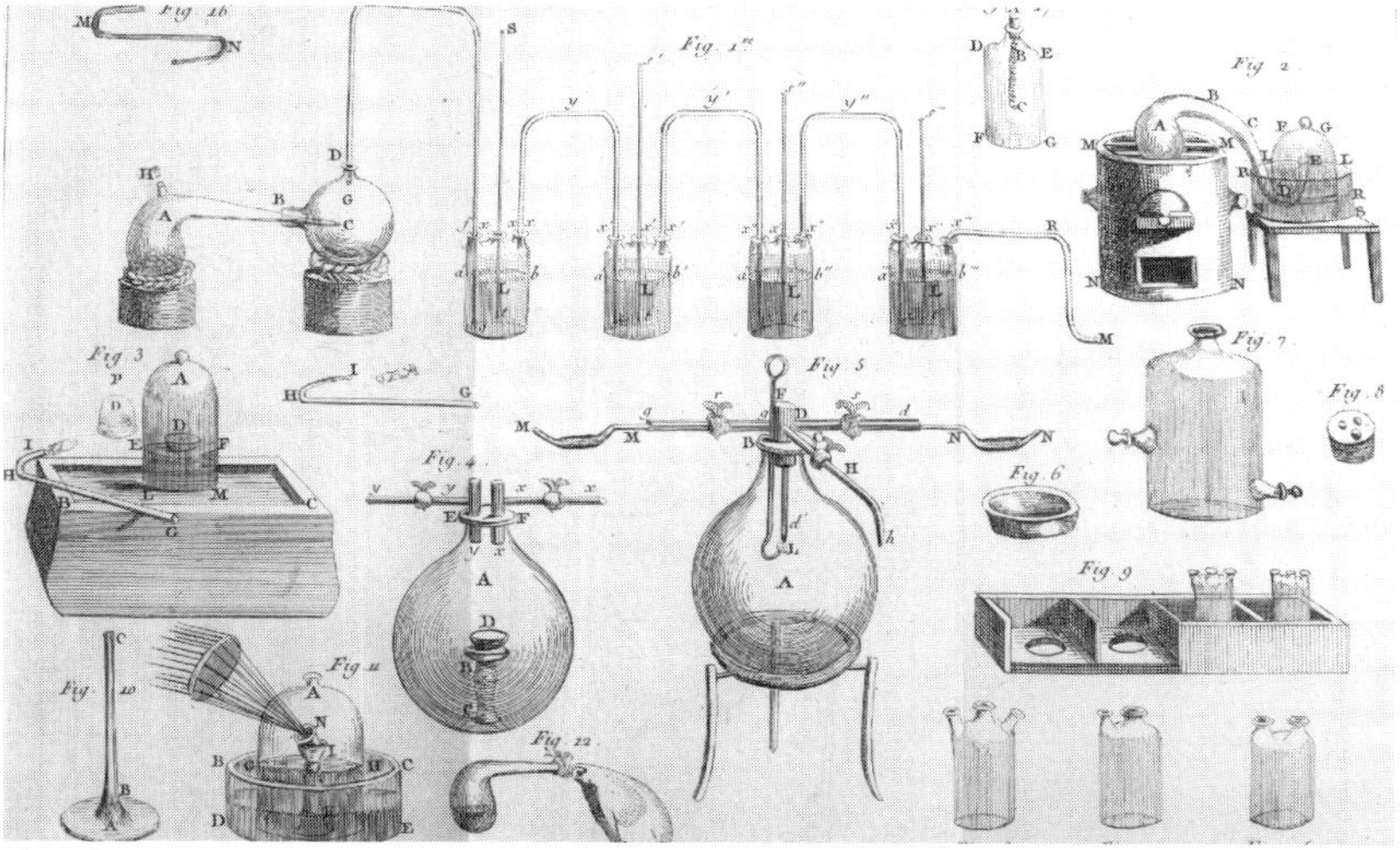

◉104……アントワーヌ＝ローラン・ラヴォワジエ『化学原論』（1789）の装画。描いたのが夫ではなく自分であることを示すために、マリーは銅版の署名に自身の旧姓と夫の姓の両方を並べ、〝ポール ズ・ラヴォワジエ〟と記している。

ジエは一七八三年、パリ王立科学アカデミーに宛てた手紙の中で次のように書いている。「（……）これまでの化学者たちがフロギストンを厳密な定義のない曖昧な原質にしたために、それはあらゆる説明に都合よく使えるようになってしまいました。（……）あるときは遊離した火であり、あるときは土と結合した火とされ、容器の小孔を通過できるかと思えば、できないとも言われております。（……）それは、常に形を変える変幻自在のプローテウス［★変身能力をもつギリシアの海神］さながらです」[255]

ラヴォワジエ夫妻は、少しずつ〈フロギストン説〉に反証を加えていった。まず、空気が元素ではなく化合物であることを証明し、次は空気から酸素を分離することに成功してその真の成分を明らかにした。当時、酸素は「きわめて流動性が高い空気」と呼ばれていたが、彼はこの気体を、酸を構成する重要な要素と考え、のちにこれを、酸になる前を意味する〝oxygène〟《オキシジェーヌ》、つまり〈酸素〉と名付け（ギリシア語で〝oksys〟《オクシュス》は酸、〝genein〟《ゲネイン》は形成する、創り出すの意である）、次いで、水も元素ではなく酸素と可燃性の空気を含む化合物である、というヘンリー・キャヴェンディッシュの説を証明し、この可燃性の空気を、水を形成するものを意味する〝hydrogène〟《イドロジェーヌ》、すなわち〈水素〉と名付

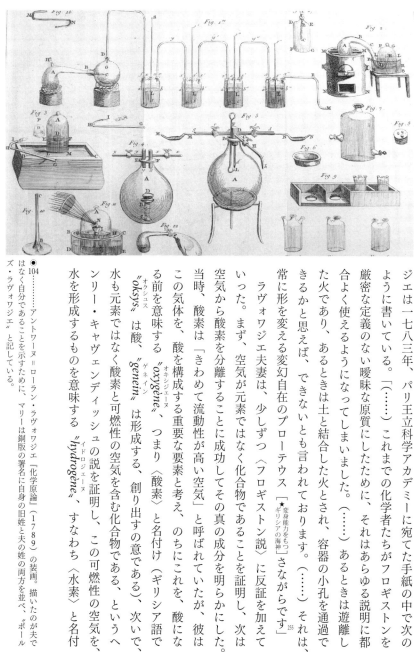

けた（ギリシア語で"*hydor*"《ヒュドル》は水の意である）。〈フロギストン説〉を奉じる科学者たちが、燃焼という事象を重視し、それをしてフロギストンが物質から分離する過程と考えていたことを受け、ラヴォワジエ夫妻は、燃焼を物質と酸素の結合であると実験を通じて証明し、フロギストンの存在しないことを示したのだった。

〈フロギストン説〉を支持していた科学者の大半はこの実験を受けて持論を放棄したが、それでもこれでフロギストンとの闘いが終わったわけではない。一七八七年、アイルランド人化学者リチャード・カーワン（1773–1812）が『フロギストン論考』*An Essay on Phlogiston*を発表して、この説を擁護したのだ。それを読んだラヴォワジエ夫妻と支持者たちは、今度こそ〈フロギストン説〉を科学史上のごみ箱に叩き込み、忘却の彼方に追いやってしまおうと反撃に出ることにしたが、ここで大きな役割を演じたのがマリーである。カーワンの書が出版された翌年、それをフランス語に翻訳、編集した彼女は、論文の各章をことごとくフランス人化学者による反論を盛り込んだ註解によって締めくくったのである。執筆に当たったのは、アントワーヌ・ラヴォワジエ、ピエール＝シモン・ラプラス（1749–1827）、ガスパール・モンジュ（1746–1818）、そしてクロード・ルイ・ベルトレ（1748–1822）たちだった。

一七八九年、アントワーヌ・ラヴォワジエは、化学を学ぶ若者のための教本として『化学原論』*Traité élémentaire de chimie*［★『化学のはじめ』、田中豊助他訳、内田老鶴圃新社］を著し、同書はすぐにヨーロッパのさまざまな言語に翻訳され、化学の研究と教育に多大な影響を与えることになった。マリー・ラヴォワジエはこの著作においても、図版を描くという大役を果たしている。化学実験で使用する器具の詳細な図版は、同書の重要な一部なのである。著者ラヴォワジエが、世界は四大元素によって構成されるという旧態とした原則を捨て、「これまでに発見された、これ以上分解できない物質すべてが、今日とらえられるべき元素である」という新たな定義を打ち立てた点において、『化学原論』は、諸々の物質の作成方法に紙幅の大半を割いた従前の化学教本とはまったく異なっていた。ロバート・ボイルにしても百年以上前に同類の定義を唱えてはいるものの、系統だった元素表をつくり、表中のそれぞれに現在もなお使われている名称をつけたのはこのラヴォワジエであり、また、化学反応の前後によって物質の総質量は変化しないという〈質量保存の法則〉

を初めて明記したのも彼である。

このように化学界における一個の革命児だったアントワーヌ・ラヴォワジエだが、フランス革命にあってもその被害者として最も名を馳せる人物となってしまう。マリー・ラヴォワジエもまた、何年にもわたる恐怖にさらされた末、間一髪で生き延びはしたものの、フランス革命で負った心の傷が完全に癒えることは、その最期に至るまでなかった。革命以前に徴税請負人《フェルミエ・ジェネラル》だったアントワーヌ・ラヴォワジエはその職務にまつわる罪に問われ、妻のマリーもまた、夫による犯罪行為で得た金銭を浪費したとして訴えられたのである。アントワーヌ・ラヴォワジエにはギロチンによる死刑という判決が下ったが、彼が本当にその罪を犯したのかどうかについては、現在に至るまで正確な証明がなされていない。彼が生涯を通じて人々の役に立とうと努め、国全体の利益となる多くの事業を計画、実行してきたことを考えると、この判決はあまりにも不当と言えるだろう。

その後、マリー・ラヴォワジエは亡夫を偲びながらも一八〇四年に再婚した。とはいえアメリカ生まれのランフォード伯爵との結婚生活は決して平穏とは言えず、三年後に離婚という形で終わりを迎えている。この時期、彼女は最初の夫であるアントワーヌの諸論文を編纂した『化学論集』*Mémoire de chimie* を出版してもいるが、結局のところ自身の著作をものしてはいない。彼女独自の視点で語った、実人生や科学的業績が後世に伝わっていないのはそのためである。

科学の女神《ミューズ》か、科学者か?

アントワーヌ・ラヴォワジエ夫妻を描いたジャック＝ルイ・ダヴィッド(1748–1825)による一七八八年作品は、科学史上最もよく知られた肖像画に数えられ、啓蒙時代の科学界で貴婦人が果たした役割を示す絵として眺めると、なかなかに興味深い。絵を見てまず目に飛び込んでくるのは、こちらをまっすぐ凝視するマリーだ。一方、アントワー

◉105……………アントワーヌ＝ローラン・ラヴォワジエと妻のマリー＝アンヌ・ポールズ・ラヴォワジエの肖像。新古典主義の巨匠、ジャック＝ルイ・ダヴィッドによるこの著名な作品（１７８８）は、18世紀肖像画の最高峰である。

ヌは、振り仰ぐようにして妻を見上げている。妻は立ち姿で、夫は何やら書き物の最中である。ということは、この妻は夫が霊感《インスピレーション》を求める〝科学の女神《ミューズ》〟の象徴として描かれているのだろうか？　マリーの背後には絵を描く道具があり、これは彼女が科学書の挿画を手がけるという重要な役割を担っていたことを示している。だが、女神《ミューズ》と呼ぶには彼女の姿は自信にあふれすぎているようにも映るわけで、この自らを頼むところ大である画中の女性、ラヴォワジエ夫人は、自身をして高位にあることをはっきりと自覚しているのだ。教育があり、科学者が集うサロンを主宰し、語学に通じ、科学上の業績も、夫に勝るとも劣らないことを十二分に承知している女性——そんな彼女の立場を、夫を見下ろせる立ち姿の構図がさらに強調している。この絵についてはさまざまな解釈をすることができるのである。そして、たとえこの画家がマリーを女神《ミューズ》として描いたのだとしても、彼女はそれを厭《いと》わなかっただろう。現代の感覚では、洒落たテュールのドレスをまとったマリーの姿や、凝ったかつらをつけた夫妻のいでたちと、彼らが実験室で取り組んでいた重要な化学研究とを結びつけることは難しい。だが十八世紀の人々は、常に自らの地位や社会階級にふさわしい身なりをしていたし、実際にどんな仕事をしていようと、貴族は見栄えのいい服装に身を包むのが当然だった。それでも、ここに描かれた化学実験の器具は、夫妻のいちばんの関心事がなんであったのかを、明確に物語っている。

この肖像画の作者ダヴィッドはマリーの絵画の師であり、夫妻とは親しい間柄だった。しかし革命の進行期にあって、ダヴィッドが熱心なその支持者になっていたことを思うと、アントワーヌ・ラヴォワジエが処刑されたあとは、教え子マリーとの交流もさしてなかったに違いない。それでも革命後、マリーが新居の応接間にこの大きな肖像画を飾っていた事実を考えれば、彼女がダヴィッドを芸術家として尊敬し続けていたであろうことはうかがえる。ランフォード伯と離婚したマリー・ラヴォワジエは、パリで文芸サロンを再開し、その生涯にわたって、毎週客を招いては科学や時事問題について論じ合う生活を続けた——そう、あたかも革命などまったくなかったかのように。

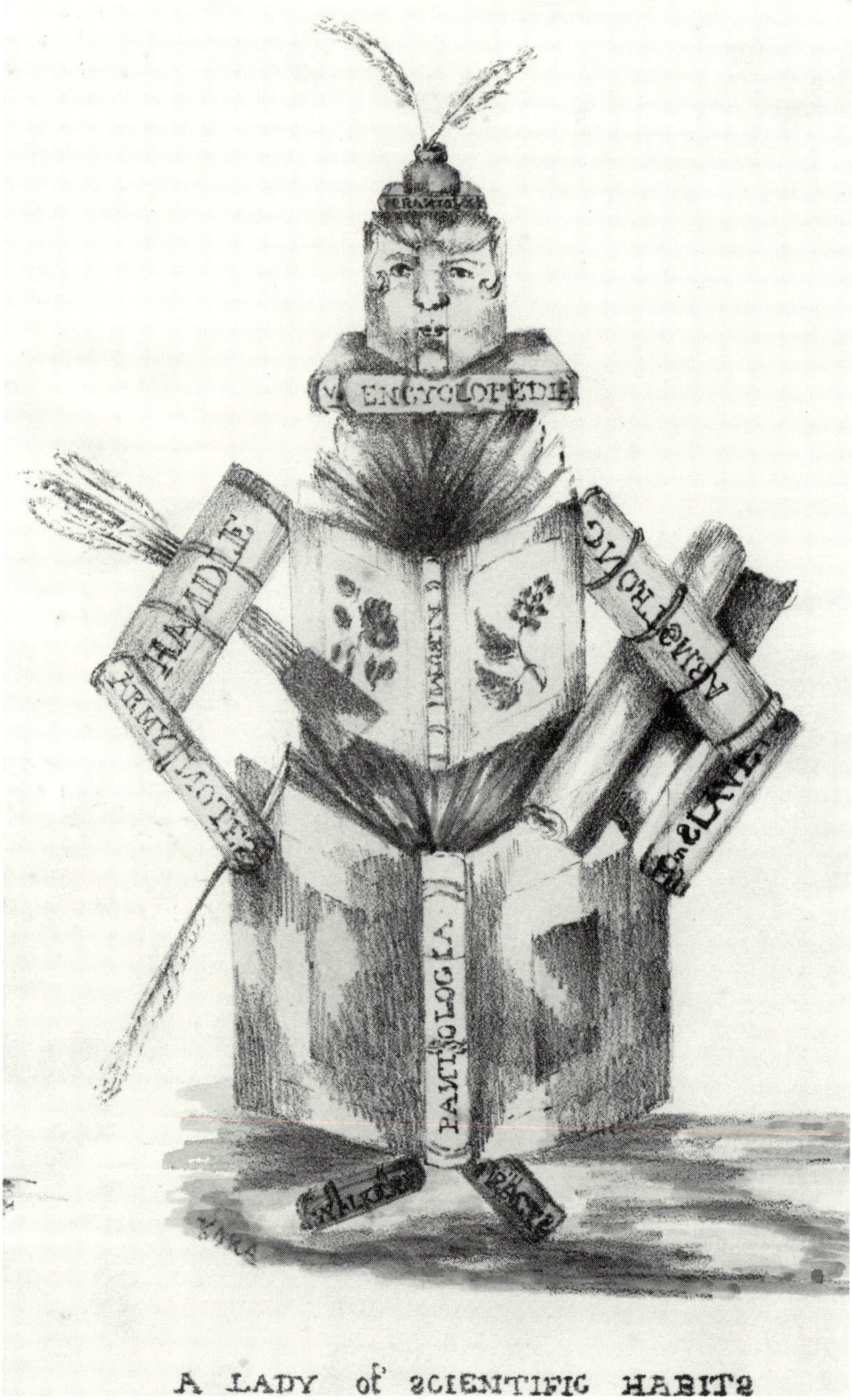

◉106…………〝知識を求める女性〟を石版で描いた諷刺画（19世紀）。体は本、頭はインク壺になっている。19世紀を迎えると、女性教養人に不快感を示す声が、前世紀以上に大きくなっていった。

✴✴✴ おわりに ✴✴✴

ボヘミアン・アーティストや学生がたむろする街として知られるパリのカルティエ・ラタンを日中ぶらぶら歩いていると、いつしかソフィー・ジェルマン通りという静かな横丁に足を踏み入れていることに気づくかもしれない。だが、この街路名の由来であるソフィー・ジェルマン（1776–1831）が誰なのかを知る者は、今やほぼいないだろう。この才あふれる数学者は、まさに教養ある女性たちを集めた書物の中にこそ編まれるべき人物なのだが、残念ながら本書の物語は彼女が登場することなく終わってしまっているのである。

そう、私がここまで紡いできた話は、フランス革命の終結直後となる十八世紀の末を境に幕を閉じている。続く新世紀の初めには、ナポレオン一世（在位：1804–1814, 1815）による諸々の戦《いくさ》が、フランスおよびヨーロッパ全土の歴史におけるまったく新しい時代を創り出したのだ。

知の歴史において、〝啓蒙の時代〟は十八世紀末に終了したものと考えられている。だが、その社会的平等に関する概念《イデア》の多くはその後も進化をしつつ生き続け、徐々にヨーロッパ社会に根付いていった。当時の社会システムはまだ階級の棲み分けを基本としていたものの、人々は生まれついた身分を独力で変えることさえできるようになっていた――コルシカ出身の一兵卒が、自らの才よろしくフランス皇帝にまでのぼりつめたように。

十九世紀に入ると女性の権利を標榜する運動がヨーロッパを挙げて形をなしはじめ、ジェンダーの平等を要求する声が日増しに大きくなっていった。そうした変化の中で、女性はその教養の程を向上させる機会に恵まれるようになり、世紀の半ばを迎える頃にはとうとう学位の授与にとどまらず、女学生にも正式に門戸を開放するヨーロッパ初の大学が現れる。同時にさまざまな学問分野もまたそれぞれに発達を続け、現代的な教育が形を整えていった。

やがて、科学の追究は紳士連の集いや貴婦人が主宰するサロンから解き放たれ、大学や学術研究機関のもとへと立ち戻る。そこで職を得た研究者は、十九世紀から二十世紀にかけて科学が国家の政策課題《アジェンダ》に組み込まれるようになると、かつてとは比べものにならない報酬を手にするようになった。そして今現在、母国発展の象徴にまで祀りあげられた専業《プロフェッショナル》の科学者たちが、さらに新たな雇用関係をもって国家に仕えている。こうした状況はすなわち、女性による科学界での新たな地位の獲得を意味するわけだが、その話はまた別の機会に譲ることにしよう。

◉107………マリア・ジビーラ・メーリアン『スリナム産昆虫変態図譜』（1726版）収載の蝶の図。

解説

小谷真理

本書は、フィンランドで刊行された *Tiedon tyttäret: Oppineita eurooppalaisia naisia antikista valistukseen*（WSOY, 2008）の全訳である。日本語訳にあたって、原著者監修による英語テクスト *Sisters of Science and Ideas: Educated Women from Antiquity to the Enlightenment* を底本としている。

英原題は直訳すると、「科学と思想の姉妹たち：古代から啓蒙時代までの女性教養人」であり、ヨーロッパを舞台に、古代から啓蒙時代までの男性を中心とする社会のなかで、幸運にも高い教育を受ける機会に恵まれ、偉大な功績を残した女性たちに焦点をあて、歴史的な流れを俯瞰している。

さて、歴史を振り返ってみると、表舞台に登場する女性の数はいかにも少ない。人類の半分は女性なのだから、単純に見積もっても、男性と同等数が存在してもよいはずなのだが、政治、経済、文化、宗教、戦争、どのような活動においても、女性が関与している形跡は希薄である。いったい女性たちはどこにいるのか。彼女たちは人類史において、どのような活動を行ってきたのかと、素朴な疑問に駆られる読者も、少なくないだろう。

ただし、一九六〇年代末より勃興したフェミニズム第二派、あるいは女性解放運動以降というものを通じて、こうした性的不均衡は、増加した女性研究者らを中心に、学問全分野にわたって検証され、分析されている。数だけのことなら、たとえば、文学全集や美術書、通史、博物館企画などで取り上げられている女性数などは、現在必ずカウントされ、不自然に少ない場合には問題視され、その理由が探究されるとともに、過去に埋もれた作家や作品の発掘が年々進んでいる。

本書は、著者自身が説明しているように、ここ四十年ほどで進められてきた女性史の学術的な蓄積を前提とし、歴史上の人々の中から、女性教養人にターゲットを絞って、古代から啓蒙時代までの歴史を見直した一冊だ。具体的には、古代、中世、ルネサンス、近世、啓蒙時代の五つの時代区分をもとに、各時代に活躍した代表的女性教養人らを紹介しながら、彼女たちの活躍を許容する時代的コンテクストを浮かび上がらせる、という趣向である。

取り上げられている人物は、二十五人。もし、教科書的な歴史書しか眺めたことのない読者であったなら、詳細に記されている彼女たちの生涯と業績に、目を見張ることであろう。まず先立つのは、これほどさまざまな女性が活躍していたのか、という驚きである。

しかも、多くの歴史小説で目にするような、英雄らの権力ゲームのなかで数奇な運命をたどる美女群像といったステレオタイプの女性は登場しない。才覚があり、教育を受ける幸運に恵まれ、地道に仕事をこなし、堂々と洗練された対話をしてみせる教養高い女性たちが、歴史の向こう側から力強い姿を現し、わたしたちがふだん漠然とイメージする歴史世界とはひとあじ違った知的な世界へと導いてくれるのだ。

次なる驚きは、彼女たちの学問分野に偏りがないこと。それは哲学、神学、医学、数学、天文学、化学、史学、文学と多岐にわたっており、「女に数学は理解できない」、あるいは「女に本当の芸術は創れない」といった物言いに代表されるような蔑視の言説も登場しない。日本で見られるような理系と文系の分け方のどちらかに偏ることもない。バラエティに富んで満遍なく広範囲に及んでいる。目配りとバランスのよさは、特筆に値する。このあたりが、本書最大の読みどころと言えようか。

以上のように、きわめて刺激的な本書であるが、驚きが大きければ大きいほど、疑問がわき起こることも事実であろう。なぜ、彼女たちは歴史上語られることが稀少であるのか。そもそも、歴史上のどこにこれらの才覚が隠れていたのか。

この場合、人類の文明が、基本的に男性社会であったから、ということを厳然たる事実としては許容できても、なんの答えにもなっていない。そこで、著者は女性教養人らの生涯と業績を慎重に描きつつ、ふたつの歴史的な文脈を引き出している。

ひとつは、古代から現代まで、ヨーロッパの知的遺産がどのような経路を通って、どのように蓄積されていったのかを、才女たちの学問的経歴をたどることによって明らかにしているところである。女性教養人たちは、各時代に確保された知的蓄積の保管場所近くで暮らしていたからである。

たとえば、古代においては、中央集権的な王朝の最高権力者として、学識経験者を集めて勉学を積んだエジプトの女王ハトシェプストのような例もあれば、哲学者ピュタゴラスの妻として弟子たちのなかで学際的な人生を送ったテアノのような例もある。

また、中世期において教育・研究機関の役目を果たし、文献の保管所ともなっていた修道院に住まい、宇宙論を展開し医学と博物学を志した修道女ヒルデガルトのケースからは、当時の修道院の役割が、今日の教育機関や女性の居場所の役割を果たしていたことを知らしめる。キリスト教の支配下にあった中世は、絵に描いたような暗黒世界ではなく、上流階級の女性たちにある種の自由が確保されていたというのだから、驚きだ。

さらに上流階級出身者でありながら、収入の道を絶たれ糊口を凌ぐべく商業作家として家族をささえたクリスティーヌ・ド・ピザンのような例もあるかと思えば、一般大衆のなかでも、助産婦という特殊な仕事の必要柄、薬草知識を貯えていったルイーズ・ブルジョワのような例もある。

学問の場への立ち入りが制限されていたにもかかわらず、それをかいくぐるようにして、女性たちが確実に活躍していたという事実はエキサイティングだ。中世期の学問の府であった修道院が、徐々に大学という高等教育機関へとその役割をシフトしていった頃、稀少な例外をのぞいて女性の入学は許可されなかった。また学会のようなグループにも女性の入会は許されていなかった。では、彼女らはどうしたのか。高等教育機関が活発化する社会では、やはり女性の学問領域への関心は高かったという。そこで、富裕な貴族や商人の妻らはアカデミズムの象牙の塔を仰ぎ見ながらサロンを開き、なんと自ら文化のサポーターになるのだ。

つまり学問の主役になることができないのなら、サロンの主宰者になり、その活動を通して知識を得ていく、というわけである。女性と知の関係は、禁止されても、いや禁止されればされたなりに、どこかに活路が見いだされ、おそるべき執念で求められていく——読んでいて胸がすくような感慨を覚えた。知それ自体にも、なにやら生命力のようなものを感じてしまう。

だが、女性教養人のもっとも力強い味方になったのは、修道院やサロン以上に、男性知識人たちであった。偶然、そのような知識人のもとに居合わせた女性たちは、好むと好まざるとに関わらず、他のあくまで知的なものから遠ざけられていた女性たちとは異なった人生を歩み、教育の恩恵にあずかっていたのである。それればかりか、傑出した女性たちは、本書に描かれているように、だれにも否定できない、長く語り伝えられるような驚異の業績をあげていく。

さて、このような事例を見ていると、才女をとりまく男性知識人らの重要性が身にしみて理解される。たとえ華々しい発見があったところで、そもそも男性社会から隔離された場所に身を置いていたならば、奪い取られ、隠蔽され、歴史の彼方に消え去るばかりなのだ。ここに、著者が示すもうひとつのコンテクストが現れる。傑出した才女たちを助け支え、そしてそこから啓発されてやまなかったパートナーを始めとする、男性知識人の姿である。

妻と語り合うピュタゴラス、美しく賢明な愛妾に生涯魅了され助けられたアテナイの政治家ペリクレス、聡明な皇女と曇りのない心で哲学論議に興じるデカルト、学識の深さを恋人と共有してやまなかったヴォルテール。

通常の偉人伝では、ついぞ記述されることの少ない光景とともに、男性知識人と彼らのパートナーたちを一瞥すれば、歴史観は一変するだろう。

単独の業績のみを語られる歴史上の偉人を、彼らと深い関わりを持った教養高き淑女をサポートし自らも研鑽を積んだ男性として語り直すこと。この手つきは、学術的な世界が、けっしてひとりで積み上げられるようなものではなく、多くの人々の、とくに男女双方の関係性から編み上げられる精緻な綴れ織りのようなものであることを思い知らせる。

女性の視点に知的好奇心をかき立てられ、その能力を尊重し、形而上的世界を共有しようとする男性知識人らの許容力が観察され、査定されること。そのプロセスから立ち上がってくるのは、知識人の孤独感とも言うべきものである。ヒトという閉じた宇宙の神秘を解き明かそうとする知的行為は、それ自体がヒトを孤独につきおとす。それを理解するコンソレーションのかたちが、女性教養人との関係性を通じて見え隠れするからである。

このように、女性教養人に着目することによって、歴史的風景は、いくらでも豊かで奥深い世界になりうるのだ。その驚異に、読者は心からの興奮を覚えることだろう。

最後に、このユニークな本の著者を紹介しておこう。

マルヨ・T・ヌルミネンは、一九六七年、ヘルシンキに生まれた科学・哲学史家である。本書ひとつをとっても、きわめて斬新な視点をもっていることがうかがえるが、それはフィンランドのテレビ局で十年以上にわたって科学ジャーナリストとして活躍したという経歴があるからかもしれない。なるほど、本書はアカデミズムの方法論とは異なり、きわめてジャーナリスティックな方法論をとっている。つまり、女性科学者や女性文学者といった分別化されたモティーフから、各ジャンルの特性を深く緻密に検証していくようなアカデミズム流のやりかたをとらず、ジャンル横断的な「女性教養人」という切り口で、歴史的コンテクストを検証しているからである。まさにジャーナリスティックな境界越境的知の裁断と言えそうだが、はたしてその結果、古代から啓蒙時代までの世界が、斬新な視点から眺望されただけではなく、中世以降女性を閉め出してきた大学や学会といった知の生産所の問題が、明確に浮かび上がり、これには心底驚かされた。デビュー作の本書で二〇〇八年のノンフィクション・フィンランディア賞を受賞したのも、むべなるかな。

なお、著者はリサーチャーとしてさらなる研鑽を積み、二〇一五年には、最新作『地図製作者の世界：西洋絵図の文化史』 *Maailma piirtyy kartalle: tuhat vuotta maailmankartan kulttuurihistoriaa* (John Nurmisen säätiö) を刊行している。本書同様、目のさめるような視点で、ふたたび読者を驚かせ、楽しませてくれるのは間違いないだろう。

〈こたに・まり〉――――１９５８年生まれ。文芸評論家。著書：『女性状無意識』（勁草書房）、訳書：ラス『テクスチュアル・ハラスメント』（インスクリプト）など多数。

84……Portrait of Marquise Gabrielle-Emilie Le Tonnelier de Breteuil. Marianne Loir, 18th century. Musée des Beaux-Arts, Bordeaux/Photo CNAC/ MNAM, Dist. RMN.

85……Swing. Jean Honoré Fragonard. n. 1766. Wallace Collection, London.

86……Frontispiece and title page in Voltaire, *Elémens de la philosophie de Neuton, Mis à portée de tout le monde. Par Mr. De Voltaire.* Amsterdam, 1738. Photographed by Kari Timonen, the National Library of Finland, Helsinki.

87……Fil et laine. *Recueil de planches, sur les sciences, les arts,* 1765. Photographed by Rauno Träskelin. Private collection.

88……Laura Bassi giving her first lecture. Minature, 1732. Archivio di Stato di Bologna.

89……Laura Bassi defends her doctoral thesis. Miniature, 1732. Archivio di Stato di Bologna.

90……Electrostatic device. Laplante. Guillemin, Amedee. *Electricity and Magnetism.* London, 1891. Science Museum / Science & Society Picture Library.

91……Self-portrait of Anna Morandi Manzolini, mid-18th century. Museo di Palazzo Poggi, Bologna.

92……Wax model of the extra-ocular muscles by Anna Morandi Manzolini, mid-18th century. Museo di Palazzo Poggi, Bologna.

93……Wax model of an embryo by Anna Morandi Manzolini, mid-18th century. Museo di Palazzo Poggi, Bologna.

94……19th century portrait of Maria Gaetana Agnesi.

95……Title page. Agnesi, Maria Gaetana. *Instituzioni analitiche* ... Milano, 1748. Archives and Special Collections, Mount Holyoke College.

96……Portrait of Caroline Herschel.

97……A View of the Abbey Mill and Weir on the River Avon, Bath. Thomas Ross, c. 1730 – 1745. Private collection/The Bridgeman Art Library.

98……William and Caroline Herschel. Flammarion, Camille. *Astronomie populaire Description générale du ciel, Tome second.* Paris, 1880. Photographed by Kari Timonen. Private collection.

99……Portrait of Sir William Herschel. Ken Hodges, 19th century. Private collection/The Bridgeman Art Library.

100……The execution of Louis XVI, 21st January 1793. French school, end of the 18th century. Private collection/The Bridgeman Art Library.

101……Women marching on Versailles 5th October 1789. French school, end of 18th century. Musee de la Ville de Paris, Musee Carnavalet, Paris/The Bridgeman Art Library.

102……Seconds Voyageurs Aëriens, ou Expérience de MM. Charles et Robert. Faite à Paris dans le Parterre de Jardin Roayl des Thuilliers le 1. Decembre 1783. Photographed by Kari Timonen. Private collection.

103……Lavoisiers' laboratory. Grimaux, Édouard. *Lavoisier, 1743 – 1794: d'après sa correspondance, ses manuscrits, ses papiers de famille et d'autres documents.* Paris, 1888. The Edgar Fahs Smith Collection/Schoenberg Center for Electronic Text & Image.

104……Electrical instruments. Lavoisier, Antoine-Laurent. *Traité élémentaire de Chimie, présenté dans un ordre nouveau et d'après les découvertes modernes; avec figures: Par M. Laviosier,... Tome second.* Paris, 1789. Photographed by Kari Timonen. National Library of Finland, Helsinki.

105……Antoine-Laurent Lavoisier and his wife. Jacques Louis David, 1788. The Metropolitan Museum of Art/Art Resource/Scala, Florence.

106……A Lady of Scientific Habits. Lithograph from beginning of 19th century. With permission from Jim Secord.

107……Rose. Merian, Maria Sibylla. *Metamorphosibus Insectorum Surinamensium* ... La Haye, 1726. Photographed by Kari Timonen. Private collection.

---

108 ……Short Biographies top, Beetle. *Ibid.*

109 ……Index top, Beetle. *Ibid.*

1655 – 1658. © National Portrait Gallery, London.
55……Ragged robin. Merian, Maria Sibylla. *Histoire des insectes de L'Europe* ... Amsterdam, 1730. Photographed by Kari Timonen. Private collection.

56……Princess Elizabeth. Gerard van Honthorst, 17th century. Private collection/The Bridgeman Art Library.
57……Prospectus Grandis Bierkade, Hagoe Comitis. Photographed by Kari Timonen. Private collection.
58……"Comitatus Hollandiae denuo formá Leonis". Nicolao Iohannis Visscher, 1633. Reiss & Sohn, Königstein.
59……Schurman, Anna Maria van. *Nobiliss. Virginis. Annae Mariae á Schurman, opuscula Hebraea, Graeca, Latina, Gallica.* Lvgd. Batavor, 1648. Photographed by Kari Timonen. National Library of Finland, Helsinki.
60……Schurman, Anna Maria van. *Ibid.*
61……Woman writing a letter. Gerard ter Borch, c. 1655. Royal Cabinet of Paintings Mauritshuis, The Hague.
62……Visit by a physician. Jan Havicksz Steen, n. 1663 – 1665. Apsley House, The Wellington Museum, London/The Bridegaman Art Library.

63……Young woman holding letter. Perspective. Samuel van Hoogstraten, c. 1662 – 1667. Royal Cabinet of Paintings Mauritshuis, The Hague.
64……Ball. Abraham Bosse, 1657. Photographer Jörg P. Anders. bpk / Gemäldegalerie, Staatliche Museen zu Berlin.
65……Microscope. Hooke, Robert. *Micrographia*, 1665. History of Science Collections, University of Oklahoma Libraries; copyright the Board of Regents of the University of Oklahoma.

66……Portrait of Maria Sibylla Merian. Frontispiece. Merian, Maria Sibylla. *Erucarum ortus, alimentum et paradoxa metamorphosis* ... Amsterdam, 1717. History of Science Collections, University of Oklahoma Libraries; copyright the Board of Regents of the University of Oklahoma.
67……Coral bean tree, spinner moth and larva. Moth. Merian, Maria Sibylla. *Metamorphosibus Insectorum Surinamensium* ... La Haye, 1726. Photographed by Kari Timonen. Private collection.
68……Metamorphosis of a silk worm. Merian, Maria Sibylla. *Histoire des insectes de L'Europe* ... Amsterdam, 1730. Photographed by Kari Timonen. Private collection.
69……Curiosity cabinet (above). Imperato, Ferrante. *Historia Naturale*, Venedig 1672. Universit.tsbibliothek Erlangen-Nürnberg.
70……Cayman (below). Merian, Maria Sibylla. *Metamorphosibus Insectorum Surinamensium* ... La Haye, 1726. Photographed by Kari Timonen. Private collection.
71……Frontispiece of *Metamorphosibus Insectorum Surinamensium ... Ibid.*
72……Pineapple. *Ibid.*
73……Butterfly and pomegranate. *Ibid.*
74……Lizard and banana. *Ibid.*
75……Beetle and palm. *Ibid.*

76……Urania, the muse of astronomy. Flammarion, Camille. *Astronomie populaire Description générale du ciel, Tome second.* Paris, 1880. Photographed by Kari Timonen. Private collection.
77……The Heveliuses with a quadrant. Hevelii, Johannis. *Machina coelestis*, 1673. Posner Memorial Collection.
78……Observations of a comet. Lubieniecki, Stanislaw. *Theatrum cometicum*, 1666 – 1668. Bibliothéque nationale de France, Paris.
79……The view from a roof in Danzig. Hevelii, Johannis. *Machina coelestis*, 1673. Posner Memorial Collection.
80……Portrait of Margaret Bryan and her daughters. According to William Nutter Samuel Shelley, 1797. © National Portrait Gallery, London.
81……Frontispiece in Benjamin Martin, *Young Gentleman and Lady's Philosophy*, 1755. Adler Planetarium & Astronomy Museum, Chicago.

82……Frontispiece of *Encyclopédie, ou dictionnaire raisonné des sciences, des arts et des métiers*, 1750. Photographed by Rauno Träskelin. Private collection.
83……Portrait of Sir Isaac Newton. Gottfried Kneller. 1702. National Portrait Gallery, London.

26······Anna Comnena. *Les Femmes Illustres de L'Europe*. Paris, 1850. Private collection.
27······Mosaic, c. 1118. Hagia Sofia, Istanbul.
28······Empress Theodora. Detail of a mosaic, c. 550. San Vitale, Ravenna.

29······Receiving a heavenly vision. Hildegard of Bingen. *Liber Scivias*, 1411 – 1151. Abtei St. Hildegard.
30······The first model of the universe. *Ibid.*
31······The second model of the universe. *Liber Divinorum Operum*, 1163 – 1173/ 74. Biblioteca Statale, Lucca.
32······Hildegard's concept of the church. *Ibid.*

33······Christine de Pizan at her desk. Miniature, 1410. The British Library, London.
34······Building the Cité des Dames. Miniature, 1410. The British Library, London.

35······Detail of fresco in the Spanish Chapel. Andrea Da Firenze, c. 1365. Santa Maria Novella, Ravenna/Photo Scala, Florence.
36······Detail of the map "Typvs cosmographicvs vniversalis". Sebastian Münster, Hans Holben, 1532. Photograhped by Rauno Träskelin. Private collection.

37······Fedele, Cassandra. *Clarissimae feminae Cassandrae Fidelis Venetae Epistolae & orationes posthumae*. Patavii, 1636. Universitetsbiblioteket i Trondheim.
38······Princess Marguerite de Navarre. Jean Clouet, c. 1530. Walker Art Gallery, National Museums Liverpool/The Bridgeman Art Library.
39······Portrait of Laura Cereta. Cereta, Laura. *Iam primum è Ms. in lucem productae à J. Ph. Tomasino, qui eius vitam, et notas addidit*. Patavii, 1640. Staats- und Stadtbibliothek Augsburg.
40······Virgin Mary and Child Jesus. Robert Campin, n. 1440. National Gallery, London.
41······The birth of Venus. Sandro Botticelli, n. 1485. Galleria degli Uffizi, Florence.

42······Bourgeois, Louise. *Observations diuerses sur la sterilite perte de fruict foecondi te accouchements et Maladies des femmes et enfants naiueaux naiz* ... Paris, 1609. Photographed by Kari Timonen. National Library of Finland, Helsinki.
43······Giving birth. Ruff, Jacob. *De conceptu et generatione hominis: de matrice et ews partibvs, nec non de* ... Francofurti ad Moenum, 1580. Photographed by Kari Timonen. National Library of Finland, Helsinki.
44······Birth astrology. *Ibid.*
45······Position for delivery. Jansen, Samuel. *Korte en Bondige verhandeling, van de voort – teeling en i kinderbaren Met den aenkkve van dien*. Amsterdam, 1685. Photographed by Kari Timonen. National Library of Finland, Helsinki.

46······Seeing a new star. Flammarion, Camille. *Astronomie populaire Description générale du ciel, Tome second*. Paris, 1880. Photographed by Kari Timonen. Private collection.
47······"Typvs cosmographicvs vniversalis". Sebastian Münster, Hans Holben, 1532. Photographed by Rauno Träskelin. Private collection.
48······Stellaeburgum sive observatorium ... 1584. Blaeu, Joan. *Atlas Maior*, 1662. Photographed by Rauno Träskelin, National Library of Finland, Helsinki.
49······Effigies Tychonis Brahe ... *Ibid.*
50······Portrait of Paracelsus. Quentin Massys, 16th century. Louvre, Paris.
51······"Scenographia compagis mundanae Brahea". Amsterdam, 1708. Photographed by Kaius Hedenstr.m. Private collection.
52······"Scenographica systematis Copernicani". Andreas Cellarius – Pieter Schenk – Gerard Valk, 1708. Photographed by Rauno Träskelin. Private collection.
53······Title page. Cunitz, Maria. *Urania Propitia*, 1650. History of Science Collections, University of Oklahoma Libraries; copyright the Board of Regents of the University of Oklahoma.

54······Margaret Cavendish, Duchess of Newcastle. According to Pieter Louis Van Schuppen Abraham Diepenbeeck, c.

図版出典

1……Moth. Merian, Maria Sibylla. *Metamorphosibus Insectorum Surinamensium...* La Haye, 1726. Photographed by Kari Timonen. Private collection.

2……Beetle and lemon. Merian, Maria Sibylla. *Metamorphosibus Insectorum Surinamensium...* La Haye, 1726. Photographed by Kari Timonen. Private collection.

3……The nine muses of antiquity. Heywood, Thomas. *Gynaikeion: or Nine Bookes of Various History Concerning Women ...* London, 1642. Photographed by Kari Timonen. Private collection.

4……Muses. *La femme dans l'antiquité grecque : Texte et dessins de G. Notor. Préface de M. Eugène Müntz.* Paris, 1901. Photographed by Kari Timonen. Private collection.

5……So-called Sappho: woman with a wax tablet and a stylus, Naples National Archaeological Museum.

6……Mural. Unknown tomb in Theva, 1500 BCA.

7……Statue of Pharaoh Hatshepsut. Photographed by Jürgen Liepe. Cairo museum.

8……Queen of Punt. Relief, 18th dynasty. Cairo Chafadjin Museum.

9……Female statute from the temple of Chafadji in Mesopotamia, c. 2500 BCA. William Rockwell Nelson Gallery of Art, Atkins Museum, Kansas City.

10……Akkadian cuneiforms, c. 2200 – 2400 BCA. Ashmolean Museum, University of Oxford/ The Bridgeman Art Library.

11……Tombstone from Thasos, 530 BCA. Louvre, Paris.

12……The Bacchae. *La femme dans l'antiquité grecque : Texte et dessins de G. Notor. Préface de M. Eugène Müntz.* Paris, 1901. Photographed by Kari Timonen. Private collection.

13……Alcaeus and Sappho. *Ibid.*

14……Herm of Aspasia, c. 500 BCA. Museum of the Vatican.

15……Sappho and retinue. *La femme dans l'antiquité grecque : Texte et dessins de G. Notor. Préface de M. Eugène Müntz.* Paris, 1901. Photographed by Kari Timonen. Private collection.

16……Happiness of spouses. *La femme dans l'antiquité grecque : Texte et dessins de G. Notor. Préface de M. Eugène Müntz.* Paris, 1901. Photographed by Kari Timonen. Private collection.

17……Courtesans' celebration. *Ibid.*

18……Mosaic of Alexandria, 530s AD. Church of St. John the Baptist, Gerasa.

19……Mosaic of Queen Bernice. Graeco-Roman Museum, Aleksandria.

20……The doctrines of Euclid. Byrne, Oliver. *The First Six Books of The Elements of Euclid.* London, 1847. Photographed by Rauno Träskelin. Private collection.

21……"Scenographia Systematis Mundani Ptolemaici". Andreas Cellarius. Amsterdam, 1660. Photographed by Kaius Hedenstr.m. Private collection.

22……19th century astrolabe. Photographed by Rauno Träskelin. Private collection.

23……Arabian manuscript, 17th century Muslim Heritage Consulting, Dubai.

24……The seven free sciences. Herrad of Landsperg. *Hortus Deliciarum* (originally published c. 1170).

25……Christine de Pizan with her son. Miniature, 1410. The British Library, London.

Terrall, Mary. Emilie du Châtelet and the gendering of Science, *History of Science*, Vol 33 (1995).
Zinsser, Judith P. Translating Newton's Principia: The Marquise du Châtelet Revision and Additions for a French Audience, *Notes and Records of the Royal Society of London*, Vol. 55 (2), 2001.
—. *La Dame d'Esprit, A Biography of the Marquise Du Châtelet*. Viking: London, 2006.
Zinsser, Judith P. & Candler Hayes, Julie (ed.). *Emilie du Châtelet: rewriting Enlightenment philosophy and science*. Voltaire Foundation, Oxford, 2006.

✻ 17　ボローニャ大学の三人の女性学者

Berti Logan, Gabriella. The Desire to Contribute: An Eighteenth-Century Italian Woman of Science, *American Historical Review*, No. 1, 1994.
Bertucci, Paola. Sparking controversy. Jean- Antoine Nollet and Medical Electricity South of Alps, Nuncius: *Journal of the History of Science*, Vol. 20, 2005.
Ciéslak-Golonka, Maria & Morten, Bruno. The Women scientist of Bologna, *American Scientist*, Vol. 88, 2000.
Elena, Alberto. Im Lode della filosofessa di Bologna: an Introduction to Laura Bassi, *ISIS*, Vol. 82, 1991.
Fara, Patricia. *An Entertainment for Angles, Electricity in the Enlightenment*. Icon Book, Cambridge, 2002.
Findel, Paula. Science as a Career in Enlightenment Italy, The Strategies of Laura Bassi, *ISIS*, Vol. 84, 1993.
Lynn, Michael R. *Popular science and public opinion in eighteenth-century France*. Manchester University Press, Manchester, 2006.
Messbarger, Rebecca. Waxing Poetic: Anna Morandi Manzolini's Anatomical Sculpture, *Configurations*, No 9, 2001.
—. Re-membering a Body of Work: Anatomist and Anatomical Designer Anna Morandi Manzolini, Studies in *Eighteenth Century Culture*, Vol. 32, 2003.
Messbarger, Rebecca & Findel, Paula (ed). *The Contest for Knowledge, Debates over Women's Learning in Eigteenth-Century Italy*. The University of Chicago Press, Chicago, 2005.
Montagu, Lady Mary Wortley. *The Letters and Works*. Lord Wharncliffe and W. Moy Thomas (eds.), George Bell, London 1886 (vol. I), London 1908 (vol. II).
Schiebinger, Londa. *The Mind has no Sex? Women in the Origins of Modern Science*. Harvard University Press, MA, 1989. [★シービンガー『科学史から消された女性たち』]

✻ 18　天文学のシンデレラ

Brock, Claire. *The Comet Sweeper, Caroline Herschel's Astronomical Ambition*. Icon Books, Cambridge, 2007.
Hershel, Margaret Brodie. *Memoir and Correspondence of Caroline Herschel by Mrs. John Herschel*. D. Appleton and Co, New York, 1876. First Am. edition.
Hoskin, Michael (ed.). *Caroline Herschel's Autobiographies*. Science History Publications, Cambridge, 2003a.
— (ed.). *The Herschel Partnership: as viewed by Caroline*. Science History Publications, Cambridge, 2003b.
Isaksson, Eva. *Nainen ja maailmankaikkeus*. Ursan julkaisuja 31, Helsinki, 1987.
Karttunen, Hannu. *Vanhin tiede, Tähtitiedettä kivikaudesta kuulentoihin* (The oldest science, astronomy from the Stone Age to lunar flights). Ursan julkaisuja, Helsinki, 2003.
Venkatraman, Padma. *Double Stars, The Story of Caroline Herschel*. Morgan Reynolds Publishing, Greenboro, 2007.

✻ 19　革命の陰に生きた、近代化学の母

Donovan, Arthur. *Antoine Lavoisier: Science, Admistration, and Revolution*. Cambridge University Press, Cambridge, 1996.
Duveen, Debis I. Madame Lavoisier, 1758 – 1836, *Chymia*, Vol. 4, 1953.
Hoffman, Roald. Madame Lavoisier, *American Scientist*, Vol. 90, 2002.
Hudson, John. *Suurin tiede – kemian historia*. Art House, Helsinki, 2002.
McKie, Douglas. *Antoine Lavoisier: Scientist, Economist, Social Reformer. Constable*, London, 1952.
Smeaton, William. Monsieur and Madame Lavoisier in 1789: the chemical revolution and the French Revolution, *Ambix*, Vol. 36, 1989.
Vidal, Mary. David among the moderns: art, science and the Lavoisiers, *Journal of the History of Ideas*, Vol. 56, 1995.

catalog of an exhibition held at Historisches Museum in Frankfurt am Main in the winter of 1997/98.

✷ 15　ベルリン・アカデミーの“科学技能者”

Aufgebauer, P. Die Astronomenfamilie Kirch, *Die Sterne* 47, 1971, pp. 241 – 247.
Conner, Clifford D. *A People's History of Science – Miners, Midwives and Low Mechanicks*. Nation Books, New York, 2005.
Fox Keller, Evelyn. *Tieteen sisarpuoli*. Vastapaino, Tampere, 1988.
Euler, Leonhard. *Letters to a German princess on physics and philosophy*. Translated into Finnish and provided with notes by Johan Stén. Omakustanne. Oy Fram Ab, Vaasa, 2007.
Hunter, Lynette & Hutton, Sarah (ed.). *Women, Science and Medicine 1500 – 1700, Mothers and Sisters of Royal Society*, Sutton Publishing, Gloucestershire, 1997.
Isaksson, Eva. *Nainen ja maailmankaikkeus* (Woman and the universe). Ursan julkaisuja 31, Helsinki, 1987.
Phillips, Patricia. *The Scientific Lady, A Social History of Woman's Scientific Interests 1520 – 1918*. Weidenfeld and Nicolson Lyd, London, 1990.
Roinila, Markku. Tieteen historian tähtihetkiä: G. W. Leibniz ja Berliinin tiedeakatemian varhaisvaiheet (Highlights in the history of science; G.W Leibniz and the early days of academy of science in Berlin), *Tieteessä tapahtuu* No 1, 2004, pp. 32 – 36.
Schiebinger, Londa. *The Mind has no Sex? Women in the Origins of Modern Science*. Harvard University Press: Cambridge, MA, 1989. [★シービンガー『科学史から消された女性たち』]
—. Maria Winkelmann at the Berlin Academy, A Turning Point for Women in Science, *ISIS*, 1987, 78, pp. 39 – 65.
Shoemaker, Robert B. *Gender in English Society 1650 – 1850: The Emergence of Separate Shperes?*, Longman, London, 1998.
Quataert, Jean H. The Shaping of Women's Work in Manufacturing: Guild, Households, and the State in Central Europe, 1648 – 1870, *The American Historical Review*, Vol. 90 (5), 1985.

✶第Ⅴ部　啓蒙時代のサロン、大学、科学界の女性教養人

Conley, Johm J. *The Suspicion of Virtue, Woman Philosophers in Neoclassical France*. Cornell University Press, Ithaca and London, 2002.

✷ 16　フランスにおける新物理学の伝道者

Bodanis, David. E=mc^2, *A biography of the World's Most Famous Equation*. Translated into Finnish by Ilkka Rekiaro. Tammi, Helsinki, 2001. [★ボダニス『E=mc^2：世界一有名な方程式の「伝記」』、伊藤文英他訳、ハヤカワ文庫NF]
—. *Passionate Minds*. Crown Publishers, New York, 2006.
Du Châtelet, Emilie. *Institutions de Physique*. Prault, Paris, 1740.
—. Principies mathématiques de la philosophie naturelle I-II. Éditions Jacques Gabay, Paris, 1990 (facsimile of 1759 edition).
Ekeland, IVar. *The Best of Possible Worlds. Mathematics and Destiny* (Finnish translation). Art House, Helsinki, 2004.
Hankins, Thomas L. *Science and the Enlightenment*. Cambridge University Press, Cambridge, (1985) 2003.
Hutton, Sarah. Women, Science, and Newtonianism: Emilie du Châtelet versus Francesco Algarotti: *Newton and Newtonianism*, New Studies. J. E. Force & S. Hutton (ed.). Kluwer Academic Publishers, Dordrecht, 2004.
—. Emilie du Châtelet's *Institutions de physique* as a document in the history of French Newtonianism: *Studies in History and Philosophy of Science Part A*, 35 (3), 2004.
Janik, Linda Gardiner. Searching for the metaphysics of science: the structure and composition of Madame Du Châtelet's Institutions de physique 1737 – 1740, *Studies on Voltarire and the Eighteenth Century*, Vol. 201, 1982.
Kaitaro, Timo. Ranskalainen valistus ja järjen kritiikki, *Filosofian historian kehityslinjoja* (The French Enlightenment and the critique of reason, developments in the history of philosophy). Korkman, Petter & Yrjönsuuri, Mikko (ed.). Gaudeamus, Helsinki, 2003.
Pekonen, Osmo. Esipuhe, IVar Ekeland: *The Best of Possible Worlds. Mathematics and Destiny* (Finnish translation). Art House, Helsinki, 2004.
Siukonen, Jyrki. *Mies palavassa hatussa. Professori Johan Welinin maailma* (Man in the burning hat. The world of Professor of Welin). Sarja: Suomalaisen Kirjallisuuden Seuran Toimituksia 1052, Helsinki, 2006.

Bowerbank, Sylvia & Mendelson, Sara (eds.). *Paper Bodies – A Margaret Cavendish Reader*. Broadview Press, Peterborough, 2000.

Campbell, Mary Baine, *Wonder and Science*. Cornell University Press, Ithaca, 2004.

Cavendish, Margaret. *Observations upon Experimental Philosophy*. Edited by Eileen O'Neill. Cambridge Texts in the History of Philosophy series. Cambridge University Press, Cambridge, 2001.

—. *The Blazing World and Other Writings*. Kate Lilley (ed.). Penguin Books, London, 2004.［★キャヴェンディッシュ『新世界誌 光り輝く世界』、『ユートピア旅行記叢書』2 所収、川田潤訳、岩波書店］

—. *Philosophical and Physical Opinions*. Enlarged edition. Printed by William Wilson, Anno Dom. M.DC.LXIII. London, 1663.

Conway, Anne. *The Principles of the Most Ancient and Modern Philosophy*. Edited by Allison P. Coudert and Taylor Corse. Cambridge Texts in the History of Philosophy series. Cambridge University Press, Cambridge, 1996 (2003).

Coudert, Allison P. *Leibniz and The Kabbalah*. Kluver Academic Publisher, Dordrecht, 1995.

Duran, Jane. Anne Viscountess Conway – A Seventeenth-Century Rationalist, *Hypatia's Daughters*. Edited by Linda Lopez McAlister. Indiana University Press, Indianapolis, 1996.

Fara, Patricia. *Pandora's Breeches – Women, Science & Power in the Enlightenment*. Pimlico, London, 2004.

Frankel, Lois. Damaris Cudworth Masham – A Seventeenth-Century Feminist Philosopher, *Hypatia's Daughters*. Edited by Linda Lopez McAlister. Indiana University Press, Indianapolis, 1996.

Hall, A. Rupert. *From Galileo to Newton*. Dover Publications, New York, (1963) 1981.

Hobbes, Thomas. *Leviathan or The Matter, Forme and Power of a Common Wealth Ecclesiastical and Civil* (Finnish translation). Vastapaino, Tampere, 1999.［★ホッブズ『リヴァイアサン』全 4 巻、水田洋訳、岩波文庫］

Hunter Lynette & Hutton, Sarah. *Women, Science and Medicine 1500 – 1700: Mothers and Sisters of the Royal Society*, Sutton Publishing, London, 1997.

Hutton, Sarah. *Anne Conway – A Woman Philosopher*. Cambridge University Press, Cambridge–New York, 2004.

—. *The Conway Letters*. Clarendon Press. Oxford, 2004.

Meyner, Gerald Dennis. *The Scientific Lady in England 1650 – 1760: An account of her Rise with emphasis on the Major Roles of the Telescope and Microscope*. University of California Press, Berkeley, 1955.

Shapin, Steven. *Social History of Truth, Civility and Science in Seventeenth-Century England*. The University of Chicago Press, Chicago, 1995.

Spiller, Elizabeth. *Science, Reading, and Renaissance Literature: The Art of Making Knowledge, 1580 – 1670* (Cambridge Studies in Renaissance Literature and Culture). Cambridge University Press, Cambridge– New York, 2005.

Whitaker, Katie. *Mad Madge: Margaret Cavendish, Duchess of Newcastle, Royalist, Writer and Romantic*. Vintage, London, 2004

✺ 14　博物画家、昆虫学の先駆者にして探検家

Davis, Natalie Zemon. *Three Seventeenth-century lives* (Finnish translation). Otava, Helsinki, 1997.

Jonston, Jan (1603 – 1675). Historiae Naturalis de Insectis Libri III. De Serpentibus et Draconibus Libri II, Merian, Frankfurt am Main, 1650 – 1653.

Findlen, Paula. Inventing nature: Commerce, art and science in the early modern cabinet of curiosities', *Merchants & Marvels – Commerce, Science and Art in Early Modern Europe*. Edited by Pamela H. Smith & Paula Findlen. Routledge, New York, 2002.

Merian, Maria Sibylla. *Metamorphosibus Insectorum Surinamensium*. Haag, 1726.

—. *Leningrad Watercolors*: Facsimile, 2 folio vols.: ed. Ernst Ullman. Harcourt Brace Jovanovich, New York and London, 1974.

—. *Schmettering, K.fer und Andere Insekten: Leningrader Studienbuch*. Hrsg. von Wolf-Dietrich Beer. Bd. 1–2, Leipzig und Luzem, 1976.

Stearn, William T. Maria Sibylla Merian (1647 – 1717) as a Botanical Artist, *Taxon*, Vol. 31, 1982, pp. 529 – 534.

Todd, Kim. Chrysalis: *Maria Sibylla Merian and the Secrets of Metamorphosis*. Harcourt, New York 2007. Valiant, Sharon: Questioning the Caterpillar, *Natural History*, Vol. 101, 1992, pp. 46 – 59.［★トッド『マリア・シビラ・メーリアン：17 世紀、昆虫を求めて新大陸へ渡ったナチュラリスト』、屋代通子訳、みすず書房］

Valiant, Sharon. Maria Sibylla Merian: Recovering an Eighteenth-Century Legend, *Eighteenth-Century Studies*, Vol. 26, 1993, pp. 467 – 479.

Wettengl, Kurt (ed.). *Maria Sibylla Merian (1647 – 1717): Artist and Naturalist*. Ostfildern- Ruit: Verlag Gerd Hatje, 1998. A

Alanen, Lilli. Descartesin elämä, tieteellinen työ ja filosofinen ajattelu. (The life of Descartes, scientific work and philosophical thinking). Introduction in the work: Descartes, René: *Teokset I* (Works I). Gaudeamus, Helsinki, 2001.
—. Descartes ja Elisabeth – filosofinen dialogi? (Descartes and Elizabeth – philosophical dialogue?), *Spiritus Animalis, Kirjoituksia filosofian historiasta.* (Spiritus Animalis, Writings on the philosophy of history). Heinämaa, Sara; Reuter, Martina & Yrjönsuuri, Mikko (ed.). Gaudeamus, Helsinki, 2003.
Broad, Jacqueline. *Women Philosophers of the Seventeenth Century* (pp. 13–34). Cambridge University Press, Cambridge, 2002.
Conley, John, J. *The Suspicion of Virtue, Women Philosophers in Neoclassical France.* Cornell University Press, Ithaca, 2002.
De Baar, Mirjam, Machteld Löwensteyn, Marit Monteiro, A. Agnes Sneller (toim.). *Choosing the Better Part, Anna Maria van Schurman (1607 – 1678).* Kluwer Academic Publisher, Dordrecht, 1996.
Descartes, René. *Teokset I*(Works I) (Rules for the Direction of the Mind［★デカルト『精神指導の規則』、野田又夫訳、岩波文庫］, Discourse on Method［★デカルト『方法序説』、山田弘明訳、ちくま学芸文庫］, Optis and letters 1619 – 1640). Translated into Finnish by Sami Jansson. Gaudeamus, Helsinki, 2001.
—. *Teokset II* (Works II) (Meditations on First Philosophy［★デカルト『省察』、山田弘明訳、ちくま学芸文庫］. Letters 1640 – 1641). Translated into Finnish and provided with notes by Tuomo Aho and Mikko Yrjönsuuri. Forword by Lilli Alanen. Gaudeamus, Helsinki, 2002.
—. *Teokset III* (Works III) (Principles of Philosophy［★デカルト『哲学原理』、桂寿一訳、岩波文庫］.Totuuden tutkimus luonnollisella valolla. Huomautuksia erääseen ohjelmajulistukseen. Letters 1641 – 1645). Translated into Finnish by Mikko Yrjönsuuri, Jari Kaukua, Sami Jansson and Tuomo Aho. Gaudeamus, Helsinki, 2003.
—. *Teokset IV* (Works IV) (Passions of the soul［★デカルト『情念論』、谷川多佳子訳、岩波文庫］. Description of the human body, Development of the foetus［★デカルト『人間論』、著作集 4 所収、伊東俊太郎、塩川徹也訳、白水社］. Correspondence with Princess Elizabeth［★『デカルト＝エリザベト往復書簡』、山田弘明訳、講談社学術文庫］. Letters 1646 – 1650. The origins of peace). Translated into Finnish and provided with notes by Timo Kaitaro, Mikko Yrjönsuuri, Markku Roinila and Tuomo Aho. Introduction by Martina Reuter. Gaudeamus, Helsinki, 2005.
Fara, Patricia. *Pandora's Breeches, Women, Science & Powerin the Enlightenment.* Pimlico, London 2004.
Hart, Erica. *Cartesian Women.* Cornell University Press, New York, 1992.
Hutton, Sarah. *The Conway Letters.* Clarendon Press, Oxford, 2004.
Irwing, Joyce L. Anna Maria van Schurman: The Star of Utrecht (1607 – 1678), *Female Scholars, A Tradition of Learned Women Before 1800.* Jean R. Brink (ed.). Eden Press, Women's Publications, Montreal, 1980.
Meurdrac, Marie. *La Chymie Chariable et Facile, en Faveur des Dames*, 1656.
Nye, Andrea. Polity and Prudence, The Ethics of Elisabeth, Princess Palatine, *Hypatia's Daughters.* Linda Lopez McAlister (ed.). Indiana University Press, Indianapolis, 1996.
Nye, Andrea. *The Princess and the Philosopher, Letters of Elisabeth of the Palatine to René Descartes.* Rowman & Littlefield Publishers, New York, 1999.
Roinila, Markku. René Descartes – Hyisen pohjolan viettelys, *Filosofin kuolema (The entice ment of the frigid north, the death of philosophy).* Timo Kaitaro & Markku Roinila (ed.). Summa, Helsinki, 2004.
Russell, Bertrand, *The History of Western Philosophy*, 1–2. Translated into Finnish by J. A. Hollo. WSOY, Helsinki–Porvoo–Juva, 1992.［★ラッセル『西洋哲学史』全 3 巻、市井三郎訳、みすず書房］
Saarinen, Esa. *Länsimäisen filosofian historia huipulta huipulle* (The history of western philosophy from peak to peak). WSOY, Helsinki–Porvoo– Juva, 1985.
Schiebinger, Londa. *The Mind has no Sex? Women in the Orgins of Modern Science.* Harvard University Press, Cambridge MA, 1991.［★シービンガー『科学史から消された女性たち』］
Van Schurman, Anna Maria. *Whether a Christian Woman Should Be Educated and Other Writings from Her Intellectual Circle.* Edited and translated by Joyce L. Irwing. The University of Chicago Press, Chicago, 1998.

✷ 13　二人の哲学者：知を熱望したイングランドの貴婦人たち

E. J. Aiton. *Leibniz. A Biography.* Adam Hilger, Bristol & Boston, 1985.［★エイトン『ライプニッツの普遍計画』］
Hirsch, Eike Christian. *Der berühmte Herr Leibniz.* Beck, München, 2000.
Battigelli, Anna. *Margaret Cavendish and the Exiles of the Mind.* The University Press of Kentucky, Lexington, 1998.
Broad, Jacqueline. *Women Philosophers of the Seventeenth Century.* Cambridge University Press, Cambridge, 2002.
Bowerbank, Sylvia. *Speaking for Nature – Women and Ecologies of Early Modern England.* The Johns Hopkins University Press, Baltimore, 2004.

✸ 10　パリ出身の教養ある職業助産婦

Donnison, Jean. *Midwives and Medical Men, A History of the Struggle for the Control of Childbirth*. Heinemann Educational Books, London, 1977.

Conrad, Lawrence I. & Neve, Michael et al. *The Western Medical Tradition: 800 BC to 1800 AD*. Cambridge University Press, 1995.

Kalisch, Philip & Scobey, Margaret & Kalish, Beatrice. Louyse Bourgeois and the Emergence of Modern Midwifery, *Journal of Nurse-Midwifery*, Vol. 26, No 4, 1981, pp. 3 – 17.

Lindemann, Mary. *Medicine and Society in Early Modern Europe*. Cambridge University Press, Cambridge 1999.

Perkins, Wendy. *Midwifery and Medicine in Early Modern France, Louise Bourgeois*. University of Exeter Press, Exeter, 1996.

Speert, Harold. *Obstetrics and Gynecology, A History and Iconography*. The Parthenon Publishing Group, New York, 2004.

✸ 11　科学革命時代の北欧女性

Arndt, Margarete. Die Astronomin Maria Cunitz, eine Gelehrte des schlesischen Barock, *Jahrbuch der Schlesischen Friedrich-Wilhelms-Universität zu Breslau*. Bd. 27: 1986, pp. 87 – 98.

Christianson, John Robert. On Tycho's Island – *Tycho Brahe, Science and Culture in the Sixteenth Century*. Cambridge University Press, Cambridge, 2000.

—. Tycho and Sophie Brahe: Gender and Science in the Late Sixteenth Century, *Acta Historica astronomiae* 2002, Vol. 16, pp. 30 – 45.

Cohen, I. Bernard. *Revolution in Science*. Harvard University Press, Cambridge, 1985.

Connor, James, A. *Keplers's Witch – An Astronomer's Discovery of Cosmic Order Amid Religious War, Political Intrigue, and the Heresy Trail of His Mother*. Harper Collins, New York, 2004.

Cunitia, Maria. *Urania propitia sive Tabulae Astronomicae mire faciles [...]*. Excudebat typographus Olsnensis J. Seyffertus, Olsnae Silesiorum, 1650.

Debus, Allen George. *The Chemical Philosophy: Paracelsian Science and Medicine in the Sixteenth and Seventeenth Centuries*. Courier Dover Publications, Mineola, N.Y, 2003.

Dreyer, John L. *Tycho Brahe: A Picture of Scientific Life and Work in the Sixteenth Century*. Adam & Charles Black, Edinburgh, 1890; Kessinger Publishing LLC, Whitefish, MT, 2004 (reprint).

Greenberg, Arthur. *The Art of Chemistry, Myths, Medicines and Materials*. John Wiley & Sons Inc., Hoboken N. J, 2003.

Guentherodt, Ingrid. Maria Cunitia: Urania Propitia. Intendiertes, erwartetes und tatsächliches Lesepublikum einer Astronomin des 17. Jahrhunderts, *Daphnis*, Bd. 20, Heft 2, 1991: 311 – 353 facsims.

Guentherodt, Ingrid. Maria Cunitz und Maria Sibylla Merian: Pionierinnen der deutschen Wissenschaftssprache im 17. Jahrhundert: *Zeitschrift für germanistische Linguistik*, Bd. 14, Heft 1, 1986, 24 – 49 facsims.

Nenonen, Marko. *Noitavainot Euroopassa – Myytin synty* (Witch hunts in Europe – the origins of myth). Atena Kustannus, Jyväskylä, 2006.

Shackelford, Jole. *A Philosophical Path for Paracelsian Medicine*. Museum Tusculanum Press, Copenhagen, 2004.

Schiebinger, Londa. *The Mind has no Sex? – Women in the Orgins of Modern Science*. Harvard University Press, Cambridge, MA, 1989. [★シービンガー『科学史から消された女性たち』]

—. Maria Winkelmann at the Berlin Academy – A Turning Point for Women in Science. *ISIS*, 78, 1987, pp. 39 – 65.

✳第IV部　十七・十八世紀の教養ある貴婦人、科学の冒険者、そして匠（アーティザン）

De Baar, Mirjam; L.wensteyn, Machteld; Monteiro, Marit & Sneller, Agnes (eds.). *Choosing the Better Part: Anna Maria van Schurman (1607 – 1678)*. Translated from the Dutch by Lynne Richards. Series: International Archives of the History of Ideas 146. Kluwer Academic Publishers, Dordrecht, Boston, London, 1996.

Woods, Jean, M. & Fürstenwald, Maria. *Schriftsellerinnen, Künstlerinnen und gelehrte Frauen des deutschen Barock*. J. B. Metzlersche Verlagsbuchhandlung, Stuttgart, 1984.

✸ 12　オランダ女性による知のレース編み

Aiton, E. J. *Leibniz. A Biography*. Adam Hilger, Bristol, 1985. [★エイトン『ライプニッツの普遍計画』、渡辺正雄訳、工作舎]

✴第Ⅲ部　ルネサンス期の女性教養人と科学革命

Burckhardt, Jacob. *The Civilisation of the Renaissance in Italy*. WSOY, Porvoo, 1956 (Finnish translation). [★ブルクハルト『イタリア・ルネサンスの文化』全２巻、柴田治三郎訳、中公クラシックス]

Kelly-Gadol, Joan. Did Women Have a Renaissance? *Becoming Visible: Women in European History*. Renata Bridentgal & Claudia Koonz (ed.). Houghton Mifflin, Boston, 1977.

Leikola, Anto. Renessanssin luonnontiede, *Renessanssi* (Natural science in the Renaissance, *Renaissance*). Matilainen, Pekka (ed.). Painatuskeskus, Helsinki, 1995.

Rabelais, François. *Pantagruel, Dipsodien kuningas* (Pantagruel, King of the Dipsodi). Translated into Finnish by Erkki Salo. Kustannuskiila Oy, Kuopio, 1989. [★ラブレー『パンタグリュエル』、『ガルガンチュアとパンタグリュエル』２所収、宮下史朗訳、ちくま文庫]

✹ 9　果たして女性にルネサンスは到来し、人文学者たり得たのか？

Alnaes, Karsten. *The Awakening: European history 1300 – 1600*. Translation into Finnish by Heikki Eskelinen. Otava, Helsinki, 2005.

Blaisdell, C. J. Marguerite de Navarre and Her Circle (1492 – 1549), *Female Scholars: A Tradition of Learned Women before 1800*. Jean R. Brink (ed.). Eden Press Women's Publications, Montreal, 1980.

Burckhardt, Jacob. *The Civilisation of the Renaissance in Italy* (Finnish translation). WSOY, Porvoo, 1956. [★ブルクハルト『イタリア・ルネサンスの文化』]

Cereta, Laura. *Collected Letters of a Renaissance Feminist*. Transcribed, translated, and edited by Diana Robin. The University of Chicago Press, Chicago, 1997.

Clifton, Cloria. *Directory of British Scientific Instrument Makers 1550 – 1851*. Zwemmer, London, 1996.

Dicaprio, Lisa & Wiesner, Merry E. *Lives and Voices, Sources in European Women's History*. Houghton Mifflin Company, Boston, 2001.

Fedele, Cassandra. *Letters and Orations*. Edited and translated by Diana Robin. The University of Chicago Press, Chicago, 2000.

Joutsivuo, Timo & Mikkeli, Heikki (edit.). *Renessanssin tiede* (Science in the Renaissance). SKS, Helsinki, 2000.

Kaartinen, Marjo. *Arjesta Ihmeisiin. Eliitin kulttuurihistoriaa 1500–1800-luvun Euroopassa* (From the everyday to wonders. The cultural history of the elite in Europe from the 16th to the 19th centuries). Tammi, Helsinki, 2006.

King, Margaret L. *Women of the Renaissance*. The University of Chicago Press, Chicago, 1991.

——. *The Renaissance in Europe*. Laurence King Publising, London, 2003.

——. *Humanism, Venice, and Women – Essays an the Italian Renaissance*. Ashgate Publishing, London 2005.

King, Margaret L. & Rabil, Albert Jr. *Her Immaculate Hand*. Pegasus Press, Asheville, NC, 1997.

Kristeller, Paul Oskar. Learned Women of Early Modern Italy: Humanists and University Scholars, *Beyond Their Sex, Learned Women of the European Past*. Patricia H. Labalme (ed.). New York University Press, New York, 1980.

Merisalo, Outi. *Manu Scripta. Länsimaisen kirjan historia keskiajalla 500–1500* (Manu Scripta. History of the western book in the Middle Ages 500 – 1500). Kampus Kustannus, Jyväskylän yliopiston ylioppilaskunnan julkaisusarja 69, Jyväskylä, 2003.

Pico della Mirandola. *On human dignity*. Translated into Finnish by Tapio Martikainen. Atena, Jyväskylä, 1999. [★ピーコ・デッラ・ミランドラ『人間の尊厳についての演説』、『ルネサンスの人間論：原典翻訳集』所収、佐藤三男訳編、有信堂高文社]

Rabil Albert Jr. *Laura Cereta – Quattrocento Humanist*. Center for Medieval & Early Renaissance Studies, State University of New York, Binghamton, N.Y, 1981.

Rice, Eugene F. Jr & Grafton, Anthony. *The Fundations of Early Modern Europe 1460 – 1559*. W. W. Norton & Company, New York, 1994.

Robin, Diana. Cassandra Fedele's Epistolae (1488 – 1521): Biography as Effacement, *The Rhetoric of Life-Writing in Early Modern Europe*. Thomas F. Mayer & D. R. Woolf (eds.). The University of Michigan Press, Ann Arbor, 1995.

——. *Publishing Women*. The University of Chicago Press, Chicago, 2007.

Servadio, Gaia. *Renaissance Woman*. I. B. Tauris, London, 2005.

Biokustannus Oy, Helsinki, 1997.
Kitchell, Kenneth & Resnick, Irven. Hildegard as a Medieval "Zoologist": The Animals of the Physica, *Hildegard of Bingen: A Book of Essays*. Edited by Maud Burnett McInerney. Garland Publishing, New York, 1998.
Mäkinen, Virpi. *Keskiajan aatehistoria* (Intellectual history of the Middle Ages). Atena Kustannus Oy, Jyväskylä, 2003.
Newman, Barbara (ed.). *Voice of the Living Light*. University of California Press, Berkeley, 1998.
Raittila, Anna-Maija. *Hildegard Bingeniläinen – Hengähdä minussa Vihanta Henki*. Kirjapaja, Helsinki, 1997.
Schipperges, Heinrich. *The World of Hildegard of Bingen – Her Life, Times and Visions*. Burns & Oates, Kent, 1998.
—. *Hildegard of Bingen, Healing and the Nature of the Cosmos*. Markus Wiener Publisher, Princeton, NJ, 1998.
Singer, Charles. The Scientific Views and Visions of Saint Hildegard, *Studies in The History and Method of Science*. Charles Singer (ed.). William Dawson & Sons, London, 1955.
Strehlow, Wighard ja Hertzka, Gottfried. *Hildegard Bingeniläisen hoidot* (The treatments of Hildegard of Bingen). Translated into Finnish by Airi Mäkinen. AM-Broker Oy, Helsinki, 1995.

✱ 8　フランス初の女性職業作家

Bell, Susan Groag. *The Lost Tapestries of the City of Ladies*. Christine de Pizan's Renaissance Legacy. University of California Press, Berkeley, 2004.
Boethius, Anicius Manlius Severinus. *Filosofian lohdutus (The consolation of philosophy) De Consolatione Philosophiae Liibri Quinque*. Translated into Finnish and provided with notes by Juhani Sarsila. Vastapaino, Tampere, 2001.［★ボエティウス『哲学の慰め』、畠中尚志訳、岩波文庫］
Brown-Grant, Rosalind. *Christine de Pizan and The Moral Defence of Woman*. Cambridge University Press, Cambridge, 1999.
Dante, Alighieri. *Jumalainen näytelmä. La Divina Commedia*. Translated into Finnish by Eino Leino. Karisto, H.meenlinna, 1990.［★ダンテ『神曲』上－下、山川丙三郎訳、岩波文庫］
De Pizan, Christine see Pizan, Christine de
Desmond, Marilynn (ed.). *Christine de Pizan and the Categories of Difference*. University of Minnesota Press, Minneapolis, 1998.
Forhan, Kate Lagdon. *The Political Theory of Christine de Pizan*. Ashgate Publishing, Aldershot, 2002.
Livius, Titus. *Rooman synty* (History of Rome). (Original work: *Ab urbe condita*). *I-II*. Latinan kielestä suomentanut ja nimihakemistolla varustanut Marja Itkonen-Kaila (Translated from Latin into Finnish and provided with an index of names by Marja Itkonen-Kaila). WSOY, Porvoo–Helsinki–Juva, 1994.［★リウィウス『ローマ建国史』上下、北村良和編訳、PHP 研究所］
Merisalo, Outi. *Manu Scripta. L.nsimaisen kirjan historia keskiajalla (500–1500)* (The history of the western book in the Middle Ages). Kampus Kustannus, Jyväskylä, 2003.
Ovidius Naso, Publius. *Muodonmuutoksia. Metamorphoseon libri I – XV*. Suomennos, esipuhe ja hakemisto (Translation into Finnish, prologue and index): Alpo R.nty. WSOY, Porvoo– Helsinki–Juva, 1997.［★オウィディウス『変身物語』上下、中村善也訳、岩波文庫］
Pizan, Christine de. *The Epistle of Othéa*. Translated by Stephen Scrope & Curt F. Bühler. Oxford University Press, Oxford, 1970.
—. *The Treasury of the City of Ladies, or, The Book of the Three Virtues*. Trans. Sarah Lawson. Penguin, London 1985.
—. *The Book of the City of Ladies*. Translated by Earl Jeffrey Richard. Persea Books, New York, 1998.
—. *The Book of the Duke of True Lovers*. Translated by Thelma Fenster and Nadia Margolis. Persea Books, New York, 1991.
—. *The Book of the Body Politic*. Translated by Kate Langdon Forhan. Cambridge University Press, Cambridge, 1994.
—. *The Book of Deeds of Arms and of Chivalry*. Translated by Sumner Willard. Edited by Charity Cannon Willard. Pennsylvania State University Press, University Park, Pa, 1999.
—. *The Vision of Christine de Pizan*. Translated by Glenda McLeod & Charity Cannon Willard. D. S. Brewer, Suffolk, 2005.
Quilligan, Maureen. *The Allegory of Female Authority, Christine de Pizan's Cité des Dames*. Cornell University Press, Ithaca, 1991.
Sherman, Claire. *Imaging Aristotele, Verbal and Visual Representation in Fourteenth-Century France*. University of California Press, Berkeley, 1995.
Willard, Charity Cannon. *Christine de Pizan, Her Life and Works*. Persea Books, New York, 1984.

Setälä, Päivi. *Antiikin nainen* (Woman of antiquity). Otava, Helsinki, 1993.

Thesleff, Holger & Sihvola, Juha. *Antiikin filosofia ja aatemaailma* (The philosophy and world of ideas of antiquity). WSOY, Helsinki, 1994.

Waithe, Mary Ellen. Aspasia of Miletus, *A History of Women Philosophers*. E. Waithe (ed.). Vol. I: Ancient Women Philosophers, 600 BC – 500 AD. Martinus Nijhoff Publishers, Boston, Dordrecht, Lancaster, 1987.

✻ 5　女神(ミューズ)から学者へ

Cameron, Alan. Isidore of Miletus and Hypatia: On Editing of Mathematical Texts, *Greek, Roman and Byzantine Studies*, Vol. 31, No. 1, 1990.

Deakin, Michael, A. B. Hypatia and Her Mathematics, *The American Mathematical Monthly*, Vol. 101, No. 3, 1994.

Dzielska, Maria. *Hypatia of Alexandria*. Harvard University Press, Cambridge, MA, 1995.

Eukleides. *Euklideen Alkeista Kuusi ensimäistä kirjaa* (The first six books of Euclid's Elements). Suom. Pekka Aschan. Kuopio, 1859. [★『ユークリッド原論』、メンゲ編、中村幸四郎他訳、共立出版]

Evans, James. *The History and Practice of Ancient Astronomy*. Oxford University Press, USA, 1998.

Heath, Thomas Little, *A History of Greek Mathematics*. Clarendon Press, Oxford, 1960.

Isaksson, Eva. *Nainen ja maailmankaikkeus* (Woman and the universe). Ursan julkaisuja 31, Helsinki, 1987.

Knorr, Wilbur. *Textual studies in Ancient and Medieval Geometry*. Birkh.user, Boston, Basel & Berlin, 1989.

MacLeod, Roy (ed.). *The Library of Alexandria. Centre of learning in the ancient world*. I. B. Tauris, London, 2005.

Vrettos, Theodore. *Alexandria, City of the Western Mind*. The Free Press, New York, 2001.

Waithe, Mary Ellen. Hypatia of Alexandria, *A History of Women Philosophers*. E. Waithe (ed.). Vol. I: Ancient Women Philosophers, 600 BC – 500 AD. Martinus Nijhoff Publishers, Boston, Dordrecht, Lancaster, 1987.

—. Finding Bits and Pieces of Hypatia, *Hypatia's Daughters*. Linda Lopez McAlister (ed.). Indian University Press, Bloomington, 1996.

✳第II部　中世の教養ある修道女と宮廷婦人

Bishop, Morris. *The Middle Ages*. Houghton Mifflin Books, 2001.

Lindberg, David C. The Transmission of Greek and Arabic Learning to the West, *Science in the Middle Ages*. Edited by David C. Lindberg. Series: (CHSM) Chicago History of Science and Medicine. The University of Chicago Press. Chicago, 1978.

✻ 6　自身を歴史に書きとどめたビザンツ帝国の皇女

Buckler, Georgina. *Anna Comnena, A Study*. Oxford University Press, Oxford, 1929.

Comnena, Anna. *The Alexiad* (trans. Elizabeth Dawes). Kegan Paul, Trench, Trubner & Co., London, 1928.

—. *The Alexiad* (trans. E. R. A. Sewter). Penguin Classics, London, 2003 (1969).

Dalven, Rae. *Anna Comnena*. Twayne Publishers, New York, 1972.

Gouma-Peterson, Thalia (ed.). *Anna Komnene and Her Times*. Garland Publishing, New York, 2000.

Haldon, John. *Byzantium. A History*. Tempus, Gloucestershire, 2005.

Macrides, Ruth. The Pen and The Sword: Who Wrote the Alexiad? *Anna Komnene and Her Times*. Thalia Gouma-Peterson (ed.). Garland Publishing, New York, 2000.

Mango, Cyril (ed.). *The Oxford History of Byzantium*. Oxford University Press, Oxford, 2002.

Stephenson, Paul. Anna Comnena's Alexiad as a Source for the Second Crusade, *Journal of Medival History* 29, 2003.

Tuominen, Marja. *Bysanttilainen Triptyykki, kolme esseetä Jumalansynnyttäjän kuvasta* (A Byzantine triptych, three essays about the icon of the Mother of God). SKS, Helsinki, 1997.

✻ 7　宇宙論、医学書、博物学書を著した修道女

Chamberlain, Marcia Kathleen. Hildegard of Bingen's Causes and Cures: A Radical Feminist Response to the Doctor-Cook Binary, *Hildegard of Bingen: A Book of Essays*. Edited by Maud Burnett McInerney. Garland Publishing, New York and London, 1998.

Dronke, Peter. *Women Writers of the Middle Ages*. Cambridge University Press, Cambridge, 1984.

Hovila, Marjaleena. *Hildegard Bingeniläisen kivet, kasvit ja metallit* (Hildegard of Bingen's stones, plants and metals).

Ebeling, E. *Parfümrezepte und kultische Texte aus Assur*. Roma, 1950.
Gilgamesh. Kertomus ikuisen elämän etsimisestä (Gilgamesh; a tale of the quest for eternal life). Translated into Finnish by Jaakko Hämeen- Anttila. Basam Books, Helsinki, 2000. ［★『ギルガメシュ叙事詩』、矢島文夫訳、ちくま学芸文庫］
Harris, Rivkah. *Gender and Aging in Mesopotamia: The Gilgamesh Epic and Other Ancient Literature*. University of Oklahoma Press, Oklahoma, 2003.
Ide, Arthur Frederick. *Woman in the Ancient Near East* (Women in History Series). Mesquite (Tex.), IdeHouse, 1982.
Levey, Martin. *Chemistry and Chemical Technology in Ancient Mesopotamia*. Elsevier Publishing Company, New York, 1959.
Nemet-Nejat, Karen Rhea. *Daily life in ancient Mesopotamia*. Hendrickson Publishers, New York, 2002.
Oppenheim, A. Leo. *Ancient Mesopotamia*. The University of Chicago Press, Chicago, 1964.
Parpola, Simo. L.nsimaisen kulttuurin mesopotamialainen sielu (The Mesopotamian soul of western culture, *Tutkimuksen etulinjassa – Tieteen päivät 1995 (On the frontline of research – Science Seminar 1995)*. Jan Rydman (ed.). WSOY, Porvoo, 1995.
—. Idästä tuli valo, L.nsimaisen sivistyksen juuret (Light came from the east, *The roots of western civilisation*). Miia Pesonen, Harri Westermarck (ed.). Helsingin yliopiston vapaan sivistysty.n toimikunta, Helsinki, 2004.
Seibert, Ilse. *Women in the Ancient Near East*. Edition Leipzig, Leipzig, 1974.

✹3　ピュタゴラス派：最初期の女性哲学者たち

Burkert, Walter. *Lore and Science in Ancient Pythagoreanism*. Harvard University Press, Harvard, 1972.
Fantham, Elaine & Peet Foley, Helene et al. *Women in the Classical World*. Oxford University Press, Oxford, 1994.
Fideler, David R. (ed.). *The Pythagorean Sourcebook and Library*. Grand Rapids. Phanes Press, 1987.
Gorman, Peter. *Pythagoras. A Life*. Routledge and Kegan Paul Ltd., London, 1979.
Kahn, Charles H. *Pythagoras and the Pythagoreans. A Brief History*. Hackett Publishing Company, Indianapolis, 2001.
Kajas, Antti. Pythagoras – Tappavat pavut, *Filosofin kuolema* (Killer beans, the death of philosophy). Timo Kaitaro and Markku Roinila (ed.). Kustannusosakeyhti. Summa, Helsinki, 2004.
Laertios, Diogenes. *Merkittävien filosofien elämät ja opit (The lives and doctrines of significant philosophers)* (translated into Finnish by Marke Ahonen). Kustannusosakeyhtiö Summa, Helsinki, 2003.
Lång, Fredrik. *Elämäni Pythagoraana* (My life as a Pythagorean). Tammi, Jyväskylä, 2005.
Setälä, Päivi. *Antiikin nainen* (Woman of antiquity). Otava, 1993.
Thesleff, Holger. *An Introduction to the Pythagorean Writings of the Hellenistic Period*. Åbo: Åbo Akademi, 1961.
Thesleff, Holger & Sihvola, Juha. *Antiikin filosofia ja aatemaailma* (The philosophy and world of ideas of antiquity). WSOY, Porvoo, 1994.
Waithe, Mary Ellen (ed.). *A History of Women Philosophers*, Vol. 1, Ancient Women Philosophers 600 B.C. – 500 A.D., (pp. 11 – 74). Dordrecht: Nijhoff, 1987.
Wider, Kathleen. Women Philosophers in the Ancient Greek World: Donning the Mantle, *Hypatia*, Vol. I (I), 1986.

✹4　女性に知的活動は可能か？

Alanen, Lilli. Naisen asema valtiossa Platonin ja Aristoteleen mukaan, *Nainen, järki ja ihmisarvo. Esseitä filosofian klassikoiden naiskäsityksistä* (Woman, reason and human dignity. Essays on the classical concepts of women in philosophy). Lilli Alanen, Leila Haaparanta, Terhi Lumme (ed.) WSOY, Helsinki, 1985.
Aristotle. Politiikka (Politics), *Teokset* (Works), osa (volume) VIII (translated into Finnish by A. M. Anttila). Gaudeamus, Helsinki, 1991. ［★アリストテレス『政治学』、田中美知太郎他訳、中公クラシックス］
Bloedow, Edmund F. Aspasia and the Mystery of the Menexenos, *Wiener Studien* NF 9, 1975.
Henry, Madeleine M. *Prisoner of History. Aspasia of Miletus and her Biographical Tradition*. Oxford University Press, Oxford, 1995.
Hesiod. *Works and Days* (Erga kai hemerai). Translation into Finnish by Paavo Castr.n. Tammi, Helsinki 2004. ［★ヘシオドス『仕事と日』、松平千秋訳、岩波文庫］
Montuori, Mario. *Socrates. An Approach*. Gieben, Amsterdam, 1988.
Platon. Menexenus, *Teokset* (Works), osa (volume) II (transl. into Finnish by Marja Itkonen-Kaila). Otava, Helsinki, 1999. ［★プラトン『メネクセノス』、全集 10 所収、津村寛二訳、岩波書店］
Platon. Valtio (The Republic), *Teokset* (Works), osa (volume) IV (transl. into Finnish by Marja Itkonen-Kaila). Otava, Helsinki, 1999. ［★プラトン『国家』上下、藤沢令夫訳、岩波文庫］

Lahtinen, Anu. *Sopeutuvat, neuvottelevat, kapinalliset – Naiset toimijoina Flemingin sukupiiriss. 1470 – 1620* (Conforming, conferring, rebelling – Active women in the Fleming family 1470 – 1620). SKS, Helsinki, 2007.

Lairtulier, E. *Les femmes célèbres de 1789 à 1795 et leur influence dans la revolution.* Libraire politique, Paris, 1840.

Merchant, Carolyn. *The Death of Nature – Women, Ecology and Scientific Revolution.* Harper, San Francisco, New York, 1990 (1st edition 1980). ［★マーチャント『自然の死：科学革命と女・エコロジー』、団まりな他訳、工作舎］

Monzans, H. J. *Woman in Science.* University of Notre Dame Press, Notre Dame, Indiana, 1991 (1913).

Oksala, Johanna & Werner Laura (ed.). *Feministinen filosofia* (Feminist philosophy). Gaudeamus, Helsinki, 2005.

Phillips, Patricia. *The Scientific Lady – A Social History of Woman's Scientific Interests 1520 – 1918.* Weidenfeld and Nicolson, London, 1990.

Prudhomme, Louis-Marie (éd.). *Biogrphie universelle et historique des femmes célèbres mortes ou vivantes.* Lebigre, Paris, 1830.

Rahikainen, Marjatta & Vainio-Korhonen, Kirsi (ed.). *Työteliäs ja Uskollinen – Naiset piikoina ja palvelijoina keskiajalta nykypäivään* (Hard-working and loyal – women as maids and servants from the Middle Ages to the present day). SKS, Helsinki, 2006.

Raivio, Kari & Rydman, Jan & Sinnemäki, Anssi (ed.). *Rajalla – Tiede rajojaan etsimässä* (On the border – Science seeks its limits). Gaudeamus, Helsinki, 2007.

Schiebinger, Londa. *The Mind has no Sex? Women in the Origins of Modern Science.* Harvard University Press, Cambridge, MA, 1989. ［★シービンガー『科学史から消された女性たち：アカデミー下の知と創造性』、小川真理子訳、工作舎］

Shapin, Steven. *A Social History of Truth.* The University of Chicago Press, Chicago, 1994.

Wolff, Johann Christian. *Mulierum graecarum.* Abraham Vandenhoeck, Hamburg, 1735.

Woods, Jean M. & Fürstenwald, Maria. *Schriftellerinnen. Künslerinnen und gelehrte Frauen des deutschen Barock, Ein Lexikon.* J. B. Metzlersche Verlagsbuchhandlung, Stuttgard, 1984.

✳第I部　古代の女性教養人

Freeman, Charles. *Egypt, Greece and Rome: Civilizations of the Ancient Mediterranean.* Oxford University Press, Oxford, 2004.

Parpola, Simo. L.nsimaisen kulttuurin mesopotamialainen sielu (The Mesopotamian soul of western culture), *Tutkimuksen etulinjassa (On the frontline of research).* Jan Rydman (ed.). WSOY, Porvoo, 1995.

—. Light from the east, *Länsimaisen sivistyksen juuret* (The roots of western civilisation). Miia Pesonen, Harri Westermarck (ed.). Helsingin yliopiston vapaan sivistystyön toimikunta, Helsinki, 2004.

✺1　古代エジプトにおける知識、権力、宗教の体現者

Alic, Margaret. *Hypatia's Heritage, A History of Woman in Science from Antiquity to Late Nineteenth Century.* The Women's Press, London, 1986. ［★アーリク『男装の科学者たち』］

Dorman, Peter, F. *The Tombs of Senenmut.* Kegan Paul International, London, 1988.

Holthoer, Rostislav. *Muinaisen Egyptin kulttuuri* (The history of ancient Egyptian culture). Otava, Helsinki, 1994.

Lyons, Albert & Petrucelli, R. J. *Medicine: An Illustrated History.* Abradale Press, New York, 1987. ［★ライオンズ、ペトリセリ『図説 医学の歴史』、小川鼎三監訳、学研プラス］

Naville, Edouard. *The Temple of Deir el-Bahari*, 7 vols. 1895 – 1908.

Nunn, John F. *Ancient Egyptian Medicine.* The British Museum Press, London, 1997.

Parker, Richard A. *Ancient Egyptian Astronomy, Philosophical Transactions of the Royal Society of London.* A. 276, 1974.

Robins, Gay. *Women in Ancient Egypt.* The British Museum Press, London, 1993.

Roehring Catharine H. (ed.). *Hatshepsut. From Queen to Pharaoh.* The Metropolitan Museum of Art, New York, 2005.

Tyldesley, Joyce A. Daughters of Isis, Women of Ancient Egypt. Penguin Books, London, 1994.

—. *Hatchepsut: The Female Pharaoh.* Penguin Books, London, 1996.

✺2　メソポタミアの化学の母たち

Bott.ro, Jean (ed.). *Everyday Life in Ancient Mesopotamia.* Maryland John Hopkins University Press, Maryland, 2001.

Burkert, Walter. *The Orientalizing Revolution: Near Eastern Influence on Greek Culture in Early Archaic Age.* Translated by Walter Burkert and Margaret Pinder. Cambridge, Harvard University Press, 1992.

参考文献

＊邦訳がある場合はその書誌情報を訳註［★　］で示し、初出のみに訳者名、版元名を付した。

＊＊＊ 序：女性教養人の“復活”と権力の行使、そして性役割（ジェンダー・ロール） ＊＊＊

Aartomaa, Ulla (ed.). *Naisten salonki – 1700- luvun eurooppalaisia naistaitelijoita* (A salon for women – European women artists in the 18th century). WSOY, Helsinki, 2007.

Ahola, Minna & Antikainen, Marjo-Riitta & Salmesvuori, P.ivi. *Eevan tie alttarille* (Eeva's road to the altar). Edita, Helsinki, 2002.

Alanen, Lilli & Haaparanta, Leila & Lumme, Terhi (toim.). *Nainen, Järki ja ihmisarvo* (Woman, reason and human dignity). WSOY, Helsinki, 1986.

Alic, Margaret. *Hypatia's Heritage. A History of Women in Science from Antiquity to the Late ineteenth Century*. Boston, Beacon Press, 1986.［★アーリク『男装の科学者たち：ヒュパティアからマリー・キュリーへ』、上平初穂他訳、北海道大学図書刊行会］

Braudel, Fernand. *On history*. Weidenfeld & Nicolson, London 1980.

Boccaccio. *Famous Women* (trans. Virginia Brown). Harvard University Press, Cambridge, MA, 2003.

Christine de Pizan. *The Book of the City of Ladies* (trans. Earl Jeffrey Richards). Persea Books, New York, 1998.

Cohen, Bernard J. *Revolution in Science*. Harvard University Press, Cambridge, MA, 1985.

Darboy, George. *Les femmes de la Bible*. Garnier frères, Paris, 1850.

Foucault, Michel. *The Order of Things: An Archaeology of the Human Science*. Pantheon, New York, 1970.［★フーコー『言葉と物：人文科学の考古学』、渡辺一民、佐々木明訳、新潮社］

Galien, Mme. *Apologie des dames, appuyée sur l'histoire*. Didot, Paris 1748.

Gourdon de Genouillac, H. *Les Françaises à toutes les époques de notre historie*. A. Hennyer, Paris, 1893.

Hall, A. Rupert. *From Galileo to Newton. Dover Publication*, New York, 1963.

—. *The Revolution in Science 1500 – 1750*. Longman, London, 1983.

Heinämaa, Sara. Naisia filosofiassa! (Women in philosophy!), *Spiritus animalis, Kirjoituksia filosofian historiasta* (Writings on the history of philosophy). Sara Hein.maa, Marina Reuter ja Mikko Yrjönsuuri (ed.). Gaudeamus, Helsinki, 2003.

Heywood, Thomas. *Gynaikeion: or, Nine Bookes of Various History Concerninge Women*. Adam Islip, London, 1624.

Engman, Marja. Suomen varhaisimmat tutkijanaiset, *Tiede, tieto ja sukupuoli* (The earliest Finnish women researchers, *Science, knowledge and gender*). Liisa Husu & Kristina Rolin (ed.). Gaudeamus, Helsinki, 2005.

Elomaa, Hanna. Mikrohistoria johtolankojen jäljillä, *Kulttuurihistoria – johdatus tutkimukseen* (On the trail of microhistory, *Cultural history – introduction to research*). SKS, Helsinki, 2001.

Hoyningen-Huen, Paul. *Reconstructing Scientific Revolution: Thomas S. Kuhn's Philosophy of Science*. The University of Chicago Press, Chicago, 1993.

Kaartinen, Marjo. *Arjesta Ihmeisiin – Eliitin kulttuurihistoriaa 1500–1800 -luvun Euroopassa (From the everyday to wonders)*. Tammi, Helsinki, 2006.

Korhonen, Anu. Mentaliteetti ja kulttuurihistoria, *Kulttuurihistoria – johdatus tutkimukseen* (Mentality and cultural history, *Cultural history – introduction to research*). SKS, Helsinki, 2001.

Katainen, Elina; Kinnunen, Tiina; Packalén, Eva ja Tuomaala, Saara (ed.). *Oma Pöytä – Naiset historiankirjoittajina Suomessa* (A desk of your own: women as writers of history in Finland). SKS, Helsinki, 2005.

Kuhn, Thomas S. *The Structure of Scientific Revolutions* (Finnish Translation). Art House, Helsinki 1994.［★クーン『科学革命の構造』、中山茂訳、みすず書房］

Labalme, Patricia H. (ed.). *Beyond their Sex – Learned Women of the European Past*. New York University Press, New York, 1984.

La Croix, Jean-François de. *Dictionnaire historique portative des femmes célèbres*. Le Cellot, Paris, 1769.

Lahtinen, Anu (ed.). *Tanssiva mies, pakinoiva nainen – Sukupuolten historiaa* (Male dancers, female commentators – History of the genders). Turun historiallinen yhdistys, Turku, 2001.

としては最後になったフランス語版とラテン語版（図版72点）が刊行された。

195……出版されたメーリアンのメモ入り画帖は、*Maria Sibylla Merian; Schmetterling, Käfer und Andere Insekten: Leningrader Studienbuch*. Bd. 1. Wolf-Dietrich Beer (Hrsg.). Leipzig 1976.

196……See Stearn 1982.

197……Valiant 1992, p. 51.

198……Davis 1997, pp. 196-197.

199……Findlen 2002, pp. 297-323.

200……Davis 1997, pp. 177-252.
同書には、メーリアンの生涯を昆虫の変態（メタモルフォシス）になぞらえた、興味深い解釈が見受けられる。

201……アフラ・ベーンは、著述業で生計を立てたイングランド人女性の草分けともなる人物で、戯曲、小説、紀行などのさまざまな作品を刊行したが、同時に学術書の優れた翻訳者でもあった。1688年には、ド・フォントネルによる女性向けの科学入門書『世界の複数性についての対話』の英訳『新世界の発見』を出版している［★当該の略伝も参照のこと］。

202……Davis 1997, p. 226.

203……Davis 1997, p. 228.

15

204……ベルリン科学アカデミーには以下のさまざまな呼称がある：*Berlin Societät der Wissenschaften, Kurfürstlich-Brandenburgische Sozietät der Wissenschaften and Preußische Akademie der Wissenschaften.*

205……See Hunter & Hutton (ed.) 1997.

206……17世紀末、前近代的な科学という見地における、技巧に長けた“匠（アーティザン）”の貢献については、Clifford D. Conner *A People's History of Science*, 2005が興味深い。

207……See Quataert 1985.

208……Shoemaker 1998, p. 194.

209……Aufgebauer 1971, p. 244.

210……Schiebinger 1987, p. 48.

211……Schiebinger 1987, p. 52.

212……Schiebinger 1987, p. 61.

213……Aufgebauer 1971, p. 246.

214……See for example Fox Keller 1988.

215……Phillips 1990, p. 98-104.

第V部

16

216……See Hanki 1985.

217……包括的なエミリー・デュ・シャトレの伝記が2種、同じ年に刊行されている（Zinsser 2006およびBodanis 2006）。Zinsser & Hayes (ed.) 2006も参照。

218……たとえば以下2種を参照：Nancy Mitford *Voltaire in Love*, 1957 and Samuel Edwards *The Divine Mistress*, 1971.

219……Moriarty 2006, p. 203.

220……Bodanis 2006, p. 104.

221……See Terrall 1995.

222……Bodanis 2006, p. 106.

223……Bodanis 2006, p. 156.

224……Bodanis 2001, p. 79.

225……Kaitro 1998, p. 289.

226……たとえばFox Keller 1988などを参照。

227……Kaitaro 2003, p. 298.

228……この書物には少なくとも175の異版が確認され、仏語、独語、蘭語、英語の各語版も存在する。著者アルガロッティは同書に常時改訂を施しており、書題も2回以上変更された。

229……Siukonen 2006, p. 218.

230……Zinsser 2006, p. 277.

231……エミリー・デュ・シャトレ仏訳のニュートン『プリンキピア』註解版は、これ以前となる1756年にも出版されているが、完全版ではなかった。

232……Zinsser 2001, p. 238.

17

233……Berti Logan 1994, p. 791 and 802.

234……Massbarger 2001, p. 67.

235……Montagu 1908, p. 252.

236……Zinsser 2006, p. 210.

237……Berti Logan 1994, p. 795.

238……Berti Logan 1994, p. 809-811.

239……Messbarger 2001, p. 69.

240……同上、p. 74.

241……Messbarger 2001, p. 76.

242……Messbarger & Findel (ed.) 2005, pp. 128-140

243……Messbarger & Findel (ed.) 2005, pp. 117-127.

244……Ci.slak-Golonka & Morten 2000, p. 72.

18

245……Mrs John Herschel, 1876, p. IX.
同書はカロラインの甥の妻マーガレットが編んだ書簡集。

246……See Hoskin (ed) 2003a.

247……See Brock 2007.
同書は、カロライン・ハーシェルと彼女の生きた時代に関する、多くの斬新な見解を提起する秀逸な研究書。

248……Brock 2007, p. 123.

249……Venkatraman 2007, pp. 86-87.

250……Brock 2007, p. 157.

251……Brock 2007, p. 208.

252……Brock 2007, p. 212.

19

253……Donavan 1993, p. 114.

254……Fara 2004, p. 167.

255……Hudson 2002, p. 110.

148……Van Schurman 1998, p. 7.
この逸話の出典は、ド・ラバディの信仰復興運動に参加したアンナ・マリア・ヴァン・スフールマンの友人がものした下記の著書：*Pierre Yvon Abrégé sincere de la vie et de la conduiteet des vrais sentimens de feu Mr. De Labadie*, 1715.
149……Descartes 2001, Teokset (Works) I に掲載の、リリ・アラネンによる序文（p. 19）から。
150……Descartes 2001, Teokset (Works) I, pp. 117–168.
151……Descartes 2002, Teokset (Works) II.
152……Descartes 2005, Teokset (Works) IV, pp. 27–143.
153…… Descartes 2005, Teokset (Works) IV に掲載の、マルティナ・ロイターによる序文(pp. 7–21) から。
154……Descartes 2005, Teokset (Works) IV, p. 188.
155……Descartes 2005, Teokset (Works) IV, pp. 154–155.
156……Descartes 2003, Teokset (Works) III, pp. 32–33.
157……Roinila 2004, pp.134–145.
158……Roothaan 1996, pp. 103–116.
159……Roothaan 1996, pp. 103–116.
160……Roothaan 1996, pp. 111.
161……Hutton 2004, p. 576.
162……Aiton 1985, p. 90–100.

13

163……英語の scientific（科学的）という概念は、17 世紀にはまだ登場していない。自然研究に基づく知識が natural science（自然科学）と呼ばれるようになったのも 18 世紀になってからのことである。
164……Hall 1981 (1963), p. 137.
165……Hall 1981(1963), p. 132.
166……See for example Broad 2002 and Lopez McAlister 1996.
167……Translation by Ilkka Karttunen.
168……マーガレット・キャヴェンディッシュの形而上学についての詳細は Broad 2002 pp. 35– 64 を参照。
169……Descartes 2005, Teokset (Works) IV, pp. 294– 297.
書簡のやりとりが始まった 1646 年の時点で、ウィリアム・キャヴェンディッシュの肩書きはまだニューカッスル侯爵だった（公爵に叙されるのは、それから 10 数年後の 1660 年）。
170……マーガレット・キャヴェンディッシュの自然観については、たとえば Bowerbank 2004, pp. 52–79 を参照。
171……*Poems and Fancies*（1653）に当該の詩が収録されている。
172……Bowerbank 2004, pp. 61–62.
173……実験的自然科学に対するマーガレット・キャヴェンディッシュの批判については、Battigelli 1998, pp. 85–113 を参照。
174……Spiller 2004, p. 155.
175……See Campbell 2004.
176……Shapin 1995, pp. 42–64.
177……同上、pp. 86–100.
178……Siukonen 2006, p. 164.
179……Battigelli 1998, pp. 104–105.
180……Meyner 1955, p. 2.
181……Cavendish 2001, Introduction by Eileen O'Neill, pp. x–xxxvi.
182……See Hutton 2004.
183……現在もその壮大な姿を残す、ロバート・フックの設計によるラグリー・ホールの着工は、アン・コンウェイの没年（1679）以後となる 1680 年代のことだった。今日のウォリックシャーは、主にウィリアム・シェイクスピア（1564 -1616）の生誕地として知られる。
184……レディ・ラニラは、17 世紀の科学哲学について記した A. Rupert Hall *From Galileo to Newton; 1963* で言及されている唯一の女性となる。
185……Conway 1996, p. 1.
186……See Aiton 1985 ja Hirsch 2000.
187……See Conway 1996.
188……Conway 1996, Coudert and the prologue of Corse, pp. xxx–xxxi.
189……See Coudert 1995, chapter 4.
190……Leibniz; *Monadologia*, 1995.
191……Conway; 1996, p. xxxi.
アン・コンウェイとヴァン・ヘルモントがライプニッツに及ぼした影響については、Coudert; 1995 chapter 2 も参照。

14

192……テオドール・ド・ブリ『大旅行誌』刊行の経緯については、Campbell 2004, pp. 51 – 67 を参照。

193……マリア・ジビーラ・メーリアンはルター派の洗礼を施されたというが（Davis 1997, p. 198）、カルヴァン主義者だったと断言する向きもある（Valiant 1993, p. 478）。いずれにせよ、彼女はプロテスタントの教育を受けたのであり、婚後を暮らしたニュルンベルクで家族ぐるみのつきあいがあったのも“自然は神が創造した”と力説する敬虔主義寄りのプロテスタント信徒だった。

194……『ヨーロッパ産鱗翅類：その変態と食草』は、1679 年の初版以来、著者の没年となる 1717 年までに延べ 3 種の版が刊行されている。片や『スリナム産昆虫変態図譜』のほうは、1705 年にまずオランダ語版が、同年のうちにラテン語版がそれぞれアムステルダムで刊行されており（図版 60 点）、各種の第 2 版もやはりアムステルダムで 1719 年に刊行された（図版 72 点）。ただし、1 次資料（定版）とされるのは、ハーグで 1726 年に刊行されたオランダ語版およびラテン語版、フランス語版である（図版 72 点）。オランダ語版は 1730 年、アムステルダムでさらにもう 1 版を重ね（図版 72 点）、その後 1771 年にはパリで、同時代

を通じて知ったようだが(Willard 1984, p. 10-19)、のちにはサルターティを相手取った公開状によって彼の思想を国内に伝えたフランスの文学者サークルの活動から、サルターティの著作に関する知識を得ている (Willard, 1984, pp. 47-48)。
82……Christine de Pizan 2005, p. 135.
83……Merisalo 2003, p. 153.
84……ギリシア語の *ana*（against=反)、*kronos*（time= 時間）を語源とする〈アナクロニズム〉は、任意の時代の現象なり概念なりを、その同時代性から逸脱して考察している状態、あるいは思考を指す。
85……Willard 1984, p. 173.
86……Willard 2005, p. 1.
87……See Langdon Forhan 2002.
88……See de Pizan 1999, prologue to Willard, p. 1-9.
89……De Pizan 1999, prologue to Willard, p. 8.

第III部

90……Rabelais 1989, p. 50.
91……See Burckhardt 1956.
92……See Kelly-Gadol 1977.

9

93……King & Rabil 1983, p. 70.
94……Robin 2007, p. xviii-xix.
95……カッサンドラ・フェデーレの生涯については、Fedele 2000, p. 3-15 を参照。
96……Schiebinger 1991, p. 18-19.
97……Baisdell 1980, p. 36.
98……Kaartinen 2006, p. 30.
99……Merisalo 2003, p. 153.
100……Alnaes 2003, p 451.
101……ラウラ・チェレータの生涯については、Cereta 1997, p.3-62 を参照。
102……DiCaprio & Wiesner 2001 p. 172-173.
103……ヘルシンキ、フィンランド国立図書館所属の Sirkka Havu からの情報による。
104……Robin 2000 p. 162.
105……Pico della Mirandola 1999, p. 61-62.
106……King & Rabil 1983, p. 127.
107……Fedele 2000, p. 44.
108……イゾッタ・ノガローラの生涯については、King & Rabil 1983, p. 17-18 を参照。
109……Robin 2007, pp. xvii-xxvi.
110……See Clifton 1996.

10

111……Perkins 1996, p. 30.
112……Kalisch, Scobey & Kalisch 1981, p. 12.
113……Perkins 1996, p. 56-62.
114……Kalisch, Scobey & Kalisch 1981, p. 7.
115……Kalisch, Scobey & Kalisch 1981, p. 8.
116……Kalisch, Scobey & Kalisch 1981, p. 9.
117……Kalisch, Scobey & Kalisch 1981, p. 10.

11

118……See Nenonen 2006.
119……マリア・クニティア（Maria Cunitia）という異称もある［★本文の図 53（『慈悲深きウラニア』の表題ページ）の著者名表記を参照のこと］。
120……Psalms 93:1; 96:10; 104:5, I Chronicles 16:30 Ecclesiastes 1:4, 5.
121……ティコ・ブラーエが開発した大型六分儀は天体観測のためのもので、これを基にした海上での位置を測定する小型の装置が 18 世紀に開発されている。
122……Christianson 2003, p. 257.
123……Debus 2002, p. 1.
124……Shackelford 2004, pp. 127-128.
125……Geenberg 2003, pp. 89-91.
126……Christianson 2002, p. 32.
127……同上、p. 42.
128……Guentherodt 1991, pp. 346-348.
129……See Woods & Fürstenwald 1984.
130……See W. Wynn Westcott: *Numeroiden salainen voima* (The secret power of numbers), Biokustannus (the year is not given).
131……Guentherodt 1991, p. 351.
132……『慈悲深きウラニア』(1650) 表題ページのドイツ語テクストより。
133……ケプラーの法則：1) 各惑星は太陽をひとつの焦点とする楕円軌道を描く。2) 太陽から惑星に至る直線は等時間に等面積を描く。3) 惑星の公転周期の 2 乗は太陽からの平均距離の 3 乗に比例する。
134……Woods & Fürstenwald 1984, p. 22.

第IV部

135……Meurdrac 1656, extract from foreword to the book.
136……Conway 2003, pp. xxx-xxxi.

12

137……Descartes 2003, Teokset (Works) III, pp. 21-23.
138……Descartes 2005, Teokset (Works) IV, pp. 149-153.
139……Descartes 2005, Teokset (Works) IV, pp. 146-278.
140……Broad 2002, p. 17.
141……Descartes 2001, Teokset (Works) I, pp. 272.
142……Descartes 2001, Teokset (Works) I, p. 272.
143……Di Caprio & Wiesner 2001, pp. 172-173.
144……Van Schurman 1998, pp. 25-37.
145……Descartes 2002, Teokset (Works) II, p. 324.
146……Descartes 2002, Teokset (Works) II, p. 324.
147……Descartes 2005, Teokset (Works) IV, p. 254.

は「第 1 位の」、shepes は「高貴な、高位の」という意味。t は女性名の末尾に付けられる（エジプト学者 Jaana Toivari-Viitala からの示唆による）。

26……Nunn 1996, p. 191.

27……Nunn 1996, p. 124.

この銘文はさまざまに解釈されており、本表記はあくまでもひとつの解釈である。

28……Alic 1986, p. 20–21.

29……Lyons & Petrucelli 1987, p. 566.

30……近年の例としては、2006 年春にニューヨークのメトロポリタン美術館で大規模な展覧会が開催された。

2

31……Ebeling 1950, p. 32.

32……Simo Parpola 教授（アッシリア学）との私的な議論による。

33……See Ebeling 1950.

同書は、アッシリア語で記された香油の調合法を、原語によって綿密に調査した初の研究書となる。

34……アッカド語は、古代バビロニア文明にあって神聖視されていた。

35……Harris 2000, p. 148.

36……Gilgamesh 2000.

37……Parpola 1995, p. 48–57.

3

38……現代イタリア地名表記ではクロトーネとなる。

39……Waithe 1987, pp. 11–74.

同書全 3 巻は、古代から 18 世紀啓蒙時代までの女性哲学者を体系的に研究している。

40……ピュタゴラス派の女性たちによる文献を研究している Holger Thesleff 名誉教授との私的な議論による。

41……See Lång 2005.

小説の体裁で書かれた同書にも、ザルモクシスに関する説得力ある挿話が登場する。巻末には、かなり包括的な文献目録が収載されている。

42……Kajas 2004, p. 17–29.

43……See Kahn 2001.

44……ピュタゴラスとエトルリア人との関係についての研究はほとんど見受けられない。エトルリア文化の繁栄は紀元前 6 世紀にも続いていて、ギリシアとの親交もあった。

45……Waithe 1987, p. 59–74.

46……See Waithe 1987.

4

47……See Henry 1995.

同書はアスパシアに関する詳細な調査がなされた興味深い研究書。

5

48……See MacLeod 2005.

49……See Waithe, Mary Ellen 1996.

この論説は、ヒュパティアという人物と、数学者、哲学者としての彼女の役割に関する最重要研究を概説している。

また、現在最も詳細なヒュパティア研究書としては、Dzielska 1995 が挙げられる。

50……Knorr 1989, pp. 755–816.

51……Toland 1720: *Hypatia; or The history of the most beautiful, most virtuous, most learned, and in every way accomplished lady; who was torn to pieces by the clergy of Aleksandria, to gratify the pride, emulation, and cruelty of their Archbishop Cyril.*

52……Wolff, Johann Christian; *Mulierum graecarum*…, Hamburg, Abraham Vandenhoeck, 1735.

第II部

53……Kaartinen 2006, p. 24.

54……Lindberg 1978, p. 52.

6

55……Comnena 1928, p. 1.

56……本書の原出版国フィンランドでも『アレクシオス 1 世伝』は未訳であり、専門家による翻訳が望まれる。

57……Comnena 2003, p. 375.

58……Comnena 2003, p. 194.

59……Haldon 2005, p. 11.

60……Comnena 2003, p. 478.

61……Comnena 2003, p. 507.

62……See Macrides 2000.

63……同上。

64……Tuominen 1997, p. 64–65.

7

65……M.kinen 2003, p. 27.

66……Dronke 1984, p. 175.

67……Strehlow, Wighard ja Hertzka, Gottfried 1995, p. 20.

68……Strehlow, Wighard and Hertzka, Gottfried 1995, p. 116.

69……Strehlow, Wighard ja Hertzka, Gottfried 1995, p. 160.

70……Strehlow, Wighard ja Hertzka, Gottfried 1995, p. 243–244.

71……Hovila 1997, p. 81.

8

72……Brown-Grant 2003, p. 7–51.

73……ギヨーム・ド・ロリスは 1230 年代に執筆を中断したらしく、作品はジャン・ド・マンが続編として 1270 年代に完成させた。

74……Bell 2004, p. 20.

75……フランス王室による図書館の初期段階については、Sherman 1995 p. 3–12 を参照。

76……Merisalo 2003, p. 141.

77……同上。

78……Willard 1984, p. 74.

79……Willard 1984, p. 78.

80……Sherman 1995, p. 11–12.

81……自著でたびたびペトラルカやボッカッチョに言及していることから、クリスティーヌ・ド・ピザンが彼らの作品にたいへん親しんでいたことは想像に難くない。サルターティの思想については、そもそもが彼やペトラルカと同時期にボローニャ大学で学んだ父

原　註

序

1……「DNA 検査によってミイラがハトシェプスト女王であることが判明」—— *Helsingin Sanomat* 28. 6. 2007.

2……See Steven Shapin 1994.
17 世紀イングランド科学における社会的側面、文化的側面を考察している。ロンドンの王認教会が階級間の社会的平等を押し進めようとしてはいたが、学術的議論の場にふさわしいかどうかは“紳士の慣例”や“名誉”という概念に大きく左右されていた。

3……フランスの哲学者ミシェル・フーコーは、1960 年代初版の研究書の中で、“人文科学の考古学”という概念を基にして、現代の人文科学や人文科学上の概念の源泉となった思考を分析している。
See Foucault 2008 (original title; *Les mots et les choses: Une archéologie des sciences humaines*, Gallimard, 1966).

4……Heinämaa 2003, p. 191.

5……See A. Rupert Hall *From Galileo to Newton* (1963) and *The Revolution in Science 1500–1750* (1983).
高名な科学史家によるこれらの著書の索引に見受けられる女性は、わずか 2 人だけである。

6……Hoyningen-Huen 1993, pp. 14–18.

7……See Cohen 1985.

8……Lahtinen 2001, p. 10.

9……See Aartomaa (edit.) 2007, Ahola, Antikainen & Salmesvuori (edit.) 2002, Kaartinen 2006, Katinen et al. (edit.) 2005, Lahtinen (edit.) 2001, Lahtinen 2007, Rahikainen & Vainio-Korhonen (edit.) 2006, Oksala & Werner (edit.) 2005 and Ollila 1998.

10……Ollila 2001, p. 89.

11……See Lahtinen (edit.) 2001.

12……ヴァージニア・ブラウンが近年、ボッカチョのこの古典的名作を英訳している。
See Boccaccio 2003.

13……See Christine de Pizan 1998.

14……See Darboy 1850, Mme Glien 1748, Heywood 1624, Le Croix 1769, Lairtullier 1840, Prudhomme 1840 and Wolff 1735.
17、18 世紀ドイツの女性教養人については、1 次情報が豊富に掲載されている Woods and Fürstenwald 1984 も参照のこと。

15……H. J. Monzans *Woman in Science* (1913) は、アメリカ出身でドイツで没したカトリック司祭ジョン・ザーンが筆名モンツァンスのもとで出版した、女性教養人と女性の学問についての重要な研究書。今なお重要な典拠となっている他の著述は下記：
Carolyn Merchant *The Death of Nature* (1980), Patricia H. Labalme *Beyond their Sex* (1984), Margaret Alici *Hypatia's Heritage* (1986), Londa Schiebinger *The Mind has no Sex?* (1989) and Patricia Phillips *The Scientific Lady* (1990) .
また、各時代の女性著述家とその作品に関しては、下記の研究者による著作に収載の引用・参考文献一覧も参照のこと：
Maria Dzielska（古代）
Peter Dronken, Heinrich Schipperges, Barbara Newman and Charity Cannon Willard（中世）
Margaret L. King and Diana Robinin（ルネサンス期）
Jacqueline Broad, Paula Finndlen, Erica Harth, Lynette Hunter, Sarah Hutton, Rebecca Messbarger and Natalie Zemon Davis（近世自然哲学）

16……Ollila 2001, p. 83.

17……長期的プロセスと構造の研究史については、Braudel 1980 を参照。また、第 2 次大戦前のフランスの歴史学者によって興された、専門誌「アナール」*Annales* を中心に展開されたいわゆるアナール派の活動と、それ以降に連なる諸研究にも注目。Korhonen 2001 なども文化史という長期的構造に見られる心性（メンタリティ）を徹底的に探っている。

18……ミクロ歴史観の問題点については、Elomaa 2001 を参照。

19……詳しくは、本書第Ⅲ部「ルネサンス期の女性教養人と科学革命」を参照。

20……See Alanen, Haaparanta & Lumme 1986.

21……Engman 2005, pp. 37–38.

第 I 部

22……Parpola 2004.

23……“肥沃な三日月地帯”とは、ナイル川流域の低地からヨルダン川流域を経てメソポタミアのティグリス川東岸エラムに至り、一部はトルコの南東部に延びる豊饒な一帯を指す。前 1 万年頃、この地帯で農耕に基づく最古の文明が発達しはじめた。

24……Parpola 1995, pp. 48–57.
Freeman 2004 もまた、古代メソポタミア人と地中海人種のとの関係についての、わかりやすい入門書になるだろう。

1

25……ハトシェプストの名の Hat

の親族の若者らを督励して自らの研究開発に引き入れていったようである［★夫の死後、養子に迎えた甥ジョゼフは、長じてパリ王立科学アカデミー会員となっている］。ニコルが手がけた初の重要プロジェクトは、長さがさまざまに異なる振り子の振幅の計算で、その結果は夫による『時計製作論』*Traité d'horlogerie*（1755）に採録された。1757年、パリ天文台長ジョゼフ＝ジェローム・ド・ラランドの推挙によって、数学者アレクシス・クレローのもとハレー彗星の軌道計算に当たった彼女は、その助力なしでは膨大な数値に対応しきれなかっただろうというド・ラランドの記述が残されるほどの有能さを示し、59年に再び彼に請われて金星の太陽面通過の計算に加わったうえ、62年には天文暦（アルマナク）『時の知識』*Connaissance des temps* の中で翌々年にヨーロッパ各地で起きる日食の予測時間の発表まで行っている。晩年には体調を崩し、視力を損なって天文学者としての仕事を引退した。なお月面には、彼女にちなんで名付けられた直径16キロほどのクレーターがある。

■レオンティオン

Leontion（前4世紀）／ギリシアの哲学者

アテナイのエピクロス（前341-前270）の薫陶を受けた中でも、その名を最もよく知られた女性哲学者である。ピュタゴラス派、キュレネ派と同様、エピクロス派もまた、女性であれ奴隷であれその教えを授けられることで世評を高めていた。師の最も華々しい弟子として認知され、アリストテレスが興した逍遥学派の当時の指導者テオプラストス（前371-前287）の論文への批判を書いたとも言われている。女性の身で当代の最も尊敬すべき哲学者を腐した大胆すぎるその反骨心に、後世のプリニウス（後23-79）やボッカッチョ（1313-1375）らは非難の目を向けたのだという。著作はいっさい現存していない。

■ロスヴィータ（ロスヴィータ・フォン・ガンダースハイム）

Hrotsvitha; Roswitha; Hrosvith; Hrotsvitha von Gandersheim（935頃-1002）

／ドイツの修道女、劇作家、治療師

中世の女流劇作家の草分け。作品には6編の対話劇のほか、聖人伝や、神聖ローマ皇帝オットー1世（912-973）の治世を描いた『オットー帝言行録』*Gesta Ottonis* などがある。薬草療法の提唱者にして開発者、また民間医療の優れた施術者でもあったが、19世紀の研究者によってこれほどのラテン語を女性が書けるはずがないという評価を受けたこともあり、やがてその名は忘れ去られていった。

訴えたものの［★彼女自身、天然痘から生還した経験があった］、それが一般に広まるには田舎医師エドワード・ジェンナー（1749–1823）が牛痘の実用性を公表する98年を待たなければならなかった。1739年以降は国外に居を定め、61年に迎えた夫の死のあと、ようやくイングランドに帰還している。残されたオスマン時代の書簡は文化史的な視点からしても興味深く、死後3巻の書物としてまとめられている。

ラ

■ラヴォワジエ、マリー・ポールズ

［★第19章を参照］

Marie Paulze Lavoisier（1758–1836）

／フランスの化学者、翻訳家、科学画家

1771年、まだ13歳の頃、暮らしに困ることのないようにと10年前に亡くなった母の親族から40歳近く年上の裕福な伯爵と結婚するよう奨められるがそれを拒み、28歳の好青年アントワーヌ＝ローラン・ド・ラヴォワジエ（1743–1794）と結ばれる。すでに化学者として名をなし、パリ王立科学アカデミーの会員にも選出されていた夫アントワーヌにならって科学の道を志したこの若妻は、夫自身と彼の手配による家庭教師のもとで学びはじめ、やがて研究の協力者となって資料の翻訳や彼が執筆したテクストの挿画を担当するまでになった。1789年に出版された教本『化学原論』*Traité élémentaire de chimie*［★『化学のはじめ』、田中豊助他訳、内田老鶴圃新社］はそうした共同作業の結実で、当時の化学教育に多大な影響を与えている。だがフランス革命のさなかとなる1794年、アントワーヌは彼女の父同様に捕らえられ処刑されてしまう。この夫の死からいつまでも立ち直れなかった彼女は、遺された諸論文を編纂した『化学論集』*Mémoire de chimie*を刊行する一方で、1804年にはアメリカ生まれの物理学者、発明家のランフォード伯ベンジャミン・トンプソン（1753–1814）と再婚したものの、その生活も数年で終わりを迎えている。以後、革命前に開いていた文芸サロンをパリで再び主催するなどして独身のまま日々を送り、1836年に80年近い生涯を閉じた。

■リュラン、マリー・エーメ

Marie Aimée Lullin（1751–1822）

／スイスの博物学者

昆虫を実験主義的に研究した女性学者の草分けである。15歳から視力を失っていった博物学者の夫フランソワ・ユベール（1750–1831）による蜜蜂の生態研究を、スイス、ジュネーヴ近郊のプレグニーにあった自宅で助手フランソワ・ビュルナンとともに助けた。その成果となる『蜜蜂に関する新たな観察報告』*Nouvelles observations sur les abeilles*（1792）は夫フランソワの名義で出版されてこそいるものの、彼女の積極的な貢献と専門的な技術なくしてこれほどの研究は成り立たなかったに違いない。蜜蜂の触角の機能や、女王蜂による雄蜂との交配、受精の観察は、彼女の功績によるものだったのである。

■ルクレツィア・トルナブオーニ

Lucrezia Tornabuoni（1425–1493）

／イタリアの詩人、権謀家

ピエロ・ディ・コジモ・デ・メディチ（1416–1469）と1444年に結婚し、フィレンツェの名流メディチ家の重要人物となる。息子ロレンツォ（1449–1491）には、一家の当主であるコジモ・デ・メディチ（1389–1464）が1450年代に招集した“宮廷学会”プラトン・アカデミー（アカデミカ・プラトニカ）を維持し、そこで古典を主とする研究を続行するよう奨めた。ルネサンス期の多くの貴婦人と同様、公職に就くことがかなわなかったため、舞台裏の“黒幕”として暗躍したが、その一方で自作の詠唱を集めた『讃歌』*Le laudi*の出版なども行い、多くの上流女性による自作詩発表の先例となっている。

■ルポート、ニコル＝レーヌ

Nicole-Reine Lepaute（1723–1788）

／フランスの天文学者

のちにスペイン女王となるルイーズ＝エリザベート・ドルレアンの従者を務めたジャン・エタブルの娘としてリュクサンブール宮で生まれ、幼年の折から抜きん出た知力を示して注目を集めた。1749年にフランス王室付きの時計製作者ジャン＝アンドレ・ルポート（1720–1789）と結婚し、夫の仕事を手伝ううちに数学と天文学への興味を深めていく。夫婦は子をなさなかったものの、夫方女は、フランクフルトの裕福な職能者家庭に生まれた。バーゼル出身の父マテウス・メーリアン（1593–1650）は一流の銅版画家で、最初の妻の父ジャン・テオドール・ド・ブリ（1561–1623）が経営していた評判の印刷所を受け継いだ出版業者でもあった。このマテウスが亡くなると、後妻である母ヨハンナ・ハイムは生国オランダに縁の深い画家ヤーコプ・マレル（1613–1681）と再婚し、この義父が才能に恵まれた娘マリアに絵画の手ほどきをしていく。当初、女性画家が描く対象には草花などが向いているとされたものの、たちまち昆虫とその変態の有様に魅せられて植物に負けないほどの興味を抱くようになった彼女は、早くも13歳にして後年につながる博物学的な画風を得、のちには"虫が腐敗土から発生する"という大学の講義にあるようなアリストテレス派の誤解にも反証を試みるようになる（そうした観察結果の初の集成となる著書が、1679年刊となる『ヨーロッパ産鱗翅類：その変態と食草』*Der Raupen wunderbare Verwandlung und sonderbare Blumennahrung* である）。1665年に画家ヨーハン・アンドレアス・グラフと結婚したマリアは、長女ヨハンナ・ヘレナ、次女ドロテア・マリアという2人の娘をもうけたものの、20年後に起きた義父ヤーコプの遺産相続の問題が原因となって夫と別居することになり（さらに7年後の92年に離婚）、フランスの伝道者ジャン・ド・ラバディ（1610–1674）の信仰復興運動に娘たちと参加したのち、90年にアムステルダムへと移り住むが、画家として、また絵画教師として自活するうちに南米スリナムの動植物相への思いがつのり、ついに99年から1701年にかけて次女とともに渡航を果たして、05年には現地における観察をまとめた『スリナム産昆虫変態図譜』*Metamorphosis insectorum Surinamensium* を上梓することになる。マリアが昆虫学研究と図鑑という書籍形態に及ぼした影響は、他の追随を許さない。彼女は、昆虫が自らの生のために依存している食餌植物とともに、自然環境の一部としてあることを示した研究者だった。

■モラータ、オリンピア

Olimpia Morata（1526–1555）

／イタリアの人文学者

高名な人文学者、フルヴィオ・モラートを父にもつ。ルターやカルヴァンの思想についての講義に専心する彼の宗教観によって、1532年にフェッラーラを離れざるを得なくなった一家は、この家長に付き従って6年間をイタリア北部の某地で過ごすことになったものの、娘オリンピアの"あどけない才媛"ぶりが有力者一族エステ家の目に留まったため、その庇護を受けて地元への復帰がかなったのだという。オリンピアは、宗教改革派の若きドイツ人医学生アンドレアス・グルントラーとの出会いに恵まれて1550年に結婚したが、夫婦でバイエルンのシュヴァインフルトに移り住んでからもラテン語による執筆活動を続け、53年には詩1編、公開状（公開書簡）2編を発表している。ドイツにおける宗教戦争が激化すると、夫婦はそろってハイデルベルクへと逃れることになり、オリンピアは自宅で古典語の講義を開くようになったが、健康を損なって1555年に没した。彼女の著作は生前、シュヴァインフルト攻囲戦のあおりを受けて大半が灰燼に帰したものの、かろうじて残った詩や公開状などが死後3年となる58年以降、『フルヴィオの娘、女流学者オリンピア・モラータ』*Olympiae Fulviae Moratae foeminae doctissimae*（1558、1562、1570、1580）として友人らによってまとめられ、バーゼルで刊行されている。

■モンタギュー、メアリ・ウォートリー

Mary Wortley Montagu（1689–1762）

／イングランドの上流女性、著述家

キングストン＝アポン＝ハル公爵イーヴリン・ピアポイントとその夫人メアリ・フィールディングの娘で、1720年代に天然痘の予防接種（種痘）を母国に伝えたことでも名を残している。5歳のときに母を亡くした彼女は、子供時代に自宅で上質な教育を授かり、10代にしてラテン文学を英訳する早熟ぶりを見せたのだという。1712年にエドワード・ウォートリー・モンタギューと結婚して2児をもうけたメアリは、宮廷にあっても学識者サークルにあってもひとしなみにもてはやされ、自作詩が英文壇屈指の偉大な詩人アレグザンダー・ポープに激賞されるほどだった。1717年、夫の在オスマン大使拝任を機に一家を挙げてイスタンブルへと移住し、故意に傷つけた腕に人痘を植えて天然痘を防ぐ民間医療が現地にあることを知った彼女は、帰国後、こうした予防接種の要を上流社会にカと結婚して2児をもうける。1591年にいくつかの詩を発表したのち、女性嫌悪癖者であるジュゼッピ・パッシが“女なるもののあさましさ”を腐そうと1599年に刊行した『女性の欠点』*I donneschi difetti*に対抗する形で、翌1600年、隠れない女性讃歌である代表作『女性の高潔さと長所、男性の欠点と短所』*La nobilta e l'excellenza delle donne e i difetti e mancamenti degli uomini*を上梓した。ちなみに没後330年以上を経た1989年、彼女の名を冠した“ルクレツィア・マリネッラ協会”が、映画制作における女性の役割と女性によって撮られた映画の研究、分析を目的としてミラノ近郊の町セント・サン・ジョヴァンニを拠点に創設されており、95年には、映画の有史以来一貫して女性が監督やプロデューサー、あるいは技術の先駆者として活躍してきたことを解説する事典『女の眼：1896年から1996年までの記録と映像作品』*L'occhio delle donne — Le register e i loro film: 1896–1996*が、同協会の賛助のもと刊行されてもいる。

■マルグリット・ド・ナヴァル

Marguerite de Navarre (1492–1549)

／ナバラ王妃、著述家

アングレーム伯とルイーズ・ド・サヴォワの娘で、弟はのちのフランス王フランソワ1世である。子供の頃から一流の教育を受け、1509年、国王ルイ12世（1462–1515）の命に従いアランソン公シャルル4世（1489–1525）と17歳で政略結婚をし、彼の没後となる27年にアルブレ伯アンリことナバラ王エンリケ2世（1503–1555）と再婚した。1530年に息子ジャンを生後6カ月で亡くしてから詩篇『罪深き魂の鏡』*Miroir de l'âme pécheresse*を執筆し、後年ソルボンヌ大学によって異端の告発を受けることになる一方で、主催する文芸サロンが宗教改革者らのあいだで大評判を呼び、自身も詩や戯曲をさらに数多くものしていく。代表作はボッカッチョの物語集に触発された『七日物語』*Heptameron*［★『ヘプタメロン』、平岡威馬雄訳、ちくま文庫］で、諸国の利益を守るため政略結婚の手駒にされた貴族の娘たちの運命を描いている。フランソワ・ラブレー、クレマン・マロ、ピエール・ド・ロンサールら、当時の著名な文人を多数庇護し、その後援者となったことでもよく知られている。

■マンゾリーニ、アンナ・モランディ

［★第17章を参照］

Anna Morandi Manzolini (1716–1774)

／イタリアの科学技能者、解剖学教授

ボローニャに生まれ、早くから芸術を学ぶ環境にあったということ以外、婚前の経歴は不明である。20歳でボローニャ大学解剖学教授で造形作家のジョヴァンニ・マンゾリーニと結婚したあとは、夫婦協働のもとで蝋製人体解剖模型の制作にいそしみ、数多の受注をこなしていくのだが、そもそも病気がちな夫の健康がさらに損なわれるようになってからは、自宅で行っていた解剖学講義を含むすべての仕事をやむなく負担することになった。1755年に迎えた夫との死別ののちにボローニャ大学解剖学教授に任命されてからは、神聖ローマ帝国皇帝ヨーゼフ2世が69年のボローニャ来訪の折に彼女の手による解剖模型を購入し、ロシアのエカチェリーナ2世もまた彼女を学者として自国に招聘するといったように、その評判がヨーロッパ中に広まっていく。アンナが手がけた解剖模型のいくつかは復元され、ボローニャの解剖学博物館で公開されている。

■ムルドラック、マリー

Marie Meurdrac (1610頃–1680)

／フランスの化学者

“家庭の化学”を取り上げた『淑女のための、慈しみにあふれる優しい化学』*La chymie charitable et facile, en faveur des dames*の著者だが、同書からも彼女個人の情報はほぼ得られない。『淑女のための〜』は、1656年にパリで初版が刊行されて以来数版を重ね、ドイツ語とイタリア語にも翻訳された。書名の「慈しみにあふれる（シャリタブル）」という語には、貧しい者でもこしらえられる、身近な動植物や鉱物などを用いた医薬の調合法を紹介しよう、という著者の意図が込められている。化粧品を取り上げたくだりでは、当時盛んに使われていた水銀などの有毒性に関する警告も行われている。

■メーリアン、マリア・ジビーラ

［★第14章を参照］

Maria Sibylla Merian (1647–1717)

／ドイツの昆虫学者、博物画家、探検家

同時代中、最も重要な博物学者のひとりである彼

のひとりでもある。自著『産科学論』*Mémorial de l'art des accouchements*（1817）は、教本としてヨーロッパ各国で翻訳されており、彼女自身もまた英文で書かれた婦人科関連の研究報告の仏訳を手がけている。1827年、マールブルク大学から名誉学位を授けられた。

マ

■マシャム、ダマリス
Damaris Masham（1659–1708）

／イングランドの著述家、哲学者

ケンブリッジ・プラトン学派の重鎮哲学者ラルフ・カドワースの娘で、幼年より自宅で上質な教育を授けられた彼女は、すでに9人の連れ子がいるサー・フランシス・マシャムと結婚したのち、高名な哲学者ジョン・ロック（1632–1704）と気脈を通じるようになる。その親密さは、彼が最晩年の10年ほどを夫妻の邸で過ごすほどだった。さまざまな文学研究のほかにロックの伝記も著した彼女はまた、1704年から06年にかけてゴットフリート・ライプニッツと手紙を交わしてもいる。代表的な哲学書として、ともに匿名のもとで発表された『神の愛についての論説』*A Discourse Concerning the Love of God*（1696）と『有徳な生、あるいはキリスト者としての生に関する随想』*Occasional Thoughts in Reference to a Vertuous or Christian Life*（1705）がある。

■マーセット、ジェイン
Jane Marcet（1769–1858）

／イングランドの科学啓蒙家

ロンドンで金融業を営む、スイス系のホールディマンド家の出身。1799年に亡命スイス人の医師、化学者であるアレクサンドル・マルセ（英名アレグザンダー・マーセット。1770–1822）と結婚し、ロンドンの科学者サークルで夫婦ともどもその名を知られるようになった。夫の奨めによって、電気化学の先駆者として名高いサー・ハンフリー・デイヴィー（1778–1829）の講義を受けてもいる。化学、医学、経済学を一般に普及させることに関心を抱き、多数の書物を出版した。主著に『化学に関する対話』*Conversations on Chemistry*、『キリスト教の証験に関する対話』*Conversations on Evidence of Christianity*、『植物生理学に関する対話』*Conversations on Vegetable Physiology*、『イングランド史に関する対話』*Conversations on the History of England* などがあり、いずれも版を重ねて数々の言語に翻訳されている。

■マリー・ド・フランス
Marie de France（12世紀）

／フランスの上流女性、詩人

主として愛をテーマにした、娯楽作品として耐えるうえに道徳的な骨子をも併せもつ短詩集によって文学史上に名を残し、今なお愛読されている詩人である。生涯については不明だが、ある詩の中に「マリーが我が名、生まれはフランス」という一節が見受けられ、どうやらイングランド王ヘンリー2世（1133–1189）と王妃エレノアの宮廷に仕えていたと思（おぼ）しい。詩作は、フランス北部で使われた古フランス語で、当時英仏海峡の両岸の貴族階級が使う共通語だったオイル語によって行われた。著作としては詩篇『レー』*Lais* や『イソップ寓話』*Ysopet* などが挙げられるが、イングランドの僧ヘンリー・オヴ・ソルトリーによるラテン語詩の翻訳『聖パトリスの煉獄』*L'espurgatoire saint Patriz* もまた知られている。

■マリア・テレジア
Maria Theresa（1717–1780）

／神聖ローマ帝国皇后、オーストリア女大公、ハンガリー女王、ボヘミア女王

神聖ローマ皇帝カール6世の長女。男子の世継ぎがいなかったために直系として王位を継承するよう計らわれ、父カールの死を受けて王位についた入り婿フランツ1世の妃にして共同統治者、すなわち実質的な女帝として即位する。総勢16人にのぼる子供の中には、フランス王妃マリー・アントワネットや神聖ローマ皇帝レオポルド2世がいる。治世中、度重なる戦乱に遭う一方で、貿易、農業、軍事、教育制度の発展を目指した数々の改革を積極的に支援した。1765年の夫の死後は、皇帝となった息子ヨーゼフ2世とともに、自らの晩年まで国の統治に当たった。

■マリネッラ、ルクレツィア
Lucrezia Marinella（1571–1653）／イタリアの詩人

ヴェネツィアの医師、哲学者である父親から上質な教育を授けられたのち、医師ジェローラモ・ヴァッ

■ベレニケ2世

Berenice II（前267頃-前221）

／エジプトの統治者

キュレネ王の娘。プトレマイオス3世エウエルゲテスの時代（前244-前222）の記念石柱に、3種の書記法［★聖刻文字（ヒエログリフ）、民衆文字（デモティック）、ギリシア文字］をもって刻まれている“カノープス勅令”によると、ファラオと結婚してエジプト女王となり、共同統治者として夫とともにアレクサンドリアの宮殿に暮らしていたのだという。プトレマイオス朝の繁栄よろしく、アレクサンドリアは古代世界における航海と文化の最大の要所となったが、この女王はやがて権力争いの犠牲となり、夫の死後に謀殺されてしまう。

■ベーン、アフラ

Aphra Behn（1640-1689）

／イングランドの著述家、翻訳家、旅行家

出自は不明で、オランダ商人ベーンとの結婚生活は数年しか続かなかったのだという。その後となる1660年頃よりアントウェルペンを拠点にイングランド王チャールズ2世の政略スパイとして働いていたらしい［★この頃、第2次英蘭戦争（1665-1667）が勃発している］。南アメリカやアフリカを広く旅して回り、イングランドへの帰還後は自らの負債を理由に投獄されてもいる。釈放ののち文筆業に手を染め、国内初の女流職業作家として評判を取った。代表作として戯曲『サー・ペイシェント・ファンシー』*Sir Patient Fancy*（1678）、『月の皇帝』*The Emperor of the Moon*（1687）、小説『オルノーコ』*Oroonoko*（1688）［★土井治訳、岩波文庫］、ベルナール・ル・ボヴィエ・ド・フォントネル著『世界の複数性についての対話』*Entretiens sur la pluralité des mondes*［★赤木昭三訳、工作舎］の英訳『新世界の発見』*A Discovery of New Worlds*（1688）などが挙げられる。

■ヘンリエッタ・マリア

Henrietta Maria（1609-1669）／イングランド王妃

フランス国王アンリ4世と王妃マリー・ド・メディシスの娘、アンリエット・マリーとして生まれる。1625年にイングランド王チャールズ1世と結婚するが、イングランドで勃発した内戦［★第1次イングランド内戦（1642-1646）］のさなかとなる44年に、息子2人をともなって母国へと逃れる。続く内戦［★第2次イングランド内戦（1648-1649）］が、議会から反逆罪に問われた敗北者チャールズ1世の処刑によって終結し、イングランドは共和制国家となったものの、1660年に議会が君主制の復活（王政復古）を決議すると、息子のひとりであるチャールズ2世が亡命先から呼び戻されて新国王に即位することになる。それにともない王太后としてイングランドへの帰還がかなった彼女は、独自の“家庭の化学”、すなわち医薬やパンその他の料理などの製法が『開かれた王妃の小部屋』*The Queen's Closet Opened* として1655年に出版されるほど臣民の関心を集めたものだが、65年からは再びフランスへと戻り、そこで余生を過ごした。

■ポレート、マルグリット

Marguerite Porete（？-1310）

／フランスの神秘家、著述家

異端者として有罪判決に追い込まれる以前の生涯については、ほぼ不明である。著作『純なる魂の鏡』*Le miroir des âmes simples* が発禁処分となり、1310年、異端の罪によって火刑を宣告されるが、その際の審問記録からは彼女が神学と法学とに精通していたことが明確に察せられる。また、有力な擁護者が聖職にあったところからして、貴族出身だった可能性もある。いずれにせよ、信仰篤き者は教会を介さなくとも神と直接触れ合うことができるという思想を支持する彼女の著作は、同時代のドイツの自由心霊派運動にあって大いに受け入れられ、15世紀になるとマルグリット・ド・ナヴァル（ナバラ女王マルグリット）によっても称賛されている。

■ボワヴァン、マリー

Marie Boivin（1773-1841）

／フランスの助産婦、産科医

旧姓ジラン。北フランスのモントルイユ生まれ。修道女らが営むエタンプ病院附属の学校で学びはじめ、フランス革命によってそこが閉鎖されてからは、独学で解剖学と産科学を身につけていった。1797年、官吏ルイ・ボワヴァンと結婚し、娘をひとりもうける。夫の死後も独学を続ける一方で、優れた管理能力にも恵まれ、のちに多くの病院で看護婦長としてその采配をふるった。胎児の心音を聞くために聴診器を使った、最初の医療従事者た、ドイツの博物学者ペーター・ジーモン・パラス（1741-1811）と交換協定を結んでさらに多くの植物を入手しており、高名なスウェーデンの植物学者カール・フォン・リンネ（1707-1778）とも手紙を交わしていた。リンネに師事したデンマークの動物学者ヨーハン・クリスティアン・ファブリシウス（1745-1808）なども、1781年に発見した甲虫の名［★ *Geotrupes blackburnii*（ゲオトルペス・ブラクブルニイ。和名キマユアメリカムシクイ）］を彼女にちなんで記載したほどである。オーフォード・ホールの広大な"庭園"は1917年に一般開放されて以来、公園として親しまれている。

■フラム、エリザベス

Elizabeth Fulhame（18世紀後半）

／スコットランドの化学者

マリー・ラヴォワジエと夫のアントワーヌがパリで化学に貢献する重要な研究にいそしんでいた同時期に、知名度こそ劣るものの英仏海峡の向こう側となるロンドンで活躍した女性で、1794年、異議深い化学研究の成果を『燃焼についての論考』*Essay on Combustion* として発表している。この小論は当時にあって大好評を博し、1798年に独訳され、1810年にはアメリカで新版が発行されたほどだったが、序文で当の著者本人が自身のジェンダーによって軽んじられるだろうと予測していた通り、ほどなくほぼ忘れ去られる形となった。マリー・ラヴォワジエの再婚相手で物理学者、発明家のランフォード伯ベンジャミン・トンプソン（1753-1814）はフラムの研究を高く評価しており、彼女がフィラデルフィア化学協会の名誉会員になれたのも彼の助力があってこそなのかもしれない。

■ブルジョワ、ルイーズ［★第10章を参照］

Louise Bourgeois（1563-1636）／フランスの助産婦

当時最も普及した分娩指南書で、生前に都合3種の異版が出版され、のちに数カ国語に翻訳されることになった『諸所見』*Observations diverses*（初版1607）の著者。ともに外科術の従事者である夫と高名な師アンブロワーズ・パレの指導のもと研鑽を積んだ彼女の高水準な助産技術は当時にあってたいへんな評判を呼び、フランス王妃マリー・ド・メディシスの出産の際に専任の指名を受けて以来、アンリ4世とのあいだにできた子供6人を無事に取り上げ、分娩術の第一人者となった。

■ヘウェリウス、エリーザベタ

Elisabetha Hevelius（1647-1693）

／ドイツの天文学者

裕福な商人の娘、エリーザベタ・カテリーナ・クープマンは、1663年に天文学者ヨハネス・ヘウェリウス（1611-1687）の2番目の妻となり、4人の子供をもうけた。ダンツィヒの私設天文台を運営する夫を助けながら有能な研究者になっていった彼女は、夫の死後、彼の未発表稿の数々を編纂し、1600近くの恒星をまとめた星図集『天文学の先駆者』*Prodromus astronomiae*（1690）などを世に送り出している。

■ペセシェト

Peseshet（前2400年代）／エジプトの医師

公認の医師としてその名が記録されている初の女性。ギザにある息子の墳墓に納められた銘板から、古代エジプトの女医たちを束ねる監督官という重職にあったことがわかっている。メンフィスの北の町サイスにあった神殿の記録によると、古王国時代（前2686-前2160頃）の医療分野を指導していたのは女性だったのだという。

■ペルペトゥア

Perpetua（180頃-203頃）

／殉教者にして聖人、著述家

出生地は不明。女性キリスト教徒による最古級のテクストと言われる、ラテン語の著述を残した彼女は富裕家庭の息女として生まれ、結婚して子供をひとりもうけた。21歳のとき、キリスト教を信仰しローマ皇帝への崇敬を拒んだとして告発され、カルタゴで拘禁されるが、その地下牢への幽閉期間に、投獄直前の体験や、獄中で得た啓示、棄教を哀願する父親との会話などについて書き記している。203年頃、信仰を放棄しようとしなかったため、侍女フェリシタスとともに処刑された。のちにカトリック教会がこの2人を殉教者と認定し、聖人の列に加えた。残された著述は、匿名作家が殉教を目撃した人々の話を加筆したうえで、『聖ペルペトゥアと聖フェリシタスの受難』*Passio Ss Perpetua et Felicitas* として死後まもなくまとめられることになる。

は、おばの夫ジョヴァンニ・ドグリオーニだった)、27歳となる翌年には2歳年下の男性と結婚したが、これは当時としては珍しい晩婚だった。その後も2人の子供を育てながら、ヴェネツィア総督(ドージェ)の後援を得て著述にいそしむ。代表作としては、死後となる1600年に刊行された『女性の価値』*Il merito delle donne* が挙げられる。

■ブラーエ、ソフィー [★第11章を参照]
Sophie Brahe(1556-1643)
/デンマークの上流女性

オーテとベアーテのブラーエ夫妻のあいだに生まれた10人きょうだいの末子であるソフィーは、兄ティコ・ブラーエ(1546-1601)同様、天文学や自然哲学、そしてパラケルスス(1493-1541)の医学に関心を示しながら育ち、成人後は兄の所有となる当代随一の私設天文台があるヴェーン島で多くの時を過ごした。20歳でオーテ・トットと結婚して子供をひとりもうけたが、1588年にこの最初の夫を亡くしてからは、エーリクスホルムの私有地を管理するかたわら、パラケルススによる医化学の研究に従事するようになる。1602年、素人錬金術師のエーリク・ランゲと再婚し、死別後は園芸、家系学、薬化学に専心しながら治療者としても高い評価を得ていく。生涯を通じて、プロテスタント女性教養人の模範となる存在であり続けた。

■ブラックウェル、エリザベス
Elizabeth Blackwell(1707-1758)
/スコットランドの植物画家、著述家

グレートブリテン初期の女流植物画家となる彼女は、従弟の医師アレグザンダー・ブラックウェル(1709-1747)と結婚して人生の劇的な転換点を迎えている。夫婦でロンドンに移り住んで印刷出版所を開くが、ギルドに加入しなかった夫が必須とされた修行を経ていなかったために規定違反を咎(とが)められて事業閉鎖にまで追い込まれ、その負債を理由に2年間を獄中で過ごすことになったのである。自活の必要に迫られて薬用植物の標本図作成に手を染めたエリザベスは、博物学者サー・ハンス・スローン(1660-1753)の激賞を得て彼所有のチェルシー薬草園に招かれたうえで画業に邁進し、500点もの美しく正確な彩色版画を収めた代表作『新奇なる薬草』*Curious Herbal* を1737年から上梓しはじめる。この仕事は当時の図譜の定石通りに分冊刊行されて1739年に完結を見ているが、売れ行きは好調で、ヨーロッパ諸国で翻訳出版された。出獄した夫は1742年に単身スウェーデンへと移住して王室医となるものの、同国の王位継承をめぐる陰謀にイングランド側スパイとして加担したという嫌疑によって47年にあえなく処刑されてしまう。以後エリザベスは、少なくとも本名のもとで自著を出版していない。

◉補図2……ブラックウェルによる薬用植物の図(『新奇なる薬草』より)。

■ブラックバーン、アンナ
Anna Blackburne(1726-1793)
/イングランドの博物学者

塩と奴隷を扱う三角貿易に従事する富裕商で、他の研究者がうらやむほど充実した温室の所有者でもあったジョン・ブラックバーン(1693-1786)のもとに生まれたアンナは、長じてこの父同様、博物学に興味を抱くようになり、ランカシャー、オーフォード・ホールの生家にしつらえられた植物園で生涯を送った。国内で初めてコーヒー、茶、サトウキビ、柑橘類を育成したのが父自慢の温室なのだといい、そこにはほかにも椰子、稀少な熱帯の果樹、水生植物などが蒐集されていたのである。学界の名士との交流も盛んに行った彼女はま

■ヒルデガルト・フォン・ビンゲン

［★第7章を参照］

Hildegard von Bingen（1098-1179）

／ドイツの女子修道院長、著述家、神秘家、教会音楽の作曲者

ラインラント地方のベルマースハイムで、貴族家庭の第10子として生まれた。当時の貴族には、少なくとも娘をひとりは修道院入りさせて教育を授けるという慣習があったため、末子で病弱なヒルデガルトが8歳でベネディクト会修道院に送り出されることになり、10歳になる前に修道女となっている。自伝で語られるところによると、幼い頃からまばゆい光に満ちた幻視を体験していたらしく、43歳のときにそれを記録するよう神から直接諭されて以来、著述家として多くの書物をものするようになったのだという。独自の幻視に基づく挿画入り三部作の一冊をなし、天使と人間の起源、原罪、そして救済の奇跡などに関する宇宙論的な見解を提示する『道を知れ』*Liber scivias* のほかに、死後の刊行となった『自然学』*Physica* などの著作があり、いずれもが依然として現代の科学史家の興味を惹き続けている。ルペルツベルクに自らの修道院を創設したヒルデガルトは、300通を超える手紙を通じて皇帝や教皇、そして数々の主要聖職者らと活発な交流を行い、終生重要な文化人として扱われた。

■フェデーレ、カッサンドラ ［★第9章を参照］

Cassandra Fedele（1465-1558）

／イタリアの人文学者

それなりの資産をもつヴェネツィアの中産階級家庭に生まれたフェデーレは、語学の才に恵まれていることに気づいた法曹家の父親から早々に古典語の手ほどきを受けており、上流階級が集う夜会で“あどけない才媛”としてその熟達ぶりを披露するほどになった。1487年のいとこのパドヴァ大学卒業の際には、哲学を学ぶ重要性についての公開演説を行って名を上げてもいるが、大学への入学を認められることはついになかったようである。また、エスパーニャ（スペイン）のイサベル女王からその学識を買われて宮廷に招かれたこともあったが、イタリアの都市国家とフランスとのあいだで起こった戦争が妨げとなり、実現することはなかった。フェデーレは結局、医師ジャン＝マリア・マッペリと結婚し、長年をクレタで暮らすことになる。1520年、ヴェネツィアへと帰還するものの、その頃には全財産を失っており、子供がいないうえに夫が他界したため、母親と数人の甥姪の世話を引き受けながら身を立てるかたわら、教皇レオ10世に財政援助を乞うもかなわず、42年になってようやく、教皇パウロ3世のはからいによってヴェネツィア議会から孤児院長の公職が下された。1556年、ポーランド女王ボナ・スフォルツァ（1494-1557）のヴェネツィア訪問を祝う宴で、91歳にして自身最後となる公式な演説を披露しており、58年の死去に際しては、尊敬されつつ長寿をまっとうしたこの博識な婦人を見送るため、しめやかに議会葬が執り行われた。生前は、多数の教養人士や優れた聖職者と手紙を通じて忌憚のない意見を交換しており、死後80年を経て書簡集が上梓されている。

■フォン・ジーボルト、ヨーゼファ／フォン・ジーボルト、シャルロッテ・ハイデンライヒ

Josepha von Siebold（1771-1849）

& Charlotte Heidenreich von Siebold（1788-1859）

／ドイツの助産婦、産科医

産科学を大学で修め、学位を取得したドイツ人女性の草分けとなる母娘である。1815年、ダルムシュタット大学で助産婦の資格を得、ギーゼン大学の審査にも通過するという快挙を成し遂げた母ヨーゼファ（旧姓ヘニング）は、同年にゲッティンゲン大学を卒業した娘シャルロッテを助手としてダルムシュタットで開業し、産科医として輝かしい業績をあげていく。1819年5月24日、ロンドンのケンジントン宮に招かれていたシャルロッテは、のちにハノーヴァー朝最後の統治者ヴィクトリアとなるアレクサンドリナ・ヴィクトリアを取り上げた。

■フォンテ、モデラータ

Moderata Fonte（1555-1592）／イタリアの著述家

本名モデスタ・ポッツォ。ヴェネツィアの富裕な中産階級家庭に生まれ、兄2人とともども両親と死別してからは祖父母のもとで育ち、後年おばに引き取られて以降もなお一環して上質な教育を授けられた。1581年より、モデラータ・フォンテ名義で詩を発表しはじめ（文芸活動の最初の支援者

まれ、強固な意志のもと、自らも共同統治者として約20年にわたって君臨した。平穏なその統治下にあって王国は繁栄し、資源採集を目的とするプント国への使節派遣や、のちにデル・エル＝バハリと呼称されるようになる土地への名高い神殿の造営などの施策が行われている。プント国の位置はいまだ確証がなく、諸説あるのが現状だが、いずれにせよハトシェプストはこの国への航海に出資しており、それは記録されている中でも初となる交易遠征に当たる。

■バッシ、ラウラ［★第17章を参照］

Laura Bassi（1711–1778）／イタリアの物理学者

子供のうちでもひとりだけ生きながらえた娘に上質な“学”を授けようと決意した貧しい弁護士の父の期待を一身に背負い、5歳からを過酷な教育課程のもとに励む。19歳のとき、師である医学教授によってボローニャの上流社会に紹介されるや、その並外れた学力が大きな感銘を呼んだのだという。1732年に哲学の学位を取得し、38年には医師ジュゼッペ・ヴェラッティ（1707–1793）と結婚して8児をもうける（このうち、夫の死の際に生き残っていたのは4人の息子だけだった）。婚後のラウラは、夫と協力して特に電気実験に関連する研究に着々と取り組んでいく一方、ボローニャ大学における“特認”教授の立場に甘んじることなく自宅で開講し、ニュートン力学などの名講師として高評を得た。1776年、65歳にしてついに議会から長年の実績が認められて応用物理学“正”教授の地位を授かり、亡くなるまでの2年間をその役職のもとで勤め上げた。

■ピスコピア、エレナ・ルクレツィア・コルナーロ

Elena Lucrezia Cornaro Piscopia（1646–1684）／イタリアの研究者

幼い頃から途切れることなく、上質な教育を授けられた。野心家の父親の強制によってパドヴァ大学で学習を続けた結果、1678年にイタリア人女性として初めて博士号を取得したうえローマ大学にも籍を置くことになり、博識が大いに称えられてヨーロッパ中にあまねく轟きわたった。その後は両親から奨められた縁談をよそに、厳粛な信仰の道を選ぶかたわら徹底して学問に打ち込む。1684年、苛酷な断食行によって衰弱し、わずか38歳でパドヴァにて没する。

■ヒュパティア［★第5章を参照］

Hypatia（370頃–415）／アレクサンドリアの数学者、天文学者、哲学者

古代ギリシアで最も著名な女性学者。数学者、天文学者の父テオンの熱心な教育よろしく、長じて彼に比肩する重要な数学者、天文学者となる。学術論文は現存しないものの、当時もその後も数々のテクストに引用されることになり、それらからしても新プラトン主義哲学を後進に伝えたうえ実務に秀でた科学者だったことが察せられる。アレクサンドリア総主教キュリロスの任期（412–444）の初めとなる415年に、政治と宗教の権力闘争に巻き込まれ虐殺された。

■ビリエルスドッテル、ビルイッタ

Birgitta Birgersdotter（1303–1373）／スウェーデンの神秘家、ビルイッタ会創設者

“スウェーデンの聖ビルイッタ”とも呼ばれる彼女は、ウプランド地方の知事であり法官でもあった父を家長とする貴族家庭に生まれた。子供時代に充実した教育を受け、早くから形而上的な問題に関心を示していたらしい。13歳でネルケ地方の領主ウルフ・グッドマルションと結婚し、8人の子供をもうける。深い信仰心の持ち主である彼女は、夫とともにスペインのサンティアゴ・デ・コンポステラに巡礼の旅を行うほどで、1344年の夫の死後は、ビルイッタ会を創設して信仰に身を捧げることになる。1350年頃には、この修道会の信認を得るためにローマへと旅立ち、以後、教皇や神聖ローマ皇帝など、時の権力者らと活発な書簡のやりとりを行い、70年にはついに教皇ウルバヌス5世から修道会則の認可を得る。以後も敬虔な信仰心の赴くままにエルサレムなどを目指して巡礼を行い、1373年にローマで客死する。修道会の仕事は娘であるヴァドステナのカタリナによって引き継がれ、ビルイッタ自身は1391年に列聖された。

パリの自宅で催すようになり、そこに集った人々から数々の薫陶を受けることになる。たとえばパリ王立科学アカデミー会員ジル・ド・ロベルヴァルやジョゼフ・ソヴールからは数学、物理学、天文学の、ジャン・ベルニエからは博物学と解剖学の手ほどきをそれぞれ受けているが、ことに後者からはピエール・ガッサンディの著作などに見られる瞑想的な自然哲学への興味をかきたてられるようになったのだという。諷刺詩『反女性』*Contre les femmes* の中で学識を積んだ女性を嘲弄したニコラ・ボワロー＝デプレオー（1636–1711）が、彼女をして「アストロラーブ（星辰儀）片手に徹夜で計算にいそしむあまり、美貌も視力も失ってしまった愚か者」とまで腐する一方、この女主人を女神（ミューズ）と称えて食客となった著述家ジャン・ド・ラ・フォンテーヌ（1621–1695）のような人物もいた。1693年、癌疾によって没。

■トールボット、アレシア

「グレイ、エリザベス」の項を参照。

■トロトゥーラ

Trotula（11世紀）／イタリアの医師

イタリア南部、サレルノで女医を務めたとされ、中世盛期に著された名高い婦人科学関連の写本『トロトゥーラ』*Trotula* にその名が冠されている。本人に関する同時代の資料は現存せず、その手によるとされる写本だけが残っていたのだが、最新の研究によると、それはさまざまな著述の編纂物なのだという。

ナ

■ノガローラ、イゾッタ

Isotta Nogarola（1418–1466）／イタリアの人文学者

ヴェローナの富裕家庭の出身で、娘たちの教育を大事に考えていた両親に恵まれ、長じてコンスタンティノポリスの古典研究家で、のちにフェッラーラのエステ家に仕えることになるグアリーノ・ヴェロネーゼ（1370–1460）をはじめとする男性教養人らと書簡を交わすまでになる。1439年にヴェネツィアへ移った頃からその博識ぶりが評判を呼びはじめるが、匿名の公開状による中傷が物議をかもし、人文学者、古典語学者としての活躍は短命に終わってしまう。ヴェローナへの帰還後はきょうだいの家族の住まいに身を寄せ、神への献身としての聖書研究に没頭するかたわら、多数の教養人との交流は続けたようで、特にヴェネツィア貴族の人文学者ルドヴィコ・フォスカリーニ（1409–1480）とは、たとえばイヴの犯した罪はアダムのそれよりも大きいか否かという哲学的問題などをめぐって議論を深めた。フォスカリーニから得た助言に終生従い、結婚の申し込みがあってもそれを断って独身を通したのだという。

ハ

■ハーシェル、カロライン ［★第18章を参照］

Caroline Herschel（1750–1848）

／イングランドの天文学者

ドイツ北部、ハノーファー選帝侯国出身。高名な天文学者ウィリアム・ハーシェル（1738–1822）の妹である。オルガン奏者、指揮者として兄が働いていたイングランドの古都バースへと移り住んだのは、彼がちょうど天文学に興味をもちはじめた頃となる1772年のことで、彼女もまた自身の声楽家としての技術を磨くかたわら次第に研究に欠くことのできない助手となり、82年に専用の望遠鏡を得てからは、自ら観測を始めて86年からの約10年間で8つの彗星を発見している（そのうちのひとつが、1939年にフランスのロジェ・リゴレーによって再発見されたハーシェル＝リゴレー彗星である）。この時期ウィリアムは国王ジョージ3世付きの天文学者を拝任しているが、その数年後となる1787年には、カロラインもまた公費をもって俸給を下される英史上初の女性天文学者になっていた。1822年の兄の死後は故国ハノーファーへと戻り、甥ジョン・ハーシェル（1792–1871）からの依頼のもと、自身が採集した星雲や星団の膨大なデータを体系的に整理したカタログ作成に着手する。正確な座標を計算したうえで分類を施した星雲は総数2500にものぼり、1825年の完成の折には学界の称賛を浴びた。1835年、王立天文学会の名誉会員となり、あと数年で100歳に届こうという48年に郷里で没している。

■ハトシェプスト ［★第1章を参照］

Hatshepsut（前1518頃–前1458頃）

／エジプトの統治者

エジプトのファラオ、トトメス1世の娘として生

■デュメ、ジャンヌ

Jeanne Dumée（1660–1706）／フランスの天文学者

幼少期のことは不明。若くして結婚し、出征中の夫が家庭を留守にしていた歳月を天文学研究に没頭して過ごす。女性と男性の頭脳は対等であり、女性にも知的な仕事を手がける能力がある、と公言して1680年代に名をあげる。自著『コペルニクスの地動説に関する論考』*Entretien sur l'opinion de Copernic touchant la mobilité de la terre*（1680）では、金星と木星の衛星の観測によって地動説の正当性が確認されると説いた。未発表稿は現在、パリの国立図書館に収蔵されている。

■トゥッリア・ダラゴーナ

Tullia d'Aragona（1510頃–1556）

／イタリアの高級娼婦

ローマ屈指の名声と美貌を誇った高級娼婦ジュリア・フェラレーゼの娘で、父と推定される枢機卿ルドヴィーコ・ダラゴーナから教育を授けられている。1519年の枢機卿の死後はシエーナで過ごし、26年にはローマへと戻って18歳のときに母親同様の"接待専業者（プロフェッショナル・エンタテイナー）"となり、自らを知的高級娼婦と公言してはばからなかったのだというが、その言葉に違（たが）わず30歳の頃ヴェネツィアへと移ってもなお、瞬く間に"当代一の知識ある遊び女"という評判を取ったらしい。やがてフェッラーラやフィレンツェに住み、メディチ家の有力者らと親交を結ぶようになるが、ことにフィレンツェの著名な文人ヴェネデット・ヴァルキには彼を称揚するソネット（十四行詩）に手を染めるほどの執心を見せ、努力のかいあってかその作品が当の懸想相手にも都市（まち）の幅広い文化的エリート層にも受け入れられるほどになり、ついにはヴェネツィアで刊行の運びとなっている。彼女は自宅を文芸サロンとして、なおも真摯な姿勢で文筆や詩作に取り組み続ける。出版された中でも最後となる著作は、アンドレア・ダ・バルベリーノが15世紀末に著した『ドゥラッツォの不運な少年』*Il meschino di Durrazo* を下地とした、中世の騎士物語を彷彿させる叙事詩『グエリーノという名の不運な少年』*Il meschino, altremente detto Il Guerrino* で、海賊にさらわれ奴隷として売り飛ばされた主人公グエリーノが両親を探し求めてヨーロッパ中を、果ては煉獄や地獄をさまようのである。トゥッリア・ダラゴーナのその後の人生についてはほぼ不明だが、フィレンツェからローマへと舞い戻り、貧しい娼婦に身をやつして1556年に死んだらしい。彼女の著作は時代を超えて生き続け、まさに現代に至るまで折につけ新たな装いのもとで刊行されている。以降のルネサンス期でも最も名の知られた教養ある高級娼婦には、ヴェネツィアのヴェロニカ・フランコ（1546–1591）がいる。

■ド・ボーソレイユ、マルティーヌ

Martine de Beausoleil（1600頃–1642以降）

／フランスの鉱業研究者

幼少期および思春期のことは、旧姓がド・ベルテローだったということ以外不明。ベルギー人冶金学者、錬金術師、金採掘師のボーソレイユ男爵ジャン・デュ・シャトレと結婚してからはマルティーヌ・ド・ボーソレイユとして夫を支え、『鉱業および鉱山の発見に関する真なる言明』*Véritable déclaration de la découverte des mines et minières*（1632）と『地下神の再生』*La restitution de pluton*（1640）という2種の鉱業関連書を著して国内鉱物資源の有効利用をフランス国王に向けて提言しており、これらの著書からは彼女が鉱業、鉱物学、力学、水力学に通暁していたことがうかがえる。ともあれ上記の姿勢は枢機卿リシュリューの気にそまなかったらしく、夫婦ともどもバスティーユに投獄された揚げ句、男爵のほうは1645年に獄死したのだという。彼女の没年もまた明らかではないが、夫の死後、娘のアンヌとともにヴァンセンヌ城に軟禁されたという説もある。

■ド・ラ・サブリエール、マルグリット

Marguerite de la Sablière（1636–1693）

／フランスの上流女性

妻に先立たれた父ジルベール・エサンによって、14歳の頃、富貴者アントワーヌ・ド・ランブイユのもとに嫁がされたが（婚家の俗称ド・ラ・サブリエール〔砂場〕は、父祖伝来の地で砂材採集業を営んでいたことに由来する）、この結婚は上首尾とはいかず、3児をもうけたあとの離縁によって終止符が打たれた。以後、独行の婦人としての生涯を歩みはじめた彼女は、ヨーロッパの教養人士のあいだでたいへんな好評を博した文芸サロンを

の子供をもうけている。23歳で罹患した天然痘によって顔に重篤な痘痕（あばた）が残ったために社交の場を極力避けて学問にのめりこみ、王立植物園で催される公開講座などで博物学、化学、解剖学を熱心に学んでいった。その高い学識にもかかわらず、女性が学界に公然と進出することについては積極的になれず、自著はすべて筆名で発表されている。長年にわたって食物の腐敗に関する体系的な調査を行って重要な著作を発表する一方、他国の出版物の翻訳も手がけており、スコットランド人医師アレグザンダー・モンローによる1726年の『人体骨格の解剖学』*The Anatomy of Human Bones* の仏訳『骨学概論』*Traité d'ostéologie*（1759）を彼女の仕事とする研究者もいる。

■デュオダ

Dhuoda（800頃-843頃）／フランスの上流女性

ドイツ語圏のフランク王国北部で生まれたが、成人後の人生のほとんどを南フランスのユゼで送ったとされる。823年、フランク王にして西ローマ帝国皇帝の敬虔王ルイことルートヴィヒ1世（778-840）が名親となった高名かつ富裕な貴族、ベルナール・ド・セプティマニ（795-844）とエクス＝ラ＝シャペル（アーヘン）で結婚した（ちなみに“セプティマニ”は、ローヌ側の西からピレネー山脈にまでわたる地中海沿岸地方の中世期の呼称で、おおむね現在のラングドック＝ルシヨン地域圏に相当する）。夫がルートヴィヒの宮廷で冷遇されるようになると、政敵の手から逃れるべくユゼへと送られ、幼い息子2人は夫側に引き取られることになった。ただひとり世間から隔離されたデュオダは、長子ギヨーム（ヴィルヘルム）の教育に役立つよう、中世の女性による最早期の大著とのちに見なされるようになる教本『息子ヴィルヘルムに捧げる指南書』*Liber manualis quem ad filium suum transmisit Wilhelmum* をラテン語で著す。同書は結果的に、当時の貴族の中にも学識豊かな女性と識字力の低い男性がいたことを示すことになった。

■デュ・シャトレ、エミリー ［★第16章を参照］

Emilie du Châtelet（1706-1749）

／フランスの物理学者

婚前名をガブリエル・エミリー・ル・トヌリエ・ド・ブルトゥイユという彼女は、父親ルイ＝ニコラが国王ルイ14世の典礼官を務めるという上位の貴族家庭に生まれた。語学と数学の才に恵まれ、子供時代にしてすでにイタリア語、ドイツ語、ラテン語、ギリシア語に通じていたのだという。1724年にはフランス軍将校デュ・シャトレ侯爵と結婚し、3児をもうけている（うちひとりは夭折）。1734年、ヴォルテールをその庇護のもとに置いた彼女は、婚家がシレーに所有する城に彼とともに移って自然哲学研究に打ち込む“私設の学堂（アカデミー）”とも呼べる暮らしを営みはじめ、ニュートンやライプニッツが唱えた力学や数学、形而上学などの追究にも手を伸ばしていく。1737年には、パリ王立科学アカデミーが主催する懸賞論文に、火の性質の解明をテーマとする『自然および火の伝播に関する論考』*Dissertation sur la nature et la propagation du feu* をもって応募して選外佳作となり、40年になると、著書『物理学教程』*Institutions de physique* によって自然哲学者として、とりわけニュートンおよびライプニッツ研究の専門家として大いに声望を集めることになった。1748年、年下の貴族詩人ジャン＝フランソワ・ド・サン＝ランベールと恋に落ちてみごもった彼女は、長いあいだ取り組んできたニュートンの『自然哲学の数学的諸原理』*Philosopiae naturalis principia mathematicae*、すなわち『プリンキピア』［★中野猿人訳、講談社］の翻訳を一刻も早く終わらせようと無理を重ねたため、翌49年の完成から数日を隔てた出産のあと、まもなく息を引き取っている。稀代の先覚者であり才人だった彼女の充実した人生と多岐にわたる仕事ぶりは、現代の研究者の目にも魅力的に映ることだろう。

■デュ・ピエリ、ルイーズ=エリザベート=フェリシテ

Louise-Élisabeth-Félicité du Pierry（1746-1807以降）

／フランスの天文学者

ソルボンヌ大学初の女性教授で、その講義は当時たいへんな評判を呼んだのだという。“生涯の伴侶”となった天文学者ジョゼフ＝ジェローム・ド・ラランドは、著書『淑女のための天文学』*Astronomie des dames*（1790）の献辞で彼女の才能と上質な趣味、勇気を称えている。特筆すべき業績としては、光の屈折についての研究、過去100年に起きた“食”のデータ収集などが挙げられるだろう。

グストと1658年に結婚する。息子は、後年のグレートブリテンおよびアイルランドの国王となるジョージ1世（1660–1727）。娘ゾフィー・シャルロッテ（1688–1705）は、ブランデンブルク選帝侯フリードリヒ・ヴィルヘルムの息子フリードリヒ（1657–1713）に縁づき、この夫の王位継承とともにプロイセン王妃となった。選帝侯妃ゾフィーとその娘ゾフィー・シャルロッテは、ドイツの偉大な学者ゴットフリート・ライプニッツ（1646–1716）との長きにわたる文通によっても知られている。

■ゾフィー・シャルロッテ

Sophia Charlotte（1668–1705）／プロイセン王妃

ハノーファー選帝侯エルンスト・アウグスト（1629–1698）とその妻ゾフィーの娘で、1684年にブランデンブルク選帝侯フリードリヒ・ヴィルヘルムの息子フリードリヒ（1657–1713）と結婚する。1701年、夫が神聖ローマ皇帝レオポルド1世（1640–1705）から王の称号を得てプロイセン初代国王フリードリヒ1世となったことにともない、同国の初代王妃となった。母親同様、学芸の振興に努め、ライプニッツの強力な擁護者としても知られている。

タ

■ダッレ・ドンネ、マリア

Maria Dalle Donne（1776–1842）／イタリアの医師

ボローニャ近郊にある小村のつましい家庭に生まれ、幼くして発揮した抜群の知性を見込んだ聖職者のおじから教育を受ける。ボローニャの学識者サークルの知遇を得て当地の大学の医学生となり、課程の修了後は同大の産科学教授、助産婦養成所の所長に就任した。

■タプーティ=ベーラト=エーカリ

［★第2章を参照］

Tappūti–Bēlat–ēkalli（前1200頃）

／アッシリアの香油製造者

その名が記録されている初期の化学者のひとりで、自ら香油の処方をしたためた楔形文字の書字板が、考古学調査によって発掘されている。それによるとトゥクルティ＝ニヌルタ1世の治世（前1244–前1207）に、アッシリアの神殿で高位の香油調合師を務めていたのだという。

■チェレータ、ラウラ ［★第9章を参照］

Laura Cereta（1469–1499）／イタリアの人文学者

ブレシア出身。女性の学ぶ権利の、熱心な擁護者として名を馳せた。7歳で女子修道院に入れられ、そこで刺繍のほかに読み書きも学ぶ。11歳で生家へと戻り、年下のきょうだいの世話をすることになるが、その後も天与の才に恵まれていることに気づいた父親からギリシア語とラテン語の基礎を授けられる一方、数学と天文学にも意欲的に取り組み、ストア倫理学の問題にも関心を示したのだという。15歳で結婚したが、夫のヴェネツィア商人ピエトロ・セリーナが婚後わずか1年となる1485年、子供のないまま感染症によって急死したため、生家に再び戻って古典研究に没頭するかたわら広範に手紙のやりとりをする治安判事の父を手伝い、以降再婚することはなかった。この間、自著刊行の可能性を探ってはいたものの、結局のところ生前それは実現しなかったようで、彼女の公開状（公開書簡）を1488年にまとめた『親書集』*Epistolae familiares* が印刷出版されたのは、亡くなってからおよそ140年がたった1640年のことになる。

■テアノ ［★第3章を参照］

Theano（前6世紀）／ギリシアの哲学者

クレタあるいはイタリア南部のクロトンの出身で、ギリシアの哲学者ピュタゴラス（前582–前496）に弟子入りしたのちに妻となったとされ、師の数秘術、輪廻思想、宇宙の調和的構造を取り上げた論文『徳性について』*Arete* が、その名のもとに記されている。傑出した女性学者としての名声は、何世紀ののちも消えることがなかった。シリアの新プラトン主義哲学者で最初のピュタゴラス伝を著したイアンブリコス（245頃–325頃）は、その著作中でテアノをはじめとするピュタゴラス派哲学を研究した17人の女性学者に言及している。

■ティルー・ダルコンヴィル、マリー=ジュヌヴィエーヴ=シャルロット

Marie–Geneviève–Charlotte Thiroux d'Arconville（1720–1805）

／フランスの解剖学研究者、化学研究者、翻訳家

パリの裕福な貴族ダルリュス家の出身。パリ高等法院（1790年に解体されるまでフランス王国の最高司法機関だった）に所属するルイ＝ラザール・ティルー・ダルコンヴィルと14歳で結婚し、2人は読み書きも覚束なく、陸（おか）に上がってその有様を目にした父親によって寄宿学校へと送り込まれ、1年間を“仕込まれながら”過ごしたのだという。以後、母方の叔父である聖職者トマス・サマヴィル師の督励のもとでラテン語を身につけ、ほどなくして数学にことさら熱意を見せるようになったものの、父親は婦人がそうした学問に執心することを快く思わなかったらしい。1804年に遠縁の男性に縁づくが3年後に死別し、12年には叔父トマスの息子で医師のウィリアム（1771-1860）と再婚する。この2人目の夫は妻の学習を鷹揚に見守る人物だったようで、夫婦の住まいはたちまち教養人士が群れ集う交流の場となる。メアリは天文学、物理学、数学、化学、地理学に関する執筆をはじめるが、世間にその名が知られるようになるのはピエール＝シモン・ラプラス（1749-1827）の『天体力学論』*Traité intitulé mécanique céleste*［★全5巻、竹下貞雄訳、大学教育出版］を『天空の機構』*The Mechanism of the Heavens* として1831年に英訳出版してからだった。主著に『自然科学の相関について』*On the Connection of the Physical Sciences*（1834）、『自然地理学』*Physical Geography*（1848）、『分子と顕微鏡科学』*Molecular and Microscopic Science*（1869）などがある。1835年、カロライン・ハーシェルとともに女性として初めて王立天文学会の名誉会員に選ばれており、長命の果てに亡くなる直前まで、科学界で活躍した。

■**ジェルマン、ソフィー**

Sophie Germain（1776-1831）／フランスの数学者

パリの富裕商の家庭に生まれる。フランス革命のさなかとなる1790年代初めともなれば、良家の子女が首都の不穏な通りを出歩くことを両親が許そうはずもなく、10代半ばのソフィーもまた逼塞を余儀なくされ、その何カ月かで数学に熱中するようになったらしい。実のところ、数学の道に進むこと自体もまた認められるものではなかったのだが、ともあれ彼女は両親の目を盗んで密かに独習に励んだわけで、18歳にしてアントワーヌ・ルブランの筆名のもと書き上げた論文を、パリでも名高い数学者ジョゼフ＝ルイ・ラグランジュ（1736-1813）に提出した折には、高評のあまりほどなく面会を求められ、とうとう身元を突き止められてしまったのだという［★このときエコール・ポリテクニーク（理工学校）の教授職にあったラグランジュは、女性の科学研究に賛意を示して彼女の擁護にまわっている］。1804年からは、ドイツの高名な数学者カール・フリードリヒ・ガウス（1777-1855）を相手取り、彼自身が打ち立てた数論への評をしたためた公開状（公開書簡）を発表しはじめるが、双方の好感のもとでのこの交流は、“ルブラン氏”の正体が明らかになってからもなお続けられた。彼女はまたこの頃から、科学アカデミー主催の懸賞論文に実名匿名を取り混ぜて応募するようになっており、1816年には弾性体表面の振動に関する研究によって最優秀賞を受けている。ちなみにこの研究は、後年のエッフェル塔建造（1887-1889）にも活かされているはずだが、完成した塔1階バルコニーの外壁4面に刻まれた、母国の科学に貢献した72人の名簿に彼女の名はない。生涯独身を通し、彼女を絶賛したガウスとも直接対面することはなかった。乳癌により55歳で没するが、その6年後、ガウスの差配によってゲッティンゲン大学から名誉博士号が贈られている。

■**ジョーンズ、キャサリン（レディ・ラニラ）**

Katherine Jones, Lady Ranelagh（1614-1691）

／アイルランドの上流女性

17歳で結婚し、4人の子供をもうけたが、酒浸りの夫ラネラ伯爵とは一緒に暮らさなかった。1644年、ロンドンへと移り住み、自宅で主催したサロンが次第にイングランド教養人の集う評判の“たまり場”になっていく。ちなみにこの頃息子の家庭教師として雇った人物が、詩人ジョン・ミルトン（1608-1674）である。最新の科学や哲学をめぐる議論にことのほか関心を抱き、ベンジャミン・ワーズリー、サミュエル・ハートリブ、ジョン・デューリーなどの後援者となったが、高名な科学者にして王認協会の会員である弟ロバート・ボイル（1627-1691）へも深い影響を与えており、彼女が亡くなったときには「当代で最も有力な女性のひとりだった」と述懐するほどだった。

■**ゾフィー**

Sophia（1630-1714）／ハノーファー選定侯妃

プファルツ公女エリーザベトの妹に当たり、ブラウンシュヴァイク＝リューネブルク公爵の弟でのちにハノーファー選帝侯となるエルンスト・アウ

アントニウス（前83–前30）とのあいだに3児をそれぞれもうけている。前51年に共同統治者であるエジプト女王となり、前47年からは弟プトレマイオス14世と、そして前44年からは息子カエサリオンとともに国を治めた。エジプト、ギリシア、ローマという3つの文化圏に君臨して名を残すことを望んだクレオパトラは、そもそもがエジプトを支配したギリシア人王家の血筋であり、つまりは生まれながらにして“ギリシア人の女王”ではあったものの、ついにローマ女帝となることはなかった。オクタウィアヌス（前63–後14）がアントニウスとの権力闘争に勝利するや、彼から受ける屈辱を好まず自ら命を絶ったのだという。プトレマイオス朝最後のファラオとなったカエサリオンは、この母親の死後ほどなく殺された。

■**コロンナ、ヴィットリア**

Vittoria Colonna（1492–1547）／イタリアの詩人

ローマ近郊の都市マリーノの貴族家庭に生まれ、その当時望み得る最高の教育を受けて育った。19歳でペスカーラ侯爵の子息で陸軍大尉のフランチェスコ・フェッランテ・ダヴァロスと結婚するが、1525年に夫と死別してからはかつて新婚生活を送ったイスキア島で過ごし、いくつもの結婚の申し込みを断りながら宗教詩の執筆に専念していく。紆余曲折を経て1536年にローマへと移り、枢機卿レジナルド・ポールの後援とミケランジェロの知遇を得るが、ことに後者との“深い友情”からは大いに刺激を受け、代表作となる詩篇（ペトラルカからの影響が色濃い、愛を謳うソネット〔十四行詩〕）を書きあげることになった。社会や信仰の問題にも深く関わって公の議論に参加し、また教皇や皇帝と盛んに書簡を交わした彼女は、ルネサンス期のイタリアにあって最大の影響力を誇った女性と見なされている。晩年となる1544年以降は、サン・シルヴェストロ女子修道院で隠遁生活を送ったのだという。

■**コンウェイ、アン**［★第13章を参照］

Anne Conway（1631–1679）

／イングランドの上流女性

貴族の血を引く富裕な旧家フィンチ家に生まれたが、その1週間前にはすでに父親が亡くなっている。幼い頃からの虚弱な質（たち）に妨げられることなく、異母兄サー・ジョン・フィンチの理解ある支援のもとでラテン語、ギリシア語、ヘブライ語を身につけた。ジョンは、妹を彼女の最も重要な師となるケンブリッジの高名な哲学者ヘンリー・モア（1614–1687）に引き合わせてもいて、以後この師弟は30年近くの長きにわたる往復書簡を通じて、ともにデカルト哲学を追究していくことになる。やはりモアの教えを受けたサー・エドワード・コンウェイと20歳の誕生日を迎える年に結婚したあと、重篤な偏頭痛に悩まされるようになり、治療に用いた水銀の影響でさらに体調は損ねられたようだが、こうした健康問題の助言者役を務めた錬金術師で医師のフランキスクス・メルクリウス・ヴァン・ヘルモント（1614–1698）が、やがて彼女をカバラの秘術についての研究と、さらにはクエーカー運動への参加へと導き、貴族社会を挙げて指弾されていたこの宗派への晩年の入信への道筋をつけている。死後11年を経て匿名のもと出版された論文『往古および現代における無上なる哲学の諸原理』*Principles of the Most Ancient and Modern Philosophy*は、ゴットフリート・ライプニッツに多大な感銘を与えており、彼女は今や同時代中、最も興味深い女性哲学者と見なされるようになっている。

サ

■**サッポー**

Sappho（前630頃–前570頃）／ギリシアの詩人

古代ギリシア随一の女流詩人。その高名のほどは、生前、出身地のレスボス島からの亡命中、彼女を記念する碑がシュラクサイに建てられたことからもうかがえ、詩作のほかにも郷里で女子のための学舎を主宰し、自ら教鞭を執ったのだという。さまざまな女性の愛を取り上げた独創的な詩の多くが5脚3行に2脚1行の計4行からなる“サッポー詩体”をもって記されたようだが、断片的にしか現存していない。同郷の詩人アルカイオス（前620頃–前580頃）との深い親交によっても知られている。

■**サマヴィル、メアリ**

Mary Somerville（1780–1872）

／スコットランドの科学著述家

海軍将校サー・ウィリアム・フェアファクスの娘として生まれる。10歳にもなろうかという頃まで

■クリスティーナ

Christina (1626-1689) ／スウェーデン女王

6歳のとき、父であるスウェーデン王グスタフ2世アドルフを亡くして女王となったクリスティーナは、男装に身を包み、学問のみならず乗馬、狩猟、フェンシングの稽古にも励んだ。早熟の才よろしく、7カ国語を流暢に操ったのだという。1644年には、それまで宰相の補佐のもとで行ってきた政務を独力で行おうと、親政を宣言する。科学と芸術を好んだ彼女は、有力な学者や芸術家を王都ストックホルムに招聘し、自身の宮廷を北欧一の隆盛を誇る文化センターとしたが、その一方22年にわたる治世にあって国庫のほうは潤沢とは言い難い状態に陥った。1654年に王位を退き、翌55年にはプロテスタントを奉じる政府と相容れない自らの信念に殉じるべく、カトリックへの改宗式を執り行ったうえで教皇の選任への影響力を確保しようとローマを定住の地とし、56年にはナポリ王国、68年にはポーランド王国の各王位就任をそれぞれ画策するがいずれも頓挫している。また、この在ローマ時代には、王位にあったときと同様に文化の追求にも注意を払って劇場や私的な芸術院を創設する一方、母国を巻き込んだフランスとオランダの敵対関係に終止符を打とうと、1678年からナイメーヘンで開かれた講和会議への特使を自ら派遣してもいる。1689年に没した彼女の亡骸は、ヴァチカンのサン・ピエトロ大聖堂の地下祭室に葬られた。

■クリスティーヌ・ド・ピザン ［★第8章を参照］

Christine de Pizan (1364-1430頃)

／フランスの職業著述家

ヴェネツィアに生まれ、子供の頃に家族とともにパリへと移り住んだ。生国ですでに名をなしていた父がフランスの賢明王シャルル5世から宮廷付きの占星術師、医師として招聘されたため、文学と音楽を尊ぶフランス王宮で育つことになったのである。幼年より父の引率のもと王の図書館に親しむ機会を得た彼女は、いかにも若い貴婦人向けの高度な教育を受けてはいるものの、社会的地位はといえばそれほど高くない。王の秘書官だったエティエンヌ・デュ・カステルと結婚して3人の子をなしたが、そのうちのひとりは幼くして死んでいる。夫の死後、クリスティーヌは、再婚せずに文筆で身を立てようと決意し、数々の挫折こそあれ、最終的に後世に残る業績を残していく。詩作のほかに、彼女が発表したフランス語の著作は30点余りにのぼり、そこでは歴史、教育、政治、戦争、女性の地位などが取り上げられた。たとえば、1380年に没した前フランス王の伝記『賢明王シャルル五世の業績の数々と善行をめぐる書』*Livre des fais et bonne meurs du sage roy Charles V* が1404年に、初の女性による女権擁護論と見なされている『女の都』*Cité des dames* が翌05年にそれぞれ出版されているが、こうした彼女の作品は、現代になってもなお女性史や軍事史の研究者から再評価を受けている。

■グレイ、エリザベス／トールボット、アレシア

Elizabeth Grey (1582-1651)

& Alethea Talbot (1585-1654)

／イングランドの上流女性

ともに第7代シュルーズベリ伯ギルバート・トールボットの娘。第8代ケント伯ヘンリー・グレイと結婚したエリザベスは、夫との死別を経て著述家ジョン・セルデンと再婚した。死後となる1653年に出版された唯一の著作『選り抜きの手引き、もしくは珍らかにして精撰されたる秘密』*A Choise Manual, or, Rare and Select Secrets* は、“家庭の化学”と薬草を取り上げてかなりの好評を博して以来、版を重ねている。一方、姉のエリザベス同様、化学と薬草に関心を寄せたアレシアは、第21代アランデル伯トマス・ハワードに縁づいており、1651年には彼女独自の調薬法を集めた『自然の内奥』*Natura exenterata* が編まれている。

■クレオパトラ7世

Cleopatra VII (前69-前30) ／エジプトの統治者

エジプトのプトレマイオス朝最末期の統治者で、美貌と学識を兼ね備えていたことで名高い。ギリシア人歴史家プルタルコス（後46頃-120頃）によると、ヘブライ語、アラム語、そしてアフリカの数言語にも堪能だったのだといい、プトレマイオス朝の統治者としては珍しくエジプト語にも熟達していた。王国を救うために強国ローマに頼ろうと試み、ユリウス・カエサル（前100-前44）とのあいだにひとり息子カエサリオン（プトレマイオス15世、前47-前30）を、のちにはマルクス・

取り結ぼうとしていたゆえである。とはいえ、戦中に起こったサン＝バルテルミの虐殺（1572-1573）［★カトリックによって数千人のユグノーが虐殺された］で、カトリーヌの演じた役割は依然として定かではない。一説によると、シャルル9世がその兄フランソワの王位を継ぐまでの空位期から彼女がふるっていた摂政としての影響力を、この事件を利用して取り戻そうと目論んだのだともいう。シャルルの死後は、息子の中でもとりわけ愛情を注いだアンリ3世が王となるが、カトリーヌが没した約7カ月後に彼は暗殺されてしまい、ヴァロワ朝は終焉を迎えることになった。

■キャヴェンディッシュ、マーガレット
［★第13章を参照］
Margaret Cavendish（1623-1674）
／イングランドの著述家、哲学者

富裕地主サー・トマス・ルーカスがもうけた8児の末子として生まれた。少女の頃イングランド王妃ヘンリエッタ・マリアの侍女となり、内戦［★第1次イングランド内戦（1642-1646）］のさなかとなる1644年にパリへと逃れる王妃に随行し、未来の夫となるニューカッスル侯爵ウィリアム・キャヴェンディッシュに出会う（彼はのちに公爵に取り立てられる）。結婚した2人はパリの自宅で流行の文芸サロンを主催するが、マーガレットはその好機に文学や哲学についての知識を蓄えつつ、夫や義弟サー・チャールズからのさらなる激励よろしく、詩、散文、随筆、戯曲のほか、いくつかの自然哲学書を手がける多作な著述家へと成長していく。1660年に夫とともに亡命先からイングランドへと帰還するや公の学問論争にも積極的に参加しはじめ、匿名のもと執筆を行う女性の多かった時代にあって勇をふるい、すべての著作を本名で発表しながら実験に基づく自然哲学や設立まもない王認協会が追求する機械論的形而上学に鋭い批判の矛先を向けたが、その姿勢はおよそ女性にふさわしくないものと見なされ、“いかれて思い上がった大馬鹿者（mad, conceited, and ridiculous）”というサミュエル・ピープスの言から“いかれ（マッド）マッジ”と嘲弄された。51歳で亡くなったこのニューカッスル公爵夫人は、ロンドンのウェストミンスター寺院で夫の隣に眠っている。その石棺のレリーフには、書物、ペン、インク壺などの生前こよなく愛した身の回りの品々を携えた彼女の姿が彫り刻まれているのだという。

■キルヒ、クリスティーネ
Christine Kirch（1697-1782）／ドイツの天文学者

マリア・マルガレータ・ヴィンケルマン＝キルヒとゴットフリート・キルヒの娘で、妹マルガレータ、兄クリストフリートと同様、幼い頃から天文学を仕込まれて育つ。父の死後、母を、そしてのちには兄をそれぞれ助けながらベルリン科学アカデミーで研究に従事し、兄を亡くしてからはプロイセンの公式暦を編纂する役割を40年近くにわたって担った彼女はまた、妹の息子ヨーハン・エーレルト・ボーデ（1747-1826）を一人前の天文学者として育成してもいる。

■クーニッツ、マリア［★第11章を参照］
Maria Cunitz（1610-1664）／シレシアの天文学者

ヒュパティア以来の最も重要な天文学書の著者。シレシア（シュレジエン）の自宅で医師である父親から一流の教育を受けた彼女は、幼くして早くも多くの言語を習得し、そのかたわらで数学や天文学も学んでいく。長じて家庭教師を務めた医師で天文学愛好家のエーリアス・フォン・レーヴェンと結婚して2児をもうけ、1650年には20年余りの研究成果を著書『慈悲深きウラニア』*Urania propitia* として上梓したものの、この刊行年は三十年戦争（1618-1648）の戦渦を家族ぐるみでたびたび逃れざるを得なかった結果でもあった。いずれにせよ同書は、ヨハネス・ケプラー（1571-1630）が考案した惑星の楕円軌道を提唱する初期の天体力学を初めて体系的に取り上げているうえ、熟練の数学者でもある著者によって彼の計算への改善までもが試みられている研究論文で、ラテン語とドイツ語の両言語で執筆されているところからしても、著者をドイツ語における科学用語の発展への偉大な貢献者と呼ばせるのに充分な大作と言えるだろう。もっとも、彼女と数多の交流をもった同時代の高名な天文学者からその功績を称えられたにもかかわらず、『慈悲深きウラニア』は期待したほどの売れ行きを達成できなかったようである。

発掘された楔形文字の書字板にはアッカド王サルゴンの娘と記されているものの、その記録が実際の父娘関係を指しているのか、あるいは象徴的な解釈を施すべきなのかについては確証がない。

■オリビア・サブコ・デ・ナンテス・ベレーラ
Oliva Sabuco de Nantes Barrera（1562–1622 頃）
／スペインの医療著述家

人間の心身の状態に関する研究書をスペイン語、もしくはラテン語で著した彼女は、当時の医学文献を熟知しており、恐怖、憎悪、絶望、愛情、羞恥、熱狂、同情といったさまざまな情動を脳の分泌物が引き起こす結果ととらえ、身体の健康にも影響を及ぼすと考えていた。スペイン国王フェリペ２世への献辞とともにマドリードで 1587 年に出版された著書『人間性の新哲学』*Nueva Filosofia de la Naturaleza del Hombre* は翌年再版され、1728 年にも異端審問による破棄を免れた２部に基づく復刊がなされているが、近年になって英訳版も出版されている。

カ

■カーター、エリザベス
Elizabeth Carter（1717–1806）
／イングランドの著述家、翻訳家、女権論者

まだ 10 代の頃から、筆名イライザのもと「ジェントルマンズ・マガジン」*Gentleman's Magazine* に寄稿をはじめる。とりわけラテン語やギリシア語といった古典語に通じていたが、フランチェスコ・アルガロッティによる著書の英訳『淑女向けに記されたるサー・アイザック・ニュートンの哲学』*Sir Isaac Newton's Philosophy Explain'd for the Use of the Ladies*（1739）のように、その他のヨーロッパ各国語で刊行された著作の翻訳も手がけた。翻訳業の一助にと、著名な天文学者トマス・ライトに指導を乞うなどして天文学や数学を学んだが、のちにそのライトを介して知遇を得たキャサリン・トールボットの紹介によって女性文芸愛好家サークル“ブルー・ストッキングズ・ソサイエティ（青鞜会）”に迎えられている。独身を通し、89 年にわたる生涯を女性の権利向上と文筆活動に捧げた。

■カテリーナ・ダ・シエーナ
Caterina da Siena（1347–1380）
／イタリアの神秘家、ドミニコ会修道女

シエーナの富裕な染物商家庭の末子となる第 23 子として生まれた。一家では学習が大いに奨励されており、カテリーナもそうした環境の恩恵を受けることができたのだという。家族の願いをよそに縁談を退けてからは神に身を捧げており、16 歳でドミニコ会修道女となって以来、貧者や病人への奉仕に明け暮れ、周囲の信仰の仲間を募ってイタリア北部を巡る伝道の旅にも出かけている。神秘家として評判になってからは、教皇庁の権限をアヴィニヨンからローマへと戻すよう率直に進言する訴状を教皇グレゴリウス 11 世に提出しており、その神学への造詣がにじみ出る文面が感銘を呼んで、1377 年に施政権のローマ回復が成就する運びとなった。無事保管された 300 通に迫る書簡は、今や初期トスカーナ文学の名品という位置づけを得て研究の対象になっている。死後の 1461 年に列聖された。

■カトリーヌ・ド・メディシス
Catherine de Médicis（1519–1589）／フランス王妃

まだ幼い頃に、両親であるロレンツォ・デ・メディチとマドレーヌ・ド・ラ・ドーヴェルニュを亡くしたフィレンツェきっての有力者一族の娘カテリーナは、のちのフランス王アンリ２世となるオルレアン公アンリと 1533 年に結婚し、以来仏名カトリーヌ・ド・メディシスをもって呼びならわされるようになる。夫婦は長いあいだ子宝に恵まれず、それが彼女のせいにされたものだが、婚後 11 年にしてようやく最初の子を授かって以来、最終的に都合 10 人の子を産み、うち７人が成人した。1559 年に夫が馬上槍試合中の事故によって落命すると、自身の対抗者となっていた夫の愛人ディアーヌ・ド・ポワティエを宮廷から追放し、翌 60 年に迎えた息子フランソワ２世の死のあとに勃発した宗教内戦［★ユグノー戦争（1562–1598）］のさなかにあって摂政として国政に関与していくかたわら、自らにならって“男性との協働”に参画し得るよう、貴婦人への上質な教育を唱道する。関連資料としては直筆や口述による 6000 通以上もの書簡が残されているが、それも長年にわたってカトリックとユグノーという新旧両教派の指導者間における和平をクのエルミタージュ宮に収蔵するべく仲介者を通じてヨーロッパ各地の逸品を次々と手に入れてもいて、たとえば1779年に購入したイングランドのサー・ロバート・ウォルポールが蒐集した貴重なコレクションなども、のちにヨーロッパ屈指と謳われるまでになる“美術館”の名声に大いに寄与することになった。

■エリザベス1世
Elizabeth I（1533–1603）
／イングランド女王、アイルランド女王
イングランド王ヘンリー8世と、名流貴族にして外交官家庭の出身であるアン・ブーリンの娘として最高の教育を受け、英語、フランス語、イタリア語、スペイン語、ギリシア語、ラテン語の6カ国語に通じていたのだという。父王および異母兄エドワード6世の死後、カトリック寄りの立場を取る異母姉メアリ1世がイングランド王位を継承したものの、その死を受けて1558年に即位する。宗教的に寛容な姿勢を示しながら国教の制度確立を企図した結果、カトリック国であるスコットランド、フランス、スペインと敵対することになったが、麾下にある海軍がスペイン艦隊を相手取って度重なる勝利を収めたことによって、以後数十年にわたる海事勢力の基礎を築く。列強の後塵を拝した島国が、彼女の統治下にあってスペインやフランスと肩を並べるヨーロッパの強国にのしあがったのであり、以後、教養が重んじられるその治世のもと文化は隆盛を極めていく。ついに結婚することがなかったため“処女女王（ヴァージン・クイーン）”という呼称を得、王国の統治に生涯を捧げた。

■エリーザベト［★第12章を参照］
Elisabeth von der Pfalz（1618–1680）
／プファルツ公女
ハイデルベルクで、プファルツ選帝侯フリードリヒ5世（1596–1632）と、イングランド王ジェイムズ1世の娘エリザベス・ステュアート（1596–1662）のあいだに生まれた。1619年に父がボヘミア王位に就いたがその統治はあえなく短命に終わり、翌年には一家を挙げて追放の憂き目にまで遭っている。フリードリヒが家族を安全なオランダへと移したものの、エリーザベトは祖母とともに生地ハイデルベルクに残され、ハーグで再び家族と暮らすようになるのは7年後のことだった。語学と数学に抜きん出た才を示した彼女は、1643年にフランスの哲学者ルネ・デカルト（1596–1650）と出会い、哲学論議のかけがえのない相手となる（この際のやりとりがうかがえる2人の全書簡は、19世紀末になって初めて出版される）。1667年、ヴェストファーレンの自由都市ヘルフォルトにあるプロテスタント女子修道院の院長に任じられて最高位の聖職者にも匹敵する権勢を誇る地元でも最有力の女性となり、その教養ある貴婦人としての高名を、1680年に没するまでヨーロッパ中の宮廷に鳴り響かせた。

■エロイーズ
Héloïse（1101頃–1164頃）
／フランスの女子修道院長
ノートル＝ダム聖堂参事会員である叔父フュルベールのもと、パリで育って充実した教育を受けたエロイーズは、長じてラテン語、ギリシア語、ヘブライ語に通じるようになった。叔父は、13歳だった彼女の師として、パリで最も高名な論理学者ピエール・アベラール（1079–1142）を雇い入れるが、若い2人はたちまち恋に落ち、その後、アストロラーブ（星辰儀）にちなんでアストロラブスと名付けた息子をもうけるに至った。激怒したフュルベールはアベラールに去勢を命じたうえでエロイーズを女子修道院へと送り込み、2人の恋人はそれからの生涯を修道院で過ごすことになる。俗世を追われて10年後にはじまった往復書簡には、2人の深い学識がにじみ出ている。エロイーズはのちに女子修道院長となってその経営手腕を発揮し、没後はパラクレトゥス教会に眠るアベラールの隣に葬られたが、1817年、2人の遺骨はパリのペール＝ラシェーズ墓地へと移され、新ゴシック様式の見事な祈念碑が建てられた。彼女とアベラールの恋愛譚は、次世代の詩人や作家に霊感を与えることになる。

■エンヘドゥアンナ
Enheduanna（前2285頃–前2250頃）
／アッカド王女
女神イナンナを称えた詩人で、女性著述家としてその名が記録されている初の女性。考古学調査で

■ヴァン・スフールマン、アンナ・マリア

［★第12章を参照］

Anna Maria van Schurman（1607–1678）

／オランダの語学家、宗教哲学者

ケルンの出身ながら、幼い頃に一家でユトレヒトへと移り住み、語学と芸術の才によって名をあげた、当時のオランダにあって最も著名な女性教養人。その資質を見込んで家庭教師を引き受けたユトレヒト大学の神学およびオリエント言語学教授ヒスベルトゥス・ヴーティウス（1589–1676）からの督励を得て、若くして同大学の講義に出席できるよう取り計らわれている。1638年に初執筆して評判を取ったラテン語論文『教養ある処女（おとめ）、もしくは処女は学者たり得るか否か』*Dissertatio de ingenii muliebris ad doctrinam et meliores litteras aptitudina* では正統的アリストテレス哲学の論証を応用し、キリスト教徒の女性による学問の追究を制限する普遍的道徳やジェンダー観などはあり得ないことを提示しており、同書はのちに英語、オランダ語、フランス語、ギリシア語といった多言語で翻訳刊行されることになった。彼女はまた、ヴーティウス教授のもとでヘブライ語、アラビア語、カルデア語、シリア方言、コプト語など、聖書やその他の神聖文書の研究に用いる珍しいオリエント言語と古代語の研究も行ったうえで、1669年にはフランスの伝道者ジャン・ド・ラバディ（1610–1674）の信仰復興運動に身を投じ、この“覚醒”を契機として72年に『正しき選択』*Eukleria* と題した書物の出版にも至っている。同書は自叙伝であると同時に、17世紀における哲学思想各派に関する興味深い研究書でもあった。

■ヴィンケルマン＝キルヒ、マリア・マルガレータ

［★第15章を参照］

Maria Margaretha Winkelmann-Kirch（1670–1720）

／ドイツの天文学者

ルター派司祭の父によって幼い頃から天文学の基礎知識を授けられたマリアは、かつてポーランドのヨハネス・ヘウェリウスの私設天文台の“徒弟”を務めていた高名な研究者ゴットフリート・キルヒ（1639–1710）と1692年に結ばれたことで、婚後も自身の愛好する学問を追究できるようになった。1700年、夫が設立まもないベルリン科学アカデミーの初代首席天文学者に選ばれたことによって、彼の助手として働きはじめる。アカデミーから課せられた夫婦の最重要任務は、“新しいプロイセン”のための公式暦を作成することだった［★プロイセンは1701年より王国になっている］。ちなみに彼女個人の業績としては、1702年の彗星の発見と、09年から11年にかけて執筆した3本の論文が挙げられる。マリアは、1710年に夫が亡くなったあともアカデミーで暦の編纂を続けることを望んだものの、女性だという理由によってかなえられず、やむなく貴族がベルリンに所有する私設天文台に職を得た。未亡人となって育てた娘クリスティーネとマルガレータを含む3児は後年みなそろって天文学者となり、ことに長男クリストフリートは1716年にアカデミーの首席天文学者とベルリン天文台長に就任することになる。その際、母である彼女は、助手として再びアカデミーの雇用を受け入れたのだった。

■エカチェリーナ2世

Catherine II（1729–1796）／ロシア女帝

アンハルト＝ツェルプスト侯クリスティアン・アウグストとその夫人ヨハンナ・エリーザベトとのあいだに生まれる。ルター派の洗礼によって授けられた当初の名はゾフィー・アウグスタ・フレデリーケだが、1744年に皇太子妃候補としてサンクト・ペテルブルクへと移った際にロシア正教へと改宗してエカチェリーナ・アレクセイエヴナに改められた。翌年、ロシア皇太子ピョートルと仰々しいまでの結婚式を挙げ、この新郎が18年後の1762年1月にロシア皇帝ピョートル3世となったものの、同年7月に親皇后派の介入によって不可解な状況のもとで急死を遂げており、結果的に当の妃である彼女が帝位を継いでエカチェリーナ2世（エカチェリーナ大帝）となった。多くの意味で精力的な女帝であり、また教養ある専制君主だった彼女は、拷問を廃止し、宗教問題では寛容な態度を示すなどして経済、司法、教育その他の制度改善を行いながらロシアをヨーロッパ一流の大国に仕立てていく一方、ヴォルテールやディドロといった啓蒙時代ヨーロッパの主要な哲学者らと活発に書簡を交わして新思潮に沿った政策の推進まで試みているが、そちらについては完遂できたとは言い難い。また、科学、芸術、文学といった文化活動を奨励した彼女は、サンクト・ペテルブル

■アルディンゲッリ、マリア・アンジェラ

Maria Angela Ardinghelli（1730–1825）

／イタリアの翻訳家、科学著述家

生地ナポリで数学、物理学、化学を学び、長じて他国語で著された書物の伊訳も手がけるようになる。イングランドの生理学者スティーヴン・ヘイルズ（1677–1761）による『植物静力学』*Vegetable Staticks*（1727）の編訳のほか、電気の研究によって巷間にその名を知られたフランス人物理学者ジャン＝アントワーヌ・ノレ（1700–1770）の著作の紹介も行った。

■アレテ、キュレネの

Arete of Cyrene（前5世紀–前4世紀）

／ギリシアの哲学者

父親は、アテナイでソクラテスに師事したアリスティッポス（前435頃–前355頃）で、生地キュレネ［★現リビアにあったギリシアの植民都市］において父娘ともに独自の哲学思想を深め、息子である小アリスティッポスも同派の指導的人物となる。ディオゲネス・ラエルティオスによると数種の著作があることになっているが、いずれも現存していない。「ギリシアの卓越性、ヘレネ［★トロイア戦争の発端となった女性］の美、ティルマの純潔、アリスティッポスの筆法、ソクラテスの精神、ホメロスの言葉」という墓碑銘が伝えられている。

■アンナ・コムネナ［★第6章を参照］

Anna Comnena（1083–1153）

／ビザンツ皇女、歴史家

ビザンツ帝国（東ローマ帝国）皇帝アレクシオス1世と皇后エイレーネー・ドゥーカイナの長女で、ヨーロッパ女性として初めて重要な歴史書を著した彼女は、幼いうちから宮廷で一流の教育を受け、長じて古典に精通するようになったのだといい、ニケフォロス・ブリュエンニオスと結婚し、3児をもうけている。アレクシオス1世の死後、母である皇后は娘アンナとその夫が新皇帝夫妻となることを望んだが、最終的に息子（アンナの弟）がヨハネス2世として即位することになり、この母と姉を修道院に追いやったうえで権力奪取を企んだとして非難した。修道院での蟄居生活の中、アンナ・コムネナは父の治世と第1回十字軍の時代の諸々を『アレクシオス1世伝』*Alexias* と題して綴りはじめる。同作は今なおその重要性を失うことなく、ビザンツ帝国史として、また同時代の東西ローマ帝国の関係を物語る史料としてしばしば用いられている。

■イサベル1世

Isabel I de Castilla（1451–1504）

／カスティーリャ女王

カスティーリャ王フアン2世と、彼の2番目の妻となったポルトガル王ジョアン1世の孫娘イザベル・デ・ポルトゥガルの長女である。1454年に父王が死去すると、最初の妻とのあいだの長男エンリケ4世（“不能王”という不名誉なあだ名で呼ばれた）が王位に就き、幼いイサベルは母と弟アルフォンソとともにアレバロ城で隠遁同然の生活を余儀なくされた。だが11歳のとき、異母兄エンリケの娘フアナにまつわる王位継承権問題が起きて対抗勢力の後援を得ることとなり、1469年、従弟に当たるシチリア王フェルナンド2世（1452–1516）との結婚に踏み切る。そして1474年、エンリケ王が亡くなると、イサベルはついにカスティーリャ女王となり、そしてその5年後にフェルナンドがアラゴン王となったことで同君連合であるエスパーニャ、すなわちスペイン王国が成立するのだった。共同統治者となった両王は、カトリック者という立場を強固に打ち出してムーア人［★北西アフリカのムスリムを指す］相手の戦いを継続し、1492年、グラナダのイスラーム勢力を駆逐しておよそ800年に及ぶカトリックの国土回復運動（レコンキスタ）を結実させる一方、異端審問の導入によってムーア人やユダヤ人などを“異端者”として迫害したが、教皇はこうした夫妻に“カトリック君主”という評価を与えている。諸学を愛するイサベルは、ヴェネツィアのカッサンドラ・フェデーレをはじめとする多数の女性教養人らと盛んに交流をもち、その治世にあっては初のスペイン語文法書が記され、とりわけ男性の識字力が高まったようである。彼女はまた、クリストーフォロ・コロンボ（1451–1506）の新大陸発見へとつながったインド航路探索航海への後援も行っている。墓所は、スペイン王国が隆盛を極めるきっかけとなったムーア人陥落の地、グラナダのカピラレアルにある。

は在留外人（メトイコス）の身の上に甘んじたままで、市中屈指の名高い学者たちが会する哲学サークルを主催した。

■アニェージ、マリア・ガエターナ

［★第17章を参照］

Maria Gaetana Agnesi（1718-1799）

／イタリアの数学者

ミラノの裕福な絹商人だった父ピエトロに連れられて、まだ10歳にならないうちから社交界に出入りし、その才気煥発ぶりを“演し物”として披露させられていたマリアは、13歳にしてフランス語、ドイツ語、スペイン語、ラテン語、ギリシア語、ヘブライ語に通じ、数学においてもめざましい知力を発揮する“あどけない才媛”だったが、20歳の頃には女子修道院入りを希望するという脅しによってそうした気の重い“舞台”に出ることを拒むようになっていた。結局のところ、母親の亡くなったあとも家庭内にとどまって父親の2回の結婚によってできた都合20人もの弟妹の世話を一手に引き受けつつ学問に励むことになった彼女は、早くも1738年にそれまでの論説を収めた『哲学の命題』*Propositiones philosophicae* を父の差配のもと出版しているが、次第に数学に対する興味をつのらせて新たな著作に向けた取材へと着手し、やがてそれは神聖ローマ帝国女帝マリア・テレジアへの献辞を載せた2巻の数学概説書『解析教程』*Istituzioni analitiche*（1748）として結実する。同書は数々の言語に翻訳され、著者であるマリアも科学支援者だったボローニャ出身の教皇ベネディクトゥス14世の肝煎りによってゴールドメダルを授かり、一方でボローニャ大学の数学名誉教授に就任できるよう取り計らわれた。1752年、学界における娘の大成を願っていた父を亡くし、もはや大学に籍を置く意味を見出せなくなった彼女は、その後の人生を信仰と慈善活動に捧げるようになり、世間に忘れ去られながら清貧のうちにひっそりとこの世を去って貧困層向けの共同墓地に葬られたのだという。

■アニング、メアリ

Mary Anning（1799-1847）

／イングランドの古生物学者

イングランド南岸に当たるドーセットの小村で、リチャードとモリーのアニング夫妻のあいだに10児の長女として生まれたが、成人するまで生き延びたのは彼女と兄ジョゼフだけである。家具職人を営むかたわら観光土産となる化石の小売りで収入を得ていた父親から、採掘と分類のやり方を習う貧しい幼少期を過ごしたのだという。父の死後、一家はさらにひどい困窮に陥り、メアリは生まれ育った村の海岸で兄とともに掘り出した化石を売って家計を支えるようになった。10代になったばかりの1811年、兄が正体不明の巨大な生物の頭蓋を、数カ月後に彼女が残りの部分をそれぞれ見つけ出す。手はずを整えて掘り出した骨格は“ワニ”の骨と報道され、地元の領主に23ポンドで売れたが、それは一家の生活を半年間まかなえるほどの額だった。実のところこの“ワニ”は魚竜イクチオサウルスで、全身化石としては世界初の発見となったのである。以後メアリは、裕福な蒐集家トマス・ジェイムズ・バーチからの経済的援助を得てひとり発掘に打ち込むようになり［★兄は家具職人となった］、1823年に首長竜プレシオサウルス、28年に翼竜プテロサウルスのほぼ完全な化石をそれぞれ初めて発見し、収入を大幅に増やしていく（人生最後の10年には、投機の失敗によって損失を被っているが、旧友の奔走によって科学振興会からの年金を支給され、ことなきを得ている）。折からの化石蒐集熱もあって、時代は古生物学への興味を深めていたわけだが、彼女はその活躍によって“かつて絶滅した種”があったという学問的な認識を広く知らしめる契機をつくったのだと言える。乳ガンによって48歳の誕生日を迎えずに亡くなる直前、ロンドン地質学会の名誉会員に選出されたが、彼女の大発見は正会員の資格すら充分に満たしていたものと思われる。

■アマト＝マム

Amat-Mamu（前1750頃）／バビロニアの書記

第一王朝（前1898-前1575）のバビロニアで書記を務めたアマト＝マムは、富裕層の婦人ばかりがいる女子修道院さながらの閉ざされたコミュニティで職能に関する訓練を受けたのだといい、その名のもとに起草された40年以上にわたる文書が発見されている。彼女の属していたような特権階級には、それぞれの活動地の交易に影響力をふるうような有能な女性教養人がほかにもいたらしい。

略伝：女性教養人の回廊

ア

■アイマルト、マリア・クララ
Maria Clara Eimmart（1676-1707）

／ドイツの天文学者、科学画家

ニュルンベルク芸術アカデミーの責任者にして画家、版画家、天文学愛好家だった父ゲオルグ・クリストフ・アイマルトの指導のもと、フランス語、ラテン語、数学、写生を学んだ。後年ニュルンベルク天文台長となる物理学教師ヨーハン・ハインリヒ・ミュラーと結婚したあとは、彼の天文学研究への助力を惜しまず、ことに月、太陽、その他の天体の相を正確に写した観察画の制作によって貢献している。挿画家としては多作で、1693年から98年までに描いた月相図だけでもおよそ250点にのぼるものと推定されるが、1706年に写した2点の皆既月食図もまた特筆に値するだろう。だが、この天文学と銅版画の才に恵まれた彼女の洋々たる前途も、1707年の出産にともなう夭折をもって断ち切られることになった。

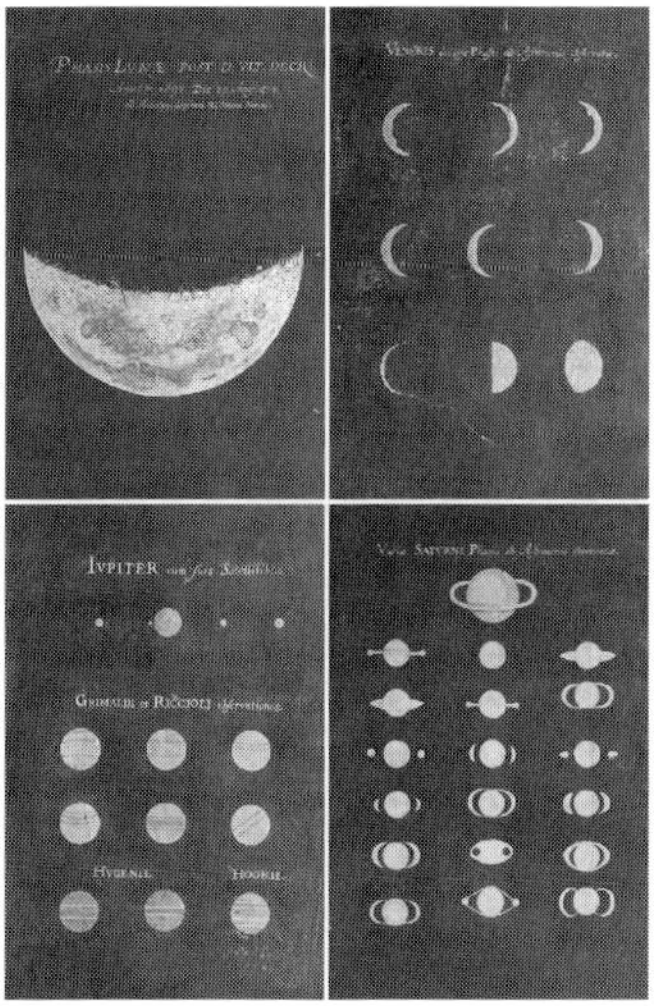

◉補図1………アイマルトによる天体図。左上より時計回りに、下弦の月、金星の満ち欠け、土星、木星（17世紀、ボローニャ大学附属スペーコラ博物館収蔵）。

■アステル、メアリ
Mary Astell（1666-1731）

／イングランドの著述家、女権擁護者

富裕な石炭商人で、イングランド内戦当時に王党派だった父をもつ彼女は、通学経験こそないものの、度を超えた飲酒によって教会の仕事を解雇されたおじの個人教授を受けて育ち、幼い頃から哲学、神学、ラテン語、英文学に親しんでいった。1680年代にその父とおじを亡くし、一家が財政困難に陥ったうえに母とも死別して相続財産では身を立てられなくなった彼女は、移転先のチェルシーで庇護者となる貴族女性の知遇を得、長じてその支援よろしく女性の学ぶ権利についての著述を発表し、さらには資力に乏しい少女らのために慈善学校まで設立している。乳癌の治療後の合併症によって、65歳で没した。イングランドの初期フェミニストのひとりと見なされる彼女の著作は、近年になって研究者の再評価を受けている。

■アスパシア、ミレトスの ［★第4章を参照］
Aspasia of Miletus（前470頃-前410頃）

／ギリシアの女性有力者

現トルコに属するアナトリア半島の町ミレトスの出身。家族とともにアテナイに移住し、当地一の権勢をふるう政治家ペリクレス（前495頃－前429）の知遇を得た。アスパシアに関する当今の資料には矛盾が散見されるものの、こと学識の高さに関しては「同時代のアテナイ女性の中でも抜きん出ていた」という見解でおおむね一致している。彼女を“高級娼婦”と呼ぶ古代の劇作家もいるが、その信憑性は低い。ペリクレスとのあいだにもうけた息子はアテナイ市民となったが、自身

ラ

ワ

マ

ヤ

ハ

ナ

タ

カ

索　引

＊本文部の第Ⅰ-Ⅴ部と、巻末部の略伝のテクストを対象とした。
＊章題化されている人名項目には当該章を［　］で付し、その章内の頁番号は割愛した。

マルヨ・T・ヌルミネン（Marjo T. Nurminen）
1967年、ヘルシンキ生まれ。作家、科学・哲学史家。フィンランドのテレビ局で10年以上にわたって科学ジャーナリストとして活躍した後、デビュー作となった本書で2008年のノンフィクション・フィンランディア賞を受賞。2015年、最新作となる『地図製作者の世界：西洋絵図の文化史』を本国で刊行。

日暮雅通（Masamichi Higurashi）
1954年生まれ。翻訳家。青山学院大学理工学部卒。訳書：マクリン『キャプテン・クック：世紀の大航海者』、スタシャワー他編『コナン・ドイル書簡集』（ともに東洋書林）、マーカス他『10代からの哲学図鑑』（三省堂）、ハート＝デイヴィス『サイエンス大図鑑』（河出書房新社）など多数。

《翻訳協力》

山田和子／安達真弓／中川泉／府川由美恵／
篠原良子／五十嵐加奈子／野下祥子／吉嶺英美

才女の歴史
古代から啓蒙時代までの諸学のミューズたち

2016年4月30日　第1刷発行（本体496頁）
［著］マルヨ・T・ヌルミネン／［訳］日暮雅通
［装丁］廣田清子＋Office SunRa
［発行人］成瀬雅人
［発行所］株式会社 東洋書林
〒162-0801 東京都新宿区山吹町4-7 新宿山吹町ビル
TEL 03-5206-7840・FAX 03-5206-7843
［印刷］三永印刷／［製本］小高製本
ISBN978-4-88721-823-9／／printed in Japan
定価はカバーに表示してあります